國家社科基金
後期資助項目

路史校注

The Collation and Annotation of *Lu Shi*

六

王彦坤　撰

中華書局
ZHONGHUA BOOK COMPANY

路史卷三十七

發揮六

堯舜用人

堯、舜,皆聖人也,其爲治,則既無不同者矣。然稽所以爲治,何其異邪!方陶唐氏之用人也,必須僉舉而後舉之。又必反覆難疑,然後用之。至於虞氏,咨俞一出諸己;有其舉之,莫或廢也,未嘗一言以疑其臣下舉之之私,與人材之濫者,朝廷之上急莫急於用人也[一]。

而二帝之用人,奚大異也[二]?或曰:堯不逮舜,故每疑其臣。舜德光堯,故無敢繆舉也[三]。此皋陶之所以謂帝難之[四]。斯亦妄矣。夫堯、舜之爲治,豈容心於間哉?亦善爲應而已。曰"都",曰"俞",安有二道[五]?一難而一易者,正亦不得而不然爾。且皋陶之所謂難之者,非不之知也,堯自不易之爾。伊尹嘗言:"昔者,堯見人而知之,舜任之而後知,禹則成功而舉之。三聖之舉異道,而皆成功[六]。"是則天下之知人,莫堯若也。今而曰不知人,則何以得之於舜乎?惟堯能不自信,而舜惟不自任[七]。不自信,故謀之人而參之己,不以大臣之言而必從。不自任,故明之心而合之外,不以獨照之精而遂問[八]。使疑其下,曷以得人,而亦何以爲治邪?

雖然,虞氏之時,用人繇己,四族去而二八升;陶唐之代,反覆備至,然四凶在廷則弗知去,十六俊在野則弗知舉也,是何邪〔九〕?説者曰:史克之言,是堯之不能爾〔一〇〕。噫,亦厚誣矣!夫所貴乎堯者,以能允釐於百工也〔一一〕。今也久抑元凱,則"克明俊德"爲虚言;長芘四凶,則"百姓昭明"爲妄語矣〔一二〕。聖人豈徒言邪〔一三〕?蓋莒僕之去也,宣公不能,而行父能之,彼史克者,恐宣公之以不能去爲恥,而行父以擅去之爲專,故借是以爲釋爾〔一四〕。乃若堯、舜之爲,固皆以垂法於天下後世者也。抑再質之,十六俊之舉,非一載也,固有堯舉之者矣;四凶之去,亦非一載也,固有堯去之者矣。惟堯之時,黎民變矣,故十六俊不盡舉,不足以損其獻;萬國和矣,故四凶不盡去,不足以病其治〔一五〕。不足損其獻,是故知而不舉,將以訓後世之審官也;不足病其治,是故知而不去,將以訓後世之御姦也。而舜也,起微出側,以立人極,苟不盡明於黜陟,則不足以變天下之耳目,是故納于百揆,則八元八凱不得而不舉;賓于四門,則流放竄殛不得而不行〔一六〕。是故昔不舉而今舉者,將以訓後世之用人;昔不去而今去,抑將以訓後世之屏姦也〔一七〕。是固不得而不然者。

　雖然,凶去俊舉,朝廷清明,而天下以治,萬物以安,此其宜也;俊不舉,凶不去,玉石雜揉,而天下亦治,萬物亦安,又何邪?或曰:禹之征苗,受命於舜,則舜之去凶,亦受命於堯也〔一八〕。堯將禪舜,恐天下之未安也,故留四凶以遺之去,存十六俊以貽之舉,俾其去取於一旦之內,而厭服於天下之心〔一九〕。是一説也。夫如是,則堯、舜固已有心爲之矣。三聖之授受,顧豈後世姦慝相濟者若邪〔二〇〕?舜之所以信於天下之人者,亦豈俟於今日去凶而舉俊邪?天下固已信之於竭力耕田,供爲子職之時矣,豈猶是邪?大抵堯之圖任,一皆始謀於下,故其所舉,不得俱當;而其所任,有不得而不難〔二一〕。舜居山澤之中,退藏於密,天下之材否,平日已茂聞而熟詳之矣〔二二〕。及一朝而達之天下，則材者爲我用，不材者自我去，事至而應，物來而名，以故不下几席而得其情，又奚俟於反覆難疑而後用哉〔二三〕？況其所用稷、契之倫，皆出申命，故或僉舉，有不待於難疑而後可也〔二四〕。

嗚呼！人其果難知邪？其人堯也，惟堯而後與之合也〔二五〕。桀邪，惟桀而後與之合也。非必不合也。人君惟去其如桀者，而就其堯者，則奚患乎不知堯與桀也。固嘗言之：知人納諫，君人之第一載也〔二六〕。納諫者，非有甚患也，特患乎人不我諫爾〔二七〕。納之與否，惟君人之爲之。至於知人，天下之至難者。君能知人，萬事畢矣。堯、舜之所以治，繇此道也〔二八〕。後世而有作者，其能以外此乎？

【校注】

〔一〕咨俞一出諸己：咨俞，猶“俞咨”。書舜典載舜委任大臣，每云“俞咨”，如：“俞咨！禹，汝平水土，惟時懋哉！”“俞咨！垂，汝共工。”“俞咨！益，汝作朕虞。”“俞咨！伯，汝作秩宗。”本爲表示贊同之語（上數例，屈萬里尚書今注今譯均譯爲“是啊”），此則當作爲“委任”、“舉用”之代名詞。　有其舉之，莫或廢也：有，通“又”。或，吳本譌“成”。

〔二〕大異：吳本“大”作“太”。

〔三〕舜德光堯，故無敢繆舉也：光，通“廣”，大。洪本、吳本、四庫本無“也”字。

〔四〕此皋陶之所以謂帝難之：四庫本“謂”作“爲”。彥按：皋陶當作禹，蓋羅氏誤記。書皋陶謨：“皋陶曰：‘都！在知人，在安民。’禹曰：‘吁！咸若時，惟帝其難之。’”

〔五〕曰“都”，曰“俞”：書堯典、舜典載堯、舜君臣問答之語，多有表示贊美之“都”“俞”嘆詞。宋陳亮勉彊行道大有功云：“堯、舜之‘都’、‘俞’，堯、舜之喜也，一喜而天下之賢智悉用也。”路史於此則借“都”、“俞”表示形式不同而實質相同之堯、舜用人之異。

〔六〕三聖：吳本“三”譌“一”。説苑君道載伊尹答湯問，曰：“昔者，堯見人而知,舜任人然後知,禹以成功舉之。夫三君之舉賢,異道而成功,然尚有失者,況無法度而任己直意用人,必大失矣。"

〔七〕惟堯能不自信,而舜惟不自任:吳本二"惟"字作"唯",四庫本下"惟"字作"唯"。自任,自用,自行其是。

〔八〕不以獨照之精而遂問:獨照,謂獨到的眼光,獨特的認識。吳本、四庫本"照"作"炤"。遂問,彦按:其義蓋爲"不問"。説文辵部:"遂,亡也。"漢語大字典以此"亡"爲"逃亡"義,當是。疑羅氏讀"亡"爲"無",故有此"遂問"之説。吳本、四庫本"問"作"間"誤。

〔九〕用人繇己:四庫本"繇"作"由"。　四族去而二八升:四族,即四凶。見前紀四蜀山氏注〔一一三〕。二八,指八元、八愷(亦作"八凱"),亦即下文所云之"十六俊"。

〔一〇〕史克之言:見左傳文公十八年大史克對魯宣公語,文曰:"昔高陽氏有才子八人,蒼舒、隤敳、檮戭、大臨、尨降、庭堅、仲容、叔達,齊、聖、廣、淵、明、允、篤、誠,天下之民謂之八愷。高辛氏有才子八人,伯奮、仲堪、叔獻、季仲、伯虎、仲熊、叔豹、季貍,忠、肅、共、懿、宣、慈、惠、和,天下之民謂之八元。此十六族也,世濟其美,不隕其名。以至於堯,堯不能舉。舜臣堯,舉八愷,使主后土,以揆百事,莫不時序,地平天成;舉八元,使布五教于四方,父義、母慈、兄友、弟共、子孝,内平外成。"

〔一一〕夫所貴乎堯者,以能允釐於百工也:吳本"貴"作"𥄂"。書堯典:"允釐百工,庶績咸熙。"孔氏傳:"允,信。釐,治。工,官。"

〔一二〕今也久抑元凱,則"克明俊德"爲虚言;長芘四凶,則"百姓昭明"爲妄語矣:元凱,指八元、八凱。俊德,大德,美德。芘,通"庇",包庇,庇護。百姓,百官。昭明,英明。書堯典稱堯:"克明俊德,以親九族;九族既睦,平章百姓;百姓昭明,協和萬邦。黎民於變時雍。"孔氏傳釋"克明"二句云:"能明俊德之士任用之,以睦高祖玄孫之親。"

〔一三〕徒言:空言,説空話。

〔一四〕蓋莒僕之去也,宣公不能,而行父能之,彼史克者,恐宣公之以不能去爲恥,而行父以擅去之爲專,故借是以爲釋爾:莒僕,春秋莒紀公太子。四庫本如此,是,今從之。餘本"莒"均誤"吕"。宣公,春秋魯國君。行父,季孫行父,即季文子,春秋魯國正卿。左傳文公十八年:“莒紀公生大子僕,又生季佗,愛季佗而黜僕,且多行無禮於國。僕因國人以弑紀公,以其寶玉來奔,納諸宣公。公命與之邑,曰:‘今日必授!’季文子使司寇出諸竟,曰:‘今日必達!’公問其故。季文子使大史克對曰:‘先大夫臧文仲教行父事君之禮,行父奉以周旋,弗敢失隊,曰:“見有禮於其君者,事之,如孝子之養父母也;見無禮於其君者,誅之,如鷹鸇之逐鳥雀也。”先君周公制周禮曰:“則以觀德,德以處事,事以度功,功以食民。”作誓命曰:“毀則爲賊,掩賊爲藏。竊賄爲盜,盜器爲姦。主藏之名,賴姦之用,爲大凶德,有常,無赦。在九刑不忘。”行父還觀莒僕,莫可則也。孝敬、忠信爲吉德,盜賊、藏姦爲凶德。夫莒僕,則其孝敬,則弑君父矣;則其忠信,則竊寶玉矣。其人,則盜賊也;其器,則姦兆也。保而利之,則主藏也。以訓則昏,民無則焉。不度於善,而皆在於凶德,是以去之。’”

〔一五〕黎民變矣:即書堯典所謂“黎民於變時雍”。　萬國和矣:即書堯典所謂“協和萬邦”。見上注〔一二〕。

〔一六〕起微出側:謂出身低微,來自僻遠之地。　立人極:謂居君位。納于百揆、賓于四門:見後紀十二帝舜有虞氏注〔一七九〕。　流放竄殛:參見後紀十一帝堯陶唐氏注〔二〇五〕。

〔一七〕後世之屏姦:吳本“後”譌“**痎**”。

〔一八〕或曰:吳本“或”譌“成”。

〔一九〕厭服:壓服。厭,“壓”之古字。吳本、四庫本作“猒”。

〔二〇〕姦憸(xiān):姦邪的人。　相濟:相助。

〔二一〕圖任:考慮命官。

〔二二〕茂聞:多聞。

〔二三〕不下几席:謂不離居室。几席,几和席,古人憑依、坐卧的器具。几席爲居室中物,因以借代居室。　難疑:四庫本作“疑難”。

〔二四〕申命:重新任命,再次任命。

〔二五〕其人堯也:四庫本“也”作“邪”。

〔二六〕載:事務。小爾雅廣詁:“載,事也。”

〔二七〕爾:四庫本作“耳”。

〔二八〕繇:四庫本作“由”。

論治水先後

　　天下之事，未始有人之不可爲者也。得其理，則無不易；違其理，則無不難。方鴻水之爲患也，堯求有以治之者，可謂急矣[一]。然以鯀則不治，以禹則治之，何哉？得其理、不得其理而已矣。

　　夫水之居於天地之間也，猶血氣之周於人之一身也[二]。一身之間，血氣之流無餘欠也[三]。方水未乂，豈有餘乎[四]？壅之失其道，而特行於地上爾[五]。及其既乂，又非其欠也。導之得其理，而遂行於地中也。孟子曰：智若禹之行水也，行其所無事[六]。又曰："禹之治水，水之道也[七]。"禹之治之，豈任智鑿於間哉[八]？亦不犯焉而已矣[九]。

　　方行地上，伯禹治之，必有所從始矣。浩浩瀚瀚，川原爲一，吾不知畬畮之功何從而施哉[一〇]。後世之人，見其功之無涯而不獲其迹，求其説而不可得，於是以爲神聖之事，非人力之所能致，遂引而歸之不可窮詰之域，而怪誕之説行矣[一一]。爲老子者，至謂道有所謂金丹之靈，得而餌之，則可以知萬物之名，究川源之理，而禹嘗得之，未始不真以爲策雷電而役鬼物也[一二]。

　　不惟學者疑之，始吾於此，蓋亦嘗疑之矣。於是盡取凡禹貢之傳而讀之，則無不以爲禹之施功，自下而之上，始之於冀，次之兗、青、徐，而終于雍；雍土最高，故治最後[一三]。其説也，蓋以禹貢之所敍九州之次言之，未嘗不笑之也。夫上者水之源，而下者水之委也[一四]。上者既已襄且懷之，則下者淹没而無餘矣[一五]。今也治之而先乎下，萬萬無是理也。吾固謂治水者，必上流始。顧禹亦豈能倒行而逆施哉？予乃屏衆傳，攝伯禹之書而復之，目營手畫於九州之次；而不得其説，則復稽之九川之次以求之；又不得其説也，於是退而求之導山之文，而始得其説焉[一六]。然後信予之所謂始上流者，斷不疑矣。

夫九州之別，不在於水工方興之時；而畬畆之工，必先於水害尤急之處〔一七〕。蓋別州者不緣乎其水，而治水者不限乎其州。不緣乎水，是故荆、梁皆及於沱、潛；沱、潛者，江、漢之別也〔一八〕。不限乎州，是故壺口必載於梁、岐；梁、岐者，梁、雍之山也〔一九〕。始于梁、岐，有以見上流之必先；及於沱、潛，有以見下流之居後。事不愆矣〔二〇〕。子曰：“禹別九州，隨山濬川〔二一〕。”禹曰：“予隨山而刊木〔二二〕。”夫濬川刊木，必隨乎山者，上流始也。山豈可導哉？曰導山者，導水而已。是故四列之山，自正陰以至于正陽，自北而南也〔二三〕。中國七水，自河以及於江，亦自北而南也。“導岍及岐”，河之始功也；“至于王屋”，濟之始功也；渭自鳥鼠；洛自熊耳；淮自桐柏：此陰列之山也〔二四〕。漢自嶓冢，江起汶山，此陽列之山也〔二五〕。孰曰先後之次而不可見乎〔二六〕？濬畎澮以距之川，決九川以距諸海，先下乎哉〔二七〕？

抑又求之，堯水之害，盛者莫過於河、濟，而短者極於渭、洛。河之害在於冀、兗、雍，而濟之害在於兗、青、徐，是故河、濟則治其近而不始其源〔二八〕。洛止於豫，渭止於雍，是故渭、洛則附于河而不待致力。蓋河一治而渭、洛自從也。且九州之地，固非皆苦鴻也，有甚者矣。淮次于漢，漢次于江，江次于濟，此小大之別也。淮之所被者徐，而江、漢之所被者梁、荆、揚〔二九〕。顧河之害，則冀重而雍輕；濟之害，則徐輕而青重；至於江、漢，則荆、揚爲尤督也〔三〇〕。今治冀而首於雍，則治青者必先于徐，而治揚、荆者先於梁也，必矣。所謂水之道也，夫惟自上而之下，故揚州惟一敷淺原，而兗、青、徐則無山，事不愆也〔三一〕。若夫九州之次，則特沉鴻既平之後，分別彊界，陂其餘浸，作其平陸，平土定賦之敍爾〔三二〕。以故自北而東，之轉乎南，然後折乎西，以復于王所。而九川之敍，則又貢賦已定，而銓次功績之輕重短長，先難後易之次爾[三三]。以故先河、漢,次江、濟,而末後於渭、洛。若夫涇,則小而附于渭;黑、弱則又遐荒而尤大,其功尤難,故冠之河首:俱非治水之先後也。是則禹貢之書,實非治水作也,以定賦而附見伯禹之功也。九川之列,非出治水之時也,乃史官所條難易之次也。是故次導山於九州之後,而綴九川于導山之尾,斯可見矣。

　　竊復索之,水之功,始於河而訖於河,首於雍而終於雍;徐、兗、梁、荊,往來經略,皆非止乎一[三四]。至今而曰雍土最高而治最後,豈理也哉? 嗟乎! 禹之決瀆也,因水以爲師。神農之爲稼也,因苗而爲教。鯀之治水,惟知以土勝水,而不能從其就下之性,於是堙其泄以逆犯之,而激其怒,故一行汩於下而五俱廢,上帝震怒,不畀洪範九疇,至于殛死[三五]。禹乃嗣興,從而導之,九疇乃錫。九疇者,出于理之自然,而非人力私智之所致者也。是故順之則吉,逆之則凶。然則伯禹治之,豈任智鑿於間哉? 直不犯焉而已矣。

　　嗚呼! 繇禹而來,惟商都河北,時或墊圮[三六]。然而遇圮輒遷,故訖無大害。春秋之際,山崩地震,變故畢備,然而獨蔑河患,則禹之功施于人者,亦大矣。後世之水患,固無以加於伯禹者,而一河之患,訖未見其可治,何邪? 亦舍順效逆而已[三七]。崇其防而廬其上,此何見歟[三八]? 夫又安知鯀、禹之所以爲功哉! 興利之臣,何至殘民而與水爭尺寸,以盛涯堧之鬼歟[三九]! 予論治水之敍,愴禹之功,傷乎世之用鑿,而不足以知禹也,故重歎之[四〇]。

【校注】

　　〔一〕鴻水:四庫本作“洪水”,同。

　　〔二〕血氣:四庫本作“氣血”。

　　〔三〕餘欠:多餘與不足。

　　〔四〕豈有餘乎:吳本“乎”譌“子”。

　　〔五〕雍:堵塞,阻擋。

〔六〕孟子離婁下,孟子曰:"所惡於智者,爲其鑿也。如智者若禹之行水也,則無惡於智矣。禹之行水也,行其所無事也。"孫奭疏:"以其大禹之治行其水也,但因水自然之性引而通之,是行其所無事者也,非逆其水性而行之也。"

〔七〕禹之治水,水之道也:見孟子告子下。孫奭疏:"夫大禹之治水,因水道而疏通歸於海也。"

〔八〕鑿:謂穿鑿附會。

〔九〕犯焉:違反水之性。

〔一〇〕浩浩瀚瀚:水盛大貌。　畚臿:泛指挖運泥土的用具。畚,盛土器。臿,同"鍤",即鍬。

〔一一〕窮詰:深究。　怪誕:四庫本如此,於義爲長,今從之。喬本、洪本、備要本"怪"作"惟",吳本則作"唯"。

〔一二〕餌:服食。　策雷電:策,驅使。

〔一三〕次之兗、青、徐,而終于雍:兗,吳本作"充"。雍,古雍州在今山西、陝西至青海、甘肅一帶地方。

〔一四〕委:水流聚合之處。

〔一五〕襄且懷之:參見前紀九陰康氏注〔一〇〕。

〔一六〕予乃屏衆傳,攝伯禹之書而復之,目營手畫於九州之次:予,喬本、洪本作"于"誤,今從餘本訂正。屏,擯棄。攝,執持。伯禹之書,指夏書禹貢。復,通"覆",考求。營,度量,測度。廣雅釋詁一:"營,度也。"手,吳本譌"子"。次,處所。　九川:四庫本作"九州"誤。　導山之文:指禹貢"導岍及岐,至于荊山"云云一段文字。

〔一七〕夫:吳本"天"。

〔一八〕荆、梁皆及於沱、潛:沱,水名。長江支流,約爲今四川成都市郫都區之柏條河。潛,水名,漢水支流,即今湖北潛江市東南部之蘆洑河。禹貢敍述荆州治水,云:"沱、潛既道,雲土夢作乂。"至敍述梁州治水,又有"沱、潛既道,蔡、蒙旅平,和夷底績"語。

〔一九〕壺口必載於梁、岐:禹貢言冀州治水,云:"既載壺口,治梁及岐。"屈萬里今注今譯:"載,始。壺口,山名;在今山西吉縣西南。梁,山名。楊守敬謂即成公五年公羊傳所稱之梁山,在今陝西韓城縣(彥按:今稱韓城市)北與山西河津縣(彥按:今稱河津市)之間。岐,山名,即狐岐山;在今山西介休縣(彥按:今稱介休市)。"

〔二〇〕愆:違失。

〔二一〕禹別九州,隨山濬川:見尚書禹貢序。舊傳尚書各篇篇首之序爲孔子所作。

〔二二〕予隨山而刊木:見書益稷,文作:"予乘四載,隨山刊木。"刊木,砍伐樹木。

〔二三〕四列之山:鄭玄以爲禹貢所載夏禹治山導水所及九州之山,自北至南,可分四列:"'導岍'爲正陰列,'西傾'爲次陰列,'嶓冢'爲次陽列,'岷山'爲正陽列。"(見書禹貢"導岍及岐,至于荆山"孔穎達疏引鄭玄説。)

〔二四〕導岍及岐:岍,各本均譌"汧",今據禹貢訂正。屈萬里尚書今注今譯:"岍,山名;即今陝西隴縣吳嶽山。岐,謂雍州之岐山。"　至于王屋:禹貢:"導岍及岐,至于荆山,逾于河;壺口、雷首,至于太岳;厎柱、析城,至于王屋。"

渭自鳥鼠;洛自熊耳;淮自桐柏:熊耳,山名,在今河南盧氏縣。書禹貢:"西傾、朱圉、鳥鼠,至于太華。熊耳、外方、桐柏,至于陪尾。"

〔二五〕漢自嶓冢,江起汶山:嶓冢,山名,在今陝西寧强縣。汶山,山名,又稱岷山,在今四川松潘縣。書禹貢:"導嶓冢,至于荆山。……岷山之陽,至于衡山,過九江,至于敷淺原。"

〔二六〕次:四庫本如此,是,今從之。餘本均作"久",當由形譌。

〔二七〕濬畎澮以距之川,決九川以距諸海:吳本"畎"譌"畝"。見後紀十三帝禹夏后氏注〔一八六〕。

〔二八〕治其近而不始其源:治,吳本作"洺"。始,吳本、四庫本作"治"。

〔二九〕揚:洪本、吳本作"楊"非。

〔三〇〕則荆、揚爲尤督也:揚,喬本、洪本、吳本譌"楊",此從四庫本及備要本。下"揚、荆"、"揚州"之"揚"同。督,通"篤",深重、嚴重。四庫本作"多"非。

〔三一〕夫惟自上而之下,故揚州惟一敷淺原:夫惟,吳本"惟"作"唯"。敷淺原:山名。漢書地理志顏注以爲即豫章郡歷陵縣(今江西德安縣)南之傅陽山。而朱熹九江彭蠡辨以爲在今江西廬山。羅泌則以爲即崇陽縣（今屬湖北省）西二百二十里之雲溪山（見餘論十敷淺原）。

〔三二〕則特沉鴻既平之後，分別彊界，陂其餘浸，作其平陸，平土定賦之敍爾：沉鴻，深重的洪水。四庫本“鴻”作“洪”。彊，通“疆”。吳本、四庫本、備要本作“疆”。陂（bēi），築堤圍住。餘浸，指洪水退後留下之湖澤之水。作，耕作。平陸，泛稱平原與陸地。平土：評議土地等級。

〔三三〕九川：四庫本作“九州”誤。

〔三四〕經略：經營治理。四庫本作“經界”誤。

〔三五〕惟知以土勝水：吳本“惟”作“唯”，通。喬本“知”作“所”非，此從餘本。　故一行汩於下而五俱廢：一行，指五行中之一行。汩（gǔ），亂，擾亂。五，謂五行。　上帝震怒，不畀洪範九疇，至于殛死：參見後紀十三帝禹夏后氏。

〔三六〕鯀禹而來，惟商都河北，時或墊圮：鯀，四庫本作“由”。惟，吳本作“唯”。墊，陷没。圮（pǐ），毀壞。

〔三七〕效逆：謂致力於違背水性之事。

〔三八〕崇其防而廬其上：崇其防，高其堤。廬，居住。

〔三九〕興利：猶斂財。　尺寸：指尺寸之土。　盛涯壖之鬼：盛，衆多。此作使動詞用。涯壖（ruán）：水邊。壖，邊緣餘地。

〔四〇〕吳本、備要本此下有“陳臥子曰”云云一段文字，另起一行、低一格書。陳臥子即南明抗清將領、文學家陳子龍（字臥子），自非羅苹注路史原書所有，今不取。

煬帝水戲〔一〕

隋煬帝蒙眊輕狷，不修政事，荒于嬉戲〔二〕。大業間，敕學士杜寶修水飾圖經一十五卷新成，以上巳會羣臣于曲水，縱觀水飾〔三〕。有神龜負八卦出河，進於伏羲；黃龍負圖出河，玄龜銜符出洛，大鱸銜籙出翠嬀之水，以授黃帝〔四〕；黃帝禱于玄扈，鳳鳥降於洛上〔五〕；丹甲靈龜銜書出洛以授倉頡；堯與舜等坐舟浮河，鳳皇負圖、赤龍載籙出河授堯；龍馬銜中赤文出河授舜〔六〕；堯、舜觀于河渚,值五老人來,告帝期[七];堯見四子汾水之陽[八];舜陶河濱,黃龍負黃文符璽之圖出河授舜;舜與百工相和而歌;魚躍于水,白面魚身長人奉圖而出授禹,舞而入河;應龍以尾畫地,導決水原,禹從之治[九];禹鑿龍門,疏九河;濟江,而黃龍負舟;玄夷倉水使者於是以山海經來[一〇];既又遇兩神女神泉之上;帝乙觀洛,黃魚雙躍,化爲黑玉,帶以赤文[一一];周公輔成王,舉行舜禮,榮光幕河[一二]。其類凡七十有二。以七十二航貯之,迭進爲樂[一三]。嗟乎! 名教之内,其樂固自多矣,何至於以聖賢爲戲,不亡何待?

【校注】

〔一〕煬帝水戲:喬本、洪本"戲"作"戯",蓋俗體,此從餘本正體作"戲"。下文"荒于嬉戲"之"戲"同。

〔二〕隋煬帝:洪本"隋"作"随"。　蒙眊:糊塗昏憒。　輕狷:輕佻躁急。四庫本作"輕婞",餘本均作"輕婣"。彦按:"輕婞"不詞,"輕婣"亦不合文意,"婞""婣"當爲"狷"字之譌,今訂正。　荒于嬉戲:荒,沉溺,迷亂。

〔三〕杜寶:各本均作"杜寶常"。彦按:資治通鑑卷一八三隋煬帝大業十二年、宋朱勝非紺珠集卷八大業雜記水飾圖經、太平廣記卷二二六伎巧二水飾圖經引大業拾遺記均作"杜寶","常"字當爲衍文,今删去。又,此下關於水飾之記述,文字與太平廣記大同。　以上巳會羣臣于曲水,縱觀水飾:上巳,農曆三月上旬之巳日。古代風俗,輒於是日引水環曲成渠,稱爲曲水,流觴取飲,相與爲樂。水飾,古代一種置於小船之上,利用水力機械操縱,以供觀賞的木偶。小船於曲水上隨水而行,木偶或人物,或飛禽走獸,皆能運動如生。

〔四〕翠嬀之水:傳説中水名。相傳黃帝曾於此接受錄圖。

〔五〕禘:同"齋"。四庫本作"禱",同。參見後紀五黃帝有熊氏注〔五五四〕。

〔六〕龍馬銜中赤文出河授舜:中赤文,費解,疑有誤。太平廣記作"甲文"。

〔七〕值五老人來:吴本"來"譌"未"。參見後紀十一帝堯陶唐氏注〔四七三〕。

〔八〕堯見四子汾水之陽:莊子逍遥遊:"堯治天下之民,平海内之政,往見四子藐姑射之山，汾水之陽，窅然喪其天下焉。”陸德明釋文引司馬彪、李頤云：“（四子，）王倪、齧缺、被衣、許由。”彦按：據莊子天地篇：“堯之師曰許由，許由之師曰齧缺，齧缺之師曰王倪，王倪之師曰被衣。”

〔九〕水原：洪本、吴本、四庫本作“水源”同。“原”“源”古今字。

〔一〇〕玄夷倉水使者：傳説中仙人的使者。“倉水”亦作“蒼水”。吳越春秋越王無余外傳：“（禹）登衡嶽，……因夢見赤繡衣男子，自稱玄夷蒼水使者，聞帝使文命于斯，故來候之。”吳本“玄”譌“玄”。

〔一一〕帝乙觀洛：太平廣記“帝乙”作“帝天乙”。彦按：帝乙爲殷紂王父，帝天乙即成湯，當以太平廣記爲是。　黄魚雙躍：四庫本“黄魚”作“黄龍”。化爲黑玉，帶以赤文：太平廣記作“化爲黑玉赤文”。

〔一二〕周公輔成王，舉行舜禮：太平廣記作：“成王舉舜禮。”

〔一三〕以七十二航貯之：航，船。貯，安置。

貢法非不善

彼哉，龍子之言古也〔一〕！貢何爲不善哉？孟子曰：“夏后氏五十而貢，商人七十而助，周人百畝而徹〔二〕。”貢者，自治其田而貢其税，畝五十而以其五貢。助者，借民之力以治公田，畝七十而以其七助〔三〕。而徹，則公私合併，百畝而取其十畝矣。貢者，獻也。助者，藉也〔四〕。至於徹，則徹之而已〔五〕。先王之制名，斯可見矣。貢何爲不善哉？

昔者，先王制民之産，豈固欲爲之數邪？不得已焉爾。五十而貢，此伯禹之與民約者，非可加也，蓋有損而已。今而曰“校數歲以爲常”，豈先王之意哉〔六〕？原禹之法，亦曷嘗不本之時邪？顧後之人不達其宜而易之以削，是故有不善，烏可以是而議禹之法乎〔七〕？今也覩戰國貢法之弊，而以病禹，此何理邪？“樂歲多取不爲虐”，豈君子之言哉？夏諺曰：“吾王不游，吾何以休？吾王不豫，吾何以助？”〔八〕是知夏氏雖曰定貢，蓋亦輔之以補助之政矣，何特於周爲亦助哉〔九〕？黄帝之時，八家爲井，故十利得一爲公田〔一〇〕。公田之有助,亦已久矣,何特夏之爲亦助邪?

　　三代取民,雖名不同,然取之以什一,初不變也。什一者,仁義之政,而三代之中行也〔一一〕。多乎此,則重之於堯、禹而入于桀,有以傷乎民而不仁;少乎此,則輕之乎堯、禹而入於貊,無以養乎上而不義:皆非三代之中行也〔一二〕。惟貢則有末世不善之弊,而禹不能逆變於未弊之前;助雖有久遠可行之善,而周不能專用於已行之後〔一三〕。然則周兼貢、助而以徹法取之,亦時更而事異爾。説者故謂周畿内用貢,稅夫而無公田,視年之上下以爲法;畿外用助,制公田而不稅夫,因民之餘力以治野〔一四〕。詩云“雨我公田”,而周禮遂人“興鋤”,里宰“歲時合耦于鋤”,旅師“聚野之鋤粟”,故鋤爲助,惟助爲有公田,此則周之用助也〔一五〕。令地貢,以司徒均地,貢以土均,而閭師“任農以耕事,貢九穀”,司稼“巡野,以年之上下出斂法”,此周之用貢也〔一六〕。惟其稅畆而用賦,則助之隳已久矣,此孟子所以特援詩以明助而不及貢,誠知當時之貢不善,而欲滕侯之爲助也〔一七〕。夫“野九一而助,國中什一俾自賦”,則畿外之邦,亦自内外異矣〔一八〕。雖然,皆什一也。九一者,自井言;而什一者,自藉言也〔一九〕。自康成匠人之釋,謂“通率什一爲正”,而穎達之徒乃謂助則九而貢一,貢則十而貢一〔二〇〕。是則助之所取者重,而貢之所取輕矣,豈孟子意哉〔二一〕?

　　雖然,夏、商、周之授田一矣,而其數不同者,則伯禹之時,沉菑未遠,九州之土固有見而未作、作而未乂者,人功未足以盡地利,而可耕之地尚少,故家五十畆而授〔二二〕。沿歷商、周,人力浸廣,彊土益闢,是故商七十而周則百〔二三〕。詩云:“信彼南山,維禹甸之。畇畇原隰,曾孫田之。我彊我理,南東其畆〔二四〕。”是則其法之略于夏而備於周,可知矣。皇氏、劉氏乃謂夏之民多,故家五十;商民稀,故七十;周民尤稀,故百〔二五〕。熊氏則謂夏之政寬,故一夫之地稅其半；商政稍急，乃稅其七；至周煩極，故盡稅之〔二六〕。而賈公彥復取六遂上地與大司徒四等，據地之法爲言，謂：夏之貢，據一易之地，家二百畞——甸百畞而荒百畞，則二百畞而稅百畞，是五十而貢也〔二七〕。商之助法，據六遂上地甸百畞者萊五十，故百五十畞而稅一百畞，是七十而助也〔二八〕。若周之徹，則據不易之地百畞而盡稅之〔二九〕。是則古之民常多，而後世之民愈少；古之稅常輕，而後世之稅愈重；古之地皆一易，而後世之地皆不易：豈理也哉〔三〇〕？夫又豈知三易之地，周室盡有；而六遂之地，與司徒之法已不同歟〔三一〕？夫"不易之地，家百畞"，則遂人之上地，田百畞也；"一易之地，家二百畞"，則遂人之中地，田百畞、萊百畞也；"再易之地，家三百畞"，則遂人之下地，田百畞而萊倍也〔三二〕。是何周地益治，乃多下地，而夏、商之世反無也邪？況乃遂人上地加萊五十，則既異於其說，反覆無據，則更以爲司徒主鄙言，而遂人主野而言，徒亦不知六遂加萊，司徒三易，高下之法，豈得以是論之三代之貢、助歟〔三三〕？夏據一易，固有上地。商據上地，豈無一易之田哉？且既曰皆什一，而載師之征，復二十而一，若二十而三，與十一不同者，載師之法，征也〔三四〕。特征於有地之主，而非取於井牧之民也〔三五〕。

嗟夫！閭師、司稼，此貢也，非助也〔三六〕。以巡野觀稼，視年之上下出斂法，則歲以爲常，豈夏后之法哉？孟子之言，蓋以救戰國一時暴取之弊爾。今夫九州之貢賦，既有每歲之常矣，至於它時歲儉境險，乃復有錯出之賦，因時制變，凶年豈有取盈之理哉〔三七〕？惟其後世不善用之，知取必於每歲之常，而無雜出它等之時者，此其所以爲弊而不全歟？惟昔太宗皇帝既平河東，制和糴之法，是時米斗十錢，草束八錢，民樂與官爲市〔三八〕。厥後物貴而糴不改，遂爲河東世患。夫謂河東和糴爲弊政則可，謂太宗皇帝和糴之法不善則不可。禹之貢法，謂後世不善用之則可，謂禹之法不善則不可。今也漸於戰國之弊，而以之議禹法，是乃目熟無鹽曰頭窪目之狀，而議南威、西子非必天下之正色者也〔三九〕。吾故曰：彼哉，龍子之言古也！貢何爲而不善哉〔四〇〕？

【校注】

〔一〕孟子滕文公上：“龍子曰：‘治地莫善於助，莫不善於貢。貢者，挍數歲之中以爲常。樂歲，粒米狼戾，多取之而不爲虐，則寡取之；凶年，糞其田而不足，則必取盈焉。爲民父母，使民盻盻然，將終歲勤動，不得以養其父母，又稱貸而益之，使老稚轉乎溝壑，惡在其爲民父母也？’”趙岐注：“龍子，古賢人也。”

〔二〕夏后氏五十而貢，商人七十而助，周人百畝而徹：見孟子滕文公上，“商”作“殷”。喬本、洪本“助”作“耡”，誤，今據餘本訂正。下文“助”字多同，不贅。

〔三〕借民之力以治公田：吳本“力”譌“刀”，“治”譌“洺”。

〔四〕助者，藉也：見孟子滕文公上。趙岐注：“藉者，借也；猶人相借力助之也。”洪本、吳本“藉”作“籍”。

〔五〕則徹之而已：説文攴部：“徹，通也。”路史此“徹”蓋取“通行”之義。

〔六〕校數歲以爲常：孟子引龍子語作“挍數歲之中以爲常”，見上注〔一〕。“校”、“挍”通，謂比較。常，指常貢。

〔七〕顧後之人不達其宜而易之以削：顧，吳本譌“碩”。削，侵奪。

〔八〕夏諺：洪本“諺”譌“彦”。　吾王不游，吾何以休？吾王不豫，吾何以助：見孟子梁惠王下，“游”作“遊”（四庫本路史同）。趙岐注：“晏子道夏禹之世民之諺語也。言王者巡狩觀民，其行從容，若遊若豫。豫亦遊也。……吾王不遊，吾何以得見勞苦蒙休息也？吾王不豫，我何以得見賑贍助不足也？”晏子春秋内篇問下：“故春省耕而補不足者謂之遊，秋省實而助不給者謂之豫。”

〔九〕於周爲亦助：孟子滕文公上：“詩云：‘雨我公田，遂及我私。’惟助爲有公田。由此觀之，雖周亦助也。”

〔一〇〕故十利得一爲公田：彦按：“利”字費解，疑當作“力”，或由音譌。

〔一一〕中行：合乎中庸之舉措。

〔一二〕貊：古代對北方部族的蔑稱。

〔一三〕惟貢:吴本"惟"作"唯"。下"惟助"、"惟其"、"惟昔"之"惟"同。
逆變:預測變化。　　周不能:吴本、四庫本"周"作"固"非。

〔一四〕説者故謂周畿内用貢,税夫而無公田,視年之上下以爲法;畿外用
助,制公田而不税夫,因民之餘力以治野:周禮考工記匠人"九夫爲井,……謂
之澮"鄭玄注:"以載師職及司馬法論之,周制,畿内用夏之貢法,税夫無公田。
以詩、春秋、論語、孟子論之,周制,邦國用殷之助法,制公田,不税夫。"

〔一五〕詩云"雨我公田":見詩小雅大田。四庫本"云"作"曰"。　　而周
禮遂人"興鉏":見周禮地官遂人。林尹今註今譯:"旅師鄭注云:縣官徵聚物
曰興。鉏謂鉏粟,興鉏,謂徵收鉏粟,以時頒發與民而助之也。採江永説。"
里宰"歲時合耦于鉏":見周禮地官里宰。林尹今註今譯:"合耦:二耜爲耦,一
耦必二人合力始可耕,故需爲之選擇搭配相助以耕也。鉏:鄭注云:里宰治事
處也。即今所謂辦事處。孫詒讓云:謂里宰治處名鉏者,亦兼取合耦相佐助之
意。"　　旅師"聚野之鉏粟":見周禮地官旅師。林尹今註今譯:"鉏粟:農民合
出之粟,貯之以備年饑或濟助之用者。江永云:因合耦于鉏,故名鉏粟。"

〔一六〕令地貢,以司徒均地,貢以土均:地貢,指依據土地質量納貢。均
地,估量土地質量。土均,指依照土地質量等級應納貢賦之平均值。周禮地官
大司徒:"以土均之灋辨五物九等,制天下之地征,以作民職,以令地貢,以斂財
賦,以均齊天下之政。"　　而閭師"任農以耕事,貢九穀":見周禮地官閭師。
司稼"巡野,以年之上下出斂法":見周禮地官司稼,"巡野"作"巡野觀稼"。鄭
玄注:"斂灋者,豐年從正,凶荒則損。"

〔一七〕此孟子所以特援詩以明助而不及貢:見上注〔九〕。　　滕侯:戰國
時滕國國君滕文公。

〔一八〕野九一而助,國中什一俾自賦:見孟子滕文公上孟子語,句首有
"請"字,"俾"作"使"(四庫本路史同)。

〔一九〕九一者,自井言;而什一者,自藉言也:藉,貢獻。洪本、吴本作
"籍"。宋陳祥道禮書卷二八夏貢商助周徹則云:"九一自地言之也,什一自物
言之也。"

〔二〇〕康成匠人之釋,謂"通率什一爲正":周禮考工記匠人"九夫爲
井,……謂之澮"鄭玄注:"周之畿内,税有輕重,諸侯謂之徹者,通其率以什一

爲正。”

〔二一〕是則助之所取者重,而貢之所取輕矣,豈孟子意哉:彦按:此説實襲取自宋陳祥道禮書。陳書卷二八夏貢商助周徹云:“鄭氏釋匠人,謂‘通其率以什一爲正’,孔穎達之徒申之,謂:助則九而貢一,貢則什(一)而貢一,通率爲什一。是助之所取者重,貢之所取者輕,非孟子之意也。”

〔二二〕自此而下至“豈理也哉”,大抵撮取陳祥道禮書卷二八夏貢商助周徹之意而敷陳之。　見而未作、作而未义:作,謂開發,開墾。义,吳本譌“又”。

〔二三〕彊土益闢:彊,通“疆”。喬本外,餘諸本作“疆”。下“我彊我理”之“彊”同。

〔二四〕信彼南山,維禹甸之。畇畇原隰,曾孫田之。我彊我理,南東其畝:見詩小雅信南山。信,通“伸”,綿延貌。南山,終南山,在今陝西西安市南。甸,地理。畇畇(yún yún),平坦貌。原隰,泛指原野。毛亨傳:“曾孫,成王也。”又:“疆,畫經界也。理,分地理也。”

〔二五〕皇氏、劉氏:皇氏,指南朝梁經學家皇侃。劉氏,所指不詳,待考。禮記王制“古者公田藉而不税”孔穎達疏:“劉氏及皇氏皆云:‘夏時民多,家得五十畝而貢五畝。殷時民稍稀,家得七十畝而助七畝。周時其民至稀,家得百畝而徹十畝。故云“其實皆什一”。’”

〔二六〕熊氏:指北齊經學家熊安生。禮記王制“古者公田藉而不税”孔穎達疏:“熊氏一説以爲夏政寬簡,一夫之地,惟税五十畝。殷政稍急,一夫之地,税七十畝。周政極煩,一夫之地,税皆通税。所税之中,皆十而税一,故云‘其實皆什一’。”

〔二七〕而賈公彦復取六遂上地與大司徒四等,據地之法爲言:六遂,周分京城外百里之外、二百里之内地爲六區,稱六遂,每遂有遂人掌其政令。大司徒,各本“大”均作“夫”。彦按:地分四等之説見周禮地官大司徒。“夫”當“大”字之譌,今訂正。四等,指四等之地,即:不易之地(可歲歲耕種之上等田),一易之地(休一歲,種一歲之中等田),再易之地(休二歲乃得復耕種之下等田),三易之地(休三歲乃得復耕種之劣等田)。　甸百畝而荒百畝:甸,通“田”,耕地。周禮賈疏作“常佃”。荒,荒地。周禮考工記匠人“九夫爲井,……謂之溝”賈公彦疏:“或有解者云:‘三代受地多少應同,今云夏后氏五十而貢,殷人七十,周人百畝者,據地有不易、一易、再易,并六遂上地不易加五十畝,有四等;據授地之法。夏言五十而貢者,據一易之地,家得二百畝,常佃百畝,荒百畝,其佃百畝常稅之,據二百畝爲稅百畝,爲五十而貢。'"

〔二八〕六遂上地甸百畮者萊五十:萊,郊外休耕之田。詳見下注〔三二〕。周禮考工記匠人賈公彥疏:"殷人七十而助者,據六遂上地百畝,有萊五十畝而言,百五十畝稅一百畝,猶百畝稅七十五畝,舉全數言之,故云七十畝而助也。"

〔二九〕周禮考工記匠人賈公彥疏:"周人百畝而徹者,據上地不易者而言,百畝全稅之,故云百畝而徹也。"

〔三〇〕古之稅常輕:洪本、吳本"古"譌"方"。

〔三一〕夫又豈知三易之地,周室盡有:知,洪本譌"之",吳本脱文。三易之地,指不易之地、一易之地、再易之地。周禮地官大司徒:"凡造都鄙,制其地域而封溝之,以其室數制之。不易之地,家百畮;一易之地,家二百畮;再易之地,家三百畮。"　六遂之地:周禮地官司徒敍官"遂人"鄭玄注:"遂人主六遂。……六遂之地,自遠郊以達于畿,中有公邑、家邑、小都、大都焉。鄭司農云:'遂謂王國百里外。'"

〔三二〕周禮地官遂人:"辨其野之土,上地、中地、下地,以頒田里。上地,夫一廛,田百畮,萊五十畮,餘夫亦如之;中地,夫一廛,田百畮,萊百畮,餘夫亦如之;下地,夫一廛,田百畮,萊二百畮,餘夫亦如之。"

〔三三〕司徒主鄙言,而遂人主野而言:鄙,都邑,畿内。野,郊野,郊外。

〔三四〕而載師之征,復二十而一,若二十而三:二十而一,四庫本如此,是,今從之。餘諸本"二十"作"而一十"誤。周禮地官載師:"凡任地,國宅無征,園廛二十而一,近郊十一,遠郊二十而三,甸、稍、縣、都皆無過十二,唯其漆林之征二十而五。"　與十一不同者:十一,即上文"且既曰皆什一"之"什一"。各本均譌"十二",今訂正。

〔三五〕井牧:耕井田、事畜牧。古者,按土質區劃田地,或爲井田耕作,或爲牧地畜牧,二牧而當一井,以便于授田、貢賦。

〔三六〕見上注〔一六〕。

〔三七〕至於它時歲儉境險:四庫本"它"作"他"。下"它等"之"它"同。

險,各本均作"驗"。彥按:"境驗"于義不洽。"驗"疑"險"字之譌,今姑訂作
"險"。

〔三八〕見宋江少虞宋朝事實類苑卷一五顧問奏對司馬温公之二,文字不
盡相同。　　和糴:古稱官府以議價徵購糧食。

〔三九〕是乃目熟無鹽曰頭窊目之狀,而議南威、西子非必天下之正色者
也:熟,洪本、吳本作"孰",通。無鹽,戰國齊宣王后鍾離春,因是無鹽人,故
名。相傳其人賢惠而貌甚醜。曰頭窊目,頭凹目陷。吳本"窊"譌"崔"。南
威,又稱南之威,春秋時晉國美女。西子,即西施,春秋時越國美女。

〔四〇〕吳本、備要本此下有"楊升菴曰"云云一段文字,另起一行、低一格
書。自非羅苹注路史原書所有,今不取。

辨塗山伯益〔一〕

　　古往之事,學士之言,十失而九〔二〕。伯禹娶塗山,而立記于
巴渝,又起祠于陸渾;會于塗山,而建碣于鍾離,復指表於巴
渝〔三〕。益先禹死,而避啓于箕陰〔四〕。請草陳之〔五〕。陸渾乃三塗山,
故盟會圖云塗山在亳州〔六〕,非塗山國,誤矣。蘇鶚演義辨塗山有四:一會稽,二渝州,
三濠州——皆置禹廟,四者,文字音義所云盫山古國,禹娶之地〔七〕。然以宣之當塗爲
是,益謬矣〔八〕。夫巴東縣塗山,巫山也,以其近江,禹生之地,尤非〔九〕。詳紀注。

　　夫禹年二十而事舜,舜命繼鯀治水。蓋八載而後鴻水
平〔一〇〕。鴻水平,然後作其九州。故夏書云:"作十有三載,乃
同〔一一〕。"九州之同,逾壯,蓋數年矣〔一二〕。方其作州也,實始冀、
兖。冀、兖治,然後作青,作徐、揚。年三十,娶于塗山。以年計
之,正當急作徐、揚之下,故四日而亟往趨事〔一三〕。則娶在壽春之
塗明矣。舜受禪時,禹纔十餘歲,又二十餘年而娶,故呂不韋云,三十娶于塗山。夫
禹之仕,不在於舜攝之初,亦不接於鯀殛之日,其去殛鯀也遠矣〔一四〕。十歲,非能治水
之時也。穎達更謂舜攝元年,九州始畢,尤疎妄〔一五〕。並詳紀中。昔吳伐越,墮
會稽,得專車之骨,使而問諸孔子〔一六〕。孔子以爲防風氏之骨,禹
致羣神於會稽所戮者。會稽棟山也。一曰塗山,即防山也。故傳

又云：禹會諸侯於塗山，防風氏守封、禺之間，塗山之會最近，而最後至〔一七〕。此帝之所以誅之。則會之塗爲會稽之塗，明矣。地名改易，最爲煩亂。今宣州南陵之東南，有故當塗城及禹墟，記皆以當塗山之國〔一八〕。應氏以爲禹娶塗山侯國〔一九〕。按：今當塗，乃太康二年之于湖縣。成帝時以江北之當塗流人在于湖者僑立當塗縣，屬淮南〔二〇〕。晉州郡志云：愍、懷之亂，琅邪王濬出鎮揚州，因渡江南，卜金陵建大業，衣冠禮樂、郡邑之名，並隨渡江徙〔二一〕。北地當塗徠江南，自東晉始也。封、禺二山，皆在湖州武康。

堯之諸臣，惟彭籛、皋陶、伯益爲最壽。皋陶年百有六，而伯益逾二百，然計其年，亦皆前禹死矣，烏有所謂避啓者乎？皋陶當高辛氏之末，事唐歷虞，及禹受禪，從而遜之，則年百六七十矣〔二二〕。伯益乃高陽氏之子，其猶子䵷逮事其父，則高陽之崩，益年不下四十，歷高辛、唐、虞凡二百二十載，如年二百六十始及禹之受禪〔二三〕。且攷於書，何嘗有遜益七年之事？惟皋陶見禹受命之初，亦不及禹之没，故其序曰“謨明弼諧”，言其建謀則明，爲輔則合，見其德之止於輔佐，而禹之不終遜之也〔二四〕。此孟子之失〔二五〕。

凡此之類，書之則不勝書，辨之則有不足辨者，聊引其彙〔二六〕。觸而長之，可以三隅反矣。

【校注】

〔一〕辨：吴本、四庫本作“辯”。

〔二〕失：洪本譌“夫”。

〔三〕巴渝：蜀古地名，約在今重慶市一帶。　　會于塗山：指會諸侯於塗山。　　指表：指出表示，標舉。

〔四〕見後紀八帝顓頊高陽氏注〔二一四〕。

〔五〕草陳：簡單地説説。吴本、四庫本“草”譌“章”。

〔六〕亳州：喬本、洪本“亳”字譌“毫”，此從餘本。

〔七〕見蘇氏演義卷上。　　辨塗山有四：吴本“辨”作“辯”。　　濠州：州名，治所在今安徽鳳陽縣東北。吴本作“豪川”誤。　　文字音義：即開元文字音義，舊題唐玄宗撰。

〔八〕宣之當塗：宣，州名。當塗，縣名，治所在今安徽懷遠縣南。

〔九〕巴東縣：今屬湖北省。

〔一〇〕鴻水:四庫本"鴻"作"洪"。下"鴻水"同。

〔一一〕參見後紀十二帝舜有虞氏注〔三六七〕。

〔一二〕逾壯:已過壯年。喬本"壯"作"狀"非,今據餘諸本訂正。

〔一三〕急作徐,揚之下:吳本、四庫本"作"作"於"誤。　四日而呕往趨事:四日,見後紀十三帝禹夏后氏注〔三一五〕。趨事,投身工作。

〔一四〕鯀殛之日:洪本"殛"譌"殛"。　殛鯀:四庫本作"鯀殛"。

〔一五〕穎達更謂舜攝元年,九州始畢:元年,各本均作"之年"。彥按:"之年"當作"元年",蓋"元"字草書作"𤣩",與"之"相近而譌。今訂正。始,吳本、四庫本、備要本作"治",誤。穎達語見書舜典"肇十有二州"疏,其文曰:"禹之治水,通鯀九載,爲作十有三載,則舜攝位元年,九州始畢。當是二年之後,以境界太遠,始別置之。"

〔一六〕得專車之骨,使而問諸孔子:專車,獨占一車,即滿滿裝了一車。使而,四庫本作"使人"。問,各本均作"聞"。彥按:作"聞"非其義,今據説苑訂"問"。説苑辨物:"吳伐越,墮會稽,得骨專車,使使問孔子曰:'骨何者最大?'孔子曰:'禹致羣臣會稽山,防風氏後至,禹殺而戮之,其骨節專車,此爲大矣。'"

〔一七〕封、禺之間:四庫本如此,是,今從之。餘本"禺"均譌"禹"。參見後紀六帝鴻氏注〔一六〕。

〔一八〕宣州南陵:宣州,備要本如此,是,今從之。餘本作"宜州",誤。南陵,縣名,今屬安徽省。備要本譌"意陵"。

〔一九〕漢書地理志上九江郡當塗,顏師古注引應劭曰:"禹所娶塗山侯國也。"

〔二〇〕成帝時以江北之當塗流人在于湖者僑立當塗縣:自此而下至"自東晉始也",大抵撮取自太平寰宇記卷一〇五太平州當塗縣。

〔二一〕晉州郡志:太平寰宇記作"晉書郡國志"。　琅邪王濬出鎮揚州:琅邪王,四庫本"琅"譌"郎"。揚州,四庫本如此,是,今從之。餘本"揚"作"楊"非。　卜金陵建大業:卜,謂卜居,即以占卜擇定建都之地。備要本譌"下"。建,吳本譌"二"。大業,指帝業。　郡邑之名,並隨渡江徙:太平寰宇記作:"州郡名號並隨渡江改制。"

〔二二〕及禹受禪，從而遜之：舜命禹繼帝位，禹欲讓皋陶，事載書大禹謨。
“從而遜之”，吳本作“徙而避之”，四庫本作“從而避之”，俱非。

〔二三〕其猶子黎逮事其父：其父，謂高陽，“其”指伯益。

〔二四〕故其序曰“謨明弼諧”：序，敍述。謨明弼諧，見書皋陶謨。

〔二五〕失：洪本誤“夫”。

〔二六〕彙：類。

小弁序

小弁之詩，刺幽王者。按其序，則太子之傅作焉〔一〕。然稽孟
子，乃以爲人子之怨大者〔二〕。何哉？夫既以爲人子之有怨，則是
詩不得爲太子之傅作，而詩序不出乎孟子之前矣。孟子之言，或
且妄乎？曰：不然。人子之於親也，惟欲用其情爾。於吾親而不
得用吾情，是故時而至怨。怨者，所以致其親愛之情而已。如其
傅作之，則是陳義以達其情者，高子雖固，豈得以爲怨乎〔三〕？惟
怨之生，猶煙之方鬱也，不有以抒之，則其志不能以自見，而爲溝
瀆之經矣〔四〕。故必有以抒而合乎義，是亦聖人之所許者〔五〕。惟
其非義，不得其情，此高子所以謂之小人也。孟子曰：親之過大，
不得不怨〔六〕。然則此詩爲人子之心有慉而作，明矣〔七〕。使繇其
傅，其怨豈得爲愈疏乎〔八〕？且凱風亦非人爲之作也〔九〕。

曰：若是，則詩序彼皆非歟？曰：不然。小弁，人子之爲詩也。
詩序，聖人之所作也，夫曰“刺幽”，則其義已該矣〔一〇〕。而説者
以爲子之怨父，不可以訓，是以託諸其傅而已。雖然，中山勝、趙
臺卿俱謂伯奇所作，劉更生且以伯奇爲王國子，正謂繼母欲立其
子伯封而譖之王，王以信之〔一一〕。豈其然乎？方幽王之嬖褒后而
愛伯服，將逐其太子宜臼而殺之，故太子作是詩〔一二〕。而伯奇何
稱焉〔一三〕？伯奇，尹吉之子也。吉甫領嗣妻之愬而伯奇黜，固似
之而非，未足登也〔一四〕。曹子建惡鳥論云：吉甫聽後妻之讒，欲殺

伯奇,厥弟伯封求之弗得,乃作黍離之詩〔一五〕。俗云:吉甫悟,而遊于田,見伯奇爲鳥伯勞,因射其妻〔一六〕。斯固弗信。然韓詩亦以黍離爲伯封作,則伯封之作黍離也。"民莫不穀,我獨于罹",豈其傅之言哉〔一七〕? "踧踧周道,鞠爲茂草",豈伯奇之言哉〔一八〕?

【校注】

〔一〕詩小雅小弁序:"小弁,刺幽王也。大子之傅作焉。"

〔二〕孟子告子下:"公孫丑問曰:'高子曰:小弁,小人之詩也。'孟子曰:'何以言之?'曰:'怨。'曰:'固哉,高叟之爲詩也! ……小弁之怨,親親也。親親,仁也。固矣夫,高叟之爲詩也!'曰:'凱風何以不怨?'曰:'凱風,親之過小者也;小弁,親之過大者也。親之過大而不怨,是愈疏也;親之過小而怨,是不可磯也。愈疏,不孝也;不可磯,亦不孝也。'"

〔三〕高子:齊人。名不詳。 固:機械,刻板。

〔四〕鬱:蘊積。 爲溝瀆之經:經,自縊。典出論語憲問:"豈若匹夫匹婦之爲諒也,自經於溝瀆而莫之知也?"

〔五〕許:贊同。

〔六〕見上注〔二〕。

〔七〕惛(xù):憂鬱,鬱結。四庫本如此,於義爲長,今從之。餘本均作"穑"。

〔八〕繇:四庫本作"由"。 其怨豈得爲愈疏乎:彥按:"怨"宜作"不怨"。見上注〔二〕。

〔九〕且凱風亦非人爲之作也:凱風,詩邶風篇名。人,別人,他人。詩序:"凱風,美孝子也。衞之淫風流行,雖有七子之母,猶不能安其室,故美七子能盡其孝道,以慰其母心,而成其志爾。"

〔一〇〕該:包含在内,具備。

〔一一〕中山勝、趙臺卿俱謂伯奇所作:中山勝,見國名紀七漢國注〔二九三〕。漢書中山靖王勝傳載勝對武帝語曰:"臣雖薄也,得蒙肺附;位雖卑也,得爲東藩,屬又稱兄。今羣臣非有葭莩之親,鴻毛之重,羣居黨議,朋友相爲,使夫宗室擯卻,骨肉冰釋。斯伯奇所以流離,比干所以横分也。詩云'我心憂傷,惄焉如擣;假寐永歎,唯憂用老;心之憂矣,疢如疾首',臣之謂也。"顏師古

注:"小雅小弁之詩也。"趙臺卿,即東漢趙岐(初字臺卿)。孟子告子下"小弁,小人之詩也"趙岐注:"小弁,小雅之篇,伯奇之詩也。"

〔一二〕方幽王之嬖褒后而愛伯服:褒后,各本均作"申后"。彦按:申后當作褒后,褒后爲伯服母,申后則太子宜曰母矣。今訂正。參見後紀十四帝履癸注〔二六七〕。

〔一三〕稱:合適,符合。

〔一四〕吉甫頷嗣妻之愬而伯奇黜:頷,首肯,此謂聽信。四庫本如此,是,今從之。餘本作"領"誤。　未足登:未爲得。登,通"得"。

〔一五〕見後紀九帝嚳高辛氏注〔一五〕。

〔一六〕因射其妻:各本"射"均作"體"。彦按:作"體"費解。今據曹植令禽惡鳥論訂作"射"。曹文曰:"俗傳云:吉甫後悟,追傷伯奇。出遊于田,見異鳥鳴于桑,其聲嗷然。吉甫動心曰:'無乃伯奇乎?'鳥乃撫翼,其音尤切。吉甫曰:'果吾子也。'乃顧謂曰:'伯奇,勞乎! 是吾子,棲吾輿;非吾子,飛勿居。'言未卒,鳥尋聲而棲于蓋。吉甫遂射殺後妻以謝之。"

〔一七〕民莫不穀,我獨于罹:詩小弁句。鄭玄箋:"穀,養。……罹,憂也。"

〔一八〕踧踧周道,鞠爲茂草:詩小弁句。踧踧(dí dí),平坦貌。周道,程俊英譯註:"指周朝京師的大路。"鞠,"鞠"字之譌(義爲"盡")。毛亨傳:"鞠,窮也。"鄭玄箋:"此喻幽王信褒姒之讒,亂其德政,使不通於四方。"　豈伯奇之言哉:吳本、備要本此下有"鍾伯敬曰"云云一段文字,另起一行、低一格書。鍾伯敬即明南京禮部郎中鍾惺(字伯敬),自非羅苹注路史原書所有,今不取。

夏氏户口

户口之登耗,非必爲國盛衰〔一〕。然昔之觇國者,必以民人衆寡爲貧富,而論相者亦以近郊户口爲優劣,治亂之迹,亦得見諸此也〔二〕。養民者,君相之職也,是故先王以天下爲一家,省刑役,薄賦斂,所以懷保而存撫之者無不至,視猶赤子,惟恐其生之不蕃也〔三〕。

成周之時,司徒"以保息六養萬民",歲終登籍,則王拜而受之〔四〕。鄉官稽比較登，其事尤悉〔五〕。故成王時生齒之息，至千三百七十一萬四千九百有七十三〔六〕。幽、厲之亂，黎民凋喪。抵莊王十三年，五千里外已非天子之御，自公侯達民，止千一百八十四萬一千九百有二十三，而諸侯之國猶千二百〔七〕。桓公二年〔八〕。春秋二百四十二年，干戈鼎沸，民不聊生，故其詩曰："知我如此，不如無生！"〔九〕民蓋以身而爲累矣。已則又曰："我躬不閱，遑恤我後〔一○〕。"則復以家而爲累矣。如此，則奚望乎人之蕃息也？自時厥後，戰國縱橫，生民魚肉。秦築長城四十餘萬，阿房、驪山七十餘萬〔一一〕。伊闕之敗，首斬二十四萬〔一二〕。長平之戰，死者亦四十萬〔一三〕。餘如十萬、數萬若五七萬，莫可殫紀。然如七國之戍，猶五百有餘萬〔一四〕。秦、項殘鷙，斬殺無藝〔一五〕。漢初平城，兵才説三十萬，而人之以萬數者僅逾二百〔一六〕。逮孝文時，六十年間休養生息，煙火萬里。不幸武帝窮奢黷武，末年海内虛耗太半〔一七〕。所謂代天地司牧者，固如是邪！降魏訖周，或離或合，蓋不足比。齊高置校籍官，約户三百三萬二千五百二十有八〔一八〕。隨氏平陳，有户僅四百萬〔一九〕。三百九十九萬九千六百四，即後周數〔二○〕。大業二年，乃至八百九十萬七千五百三十六〔二一〕。煬帝承之，遂恣荒淫。首營洛邑，月役丁二百萬〔二二〕。導洛穿淮，引沁通涿，還築長城，率逾百萬〔二三〕。丁男不足，充以婦女；亡死太半，倍之〔二四〕。大業之季，乃至十室九空，身喪國滅。北史云：大業元年，發河南諸郡男女七百萬開通濟渠，自西苑引穀、洛達于河，自板渚引河達于淮〔二五〕。唐氏承之，正觀末年，户猶不三百萬〔二六〕。迨終天寶，唐興百四十載，而人户僅比于隨〔二七〕。乾元三年，户三百一十萬四千七百二十六。時一百九十六州，課户一百九十三萬三千一百三十四，不課户一百一十七萬四千五百九十二〔二八〕。肅宗即位，較户籍：禄山一亂，損户五百餘萬〔二九〕。唐志無"三千"字〔三○〕。五年之間，三又失其二矣。所以然者，徒内以一楊太真，外一李林甫爾〔三一〕。成難敗易，可傷也哉！通典，天寶十四年，户總八百九十一萬四千七百九〔三二〕。唐志,開元二十八年,户亦止八百四十一萬二千八百七十一〔三三〕。獨通鑑言天寶初天下奏户九百六萬九千一百三十四,口五千二百八十八萬四百八十八〔三四〕。二書莫見。然我仁宗皇帝時三司所上亦載唐户九百六十萬九千一百五十四,蓋爲有據〔三五〕。乾元三年,校天寶損户五百九十八萬二千五百八十四,損口三千五百九十二萬八千七百二十三〔三六〕。當是時,雖河朔强梁,民版不入,平使有其半,亦亡其半矣〔三七〕。以此校之,通典爲實,僅少七百。然唐志言減天寶户五百九十六萬一千四百八十四,又少十萬,則知歷代最數,無非大約〔三八〕。方永徽中,天下進户多,上問户部高履行隋、唐户,因奏大業八百餘萬,今户三百餘萬〔三九〕。及開元大蝗,户口逃散,始用宇文融檢括招攜,才得八十餘萬〔四○〕。自是,州縣率相偽增。代宗之時,户部户最二百九十餘萬,稍復生息〔四一〕。口千六百九十餘萬。至元和初,合方鎮户才百四十有四萬〔四二〕。奈何憲宗弗之或恤,勤兵掊割,閩越之俗乃至計產而育,民迫餒饑,往往相食〔四三〕。嗚呼!民之生蕭、代、德、憲間,可謂真不幸矣〔四四〕。郭子儀請罷兵於前,獨孤及請息疲於後,而聽者蔑或聞〔四五〕。生齒之虧,全緜橫斂,李渤每爲言,而憲宗且不省〔四六〕。方時氓民雖欲求同草木,自生自死於天地間,不可得也〔四七〕。

或曰:有盛必衰,有成必毀,此天地之數也〔四八〕。以漢文景而武帝繼之,隨高祖而煬帝繼之,唐明皇而禄兒繼之,盈極復虧,固非人所能遏〔四九〕。此胡寅所以謂博古者言,自古人君養民,至千萬户則止;謂三代不之見,兩漢而下誠未有溢此者〔五○〕。何獨不經,而乃不知漢元始間户至千二百二十三萬三千六十二〔五一〕,二年。口五千九百五十九萬四千九百七十八。永壽三年亦至一千六十七萬七千九百六十〔五二〕,口五千六百四十八萬六千八百五十六〔五三〕。世紀:元始户一千二百二十三萬,永壽户千六百七萬九千九百六〔五四〕。我宋寶元之元户一千一十一萬四千二百九十七,編年,一千一百一十萬〔五五〕。寶訓,一千一十萬四千二百九十〔五六〕。慶曆二年乃至千三百三十萬七千六百有四十,嘉祐三年,一千八十二萬五千五百八十。見長編〔五七〕。六年,增三十六萬五千五百九,主七百二十萬九千五百八十一,客三百八十八萬一千五百三十一〔五八〕。八年,乃至一千二百四十六萬二千三百一十,丁二千六百四十二萬一千六百五十一^{〔五九〕}。<u>熙寧</u>十年至千四百二十四萬五千二百七十,<u>呂祖謙</u>數。<u>元豐</u>二年千三百九十萬^{〔六〇〕}。見<u>曾鞏</u>太祖皇帝總序^{〔六一〕}。何獨不之見哉?<u>仁宗皇帝</u>嘗讀<u>真宗</u>正説養民篇,見歷代户口登耗之數,顧問侍臣天下民籍,<u>梅詢</u>不能對,乃詔三司、編修院檢閱前漢以來户口上之^{〔六二〕}。國家首繼<u>五季</u>衰殘,<u>太祖皇帝</u>初年,州一百一十一,縣六百三十八,户才九十六萬七千三百五十三^{〔六三〕}。末年,州二百九十七,縣一千八十六,户三百九萬五百有四^{〔六四〕}。洎<u>章聖天禧</u>間,户已八百六十七萬七千六百七十七^{〔六五〕}。安養之效若此。<u>建隆</u>元年,吏部格取諸道見在官户口增耗爲州升降^{〔六六〕}。未幾,罷。

在<u>漢</u>,長吏以户最課,故州縣希旨,攤逃廋蔽,多以客而爲主,若爲增者^{〔六七〕}。故<u>伏無忌</u>記每帝之即位户口、墾撮之田大數,以見滋減^{〔六八〕}。帝以後,且不復較,則固其大略者。<u>孝平</u>以來,<u>莽</u>、<u>眉</u>繼起,存者不十二三^{〔六九〕}。<u>孝桓</u>而後,<u>巾</u>、<u>卓</u>迭作,存者十一二矣^{〔七〇〕}。民哉,民哉,不殆於無生哉?

嘗竊蔽之,<u>唐虞</u>、<u>伯禹</u>,升平者三百載;而自<u>湯</u>至<u>盤庚</u>,且二百年;保民之主世出,固非後世無事、淺促者比^{〔七一〕}。户籍于時,又豈千萬而已邪?然稽之傳,<u>禹</u>平水後,口才千三百五十五萬三千九百二十三。雖云<u>堯</u>代水土初平,民户未息,然<u>塗山</u>之會,贄者萬國,不以侯伯,曷有甫千口而可國者^{〔七二〕}?人民財用,在天地之間,亦血氣之周於人之一身也,豈有餘不足哉?以<u>隨</u>平<u>陳</u>,不三年而户之增者五百萬,雖云時平滋息,亦豈能若是遽^{〔七三〕}?此則<u>文帝</u>好爲吏事,郡縣竭力按括所至,雖能驟致富强,而<u>大業</u>之亂,已瓦解不可復^{〔七四〕}。故朝廷雖極富,而郡縣以極貧;兵籍至繁,而民力以至困^{〔七五〕}。民之膏血,今日已盡,而明日之兵亦竭矣。<u>魏太和</u>間,民苦户調,至更相隱冒,三五十家而共一户^{〔七六〕}。<u>楊炎</u>括隱户,輒曰四百萬,而民以重困^{〔七七〕}。<u>開元</u>中,<u>宇文融</u>檢括匿户羨田,一歲之間至收八十萬緡,而生民之力亦盡^{〔七八〕}。户最何得而視爲實?若古先王,與民爲生,後世不能與之爲生,則聽其自爲生亦已矣,又從胝苦之,征科日來,疾視掊斂,苟不至

貧蹙潰敗者不已〔七九〕。此無以爲生者所以于是亦輕用其生于垂
亡隕絶之餘,疾視其上,而無依依不忍之意,如先王之季者,豈惟
民之罪哉〔八〇〕?昔簡子爲保郭,而尹鐸捐户數以寬民,及韓、魏
亂,而襄子獨免,則前日之寬民者所以爲襄子一旦之歸也〔八一〕。
民何罪哉?虞、夏之民,養之既至,教之又悉,而無札瘥兵革之禍,
父子祖孫貫十數世爲太平泯〔八二〕。代天地之職者,斯無媿矣。故
曰:保民而王。不能保臣民,何爲保王哉?

【校注】

〔一〕登耗:增減。

〔二〕覘國者:觀察國情者。　　而論相者亦以近郊户口爲優劣:洪本"郊
户"二字闌入注文。論相者,指議論國政者與輔佐國政者。

〔三〕懷保:關懷保護。　　存撫:慰問安撫。

〔四〕以保息六養萬民:見周禮地官大司徒。鄭玄注:"保息,謂安之使蕃
息也。"六,據周禮,即:"一曰慈幼,二曰養老,三曰振窮,四曰恤貧,五曰寬疾,
六曰安富。"洪本如此,今從之。　　歲終登籍,則
王拜而受之:登籍,登記入册。通典卷七食貨七歷代盛衰户口:"(周官)孟冬,
司徒獻民數於王,王拜而受之。"魏徐幹中論民數引周禮,"司徒"作"司寇"。
彦按:本段此下路史及羅注依據材料,大多取自通典此文。

〔五〕鄉官稽比較登:鄉官,泛稱周禮之鄉師、鄉老、鄉大夫等。稽,調查。
登,登記。周禮地官鄉師:"以國比之灋,以時稽其夫家衆寡,辨其老幼、貴賤、
廢疾、馬牛之物,辨其可任者與其施舍者。"又鄉大夫:"以歲時登其夫家之衆
寡,辨其可任者,……其舍者,……以歲時入其書。"又云:"三年則大比,攷其德
行、道藝,而興賢者、能者。鄉老及鄉大夫帥其吏與其衆寡,以禮禮賓之。厥
明,鄉老及鄉大夫羣吏獻賢能之書于王,王再拜受之,登于天府,内史貳之。"

〔六〕生齒之息:生齒,人口。息,生長,增長。　　千三百七十一萬四千九百
有七十三:後漢書郡國志一劉昭注引帝王世(記)〔紀〕,"七十三"作"二十三"。

〔七〕見通典。

〔八〕桓公二年:彦按:此指春秋齊桓公二年,"齊"字實不當省。

〔九〕鼎沸:比喻形勢紛擾動亂。　知我如此,不如無生:見詩小雅苕之華。

〔一〇〕我躬不閲,遑恤我後:見詩邶風谷風,又見小雅小弁。前者毛亨傳:“閲,容也。”鄭玄箋:“恤,憂也。我身尚不能自容,何暇憂我後所生子孫也。”

〔一一〕秦築長城四十餘萬,阿房、驪山七十餘萬:阿房,阿房宫,秦宫殿名。喬本、洪本、吳本“房”作“旁”,此從四庫本、備要本。通典:“秦兼諸侯,所殺三分居二,猶以餘力北築長城四十餘萬,南成五嶺五十餘萬,阿房、驪山七十餘萬。”

〔一二〕伊闕之敗,首斬二十四萬:史記秦本紀昭襄王十四年:“左更白起攻韓、魏於伊闕,斬首二十四萬,虜公孫喜,拔五城。”

〔一三〕長平之戰,死者亦四十萬:長平,戰國趙地,在今山西高平市西北。史記秦本紀昭襄王四十七年:“秦因攻趙,趙發兵擊秦,相距。秦使武安君白起擊,大破趙於長平,四十餘萬盡殺之。”同書白起列傳:“(趙將趙)括軍敗,卒四十萬人降武安君。武安君計曰:‘前秦已拔上黨,上黨民不樂爲秦而歸趙。趙卒反覆。非盡殺之,恐爲亂。’乃挾詐而盡阬殺之。”

〔一四〕然如七國之戍,猶五百有餘萬:通典:“長平之戰,血流漂鹵。周之列國,唯秦、楚、燕而已。齊及三晉,皆以篡亂。衛雖得存,不絕如綫。然考蘇、張之説,計秦及山東六國戎卒,尚踰五百餘萬,推人口數尚當千餘萬。”

〔一五〕秦、項殘鷙,斬殺無藝:項,指項羽。殘鷙,凶殘的鷙鳥。無藝,無度。

〔一六〕漢初平城,兵才説三十萬:平城,在今山西大同市東北。通典:“漢高帝定天下,人之死傷亦數百萬,是以平城之卒不過三十萬。”　人之以萬數者僅逾二百:人,民。

〔一七〕太半:洪本、吳本作“泰半”,四庫本作“大半”。

〔一八〕齊高置校籍官:齊高,指南朝齊高帝蕭道成。南史虞玩之傳:“(齊高帝)建元二年,詔朝臣曰:‘黄籍,人之大綱,國之政端。自頃氓俗巧僞,乃至竊注爵位,盜易年月,增損三狀,貿襲萬端。或户存而文書已絶,或人在而反託死叛,停私而云隸役,身强而稱六疾。此皆政之巨蠹,教之深疵。’……於是朝廷乃別置校籍官。”　約户三百三萬二千五百二十有八：四庫本“約”譌“納”。
彦按：通典云：“北齊承魏末喪亂，與周人抗衡，……至崇化三年，爲周師所滅。
有户三百三萬二千五百二十八，口二千萬六千八百八十。”路史所稱户數與通
典此文正同，蓋誤將南北齊混同了。

〔一九〕隨氏：四庫本“隨”作“隋”。下“僅比于隨”之“隨”同。

〔二〇〕通典：“後周静帝末授隋禪，有户三百九十九萬九千六百四。”

〔二一〕大業二年，乃至八百九十萬七千五百三十六：見通典。中華書局
1988 年版王文錦等點校本據隋書地理志上改“二年”作“五年”。

〔二二〕首營洛邑，月役丁二百萬：各本“役”均作“没”。彦按：作“没”費
解，當誤。今據通典訂“役”。通典云：“（煬帝）登極之初，即建洛邑，每月役丁
二百萬人。”

〔二三〕通典：“導洛至河及淮，又引沁水達河北，通涿郡，築長城東西千餘
里，皆徵百萬餘人。”

〔二四〕丁男不足，充以婦女；亡死太半，倍之：四庫本“太半”之“太”作
“大”。彦按：“倍之”之前疑有脱文。通典作：“丁男不充，以婦人兼，役而死者
大半。及親征吐谷渾，駐軍青海，遇雨雪，士卒死者十二三。又三駕東征遼澤，
皆興百餘萬衆，餽運者倍之。”

〔二五〕發河南諸郡男女七百萬開通濟渠，自西苑引穀、洛達于河，自板渚
引河達于淮：見北史隋煬帝紀。西苑，苑名，隋大業初建，在今河南洛陽市西。
穀，穀水，即今河南澠池縣南澠水及其下游澗水。板渚，黄河津渡名。在今河
南滎陽市高村鄉牛口峪附近。喬本、洪本、吳本作“汲”，四庫本作“汶”，備要
本作“汲”，俱誤。今據北史訂正。

〔二六〕正觀末年，户猶不三百萬：正觀，即貞觀。參見發揮三青陽遺妹注
〔二二〕。通典：“大唐貞觀户不滿三百萬。”

〔二七〕通典：“煬帝大業五年，户八百九十萬七千五百三十六，口四千六
百一萬九千九百五十六，此隋之極盛也。”又云：“（天寶）十四載，管户總八百
九十一萬四千七百九，管口總五千二百九十一萬九千三百九，此國家之極盛
也。”下自注曰：“至（隋）大業（二）〔五〕年，……有户八百九十萬。我國家自武
德初至天寶末，凡百三十八年，可以比崇漢室，而人户纔比於隋氏，蓋有司不以

經國馭遠爲意,法令不行,所在隱漏之甚也。"

〔二八〕時一百九十六州:彦按:通典云:"肅宗乾元三年,見到帳百六十九州。"新唐書食貨志二亦曰:"初,乾元末,天下上計百六十九州。"則此"九十六"當爲"六十九"誤倒。　課户一百九十三萬三千一百三十四:課户,家中有納税丁口之民户。彦按:此句有誤。通典文作:"應管户總百九十三萬三千一百七十四。不課户總百一十七萬四千五百九十二,課户七十五萬八千五百八十二。"北宋本、傅校本、明抄本、明刻本、王吳本"七十四"作"三十四",中華書局1988年版王文錦等點校本據北宋本等改"七十四"作"三十四",非是;改之則使課户、不課户相加之數與應管總户數不符。然而,路史乃將應管户總數誤爲課户之數,尤謬。

〔二九〕肅宗即位,較户籍:禄山一亂,損户五百餘萬:通典:"自天寶十四年至乾元三年,損户總五百九十八萬二千五百八十四。"

〔三〇〕唐志無"三千"字:此句不詳所指。吳本、四庫本無此六字。

〔三一〕楊太真:即唐玄宗貴妃楊玉環(號太真)。　李林甫:見後紀十四寒浞傳注〔四四〕。

〔三二〕四千七百九:吳本"千"譌"于"。

〔三三〕見舊唐書地理志一、新唐書地理志一。

〔三四〕獨通鑒言天寶初天下奏户九百六萬九千一百三十四:彦按:此文有二處錯誤:其一,"天寶初"宜作"天寶末";其二,"三十四"當作"五十四"。資治通鑑卷二一七唐玄宗天寶十三載云:"是歲,户部奏天下……户九百六萬九千一百五十四,口五千二百八十八萬四百八十八。"

〔三五〕然我仁宗皇帝時三司所上亦載唐户九百六十萬九千一百五十四:洪本、吳本、四庫本無"我"字。又喬本"九千"譌"九十",今據餘諸本訂正。三司,唐宋以鹽鐵、度支、户部爲三司,主理財賦。

〔三六〕乾元三年,校天寶損户五百九十八萬二千五百八十四:各本"九十八萬"均作"八十八萬",誤,今據通典訂正。又,四庫本"二千"譌"三千"。

〔三七〕雖河朔強梁,民版不入,平使有其半,亦亡其半矣:雖,通"唯"。強梁,驍悍。民版,百姓户籍。版,指版籍,即户口册。平,平均。使,洪本、四庫本作"便"非。

〔三八〕然唐志言減天寶戶五百九十六萬一千四百八十四：彥按：此所言戶數與今新唐書食貨志二所見不同，疑有誤。新唐書之文曰：“初，乾元末，天下上計百六十九州，戶百九十三萬三千一百二十四，……減天寶戶五百九十八萬二千五百八十四。”　又少十萬：彥按：今所見通典言減天寶戶數（詳上注〔二九〕），與新唐書食貨志二同，並不存在多十萬、少十萬之事。　最數：總計之數，合計之數。集韻泰韻：“最，凡也。”

〔三九〕方永徽中，天下進戶多，上問戶部高履行隋、唐戶，因奏大業八百餘萬，今戶三百餘萬：備要本“八百”之“八”誤“人”。通典：“永徽三年，戶部尚書高履行奏：‘去年進戶一十五萬。’高宗……因問隋有幾戶，今有幾戶。履行奏：‘隋大業中戶八百七十萬，今戶三百八十萬。’”

〔四〇〕詳見通典。　宇文融：唐監察御史。　檢括：清查。　招攜：安撫，招安。

〔四一〕資治通鑑卷二二三唐代宗廣德二年：“是歲，戶部奏：戶二百九十餘萬，口一千六百九十餘萬。”

〔四二〕至元和初，合方鎮戶才百四十有四萬：舊唐書憲宗紀上元和二年十二月：“己卯，史官李吉甫撰元和國計簿，總計天下方鎮凡四十八，管州府二百九十五，縣一千四百五十三，戶二百四十四萬二百五十四，其鳳翔、邠坊、邠寧、振武、涇原、銀夏、靈鹽、河東、易定、魏博、鎮冀、范陽、滄景、淮西、淄青十五道，凡七十一州，不申戶口。每歲賦入倚辦，止於浙江東西、宣歙、淮南、江西、鄂岳、福建、湖南等八道，合四十九州，一百四十四萬戶。”又新唐書食貨志二：“元和中，供歲賦者，浙西、浙東、宣歙、淮南、江西、鄂岳、福建、湖南八道，戶百四十四萬，比天寶纔四之一。”

〔四三〕奈何憲宗弗之或恤，勤兵掊割：恤，憂慮。勤兵，頻繁用兵。掊割，搜括聚斂。　閩越之俗乃至計產而育，民迫餒饉，往往相食：計產，計算財產，謂考慮經濟條件。育，生育。餒饉，洪本“餒”誤“綏”。

〔四四〕民之生：吳本“民”誤“氏”。

〔四五〕郭子儀請罷兵於前：其事不詳，待考。郭子儀，唐名將，歷官太尉、中書令等職。　獨孤及請息疲於後：獨孤及，唐代宗時左拾遺。新唐書及本傳載其上疏陳政，有“師興不息十年矣，人之生產，空於杼軸。擁兵者第館亙街陌,奴婢厭酒肉,而貧人羸餓就役,剥膚及髓。……天意丁寧譴戒,以警陛下,宜反躬罪己,旁求賢良者而師友之,黜貪佞不肖者,下哀痛之詔,去天下疾苦,廢無用之官,罷不急之費,禁止暴兵,節用愛人,兢兢乾乾,以徼福于上下"云云。

〔四六〕生齒之虧,全縣横斂,李渤每爲言:虧,減少。緜,四庫本作"由"。横斂,謂濫徵捐税。李渤,唐憲宗時庫部員外郎。各本"渤"均作"勃"。今據新舊唐書訂正。舊唐書李渤傳載渤上疏曰:"臣出使經行,歷求利病。竊知渭南縣長源鄉本有四百户,今纔一百餘户,閿鄉縣本有三千户,今纔有一千户,其他州縣大約相似。訪尋積弊,始自均攤逃户。凡十家之内,大半逃亡,亦須五家攤税。……攤逃之弊,苛虐如斯,此皆聚斂之臣剥下媚上,唯思竭澤,不慮無魚。乞降詔書,絶攤逃之弊。其逃亡户以其家産錢數爲定,徵有所欠,乞降特恩免之。計不數年,人必歸於農矣。"

〔四七〕氓民:猶民氓。民衆,百姓。

〔四八〕數:規律。

〔四九〕禄兒:唐玄宗時宮内對安禄山的戲稱。吴本"兒"作"兒"。

〔五〇〕胡寅:宋禮部侍郎。 溢:超過,超出。

〔五一〕漢元始間户至千二百二十三萬三千六十二:六十二,各本均作"六百一十二",誤,今據漢書訂正。漢書地理志下:"訖於孝平,……民户千二百二十三萬三千六十二,口五千九百五十九萬四千九百七十八。漢極盛矣。"

〔五二〕永壽三年亦至一千六十七萬七千九百六十:見晉書地理志上。永壽,東漢桓帝劉志年號,公元155—158年。

〔五三〕見晉書地理志上。

〔五四〕元始户一千二百二十三萬:吴本如此,與漢書地理志下相符,今姑從之。餘本"二百"作"三百"。

〔五五〕編年:不詳所指。疑即宋蔡幼學編年政要。 一千一百一十萬:吴本、四庫本"一百"作"三百"。

〔五六〕寶訓:蓋指宋林希兩朝寶訓。

〔五七〕長編:指宋李燾續資治通鑑長編。

〔五八〕增三十六萬五千五百九:彦按:此數字統計有誤。嘉祐六年總户數當是：主户（原住民）7209581＋客户（外來户）。唐宋時户籍中的客户多指無地佃客）3881531＝11091112。將它減去嘉祐三年的總户數，即：11091112－10825580＝265532。故此當作“增二十六萬五千五百三十二”爲是。

〔五九〕二千三百一十：各本“一十”均但作“十”，無“一”字。彦按：無“一”字不合漢文數字表述慣例，當由脱文，今據長編補。　丁：吴本譌“十”，備要本譌“年”。

〔六〇〕元豐：洪本、吴本“豐”作“豊”。

〔六一〕曾鞏太祖皇帝總序：喬本、備要本“曾鞏”下有“及”字，當爲衍文，此從餘本。洪本、吴本“太”作“大”。

〔六二〕梅詢：宋仁宗時翰林侍讀學士。吴本、四庫本、備要本“梅”作“徧”誤。續資治通鑑長編卷一二三宋仁宗寶元二年三月：“先是，上御邇英閣，讀真宗皇帝所撰正説養民篇，見歷代户口登耗之數，顧謂侍臣曰：‘今天下民籍幾何？’翰林侍讀學士梅詢對曰：‘先帝所作，蓋述前代帝王恭儉有節，則户口充羨；賦斂無藝，則版圖衰減。……今天下户口之數，蓋倍於前矣。’因詔三司及編修院檢閱以聞，至是上之。”

〔六三〕國家首繼五季衰殘：吴本“家”譌“**案**”，“衰”譌“哀”。　縣六百三十：“八”字疑衍。宋曾鞏元豐類稿卷四九本朝政要策户口版圖云：“太祖元年，有州一百一十一，縣六百三十，户九十六萬七千三百五十三。”

〔六四〕末年，州二百九十七，縣一千八十六，户三百九萬五百有四：吴本“户”譌“尸”。彦按：元豐類稿卷四九本朝政要策户口版圖作：“末年，州二百九十七，縣一千八百六，户二百五十萬八千九百六十五。”此縣數及户數均與彼不同，疑誤。

〔六五〕洎章聖天禧間，户已八百六十七萬七千六百七十七：章聖，即宋真宗，謚號文明武定章聖元孝皇帝。天禧，年號，公元 1017—1021 年。續資治通鑑長編卷九七宋真宗天禧五年：“是歲，……天下户八百六十七萬七千六百七十七。”

〔六六〕格取：依格録取。格，規定。洪本如此，是，今從之。餘本均作“恪”，譌。元豐類稿卷四九本朝政要策考課：“建隆初，始以户口增耗爲州縣吏歲課之升降。”

〔六七〕在漢,長吏以戶最課,故州縣希旨,攤逃廋蔽,多以客而爲主,若爲增者:戶最,指民戶之多。課,考評等次。希旨,迎合在上者之意旨。攤逃,開脫逃避。廋蔽,隱匿掩蓋。各本"廋"均作"瘦"。彦按:"瘦蔽"不詞,"瘦"當"廋"字形譌,今訂正。客,指客戶。主,指主戶。

〔六八〕伏無忌:東漢侍中、屯騎校尉。　墾撮:開墾取得。　滋減:增減。後漢書郡國志五劉昭注,有"伏無忌所記,每帝崩,輒最戶口及墾田大數,今列于後,以見滋減之差焉"語。

〔六九〕莽、眉:莽,指王莽。眉,指赤眉農民起義軍。

〔七○〕巾、卓:巾,指黄巾農民起義軍。吴本譌"中"。卓,指董卓。洪本譌"卓"。

〔七一〕蔽:概括。　無事:無所事事。　淺促:謂(國祚)短促。

〔七二〕息:生息,增長。　然塗山之會,贊者萬國:見國名紀六三皇之世注〔一一四〕。　不以侯伯:且别説是侯伯。

〔七三〕遽:快速。

〔七四〕按括:稽查搜括。　大業之亂:隋煬帝好大喜功,在位期間,營建東都洛陽,開掘運河,修築長城,又多次發動對高麗的戰爭,百姓勞役、兵役繁重,民怨四起,自大業七年(611年)起,各地農民紛紛起義,豪族也乘機起兵。至大業十四年,終爲叛軍所縊殺。

〔七五〕而民力以至困:四庫本"以"作"已"。　兵籍:兵員之徵集。　而民力以至困:洪本、吴本、四庫本"以"作"已"。

〔七六〕户調:按户徵調的賦税。　隱冒:隱匿冒充。

〔七七〕楊炎括隱户,輒曰四百萬:楊炎,唐德宗朝宰相。括,清查。曰,備要本如此,當是,今從之。喬本、洪本、吴本作"四",四庫本作"田",俱非其義。彦按:羅氏此説不知何據。新唐書食貨志二云:"至德宗相楊炎,遂作兩税法。……議者以租、庸、調,高祖、太宗之法也,不可輕改。而德宗方信用炎,不疑也。舊户三百八十萬五千,使者按比得主户三百八十萬,客户三十萬。天下之民,不土斷而地著,不更版籍而得其虚實。"羅氏豈以誤解此文而得其説乎?所謂按比所得主、客户四百一十萬者,非指原隱户也。乃按户比民所得之民户實數也,若減去舊在册户三百八十萬五千,亦但得隱户二十九萬五千而已。

〔七八〕開元中,宇文融檢括匿户羡田,一歲之間至收八十萬頃:羡田,指未登記或超規定的田地,爲不納租賦之隱匿田。八十萬頃,各本均作"八百萬頃",今據新唐書改"百"作"十"。新唐書食貨志一:"開元八年,……監察御史宇文融獻策:括籍外羡田、逃户,自占者給復五年,每丁税錢千五百,以攝御史分行括實。……諸道所括得客户八十餘萬,田亦稱是。"

〔七九〕朘(juān):剥削。　征科:徵收賦税。　疾視:怒視。　掊斂:聚斂,搜刮。　貧蹙:貧窮困窘。吳本"蹙"作"〓",四庫本作"賤",

〔八〇〕無以爲生者:四庫本如此,是,今從之。喬本、洪本"生"譌"三",吳本、備要本譌"一"。　而無依依不忍之意:喬本、備要本"無"作"所"誤,今據餘本訂正。

〔八一〕簡子:即春秋晉卿趙鞅。　保鄣:城堡。又有"防衛"之義。四庫本"鄣"作"障",同。　尹鐸:趙鞅家臣。　襄子:趙鞅子趙無恤。　國語晉語九:"趙簡子使尹鐸爲晉陽。請曰:'以爲繭絲乎? 抑爲保鄣乎?' 簡子曰:'保鄣哉!' 尹鐸損其户數。簡子誡襄子曰:'晉國有難,而無以尹鐸爲少,無以晉陽爲遠,必以爲歸。'"韋昭注:"繭絲,賦税。保鄣,蔽捍也。小城曰保。"又曰:"損其户,則民優而税少。"

〔八二〕札瘥(cuó):疫病。

關龍逢桀、紂事多過實〔一〕

凡事出於千百載之下,不幸而不知其詳,則宜疑以傳疑,何至妄爲之説哉? 關龍逢,桀之大夫也。其當時之死,君臣之間必有曲折,第後世不得而聞之爾,而爲説者,必從而溢之,其可信邪〔二〕?

竊嘗求之,逢之入諫也,豈爲溢惡之言哉〔三〕? 上下之交,亦有間言者矣〔四〕。其在竹書,始以爲諫瑶臺。新序,則以爲諫酒池〔五〕。然其爲諫,一也。及其死也,韓子以爲傷其四肢,而劉向則以爲拘之〔六〕。其事爲疑。然至符子,則復以爲就炮烙。孰爲信邪? 夫其説曰:桀觀炮烙於瑶臺,顧龍逢曰:"樂乎〔七〕?" 龍逢曰:"樂。"桀曰:"觀刑而樂,何無惻隱乎[八]?"對曰:"刑固苦矣,然天下苦之,而君樂之。君,心也;臣爲股肱。孰有心悦而股肱不悦者?"桀曰:"聽汝之諫,得,我功之;不得,我刑之[九]。"逢曰:"觀君之冠危石而履春冰也,未有冠危石而不墜,履春冰而不陷者[一〇]。"桀曰:"汝知我亡而不自知其亡。請就炮烙!使吾觀汝亡,以知我之不亡。"逢乃歌曰:"休哉!造化者勞我以生,而休我以炮烙也[一一]。"遂赴炮烙[一二]。逮汲冢、張華書,則更以爲諫長夜之宫,而薦之以"必亡"之語[一三]。桀曰:"吾之有民,猶天之有日也。日亡,吾乃亡矣。"以爲祅言,遂殺之[一四]。夫危石、春冰,言之不倫。顧豈逢之語?而炮烙之事,攷之書,則紂之行,不聞其爲桀也[一五]。大抵書傳所記,桀、紂之事,多出模倣。如世紀等,倒拽九牛,撫梁易柱,引鈎申索,握鐵流湯,傾宫瑶室、與夫璿臺三里、金柱三千,車行酒、騎行炙,酒池、糟丘,脯林、肉圃,宫中九市、牛飲三千,丘鳴鬼哭、山走石泣,兩日並出,以人食獸,六月獵西山,以百二十日爲夜等事,紂爲如是,而謂桀亦如是,是豈其俱然哉[一六]?外紀用此。王充云:既牛飲,則必虎食矣[一七]。若池在中庭,非長夜矣[一八]。車行酒,則非池矣;騎行炙,則非林矣[一九]。殆傾酒地上,旁流如池;掛肉林中,恣人取食;戲走其中,故云裸逐,——言无節度爾[二〇]。昔周公告康叔以紂用酒,期於悉極,无是説也[二一]。使果引鈎伸索,倒拽九牛,此但力爾,何預於亡,而爲至惡邪[二二]?

　　夫吞珠紿吏,一事也,韓子以爲伍員,國事以爲張丑[二三]。弓影致疾,一事也,風俗通以爲杜宣,晉史以爲樂廣之客[二四]。抱甕出灌,一事也,莊子以爲漢陰丈人,説苑以爲衛之五丈夫[二五]。逆旅人勸就國,太公也,説苑則云鄭桓公[二六]。寒且作襦,韓康伯也,别傳則云張薈[二七]。誨爲長者,太史公謂渤海守於宣帝,褚生以爲北海守於武帝[二八]。化不孝子,仇覽傳謂蒲亭長於陳元,謝承書以爲陽遂亭長於羊元[二九]。土、桃梗語,戰國策謂蘇秦於李兑,史記謂蘇代於孟嘗君〔三〇〕。射寢石,有熊渠、繇基、李廣之異〔三一〕。獻壽藥,有荆王、燕王、漢武之殊。而獻空籠,亦有淳于髡、蔡無澤之不同〔三二〕。流傳轉妄,莫可爲紀。新序:楚熊渠見寢石,以爲虎,射之,没衛〔三三〕。韓詩亦云"没金"〔三四〕。吕覽、論衡則曰:由基見寢石,以爲兕,射之,飲羽〔三五〕。漢書、西京雜記則以爲李廣〔三六〕。鮑昭古詩注則又謂景公造弓,射石梁飲羽〔三七〕。○戰國策:有獻不死藥於荆王,中射士奪而食之,王欲殺士,對曰:"若殺臣,是死藥矣〔三八〕。"遂不殺。漢武内傳則以爲東方朔。"帝欲殺之"云云,類説則云:有語不死之藥於燕王;人既死,尚求其藥〔三九〕。○國事:蔡無澤獻鵠于齊,中途失之,以空篭獻,而君厚待之〔四〇〕。一以爲淳于髡於楚王〔四一〕。以至芻説稗官,此類尤煩〔四二〕。如廣異記、玄恠録,俱有妻筝投果之言〔四三〕。記言:開元中,有張、李同學道。李厭而歸,仕至大理〔四四〕。後謁張,張饌之,而李妻持筝不敢言,投以林檎,至歸猶在〔四五〕。録則謂:王恭伯謁裴湛,見其妻持筝,投以朱李〔四六〕。逸史、仙傳拾遺俱有箜篌爲婚之事〔四七〕,史以爲盧、李二生,拾遺以爲崔宇過薛肇,箜篌上書"天際識歸舟"二句,同也〔四八〕。而集異記韋侍御華山遇老翁,引見諸祖姑及阿婆等,乃逸史楊越公六代孫事〔四九〕。乃若爛柯、流紅、鶼女等事,説各不一〔五〇〕。大抵文人説士,喜相倣撰,以悦流俗〔五一〕。飽食終日,無所用心,則描前摸古,甘隨人後,而不自病其妄也。爛柯事,述異記則云王質入信都石室山,遇童子棊〔五二〕。東陽等記則云鼓琴而歌〔五三〕。異苑、廣異記等則謂有入山者,見二老樗蒲,拄鞭看之,俄鞭爛鞍朽〔五四〕。○流紅事,乃盧渥,見雲溪友議及本事詩〔五五〕。及張子京,記爲于祐〔五六〕。北夢瑣言則以爲李茵遇鬼雲芳子詐作宫嬪〔五七〕。而鶼女墳,在麗情集以爲姚玉京,南史乃王整之女、衛敬瑜之妻也〔五八〕。言桀、紂者,特類於此。

昔祖伊始讁于紂也,惟曰"淫戲自絶"而已〔五九〕。及武王數之,斮涉、剖賢、炙忠、刳孕,斯已甚矣,而史傳復有醢鬼、脯鄂之文,六韜更出刳心等三十有七章焉〔六〇〕。故子貢曰:"紂之不道,不如是之甚也〔六一〕。"史記:紂醢九侯,脯鄂侯〔六二〕。明堂位云:"脯鬼侯以享諸侯〔六三〕。"吕春秋亦謂:殺梅伯,醢之;殺鬼侯,脯之,——以禮諸侯於廟〔六四〕。鬼侯者,九侯也。而淮南子以爲"醢九侯之女,葅梅伯之骼"〔六五〕。春秋繁露云:"生燔人,聞其臭;剔孕婦,見其化;殺梅伯,以爲醢;刑鬼侯之女,取其瓌^{〔六六〕}。"則非殺鬼侯矣。外紀云:九侯入女于紂。女不喜淫,紂殺之,而醢九侯。鄂侯争,而并脯之。蓋出世紀。豈足盡信?"鄂"一作"邪",非^{〔六七〕}。

　　台嘗言之:揚善毋過辭,抑惡毋過飾。揚善而過辭,則人弗信;抑惡而過飾,則人弗戒。夏桀之惡,好貨、便佞、戮諫、嬖嬉,一事足以亡矣,説者又何必過爲之説而俾人之不戒哉!汲冢古文册書云:桀飾傾宮,起瑶臺,作瓊室,立玉門^{〔六八〕}。而淮、尸二子乃云爲象廊、玉牀,至謂其時至德滅而不揚,帝道掩而不興,植社槁而罅裂,容臺摇而掩覆,羣犬獋而入淵,豕銜蓐而席隩,美人掔首墨面而不容,曼聲吞炭内閟而不歌,飛鳥鎩翼,走獸廢脚,山無峻幹,澤無洼水,田無立苗,路無莎蕆,金積折廉,璧襲無理,豈非過甚之言乎^{〔六九〕}?老子云:"世之將喪,主闇昧而不明,道廢而不行,德滅而不揚,舉事戾於天,發號逆四時,春秋縮其和,天地除其德,大夫隱遁而不言,羣臣推意而壞常,邪人諂而陰謀,骨肉疎而不附,田无立苗,路无緩步,金積折廉,璧襲无羸,殼䪏无腹,菁筮日施",云云^{〔七〇〕}。蓋因此而演之。韓嬰詩傳更謂"糟丘,足望十里",管子載言"女樂三萬,晨譟端門而聞于三衢"^{〔七一〕}。衆言殽亂,蓋曰:不如是,不足謂之桀爾。徒使後世庸君僻主多爲不義,聞諫則拒,曰"吾之罪,未至於桀也",豈不失諸^{〔七二〕}?故凡言桀、紂之事者,吾不敢盡信也^{〔七三〕}。

【校注】

　〔一〕關龍逢:吴本、四庫本"逢"作"逢",通。下"關龍逢"之"逢"同。

　〔二〕曲折:指錯綜複雜的情節。　溢:猶言添油加醋。

　〔三〕豈爲溢惡之言哉:吴本、四庫本"豈爲"作"是豈"。溢惡,過分指責。

　〔四〕間言:私下談話。

　〔五〕見下注。

　〔六〕韓子以爲傷其四肢:韓非子人主:"昔關龍逢説桀而傷其四肢。"　而劉向則以爲拘之:新序節士"桀爲酒池足以運舟,糟丘足以望七里,一鼓而牛飲者三千人。關龍逢進諫曰:'爲人君,身行禮義,愛民節財,故國安而身壽也。

今君用財若無盡,用人若恐不能死,不革,天禍必降,而誅必至矣。君其革之!'立而不去朝,桀因囚拘之。"

〔七〕桀觀炮烙於瑤臺:自此而下至"遂赴炮烙",摘録自符子。太平御覽卷八二亦引符子,文字不盡相同。

〔八〕何無惻隱乎:太平御覽作:"何無惻怛之心焉?"

〔九〕得,我功之:得,投合,中意。功,吳本、四庫本、備要本作"攻",蓋由音譌。

〔一〇〕觀君之冠危石而履春冰也:太平御覽作:"臣觀君冕,非冕也;冕,危石也。臣觀君履也,非履也;履,春冰也。"　未有冠危石而不墜,履春冰而不陷者:墜,同"壓",吳本、四庫本、備要本作"壓"。履,太平御覽作"蹈"。明陳耀文正楊卷一關龍逢云:"太平總類載龍逢諫桀之言曰:'臣嘗觀君冕,非其冕也,而冕危石;君之履,非其履也,而履春冰。未有冕危石而不壓,蹈春冰而不陷者也。'此爲六朝文士擬作無疑,羅泌路史收之,蓋亦貪博而忘精者。"

〔一一〕休哉! 造化者勞我以生,而休我以炮烙也:休,休息。太平御覽作:"造化勞我以生,休我以炮烙。"

〔一二〕遂赴炮烙:太平御覽作"乃赴火而死"。

〔一三〕逮汲冢、張華書,則更以爲諫長夜之宮,而薦之以"必亡"之語:薦,進,謂進諫。張華博物志異聞:"夏桀之時,爲長夜宮於深谷之中,男女雜處,十旬不出聽政。天乃大風揚沙,一夕填此宮谷。又爲石室瑤臺。關龍逢諫。桀言曰:'吾之有民,如天之有日。日亡,我則亡。'以爲龍逢妖言而殺之。"

〔一四〕祅言:吳本、四庫本、備要本"祅"作"妖",通。

〔一五〕則紂之行:吳本"紂"譌"对"。

〔一六〕倒拽九牛,撫梁易柱:撫,用手按。此謂用手托住。太平御覽卷八三引帝王世紀曰:"帝紂能倒曳九牛,撫梁易柱。"　引鈎申索:引,謂拉直。彦按:"申索"費解,疑當作"索鐵",即絞鐵成索。論衡語增:"傳語又稱紂力能索鐵伸鈎,撫梁易柱。"又淮南子主術:"桀之力,制觡伸鈎,索鐵歙金。"　握鐵流湯:彦按:"鐵"當作"炭"。謂手握熾炭,身赴沸湯。流,通"游"。太平御覽卷三五三、卷三八六並引六韜曰:"紂之卒,握炭流湯者十八人。"　傾宮瑤室:竹書紀年卷上夏帝癸(桀)三年:"築傾宮。"晏子春秋内篇諫下:"殷之衰也,其王紂作爲傾宮靈臺。”金樓子箴戒篇：“夏桀作爲璿臺瑶室，象牙之席，白玉之牀，以處之。”　璿臺三里、金柱三千：太平御覽卷八三引帝王世紀曰：“紂果造傾宮，作瓊室瑶臺，飾以美玉，七年乃成，其大三里，其高千丈。”又卷八二引帝王世紀曰：“帝桀淫虐有才力，能伸鈎索鐵，手搏熊虎。多求美女以充後宮，爲瓊室瑶臺，金柱三千。”　車行酒、騎行炙：行，運送，輸送。炙，此指炙肉，即烤肉。論衡語增：“傳者之説，或言：（紂）車行酒，騎行炙，百二十日爲一夜。”　酒池、糟丘：韓非子喻老：“紂爲肉圃，設炮烙，登糟丘，臨酒池，紂遂以亡。”又見上注〔六〕。　脯林、肉圃：太平御覽卷八六三引帝王世紀曰：“夏桀爲肉山脯林。”北堂書鈔卷一四五酒食部脯“脯林”注：“六韜云：紂以脯肉爲林。”淮南子本經：“紂爲肉圃、酒池。”　宮中九市、牛飲三千：太平御覽卷八三引帝王世紀曰：“紂果造傾宮，……其大宮百，其小宮七十三處。宮中九市。”論衡語增：“傳語曰：紂沈湎於酒，以糟爲丘，以酒爲池，牛飲者三千人，爲長夜之飲，亡其甲子。”又見後紀十四帝履癸注〔五〇〕。　丘鳴鬼哭、山走石泣：論衡訂鬼：“世稱紂之時，夜郊鬼哭。”太平御覽卷八三引帝王世紀曰：“（紂）六月發民獵於西山。居朞年，天下大風雨，飄牛馬，壞屋樹，天火燒其宮，兩日並〔出〕，或鬼哭，或山鳴。”南朝梁任昉述異記卷上：“桀時，泰山山走石泣。先儒説：桀之將亡，泰山三日泣，今泰山山石遠望之若人泣者是也。武王謂周公曰：‘桀爲不道，走山泣石。’”　兩日並出：金樓子箴戒：“夏桀時兩日並出，黑光偏天。攝提之星，失其常所。”　以人食獸：食，“飼”之古字，喂養。資治通鑑外紀卷二商紀：“（紂）收狗馬奇物充仞宮室，以人食獸。”　六月獵西山：見上“丘鳴鬼哭、山走石泣”注。　以百二十日爲夜：見上“車行酒、騎行炙”注。

〔一七〕既牛飲，則必虎食矣：論衡語增：“夫飲食既不以禮，臨池牛飲，則其啖肴不復用杯，亦宜就魚肉而虎食，則知夫酒池牛飲，非其實也。”

〔一八〕若池在中庭，非長夜矣：論衡語增：“夫紂雖嗜酒，亦欲以爲樂。令酒池在中庭乎，則不當言‘爲長夜之飲’。坐在深室之中，閉窗舉燭，故曰長夜。令坐於室乎，每當飲者起之中庭，乃復還坐，則是煩苦相踏藉，不能甚樂。令池在深室之中，則三千人宜臨池坐，前俛飲池酒，仰食肴膳，倡樂在前，乃爲樂耳。如審臨池而坐，則前飲害於肴膳，倡樂之作不得在前。”

〔一九〕車行酒，則非池矣；騎行炙，則非林矣：論衡語增：“夫言‘用酒爲池’,則言其‘車行酒’非也;言其‘懸肉爲林’,即言‘騎行炙’非也。”

〔二〇〕殆傾酒地上,旁流如池;掛肉林中,恣人取食;戲走其中,故云裸逐,——言无節度爾:論衡語增:“傳又言:‘紂懸肉以爲林,令男女倮而相逐其間。’是爲醉樂淫戲無節度也。……或時紂沈湎覆酒,滂沱於地,即言以酒爲池。……懸肉以(似)林,則言肉爲林。林中幽冥,人時走戲其中,則言倮相逐。”

〔二一〕昔周公告康叔以紂用酒,期於悉極,无是説也:悉極,詳盡之至,備細。論衡語增:“周公封康叔,告以紂用酒,期於悉極,欲以戒之也,而不言糟丘酒池、懸肉爲林、長夜之飲、亡其甲子。聖人不言,殆非實也。”

〔二二〕而爲至惡邪:喬本、洪本“邪”下有一“合”字,餘本無之。當爲衍文,今從餘本。

〔二三〕夫吞珠給吏,一事也,韓子以爲伍員,國事以爲張丑:張丑,戰國齊臣。韓非子説林上:“子胥出走,邊候得之。子胥曰:‘上索我者,以我有美珠也。今我已亡之矣。我且曰:子取吞之。’候因釋之。”戰國策燕策三:“張丑爲質於燕,燕王欲殺之,走。且出境,境吏得丑。丑曰:‘燕王所爲將殺我者,人有言我有寶珠也,王欲得之。今我已亡之矣,而燕王不我信。今子且致我,我且言子之奪我珠而吞之,燕王必當殺子,刳子腹及子之腸矣。夫欲得之君,不可説以利。吾要且死,子腸亦且寸絶。’境吏恐,而赦之。”

〔二四〕弓影致疾,一事也,風俗通以爲杜宣,晉史以爲樂廣之客:杜宣,漢汲縣主簿。樂廣,晉侍中。風俗通義怪神:“予之祖父郴,爲汲令,以夏至日詣見主簿杜宣,賜酒,時北壁上有懸赤弩,照於杯,形如虵,宣畏惡之,然不敢不飲。其日,便得胸腹痛切,妨損飲食,大用羸露。攻治萬端,不爲愈。後郴因事過至宣家,闚視,問其變故,云:‘畏此蛇,虵入腹中。’郴還聽事,思惟良久,顧見懸弩,曰必是也。則使門下史將鈴下侍徐扶輦載宣,於故處設酒,盃中故復有虵,因謂宣:‘此壁上弩影耳,非有他怪。’宣遂解,甚夷懌,由是瘳平。”晉書樂廣傳:“嘗有親客,久闊不復來,廣問其故,答曰:‘前在坐,蒙賜酒,方欲飲,見杯中有蛇,意甚惡之,既飲而疾。’于時河南聽事壁上有角,漆畫作蛇,廣意杯中蛇即角影也。復置酒於前處,謂客曰:‘酒中復有所見不?’答曰:‘所見如初。’廣乃告其所以,客豁然意解,沈痾頓愈。”

〔二五〕抱甕出灌,一事也,莊子以爲漢陰丈人,説苑以爲衛之五丈夫:莊子天地:"子貢南遊於楚,反於晉,過漢陰,見一丈人方將爲圃畦,鑿隧而入井,抱甕而出灌,搰搰然用力甚多而見功寡。子貢曰:'有械於此,一日浸百畦,用力甚寡而見功多,夫子不欲乎?'爲圃者卬而視之曰:'奈何?'曰:'鑿木爲機,後重前輕,挈水若抽,數如泆湯,其名爲槔。'爲圃者忿然作色而笑曰:'吾聞之吾師:"有機械者必有機事,有機事者必有機心。"機心存於胸中,則純白不備;純白不備,則神生不定;神生不定者,道之所不載也。吾非不知,羞而不爲也。'子貢瞞然慙,俯而不對。"説苑反質:"衛有五丈夫,俱負缶而入井,灌韭,終日一區。鄧析過,下車教之曰:'爲機,重其後,輕其前,命曰橋。終日溉韭百區,不倦。'五丈夫曰:'吾師言曰:"有機知之巧,必有機知之敗。"我非不知也,不欲爲也。子其往矣,我一心溉之,不知改已。'鄧析去,行數十里,顏色不悦懌,自病。"

〔二六〕逆旅人勸就國,太公也,説苑則云鄭桓公:史記齊太公世家:"於是武王已平商而王天下,封師尚父於齊營丘。東就國,道宿行遲。逆旅之人曰:'吾聞時難得而易失。客寢甚安,殆非就國者也。'太公聞之,夜衣而行,犂明至國。"説苑權謀:"鄭桓公東會封於鄭,暮舍於宋東之逆旅。逆旅之叟從外來,曰:'客將焉之?'曰:'會封於鄭。'逆旅之叟曰:'吾聞之,時難得而易失也。今客之寢安,殆非會封者也?'鄭桓公聞之,援轡自駕,其僕接淅而載之,行十日夜而至。釐何與之争封。故以鄭桓公之賢,微逆旅之叟,幾不會封也。"

〔二七〕寒且作襦,韓康伯也,別傳則云張薦:襦(rú):短衣或短襖。晉書韓伯傳:"韓伯字康伯,潁川長社人也。母殷氏,高明有行。家貧窶,伯年數歲,至大寒,母方爲作襦,令伯捉熨斗,而謂之曰:'且著襦,尋當作複褌。'伯曰:'不復須。'母問其故。對曰:'火在斗中,而柄尚熱,今既著襦,下亦當煖。'母甚異之。"太平御覽卷七一二引張薦別傳曰:"薦小時,母謂其寒,且作袴。薦曰:'且作襦,如熨斗著火,柄亦熱。'"

〔二八〕太史公謂渤海守於宣帝,褚生以爲北海守於武帝:彥按:司馬遷史記未見有此,而漢書龔遂傳備載其事。此"太史公"當作"漢書",蓋羅氏誤記之。史記滑稽列傳褚少孫補記:"武帝時,徵北海太守詣行在所。有文學卒史王先生者,自請與太守俱:'吾有益於君。'君許之。諸府掾功曹白云:'王先生嗜酒,多言少實,恐不可與俱。’太守曰:‘先生意欲行,不可逆。’遂與俱行。至宮下,待詔宮府門。王先生徒懷錢沽酒,與衛卒僕射飲,日醉,不視其太守。太守入跪拜。王先生謂户郎曰:‘幸爲我呼吾君至門内遥語。’户郎爲呼太守。太守來,望見王先生。王先生曰:‘天子即問君何以治北海,令無盗賊,君對曰何哉?’對曰:‘選擇賢材,各任之以其能,賞異等,罰不肖。王先生曰:‘對如是,是自譽自伐功,不可也。願君對言:“非臣之力,盡陛下神靈威武所變化也。”’太守曰:‘諾。’召入,至于殿下,有詔問之曰:‘何於治北海,令盗賊不起?’叩頭對言:‘非臣之力,盡陛下神靈威武之所變化也。’武帝大笑,曰:‘於呼! 安得長者之語而稱之! 安所受之?’對曰:‘受之文學卒史。’帝曰:‘今安在?’對曰:‘在宫府門外。’有詔召拜王先生爲水衡丞,以北海太守爲水衡都尉。”司馬貞索隱:“漢書宣帝徵渤海太守龔遂,非武帝時,此褚先生記謬耳。”

　　〔二九〕化不孝子,仇覽傳謂蒲亭長於陳元,謝承書以爲陽遂亭長於羊元:謝承書,指謝承後漢書。各本“承”均譌“丞”,今訂正。後漢書仇覽傳:“年四十,縣召補吏,選爲蒲亭長。……覽初到亭,人有陳元者,獨與母居,而母詣覽告元不孝。覽驚曰:‘吾近日過舍,廬落整頓,耕耘以時。此非惡人,當是教化未及至耳。母守寡養孤,苦身投老,奈何肆忿於一朝,欲致子以不義乎?’母聞感悔,涕泣而去。覽乃親到元家,與其母子飲,因爲陳人倫孝行,譬以禍福之言。元卒成孝子。”李賢注:“謝承書曰:覽爲縣陽遂亭長,好行教化。人羊元凶惡不孝,其母詣覽言元。覽呼元,誚責元以子道;與一卷孝經,使誦讀之。元深改悔,到母牀下,謝罪曰:‘元少孤,爲母所驕。諺曰:“孤犢觸乳,驕子罵母。”乞今自改。’母子更相向泣,於是元遂修孝道,後成佳士也。”

　　〔三〇〕土、桃梗語,戰國策謂蘇秦於李兑,史記謂蘇代於孟嘗君:土、桃梗語,各本均作“挑土梗語”。彦按:原文有譌、倒。“挑”當作“桃”,“桃土梗”當作“土桃梗”,指土偶與桃梗也,典出戰國策齊策三蘇秦曰:“今者臣來,過於淄上,有土偶人與桃梗相與語。”今據以訂正。李兑,見後紀五黄帝有熊氏注〔八一〇〕。孟嘗君,即戰國齊宗室大臣田文。戰國策趙策一,蘇秦見李兑,曰:“今日臣之來也暮,後郭門,藉席無所得,寄宿人田中,傍有大叢。夜半,土梗與木梗鬭,曰:‘汝不如我。我者乃土也,使我逢疾風淋雨壞沮,乃復歸土。今汝非木之根,則木之枝耳。汝逢疾風淋雨,漂入漳河,東流至海,氾濫無所止。’臣竊以爲土梗勝也。今君殺主父而族之,君之立於天下,危於累卵。君聽臣計則生,不聽臣計則死。"史記孟嘗君列傳:"孟嘗君將入秦,賓客莫欲其行,諫,不聽。蘇代謂曰:'今旦代從外來,見木禺人與土禺人相與語。木禺人曰:"天雨,子將敗矣。"土禺人曰:"我生於土,敗則歸土。今天雨,流子而行,未知所止息也。"今秦,虎狼之國也,而君欲往,如有不得還,君得無爲土禺人所笑乎?'孟嘗君乃止。"

〔三一〕射寢石,有熊渠、鯈基、李廣之異:射,各本均作"體"。彥按:作"體"不可解。據義,字當作"射"。疑初形謁作"躰"(即俗"體"字),後又作"體"矣(參見下注〔三三〕)。今訂正。寢石,臥石。李廣,西漢名將。

〔三二〕淳于髡:戰國齊威王時大夫。　　蔡無澤:戰國魏文侯時舍人。

〔三三〕楚熊渠見寢石,以爲虎,射之,没衛:見新序雜事四,原文作:"昔者,楚熊渠子夜行,見寢石,以爲伏虎,關弓射之,滅矢飲羽,下視,知石也。卻復射之,矢摧無迹。熊渠子見其誠心而金石爲之開,況人心乎!"熊渠,吳本"渠"謁"竿"。射,洪本謁"躰"。没衛,謂連箭翎都射入物體。衛,箭桿上的羽毛,又稱"羽"或"箭翎"。釋名釋兵:"(矢)其旁曰羽,如鳥羽也。鳥須羽而飛,矢須羽而前也。齊人曰衛,所以導衛矢也。"四庫本作"羽"。

〔三四〕韓詩外傳卷六:"昔者,楚熊渠子夜行,寢石以爲伏虎,彎弓而射之,没金飲羽。下視,知其爲石。石爲之開,而況人乎!"

〔三五〕呂覽、論衡則曰:由基見寢石,以爲兒,射之,飲羽:見,吳本謁"地"。寢石,洪本"寢"字澷漫,"石"字謁"食"。呂氏春秋精通:"養由基射(先)〔兒〕,中石,矢乃飲羽,誠乎先也。"論衡儒增:"儒書言:'楚熊渠子出,見寢石,以爲伏虎,將弓射之,矢没其衛。'或曰:'養由基見寢石,以爲兒也,射之,矢飲羽。'"

〔三六〕漢書、西京雜記則以爲李廣:漢書李廣傳:"廣出獵,見草中石,以爲虎而射之,中石没矢。視之,石也。他日射之,終不能入矣。"西京雜記卷五:"他日,(李廣)復獵於冥山之陽,又見臥虎,射之,没矢飲羽。進而視之,乃石也,其形類虎。退而更射,鏃破簳折而石不傷。"

〔三七〕鮑昭古詩注則又謂景公造弓,射石梁飲羽:鮑昭,當作"鮑照"。照字明遠,南朝宋文學家。古詩,當作"擬古詩"。射,喬本、洪本、吳本作"体",

四庫本、備要本作“體”，俱誤，今訂正。<u>文選</u><u>鮑明遠</u><u>擬古三首</u>之一“石梁有餘勁”<u>李善</u>注：“<u>闞子</u>曰：<u>宋景公</u>使工人爲弓，九年乃成。公曰：‘何其遲也。’工人對曰：‘臣不復見君矣。臣之精盡於此弓矣。’獻弓而歸，三日而死。<u>景公</u>登虎圈之臺，援弓東面而射之，矢踰於<u>西霜之山</u>，集于<u>彭城</u>之東，其餘力逸勁猶飲羽于石梁。”

〔三八〕見<u>戰國策</u><u>楚策四</u>，原文作：“有獻不死之藥於<u>荊王</u>者，謁者操以入。中射之士問曰：‘可食乎？’曰：‘可。’因奪而食之。王怒，使人殺中射之士。中射之士使人説王曰：‘臣問謁者，謁者曰可食，臣故食之。是臣無罪，而罪在謁者也。且客獻不死之藥，臣食之而王殺臣，是死藥也。王殺無罪之臣，而明人之欺王。’王乃不殺。”<u>范祥雍</u>箋證引<u>孫詒讓</u><u>札迻</u>校<u>韓子</u>云：“蓋即<u>周禮</u>之射人也。中射者，射人之給事宮内者，猶涓人之在内者謂之中涓，庶子之在内者謂之中庶子矣。”　荊王：<u>吴</u>本“荊”譌“謝”。

〔三九〕<u>類説</u>則云：有語不死之藥於<u>燕王</u>；人既死，尚求其藥：<u>類説</u>，<u>宋</u><u>曾慥</u>撰。今本<u>類説</u>未見此語，疑爲佚文。

〔四〇〕<u>國事</u>：<u>蔡無澤</u>獻鵠于<u>齊</u>，中途失之，以空篭獻，而君厚待之：今<u>戰國策</u>未見有此，不知<u>羅氏</u>誤記抑或<u>國事</u>佚文，待考。篭，“籠”字俗體。四庫本、備要本作“籠”。<u>説苑</u><u>奉使</u>“<u>蔡無澤</u>”作“<u>毋擇</u>”，云：“<u>魏文侯</u>使舍人<u>毋擇</u>獻鵠於<u>齊侯</u>。<u>毋擇</u>行道失之，徒獻空籠，見<u>齊侯</u>曰：‘寡君使臣<u>毋擇</u>獻鵠，道飢渴，臣出而飲食之，而鵠飛衝天，遂不復反。念思非無錢以買鵠也，惡有爲其君使，輕易其弊者乎？念思非不能拔劍刎頸，腐肉暴骨於中野也，爲吾君貴鵠而賤士也。念思非不敢走<u>陳</u>、<u>蔡</u>之間也，惡絶兩君之使。故不敢愛身逃死，來獻空籠，唯主君斧鑕之誅。’<u>齊侯</u>大悦，曰：‘寡人今者得兹言三，賢於鵠遠矣。寡人有都，郊地百里，願獻子大夫以爲湯沐邑。’<u>毋擇</u>對曰：‘惡有爲其君使而輕易其弊而利諸侯之地乎？’遂出不反。”

〔四一〕<u>史記</u><u>滑稽列傳</u><u>褚少孫</u>補記：“昔者，<u>齊王</u>使<u>淳于髠</u>獻鵠於<u>楚</u>。出邑門，道飛其鵠，徒揭空籠，造詐成辭，往見<u>楚王</u>曰：‘<u>齊王</u>使臣來獻鵠，過於水上，不忍鵠之渴，出而飲之，去我飛亡。吾欲刺腹絞頸而死。恐人之議吾王以鳥獸之故令士自傷殺也。鵠，毛物，多相類者，吾欲買而代之，是不信而欺吾王也。欲赴佗國奔亡，痛吾兩主使不通。故來服過，叩頭受罪大王。’<u>楚王</u>曰：‘善，<u>齊</u>

王有信士若此哉!’厚賜之,財倍鵠在也。”

〔四二〕芻説稗官:芻説,淺陋之説。稗官,本謂小官。因漢書藝文志稱
“小説家者流,蓋出於稗官”,故又以借代野史小説。　煩:多。

〔四三〕廣異記:唐戴孚撰。　玄怪録:唐牛僧孺撰。彦按:太平廣記卷一
七神仙十七裴諶載其事,則稱出續玄怪録,當是。續玄怪録,唐李復言撰。

〔四四〕大理:廣異記原文作“大理丞”。

〔四五〕後謁張,張饌之,而李妻持箏不敢言,投以林檎,至歸猶在:投,贈
送。林檎,水果名。各本“檎”均作“擒”,非是,今訂正。彦按:羅氏引文過於
簡率,令人不知所云。今録廣異記該段文字於下以明其意:“(李)極備珍膳。
食畢,命諸雜伎女樂五人,悉持本樂。中有持箏者,酷似李之妻。李視之尤切,
飲中而凝睇者數四。張問其故,李指箏者:‘是似吾室,能不眷?’張笑曰:‘天
下有相似人。’及將散,張呼持箏婦,以林檎繫裙帶上,然後使回去。……(李)
尋還襄陽,試索其妻裙上,果得林檎。問其故,云:‘昨夕夢見五六人迫,云是張
仙唤搊箏。臨别,以林檎繫裙帶上。’方知張已得仙矣。”

〔四六〕王恭伯謁裴湛:明陸楫古今説海卷四八説淵二八王恭伯傳備載其
事,裴湛作“裴諶”,又佩文韻府卷九九之一及之四,兩引稽神録,俱云“裴諶、
王恭伯、梁芳約爲方外之友,相與入白鹿山學道”,頗疑此之“湛”字,乃“諶”
之誤。

〔四七〕逸史:唐盧肇撰。　箜篌:即箜篌。

〔四八〕史以爲盧、李二生:見太平廣記卷一七神仙十七盧李二生引逸史。
　拾遺以爲崔宇過薛肇:見太平廣記卷一七神仙十七薛肇引仙傳拾遺。過,探
望,拜訪。

〔四九〕集異記韋侍御華山遇老翁,引見諸祖姑及阿婆等:彦按:太平廣記
卷三七神仙三七韋仙翁載其事,則稱出異聞集,類説卷二八韋仙翁載其事,亦
以之出異聞集,當是。異聞集爲唐末屯田員外郎陳翰撰。祖姑,祖父的姐妹。
阿婆,祖母。　乃逸史楊越公六代孫事:楊越公,即隋越國公楊素。吴本“楊”
作“揚”誤。彦按:太平廣記卷三七神仙三七楊越公弟引逸史,載其事,主人公
爲“唐建中初楚州司馬楊集”,而云“楊公乃越姪孫”,今路史乃以爲“楊越公六
代孫”,疑誤。

〔五〇〕爛柯、流紅、鵲女等事：詳下羅苹注。柯，斧柄。紅，指落花。

〔五一〕説士：游説之士。

〔五二〕述異記則云王質入信都石室山，遇童子碁：信都，今本述異記作
“信安郡”，水經注卷四〇漸江水引東陽記，則作“信安縣”。彥按：疑以作“信
安縣”爲是。據史爲樂主編中國歷史地名大辭典，信安郡有二：一爲南朝陳置，
一于隋大業三年置。而任昉死於梁天監七年，時未有信安郡也。述異記卷上：
“信安郡有石室山，晉時王質伐木至，見童子數人碁而歌，質因聽之。童子以一
物與質，如棗核。質含之，不覺饑。俄童子謂曰：‘何不去？’質起視，斧柯盡爛。
既歸，無復時人。”

〔五三〕鼓琴而歌：水經注卷四〇漸江水引東陽記，作“見童子四人彈琴而
歌”。

〔五四〕樗蒲(chū pú)：古代一種博戲。

〔五五〕雲溪友議：唐范攄撰。其卷一〇云：“盧渥舍人應舉之歲，偶臨御
溝，見一紅葉，命僕搴來。葉上乃有一絶句。置於巾箱，或呈於同志。及宣宗
既省宮人，初下詔，許從百官司吏，獨不許貢舉人。渥後亦一任范陽，獲其退宮
人。覩紅葉而吁嗟久之，曰：‘當時偶題隨流，不謂郎君收藏巾篋。’驗其書迹，
無不訝焉。詩曰：‘流水何太急，深宮盡日閑。殷勤謝紅葉，好去到人間。’”
本事詩：唐孟棨撰。宋朱勝非紺珠集卷九引本事詩，有紅葉詩一則，云：“盧渥
于御溝得紅葉，有詩云：‘流水行太急，深宮盡日閒。殷勤謝紅葉，好去到人
間。’盧藏之。後宣宗即位，放宮女，盧得一人，見紅葉，曰：‘當日偶題，不憶君
得之也。’”

〔五六〕及張子京，記爲于祐：其事不詳。張子京，蓋指宋翰林應奉張諒
(字子京)。諒所撰有經史事類書澤。彥按：“流紅事”記爲于祐，諸書如宋朱
勝非紺珠集、宋曾慥類説、宋祝穆古今事文類聚等均以爲出自宋劉斧青瑣高
議。今考斧書，前集卷五有流紅記一條，載其事甚詳。文長不録。

〔五七〕見北夢瑣言卷九雲芳子魂事李茵。

〔五八〕鵲女墳，在麗情集以爲姚玉京：麗情集，宋張君房撰。姚玉京，各
本“玉”均譌“王”，今訂正。類説卷二九麗情集燕女墳：“宋末娼家女姚玉京，
嫁襄州小校敬瑜。敬瑜溺水而死，玉京守志養姑舅。常有雙燕巢梁間，一日爲

鷿鳥所獲,其一孤飛悲鳴,徘徊至秋,翔集玉京之臂,如告別然。玉京以紅縷繫足,曰:'新春定來爲吾侶也!'明年果至,因贈詩曰:'昔年無偶去,今春猶獨歸。故人恩義重,不忍更雙飛。'自爾秋歸春來,凡六七年。其年玉京病卒,明年復來,周章哀鳴,家人語曰:'玉京死矣。墳在南郭。'燕遂至葬所,亦死。每風清月明,襄人見玉京與燕同遊漢水之上。"　南史乃王整之女、衛敬瑜之妻也:見南史孝義傳下,"之女"作"之姊"。

〔五九〕祖伊:商紂王臣。書西伯戡黎:"西伯既戡黎,祖伊恐,奔告于王,曰:'天子! 天既訖我殷命;格人元龜,罔敢知吉。非先王不相我後人,惟王淫戲用自絶。'"

〔六〇〕及武王數之,斮涉、剖賢、炙忠、剔孕:數(shǔ),數落,責備。斮,喬本、洪本譌"新",此從餘本。書泰誓下,武王曰:"今商王受,狎侮五常,荒怠弗敬。自絶于天,結怨于民。斮朝涉之脛,剖賢人之心,作威殺戮,毒痛四海。"又泰誓上,武王曰:"今商王受,弗敬上天,降災下民。沈湎冒色,敢行暴虐,……焚炙忠良,刳剔孕婦。"　而史傳復有醢鬼、脯鄂之文:戰國策趙策三:"昔者鬼侯之鄂侯、文王,紂之三公也。鬼侯有子而好,故入之於紂。紂以爲惡,醢鬼侯。鄂侯爭之急,辨之疾,故脯鄂侯。"　六韜更出刳心等三十有七章焉:章,條目。

〔六一〕子貢:洪本、吳本"貢"作"贛"。　紂之不道,不如是之甚也:見論語子張,"道"作"善"。

〔六二〕見史記殷本紀。

〔六三〕脯鬼侯以享諸侯:禮記原文"享"作"饗",通。

〔六四〕見吕氏春秋行論。

〔六五〕醢九侯之女,葅梅伯之醢:見淮南子俶真篇,"九侯"作"鬼侯";"醢"作"骸",同。葅,同"菹",肉醬。吳本、四庫本譌"俎"。醢,喬本譌"階",今據餘本訂正。

〔六六〕見春秋繁露王道。　刑鬼侯之女,取其瓊:瓊,珠。今本春秋繁露作"環"。吕氏春秋過理亦作"環"。

〔六七〕"鄂"一作"邪",非:吳本、四庫本無此五字。

〔六八〕汲冢古文册書:即汲冢書。　桀飾傾宫,起瑶臺,作瓊室,立玉門:

彥按：文選左思吳都賦“思比屋於傾宮，畢結瑤而搆瓊”劉淵林注：“汲郡地中古文册書曰：桀築傾宮，飾瑤臺；紂作瓊室，立玉門。言其夸麗。”是“作瓊室，立玉門”者，乃紂事，今統歸之桀，非也。

〔六九〕而淮、尸二子乃云爲象廊、玉牀：象廊，用象牙裝飾的廊殿。淮南子本經：“帝有桀、紂，爲琁室、瑤臺、象廊、玉牀。”又尸子卷下：“桀爲璇室、瑤臺、象廊、玉牀。”　至謂其時至德滅而不揚，帝道掩而不興：自此而下至“澤無洼水”，見太平御覽卷八二引尸子曰。自此而下至“璧襲無理”，則見淮南子覽冥篇。文字不盡相同。　植社槁而罅裂，容臺搖而掩覆：“植社”句御覽所無。各本“社”均譌“杜”，今訂正。罅裂，開裂。容臺，御覽譌“客臺”。搖，御覽、淮南子均作“振”。參見後紀十四帝履癸注〔八〇〕。　羣犬獆而入淵：獆，同“嗥”，吼叫。淮南子作“犬羣嗥而入淵”，御覽作“犬成羣而入泉”。　豕銜蓐而席隩：隩，通“奧”，室内西南隅。引申而指内室。淮南子作“豕銜蓐而席澳”；御覽作“豨銜薇而席隩”，注：“豨銜晨席入人隩内。言豨禍。”　美人挐首墨面而不容：挐首，蓬頭亂髮。御覽作“婢首”，蓋誤。　曼聲吞炭内閔而不歌：曼聲，美好的歌喉。吞炭，各本均作“蠶炭”。彥按：“蠶炭”於義不合。今據御覽及淮南子改“蠶”作“吞”。閔，淮南子作“閉”，通；御覽作“闓”，疑誤。　飛鳥鎩翼，走獸廢脚：鎩翼，折翅。高誘淮南子注：“言桀無道，田獵煩數，鳥獸悉被創夷也。”御覽“廢脚”作“決蹄”。　山無峻幹，澤無洼水：淮南子“峻幹”作“峻榦”。高誘注：“峻榦，美材也。”洼水，御覽作“佳水”，注：“佳水，清水。”　田無立苗，路無莎薠：立苗，淮南子作“立禾”。莎、薠皆草名，合以泛指野草。四庫本“薠”譌“蘋”。　金積折廉，璧襲無理：金，指金器。積，堆積。折廉，磨損棱角。襲，義同“積”。理，紋理。此二句言夏桀搜括了大量金玉珍寶而糟蹋之。

〔七〇〕見文子上禮引老子曰，文句略有删省。　舉事戾於天：吳本“舉”作“牽”。　春秋縮其和：見後紀十四帝履癸注〔八〇〕。　羣臣推意而壞常：意，四庫本作“異”誤，文子作“上意”。　邪人諂而陰謀：文子作“邪人諂而謀遽載”（遽載，猶“乃行”）。　田无立苗，路无緩步：彥按：“路无緩步”與“田無立苗”於義不類，疑“緩步”當作“薠莎”。淮南子覽冥篇稱桀之時“田無立禾，路無莎薠”，王引之以爲：“‘莎薠’本作‘薠莎’。……‘莎’與‘禾’、‘贏’、‘施’爲韻（各本‘贏’作‘理’，乃後人所改），若作‘莎薠’，則失其韻矣。”（見讀書雜志淮南内篇雜志九之六）是也。蓋"蘋"與"緩"音近，"莎"與"步"形近，故譌。 璧襲无贏：淮南子覽冥"无贏"作"無理"。王引之曰："案：'贏'當作'贏'，淮南原文當亦是'贏'字，非'理'字。本經篇：'冠無觚贏之理。'高彼注云：'贏讀指端贏文之贏。''指端贏文'今人猶有此語，謂其文旋轉如贏也。璧形圓，故謂其文曰'贏'，久而漫滅，故曰'無贏'。"（見讀書雜志淮南内篇雜志九之六） 殼龜无腹，蓍筮日施：殼龜，猶"磬龜"。吴本"殼"譌"穀"。蓍，喬本、洪本、吴本譌"箸"，此從四庫本及備要本。參見後紀十四帝履癸注〔一二三〕。

〔七一〕糟丘，足望十里：見韓詩外傳卷四，"足"作"足以"。 女樂三萬，晨譟端門而聞于三衢：見管子輕重甲，今本文作"女樂三萬人，端譟晨樂，聞於三衢"，"端譟晨樂"疑誤。端門，宫殿之正南門。三衢，猶九衢，泛稱通衢。

〔七二〕徒使後世庸君僻主多爲不義：僻主，邪僻之主。爲，喬本作"謂"，非是；此從餘本。

〔七三〕吴本、備要本此下有"太平總類載龍逢諫桀之言曰"云云一段文字，另起一行、低一格書。蓋非羅苹注路史原書所有，今不取。

伐桀升陑辨

道二，仁與不仁而已。湯之得天下也，以仁；而桀之失天下也，以不仁。以仁存心，豈有利於間哉？應順天人，不得已焉爾〔一〕。

孔子之序湯誓曰："伊尹相湯伐桀，升自陑。遂與桀戰鳴條之野〔二〕。"夫桀都安邑，而湯都亳。亳居安邑之東，而鳴條在安邑之西，陑又出其西南河曲之南，其去亳與安邑也遠矣〔三〕。湯之致伐，乃不從東逕擣安邑，乃從下反上，至於陑而反下，乃趨鳴條，何邪？此仁人之師也。夫師，必兼行而倍道〔四〕。今也不然，而反迂迴遠餉以出於陑，蓋將以示桀衆而使之知備焉爾〔五〕。以故桀得出而逆戰於鳴條之野，事可明也。嗟夫！伐人之國，又有仁焉，予於升陑見之矣。

而孔安國乃以爲升道自陬,以出桀之不意〔六〕。仁人之師,固出不意而襲人乎?應天順人,猶有慙德;襲人不意,而何以爲湯乎?且既曰出不意矣,而故反倍道而緩期邪〔七〕?其不然必也。夫襲非用兵之道,九伐之法無有也〔八〕。春秋之書“襲”,特以見君人而行盜賊之事爾。齊之技擊不可以遇魏氏之武卒,魏氏之武卒不可以敵秦人之鋭士,秦人之鋭士不可以當桓文之節制,桓文之節制固不可以對湯武之仁義〔九〕。節制之兵已不事於詐譎,而況仁義之師乎〔一○〕?

劉子政曰:湯欲伐桀,伊尹請乏其職貢以觀其動〔一一〕。桀怒,召九夷之師。九夷之師皆至。尹曰:“未可也。”明年,又乏之。召九夷,夷不副矣〔一二〕。於是興師以伐之。仁人之師,曷嘗不以正哉?

而或者猶曰:兵行詭道。有險可據,彼不知恃,我則據之。有釁可乘,彼不知備,我則乘之。用兵之道,期於取勝而已,它匪計也〔一三〕。是故古者伐國,不問仁人〔一四〕。天予不取,反受其咎〔一五〕。方天所贊,李靖能因之,遂破吐渾〔一六〕。宋襄公不能乘之,而徒守區區之仁義,果敗於泓〔一七〕。湯之所以縣陬,蓋出此道〔一八〕。斯亦繆矣。李靖曰:正兵受之君,奇兵將所有〔一九〕。晉羊叔子務修德信以懷吳人,每有交兵,必剋日乃爲戰,不爲掩襲〔二○〕。陸抗對境,行人不絶〔二一〕。抗每告邊戍曰:“彼專爲德,我專爲暴,是不戰自服也。”以祜且爾〔二二〕,況湯武之師乎?

詭道,兵家之所有也,臨危赴急,所以濟其不及者。是亦將家之事爾,而湯奚事邪〔二三〕?始湯之得尹也,爰問之曰:“桀惡甚,吾將伐之也,如之何?”對曰:“可也。而非可悖也。予其爲子往規之〔二四〕。”於是適夏,告以君民之相須者〔二五〕。而桀弗惠,乃大淫昏,大不克明保享于民〔二六〕。有夏之民,叨懫日欽,劓割夏邑〔二七〕。尹既反而復往,爲之酒保,思入其誨,而桀任是暴德,誕爲厥佚〔二八〕。尹始醜夏,復歸商,而説之以伐夏。故曰"伊尹相湯伐桀",知伐桀者非湯也〔二九〕。伐桀非湯,則其爲伊尹矣。"時日害喪?予及汝偕亡",則天下之民欲其亡也,久矣〔三〇〕。尹、湯固不得而已也。戰鳴條而後誓,非豫戒之兵也〔三一〕。兵不豫戒,衆志恊也。衆志恊而尚伺人之不意乎?然則桀之失天下,非湯取之明矣,天取之也。天何以取之,民取之也。民取之,則天取之;天取之,則湯取之矣。湯豈容心於間哉?因民而已。故曰:"湯放桀,所以定禹功也〔三二〕。"襲人之兵,五伯不爲,而謂湯爲之乎?

　　嗚呼!孔氏,漢儒之冠冕也,其於書,亦多罔矣〔三三〕。謂文王内秉王心,陽率諸侯事紂;而武王之會盟津,爲卜諸侯伐商之心,既乃退而示弱;且謂四岳爲不得已薦舜;而湯出桀之不意:率縣安度〔三四〕。嗟乎!天下之妄説,叵勝窮哉〔三五〕!前史氏言:高定七歲,問父郢以湯伐君事〔三六〕。父曰:"應天順人。"定曰:"'用命,賞于祖;不用命,戮於社',此順人乎〔三七〕?"小子之言,君子至今誦之〔三八〕。而乃不詳其爲啓誓,非湯誓也。彼皇甫謐者,更以爲桀醉不寤而湯伐之,其足徵歟〔三九〕?

　　夫出不意,則桀不得出戰於鳴條矣〔四〇〕。地西北高,而陑在亳之西,故曰外〔四一〕。吕春秋云:湯與伊尹盟滅夏,復往觀曠夏,听於末嬉〔四二〕。末嬉曰:"昔天子夢兩日相爲鬭,西方日勝,東日不勝〔四三〕。"尹以告湯。商涸旱,猶發師以信〔四四〕。伊尹令師從東方出於國,西以進。外紀亦云:景亳之命,湯自把鉞,費昌爲御,而伐桀〔四五〕。令師從東方出於國,西以進。王荊公乃以陑爲山,謂升高而戰,非地利,以人和也〔四六〕。夫恃人和而行師於不利之地,豈人情也哉〔四七〕?穎達更謂湯嘗爲臣,慚而且懼,故出其不意;武王久不事紂,故顯然致罰〔四八〕。尤妄。

【校注】

　〔一〕應順天人:洪本、吴本、四庫本作"應天順人"。

　〔二〕陑(ér):山名,在今山西永濟市南。　戰鳴條之野:今書湯誓序"戰"作"戰于"。

〔三〕亳居安邑之東:吴本“居”作“尽”誤。

〔四〕兼行而倍道:以加倍速度趕路,一天走兩天的路程。

〔五〕遠餉:由遠路運軍糧。

〔六〕書湯誓序“伊尹相湯伐桀,升自陑”舊題孔安國傳:“桀都安邑,湯升道從陑,出其不意。”

〔七〕倍道:謂不走近道,反走遠道。

〔八〕九伐之法:九種征伐之方法。古書中大抵用於泛指,未見細目。

〔九〕齊之技擊,……湯武之仁義:見荀子議兵,文字不盡相同。節制,指節制之兵,即受紀律約束之士兵。

〔一〇〕節制之兵:喬本“節制”作“制節”。此從餘本,以與上文“桓文之節制”一致。

〔一一〕湯欲伐桀,伊尹請乏其職貢以觀其動:自此而下至“於是興師以伐之”,見説苑權謀,原文作:“湯欲伐桀。伊尹曰:‘請阻乏貢職,以觀其動。’桀怒,起九夷之師以伐之。伊尹曰:‘未可。彼尚猶能起九夷之師,是罪在我也。’湯乃謝罪請服,復入貢職。明年,又不供貢職。桀怒,起九夷之師,九夷之師不起。伊尹曰:‘可矣!’湯乃興師伐而殘之,遷桀南巢氏焉。”職貢,猶貢職,指貢賦、貢品。

〔一二〕副:相應。

〔一三〕它:四庫本作“他”。

〔一四〕漢書董仲舒傳載柳下惠語:“吾聞伐國不問仁人,此言何爲至於我哉!”

〔一五〕天予不取,反受其咎:見漢書蕭何傳何引周書曰。

〔一六〕方天所贊,李靖能因之,遂破吐渾:贊,助。吐渾,即吐谷渾。舊唐書吐蕃傳上:“貞觀中,李靖破吐谷渾。”

〔一七〕宋襄公不能乘之,而徒守區區之仁義,果敗於泓:泓,水名,在今河南柘城縣西北。宋襄公十三年(前638年),伐鄭,與救鄭之楚兵戰於泓水邊。楚兵渡河,宋將目夷主張乘機出擊,襄公堅持“仁義”不乘人之危,待楚兵渡河且列陣後再戰,遂大敗受傷,次年傷重身亡。

〔一八〕繇:四庫本作“由”。

〔一九〕正兵受之君,奇兵將所有:見李衛公問對卷上。原文作:"夫正兵受之於君,奇兵將所自出。"

〔二〇〕晉羊叔子務修德信以懷吳人,每有交兵,必剋日乃爲戰,不爲掩襲:自此而下至"是不戰自服也",撮引自晉書羊祜傳。羊叔子,即西晉大臣羊祜(字叔子)。剋日,約定日期。掩襲,突然襲擊。

〔二一〕陸抗對境,行人不絕:陸抗,三國吳名將。行人,使者。

〔二二〕祜:四庫本如此,是,今從之。餘本均譌"祐"。

〔二三〕爾:四庫本作"耳"。

〔二四〕規:規勸,諫止。

〔二五〕相須者:指相互依存之道理。

〔二六〕而桀弗惠,乃大淫昏,大不克明保享于民:弗惠,不仁。說文恵部:"惠,仁也。"大不克明,完全不能明白。保享,保護養育。廣雅釋詁一:"享,養也。"書多方:"有夏誕厥逸,不肯感言于民;乃大淫昏,不克終日勸于帝之迪。"又云:"惟夏之恭多士,大不克明保享于民,乃胥惟虐于民。"

〔二七〕有夏之民,叨懫日欽,劓割夏邑:見書多方。叨懫(tāo zhì),貪而暴戾。欽,通"廞",興(孫星衍尚書今古文注疏說)。劓割,猶言宰割(屈萬里尚書今注今譯說)。夏邑,夏國。

〔二八〕誕爲厥佚:誕,大,大肆。佚,通"逸",放蕩,放縱。參見上注〔二六〕。

〔二九〕伐桀者:洪本"伐"譌"我"。

〔三〇〕參見後紀五黃帝有熊氏注〔八二一〕。

〔三一〕戰鳴條而後誓:彥按:書湯誓序云:"伊尹相湯伐桀,升自陑,遂與桀戰于鳴條之野,作湯誓。"羅氏蓋以書序先言"與桀戰于鳴條之野",後言"作湯誓",故有此説,實則膠柱之見。孔穎達正義曰:"將戰而誓戒士衆,史敍其事,作湯誓。"是也。 非豫戒之兵也:豫戒,事先警備。

〔三二〕參見後紀十四帝履癸注〔二三四〕。

〔三三〕冠冕:比喻領袖人物。 罔:虛妄。

〔三四〕謂文王內秉王心,陽率諸侯事紂:秉,持。王心,王者之心。陽,表面。書西伯戡黎:"西伯既戡黎,祖伊恐,奔告于王,曰:'天子! 天既訖我殷命。’”孔氏傳：“文王率諸侯以事紂，内秉王心，紂不能制，今又克有黎國，迫近王圻，故知天已畢訖殷之王命。言將化爲周。”　而武王之會盟津，爲卜諸侯伐商之心，既乃退而示弱：盟津，即孟津。因周武王伐紂，會盟諸侯於此，故稱。卜，推測。書泰誓序：“惟十有一年，武王伐殷。一月戊午，師渡孟津，作泰誓三篇。”孔氏傳：“周自虞芮質厥成，諸侯並附，以爲受命之年。至九年而文王卒，武王三年服畢，觀兵孟津，以卜諸侯伐紂之心。諸侯僉同，乃退以示弱。”　且謂四岳爲不得已薦舜：書堯典：“（帝）曰：‘明明揚側陋！’師錫帝曰：‘有鰥在下，曰虞舜。’”孔氏傳：“衆臣知舜聖賢，恥己不若，故不舉。乃不獲已而言之。”　而湯出桀之不意：見上注〔六〕。　　率緜妄度：率，皆。緜，四庫本作“由”。度（duó），揣測。

〔三五〕叵：豈。四庫本作“詎”，備要本作“可”。

〔三六〕史氏：史家。　高定七歲，問父郢以湯伐君事：高定，唐京兆府參軍。郢，高郢，唐宰相。唐李肇唐國史補卷下：“高定，貞公郢之子也。……年七歲，讀書至牧誓，問父曰：‘奈何以臣伐君？’答曰：‘應天順人。’又問曰：‘“用命，賞於祖；不用命，戮於社”，豈是順人？’父不能對。”太平廣記卷一七五幼敏高定引國史補，“牧誓”作“湯誓”。

〔三七〕用命，賞于祖；不用命，戮於社：彦按：此二句，今見于書甘誓，“不”字作“弗”。書甘誓序云：“啓與有扈戰于甘之野，作甘誓。”唐國史補以之爲牧誓（湯誓？）文，實屬張冠李戴。然則與湯伐君事並不相關。

〔三八〕誦：述説。廣雅釋詁四：“誦，言也。”

〔三九〕彼皇甫謐者，更以爲桀醉不寤而湯伐之：太平御覽卷八二引帝王世紀曰：“桀醉不寤。湯來伐桀。”

〔四〇〕夫出不意：自此而下至“尤妄”整段文字，爲四庫本所無，吴本、備要本則以正文形式（非雙行夾注）出現。

〔四一〕亳：喬本、洪本譌“毫”，今據吴本、備要本訂正。

〔四二〕湯與伊尹盟滅夏：自此而下至“伊尹令師從東方出於國，西以進”，見吕氏春秋慎大，文字不盡相同。

〔四三〕昔天子夢兩日相爲鬭：昔，通“夕”，吕氏春秋作“今昔”。天子，各本均但作“天”，今據吕氏春秋訂作“天子”。

〔四四〕商涸旱，猶發師以信：呂氏春秋文作：“湯猶發師，以信伊尹之盟。”信，實踐諾言，信守。

〔四五〕見資治通鑑外紀卷二商紀成湯元年。　景亳：備要本如此，是，今從之。餘本“亳”譌“毫”。

〔四六〕王荆公：即宋王安石。以封荆國公，故稱。

〔四七〕夫恃人和而行師於不利之地，豈人情也哉：彦按：此説實出蘇軾書傳。書湯誓序“伊尹相湯伐桀，升自陑”，蘇軾傳云：“或曰升高而戰，非地利，以人和而已。夫恃人和而行師於不利之地，亦非人情，故皆不取。”

〔四八〕見書湯誓序孔穎達正義。其文曰：“湯以至聖伐暴，當顯行用師，而出其不意，掩其不備者，湯承禪代之後，嘗爲桀臣，慙而且懼，故出其不意。武王則三分天下有其二，久不事紂，紂有浮桀之罪，地無險要之勢，故顯然致罰，以明天誅。”

湯遜解 卞隨、務光〇許繇在四岳中〔一〕

莊子曰：湯伐桀，因卞隨而謀之，不對〔二〕。又因務光而謀，乃用伊尹。克商之後，遜於卞隨，隨投椆水〔三〕。又遜于光，光投盧水而死。亦詳呂氏。離俗覽云：隨投潁水，光投募水〔四〕。紀佗聞之，恐其及已，帥弟子踆于窾水三年〔五〕。申屠狄者聞之，爰踣于河〔六〕。故列仙傳言：湯伐桀，因務光而謀。光怒曰〔七〕：“非吾事也。”湯得天下，遜之於光，光遂石而自沉盧水〔八〕。狄，商時人。鶡冠子云：申屠易以世溷濁，負石投河〔九〕。故墨子有申屠投河，河伯分流之説〔一〇〕。皇甫謐以務光爲黄帝時，而韓嬰、劉向以爲崔嘉謀之，狄稱子胥、洩冶以對，大率難信矣〔一一〕。

夫湯之伐，豈其所欲哉？應順天人，拯民水火而已。雖然，其義則應順天人，而其事則臣伐君也。是故放桀而後有慙德，而無喜色〔一二〕。蓋湯之意，躬以自厚，誠恐啓天下後世亂臣賊子因以爲利而叛其君者，將以台爲口實云爾〔一三〕。然則湯之心，豈以應順天人而自是哉！惟不以應順天人而自是，此仲虺之所以陳諭引義而廣釋之，深有懼夫湯之憂媿不已，而有害維新之政，且將以破天下後世之見惑者〔一四〕。嗟乎！以湯勇智，豈以天下動其心哉？其克商而遜之，蓋有之矣，彼卞隨、務光，其何以承之邪？

昔有堯嘗遜天下於許繇，繇恥之而不受，退逃箕山，莊周稱之，且以爲有子州支甫者，亦蒙堯禪，而舜亦嘗以天下遜之子州支伯與夫善卷、北人無擇若石户之農〔一五〕。又有狐不偕者，亦以爲不受堯禪，投河而死〔一六〕。兹蓋戰國之際，分義不明，君臣相賊，故周之論，惟有所激〔一七〕。然聖人之授天下，豈如是輕哉？此太史公所以致疑於卞、務，而以許繇之事爲虛語〔一八〕。

夫以天下遜，此堯之至德也。堯知天下之將爭且亂，而欲以遜禪示天下後世之標則久矣，其非一日也，豈惟其子之不肖哉〔一九〕？朱而不肖，九子而俱不肖乎？且舜之未見也，其遜固非一人矣。其遜四岳也，則許繇已在其列矣。許，四岳之祚也〔二〇〕。説者又奚必爲異，而以堯之禪爲虛哉？羅昭文云：治天下者必曰陶唐氏、有虞氏，嗣天下者必誡曰“無若丹朱”、“無若商均”，是陶、虞氏爲聖人，而朱、均爲不肖矣〔二一〕。天下知朱、均之不肖，而不知肖否不在朱、均，在陶、虞用朱、均於不肖也。陶、虞將推大器於公也，故以不肖名而廢之，然後俾家不自我而家，子不自我而子，而不係乎朱、均之肖否也〔二二〕。朱、均蒙不肖名於後世也。許繇之迹，蓋甚章著，非寓言者。呂正獻云：許繇不可謂無其人〔二三〕。蓋有見也。

雖然，事有大惑，不可以不析〔二四〕。墨子書言湯以天下遜務光，既而使人謂之曰：“湯者伐桀而遜於子，欲加惡名於子也〔二五〕。”光恥之，遂投清泠之淵。其在韓子，亦云然〔二六〕。則斯舉也，果姑制爲之名邪〔二七〕？湯無是也。説林云：湯伐桀，恐天下言己之貪也，讓之務光；恐光之受之也，乃使人説之，云云〔二八〕。此以小人之腹而度之者。列仙傳云：務光耳長七寸〔二九〕。即瞀光也。荀子作牟光。類林、逸士傳云禹聘之爲上卿，光投于河。韓子亦云投于河。而企傳以爲武丁欲相之，投于梁水〔三〇〕。皇甫謐又以爲黄帝時人〔三一〕。其不一如此〔三二〕。盧水在右北平〔三三〕。棚水在潁川，或云在范陽〔三四〕。清泠水在南陽西鄂山上，云北人無擇所投〔三五〕。至周書殷祝解，則復以爲桀遜湯之王位〔三六〕。説者疑焉。而墨子且謂：夏桀既北，湯欲比迹堯、舜，乃制夏人爲之推遜〔三七〕。豈其然邪？噫嘻！隋氏以唐王爲相國，加之九錫，而高祖以爲魏晉繁文，卻之不受〔三八〕。斯可尚矣。然以兵取，而必欲云“受禪於隋”，則猶未免末世之弊陋也〔三九〕。此成湯之事，所以至末世爲可言歟？

【校注】

〔一〕卞隨、務光○：吴本、四庫本如此，與下内容一致，今從之。餘本作“卞隨○務光”。　許繇：四庫本“繇”作“由”。

〔二〕湯伐桀：自此而下至“光投盧水而死”，撮引自莊子讓王。莊子原文爲：“湯將伐桀，因卞隨而謀，卞隨曰：‘非吾事也。’湯曰：‘孰可？’曰：‘吾不知也。’湯又因務光而謀，務光曰：‘非吾事也。’湯曰：‘孰可？’曰：‘吾不知也。’湯曰：‘伊尹何如？’曰：‘强力忍垢。吾不知其他也。’湯遂與伊尹謀伐桀，尅之。以讓卞隨。卞隨辭曰：‘后之伐桀也謀乎我，必以我爲賊也；勝桀而讓我，必以我爲貪也。吾生乎亂世，而无道之人再來漫我以其辱行，吾不忍數聞也。’乃自投椆水而死。湯又讓務光，曰：‘知者謀之，武者遂之，仁者居之，古之道也。吾子胡不立乎？’務光辭曰：‘廢上，非義也；殺民，非仁也；人犯其難，我享其利，非廉也。吾聞之曰：“非其義者，不受其禄；无道之世，不踐其土。”況尊我乎！吾不忍久見也。’乃負石而自沈於盧水。”陸德明釋文：“盧水，司馬本作盧水，在遼東西界。一云，在北平郡界。”

〔三〕椆水：王叔岷莊子校詮引洪頤煊云：“水經潁水注：‘吕氏春秋曰，卞隨恥受湯讓，自投此水而死。張顯逸民傳、嵇叔夜高士傳並言投洞水而死。’洞、潁聲相近。史記伯夷列傳，索隱引作桐水，與此作椆水，皆洞字之譌。”

〔四〕募水：募音 bó。

〔五〕紀佗聞之，恐其及己，帥弟子踆于窾水三年：見莊子外物。紀佗，今本莊子作紀他。踆（qūn），退，退隱。窾水，水名。

〔六〕申屠狄者聞之，爰踣于河：申屠狄，今本莊子作申徒狄。踣，同“仆”，謂自投。

〔七〕怒：洪本譌“恕”。

〔八〕光遂石而自沉盧水：石，四庫本作“負石”，與今本列仙傳同。盧水，今列仙傳卷上務光作“蓼水”。

〔九〕申屠易以世溷濁,負石投河:見鶡冠子備知,"申屠易"作"申徒狄",文曰:"申徒狄以爲世溷濁不可居,故負石自投於河,不知水中之亂有逾甚者。"

〔一〇〕故墨子有申屠投河,河伯分流之説:今本墨子無此,疑爲佚文。

〔一一〕皇甫謐:喬本、洪本、吳本"謐"譌"謐"。今據四庫本、備要本訂正。　韓嬰、劉向以爲崔嘉謀之,狄稱子胥、洩冶以對:彦按:"謀"疑當作"止"。韓詩外傳卷一:"申徒狄非其世,將自投於河。崔嘉聞而止之,曰:'吾聞聖人仁士之於天地之間也,民之父母也,今爲儒雅之故,不救溺人,可乎?'申徒狄曰:'不然。桀殺關龍逢,紂殺王子比干而亡天下;吳殺子胥,陳殺泄冶而滅其國。故亡國殘家,非無聖智也,不用故也。'遂抱石而沉於河。"新序節士大同,而"儒雅"作"濡足",於義爲長。

〔一二〕書仲虺之誥:"成湯放桀于南巢,惟有慙德,曰:'予恐來世以台爲口實。'"

〔一三〕躬以自厚:意謂重於自責。典出論語衛靈公:"躬自厚而薄責於人,則遠怨矣。"

〔一四〕惟:吳本、四庫本作"唯"。下"惟有所激"、"豈惟其子"之"惟"同。　陳諭:陳述曉諭。　維新之政:謂新生之政權,即商之政。

〔一五〕見莊子讓王。　子州支甫:今本莊子作子州支父。陸德明釋文:"父音甫。李云:支父,字也,即支伯也。"　北人無擇:舜之友人。吳本、備要本"北"譌"比"。　石户之農:舜之友人。陸德明釋文:"李云:石户,地名。農,農人也。"

〔一六〕莊子大宗師:"若狐不偕、務光、伯夷、叔齊、箕子、胥餘、紀他、申徒狄,是役人之役,適人之適,而不自適其適者也。"成玄英疏:"(狐不偕,)姓狐,字不偕。堯時賢人,不受堯讓,投河而死。"

〔一七〕戰國:備要本"戰"譌"伐"。

〔一八〕史記伯夷列傳:"堯將遜位,讓於虞舜,舜禹之間,岳牧咸薦,乃試之於位,典職數十年,功用既興,然後授政。示天下重器,王者大統,傳天下若斯之難也。而説者曰堯讓天下於許由,許由不受,恥之逃隱。及夏之時,有卞隨、務光者。此何以稱焉?太史公曰:余登箕山,其上蓋有許由冢云。孔子序列古之仁聖賢人,如吳太伯、伯夷之倫詳矣。余以所聞由、光義至高,其文辭不少概見,何哉?"司馬貞索隱:"是太史公疑説者之言或非實也。"

〔一九〕標則:準則。

〔二〇〕許,四岳之祚也:祚,後代。元和姓纂卷六語韻:"許,姜姓,炎帝四嶽之後。"

〔二一〕羅昭文:其人不詳,待考。

〔二二〕故以不肖名而廢之:四庫本如此,是,今從之。餘本"故"譌"胡"。然後俾家不自我而家,子不自我而子:家,謂家天下。子,指傳位於子。漢書蓋寬饒傳:"五帝官天下,三王家天下,家以傳子,官以傳賢。"

〔二三〕吕正獻:即宋哲宗朝宰相吕公著(謚正獻)。　許繇:四庫本"繇"作"由"。

〔二四〕析:洪本譌"柝"。

〔二五〕今本墨子未見有此,蓋佚文。　湯者:四庫本"者"譌"昔"。

〔二六〕見韓非子説林上。

〔二七〕制:造作,操作。

〔二八〕韓非子説林上原文作:"湯以伐桀,而恐天下言己爲貪也,因乃讓天下於務光。而恐務光之受之也,乃使人説務光曰:'湯殺君而欲傳惡聲于子,故讓天下於子。'務光因自投於河。"

〔二九〕見列仙傳卷上務光。

〔三〇〕而仚傳以爲武丁欲相之,投于梁水:彦按:列仙傳卷上務光云:"湯既克桀,以天下讓於光。……(光)遂負石自沈于蓼水。已而自匿。後四百餘歲,至武丁時復見。武丁欲以爲相,不從。武丁以興迎而從,逼不以禮。遂投浮梁山,後遊尚父山。"與此有不同。羅氏所言之仚傳,即舊題漢劉向撰之列仙傳乎? 抑晉葛洪神仙傳之佚文乎? 未可知也。

〔三一〕皇甫謐:洪本作"皇人謐",誤;吴本作"皇父謐",通。

〔三二〕其:吴本、四庫本、備要本如此,於義爲長,今從之。喬本、洪本作"甚"。

〔三三〕盧水:喬本、洪本"盧"作"廬"。此從餘本,以與正文一致。

〔三四〕潁川:洪本、吴本"潁"譌"穎"。

〔三五〕清泠水在南陽西鄂山上:清泠水,吴本"泠"作"冷"誤。南陽,郡名。<u>西鄂</u>,縣名,治所在今<u>河南 南陽市 臥龍區</u>境。山上,各本均作“周下”。<u>彦</u>按:“周下”不詞。今姑據古注訂作“山上”。<u>文選 漢 張衡 東京賦</u>“囚耕父於<u>清泠</u>”<u>薛綜</u>注:“清泠,水名。在<u>南陽 西鄂</u>山上。”又,<u>山海經 中山經</u>“神耕父處之,常遊<u>清泠</u>之淵”<u>郭璞</u>注亦云:“<u>清泠</u>水,在<u>西鄂</u>縣山上。”　北人無擇:備要本“北”作“比”,餘本均作“此”,俱誤。今訂正。

〔三六〕<u>逸周書 殷祝解</u>:“<u>湯</u>將放<u>桀</u>,于<u>中野</u>。士民聞<u>湯</u>在野,皆委貨扶老攜幼奔,國中虛。<u>桀</u>請<u>湯</u>曰:‘國所以爲國者,以有家;家所以爲家者,以有人也。今國無家無人矣! 君有人,請致國,君之有也。”

〔三七〕而<u>墨子</u>且謂:夏<u>桀</u>既北,<u>湯</u>欲比迹<u>堯</u>、<u>舜</u>,乃制夏人爲之推遜:今本<u>墨子</u>未見有此,疑爲佚文。

〔三八〕<u>隋</u>氏以<u>唐王</u>爲相國,加之九錫,而高祖以爲<u>魏</u> <u>晉</u>繁文,卻之不受:<u>隋氏</u>,<u>洪</u>本、<u>吳</u>本“隋”作“隨”。下“受禪於<u>隋</u>”之“隋”同。<u>唐王</u>,即後之<u>唐高祖李淵</u>。<u>資治通鑑</u>卷一八五<u>唐高祖武德</u>元年三月:“戊辰,<u>隋恭帝</u>詔以十郡益<u>唐國</u>,仍以<u>唐王</u>爲相國,總百揆,<u>唐國</u>置丞相以下官,又加九錫。王謂僚屬曰:‘此諂諛者所爲耳。孤秉大政而自加寵錫,可乎? 必若循<u>魏</u>、<u>晉</u>之迹,彼皆繁文僞飾,欺天罔人:考其實不及五霸,而求名欲過三王。此孤常所非笑,竊亦恥之。’……但改丞相爲相國府,其九錫殊禮,皆歸之有司。”

〔三九〕云“受禪於<u>隋</u>”:<u>舊唐書 令狐德棻傳</u>:“<u>德棻</u>嘗從容言於<u>高祖</u>曰:‘竊見近代已來,多無正史,<u>梁</u>、<u>陳</u>及<u>齊</u>,猶有文籍。至<u>周</u>、<u>隋</u>遭<u>大業</u>離亂,多有遺闕。當今耳目猶接,尚有可憑,如更十數年後,恐事迹湮没。陛下既受禪於<u>隋</u>,復承<u>周</u>氏歷數,國家二祖功業,並在<u>周</u>時。如文史不存,何以貽鑑今古? 如臣愚見,並請修之。’”　則猶未免:<u>洪</u>本、<u>吳</u>本“猶”作“縣”,當由音譌。

小人勿用

<u>易</u>何爲而作乎? 爲小人而作也。<u>春秋</u>何爲而作乎? 爲小人而作也。小人之患,何世無之? 不幸世衰,封君世辟惑於聽察,往往問君子於小人,致其舞手蹈足於尺宅之前,稔惡連禍,無所遮避〔一〕。有似<u>黎丘</u>之鬼,指以小人,往往左右顧而不得見〔二〕。當此之時,亦可謂危矣。

　　子曰：“惟女子與小人爲難養也。近之，則不遜；遠之，則怨[三]。”夫小人、女子，一皆陰類。其肅殺之氣，中於人也，如商飈素雨，受其害者，日深月慘，皆不得而知之[四]。自外視之，固有似柔脆不能以自立，而其爲患，則莫之禦也。小子學易，抑嘗即山澤之象，而得聖人之寄矣[五]。少男少女，艮、兌之正也[六]。而其費，乃至於爲妾、爲閹寺[七]。閹寺，男之賤；而妾者，女之賤也。彼以一陰爲悦乎外，此以二陰爲阻乎内，陰幽險陂，其事正如此也[八]。

　　雖然，上之人固有能知之矣。然每弗之去而每近之者，惟見善之不明，與用心之不剛，耽佚樂而好頓媚爾[九]。天下固未嘗一日無君子，亦未嘗一日無小人也，惟所御之而已。御得其道，則君子之道勝，而小人從之化；御失其道，則小人之勢盛，而君子從之去。此安危治亂之所繇分也[一〇]。君子、小人，義、利之間，果非甚難知也。君子懷義，小人懷利。懷義者難進而易退，懷利者易進而難退。難進，惟不苟合；易進，惟巧迎逢[一一]。不苟合者，人之所嫌；而巧逢迎者，人之所喜。喜故易親，嫌故易踈。易踈則責之備，易親則待之恕。待之恕，則一遂足以蓋百非，而百欺不足以爲戾；責之備，則扶天之德不能蔽纖芥之踈，一日之違可以没千朝之績[一二]。蓋責之備者，每不以爲君子；而待之恕者，常不疑其小人。二者既渾，則順己者必親，而恌正者必遠[一三]。理勢然也。苟簡以鳩其身，快暫而忘後恤，此人之常情也[一四]。是以中材之主，常遠君子而近小人。小人樂有爲，器近而功速；君子行其所無事，業遠而道似踈[一五]。是以喜功不好要之君，常好任用小人，而每至於速亂也[一六]。君子有所恤，小人無所耻。有恤，故每有所忍；不耻，故無所不爲。是以小人常勝，而君子常窮[一七]。此天下見治之所以常希闊也[一八]。

　　伊摯，夏庖而興商；姜牙，商屠以王武；百里奚，虞之亡虜而霸秦;韓信,楚之亡卒而成漢;荀彧,袁紹之棄臣而强魏〔一九〕。燕之强也,樂毅去魏;魏之起也,崔浩辭晉〔二〇〕。此,七君得之而七興;彼,七主去之而七喪〔二一〕。何如是之憲憲也〔二二〕?失度佐而有扈伐,狐攻專而驩兜放,成駒權而三苗竄,侯侈佞而桀奔,左强諛而紂折,優旃用而晉禍,寺貂任而齊危,惠廧委而宋亂〔二三〕。是數君者,其好任小人則均,而其身及於禍,則又等也。

易曰:“小人勿用,必亂邦也〔二四〕。”使小人而可用,則何亡國敗家之有?此先聖明王之所以嚴防而切戒之,夫豈得已邪〔二五〕?禍天下之首,壞國喪家之具,誠無先乎此也〔二六〕。諸葛武侯曰:親賢臣,遠小人,此先漢之所縣興也。親小人,遠賢臣,此後漢之所縣亡也〔二七〕。故權德輿論:西漢之亡以張禹;東漢訖録始胡廣〔二八〕。而崔羣亦謂:罷九齡而相林甫,則開元之治亂已分矣〔二九〕。夫一賢制千里之命,而一佞亦足以亡國〔三〇〕。君子、小人之消長,實爲天下之戚休;治亂之隨,迅逾響答;去任之際,渠可以不遴之邪〔三一〕?

善乎!富鄭公之言曰:“天子無職事,惟審辨君子、小人而進退之。此天子之職也〔三二〕。”若唐德宗,亦可謂昧己職矣。蕭、陸、姜、湯,毫氂之忤,負己彌天;而韓、竇之徒,每至以功目罪〔三三〕。是不亦以待小人之術待君子,而以禮君子之具禮小人乎?烏得不亂?君天下者,其可不深戒於此,而佚樂頓媚之是好邪!狐攻,韓非說難作“孤男”〔三四〕。成駒,陰經作“成均”,字誤〔三五〕。

【校注】

〔一〕尺宅:指顔面。　稔惡:積惡。

〔二〕有:通“又”。　黎丘之鬼:古代傳説,黎丘地之奇鬼。吕氏春秋疑似:“梁北有黎丘部,有奇鬼焉,喜效人之子姪昆弟之狀。邑丈人有之市而醉歸者,黎丘之鬼效其子之狀,扶而道苦之。丈人歸,酒醒而詰其子,……其子泣而觸地曰:‘孽矣!無此事也。昔也往責於東邑,人可問也。’其父信之,曰:‘嘻!

是必夫奇鬼也。我固嘗聞之矣。'明日,端復飲於市,欲遇而刺殺之。明旦之市而醉,其真子恐其父之不能反也,遂逝迎之。丈人望其真子,拔劍而刺之。丈人智惑於似其子者,而殺於真子。"

〔三〕見論語陽貨。今本"惟"作"唯","遜"作"孫"。

〔四〕蕭殺:猶言嚴厲摧殘。　商飇素雨:秋天之風,素常之雨。

〔五〕小子:自稱謙詞。　山澤:指艮、兌二卦。易説卦:"艮爲山。"又:"兌爲澤。"

〔六〕少男少女,艮、兌之正也:少男,洪本"少"譌"小"。易説卦:"艮三索而得男,故謂之少男。兌三索而得女,故謂之少女。"參見國名紀二少昊青陽氏後注〔二七〕。

〔七〕而其費,乃至於爲妾、爲閽寺:費,通"拂";違背,乖戾。閽寺,閽人和寺人。閽人掌守王宮門禁。寺人即宦官。禮記内則"深宮固門,閽寺守之"鄭玄注:"閽,掌守中門之禁也。寺,掌内人之禁令也。"易説卦:"艮爲山,……爲閽寺"。"兌爲澤,……爲妾"。

〔八〕彼以一陰爲悦乎外:指兌卦(☱),一陰爻居于上。　此以二陰爲阻乎内:指艮卦(☶),二陰爻位于下。　陰幽:陰沉幽暗。　險陂(bì):險惡邪僻。

〔九〕剛:堅定。　頓媚:阿諛奉承。"頓"同"軟"。揚雄法言修身:"公儀子、董仲舒之才之邵也,使見善不明,用心不剛,儔克爾?"

〔一〇〕繇:四庫本作"由"。

〔一一〕迎逢:逢迎。"逢"同"逢",洪本、備要本作"逢"。下"逢迎"之"逢"同。

〔一二〕遂:稱心。　戾:罪惡。　扶天之德:天大之德。扶天,猶拂天,極言其高大。扶,傅,靠近。

〔一三〕渾:混淆。　恪正:莊嚴正直。

〔一四〕苟簡:隨便草率。　鴆:毒害。　快暫:謂以短暫之快樂爲快樂。忘後恤:洪本、吳本、四庫本如此,於義爲長,今從之。喬本、備要本"忘"作"亡"。恤,憂慮,憂患。

〔一五〕器:用,作用。　行其所無事:參見發揮五巽禪非求爲異注

〔一〇〕。

〔一六〕要(yāo)：約束。　速：招致。

〔一七〕窮：不得志。

〔一八〕希闊：稀少，罕見。希，“稀”之古字。

〔一九〕伊摯，夏庖而興商：伊摯，吳本、四庫本“摯”作“贄”非。墨子尚賢上云“湯舉伊尹於庖廚之中”，故此稱“夏庖”。　姜牙，商屠以王武：姜牙，指姜子牙，即太公望呂尚。尉繚子武議云“太公望年七十屠牛朝歌”，故此稱“商屠”。　百里奚，虞之亡虜而霸秦：見後紀八帝顓頊高陽氏注〔四六四〕。　韓信，楚之亡卒而成漢：史記淮陰侯列傳謂信初爲項羽郎中，“數以策干項羽，羽不用。漢王之入蜀，信亡楚歸漢”，故此稱“楚之亡卒”。　荀彧，袁紹之棄臣而强魏：荀彧，漢末曹操的謀士。初曾依附袁紹，後改投曹操，官至侍中，守尚書令，參與軍國大事。吳本作“苟或”誤。

〔二〇〕燕之强也，樂毅去魏：樂毅爲戰國魏將樂羊之後。史記樂毅列傳稱：“(樂毅)爲魏昭王使於燕，燕王以客禮待之。樂毅辭讓，遂委質爲臣，燕昭王以爲亞卿。”參見國名紀二少昊後李姓國注〔八四〕。　魏之起也，崔浩辟晉：崔浩，北魏司徒。魏書有傳。其“辟晉”之事不詳，待考。

〔二一〕七主：喬本、洪本作“此主”誤。今據餘本訂正。

〔二二〕憲憲：明顯。“憲”通“顯”。

〔二三〕失度佐而有扈伐，孤攻專而驩兜放，成駒權而三苗竄，侯侈佞而桀奔，左强諛而紂折，優旃用而晉禍：孤攻，韓非子作“孤男”。侯侈，喬本、洪本“侯”字作“**侅**”，今訂作“侯”，而與韓非子同。餘本作“俟”，蓋非路史之舊。左强，紂之諛臣。淮南子覽冥：“紂爲無道，左强在側。”又史記龜策列傳：“紂有諛臣，名爲左彊。誇而日巧，教爲象郎。”韓非子作“崇侯虎”。優旃，韓非子作“優施”。彥按：作優施是，優施爲春秋晉國優人，曾助晉獻公夫人驪姬殺害太子申生(見國語晉語一、晉語二)。優旃則爲戰國秦國優人(見史記滑稽列傳)，蓋路史誤記之矣。韓非子説疑云：“昔者有扈氏有失度，讙兜氏有孤男，三苗有成駒，桀有侯侈，紂有崇侯虎，晉有優施，此六人者，亡國之臣也。”　寺貂任而齊危：寺貂，即寺人貂。左傳僖公二年“齊寺人貂始漏師于多魚”杜預注：“寺人，内奄官豎貂也。……齊桓多嬖寵，内則如夫人者六人，外則幸豎貂、易牙之等,終以此亂國。傳言貂於此始擅貴寵,漏洩桓公軍事,爲齊亂張本。"

惠牆委而宋亂:惠牆,春秋宋平公時寺人。今本左傳襄公二十六年作惠牆,而釋文本作惠牆,云:"牆,或作牆,音檣。"左傳文曰:"寺人惠牆伊戾爲大子內師而無寵。秋,楚客聘於晉,過宋。大子知之,請野享之;公使往。伊戾請從之。……遣之。至,則欲,用牲,加書,徵之,而馳告公曰:'大子將爲亂,既與楚客盟矣。'公曰:'爲我子,又何求?'對曰:'欲速。'公使視之,則信有焉。問諸夫人與左師,則皆曰:'固聞之。'公囚大子。……乃縊而死。……公徐聞其無罪也,乃亨伊戾。"杜預注:"惠牆,氏;伊戾,名。"

〔二四〕見易師上六象辭。

〔二五〕嚴防:洪本、吳本"嚴"作"包"。

〔二六〕具:泛稱物、事。

〔二七〕諸葛武侯:即三國蜀漢丞相諸葛亮(謚忠武侯)。洪本、吳本脱"諸"字。 親賢臣,遠小人,此先漢之所繇興也。親小人,遠賢臣,此後漢之所繇亡也:兩"繇"字,四庫本作"由"。遠賢臣,四庫本如此,與上文對應,今從之。餘本作"遠賢人"。三國志蜀志諸葛亮傳載亮建興五年上疏,文作:"親賢臣,遠小人,此先漢所以興隆也;親小人,遠賢臣,此後漢所以傾頹也。"

〔二八〕故權德輿論:西漢之亡以張禹;東漢訖録始胡廣:權德輿,唐憲宗朝宰相。張禹,漢成帝朝丞相。漢書張禹傳載:"永始、元延之間,日蝕地震尤數,吏民多上書言災異之應,譏切王氏專政所致。上懼變異數見,意頗然之,未有以明見,乃車駕至禹弟,辟左右,親問禹以天變,因用吏民所言王氏事示禹。禹自見年老,子孫弱,又與曲陽侯不平,恐爲所怨。禹則謂上曰:'春秋二百四十二年間,日蝕三十餘,地震五(十六),或爲諸侯相殺,或夷狄侵中國。災變之異深遠難見,故聖人罕言命,不語怪神。性與天道,自子贛之屬不得聞,何況淺見鄙儒之所言!陛下宜修政事以善應之,與下同其福喜,此經義意也。新學小生,亂道誤人,宜無信用,以經術斷之。'上雅信愛禹,由此不疑王氏。"唐李德裕乃有張禹論,云:"漢成帝車駕至張禹第,辟左右,親問禹以天變。禹以年老子弱,與曲陽有隙,乃言新學小生亂道誤人,宜無信用。帝推信愛禹,由此不疑王氏。致漢室之亡,成王莽之篡,皆因禹而發,可謂漢之賊也,國之妖也。"訖録,謂天命終結。"録"通"録"。胡廣,東漢重臣,歷安、順、沖、質、桓、靈六帝之朝,凡一任司空,再作司徒,三登太尉,又爲太傅。爲官無忠直之風,時諺乃有“天下中庸有胡公”語。權德輿兩漢辨亡論云:“言兩漢所以亡者,皆曰莽、卓。予以爲莽、卓篡逆,污神器以亂齊民,自賈夷滅,天下耳目,顯然聞知。静徵厥初,則亡西京者張禹,亡東京者胡廣。”

〔二九〕崔羣亦謂:罷九齡而相林甫,則開元之治亂已分矣:崔羣,唐憲宗朝宰相。九齡,張九齡,唐玄宗朝宰相。林甫,李林甫。參見後紀十四寒浞傳注〔四四〕。舊唐書崔羣傳:“嘗因對面論,語及天寶、開元中事,羣曰:‘安危在出令,存亡繫所任。……人皆以天寶十五年禄山自范陽起兵,是理亂分時,臣以爲開元二十年罷賢相張九齡,專任奸臣李林甫,理亂自此已分矣。’”

〔三〇〕佞:吴本譌“姦”。

〔三一〕戚休:憂愁或者歡樂,禍或者福。　響答:回聲之應。　遴:選擇,挑選。

〔三二〕富鄭公:即北宋宰相富弼(封鄭國公)。　惟審辨君子、小人而進退之:吴本“惟”作“唯”,“辨”作“辯”。蘇軾富鄭公神道碑云:“其爲宰相及判河陽,最後請老家居,凡三上章,皆言:‘天子無職事,惟辨君子、小人而進退之。此天子之職也。’”

〔三三〕蕭、陸、姜、湯,亳毳之忤,負己彌天:蕭,蕭復;陸,陸贄;姜,姜公輔:皆德宗朝賢相。湯,不詳所指,疑誤。亳毳,此從洪本、吴本。喬本“毳”作“氄”,誤;四庫本、備要本作“氅”,同。負己彌天,極言其負己。新唐書卷七贊曰:“德宗猜忌刻薄,以彊明自任,恥見屈於正論,而忘受欺於姦諛。故其疑蕭復之輕己,謂姜公輔爲賣直,而不能容。”又陸贄傳贊曰:“德宗之不亡,顧不幸哉! 在危難時聽贄謀,及已平,追仇盡言,怫然以讒倖逐猶棄梗。”　韓、竇之徒:韓,疑指韓滉;竇,當指竇參:二人亦德宗朝宰相。舊唐書卷一二九史臣曰:“(韓)滉殺元琇,奏瑞鹽,逞幹運之能,非貞純之士,刻下罔上,以爲己功。幸逢多事之朝,例在姑息之地,幸而獲免,餘無可稱。”又贊曰:“韓滉刻下,延賞害公。”新唐書竇參傳稱:“參無學術,不能稽古立事,惟樹親黨,多所訶察,四方畏之。”

〔三四〕狐攻,韓非説難作“孤男”:自此“狐攻”而下至“字誤”凡十八字,爲吴本、四庫本、備要本所無。孤男,喬本作“狐難”,洪本作“狐男”,俱誤,今據韓非子訂正。參見上注〔二三〕。

〔三五〕陰經作“成均”：見太白陰經行人篇。

路史絶筆

昔湯遷九鼎于亳，至大冏而有慙德；武王布車遷九鼎于三巫，及鹿丘而不進，義士非之〔一〕。是以聖人刊書，於君道則首以二典，於臣道則始之兩謨，皆以“若稽古”之言命之，至商、周氏之書，俱不蒙焉，豈非以堯、舜、禹、皋、益、稷之事爲可稽，而商、周之君臣有不足法歟〔二〕？“曰若”，引辭。李尤陽德殿賦云：“曰若炎唐，稽古作先〔三〕。”李善引書，皆作“粤”，乃古書也。“若稽”，猶曰“謹按云爾”，非訓“順”與“如”也。兩謨者，益稷合於皋陶謨。故門人於堯曰之篇，上記帝王之所以得天下〔四〕，“在予一人”以上。下言帝王所以爲治之道。“謹權量”以下。於堯、舜、禹，則贊其執中；至湯、武，則惟稱其罪己。湯不執中邪？蓋門人之學，所得於聖人之意者如是。此則路史之所以爲終也〔五〕。且作會而民始叛，五典繇是而薄矣〔六〕。有虞氏紀論“未施信於民而民信之”，夏后氏紀論“未施敬於民而民敬之”，其以是觀之〔七〕。論語堯曰之説，書獨不録堯言〔八〕。禹謨所記，乃帝舜命禹之言〔九〕。湯誥亦無成湯“萬方有罪”至“以尔萬方”之語〔一〇〕。蓋聖人所見之博，互爲存去也。或以爲兩有脱錯，妄矣。

嗚呼！聖人之心，其所以待天下者亦深，而所以待後世者亦厚矣〔一一〕！唐虞之時，爲君者揖遜乎其上，爲臣者訏謨乎其下，天下未嘗爭且亂也〔一二〕。湯武固聖矣，然其事則放焉，殺焉〔一三〕。伊周固忠矣，然其事則放焉，攝焉〔一四〕。不幸而不變，必湯武、伊周爲之，則忠且聖也。或聞之不詳其事，而襲其迹，其能保其終無爭且亂邪？是聖人以堯舜望天下後世之君，而不願其爲湯武之君；以禹、皋、益、稷望天下後世之臣，而不願其爲伊周之臣。其所以待天下後世者，可謂深且厚也。後世學士，不知出此，而乃以爲

詩書始終之序,皆出偶然無意。至溫公作稽古録,爰始伏羲而終
孔子,遂以湯武干之,豈聖人之旨哉〔一五〕? 不然,"篤信明義,崇
德報功"之前,非台敢稽〔一六〕。

【校注】

〔一〕昔湯遷九鼎于亳,至大同而有慼德:九鼎,夏禹所鑄。亳,商湯之都。
大同,即大坰。書仲虺之誥序"湯歸自夏,至于大坰"孔穎達疏:"大坰,地名,
未知所在。當是定陶向亳之路所經。"吴本、備要本作"大同"誤。文選南齊王
融三月三日曲水詩序"遷鼎息大坰之慚"李善注引帝王世紀曰:"湯即天子位,
遂遷九鼎于亳。至大坰而有慚德。" 武王布車遷九鼎于三巫,及鹿丘而不進:
布車,以布爲帷幔之車。逸周書克殷解:"(武王)乃命南宫百達、史佚遷九鼎
三巫。"孔晁注:"三巫,地名。"然後世學者多不信其説,而疑"三巫"之字有譌。
又度邑解云:武王尅殷國,"永嘆曰:'嗚呼! 不淑(兑)[充]天對,遂命一日,維
顯畏弗忘!'王至于周,自鹿至于丘中,具明不寝。"黄懷信等集注引朱右曾云:
"鹿、丘中,皆地名。具明,達旦也。" 義士非之:漢書王貢兩龔鮑傳:"昔武王
伐紂,遷九鼎於雒邑,伯夷、叔齊薄之,餓[死]于首陽,不食其禄。"

〔二〕聖人刊書:聖人,指孔子。刊,謂删訂。 皆以"若稽古"之言命之:
命,猶告。爾雅釋詁上:"命,告也。"書堯典、舜典、大禹謨、皋陶謨四篇,均以
"曰若稽古"之語開其端。 商、周氏之書:指尚書中屬於商書、周書之各篇。

〔三〕李尤:東漢文學家。四庫本如此,是,今從之。餘本"尤"譌"九"。
炎唐:炎帝神農氏與帝堯的並稱。唐,"唐"字俗體。吴本、四庫本、備要本作
"唐"。

〔四〕堯曰:論語篇名。

〔五〕路史所紀,夏而後終,不及商、周。

〔六〕作會而民始叛,五典緜是而薄矣:作會,興行會盟。禮記檀弓下:"殷
人作誓而民始畔,周人作會而民始疑。"五典,古代的五種倫理道德,即:父子有
親,君臣有義,夫婦有別,長幼有序,朋友有信。緜,四庫本作"由"。

〔七〕禮記檀弓下,魯哀公使人問周豐曰:"有虞氏未施信於民而民信之,
夏后氏未施敬於民而民敬之,何施而得斯於民也?"

〔八〕論語堯曰之説,書獨不録堯言:此指論語堯曰"堯曰:'咨! 爾舜! 天

之曆數在爾躬,允執其中。四海困窮,天禄永終’”語。

〔九〕禹謨所記,乃帝舜命禹之言:書大禹謨:“帝曰:‘來,禹! ……天之曆數在汝躬,汝終陟元后。人心惟危,道心惟微,惟精惟一,允執厥中。……欽哉! 慎乃有位,敬修其可願。四海困窮,天禄永終。’”

〔一〇〕湯誥:指論語堯曰所載湯語。洪本、吳本“誥”作“告”。 成湯“萬方有罪”至“以尔萬方”之語:見書湯誥。其載湯之語曰:“其爾萬方有罪,在予一人。予一人有罪,無以爾萬方。”

〔一一〕而所以待後世者亦厚矣:四庫本如此,於文爲長,今從之。餘本無“者”字。

〔一二〕訏謨:遠大謀劃。訏,大。

〔一三〕放焉,殺焉:指湯放桀,武殺紂。

〔一四〕伊周:指伊尹、周公。 放焉,攝焉:指伊尹放太甲,周公居攝稱王。

〔一五〕遂:猶乃。 干:謂介入。

〔一六〕篤信明義,崇德報功:此指周書武成之最後一句,原文作:“惇信明義,崇德報功,垂拱而天下治。”

路史卷三十八

餘論一

路大之訓

太常主簿劉君清之逮泌之史何以謂“路”〔一〕。謖按爾雅，“路”之訓“大”，路寢、路朝、路門、路鼓、路車、路服皆以大爲之稱〔二〕。路朝、路寢亦或用“露”，故或者謂設之路側，云露之外，惟弗得其説爾。

夫路之所以謂大者，叵不知也。据遂人職，自遂上之徑，至於川上之路，凡五〔三〕。鄭氏謂：徑通牛馬；畛容大車；涂容乘車，一軌；道容二軌；路容三軌〔四〕。其説蓋本匠人：王城之經涂九軌，環涂七軌，野涂五軌〔五〕。環涂以爲諸侯之經涂，野涂以爲都之經涂〔六〕。差之〔七〕，諸侯之環涂五軌，野涂三軌，都之環涂、野涂皆三軌。則遂人之路容三軌，道容二軌，以至徑容牛馬，理宜然也。

又按：宮中衞謂之壼，廟中路謂之唐，而堂涂謂之陣〔八〕。一達謂之道路，二達謂之岐旁，三達謂之劇旁，四達爲衢，五達爲康，六達爲莊，七達劇驂，八達爲之崇期，九達爲逵〔九〕。涂莫枝於逵〔一〇〕，莫小於徑，莫大於路。故兔罝言“在彼中逵”，“在彼中林”，以中林之德晦，中逵之德顯也〔一一〕。洪範“無有作好，遵王之道”，“無有作惡，遵王之路”，以作好之利小，作惡之害大也〔一二〕。涂一曰旅，亦謂之行，所謂“旅樹”、“微行”者〔一三〕。國語“司空視涂”，蓋藏其數〔一四〕。而周禮量人掌天下之涂數，皆書而藏之，欲知所達遠近修否也〔一五〕。道若大路然，豈難知哉？故路史者，亦大史之云爾。公曰：“善。是皇王大紀之義也，無以易〔一六〕。”

【校注】

〔一〕太常主簿：自此而下至“野涂以爲都之經涂”，所據天津圖書館藏洪本掃描圖片闕頁，不得其詳。　逮：及。此謂問及。

〔二〕謖按爾雅，“路”之訓“大”：爾雅釋詁上：“路，大也。”　路朝：古天子有三朝，即外朝（有非常之事以詢萬民則在此）、內朝（見羣臣之處）和燕朝（聽政之所）。其中內朝在路門外，又稱路朝。詳見宋葉夢得石林燕語卷二。　路門：古代宮室最裏層的正門。　路鼓：古代祭享宗廟時用的四面鼓。　路車：亦作“輅車”，古代天子、諸侯所乘之車。左傳桓公二年“大路越席”孔穎達疏：“路，訓大也。君之所在，以大爲號，門曰‘路門’，寢曰‘路寢’，車曰‘路車’；故人君之車，通以路爲名也。”　路服：未聞，疑誤。

〔三〕遂人職：見周禮地官。　自遂上之徑，至於川上之路，凡五：遂，田間排水的小溝。凡五，即徑、畛、涂、道、路。

〔四〕徑通牛馬；畛容大車；涂容乘車，一軌：畛，田間分界的小路。四庫本譌“略”。大車，古代乘用的牛車。乘車，古代可以坐乘的馬車。一軌，謂容一車。吳本“軌”作“軓”。下諸“軌”字同。

〔五〕王城之經涂九軌，環涂七軌，野涂五軌：自此而下至“都之環涂、野涂皆三軌”，見周禮考工記匠人，文字不盡相同。王城，喬本“王”作“主”誤。今據吳本、四庫本、備要本訂正。經涂，南北嚮的大道。環涂，環城的路。野涂，城外的路。

〔六〕都：大城邑。

〔七〕差：減損。

〔八〕按：喬本、洪本、吳本譌“接”，今據四庫本、備要本訂正。　宮中術謂之壼，廟中路謂之唐，而堂涂謂之陣：自此而下至“九達爲逵”，見爾雅釋宮，文字不盡相同。術，同“巷”。壼，音 kǔn。堂涂，堂下通往院門的路。陣，讀爲

"陳",爾雅作"陳"。

〔九〕一達:謂一通到底,旁無出口。　岐旁:<u>郭璞</u><u>爾雅</u>注:"岐道旁出也。"

三達謂之劇旁:四庫本如此,今從之。餘本"謂"作"爲"。<u>邢昺</u><u>爾雅注疏</u>:"岐分三達者謂之劇旁。<u>孫炎</u>云:'旁出岐多,故曰劇。'"　四達爲衢:<u>爾雅</u>"爲"作"謂之",<u>郭璞</u>注:"交道四出。"　七達劇驂:<u>郭璞</u>注:"三道交,復有一岐出者。"　八達爲之崇期:<u>郭璞</u>注:"四道交出。"　九達爲逵:<u>洪</u>本"逵"譌"達"。<u>郭璞</u>注:"四道交出,復有旁通。"

〔一〇〕枝:分支。

〔一一〕故兔罝言"在彼中逵","在彼中林":詩<u>周南</u><u>兔罝</u>文作"施于中逵","施于中林",作"施于"不作"在彼",疑<u>羅</u>氏一時誤記。　以中林之德晦,中逵之德顯也:<u>喬</u>本、<u>洪</u>本"逵"譌"達"。今據餘本訂正。德,性質,屬性。中林,即林中,故暗晦。中逵,即逵中,既九達,自顯明。

〔一二〕作好:謂徇私偏好。

〔一三〕旅樹:見<u>禮記</u><u>郊特牲</u>:"臺門而旅樹,……大夫之僭禮也。"<u>孔穎達疏</u>:"而旅樹者,旅,道也;樹,立也。人君當門道立屏,蔽内外爲蔽也。"　微行:小路。見詩<u>豳風</u><u>七月</u>:"女執懿筐,遵彼微行,爰求柔桑。"

〔一四〕司空視涂:見<u>國語</u><u>周語</u>中,"涂"作"塗"。　藏其數:藏,謂存録。數,即下所謂"天下之涂數"。

〔一五〕周禮量人掌天下之涂數,皆書而藏之:涂數,指各地交通距離之里數。<u>周禮</u><u>夏官</u><u>量人</u>:"邦國之地與天下之涂數,皆書而藏之。"　修否:指路况之好壞。<u>廣雅</u><u>釋詁</u>三:"修,治也。"

〔一六〕是皇王大紀之義也:<u>吴</u>本脱"王"字。備要本"大"作"太",四庫本"紀"作"統",俱誤。

海國

從北塞下仰視,北極且在人北;<u>凶奴</u>之北,地之邊陲,北上視天,復北高而南下,日月之道,亦復在上[一]。從<u>日南</u>縱望斗南諸星,仍復在南;日月之道,亦復在上[二]。

<u>會稽</u>、<u>流沙</u>,乃九州東西極際,今從<u>流沙</u>之西視日,小大與<u>會</u>

稽海上無異〔三〕。

烏弋之國，去長安萬二千里，西行百日，至於條支國，臨西海，問之，惟云長老傳聞有昆崙山，未有至者〔四〕。

韓愈送嶺南節度使書云："海外雜國，若躭浮羅、流求、毛人、夷亶之洲，林邑、扶南、真臘、于陀利之屬，東南際天地以萬數〔五〕。"雖未究悉，而佛告阿難，閻浮提海中間平陸有三千洲，正中大洲，東西括量大國凡二千三百所，其餘小洲在諸海中，或三兩百國，或一或二，至于三十、四十、五十，蓋有之矣〔六〕。

大食之國，在珠厓南，其王使舩齎糧南去，窮之八年，不極其西南岸〔七〕。計糧有限，途取莫繼，而還八極之際，何可得而既邪〔八〕？

【校注】

〔一〕從北塞下仰視，北極且在人北；凶奴之北，地之邊陲，北上視天，復北高而南下，日月之道，亦復在上：北極，指北極星。備要本如此，是，今從之。餘本"北"作"仰"，當涉上"仰視"之"仰"而譌。道，指運行軌迹。論衡説曰："或曰：'天高南方，下北方。日出高，故見；入下，故不見。天之居若倚蓋矣，故極在人之北，是其效也。極，其天下之中，今在人北，其若倚蓋明矣。'"又云："夫視天之居，近者則高，遠則下焉。……從北塞下近仰視斗極，且在人上。匈奴之北，地之邊陲，北上視天，天復高北下南，日月之道，亦在其上。"

〔二〕日南：見後紀六帝鴻氏注〔一五〕。　斗：指北斗星。

〔三〕會稽、流沙，乃九州東西極際：彥按：論衡談天云："東海、流沙，九州東西之際也。"當即路史所本。而得以會稽易東海者，以會稽在東海上也，故論衡談天又云："日刺徑千里，今從東海之上會稽鄞、鄮，則察日之初出徑二尺，尚遠之驗也。"　今從流沙之西視日，小大與會稽海上無異：論衡談天："今從東海上察日，及從流沙之地視日，小大同也。相去萬里，小大不變，方今天下得地之廣，少矣。"

〔四〕烏弋：漢時西域國名。在今阿富汗西部。　條支國：西亞古國名，都城在今土耳其南部。

〔五〕送嶺南節度使書：後世所編韓氏文集收入該文，多作送鄭尚書序。　夷亶之洲：傳世韓文“洲”多作“州”，指夷州、亶州。　于陀利：“于”喬本、洪本作“干”，備要本作“千”，俱誤。此從吴本及四庫本。

〔六〕雖未究悉：四庫本“雖”作“維”誤。　阿難：佛十大弟之一。　閻浮提：梵語，即南贍部洲，佛教傳説中四大部洲之一。　括量：總量。

〔七〕珠厓：地名。在今海南海口市瓊山區一帶。四庫本作“珠崖”，同。　不極其西南岸：極，至，到達。岸，吴本、四庫本作“崖”。

〔八〕計：估計，料想。　繼：謂補充。　何可得而既邪：既，至。吴本此句之下有“杜環經行記云”云云一段文字，另起一行、低一格書。

八會文之初〔一〕

☰乾，天也，本乎三畫之☰；天字本只如此。古文作兲，非〔二〕。謂一而大。與乾同音，故梵語竺乾爲天竺〔三〕。班固以天竺爲乾竺〔四〕。釋名云：天，顯也，在上高顯也。以舌腹言之。青、徐以舌頭言之，天，坦也，坦然高遠〔五〕。故異域有狄，因切近，以贛人亦爲此音也〔六〕。巛，地也，本乎六畫之☷：父母之道也。巛，古文坤字。見漢服志〔七〕。古文又以爲順字。坤，順也。天，陽物，故天、乾一音〔八〕。地，陰物，故坤、地兩號〔九〕。水，坎也，本乎☵；篆爲水，—居中〔一〇〕。火，離也，本乎☲：男女之道也。篆爲火，--居中〔一一〕。水，内景，故—在内；火，外景，故—在外：天地自然之理，不可易也，而亦不可得也〔一二〕。

予嘗以智索之，而不可得；以離朱索之，而不可得；以子野索之，而又不可得〔一三〕。三索之而不得也，乃以罔象索之，而得焉〔一四〕。故忍與流俗言也〔一五〕。今夫“囦”有中孚之象(䷼)，而“非”有小過之象焉(䷽)，故其繇曰：“信及豚魚”，又曰：“非鳥離之”〔一六〕。鯤化爲鵬，正爲是也〔一七〕。囦近坎，非近離，此可與流俗言哉？後世非爲飛，而囦爲㶊，流爲蜚、淵，已失之矣〔一八〕。而李騰乃云“析朱爲非”，“反非爲㶊”，此何等語邪〔一九〕？非，古之飛字〔二〇〕。史漢用蜚。蔡湛頌與孔耽碑皆以“飛”爲“是非”字，古通用也〔二一〕。

吾聞南丹洞陽上館爲學士王龍賜説玉字之訣，皆諸天内音，非玄之旡,自然成結;八角垂芒,精光亂視[二二]。道君説徧,皇人注之[二三]。赤明,玉帝於此土煉文,以火瑩發於字形,珪林枝葉,皆成紫書[二四]。而三皇内文,皆三元八會,自然成文,諸偓皆謂鳥迹之始[二五]。迨夫四目開運,爰復甄符闡祕,以惠黎元,而天地之妙,始黨荛而不可制矣[二六]。蒼牙法龍而書契作,伯牛睹穗而時令放[二七]。玄律體雲,少顥鸞書,高陽科斗,玉子偓書,八眉龜兆,伯禹象形,牟光倒薤,吕尚連錦,周佚虎書,史籀複篆,伯氏珝殳,子韋轉宿,雖其屢變,而俱本自然[二八]。至於相斯刻符,趙魏芝英,與古始離,又變而爲上谷之羽人八分,元岑之尚方徒隸,與夫盱陽佐書,主父行槀,而或失其真矣[二九]。然其天地自然之妙,猶或存者。

頃予嘗病世之説文字,破碎大道,胡言漢噈,囒哰僬嶆,而不可爲解,使後之人不幸,不見天地之純、古人之大體[三〇]。逮觀董氏錢書、王球集古若薛氏之鍾鼎款識、洪公隸纂、隸續之書,乃知往聖心畫,猶有遺者[三一]。於是自慶曰:天地之純,何嘗而不存乎[三二]? 史皇、羲氏之意,斯亦可以見矣[三三]。世徒罪斯變古,斯知草創,豈能變古哉? 人自不之思爾[三四]。若夫瓊羽之門,福連之書,四司所保,青空揀名,固玄名不著者之不得而闚也[三五]。吾而闚之,抑不知天帝之揀之邪,其譴之邪[三六]? 揀,音策[三七]。

【校注】

〔一〕八會文:參見前紀二天皇氏注〔二三〕。

〔二〕旡:四庫本如此,當是,玉篇一部即以“旡”爲“天”字古文。今從之。餘本均作“云”。

〔三〕故梵語竺乾爲天竺:各本“天竺”均作“竺天”,非是。梁釋僧祐弘明集卷一無名氏正誣論云:“老子即佛弟子也。故其經云:‘聞道竺乾,有古先生,善入泥洹,不始不終,永存緜緜。’竺乾者,天竺也。”今據以訂正。

〔四〕班固以天竺爲乾竺:出處不詳,待考。乾竺,洪本作“乾篤”,吴本作

“乹薦”。

〔五〕此上引自釋名釋天,原文作:“天,豫、司、兖、冀以舌腹言之,天,顯也,在上高顯也。青、徐以舌頭言之,天,坦也,垣然高而遠也。”　坦也:吳本“坦”作“垣”非。

〔六〕因:備要本譌“囚”。

〔七〕漢服志:指後漢書輿服志。其卷下有文:“黃帝、堯、舜垂衣裳而天下治,蓋取諸乾巛。乾巛有文,故上衣玄,下裳黃。”

〔八〕奇數屬陽。

〔九〕偶數屬陰。

〔一〇〕篆爲水:吳本“篆”譌“蒙”。洪本“水”譌“小”。

〔一一〕－－:喬本、四庫本、備要本作“二”,洪本、吳本作“一”,皆非。今訂作“－－”。

〔一二〕水,内景,故一在内;火,外景,故一在外:吳本“火”譌“大”,又脱下“故”字。彥按:“一在外”疑當作“一在外”。内景,謂光色表現在内。外景,謂光色表現在外。淮南子天文篇:“明者,吐氣者也,是故火曰外景;幽者,含氣者也,是故水曰内景。”

〔一三〕離朱:即離婁,古之明目者。此借指目治。　子野:春秋時晉國樂師師曠的字。曠善聽音。此借指耳治。李白雪讒詩贈友人:“子野善聽,離婁至明。”

〔一四〕罔象:亦作象罔,莊子寓言中的人物。莊子天地:“黃帝……遺其玄珠。使知索之而不得,使離朱索之而不得,使喫詬索之而不得也。乃使象罔,象罔得之。”一本作“罔象”。王先謙集解引宣穎曰:“似有象而實無,蓋無心之謂。”

〔一五〕忍:願意,捨得。

〔一六〕困:“淵”字古文(見説文)。　繇(zhòu):通“籀”。占卜的文辭。信及豚魚:見易中孚彖辭。高亨大傳今注引吳澄、何楷、馬國翰等説:“豚魚即河豚、江豚、海豚,魚之豕頭者也。”　非鳥離之:見易小過上六,今本“非”作“飛”。離,通“罹”,遭受,遭遇。

〔一七〕鯤化爲鵬:借代巨大的變化。典出莊子逍遙遊:“北冥有魚,其名爲鯤。……化而爲鳥,其名爲鵬。"

〔一八〕流:演變。

〔一九〕李騰:唐檢校禮部員外郎。撰有説文字源。 析朱爲非:析,謂中分。喬本、洪本、備要本作"非",吴本、四庫本作"非"。彦按:非、非二形不見諸字書,根據形義推測,當爲"析"字之譌,今姑訂作"析"。

〔二〇〕字:吴本譌"士"。

〔二一〕蔡湛頌與孔耽碑皆以"飛"爲"是非"字:蔡湛頌,即槖長蔡湛頌。其碑於漢靈帝光和四年立於宋之真定府(治今河北正定縣),碑文云:"飛陶唐氏,其孰能□□□乎?"孔耽碑,即梁相孔耽神祠碑,其碑於漢靈帝光和五年立於宋之亳州永城縣(今河南永城市),碑文云:"天授之性,飛其學也。"(俱見隸釋卷五)

〔二二〕吾聞南丹洞陽上館爲學士王龍賜説玉字之訣:備要本"學士"譌"學上"。彦按:雲笈七籤卷七三洞經教部本文玉字訣云:"太上道君於南丹洞陽上館爲學士王龍賜説此靈文玉字之訣。"當即羅氏所本。頗疑今路史"南丹洞陽上館"之上存在闕文。 皆諸天内音,非玄之炁,自然成結:謂其符文皆由天界内部語言之讀音,與飄浮于天上之雲氣之狀,自然結合而成。諸天,佛教泛指天界。非,通"飛"。玄,指天。炁,吴本作"氣",同。成結,結合起來。八角垂芒,精光亂視:此謂其字嚮八方射出光芒,光彩耀眼。雲笈七籤卷七三洞經教部本文天書:"諸天内音經云:'忽有天書,字方一丈,自然見空,其上文彩焕爛,八角垂芒,精光亂眼,不可得看。'"又同卷玉字云:"内音玉字經云天真皇人曰:'諸天内音,自然玉字。字方一丈,自然而見空玄之上,八角垂芒,精光亂眼。……皆諸天之中大梵隱語,結飛玄之氣,合和五方之音,生於元始之上,出於空洞之中,隨運開度,普成天地之功。'"

〔二三〕道君説徧:參見上注。 皇人注之:雲笈七籤卷七三洞經教部本文玉字云:"天尊命天真皇人注解其正音,使皇道清暢,澤被十方。皇人不敢違命,按筆注解之。"

〔二四〕赤明,玉帝於此土煉文,以火瑩發於字形,琿林枝葉,皆成紫書:赤明,道教指天地開闢後年號之一。此土,洪本"此"作"比",餘本均作"北",今據雲笈七籤訂作"此"。以,各本均作"亦"。彦按:"亦"當"以"字音譌。今據雲笈七籤訂"以"。琁林,即七寶林,佛教語。爲西方阿彌陀佛之極樂世界。琁,同"寶"。四庫本作"瑶"誤。瑩,謂煉。唐慧苑華嚴經音義下引蒼頡篇:"瑩,治也。"紫書,道經。雲笈七籤卷七三洞經教部本文火鍊真文:"本相經曰:吾昔赤明元年,與高上大聖玉帝於此土中鍊其真文,以火瑩發字形。爾時真文火漏餘處氣生,化爲七寶林。是以枝葉成紫書,金地銀鏤,玉文其中。"

〔二五〕見前紀二天皇氏注〔二五〕。

〔二六〕迨夫四目開運,爰復甄符闡祕,以惠黎元:四目,相傳倉頡四目,因借代倉頡。甄符闡祕,甄別符文,闡明奧祕。黎元,黎民,百姓。　黨芴:即儻蕩,疏放不拘。

〔二七〕蒼牙法龍而書契作:雲笈七籤卷七三洞經教部本文説三元八會六書之法:"三者軒轅之時,倉頡傍龍鳳之勢,採鳥迹之文爲古文,以代結繩,即古體也。"　伯牛睹穗而時令攽:伯生,當即炎帝神農。蓋以其貌"牛顛"(見後紀三炎帝神農氏),故有此號。本書後紀三炎帝神農氏羅苹注則稱:"書斷云:'上黨羊頭山嘉禾八穟,炎帝乃作穟書,用攽時令。'亦見墨藪及韋氏字源。"可證。又,太平御覽卷七八引河圖曰:"伏犧禪於伯牛,鑽木作火。"伯牛當亦指神農也。

〔二八〕玄律體雲:玄律,黃帝字。雲,指雲書(書體名)。本書後紀五黃帝有熊氏曰:"乃命沮誦作雲書。"　少顥鸞書:少顥,即少昊。鸞書,指鸞鳳書。喬本、洪本、四庫本"書"作"皇",吳本作"皇",備要本作"皂",皆誤。今訂作"書"。參見後紀七小昊青陽氏注〔一〇六〕。　高陽科斗:參見後紀八帝顓頊高陽氏注〔一一六〕。　玉子僊書:彥按:此説當誤。玉子即高陽(見後紀八帝顓頊高陽氏注〔四四一〕),上既言"高陽科斗"矣。今考唐韋續墨藪五十六種書云:"七,帝嚳高辛氏,以人紀事,作仙人形書,車器、衣服皆爲之。"彼所謂"仙人形書",即此之所謂"僊書";而"玉子"當作"帝嚳"或"高辛",明矣。八眉龜兆:八眉,指堯。相傳堯眉八彩,或謂眉如"八"字,故有此號。墨藪五十六種書云:"八,帝堯陶唐氏,因軒轅靈龜負圖,作龜書。"　伯禹象形:墨藪五十六種書云:"九,夏后氏作鐘鼎書,以鐘鼎形爲象也。"　牟光倒薤:牟光,即務光。墨藪五十六種書云:"十,殷湯時仙人務光,作倒薤書。"又宋張表臣珊瑚鈎詩話卷一云:"有倒薤者,世傳務光辭湯之禪,居清泠之陂,植薤而食。清風時至,見葉交偃,像爲此書以寫道經。"　　呂尚連錦:彥按:連錦書出唐呂向。新唐書呂向傳:"呂向字子回,……工草隸,能一筆環寫百字,若縈髮然,世號'連錦書'。"今"向"既譌"尚",遂置"周伏虎書"之前。　　周伏虎書:墨藪五十六種書云:"周文王史史伏作虎書。"　　史籀複篆:墨藪五十六種書云:"十六,複篆者,亦史籀所作,漢武帝用題建章闕。"　　伯氏瑂殳:瑂殳,刻鏤文字於殳(兵器名)。墨藪五十六種書云:"十七,殳書者,伯氏所職。文記笏,武記殳,因而制之。"　　子韋轉宿:子韋,春秋宋景公司星之官。墨藪五十六種書云:"二十一,轉宿篆者,宋司馬以熒惑退舍所作也。象蓮花未開形也。"宋曾慥類説卷五八墨藪五十六種書作:"司馬子韋以熒惑退舍,作轉宿書。"彥按:史記宋微子世家稱"司星子韋",此作"司馬"疑誤。

〔二九〕相斯刻符:相斯,即李斯。爲秦丞相,故稱。各本"斯"均譌"期",今訂正。刻符,秦書八體之一,以這種文字主要刻於符節之上而得名。墨藪五十六種書云:"二十六,刻符書者,鳥頭雲脚,李斯、趙高並善之,用題印璽。"趙魏芝英:趙魏,戰國二國名。芝,吳本、四庫本、備要本譌"之"。墨藪五十六種書云:"三十二,芝英書者,六國時各以異體爲符信所製也。"　　上谷之羽人八分:羽人,仙人。亦以稱道士。墨藪五十六種書云:"四十四,八分書者,王次仲所作。魏鍾繇謂之章程書。"唐李綽尚書故實:"八分書起於漢時王次仲。"元岑之尚方徒隸:元岑,秦代書法家程邈字。墨藪五十六種書云:"二十八,徒隸之書,因程邈幽囚爲徒隸書也。今正書。"又云:"三十五,尚方大篆者,程邈所述,後人飾之,斯法焉。"　　盱陽佐書:盱陽,人名。備要本如此,是,今從之。餘本"盱"均譌"肝"。雲笈七籤卷七三洞經教部本文説三元八會六書之法云:"六者秦後盱陽變小篆爲隸書。又云:漢謂隸書曰佐書。"　　主父行橐:主父,指主父偃,爲漢武帝時大臣。行橐,行書及橐書。彥按:宋朱長文墨池編卷一字學門唐韋續纂五十六種書云:"三十,橐書,草行之交也。漢董仲舒欲言災異,主父偃竊而奏之,晉衛瓘、索靖善之。"蓋即路史所本。然墨池編此處行文語焉不詳,同書卷三品藻之二唐張懷瓘書斷上草書云:"董仲舒欲言災異,草藳未上,主父偃竊而奏之。"據此可見,路史"主父行橐"之説,顯然不妥。又今四庫全書本墨藪,未見有"漢董仲舒欲言災異,主父偃竊而奏之"語,蓋脱文。而其下文云:"四十九,藳及行隸者,鍾繇變之,羲、獻好之。"則似以鍾繇易主父爲妥帖。

〔三〇〕胡言漢嗽:胡言亂語。　嘓哖僗挐(lán láo shà ná):言語煩絮而費解。廣韻寒韻:"嘓,嘓哖,僗挐,語不可解。"

〔三一〕董氏錢書:董氏,指宋董逌。各本"董"均譌"童",今訂正。錢書,董書名錢譜。　王球集古:王球,是書作者今傳世本作王俅,四庫提要云:"一作球"。四庫本路史"王"作"玉"誤。集古,全稱嘯堂集古録。　薛氏之鍾鼎款識:薛氏,指宋薛尚功。鍾鼎款識,全稱歷代鐘鼎彝器款識法帖。　洪公:指宋洪适。　心畫:指書面文字。典出揚雄法言問神:"言,心聲也;書,心畫也。"

〔三二〕天地:洪本作"大地"。

〔三三〕斯:指秦丞相李斯。許慎説文解字敍云:七國之時,言語異聲,文字異形。"秦始皇帝初兼天下,丞相李斯乃奏同之,罷其不與秦文合者。斯作倉頡篇,中車府令趙高作爰歷篇,太史令胡毋敬作博學篇,皆取史籀大篆,或頗省改,所謂小篆者也。"

〔三四〕不之思:吴本"之"作"知"非。

〔三五〕瓊羽之門:太上道君所居宮殿門户名。　福連之書:太上道君之寶典。各本"福連"均誤倒作"連福",今訂正。又吴本脱"之"字。雲笈七籤卷七三洞經教部本文福連之書云:"三十九章經曰:'太上有瓊羽之門。'……又曰:'太上金簡玉札,名爲福連之書。'"　四司所保,青空揀名:四司,雲笈七籤卷八三洞經教部經釋釋三十九章經云:"四司者,天帝之禁宫也。"保,保存。青空,指天上。揀名,謂取得玄名。揀(sè),取。廣韻麥韻:"揀,揀擇,取物也。"　固玄名不著者之不得而闚也:玄名,道教稱得道成仙後的仙名。闚,同"闚"。四庫本作"闚"。下"闚之"之"闚"同。雲笈七籤卷七三洞經教部本文四會成字:"後學之人,若有玄名者,得見此文。青空揀名,四司所保,五帝記名也。"

〔三六〕抑不知天帝之揀之邪:天帝,四庫本無"帝"字。揀,通"策",勉勵。

〔三七〕揀,音策:吴本、四庫本無此三字。又喬本、洪本"揀"字闌入正文,備要本"策"譌"笏",今並訂正。吴本此下有"述異記云"云云一段文字,另起一行、低一格書。

太素之年〔一〕

按春秋命曆敍,自開闢至獲麟,二百二十七萬六千歲,分爲十紀〔二〕。漢熹平中,沛相計掾陳晃上言曆元不正,謂自開闢至獲麟凡二百七十五萬九千八百八十六歲〔三〕。故易乾鑿度、春秋元命苞云二百七十六萬歲,每紀爲二十七萬六千年,廣雅因之,均爲荒誕〔四〕。

按禮含文嘉:推以上元爲始,起十一月甲子朔旦,夜半冬至,日月五星俱起牽牛之初,是爲曆本〔五〕。故鄭玄云:上元者,太素以來所求之年也〔六〕。唐李淳風推自麟德元年甲子,上距上元甲子,積縀二十六萬九千八百八十載〔七〕;而僧一行以大衍數推上元甲子,積距開元甲子亦止得九千六百九十六萬一千七百有四十——是其日數也〔八〕:然則太素以來之年,從可知矣。夫二十九萬一千八百四十歲,而反太素冥莖,此道之根本也,惟賾於曆數之理者能知之〔九〕。

近世邵堯夫以十二萬四千五百年爲一會,云自開闢至堯,正當其中數,故名雍,字堯夫〔一〇〕。後世必有辨其學者。以今釋氏又有所謂祕法華三卷者,言開闢以來,悉本廣雅而增益之,譎妄尤甚〔一一〕。其徒更鬼神之,以誑流俗〔一二〕。每見士夫更問,不知其淺陋也。且以疏仡之紀,始自黄帝,於今不滿四千歲爾,稍知氣數,諸說廢矣,何卷帙紛糾之足惑乎〔一三〕!

【校注】

〔一〕太素:始有物質之初。洪本、吴本、四庫本"太"作"大"。洪本"素"作"素"。路史卷一前紀一初三皇紀云:"天地之初,有太易,有太初,有太始,有太素。……太素者,質之始。"

〔二〕獲麟:時在春秋魯哀公十四年,即公元前481年。吴本"獲"字作"蕥"。

〔三〕漢熹平中,沛相計掾陳晃上言曆元不正:見後漢書律曆志中,"計掾"作"上計掾",爲佐理州郡上計事務(地方官於年終將境内户口、賦税、盗賊、獄訟等項編造計簿上報)的官吏。熹平,各本"熹"均譌"嘉",今訂正。計掾,喬本、洪本、吴本"掾"譌"椽",此從四庫本及備要本。曆元,見後紀五黄帝有熊氏注〔三二二〕。

〔四〕每紀爲二十七萬六千年:吴本"二十七萬"作"一十七萬",誤。　廣雅因之:廣雅釋天:"天地辟設,人皇以來至魯哀公十有四年,積二百七十六萬歲,分爲十紀。"

〔五〕參見後紀三炎帝神農氏注〔一三六〕。

〔六〕上元者,太素以來所求之年也:四庫本"太"作"大"。下"太素"之"太"同。太平御覽卷一引禮含文嘉鄭玄注,作:"上元,太素已來至所求年。"

〔七〕唐李淳風推自麟德元年甲子,上距上元甲子,積纔二十六萬九千八百八十載:見新唐書曆志二。麟德,唐高宗李治年號,公元664—665年。

〔八〕而僧一行以大衍數推上元甲子,積距開元甲子亦止得九千六百九十六萬一千七百有四十:大衍數,見前紀一初三皇紀注〔一一〕。四庫本如此,今從之。餘本"大"作"太"。參見舊唐書一行傳、新唐書曆志四上。

〔九〕冥莖:即冥莖,"冥"通"冥"。見前紀二地皇氏注〔二八〕。

〔一〇〕宋吕本中童蒙訓卷上云:"邵康節以十二萬四千五百年爲一會,自開闢至堯時,正當十二萬年之中數,故先生名雍,字堯夫。名雍,取'黎民於變時雍'也。字堯夫,取當堯時中數也。'四千五百年',數未詳。"

〔一一〕譎妄:怪異荒誕。

〔一二〕鬼神:神化。

〔一三〕氣數:指陰陽二氣運行、自然變化之規律。　何卷帙紛糾之足惑乎:吴本此下有"楊升菴曰"云云一段文字,另起一行、低一格書。

杜宇鼈令

按諸蜀記,杜宇末年遜位鼈令〔一〕。鼈令者,荆人也。舊説魚鳧畋于湔山,仙去〔二〕。後有男子從天墮,曰杜宇,爲西海君,自立爲蜀王,號望帝,徙都于郫或瞿上〔三〕。自恃功高諸王,乃以褒斜爲前門,熊耳、靈關爲後户,玉壘、娥眉爲城郭,江、潛、綿、洛爲池澤,岷山爲蓄牧,南中爲園苑〔四〕。時鱉令死,尸隨水上,荆人求之不得,至蜀起,見望帝。望帝以之爲相,後禪以國,去之,隱於西山〔五〕。民俗思之,時適二月,田鵑方鳴,因號杜鵑,以志其隱去之期〔六〕。一云:宇禪之,而淫其妻,耻之,死爲子雟〔七〕。故蜀人聞之皆起,曰:"我望帝也〔八〕。"杜甫每每起歎〔九〕。所謂"杜宇曾爲蜀帝王"者〔一〇〕。

据風俗通等,鱉令化,從井出,既死,尸逆江至岷山下,起見望帝〔一一〕。時巫山擁江,蜀洪水,望帝令令鱉之,蜀始陸處〔一二〕。以爲刺史,號曰西州。自以德不如令,從而禪焉。是爲蜀開明氏,年號萬通。生蘆保,亦號開明〔一三〕。時武都出五力士,輔之〔一四〕。開明子孫八代都郫,九世至開明尚,始去帝號稱王,治成都〔一五〕。自開明五世開明尚始立宗廟于蜀,則猶在五帝時〔一六〕。

以今蜀記,望帝遠記周襄王;至鱉令王蜀,十一代三百五十年;當始皇時,號蜀蘆子霸王〔一七〕。夫始皇時,蜀滅久矣。記言儀、錯伐蜀,蜀王開明拒戰不利,退走武陽,獲之〔一八〕。樂史云在彭山縣〔一九〕,則是張儀滅之也。

鱉,水名也。字一作鷩,音別。縣在牂柯〔二〇〕。集韻音幣。而刺史乃秦官,故王充、劉知幾以子雲之紀杜魄荆尸爲妄〔二一〕。鱉令亦作鼈靈,墓在郫西五里。

【校注】

〔一〕蜀記:指舊題漢揚雄蜀王本紀,或晉常璩華陽國志之蜀志。

〔二〕舊説魚鳧畋于湔山,仙去:湔山,山名。在今四川都江堰市西北隅。華陽國志蜀志:"魚鳧王田於湔山,忽得仙道。"

〔三〕後有男子從天墮,曰杜宇,爲西海君,自立爲蜀王,號望帝,徙都于郫或瞿上:郫,治今四川彭州市西北。瞿上,在今彭州市北。太平御覽卷一六六引揚雄蜀王本紀曰:"後有王曰杜宇,出天墮山,……乃自立爲蜀王,號曰望帝,移居郫邑。”華陽國志蜀志:“後有王曰杜宇,……移治郫邑。或治瞿上。”

〔四〕見華陽國志蜀志。　褒斜:古道名。因取道褒水、斜水二河谷而得名。其道自今陝西眉縣沿斜水及其上源石頭河,經今太白縣,循褒水及其上源白雲河至漢中,長四百七十餘里,道旁山勢險峻,古爲秦蜀交通要道。　熊耳:山名。在今四川樂山市北。　靈關:在今四川寶興縣靈關鎮。　玉壘:山名。在今四川茂縣南,汶川縣東。　娥眉:即今四川之峨眉山。　江、潛、綿、洛:四水名。任乃强華陽國志校補圖注云:“岷江,下合金沙江東流出三峽入海,得江之專稱。潛者,廣元東北神宣驛有龍洞十餘里,有水流出,入嘉陵江,古稱潛水。”又云:“常志此云‘綿’,實指涪水。”“常氏此所云‘洛’,亦指沱江。”　岷山爲蓄牧:岷山,華陽國志作“汶山”,乃同地異稱。蓄牧,同“畜牧”。此指畜牧之地。　南中:地區名。指今四川大渡河以南及雲貴一帶。

〔五〕西山:華陽國志蜀志“帝升西山隱焉”任乃强注:“‘西山’,岷江西岸諸山之統稱。”太平御覽卷八八八引蜀王本紀曰:“望帝積百餘歲,荆有一人名鼈靈,其尸亡去,荆人求之不得。鼈靈尸至蜀,復生,蜀王以爲相。”

〔六〕時適二月:洪本“適”譌“適”。

〔七〕宇禮之,而淫其妻,耻之,死爲子巂:子巂(guī):杜鵑鳥之別名。太平御覽卷八八八引蜀王本紀曰:“時玉山出水,若堯之洪水。望帝不能治水,使鼈靈決玉山,民得陸處。鼈靈治水去後,望帝與其妻通。帝自以薄德,不如鼈靈,委國授鼈靈而去,如堯之禪舜。”

〔八〕太平寰宇記卷七二益州載其事,云:“望帝自以德不如相,因禪位于鼈泠,號開明,遂自亡去,化爲子鵑鳥,故蜀人聞子鵑鳴,曰:‘是我望帝也。’”

〔九〕杜甫有同名杜鵑行之詩二首,一云:“君不見昔日蜀天子,化作杜鵑似老烏。寄巢生子不自啄,羣鳥至今與哺雛。”一云:“古時杜宇稱望帝,魂作杜鵑何微細!”又有杜鵑詩,云:“我昔游錦城,結廬錦水邊。有竹一頃餘,喬木上參天。杜鵑暮春至,哀哀叫其間。我見常再拜,重是古帝魂。”

〔一〇〕杜宇曾爲蜀帝王:唐胡曾成都詩句。各本“蜀”均譌“曹”,今訂正。

〔一一〕鼈令化,從井出:其事不詳,待考。又疑或誤,太平御覽卷八八八引蜀王本紀曰:“有一女子,名利,從江源地井中出,爲杜宇妻。”則杜宇妻亦從井出,何從井出者之多也?

〔一二〕擁:阻塞,擋住。

〔一三〕盧保:彥按:據太平御覽卷八八八引蜀王本紀曰“鼈靈即位,號曰開明奇帝。生盧保,亦號開明”,則“盧保”爲一人。而據華陽國志蜀志“開明位號曰叢帝。叢帝生盧帝。盧帝……生保子帝”,則“盧保”爲二人。

〔一四〕太平御覽卷八八八引蜀王本紀曰:“天爲蜀王生五丁力士,能徙蜀山。王死,五丁輒立大石,長三丈,重千鈞,號曰石笋,千人不能動,萬人不能移。”

〔一五〕華陽國志蜀志:“九世有開明帝,始立宗廟。……帝稱王。”

〔一六〕自開明五世開明尚始立宗廟于蜀:彥按:後漢書張衡傳載衡思玄賦曰:“鼈令殪而尸亡兮,取蜀禪而引世。”李賢注引揚雄蜀王本紀:“杜宇號望帝,自以德不如鼈令,以其國禪之,號開明帝。下至五代,有開明尚,始去帝號,復稱王。”蓋即路史此説所本。然則與上“九世至開明尚”之語牴牾。蓋所取材來源不同,説法本異,不作區處,牽強撮合,未免有此。　　則猶在五帝時:彥按:此説無據。據華陽國志蜀志,五丁力士輔蜀,在周顯王世。疑羅氏匆遽又誤以張衡傳注引蜀王本紀“下至五代”之“五代”爲“五帝”矣。

〔一七〕以今蜀記,望帝遠記周襄王;至鼈令王蜀,十一代三百五十年;當始皇時,號蜀盧子霸王:均不得其詳,待考。

〔一八〕記言儀、錯伐蜀,蜀王開明拒戰不利,退走武陽,獲之:拒戰,喬本、備要本“拒”作“據”,當由音譌。今據餘本訂正。武陽,在今四川眉山市彭山區。華陽國志蜀志云:“周慎王五年秋,秦大夫張儀、司馬錯,都尉墨等從石牛道伐蜀。蜀王自於葭萌拒之,敗績。王遯走至武陽,爲秦軍所害。”

〔一九〕樂史云在彭山縣:太平寰宇記卷七四眉州彭山縣云:“揚雄蜀記:‘秦惠王遣張儀、司馬錯伐蜀,蜀王開明拒戰不利,退走武陽,獲之。’即此處也。”

〔二〇〕廣韻薛韻:“鼈,水名。在牂牁。”

〔二一〕王充、劉知幾以子雲之紀杜魄荆尸爲妄:杜魄,指蜀王杜宇魂魄化杜鵑事。荆尸,指荆人鼈令流尸至蜀,復生而爲蜀王相事。王充説不詳。劉知幾説見所撰史通外篇雜説下,文稱:觀揚雄蜀王本紀,“稱杜魄化而爲鵑,荆屍變而爲鼈,其言如是,何其鄙哉!”

五勝相感

方以類聚,物以羣分[一]。至精交感,應不待召[二]。予求五運,譯之路史,詳矣[三]。

陽燧來火,方諸致水;箕麗而風,畢動而雨;土龍致澤,桐魚鳴鼓;獺膽分盃,牛膽鳴釜;冢灰傅漏,啄木愈齲;叵湯引妳,鵙枝速語;堂蜋之氣——含之出火,丘蚓之塵——背之起霧;結巾投地而兔走,篋綴丹帶而虵去;狗舐甕而疊生,蓬生地而沙不聚:萬應不齊,固亦有其故矣[四]。蟾切玉,橘明珠;油鑽針,薑解荼;葦化牛,鹽消瓜;甘草硬角,木賊軟牙;碫錫以茄,晝暈以蘆;洒油以蜜,濯錦以魚;新灰拘駒,然柳煞雛:蓋不得而誣也[五]。今夫魷甌裂毒,硫盃毀熱;薑磁免爆,礬線不熱;翡翠屑金,神沙碎鐵;雨將至——七絃緩,大風起——痟疾發;癩疾作而衃血動,蠶珥絲而商絃絕;投醝醉士,望梅止渴;既呼出而響隨,亦形休而影滅;以至駝烟殺蚊,犀火照怪;磁石引針,虎珀拾芥;勃荷醉猫,皂莢宜蟹;荼以蟹散,栗因酒壞;麻得荼而涌,酒得麻而敗;浦荷憎油,草木忌桂;阿膠止濁,犀株離水;弊筲匡鹹,石灰正醭;戎鹽纍卵,青蝸還錢;麏角續劍,鸞膠集弦;屠狗者狗逐之,屠牛者牛觸之:理固可言,言固可得而復[六]。

君子舉其一隅,淮南劉安之術未必能多;而陀頭小人得其一二,每以之而行惑,固不可不識也[七]。

【校注】

〔一〕方以類聚,物以羣分:見易繫辭上。孔穎達疏:"方謂法術性行。"

〔二〕至精:泛指一切精妙絕倫的事物。

〔三〕譯:闡釋,演繹。

〔四〕陽燧來火,方諸致水:陽燧,即圓鍱。見前紀八祝誦氏注〔一〇四〕。
箕麗而風,畢動而雨:各本均作"箕動"、"畢麗",誤。今訂正。見前紀六柏皇氏注〔三四〕。　　土龍致澤：土龍，用土製成的龍。古代用以乞雨。澤，雨露。論衡亂龍："董仲舒申春秋之雩，設土龍以招雨，其意以雲龍相致。"　桐魚鳴鼓：桐魚，桐木製成的魚形鼓槌。南朝宋劉敬叔異苑卷二："晉武帝時，吳郡臨平岸崩，出一石鼓，打之無聲。以問張華，華云：'可取蜀中桐材，刻作魚形，打之，則鳴矣。'於是如言，音聞數十里。"　獺膽分盃：吴本"獺"譌"瀨"。獺膽，獺的膽囊。明李時珍本草綱目獸二水獺正誤引宋寇宗奭曰："古語云：'蟾肪軟玉，獺膽分盃'，謂以膽塗竹刀或犀角篦上，畫酒中即分也。嘗試之，不驗，蓋妄傳耳。"　牛膽鳴釜：喬本"牛"字爲墨丁，餘本皆譌"十"，今訂正。太平御覽卷七五七引淮南萬畢術曰："牛膽鳴。"下注云："取牛膽以塗熱釜，即自鳴矣。"　冢灰傅漏：冢灰，古冢風化之石灰。傅，通"敷"，塗抹。漏，中醫病名。凡九種，合稱九漏，泛指急慢性化膿性感染出現瘡口久不愈合的病症。本草綱目卷四中百病主治藥下，用於治療九漏之藥即有古塚灰。　啄木愈齲：啄木，啄木鳥。齲（qǔ）：蛀牙。淮南子説山："斲木愈齲。"太平御覽卷七四〇引淮南子，"斲木"作"啄木"，注云："啄木，食齲蟲也。"　区湯引妳：区湯，義不詳，待考。区，同"樞"。妳，同"奶"，乳汁。　鵙枝速語：鵙（jú），鳥名。即伯勞鳥。明徐應秋玉芝堂談薈卷三二人氣粉犀云："百勞所踏枝，鞭小兒，能令速語。"　堂蜋之氣——含之出火，丘蚓之塵——背之起霧：堂蜋，即螳螂。丘蚓，四庫本"丘"作"蚯"。背之，宋陸佃埤雅釋蟲螳蜋引類從，作"背洒"，於義爲長。　結巾投地而兔走，篋綴丹帶而虵去：二句見抱朴子内篇對俗，"篋"作"鍼"，"去"作"行"。篋、鍼古今字。　狗舐甕而疊生：彦按：此段文字皆對偶句，今"疊生"與下句"沙不聚"不成對仗，其上當脱一字。清阮葵生茶餘客話卷二〇物類相感引羅泌云，此句作"狗舐甕而□疊生"，是也。頗疑所缺文爲"畾"字。蓋"畾"字下部與"疊"字上部相同，刻工走神，遂脱一字。　蓬生地而沙不聚：宋曾慥類説卷二二東齋記事物理相感云："世傳棘能辟霜，蓬能辟沙，物理相感也。有蓬生處，則不聚花果；以棘圍之，則茂。"　萬應不齊：不齊（jì），不差。

　　〔五〕蟾切玉：明葉子奇草木子觀物篇："鶴糞可以化石成塵，龜尿可以和墨寫字入石，蟾酥可以潤玉可割，是皆氣物之相感制。"　橘明珠：不詳，待考。　油鑽針：謂油可使針潤滑而易鑽。　菫解茶：備要本"茶"作"茶"，同。

葦化牛：詩秦風蒹葭"蒹葭蒼蒼"三國吳陸璣疏："蒹，水草也。堅實，牛食之，令牛肥彊。"（見毛詩草木鳥獸蟲魚疏卷上）孔穎達疏："郭璞曰：'蒹似萑而細，高數尺，蘆葦也。'"　　鹽消瓜：消瓜，謂使瓜變小。消，減削。　　甘草硬角，木賊軟牙：甘草、木賊，皆中藥名。　　礇錫以茄：礇（chuǎng），擦。錫，洪本作"鍚"。彥按：作"錫"或"鍚"，均不可解。疑當作"瘍"，泛指瘡瘍。過去中醫治皮膚病或未潰之瘍，每有用茄子蒂蘸藥擦者。如普濟方卷一〇二諸風門紫白癜風方即有一硫黄方治赤白癜風，下云："詩曰：'赤癜白癜兩般風，附子硫黄最有功。薑汁調匀茄蒂擦，一擦之後更無蹤。'白癜用白茄蒂，紫癜用紫茄蒂，如用藥時，先以布擦洗其瘡令損，却以茄蒂蘸藥擦。"　　畫暈以蘆：暈，日月周圍的光圈。太平御覽卷四引淮南子曰："畫蘆灰而月暈闕。"下又引許慎注："有軍事相圍守則月暈，以蘆灰隨暈環，闕其一面，則月暈亦闕於上。"　　洒油以蜜：洒，"洗"之古字，洗滌。　　濯錦以魚：見潛夫論實貢。　　新灰拘駒：明方以智物理小識卷一〇鳥獸類馬云："馬駒生，布灰作圈，駒止圈中，謂之新灰拘駒。"

然柳煞雛：然，"燃"之古字。煞，通"殺"。後魏賈思勰齊民要術卷六養雞云："燃柳柴，殺雞雛：小者死，大者盲。"

〔六〕魷甌裂毒：魷甌，用魚腦骨製的杯、碗。　　硫盃毀熱：硫盃，以硫磺爲原料製的杯。唐馮贄雲仙雜記卷一稱"元載飲食冷物用硫黄椀"，亦其類。熱，喬本、吳本、四庫本譌"熟"，今訂正。下"礬線不熱"之"熱"同。　　薑磁免爆：物理小識卷八器用類薑磁止爆云："薑汁塗磁杯，乾之又塗，極厚而止，火之，可使盡赤而磁不爆碎。"　　礬線不熱：礬線，用生礬煮過的線。物理小識卷一二神鬼方術類掛錢法云："術者以線掛錢，燒線成灰而錢掛如故。此以鹽醃線，曬乾之，掛錢則燒之而猶不斷。……鹽與火同體也。或曰：線得生礬，可以縛火。"　　翡翠屑金：屑，碎末。宋歐陽修歸田錄卷二："余家有一玉罌，形製甚古而精巧。始得之，梅聖俞以爲碧玉。在潁州時，嘗以示僚屬，坐有兵馬鈐轄鄧保吉者，真宗朝老内臣也，識之曰：'此寶器也，謂之翡翠。'……其後予偶以金環於罌腹信手磨之，金屑紛紛而落，如硯中磨墨，始知翡翠之能屑金也。"神沙碎鐵：神沙，即神砂，亦即硇砂。礦物名。通常見於火山活動區，由火山噴出的氯化銨氣體凝固而成。南朝宋雷敩雷公炮炙論序云："鐵遇神砂，如泥似粉。"　　雨將至——七絃緩：七絃，指古琴的七根絃。緩，鬆弛。　　癲疾作而蚫

血動：癲疾，指癲癇病，俗稱羊癲風。皰血，見前紀六柏皇氏注〔四六〕。　鹽珥
絲而商絃絶：珥絲，吐絲。珥(èr)，通“咡”。喬本、四庫本、備要本作“餌”，此
從洪本及吳本，以與淮南子天文篇一致。商絃，彈奏商調的琴絃。即七絃琴的
第二絃。淮南子覽冥：“故東風至而酒湛溢，鹽咡絲而商弦絶，或感之也。”高
誘注：“新絲出，故絲脆，商於五音最細而急，故絶也。”　投醪醉士：醪(láo)，
醪糟，連汁帶渣的酒。太平御覽卷二八一引符子曰：“秦穆公伐晉，及河，將勞
師，而醪唯餘一鍾。蹇叔曰：‘一米可投河而釀也。’穆公乃以一醪投河，三軍醉
矣。”　望梅止渴：典出世説新語假譎：“魏武行役，失汲道，軍皆渴，乃令曰：
‘前有大梅林，饒子，甘酸可以解渴。’士卒聞之，口皆出水，乘此得及前源。”
駝烟殺蛟：駝烟，燃燒駱駝糞産生的烟。物理小識卷一一鳥獸類鳥獸通理云：
“蛟觸駝烟死。”　犀火照怪：犀火，犀角燃燒的火焰。晉書温嶠傳：“(温嶠)至
牛渚磯，水深不可測，世云其下多怪物，嶠遂燬犀角而照之。須臾，見水族覆
火，奇形異狀，或乘馬車著赤衣者。嶠其夜夢人謂己曰：‘與君幽明道别，何意
相照也？’”　磁石引針：見論衡亂龍，“磁”作“礠”，同。洪本、吳本“磁”作
“慈”，通。引，吸引。　虎珀拾芥：虎珀，即琥珀。芥，小草。藝文類聚卷六引
晉郭璞磁石賛曰：“磁石吸鐵，琥珀取芥。氣有潛通，數亦冥會。物之相感，出
乎意外。”太平御覽卷八〇八引華陽國志曰：“珠穴出光珠，琥珀能吸芥。”又三
國志吳志虞翻傳云：“琥珀不取腐芥，磁石不受曲鍼。”　勃荷醉猫：勃荷，即薄
荷。歐陽修歸田録卷二：“至於薄荷醉猫，死猫引竹之類，皆世俗常知。”又明
顧起元説略卷二五食憲云：“猫以薄荷爲酒，……謂食之而醉也。”　皂莢宜
蟹：歸田録卷二：“淮南人藏鹽酒蟹，凡一器數十蟹，以皂莢半挺置其中，則可藏
經歲不沙。”　桼以蟹散：桼，“漆”之古字。備要本如此，是，今從之。餘本均
作“黍”，當由形譌。方以智通雅卷五二古方解即作“漆得蟹而散”。其説早見
于淮南子。覽冥篇云：“夫燧之取火於日，慈石之引鐵，蟹之敗漆，葵之鄉日，雖
有明智，弗能然也。”高誘注：“以蟹置漆中，則敗壞不燥，不任用也。”又説山篇
云：“漆見蟹而不乾。”而神農本草經蟲魚部中品蟹則有“蟹，味鹹寒，……敗
漆，……散血，愈漆瘡”的記載，明繆希雍疏：“鹹走血而軟堅，故能解結散血。
漆得蟹而化爲水。……愈漆瘡者，以其能解漆毒故也。”　栗因酒壞：彦按：此
説費解，載籍無徵；而民間有泡板栗酒以期補腎壯陽者，尤證其非。考抱朴子

内篇對俗云："若蟹之化漆,麻之壞酒,此不可以理推者也。"今路史"桼以蟹散,栗因酒壞"二句正好與彼之"蟹之化漆,麻之壞酒"相對,頗疑"栗"爲"麻"之譌,而"因"爲"以"之誤。蓋羅氏取抱朴子此二句之意而變換句式,本宜作"麻以酒壞",以者,使也,令也。而"麻"既譌爲"栗",後人或欲避上句"桼以蟹散"之複,又改"以酒壞"之"以"作"因",遂致錯上加錯。　麻得桼而涌:桼,喬本、四庫本、備要本作"黍",洪本、吳本作"桼"。彥按:"黍"、"桼"皆當"桼"字之譌,今訂正。涌,涌動。宋陸佃埤雅卷一五釋草芥:"漆得蟹而散,麻得漆而湧。"　酒得麻而敗:彥按:此句意思與前"麻以酒壞"相同。蓋前之"麻"字既譌爲"栗",故不知其複而又述之。　浦荷憎油:浦荷,池塘中荷。喬本如此,餘本"浦"作"蒲"非。蘇軾物類相感志總論:"桐油入水池,荷死。"　草木忌桂:埤雅卷一五釋草芥:"樹得桂而枯。"　阿膠止濁:參見餘論十辨兗濟注〔一九〕。　犀株離水:犀株,犀牛角。抱朴子内篇登涉云:"得真通天犀角三寸以上,刻以爲魚,而銜之以入水,水常爲人開,方三尺,可得炁息水中。"又宋張世南游宦紀聞卷二云:"通天犀,腦上角千歲者,長且鋭,白星徹端。能出氣通天,則能通神,可破水駭雞,故曰'通天'。抱朴子曰:'通天犀有白理如線者,以盛米,雞見即駭。其直者,刻爲魚;銜入水,水開三尺。'俗所謂離水犀者是也。"弊箅匡鹹:箅,同"算",蒸鍋中的竹屜。各本均作"箆"。彥按:作"箆"於義不諧,字當作"箅",蓋音譌。今訂正。匡,糾正。鹹,指鹹味。宋任廣書敍指南卷二〇雜備稱用下云:"物性順曰'弊箅匡鹹'(蕢定)。"正作"箅"字。又太平御覽卷七五七引孔融同歲論曰:"弊箅徑尺,不足以救鹽池之鹹。"　石灰正醪:明鄺璠便民圖纂卷一四製造類上有"抝酸酒法",云:"若冬月造酒,打扒遲而作酸。即炒黑豆一二升,石灰二升或三升,量酒多少加減;却將石灰另炒黄。二件乘熱傾入缸内,急將扒打轉過。一二日,榨則全美矣。"　戎鹽纍卵:戎鹽,青鹽(湖鹽)之大顆者。卵,吳本譌"夘"。太平御覽卷八六五引淮南萬畢術曰:"鹽能累卵。"下注云:"取戎鹽塗卵,取他卵置其上,即累也。"方以智物理小識卷七金石類鹽有戎鹽累卵法,云:"(戎鹽)即青鹽、紫鹽之類。以水化之,塗雞子,則累之而不墮。"　青蝿還錢:青蝸(yú),又稱青蚨。傳説中蟲名。搜神記卷一三:"南方有蟲名蟤蝸,一名蜥蠋,又名青蚨。形似蟬而稍大,味辛美,可食。生子必依草葉,大如蠶子。取其子,母即飛來,不以遠近。雖潛取其子,母必知處。以母血塗錢八十一文，以子血塗錢八十一文，每市物，或先用母錢，或先用子錢，皆復飛歸，輪轉無已。故淮南子術以之還錢，名曰‘青蚨’。”亦見太平御覽卷九五〇引淮南萬畢術，詳略不盡相同。　　　麏角續劍，鸞膠集弦：麏，同“麟”。鸞，鳳凰之類。宋吳曾能改齋漫錄卷六事實集絃膠引前蜀杜光庭仙傳拾遺云：“漢武天漢三年，帝巡北海，王母遣使獻靈膠四兩，乃集絃膠也，出鳳麟洲。洲上多鳳麟，數萬爲羣。煮鳳喙及麟角合煎作膠，名之曰集絃膠，一名連金淀。弓弩已斷之絃，刀劍已斷之鐵，以膠連續，遂不脱也。”太平廣記卷四神仙四王母使者亦引仙傳拾遺之文而稍詳。　　　言固可得而復：復，踐行。

　　〔七〕淮南劉安之術：西漢淮南王劉安曾招致賓客方術之士撰成淮南萬畢術一書，自許萬法皆畢於此。　　陀頭：頭陀，指稱僧人。　　固不可不識也：吳本此下有“按五行，漢書謂之五勝”及“董子曰”云云兩段文字，均另起一行、低一格書。

五龍紀

　　按十紀，二曰五龍[一]。按春秋命曆序云：“皇伯、皇仲、皇叔、皇季、皇少，五姓同期，俱駕龍，號曰五龍[二]。”遁甲開山圖云：五龍見教天皇。榮氏云：五龍，爰皇后君也[三]。昆弟五人，人面而龍身。然以五音、五行分配爲五龍之名，如角龍木偓、商龍金偓之類，而以宮龍土偓爲父。又言：五龍以降，天皇兄弟十二人，分五方爲十二部，法五龍之迹，行無爲之化，爲十二時神[四]。是天皇在五龍後，妄矣。酈元水經云：父與諸子俱偓，治在五方。亦見李善游偓詩注。

　　今上郡奢延、膚施縣有五龍山，蓋出治之所也。故漢宣帝立五龍偓人祠於膚施。亦著地理志。按膚施，今隸延安，五龍山在焉，有帝原水、黃帝祠。九域志：“五龍池，有黃帝、五龍祠四在山上，亦曰仙泉祠。”寰宇記：五龍泉出山東一里平石縫，雄吼，甘美，上有五龍堂。而五龍谷水乃在耀之雲陽縣雲陽宮西南，亦非上黨之五龍山也〔五〕。

【校注】

〔一〕參見前紀二泰皇氏。

〔二〕按春秋命曆序云：吳本、四庫本“序”作“敍”。自此而下直至篇末，已爲卷二前紀二中三皇紀九頭紀“漢世祠之膚施”羅苹注盡數襲取，可參考彼處注文。

〔三〕爰皇后君也：后，通“後”。洪本、吳本、四庫本作“後”。

〔四〕法五龍之迹：五龍，各本均作“爲龍”。彦按：“法爲龍之迹”不通。水經注卷一河水引榮氏注，作“五龍”，是也。本書前紀二九頭紀羅苹注引榮氏言，亦作“五龍”。今據以訂正。

〔五〕吳本此下有“漢世先儒説左氏”云云一段文字，另起一行、低一格書。

野叉落魋〔一〕

落魋，羅刹也〔二〕。國在婆利東〔三〕。黑身，朱髮，獸牙，雁爪，碧眼。與林邑爲市，市必夜至，常掩其面，畏人之見之也〔四〕。大業三年，常駿使赤土，至其國〔五〕。

野叉，夜叉也〔六〕。國在北海，流鬼之北，三面抵海〔七〕。俗狗毛布，夏服魚皮，冬衣鹿豕，不能乘馬〔八〕。北行月餘，有所謂夜叉城。其人豕牙翹出，頭有肉角數寸。

又蘇都識匿亦有夜叉城〔九〕。城中有夜叉窟，不知深極〔一〇〕。旁百餘家，一年再於窟近設關祭之〔一一〕。或逼窟，則烟出；觸之輒死，因擲尸魄其中〔一二〕。博物志言：蜀南沈黎高山之中有物似猴，高七尺而人行，曰玃〔一三〕。見婦女，輒盜之入穴，呼夜叉窟。沈黎即今黎州漢源也。西番部落尤切畏之。

狗國即五代胡嶠所至，兩面乃三國王頎所至〔一四〕。此類種種，悉著絶域，見乃爲異〔一五〕。今釋所繪以怖流俗者，蓋以佛國與之比近，常所見爾。

【校注】

〔一〕野叉落軮:叉,喬本作“乂”,洪本、吳本、四庫本作“义”,俱誤。此從備要本。下諸“叉”字同。

〔二〕羅刹:古國名。

〔三〕婆利:古國名。故地在今印度尼西亞加里曼丹島或巴釐島。

〔四〕林邑:古國名。故地在今越南中南部。

〔五〕常駿:隋屯田主事。　赤土:古國名。故地在今馬來西亞馬來半島西北。

〔六〕夜叉:古國名。

〔七〕國在北海,流鬼之北:彥按:北海,當作“少海”(即今俄羅斯薩哈林島與黑龍江口之間的韃靼海峽),此沿通典舊本之誤。流鬼,古國名。在今俄羅斯境西伯利亞東北堪察加半島。各本均誤“海鬼”,今訂正。通典卷二〇〇邊防十六北狄七流鬼云:“流鬼,在北海之北,北至夜叉國,餘三面皆抵大海。”中華書局 1988 年版王文錦等校勘記:“唐會要卷九九、新唐書東夷傳‘北海’作‘少海’。”

〔八〕俗狗毛布,夏服魚皮,冬衣鹿豕,不能乘馬:彥按:通典作:“人皆皮服,又狗毛雜麻爲布而衣之,婦人冬衣豕鹿皮,夏衣魚皮,制與獠同。……不解乘馬,上即顛墜。”然通典以之屬流鬼國,今路史乃以之爲夜叉國事,大誤。

〔九〕蘇都識匿:古國名。在今塔吉克斯坦共和國西北部。各本均無“識”字,當爲脫文,今據唐段成式酉陽雜俎前集卷四境異及新唐書西域傳下訂補。又吳本、四庫本“匿”字作“匽”。

〔一〇〕深極:深度所至。

〔一一〕旁百餘家,一年再於窟近設闐祭之:彥按:酉陽雜俎作:“人近窟住者五百餘家。窟口作舍,設闐籥。一年再祭。”路史敍述含混不清。

〔一二〕尸魄:屍體。

〔一三〕蜀南沈黎高山之中:蜀,各本均作“獨”。彥按:“獨”當“蜀”字譌文。今本博物志卷三異獸作“蜀山南高山上”,是也。今據以訂正。沈黎,郡名,治所在今四川漢源縣東北。　玃(jué):吳本作“欙”,四庫本作“攫”,俱誤。

〔一四〕狗國即五代胡嶠所至:狗國,古國名。吴本"狗"譌"狗"。胡嶠,後晉同州郃陽縣令。遼太宗滅晉,嶠隨遼將蕭翰北上入遼,爲翰掌書記。後翰被殺,嶠無所依。居遼七年,當後周廣順三年(953)逃歸後周,因撰陷虜記一卷,記述入遼經過及見聞,中即及狗國事。見新五代史四夷附録第二契丹下。

兩面乃三國王頎所至:兩面,神話傳説中之國名,其國民均有兩張面孔。王頎,三國時期曹魏玄菟太守。郭璞注山海經敍:"王頎訪兩面之客,海民獲長臂之衣。"

〔一五〕著(zhuó):附著,在。

路史卷三十九

餘論二

重卦伏羲

子曰："八卦成列,象在其中矣。因而重之,爻在其中矣〔一〕。"夫"八卦成列",斯小成也。"因而重之,爻在其中",則六十四矣。小成者,八卦自重者也。是造六畫者伏羲,而六十有四者,亦伏羲也。故世紀云:炎帝究八八之體爲六十四〔二〕。夫卦不六十四,不可以筮。"天地定位,山澤通氣,雷風相薄,水火不相射",此伏羲之易也〔三〕。而曰"八卦相錯",蓋一貞一悔,必相錯而後見〔四〕。故劉安云:"八卦可以識吉凶,知善惡矣,而伏羲爲之六十四變〔五〕。"則輔嗣之言爲得其本然〔六〕。而洛誦之流俱以爲文王重卦,因揚雄之説而繆之也〔七〕。且昔聞之,傅説之初,赭衣而賃,舂于岩,既夢乘雲遠日而行,於是筮之,得"利建侯",是則前有豫矣〔八〕。"滿招損,謙受益",謙與損、益,益稷之言,不自後世〔九〕。畋漁之離,謂之小成可也;耒耨之益與交易之噬嗑,此小成哉〔一○〕?然則不自文王,斷可識矣。

若古聖人立創一事,則必周旋反覆,極其至而後已,固非若後世苟且依違,稍可行而遂止者。伏羲之時,八卦自重,亦自詳於施用,特未見之文字。至連山與歸藏,反易上下,則爻象已大備,而世弗深究〔一〕。降及文王拘囚羑里，用以卜筮，加竄繇辭，更改衍數，以立大衍之策，使之可衍，而後文辭始詳，遂名之以周易〔一二〕。其所詳定，固非爲六十四，實大衍之説也。雖然，衍數之立，亦其本有，文王者，致其法爾〔一三〕。七百六十八卦，三千八百四十之變而後二百五十有六，其本然也〔一四〕。此曆法之所以歷代不能改，豈後世邪？鄭夫謂文王易八卦之方而次六十四卦，其可知矣〔一五〕！

【校注】

〔一〕見易繫辭下。

〔二〕炎帝究八八之體爲六十四：究，深入探求。八八之體，謂八卦與八卦分別組合而成之卦體。太平御覽卷七八引帝王世紀曰：“（炎帝）重八卦之數，究八八之體爲六十四卦。”

〔三〕參見發揮一明易象象注〔六〕。

〔四〕八卦相錯：亦易説卦文。錯，交錯。　一貞一悔：古代筮法，合上下二體爲一卦。下體稱“貞”，是爲内卦；上體稱“悔”，是爲外卦。

〔五〕見淮南子要略篇。

〔六〕輔嗣：即三國魏玄學家王弼（字輔嗣）。唐孔穎達周易正義序云：“重卦之人，諸儒不同，凡有四説：王輔嗣等以爲伏犧重卦，鄭玄之徒以爲神農重卦，孫盛以爲夏禹重卦，史遷等以爲文王重卦。”

〔七〕洛誦：反復誦讀。此謂死讀書。洛，通“絡”，絡繹。　揚雄之説：四庫本如此，今從之。餘本“揚”作“楊”。法言問神曰：“易始八卦，而文王六十四，其益可知也。”

〔八〕傅説之初，赭衣而賃，舂于岩，既夢乘雲遶日而行，於是筮之，得“利建侯”：賃，出賣勞力。舂，擣。此指版築擣土之事。岩，指傅岩。地名，在今山西平陸縣聖人澗鎮。拾遺記卷二殷湯：“傅説賃爲赭衣者，舂於深巖以自給。夢乘雲繞日而行，筮得‘利建侯’之卦。歲餘，湯以玉帛聘爲阿衡也。”　是則前有豫矣：易豫：“利建侯、行師。”

〔九〕滿招損，謙受益：書大禹謨載益之語。　謙與損、益，益稷之言：益稷,偏指益,稷屬連類而及。彥按:羅氏似以此之謙、損、益爲卦名,並非"滿招損,謙受益"之本意。

〔一○〕畋漁之離,謂之小成可也:六十四卦中有離卦,八卦中亦有離卦,故或可以小成視之。　耒耨之益與交易之噬嗑,此小成哉:吳本、四庫本"耒耨"作"耒耜"。益與噬嗑不見于八卦中,唯存在六十四卦中,是以必爲重卦。參見後紀一太昊伏戲氏注〔三七五〕。

〔一一〕反易上下:輾轉變化。

〔一二〕加賨:加入。喬本、洪本、備要本"加"作"如"誤,此從吳本及四庫本。　繇辭:卦兆的占詞。　衍數:見前紀一初三皇紀注〔一一〕。

〔一三〕致:得。

〔一四〕七百六十八卦:宋張行成易通變卷二○八卦分直動植用數:"天共一百二十八卦,地共六百四十卦,凡七百六十八卦。"　三千八百四十之變而後二百五十有六,其本然也:"三千",吳本作"二千",誤。後,猶餘。元陳應潤周易爻變易縕卷首爻法圖云:"爻法之變,一卦六爻,可變爲六十四卦三百八十四爻。六十四卦,每卦可變爲六十四卦,計三千八百四十卦。"彥按:"六十四卦,每卦可變爲六十四卦",則當是四千零九十六卦,今但云"三千八百四十卦",則餘二百五十有六也。二百五十有六者,宋程迥周易古占法變卦云:"六畫既成,六十四卦既具,若夫極數之占,則有變卦存焉。其初列六十四卦,以兩儀乘之,其別一百二十八;其二以四象乘之,其別二百五十六。"此爲卦本。

〔一五〕鄭夫謂文王易八卦之方而次六十四卦:夫,猶彼。彥按:"鄭"當作"揚",指揚雄也。此句實與上文"因揚雄之説而繆之也"相呼應,作"鄭"則無的放矢矣。上文既未言及鄭玄,而玄亦不以六十四卦始於文王也(參見上注〔六〕)。　其可知矣:吳本此下有"丹鉛録云"云云一段文字,另起一行、低一格書。

書契説

書之敍曰:伏羲氏王天下,造書契以代結繩之政,由是文籍生焉〔一〕。按書緯與孝經援神契,則俱以爲三皇無文,故或者謂太昊結繩而治,黃帝始有書契。而班固、鄭玄、馬融、王肅之徒,更以爲文籍起於五帝,斯大繆也[二]。

夫三墳、八索,不自後世,而易卦、本草,本於羲炎,豈五帝之爲哉?嘗竊稽之先天之書,始乾終夬,而書契之作,實取夬象[三]。是則書契之興,出於羲氏,有不疑者。子國之言,初未必究乎此,蓋偶合爾[四]。而皇甫世紀遂爾從之,善取據矣[五]。班、馬之言,穎達既已辨之,亦謂遂皇刻石,已在伏羲前,則文字宜與天地並興[六]。況史皇固已作書,伏羲固已作易,豈後世哉?周外史"掌三皇五帝之書",而"伏羲、神農、黃帝之書,謂之三墳",烏得云無文邪[七]?且洞神論三元八會爲三皇之前,鳥迹之始[八]。雖世無有,然無懷氏固已封泰山,昭姓紀號,播之山石,其書略已見於尉律,則是伏羲之有書契,爲不迁也[九]。又況無懷之前,昭姓之後,已自不少,俱有鑱勒,見之封丘,曷得謂至黃帝始有書契乎[一〇]?

【校注】

〔一〕孔氏尚書序原文爲:"古者伏犧氏之王天下也,始畫八卦,造書契,以代結繩之政,由是文籍生焉。"

〔二〕班固、鄭玄、馬融、王肅之徒,更以爲文籍起於五帝:尚書序孔穎達疏:"尚書緯及孝經讖皆云三皇無文字,又班固、馬融、鄭玄、王肅諸儒皆以爲文籍初自五帝,亦云三皇未有文字,與此説不同,何也?"

〔三〕先天之書:指先天之易。明楊慎丹鉛續録三易:"周禮太卜'掌三易之法。'干令升注云:'……伏羲之易小成,爲先天;神農之易中成,爲中天;黃帝之易大成,爲後天。'" 書契之作,實取夬象:吳本"實"譌"賓"。參見後紀一太昊伏戲氏注[一三六]。

〔四〕子國之言:指尚書序"古者伏犧氏之王天下也,始畫八卦,造書契,以代結繩之政,由是文籍生焉"語。舊傳書序爲孔安國(字子國)所撰。 未必:吳本"未"譌"夫"。

〔五〕遂爾:于是乎。

〔六〕詳尚書序孔穎達疏。

〔七〕周外史"掌三皇五帝之書":見周禮春官外史。鄭玄注:"楚靈王所謂三墳、五典。”　伏羲、神農、黄帝之書,謂之三墳:尚書序語,“羲”作“犧”。

〔八〕且洞神論三元八會爲三皇之前,鳥迹之始:洞神,道教神名。八會,吴本“八”譌“人”。參見前紀二天皇氏注〔二五〕。

〔九〕無懷氏固已封泰山,昭姓紀號,播之山石:泰山,吴本“泰”作“㤗”,備要本譌“秦”。參見前紀九無懷氏。　　尉律:指漢代律令。以爲廷尉所掌,故稱。

〔一〇〕封丘:封禪之山。

九井列山

世言神農生而九井自出。按:九井在賴山。荆州記云:江夏隨縣北界厲鄉村南重山也〔一〕。井在山北,重塹周之,廣一頃一十畆〔二〕。内有地云神農宅,神農生此。神農既育,九井自穿。舊説汲一井,則八井皆動。寰宇記:在縣北百里,人不敢觸〔三〕。按今惟存一穴,大木傍蔭〔四〕。人即其處爲神農社,年常祠之。亦引荆州記所言:厲鄉村厲山下之穴,神農所生。穴口方一步,容數人,上有神農廟。即荆州圖永陽縣西北二百三十里厲鄉山東石穴也。高三十丈,長二百尺。謂之神農穴,神農生於厲鄉者。老子亦生于此,故崔氏瀬鄉記以爲老子教堂之故處,祇今真源老子祠〔五〕。北三里有李母祠,門内東院有九井。述征記云:汲一則八動。然當塗南十里又有九井山,伏滔記丹陽山南,有九井,五乾,四通大江〔六〕。寰宇記,穰之九井與江寧三井,皆汲一則餘俱震〔七〕。而廣濟之静林院亦有九井,攷之院記,乃開成中宗義所鑿〔八〕。爲陰竇,使相通,引東巖水注之,即今之九井寺。固知巖井之相通,附會者非一矣。且若江寧三井,在城南五里三井岡,而縣復有烈山、烈洲,臨江中流,上有神祠,記或以爲烈山氏之故迹,乃伏滔記之栗洲也。其上有小山如栗,王敦舉兵所至者〔九〕。輿地志云吴之舊津,是矣。内有小水,商客停舟以避烈風而名〔一〇〕。亦曰溧洲。

非古之烈山也〔一一〕。

【校注】

〔一〕江夏隨縣北界廂鄉村南重山也：藝文類聚卷九引盛弘之荆州記，作“隨郡北界有九井”云云。太平御覽卷一八九引盛弘之荆州記，則作：“隨郡北界有廂村，南有重山”云云，頗不同。參見後紀三炎帝神農氏注〔一八〕。

〔二〕廣一頃一十畝：太平御覽作：“内周迴一頃二十畝。”

〔三〕見太平寰宇記卷一四四隨州隨縣。

〔四〕傍蔭：吴本“傍”譌“㒓”。

〔五〕崔氏瀨鄉記以爲老子教堂之故處：參見後紀三炎帝神農氏羅苹注。
祗今真源老子祠：祗今，現今。“祗”洪本作“柢”，備要本作“祇”，俱誤。真源，縣名，治所在今河南鹿邑縣。

〔六〕太平寰宇記卷一〇五太平州東塗縣云：“九井山，在縣南十里。按伏滔北征記云：‘九井山，在丹陽山南。有九井，五井乾，四井通大江。”

〔七〕寰宇記，穰之九井與江寧三井，皆汲一則餘俱震：太平寰宇記卷一四二鄧州穰縣：“九井。汲一井，則九井俱震。”又卷九〇昇州江寧縣：“三井岡，在縣南五里。汲一井則餘井俱動，故名。”

〔八〕宗義：其人不詳，疑爲寺僧。

〔九〕王敦：東晉大將軍。永昌元年（322）以翦惡誅討劉隗爲名，起兵武昌，攻入建康。宋周應合景定建康志卷一九洲浦：“晉永昌元年，王敦舉兵至栗洲，戴若思、劉隗等六軍敗績。”

〔一〇〕太平寰宇記卷九〇昇州江寧縣：“烈洲，……輿地志：‘吴舊津所。内有小水，堪泊船，商客多停此，以避烈風，故以名焉。’”

〔一一〕古之烈山：亦作列山，即厲山，炎帝神農氏出生之地。洪本、吴本作列山。

事始

傳曰：“深知器械、舟車、宫室之爲，則禮由己〔一〕。”夫物之始，或創，或基，或因，或革，皆有自來，此禮之所由始也〔二〕。故能知之,則知禮之所自起。知禮之所自起,則禮之爲,有不由己而由人乎哉? 是則器械、舟車、宮室之爲用可重,而其因變之始,尤君子所當致意焉者也〔三〕。魯侯有云:君爲故事,何禮之拘〔四〕? 彼衆云者,飲食日用,終身由之而不知其道者也,欲其動之協禮,難矣哉!

原智者之創物,存乎記注,曩之人哀之者亦已衆矣,然而或猥或略,僞謬實繁,稽之於事,賢者爲忸〔五〕。易曰:“斷木爲杵,掘地爲臼,臼杵之利,萬民以濟〔六〕。”此神農氏之事也。而新論以爲伏羲,黃帝内傳以爲黃帝〔七〕。謂伏羲者,蓋以呂覽“赤冀作臼”,爲伏羲之臣〔八〕。謂黃帝者,蓋以世本“雍父踐舂”,爲黃帝之佐爾〔九〕。夫神農之耒耜,亦見於易;其爲斧斤、作鉏耨,則見於周書〔一○〕。而皇圖要覽若世本則以爲垂作耒耨,字林又以耒耜爲皋陶所作,是伏羲先耕而爲杵臼,神農不以耒耜而耕,而易傳之言且不信矣〔一一〕。古史攷云:神農之時,民始食穀,釋米加燒石之上而食之〔一二〕。黃帝始有釜甑,火食之道始成〔一三〕。斯蓋本之周書“黃帝始蒸穀爲飯,烹穀爲粥,燔肉爲炙”之説,兹大繆也〔一四〕。夫有火食則有烹蒸之事矣,又孰有能定百藥之蒸炮不違一性,而不能辨一穀之可蒸烹,而有待於千百載之後人哉〔一五〕?

大抵始事之書,最爲無統;紀原之作,繆落尤繁〔一六〕。彼琵琶、觱篥、胡笳、羌笛、羯鼓、胡牀、兜絲、狨錦、韡、敦、塔、寺之類,不窮異方而惟以見於中國者爲始,猶云可也;有如堯之羹,紂之箸,稷之隘巷,舜之牆里,伊尹之屨,吾丘子之鎌,亂之舞衣,公劉之橐囊,秦穆公之沐浴,不究在昔,而惟以見於傳者爲始,豈盡見邪〔一七〕? 又至以秋千爲“千秋”之倒語,則尋語聲而不知其爲迂;以拓跋爲“拓拔”之轉稱,則認字形而不識其爲妄;指旃爲氊,認蘇爲梳,是亦升謝堂覓鳳毛,責坊州貢杜若者:豈特見笑於一時哉〔一八〕！

【校注】

〔一〕深知器械、舟車、宮室之爲，則禮由己：見揚雄法言問道。

〔二〕基：謀劃，策劃。爾雅釋詁上：“基，謀也。”

〔三〕可重：值得重視。

〔四〕魯侯有云：君爲故事，何禮之拘：魯侯，指春秋魯莊公。彥按：路史此所引文，子虛烏有。文選張衡西京賦：“自君作故，何禮之拘？”李善注：“國語，魯侯曰：‘君作故事’。韋昭曰：‘君所作，則爲故事也。’”蓋羅氏即據此而想當然耳。按國語魯語上云：“哀姜至，（莊）公使大夫、宗婦覿用幣。宗人夏父展曰：‘非故也。’公曰：‘君作故。’”韋昭注：“言君所作，則爲故事也。”是魯侯之言，但有“君作故”三字耳；即爲意引，亦不得有“何禮之拘”也。

〔五〕裒（póu）：搜集。 猥：繁瑣，雜濫。吳本譌“很”。 忸（niǔ）：羞愧。

〔六〕見易繫辭下。

〔七〕新論以爲伏義：新論雜事云：“宓犧之制杵曰，萬民以濟。”

〔八〕吕覽“赤糞作曰”：各本“作”均譌“杵”，今據吕覽訂正。參見後紀三炎帝神農氏注〔一一〇〕。

〔九〕世本“雍父踐舂”：太平御覽卷七六二引世本曰，作：“雍父（曰）作舂、杵曰。”注云：“雍父，黄帝臣也。”

〔一〇〕夫神農之耒耜，亦見於易：易繫辭下：“包犧氏没，神農氏作，斲木爲耜，揉木爲耒，耒耨之利，以教天下。”

〔一一〕皋陶：吳本“皋”譌“皇”。

〔一二〕釋米：淘米。

〔一三〕鬵：“甗”字俗體。備要本作“鱛”，同。吳本、四庫本作“鱛”，誤。下“竈鬵”之“鬵”同。

〔一四〕烹穀爲糜，燔肉爲炙：糜，粥。炙，喬本、洪本作“灸”，吳本作“炙”，皆爲譌字。此從四庫本、備要本。

〔一五〕定百藥之蒸炮不違一性：此謂神農。定，規定。

〔一六〕始事之書：記載事物始見記録之書。 繆落：錯漏。

〔一七〕琵琶、觱篥、胡笳、羌笛、羯鼓、胡牀、兜綿、狨錦、韃、敦、塔、寺之類：

此皆原爲異方之物而後傳入中國者。其中，觱篥(bì lì)、胡笳、羌笛，皆古管樂器名。胡牀，一種可以折疊的輕便坐具。兜綿，一種用兜羅樹花絮製成的綿。狄錦，一種具有金黃色花紋的織錦。鞾，同“靴”，靴子。敦，通“彫”，一種有雕飾之弓。　堯之羹：韓非子五蠹：“堯之王天下也，……糲粢之食，藜藿之羹。”

紂之箸：韓非子喻老：“昔者紂爲象箸而箕子怖。”　稷之隘巷：隘巷，小巷子。詩大雅生民：“誕寘之(指后稷)隘巷，牛羊腓字之。”　舜之牆里：牆，吳本、四庫本作“廧”，同。里，猶廬，居室。説文里部：“里，居也。”淮南子脩務：“舜作室，築牆茨屋，辟地樹穀，令民皆知去巖穴，各有家室。”　伊尹之屨：五代馬縞中華古今注卷中麻鞋云：“起自伊尹，以草爲之，草屬。周文王以麻爲之，名曰‘麻鞋’。至秦以絲爲之，令宮人侍從著之，庶人不可。”　吾丘子之鎌：吾丘子，今本説苑作“丘吾子”，而太平御覽卷七六四引説苑，亦作“吾丘子”。鎌，同“鐮”，鐮刀。説苑敬慎：“孔子行遊，中路聞哭者聲，其音甚悲。孔子曰：‘驅之，驅之！前有異人音。’少進，見之，丘吾子也，擁鐮帶索而哭。”　胤之舞衣：胤，同“胤”。吳本、四庫本(因避諱缺末筆)、備要本作“胤”。書顧命：“胤之舞衣、大貝、鼖鼓，在西房。兑之戈、和之弓、垂之竹矢，在東房。”鄭玄注：“胤也、和也、垂也，皆古人造此物者之名。”(轉引自周禮春官天府賈公彦疏)

公劉之橐囊：橐囊，盛糧食的口袋。詩大雅公劉：“迺裹餱糧，于橐于囊。”毛亨傳：“小曰橐，大曰囊。”　秦穆公之沐浴：沐浴，此指沐浴之用具、用品。又，古人稱用以洗髮去垢之淘米汁爲“沐”。太平御覽卷三九五引世本曰：“秦穆公作沐。”又説苑臣術云：“(秦)穆公知其君子也，令有司具沐浴爲衣冠；與坐，公大悦。”

　〔一八〕以秋千爲“千秋”之倒語：秋千，即鞦韆。千秋，喬本、洪本誤倒作“秋千”，今據餘本訂正。唐高無際漢武帝後庭鞦韆賦序云：“鞦韆者，千秋也。漢武祈千秋之壽，故後宮多鞦韆之樂。”　以拓跋爲“拓拔”之轉稱：拓跋，北魏皇族之姓。後改姓元。拓拔，喬本、洪本作“柘枝”。彦按：“柘枝”二字連用，不見載籍。今從餘本。廣韻鐸韻拓云：“又有拓跋氏。初，黄帝子昌意少子受封北土，黄帝以土德王，北俗謂土爲‘拓’，謂后爲‘跋’，故以拓跋爲氏。‘跋’亦作‘拔’。或説自云拓天而生，拔地而長，遂以氏焉。”　指旃爲薝：旃，古代赤色、無飾、曲柄的旗子。説文㫃部：“旗曲柄也。……周禮曰：‘通帛爲旃。’”

段玉裁注:"司常職文。注云:'通帛謂大赤,從周正色,無飾。'"襐,同"氀",氀子。說文毛部:"氀,撋毛也。"段玉裁注:"撋毛者,蹂毛成氀也。……古多假'斿'字。"　認蘇爲梳:蘇之本義指草本植物紫蘇,梳之本義指理髮之梳子。至羅氏此稱"認蘇爲梳",蓋指假借"蘇"字之形以記"梳"之詞義,其例不詳,待考。　升謝堂覓鳳毛,責坊州貢杜若:比喻不應該有之事。上句典出南史謝靈運傳:"靈運子鳳,……鳳子超宗。……好學有文辭,盛得名譽。選補新安王子鸞國常侍。王母殷淑儀卒,超宗作誄奏之,帝大嗟賞,謂謝莊曰:'超宗殊有鳳毛,靈運復出。'時右衛將軍劉道隆在御坐,出候超宗曰:'聞君有異物,可見乎?'超宗曰:'懸罄之室,復有異物邪?'道隆武人無識,正觸其父名,曰:'旦侍宴,至尊說君有鳳毛。'超宗徒跣還內。道隆謂檢覓鳳毛,至闇待不得,乃去。"下句典出宋沈括夢溪筆談卷三辨證一:"唐貞觀中,勑下度支求杜若。省郎以謝朓詩云:'芳洲採杜若',乃責坊州貢之。當時以爲嗤笑。"杜若,香草名,亦爲中藥。

神農求雨書

大旱,雩祭而祈雨;大水,鳴鼓而攻社[一]。被雩以青衣,繫社以朱索,此陰陽之義也[二]。

神農求雨書曰:"春夏雨日而不雨,甲乙,命爲青龍,又爲火龍東方,小童舞之;丙丁不雨,命爲赤龍南方,壯者舞之;戊己不雨,命爲黃龍,壯者舞之;庚辛不雨,命爲白龍,又爲火龍西方,老人舞之;壬癸不雨,命爲黑龍北方,老人舞之[三]。如此不雨,潛處,闔南門,置水其外;開北門,取人骨埋之[四]。如此不雨,命巫祝而暴之[五]。如此不雨,禱山神,積薪擊鼓而焚之[六]。"

漢董仲舒爲請雨法:春,令縣以水日禱社稷山川,家人祠戶,禁伐,聚蚘,八日,爲壇東門,植八蒼繒,祠共工八生魚、玄酒、脯脯;甲乙日共十一青龍,東方東鄉,八僮衣青舞之,田嗇夫青衣立,里社通溝池,置五蝦蟆,焚雄雞、老猳,闔南門,置水其外,開里北門,焚老猳,埋骨,開泉[七]。夏,令縣邑以水日,家人祀竈,暴釜,爲壇南門外,植十赤繒,祠蚩尤十赤雞;丙丁日共七赤龍,南方南鄉,七壯衣赤舞之,赤衣而立,通社,燔雞、猳如春祠〔八〕。季夏,禱山陵,無舉土,令縣邑十日一徙市南門外五日,家人祠中雷及稷,以母豝五,壇旁植五黃繒;戊己日爲五黃龍,中央南鄉,五丈夫衣黃舞之,老者黃衣立,通社〔九〕。秋,暴尪巫,無舉火、煎金器,家人祀門,祠太昊以九桐魚,植九白繒;庚辛日爲九白龍,西方西鄉,九鰥白衣舞之,司馬白衣立〔一〇〕。冬,舞龍六日,禱名山以助之,家人祠井,無壅水,祠玄冥以雛犬六;壬癸日立六黑龍,北方北鄉,六老人衣黑舞之,尉黑衣立;他隨方色,蝦蟆、池皆如春儀〔一一〕。雨至,報以豚、酒、黍,茅席無斷,衣物、鄉位各從方色,四時皆以水日爲龍〔一二〕。開陰閉陽,焚薪薶骨,十日各異〔一三〕。又奏江都王:母收廣陵女子爲人祝者租一月;諸巫母聚郭門;爲壇,以脯酒祭;女擇寬便徙市,毋納丈夫,丈夫毋相從飲;令吏妻各往視其夫,到即起,雨而止〔一四〕。劉歆致雨,其作土龍、吹律,諸方備具,蓋本諸此〔一五〕。

漢世,旱則公卿官長以次雩禮,土人舞僮,七日一易如故事〔一六〕。自立春盡立秋,郡國上雨澤,以爲農也〔一七〕。故尸子云:"神農之理天下,欲雨則雨。五日爲行雨,旬日爲穀雨,旬五日爲時雨,萬物咸利,故曰'神'〔一八〕。"五日一風,十日一雨,豈非太平之應哉〔一九〕!

【校注】

〔一〕攻社:參見後紀二女皇氏注〔九五〕。

〔二〕朱索:洪本"朱"譌"未"。

〔三〕雨日:蓋指古曆書上注明"雨日"之日。　甲乙:此謂"甲乙不雨",蒙下省"不雨"二字。甲乙,指十干日中之甲日、乙日。

〔四〕南門:四庫本作"城門"非。

〔五〕暴(pù):即後之"曝"字,曬。藝文類聚卷一〇〇引神農求雨書,作

"曝"。

〔六〕如此不雨,禱山神,積薪擊鼓而焚之:禱山神,各本均作"神仙"。彥
按:"神仙積薪"云云,費解,當有誤。藝文類聚此句作"曝之不雨,神山積薪,
擊鼓而焚之",亦不可解。唯太平御覽卷三五引神農求雨書,作"不雨,禱山神,
積薪擊鼓而焚之"(四庫全書本如此),最爲順暢,當是,今據以訂正。

〔七〕春,令縣以水日禱社稷山川:自此而下至"四時皆以水日爲龍",撮引
自春秋繁露求雨。水日,指壬癸之日。古術數家以天干配五行,而壬癸屬水,
故稱。社稷,土地神與穀神。　　家人祠户:家人,平民。户,指户神。　　禁伐:
春秋繁露作"無伐名木,無斬山林。"　　聚蚖:藝文類聚卷一〇〇引董仲舒曰,
"蚖"作"尪",今人多從之。彥按:作"尪"者是。禮記檀弓下:"歲旱,穆公召縣
子而問然,曰:'天久不雨,吾欲暴尪而奚若?'"鄭玄注:"尪者面鄉天,覬天哀
而雨之。"又左傳僖公二十一年:"夏,大旱。公欲焚巫、尪。"杜預注:"瘠病之
人,其面上向,俗謂天哀其病,恐雨入其鼻,故爲之旱,是以公欲焚之。"鄭、杜理
解雖各不同,而天旱求雨,曝尪乃至焚尪則一,是當作"尪"也。　　植八蒼繒:
植,樹立,插起。　　脯脯:乾肉。　　甲乙日共十一青龍:今本春秋繁露作"以甲
乙日爲大蒼龍一,……爲小龍七",則共八青龍耳。然通典卷四三禮三吉禮二
大雩引董仲舒春秋,"七"乃作"十",則共十一青龍,是路史非無所據。　　田嗇
夫:古代地方小吏,掌管税賦、徭役及農事等。　　里社通溝池:里社,春秋繁露
作"鑿社"。清蘇輿義證:"鑿,天啓本作'諸里',通典作'里'。"彥按:作"里"
於義不洽。今中華書局1988年版王文錦等點校本通典已訂正作"鑿"。路史
蓋沿通典之誤。社,指土地神廟。　　豭:同"𧱓",公豬。　　埋骨,開泉:春秋繁
露作:"取死人骨埋之,開山淵。"

〔八〕爲壇南門外:洪本"爲"譌"曰"。　　赤衣而立:彥按:春秋繁露作:"司
空、嗇夫亦齋三日,服赤衣而立之。"此"赤衣"上宜有"司空、嗇夫"四字。　　通
社:即上文"鑿社通溝池"意。春秋繁露作"鑿社而通之閭外之溝"。

〔九〕無舉土:春秋繁露作:"無舉土功。"　　家人祠中畱及稷,以母䭔五:母
䭔(yǐ),古代一種以黍米、肉末爲主要材料,加油煎熟的美食。䭔,同"餡"。彥
按:春秋繁露作:"家人祠中畱。……其神后稷,祭之以母餡五。"路史引文與原
意有出入。　　壇旁植五黄繒:各本"壇旁"作"壇帝旁"。彥按:"帝"字當爲衍

文，蓋由“旁”字形譌而衍者。春秋繁露作“爲四通之壇於中央，植黃繒五”，亦不及“帝”字，今删去。　　戊己日爲五黃龍，中央南鄉：今本春秋繁露作：“以戊己日爲大黃龍一，長五丈，居中央。又爲小龍四，各長二丈五尺，於南方。”蘇輿義證云：“通典‘南方’作‘中央’。”彦按：當以作“中央”爲是。季節與方位五行相配，長夏配中央，乃常識。且上文于夏既云“南方南鄉”矣，此長夏不當復言“南方南鄉”也。不知何以今之所見春秋繁露各譯注本，均不明此。　　五丈夫衣黃舞之：四庫本如此，是，今從之。餘本無“衣”字，當爲脱文。春秋繁露作：“丈夫五人，……服黃衣而舞之。”

〔一〇〕秋：各本均作“立秋”。“立”字顯然衍文，今删去。　　暴尫巫：各本均作“暴兵尫巫”。彦按：不聞古有求雨暴兵之説。“兵”字當爲衍文。今本春秋繁露作“暴巫尫”，亦無“兵”字。今删去。　　無舉火、煎金器：舉火，生火做飯。煎，熔煉。　　祠太昊以九桐魚：今本春秋繁露作“其神少昊，祭之以桐木魚九。”蘇輿義證：“盧（文弨）云：‘舊本作太昊，譌。今依通典改正。’官本作‘太’，云：‘通典作少昊。’”　　九鱢：鱢，同“鰍”，指鰍夫。四庫本作“鰍”。

〔一一〕祠玄冥以雛犬六：玄冥，見後紀八帝顓頊高陽氏注〔七八〕。春秋繁露作：“其神玄冥，祭之以黑狗子六。”　　北方北鄉：各本“鄉”均作“鄰”。彦按：“鄰”當“鄉”字之譌。篇中言五季位鄉，上文春、夏、長夏、秋皆云“某方某鄉”，不當至冬而獨稱“某方某鄰”也。今訂正。

〔一二〕茅席無斷：春秋繁露作：“以茅爲席，毋斷。”此茅席蓋以墊放豚、酒、黍者。斷，謂折斷。　　衣物、鄉位各從方色：方，指東、南、中、西、北五方。色，指青、赤、黃、白、黑五色。　　四時皆以水日爲龍：爲龍，謂製作土龍。春秋繁露此下一句爲“必取潔土爲之”，可證。

〔一三〕十日：指“甲、乙、丙、丁、戊、己、庚、辛、壬、癸”十干之日。

〔一四〕江都王：指漢景帝子江都易王劉非。董仲舒曾任江都易王國相十年。　　母收廣陵女子爲人祝者租一月：母，“毋”之古字。洪本作“毋”。下“母聚”之“母”同。廣陵，西漢江都王國都，治所在今江蘇揚州市。祝，祝禱。租，各本均作“視”。彦按：“視”當作“租”。後漢書禮儀志中請雨梁劉昭注引仲舒奏江都王云，即作：“願大王無收廣陵女子爲人祝者一月租，賜諸巫者。”今據以訂正。　　諸巫母聚郭門：彦按：劉昭後漢志注，作“諸巫毋大小皆相聚於郭門”,路史此處當有闕文。　女擇寬便徙市,毋納丈夫,丈夫毋相從飲:劉昭後漢志注作:“女獨擇寬大便處移市,市使無内丈夫,丈夫無得相從飲食。”　到即起,雨而止:起,謂(夫)行。劉昭後漢志注作:“皆到即起,雨注而已。”

〔一五〕劉歆致雨,其作土龍、吹律,諸方備具:後漢書禮儀志中請雨梁劉昭注引桓譚新論曰:“劉歆致雨,具作土龍,吹律,及諸方術,無不備設。”

〔一六〕漢世,旱則公卿官長以次雩禮,土人舞僮,七日一易如故事:後漢書禮儀志中請雨:“其旱也,公卿官長以次行雩禮求雨。……興土龍,立土人舞僮二佾,七日一變如故事。”

〔一七〕自立春盡立秋,郡國上雨澤:見後漢書禮儀志中請雨,前半句作“自立春至立夏盡立秋”。上,重視。雨澤,雨水。

〔一八〕神農之理天下:藝文類聚卷二引尸子曰,作“神農氏治天下”。故曰‘神’:各本“神”均作“神雨”。彦按:此解釋神農之所以稱爲“神”,“雨”字不宜有,當爲衍文。藝文類聚作“故謂之‘神’”,亦無“雨”字,可證。今删去之。

〔一九〕吳本此下有“按繁露云”云云一段文字,另起一行、低一格書。

赤松石室

予游炎陵,過西陽之鄉,值雲陽老期我于山中,觀赤松、軒轅之壇、寺〔一〕。後山之頂,爲歲祈所〔二〕。

赤松子者,炎帝之諸侯也。既耄,移老襄城,家于石室〔三〕。故齊孔稚珪玄館碑云:“赤松家石室之下,神農行弟子之敬。”〔四〕今襄陽之境也。而説者乃以爲東陽之石室山,故東陽記北山去郡三十里,有赤松廟、赤松澗,云昔徐公遇赤松於此〔五〕。而酈氏水經亦謂赤松子遊金華山,自燒而化,故今山上有赤松壇〔六〕。載稽,非也,乃皇初平爾〔七〕。初平亦赤松子也。炎世赤松迹在襄陽,不在於此。

按習鑿齒襄陽傳,蔡陽界有赤松子亭,下有神陂,即南都賦所謂“松子神陂”者也〔八〕。神仙傳云:赤松子者,服水玉,神農時爲雨師,教神農入火〔九〕。炎帝少女追,言與之俱仙。高辛之時,復爲雨師。而列仙傳有赤松子興者,在黃帝時,啖百草華,不穀,至堯時爲木工〔一〇〕。故傳謂帝佶師之,又云堯師之,而道亦有黃帝問赤松子中戒等經〔一一〕。此張良所以願從之游,非末代之數矣〔一二〕。然今西蜀、娥眉、衡陽在在俱有赤松壇墺,豈其所寓邪〔一三〕?

雲陽之迹邇于炎陵,可得而詳也〔一四〕。

【校注】

〔一〕西陽之鄉:其地不詳,當在炎陵附近。　值雲陽老期我于山中:雲陽老,其人不詳,待考。期,邀約。于,洪本、吳本作"乎"

〔二〕後山之頂,爲歲祈所:吳本"後"譌"敬"。歲祈所,祈禱豐年之地。

〔三〕參見後紀三炎帝神農氏注〔一九〇〕。

〔四〕孔稚珪:南齊駢文家。各本均脱"珪"字,今訂補。　赤松家石室之下,神農行弟子之敬:各本"家"作"家于",多出一字,遂破壞對仗。今據藝文類聚卷七八、漢魏六朝百三家集卷七九所載孔氏玄館碑文删去"于"字。

〔五〕東陽:縣名,治所即今浙江東陽市。　東陽記:南朝宋鄭緝之撰。云昔徐公遇赤松於此:太平御覽卷六六引鄭緝之東陽記曰:"北山去郡三十餘里,有赤松廟。故老相傳云:其下有居民曰徐公者,嘗登嶺至此處,見湖水,二人共博於湖間,自稱赤松子、安期先生。有一壺,酌酒以飲徐公。公醉而寐其側,比醒不復見。"

〔六〕酈氏水經亦謂赤松子遊金華山,自燒而化,故今山上有赤松壇:金華山,即長山,在今浙江金華市北。化,謂仙化,成仙。彦按:今本酈氏水經注未見有此。而太平寰宇記卷九七婺州金華縣云:"赤松澗。赤松子遊金華山,以火自燒而化,故山上有赤松之祠。"不知羅氏誤記,抑爲水經注之佚文,待考。又疑赤松壇當作"赤松祠"。

〔七〕載稽:載,爲,作。　皇初平:又稱黃初平,相傳爲東晉金華丹溪(今浙江蘭溪市)人,後修道成仙,易姓改字赤松子。吳本、四庫本"皇"作"黃"。

〔八〕習鑿齒:東晉滎陽太守。　蔡陽:地在今湖北棗陽市。　南都賦:東漢張衡撰。

〔九〕參見後紀三炎帝神農氏注〔一九二〕。

〔一〇〕而列仙傳有赤松子輿者:赤松子輿,今考列仙傳,實作“赤將子輿”。　在黄帝時,啖百草華,不穀,至堯時爲木工:列仙傳文曰:“赤將子輿者,黄帝時人。不食五穀,而啖百草花。至堯帝時爲木工。”

〔一一〕故傳謂帝佶師之,又云堯師之:彦按:此乃混同赤松子與赤將子輿爲一人,故有此語。　而道亦有黄帝問赤松子中戒等經:明白雲霽道藏目録詳註卷一洞真部戒律類著録有赤松子中戒經一卷,注云:“此經乃軒轅黄帝問赤松子律身戒文。”

〔一二〕此張良所以願從之游:吴本“願從”作“顧後”誤。史記留侯世家載張良語:“家世相韓,及韓滅,不愛萬金之資,爲韓報讎彊秦,天下振動。今以三寸舌爲帝者師,封萬户,位列侯,此布衣之極,於良足矣。願弃人間事,欲從赤松子游耳。”　數:道術。

〔一三〕壇墺:猶壇宇。泛指方道之士講法、修道、居住之所。吴本“墺”譌“擮”。

〔一四〕雲陽之迹:雲陽,即篇首所稱之雲陽老。迹,行迹,謂活動範圍。

皋禖古祀女媧變媒言禖,變稷言禝,神之也〔一〕

皋禖之神,女媧是饗〔二〕。末世已失其源,謂爲娀簡之所託者,疏矣〔三〕。昔者駓姜從譽郊禖,則郊禖之禮,古先之世有之矣〔四〕。娀、駓同列,豈得爲娀簡哉〔五〕?而五經異義乃以爲簡狄吞鳦卵而生子,後王以爲媒官嘉祥,從而祠之〔六〕。故王權爲問,謂舊注以言,先商之時,未有高禖,生民禋祀“以祓無子”,而姜嫄禋祀上帝以生稷,則郊禖非立於生契之後〔七〕。鄭志譙喬答云:“先商之時,自有禖氏。祓除之祀,位在南郊,以玄鳥至之日祠之。彼其所禋,乃於上帝。至娀簡吞乙之後,後王乃復祀之以配帝;若昔先禖,則廢之矣。”〔八〕斯説爲覈。然乃不知其爲女皇,至商而祠簡狄,迨周而祭姜嫄,時各推其本而配之,亦猶后稷之神,古祠帝柱，逮周而易以棄，事資沿革，隨世而有變易〔九〕。此蔡邕所以謂禖神，高辛以前之所舊有，不由於高辛也〔一〇〕。束皙云："皋禖者，人之先也〔一一〕。"盧植乃云："玄鳥至時，陰陽中而萬物生，於是以三牲請于高禖之神。因其明顯，故謂之高；因其求子，故謂之禖。而古有禖氏之官，因以爲之神。"〔一二〕斯得之矣。

　　秦廢典祀，及漢武晚無子，於是始立禖祠城南〔一三〕。下洎北齊，爰以太昊配之青帝，壇之南郊旁〔一四〕。隋唐因之。及皇朝景祐四年，乃以春分之日，壇于南郊，祠青帝而配以伏羲與嚳，猶不及女媧云〔一五〕。

【校注】

〔一〕變稷言禝：四庫本如此，是，今從之。餘諸本"禝"譌"稷"。　神之也：吳本作"之神也"，誤。

〔二〕皋禖之神，女媧是饗：四庫本如此，是，今從之。餘本"皋禖"譌"皋稷"。饗，通"享"，祭祀。參見後紀二女皇氏。

〔三〕娀簡：洪本、吳本、四庫本"娀"譌"娥"。吳本"簡"作"蕳"，下"簡狄"之"簡"同。

〔四〕駣姜從嚳郊禖：駣姜，即帝嚳之妻、后稷之母姜嫄。姜嫄爲有邰氏（也作有駣氏）女，故稱。郊禖，祭祀禖神。以其祠在郊，故稱。詩大雅生民："克禋克祀，以弗無子。"鄭玄箋："姜嫄之生后稷如何乎？乃禋祀上帝於郊禖，以祓除其無子之疾而得其福也。"

〔五〕同列：同等地位，同樣身份。

〔六〕虬卯：洪本、吳本作"乙卯"，誤。　後：備要本譌"得"。　嘉祥：祥瑞。

〔七〕故王權爲問，謂舊注以言，先商之時，未有高禖，生民禋祀"以弗無子"，而姜嫄禋祀上帝以生稷，則郊禖非立於生契之後：見三國魏侍中鄭小同所撰鄭志，原文爲："王權問曰：'以注言之，先商之時，未有高禖。生民詩曰："克禋克祀，以弗無子。"傳以爲古者必以高禖焉，姜嫄禋祀上帝而生稷，是則高禖之祀，非以生契後立之也。'"王權，鄭玄弟子。高禖，吳本"禖"作"媒"。以被

無子,詩原文作"以弗無子",鄭玄箋:"弗之言袚也。……以袚除其無子之疾
而得其福也。"以生稷,各本"稷"均譌"契",今據鄭志訂正。

〔八〕譙喬:鄭玄弟子。文淵閣四庫全書本鄭志作"焦喬",太平御覽卷五
二九引五經異義載鄭記曰,亦作"譙喬"。　先商之時:路史此下所引譙喬答
語,但撮大意,與鄭志原文不盡相同。　娀簡吞乙:今文淵閣四庫全書本鄭志
作"娀簡狄吞鳳子",鳳子亦燕卵也。太平御覽引文亦作"吞乙子"。　若昔先
禖,則廢之矣:今文淵閣四庫全書本鄭志無此八字,太平御覽引文亦無之,未知
鄭志佚文抑或羅氏據己意所添加。

〔九〕女皇:即女媧。　后稷之神:五穀之神。　事資沿革:資,憑藉。

〔一〇〕禮記月令仲春之月鄭玄注:"高辛氏之世,玄鳥遺卵,娀簡吞之而
生契,後王以爲媒官嘉祥,而立其祠焉。"孔穎達疏:"蔡邕以爲禖神是高辛已
前舊有,高者,尊也,謂尊高之禖,不由高辛氏而始有高禖。"

〔一一〕見後漢書禮儀志上"仲春之月,立高禖祠于城南,祀以特牲"劉昭
注引束晳曰。

〔一二〕盧植:東漢經學家。吳本"植"譌"杜"。　玄鳥至時:此下盧植之
語見於後漢書禮儀志上"仲春之月,立高禖祠于城南,祀以特牲"劉昭注,文字
不盡相同。　以三牲請于高禖之神:劉昭注作"以三牲請子於高禖之神"。
因其明顯:劉昭注作"居明顯之處"。

〔一三〕後漢書禮儀志上"仲春之月,立高禖祠于城南,祀以特牲"劉昭注
引束晳曰:"漢武帝晚得太子,始爲立高禖之祠。"

〔一四〕下洎北齊,爰以太昊配之青帝,壇之南郊旁:北齊,洪本"北"譌
"比"。隋書禮儀志二:"後齊高禖,爲壇於南郊傍,……每歲春分玄鳥至之日,
皇帝親帥六宮,祀青帝於壇,以太昊配,而祀高禖之神以祈子。"

〔一五〕景祐:宋仁宗趙禎年號,公元1034—1038年。　配以伏羲與嚳:四
庫本脫"以"字。宋史禮志六吉禮六高禖:"初,仁宗未有嗣,景祐四年二月,以
殿中侍御史張奎言,詔有司詳定。禮官以:'……朝廷必欲行之,當築壇於南
郊,春分之日以祀青帝,本詩"克禋以袚"之義也。配以伏羲、帝嚳。伏羲,本
始;嚳,著祥也。以禖從祀,報古爲禖之先也。'"

蜡臘異

蜡,報田之祭,歲終合萬物而索饗者[一]。孔子曰:“一日之蜡,百日之澤[二]。”古之君子,使之必報之[三]。春官宗伯:“以臟辜祭四方百物[四]。”主日而配月,百神從之,致百物而用六樂[五]。籥章:“國祭蜡,則龡豳頌,擊土鼓,以息老物[六]。”伊耆氏掌共仗,取其老物以佚[七]。蜡氏掌除骴,取其老物以息[八]。蓋有以勞之,必有以佚之;有以作之,必有以息之。故既蜡則飲酒于學,黨正屬民飲酒于序,令得極歡而大飲,所以休息之也[九]。雖然,蜡與臘異。臘也者,獵也,獵取禽以祭祖[一〇]。故禮,臘先祖、五祀,在蜡後,黃衣黃冠而祭,謂之息民[一一]。而蜡則祭日月星辰,祠門閭、公社[一二]。皮弁素服以送終,葛帶榛杖以從喪殺,所謂大蜡[一三]。大蜡,天子之禮也。是以漢唐蜡祭,遍及五祀。蜡則於郊,臘則于廟。蜡祭宗而不及天,祭社而不著地,以異於郊也。玉燭寶典云:臘者,祭先祖;蜡者,報百神:同日而異祭[一四]。蓋亦以漢世季冬勞農大饗,臘祭宗廟、五祀,同於一日爾[一五]。

按晉宋舊事,魏帝遜位,祖以酉而臘以丑,高堂隆議:王者各以其行之盛者爲祖而衰臘,故水行之君,子祖辰臘;火以午、戌,木以卯、未,金以酉、丑,土以戌、辰[一六]。今魏土王,宜以戌祖辰臘[一七]。博士秦靜謂:古禮,歲終祭蜡皆有常日,而無正月祖祭之文[一八]。漢以戌臘,而以寅正午日祖,蓋非經義[一九]。黃精之君,盛德在未,而坤位於西南,戌者歲終日窮之辰,不宜以爲歲初祖祭之行,惟丑者土之終,宜如前未祖而丑臘[二〇]。魏名臣奏,司農董遇之議,亦謂土行之君,且以未祖丑臘[二一]。而魏臺訪議臣崇所議,月令、左氏俱不著日,師說惟以盛祖而終臘[二二]。此即隆之說也。厥後,宋德以水,故子祖而辰臘[二三]。周以十月祭神農伊耆下至毛介於五郊;五方天地、星宿、四靈、五帝、五官、嶽鎮,下至原隰,分方而合祭之〔二四〕。故隋初因以孟冬下亥蜡百神,失厥所謂〔二五〕。至開皇,始以建丑用臘〔二六〕。貞觀十一年,房玄齡復按月令蜡法惟祭天宗,其五天帝、五人帝、五地極,俱非古典,請除之,而以季冬前寅蜡百神南郊,以卯日祭社稷於社宫,以辰臘饗宗廟、五祀〔二七〕。及開元定禮,乃命三祭皆從臘辰,以應土德,益失之矣〔二八〕。六典:唐以季冬臘前寅蜡百神於南郊,大明、夜明、神農、后稷、伊耆、五官、五星、二十八宿、十二辰、嶽鎮、海瀆、五田畯、青龍、朱雀、麒麟、騶虞、玄武、五方山川,以至昆虫,一百八十七座〔二九〕。皇朝乾德元年,蓋用戌臘,而以前七日辛卯大蜡,和峴以爲“蜡者,臘之别名”,遂援開元之事,而以今所行者爲非,於是三祭同用戌,其合矣乎〔三〇〕?

【校注】

〔一〕蜡(zhà):祭名。　報田:謂報答農業收成。　索饗:求索而祭之。禮記郊特牲:“伊耆氏始爲蜡。蜡也者,索也,歲十二月,合聚萬物而索饗之也。”鄭玄注:“歲十二月,周之正數,謂建亥之月也。饗者,祭其神也。萬物有功加於民者,神使爲之也,祭之以報焉。”又陳澔集説:“索,求索其神也。”

〔二〕一日之蜡,百日之澤:路史以此爲孔子語,不知何據。

〔三〕古之君子,使之必報之:見禮記郊特牲。使,驅使,利用。

〔四〕以疈辜祭四方百物:見周禮春官大宗伯。疈辜,分割、肢解牲體。疈音 pì。

〔五〕主日而配月,百神從之:彦按:禮記祭義云:“郊之祭,大報天,而主日,配以月。”孔穎達疏:“‘大報天’者,謂於此郊時大報天之衆神。……‘而主日,配以月’者,謂天無形體,縣象著明不過日月,故以日爲百神之主,配之以月。自日以下皆祭,特言月者,但月爲重,以對日耳。”所言雖爲報天之祭,而報田之祭,既“合萬物而索饗”,其事相類,故羅氏得啓發而套用焉。　致百物而用六樂:周禮春官大司樂:“凡六樂者,一變而致羽物及川澤之示,再變而致臝物及山林之示,三變而致鱗物及丘陵之示,四變而致毛物及墳衍之示,五變而致介物及土示,六變而致象物及天神。”鄭玄注:“變猶更也,樂成則更奏也。

此謂大蜡索鬼神而致百物,六奏樂而禮畢。"

〔六〕歔豳頌:歔,同"吹",吹奏。豳頌,林尹周禮今註今譯以爲指詩豳風七月第八章。　以息老物:鄭玄注:"玄謂十二月,建亥之月也,求萬物而祭之者,萬物助天成歲事,至此爲其老而勞,乃祀而老息之,於是國亦養老焉,月令'孟冬,勞農以休息之',是也。"賈公彦疏:"言'以息老物'者,謂息田夫、萬物也。"

〔七〕伊耆氏掌共仗:伊耆氏,周禮官名。共,"供"之古字。仗,通"杖",拐杖。彦按:周禮秋官伊耆氏云:"伊耆氏掌國之大祭祀,共其杖咸。"鄭玄注:"咸讀爲函。老臣雖杖於朝,事鬼神尚敬,去之。有司以此函藏之,既事乃授之。"是則供杖函耳,非供杖也。羅氏説與周禮不符。

〔八〕蜡氏掌除骴:蜡氏,周禮官名。吴本"蜡"譌"錯"。除骴(cī),清除路邊腐屍。周禮秋官蜡氏:"蜡氏掌除骴。……若有死於道路者,則令埋而置楬焉。"鄭玄注:"月令曰'掩骼埋骴',骨之尚有肉者也。及禽獸之骨皆是。"

〔九〕既蜡則飲酒于學,黨正屬民飲酒于序:學,學校。黨正,周時地方組織黨(五百家爲黨)的長官。屬(zhǔ),聚集。序,周代地方學校名。喬本、備要本作"敍"非,今據餘本訂正。周禮地官黨正:"國索鬼神而祭祀,則以禮屬民,而飲酒于序,以正齒位。"鄭玄注:"國索鬼神而祭祀,謂歲十二月大蜡之時,建亥之月也。"　令得極歡而大飲,所以休息之也:詩小雅甫田:"我田既臧,農夫之慶。"鄭玄箋:"我田事已善,則慶賜農夫。謂大蜡之時,勞農以休息之也。"孔穎達疏:"'謂大蜡之時,勞農以休息之'者,王者以歲事成熟,搜索羣神而報祭之,而謂之大蜡。又爲臘先祖、五祀,因令黨正屬民飲酒于序以正齒位,而勞賜農夫,令得極歡大飲,是謂休息之。"

〔一〇〕禮記月令孟冬之月:"天子乃祈來年于天宗,大割祠于公社及門閭,臘先祖、五祀,勞農以休息之。"孔穎達疏:"臘,獵也。謂獵取禽獸以祭先祖、五祀也。"

〔一一〕禮記郊特牲:"黃衣黃冠而祭,息田夫也。"鄭玄注:"祭,謂既蜡,臘先祖、五祀也,於是勞農以休息之。"

〔一二〕禮記月令孟冬之月"天子乃祈來年于天宗,大割祠于公社及門閭"鄭玄注:"此周禮所謂蜡祭也。天宗,謂日月星辰也。大割,大殺羣牲割之也。"

〔一三〕皮弁素服以送終,葛帶榛杖以從喪殺:葛帶,古代喪服中用葛製成的腰帶。榛杖,吴本"榛"譌"搟"。參見後紀三炎帝神農氏注〔二二一〕。

〔一四〕玉燭寶典:隋著作郎杜臺卿撰。

〔一五〕勞(lào):慰勞。

〔一六〕晉宋舊事:作者不詳,待考。　魏帝遜位:彦按:"遜位"當作"受禪"。遜位者漢帝,於魏帝,則當言"受禪",不得言"遜位"。至於魏帝遜位於晉,那是後事,高堂隆不得見之。　祖以酉而臘以丑:祖,祭名。指出行而祭祀路神。　王者各以其行之盛者爲祖而衰臘:行,指五行。衰,謂其行之衰者。　故水行之君,子祖辰臘:水行,謂五行屬水。各本"水"均作"木"。彦按:"木"當"水"字形譌,否則與下"木以卯、未"重出而牴牾。又下文云:"宋德以水,故子祖而辰臘。"尤足證此當作"水"字也。今訂正。　火以午、戌:謂火行之君,午祖戌臘。下"木以卯、未"、"金以酉、丑"、"土以戌、辰"類推。

〔一七〕太平御覽卷三三引高堂隆魏臺訪議曰:"詔問何以用未祖丑臘,臣隆對曰:按月令孟冬十月:'臘先祖、五祀',謂薦田獵所得禽獸謂之臘。左傳曰:'虞不臘矣!'唯見此二者,而皆不書日。聞先師說曰:王者各以其行之盛祖,以其終臘。水始生於申,盛於子,終於辰,故水行之君,以子祖辰臘。火始生於寅,盛於午,終於戌,故火行之君,以午祖戌臘。木始生於亥,盛於卯,終於未,故木行之君,以卯祖未臘。金始生於巳,盛於酉,終於丑,故金行之君,以酉祖丑臘。土始生於未,盛於戌,終於辰,故土行之君,以戌祖辰臘。今魏據土德,宜以戌祖辰臘也。"

〔一八〕博士秦静謂:自此而下至"以辰臘饗宗廟五祀",大抵亦見諸通典卷四四禮四吉禮三大裮(下但省稱通典),羅氏當有所參考。

〔一九〕通典:"博士秦静議:'古禮,歲終,聚合百物祭宗廟,謂之裮。皆有常日,臨時造請而用之。又無正月祖祭之禮。漢氏用午祖戌臘。午者南方之象,故以午祖。正月爲歲首,故以寅始,用午祖。戌者歲之終,萬物畢成,故以戌臘。小數之學,因就傳著五行以爲説,皆非典籍經義之文也。'"

〔二〇〕黄精:黄土之精。指土德。　戌者歲終日窮之辰,不宜以爲歲初祖祭之行:戌,各本均作"辰"。彦按:此乃駁高堂隆"宜以戌祖辰臘"之言,"辰"當"戌"字之誤,今訂正。辰,時。初,四庫本譌"功"。通典載博士秦静議曰:

"易曰坤爲土,土位西南。黄精之君,盛德在未,故大魏以未祖。戌者,歲終日窮之辰,不宜以爲歲初祖祭之行始也。易曰:坤利西南得朋,東北喪朋。丑者土之終,故以丑臘,終而復始,乃終有慶。宜如前以未祖丑臘。"

〔二一〕魏名臣奏:晉陳壽撰。太平御覽卷三三引魏名臣奏曰:"大司農董遇議曰:'土行之君,故宜以未祖,以丑臘。爲得盛終之節,不可以戌祖癸臘。'"

〔二二〕臣崇:太平御覽卷三三引魏臺訪議,作"臣隆"。彦按:疑羅氏所見魏臺訪議爲唐寫本,唐人避唐玄宗李隆基諱,改"隆"作"崇"也。參見上注〔一七〕。

〔二三〕厥後:吴本"厥"作"**耿**"。　宋德以水,故子祖而辰臘:通典:"宋……水德王,祖以子,臘以辰。"

〔二四〕周以十月祭神農伊耆下至毛介於五郊:各本"月"均譌"日",今據通典訂正。毛介,泛指各類動物。毛,指長(音 zhǎng)毛的獸類。介,甲,指有甲殼的水族類。五郊,即東郊、南郊、中郊、西郊、北郊。　五官:指五行之官,即:木正句芒,火正祝融,金正蓐收,水正玄冥,土正后土。　嶽鎮:指四嶽等名山。　分方而合祭之:吴本"分"譌"今"。通典:"後周以十月祭神農、伊耆以下至毛介等神於五郊。五方天地、星宿、四靈、五帝、五官、嶽鎮,下至原隰,各分其方合祭之。"

〔二五〕隋初因以孟冬下亥蜡百神:見通典,"蜡"作"禶"。下,喬本、備要本、四庫本譌"丁",今據洪本、吴本訂正。　失厥所謂:吴本"厥"作"**耿**"。

〔二六〕至開皇,始以建丑用臘:建丑,夏曆十二月。通典:"開皇四年,詔曰:'前周歲首,今之仲冬,建亥之月大禶可也。後周以夏后之時,行姬氏之禶,考之前代,於義有違。其十月行禶者停,可以十二月爲臘。'於是始革前制。"

〔二七〕貞觀:洪本、吴本"貞"作"正",蓋宋人諱避宋仁宗趙禎嫌名之遺留。　房玄齡:唐太宗朝宰相。　天宗:指日月星辰。　五地極:通典作"五地祇"。舊唐書禮儀志一舊本亦作"五地極",中華書局 1975 年版標點本已訂改作"五地祇"。彦按:五地祇所指不詳,疑即"五人神"之別稱。參見後紀十二帝舜有虞氏注〔四六九〕。

〔二八〕三祭:即上文所稱"蜡百神南郊"、"祭社稷於社宮"及"臘饗宗廟、五祀”。參見下注〔三〇〕。

〔二九〕見唐六典卷四尚書禮部祠部郎中。　　臘前寅:指臘日前之寅日。唐六典原文作“臘日前寅”。　　大明:指日。　　夜明:指月。　　伊耆:羅泌以爲神農之姓(見後紀三炎帝神農氏),一說即帝堯。此既與神農並出,則當從後說。　　十二辰:指十二星次,即星紀、玄枵、娵訾、降婁、大梁、實沈、鶉首、鶉火、鶉尾、壽星、大火、析木。　　嶽鎮:六典原文作“五嶽、四鎮”。周禮春官大司樂“四鎮、五嶽崩”鄭玄注:“四鎮,山之重大者,謂揚州之會稽,青州之沂山,幽州之醫無閭,冀州之霍山。五嶽,岱在兗州、衡在荆州、華在豫州、嶽在雍州、恒在并州。”　　海瀆:六典原文作“四海、四瀆”。四瀆,指長江、黃河、淮河、濟水。備要本“瀆”譌“濱”。　　五田畯:吳本“五”作“祭”,洪本“畯”譌“峻”。舊唐書禮儀志四、新唐書禮樂志二俱作“五方田畯”。　　騶虞:傳說中義獸名。詩召南騶虞毛亨傳:“騶虞,義獸也。白虎,黑文,不食生物,有至信之德則應之。”玄武:洪本、吳本“玄”作“元”,疑爲避宋聖祖玄朗諱之遺留。　　五方山川:吳本“方”譌“万”。

〔三〇〕續資治通鑑長編卷四太祖乾德元年六月丙午:“太常博士和峴上言:‘蜡者,臘之別名。聖朝以戌日爲臘,而前日辛卯行蜡禮,非是。按唐貞觀中,以前寅蜡百神,卯日祭社稷,辰日臘饗宗廟。開元定禮,三祭皆於臘辰,以應土德。或從貞觀,或從開元,惟上所擇。’有司請依開元禮三祭同用戌臘日,從之。”　　其合矣乎:吳本此下有“按禮記疏云”云云一段文字,另起一行、低一格書。其後又有一八蜡祭名圖。

祭先飯

老者多儇,佛者多戀[一]。儇故敢爲妄,戀故敢爲誕,理勢然也[二]。

禮,食必祭[三]。祭先飯,祭乎其始飯者也。古者將田,祭貉;將射,祭侯;用火,祭爟;用師,祭禡;食,必祭先倉;爨,必祭先炊;養老,則祭先老:不忘本也[四]。先衣、先虞、先蠶、先卜、先馬、先牧、先農、先嗇、先食、先酒,皆其類矣[五]。

　　先王之制禮，無非教也。食祭，祭所先進，主人先進則先祭，後進則後祭[六]。春官大祝辨其九祭，一曰食祭[七]。而膳夫王食與肆師之饗食，一皆授祭，亦以報本反始也[八]。玉藻曰：“君賜之食而君客之，則命之祭然後祭。先飯徧嘗羞飯，飲而俟。命之品嘗，然後惟所欲[九]。”是故孔子“侍食於君，君祭，先飯”[一○]。少施氏食子以禮而飽，祭，則作而辭“疏食不足祭也”[一一]。客若降等，則主人延客祭而後祭；客不降等，則遂先祭[一二]。瓜尚環，魚尚膴，而殽之序則徧祭之；其不祭者，惟水漿、魚、腊、湆、醬若餕餘爾[一三]。此叔孫穆子食慶封，慶封泛祭，而工所以賦茅鴟也[一四]。子曰：“君子無終食之間違仁[一五]。”終食之仁，吾於食祭見之矣。

　　孔穎達謂君子不忘本，有德必酬之，故得食必種種出少，置籩豆間，以報先代造食之人[一六]。是以王渙，每食必絃歌而薦之，蓋是意也[一七]。今世固有當饋而祭者，實本諸此[一八]。其爲佛者，竊而倣之，既久而莫究其由，則又引而入之佛鬼之説，曰爲鬼設也，亦可喊矣[一九]！

　　據紀聞録，有謁薛相訥之子直者，未食先祭，直曰：“是奚爲者？”[二○]客曰：“釋言壙野之鬼，食人血肉，而佛氏化之，制爲此戒。且食而先施，得其命壽延長。”直詰之曰：“若何妄邪！何所有佛？何者爲鬼？俗人相詿，愚者雷同，而子信之邪？子俗人也[二一]。”若直，亦可謂豪傑之士矣。然録所記，乃謂于時空中有聲責者，若云“迨午且死”，及是果殞[二二]。可謂大妄。夫人之死生，雖天地有不制，佛鬼奚爲哉？使直之死爲果然耶，是亦適與死會，而山鬼得以憑虛乘釁，倡嚇而厭祟之爾[二三]。奈何世俗更益崇信，多見無識。雖然，世之誕妄，豈惟二氏哉[二四]！其在儒宗，固有之矣[二五]。謂寒食爲介推，謂五日爲屈原，與夫七夕牛女之類，其與佛者中元目連等事何以異[二六]？然而舉天之下奔走企羨至數十百年而不可止，君子於此可不攷駮其流而微怪之是信耶〔二七〕？

　　據韓詩外傳云：孔子侍坐哀公，公賜之桃與黍〔二八〕。孔子先飯黍而後噉桃，公曰："夫黍以雪桃也〔二九〕。"子曰："丘聞之矣：黍五穀之長，而桃爲下；君子以賤雪貴，不以貴雪賤〔三〇〕。"則子之先飯，特先飯爾〔三一〕。而先飯之祭，未可廢也。善乎！王符氏論陰陽巫祝之説，曰：賢人君子，秉心正直，可與言也；世俗小人，醜妾婢婦，淺陋愚戇，漸染既成，又數揚精而破膽矣，今不順其精誠所向而疆之以其所畏，直亦增病爾〔三二〕。是猶羸病之人，且畏螻蟻，而欲俾之觀虎，其與怖而死者，又速矣〔三三〕。今之畏佛者類此〔三四〕。

【校注】

　　〔一〕老者：指道家。　　儇（xuān）：狡猾。　　戇（zhuàng）：愚笨。

　　〔二〕勢：喬本、洪本、四庫本作"势"，吳本作"勢"，皆俗字，此從備要本。

　　〔三〕禮，食必祭：周禮天官膳夫"膳夫授祭"鄭玄注："祭，謂刌肺脊也。禮，飲食必祭，示有所先。"

　　〔四〕將田，祭貉：田，狩獵。貉（mà）：通"禡"，古代軍中祭名。出動軍隊打仗或狩獵均舉行之。周禮夏官大司馬："遂以蒐田，有司表貉。"鄭玄注引鄭司農云："貉，讀爲禡。禡，謂師祭也。書亦或爲禡。"　　侯：古之箭靶，以獸皮或畫上獸形之布爲之。　　爟（guàn）：最先使用火的人。宋陳祥道禮書卷三〇先竈壇云："考之于古，食必祭先倉，竈必祭先炊，視學祭先聖、先師，養老祭先老，射祭侯，師祭禡，則將竈而享先竈，蓋禮然也。"

　　〔五〕先衣：最先發明衣服的人。餘類推。　　先虞：最先教民利用山林川澤的人。　　先嗇：猶先農。　　先食：先代造食之人。

　　〔六〕所先進：指主人先進獻之食物。禮記曲禮上："祭食，祭所先進。"鄭玄注："主人所先進先祭之，所後進後祭之，如其次。"

　　〔七〕春官大祝辨其九祭，一曰食祭：大祝，古官名。喬本譌"大祖"，今據餘本訂正。食祭，今考周禮春官大祝，實作"命祭"，鄭玄注："玄謂九祭皆謂祭食者。命祭者,玉藻曰'君若賜之食,而君客之,則命之祭,然後祭',是也。"

〔八〕膳夫王食與肆師之饗食,一皆授祭:周禮天官膳夫:"膳夫掌王之食飲膳羞,以養王及后、世子。……以樂侑食,膳夫授祭。"賈公彦疏:"云'膳夫授祭'者,謂王將食必祭,先膳夫授之。"又春官肆師:"饗食,授祭。"鄭玄注:"授賓祭肺。"

〔九〕玉藻:禮記篇名。吳本"藻"作"藻"。　君賜之食:玉藻原文"君"作"若"。　先飯徧嘗羞飯,飲而俟:玉藻原文"徧"作"辯"(通"徧"),無"飯"字。飲而俟,四庫本如此,是,今從之。餘本"飲而"作"而飲",非。鄭玄注:"俟君食而後食也。君將食,臣先嘗之,忠孝也。"　命之品嘗,然後惟所欲:玉藻原文"品嘗"作"品嘗之","惟"作"唯"。

〔一〇〕侍食於君,君祭,先飯:見論語鄉黨。何晏集解引鄭玄曰:"於君祭則先飯矣,若爲君嘗食然。"

〔一一〕少施氏食子以禮而飽,祭,則作而辭"疏食不足祭也":少施氏,魯惠公子施父之後。禮記雜記下:"孔子曰:'吾食於少施氏而飽,少施氏食我以禮。吾祭,作而辭曰:"疏食不足祭也。"'"孔穎達正義:"此一節明少施氏以禮而食孔子。'吾祭'者,謂孔子祭也。'作而辭曰,疏食不足祭也'者,作,起也,少施氏起而辭謝,云:'疏糲之食,不足祭也。'"

〔一二〕客若降等,則主人延客祭而後祭;客不降等,則遂先祭:降等,此謂地位(比主人)低。禮記曲禮上:"客若降等,……主人延客祭。"鄭玄注:"客不降等,則先祭。"

〔一三〕瓜尚環:尚環,指橫嚮切瓜,其靠近瓜蒂的部分。"尚"通"上"。禮記玉藻:"瓜祭上環。"孔穎達疏:"'瓜祭上環'者,食瓜亦祭先也。環者,橫斷形如環也。斷,則有上下環也。上環是寰間,下環是脫華處也。祭時取上環祭之也。"　魚尚膴:膴(hū),肥美大塊的魚、肉。禮記少儀:"祭膴。"鄭玄注:"膴,大臠,謂刳魚腹也。"孔穎達疏:"'祭膴'者,膴,謂刳魚腹下爲大臠。此處肥美,故食魚則刳取以祭先也。"　而殽之序則徧祭之:殽之序,指殽之依次進者。禮記曲禮上:"祭食,祭所先進。殽之序,徧祭之。"孔穎達疏:"'殽之序,徧祭之'者,序,次序也,謂膾炙胾之屬也。徧,匝也。炙胾之屬,雖同出於牲,今祭之,故種種次序,徧匝祭之。"　其不祭者,惟水漿、魚、腊、湇、醬若餕餘爾:

腊(xī),乾肉。渍(qì),肉汁,羹汁。醬,肉醬。餕餘,喫後剩餘的食物。餕音
jùn。禮記玉藻:"唯水漿不祭。"鄭玄注:"水漿,非盛饌也。"儀禮公食大夫禮:
"魚、腊、醬、渍不祭。"鄭玄注:"不祭者,非食物之盛者。"禮記曲禮上:"餕餘不
祭。"孫希旦集解引朱子曰:"餕餘之物,不可以祭先祖。"

〔一四〕此叔孫穆子食慶封,慶封泛祭,而工所以賦茅鴟也:叔孫穆子,即叔
孫豹(謚穆),春秋魯大夫。慶封,見後紀十四寒浞傳注〔六二〕。泛祭,濫祭,
謂祭而不知節制。左傳襄公二十八年:"叔孫穆子食慶封,慶封氾祭。穆子弗
説,使工爲之誦茅鴟。"杜預注:"禮,食有祭,示有所先也。氾祭,遠散所祭,不
共。"又云:"工,樂師。茅鴟,逸詩,刺不敬。"

〔一五〕見論語里仁。

〔一六〕見禮記曲禮上"主人延客祭"孔穎達疏。原文作:"'主人延客祭'
者,延,道也;祭者,君子不忘本,有德必酬之,故得食而種種出少許,置在豆間
之地,以報先代造食之人也。" 孔穎達:喬本"穎"譌"穎"。今據餘本訂正。

〔一七〕是以王渙,每食必絃歌而薦之:王渙,東漢洛陽令。彦按:"每食"
之前宜有"民"字。後漢書王渙傳:"渙喪,……民思其德,爲立祠安陽亭西,每
食輒弦歌而薦之。"

〔一八〕饋:進食。

〔一九〕喊(kàn):呵斥。

〔二〇〕紀聞録:佚書,作者不詳。 薛相訥:薛訥,唐名將,唐玄宗開元二
年官至同紫微黄門三品,故有"相"稱。 直:唐勝州都督。

〔二一〕雷同:隨聲附和。參見太平廣記卷三三一薛直。

〔二二〕于時:四庫本作"于是"。

〔二三〕適:洪本譌"適"。 倡嚇:大加恐嚇。 厭祟:用妖術使人迷亂。
厭,"魘"之古字。

〔二四〕二氏:老氏與釋氏,即篇首所稱之"老者"與"佛者"。

〔二五〕儒宗:儒者宗師,泛指爲讀書人所崇仰的學者。

〔二六〕謂寒食爲介推:參見發揮一論遂人改火。 謂五日爲屈原:五日,
指農曆五月初五端午節。南朝梁吳均續齊諧記五花絲粽:"屈原五月五日投
汨羅水,楚人哀之,至此日,以竹筒子貯米,投水以祭之。……今世五月五日作

粽,並帶楝葉五色絲,皆汨羅遺風也。" 　七夕牛女:七夕,指農曆七月初七之夕。生女,古代神話人物牛郎(亦稱牽牛)、織女的合稱。南朝梁宗懍荆楚歲時記云:"七月七日,爲牽牛、織女聚會之夜。" 　佛者中元目連:中元,指農曆七月十五日。舊時僧寺於此日作盂蘭盆會。目連,釋迦牟尼十大弟子之一。傳説目連母死,墮餓鬼道中,目連以神通之力,親往救之。初學記卷四:"盂蘭盆經云:目連見其亡母坐餓鬼中,即鉢盛飯往餉其母。食未入口,化成火炭,遂不得食。目連大叫,馳還白佛。佛言:'汝母罪重,非汝一人所奈何。當須十方衆僧威神之力,至七月十五日,嘗爲七代父母厄難中者,具百味五果,以著盆中,供養十方大德。佛勅衆僧皆爲施主祝願七代父母,行禪定意,然後受食,是時目連母得脱一切餓鬼之苦。'目連白佛:'未來世,佛弟子行孝順者,亦應奉盂蘭盆供養。'佛言大善,故後人因此廣爲華飾,乃至刻木割竹,飴蠟剪綵,摸花葉之形,極工妙之巧。"

〔二七〕微怪之是信:表達自己些許責怪。信,通"伸",抒發,表達。

〔二八〕據韓詩外傳云:彦按:此下所述,不見於韓詩外傳,而韓非子外儲説左下有之,是此韓詩外傳當作韓非子,蓋羅氏誤記之。

〔二九〕夫黍以雪桃也:韓非子文作:"黍者,非飯之也,以雪桃也。"雪,擦拭。

〔三〇〕韓非子文作:"丘知之矣。夫黍者,五穀之長也,祭先王爲上盛。果蓏有六,而桃爲下,祭先王不得入廟。丘之聞也,君子以賤雪貴,不聞以貴雪賤。今以五穀之長雪果蓏之下,是以上雪下也。丘以爲妨義,故不敢以先於宗廟之盛也。"

〔三一〕特先飯爾:先飯,此謂以黍爲貴。

〔三二〕見潛夫論卜列,文字不盡相同。 　揚精而破膽:精神亢奮,膽氣破滅。此形容淺陋愚戆之人,於陰陽巫祝之説,既極度着迷又極度恐懼之狀態。 疆之以其所畏:疆,通"彊",勉强。吴本、四庫本、備要本作"彊"。

〔三三〕其與怖而死者,又速矣:與,猶"以"。速,喬本、洪本作"遠",義恰相反,非是。此從吴本、四庫本及備要本。

〔三四〕今之畏佛者類此:四庫本無"之"字。吴本此下有"周禮春官大祝辨九祭"云云一段文字,另起一行、低一格書。

題炎陵[一]

神農有天下,傳七十世,在古最爲長世者,葬於茶陵。見於郡
國志、帝王世紀。予作路史,紀之詳矣[二]。後十有五年,始獲拜
陵下,摩挲古杉,俯歎石麟,追懷曩初,慌爾隔世。

淳熙十四年正月乙卯,炎帝外臣廬陵羅泌書

【校注】

〔一〕題炎陵:四庫本無此一篇。

〔二〕予作路史:吴本“予”譌“子”。

路史卷四十

餘論三

許繇

莊周書言堯遜天下於許由,許由不受,耻之,而逃于箕陰;且以爲由師齧缺,缺師王倪與被衣,而意而子與巢父、嚴僖、方回皆許由之友〔一〕。凡數人者,迹不見於他傳,故説者類以周爲寓言,靡事實。太史公且疑之,謂其不有遜禪之事,而乃特稱箕山許由之冢〔二〕。今據在登封東南三十里,爲高三丈,則不得謂無其人也〔三〕。

吕春秋言堯朝由於沛澤,請屬天下〔四〕。朝者,亦上見下之稱,昔周公"朝於窮巷之中、甕牖之下者而七十人"是也〔五〕。而傳謂由隱沛澤,之黃城,耕於箕山之下〔六〕。沛澤即今之沛;而黃城則今登封西南之負黍亭也,馮衍顯志賦所謂"求善卷之所在,遇許由於負黍"者〔七〕。京相璠云:陽城西南二十七里,世謂黃城〔八〕。而西征記:許昌城者,爲許由之所居,大城東北九里而近,猶有臺曰許由臺,崇六丈,廣三十步,許由之所嘗登〔九〕。故譙史云:由居箕山,恬泊無欲,堯聘不就,人咸高之,因曰堯以天下屬之,由切耻之〔一〇〕。夫周之言,固有或寓,然齧缺、王倪豈類如疏者云哉〔一一〕?

益部傳云:"堯優許由,非不弘也,洗其兩耳〔一二〕。"世何徵焉[一三]？魏子且曰：許由立身，守志存己，不甘禄位，於是洗耳，不受堯遜，此謙退之至也[一四]。而樂録等直謂堯以符璽禪爲天子，説者過之[一五]。夫由之避堯寵也，退處箕山，故其卒，葬在是，所謂箕山之神[一六]。配五岳者，許，四岳之祚也。堯之遜於四岳，則由既在舉矣，豈得謂無此人邪[一七]？王倪、齧缺，其説如彼。而洪慶善言長沮、桀溺爲沮如淖溺，示昆分若濁，無涉川濟難，意紆[一八]。

　　夫堯之遜天下，非遺天下，託天下也。由之辭天下，非輕天下，重天下也。程晏亦言：堯勞於民，求以託其民，以由能重天下之民，故此託之；而由以天下之民爲重，故不敢以輕受[一九]。斯得由之心矣。是何魏惠將授國於惠施，惠施不聽，謂惠子曰“古之有國，必賢者也”[二〇]。故受而賢者舜也，是欲子之舜也；傳而賢者堯，辭而賢者由，是欲主之堯而子之由也[二一]。堯、舜、許由之作，非獨傳舜、辭也，他行稱是[二二]。今無他行，而欲爲堯、舜、許由，故惠王首布冠而拘于鄄，齊幾弗受；惠子易衣變冠而走，幾不出境[二三]。故自行不可以幸，必成[二四]。

　　史舉非犀首於王也，犀首顧欲窮之，謂張儀曰：“請王遜先生國，而先生爲弗受，則王堯舜而先生許由矣。衍因請王致萬户。”[二五]儀因令舉比數見衍，王聞而弗使也，不辭而去[二六]。由此語之，由豈從爲妄者資哉！論高而過實，弊之至也。故君子之爲遜，顧時而已矣。無故而爲遜，何取焉[二七]？

【校注】

〔一〕莊周書言堯遜天下於許由，許由不受，恥之，而逃于箕陰：許由，即許繇。吴本、四庫本、備要本“由”作“繇”。下許由之“由”同。彦按：今本莊子但見“堯以天下讓許由，許由不受”之説（見讓王篇），而未見“恥之，而逃于箕陰”之文。　且以爲由師齧缺，缺師王倪與被衣：彦按：莊子天地曰：“堯之師曰許由，許由之師曰齧缺，齧缺之師曰王倪，王倪之師曰被衣。”路史説有出入。意而子與巢父、嚴僖、方回皆許由之友：彦按：意而子見莊子大宗師，晉郭象注：

“意而子,賢士也。”巢父、嚴僖、方回三人,今本莊子均未之見。

〔二〕太史公且疑之,謂其不有遜禪之事,而乃特稱箕山許由之冢:史記伯夷列傳:“堯將遜位,讓於虞舜,舜禹之間,岳牧咸薦,乃試之於位,典職數十年,功用既興,然後授政。示天下重器,王者大統,傳天下若斯之難也。而説者曰堯讓天下於許由,許由不受,恥之,逃隱。及夏之時,有卞隨、務光者。此何以稱焉? 太史公曰:余登箕山,其上蓋有許由冢云。”

〔三〕據在:處在,居於。

〔四〕見呂氏春秋求人,其文曰:“昔者堯朝許由於沛澤之中,曰:‘十日出而焦火不息,不亦勞乎? 夫子爲天子,而天下已治矣,請屬天下於夫子。’”　呂春秋:四庫本作“呂氏春秋”。

〔五〕呂氏春秋下賢:“周公旦,文王之子也,武王之弟也,成王之叔父也,所朝於窮巷之中、甕牖之下者七十人。”高誘注:“甕牖,以破甕蔽牖,言貧陋也。”

〔六〕傳謂由隱沛澤:水經卷二五泗水“又東過沛縣東”酈道元注:“昔許由隱于沛澤,即是縣也。”　之黃城:水經注卷二二潁水云:“馮敬通顯志賦曰:‘求善卷之所在,遇許由於負黍。’京相璠曰:負黍在潁川陽城縣西南二十七里,世謂之黃城也。”　耕於箕山之下:呂氏春秋求人:“昔者堯朝許由於沛澤之中,曰:‘十日出而焦火不息,不亦勞乎? 夫子爲天子,而天下已治矣,請屬天下於夫子。’許由辭,……遂之箕山之下,潁水之陽,耕而食,終身無經天下之色。”

〔七〕馮衍:字敬通,東漢辭賦家。

〔八〕陽城:各本均作“成陽”。彦按:成陽地在今山東菏澤市境,登封不在成陽。成陽乃“陽城”之譌、倒也。今據水經注引京相璠曰訂正。見上注〔六〕。

〔九〕猶有臺曰許由臺,崇六丈:洪本、吳本、備要本作“猶有臺曰許由,其崇六丈”,四庫本作“猶有臺曰許縣臺,其崇六丈”。

〔一〇〕譙史:指譙周古史考。文選陸士衡演連珠五十首之七“是以巢箕之叟不眄丘園之幣,洗渭之民不發傅巖之夢”李善注引譙周古史考曰:“許由,堯時人也。隱箕山,恬泊養性,無欲於世。堯禮待之,終不肯就。時人高其無欲,遂崇大之,曰堯將以天下讓許由,由恥聞之,乃洗其耳。"

〔一一〕疏者:迂闊、不切實際者。

〔一二〕堯優許由:優,謂優待。吳本、四庫本、備要本作"傳",誤。

〔一三〕世何徵焉:徵,證明,驗證。各本均作"徽"。彥按:羅氏此語當自文選陸士衡演連珠五十首之七"是以巢箕之叟不眄丘園之幣,洗渭之民不發傅巖之夢"李善注來。其注云:"琴操曰:'堯大許由之志,禪爲天子,由以其言不善,乃臨河而洗耳。'李陵詩曰:'許由不洗耳,後世有何徵?'"此之"世何徵焉",即由彼之"後世有何徵"化裁而得。今據以訂"徽"作"徵"。

〔一四〕見文選陸士衡演連珠五十首之七李善注引魏子曰,文字不盡相同。　魏子:東漢魏朗撰。

〔一五〕樂録等直謂堯以符璽禪爲天子:謂,喬本作"謂",吳本作"渭",俱誤。此從餘本。太平御覽卷五七一引古今樂録曰:"許由者,古之貞固之士也。……堯大其志,乃遣使以符璽禪爲天子。"　説者過之:過,誇大。

〔一六〕所謂箕山之神:箕山,各本均作"箕公"。彥按:"箕公之神",費解而彆扭。清儲大文等纂山西通志卷一四六隱逸解州上古許由云:"許由没,葬箕山之巔,亦名許由山,在陽城之南十餘里。堯因就其墓,號曰箕山之神,以配食五岳,世世奉祀,至今不絶也。"當是。今據以訂正。

〔一七〕邪:四庫本作"耶"。

〔一八〕而洪慶善言長沮、桀溺爲沮如淖溺,示昆分若濁,無涉川濟難:此所引洪慶善(即洪興祖)言,出處不詳。而内容則與正文脱節,頗疑由別處闌入者。長沮、桀溺,春秋楚地之二隱者。見諸論語微子。沮如淖溺,低濕泥濘之地。如,通"洳"。昆分若濁,渾然有如爛泥。昆,通"混"。洪本字迹磨損,吳本、四庫本、備要本作"混"。其語出淮南子原道:"是故一之理,施四海;一之解,際天地。其全也,純分若樸;其散也,混分若濁。"濟,渡水。　意紆:吳本、備要本脱"紆"字。

〔一九〕而由以天下之民爲重:由,各本均作"且"。彥按:上句説堯,此句説由,"不敢以輕受"者,由也,非堯也。"且"當"由"字之譌,否則此句缺失主語。今訂正。

〔二〇〕是何魏惠將授國於惠施:自此而下至"必成",大抵撮取自吕氏春秋不屈而有所改竄。魏惠，指戰國魏惠王。惠施，戰國宋人，莊子之友，爲時名家代表人物。

〔二一〕故受而賢者舜也，是欲子之舜也；傳而賢者堯，辭而賢者由，是欲主之堯而子之由也：吕氏春秋作：“魏惠王謂惠子曰：‘上世之有國，必賢者也。今寡人實不若先生，願得傳國。’惠子辭。王又固請。……惠王謂惠子曰：‘古之有國者，必賢者也。’夫受而賢者舜也，是欲惠子之爲舜也；夫辭而賢者許由也，是惠子欲爲許由也；傳而賢者堯也，是惠王欲爲堯也。”辭而賢者由，吳本“者”謁“老”。

〔二二〕非獨傳舜、辭也，他行稱是：吕氏春秋作：“非獨傳舜而由辭也，他行稱此。”

〔二三〕故惠王首布冠而拘于鄩，齊幾弗受：惠王，各本均作“惠主”，誤，今據吕氏春秋訂正。幾，吳本、四庫本作“饑”，非是。吕氏春秋作：“故惠王布冠而拘於鄩，齊威王幾弗受。”高誘注：“鄩，邑名也。自拘於鄩，將服於齊也。”又曰：“幾，危。危不受魏惠王也。” 惠子易衣變冠而走，幾不出境：吕氏春秋作：“惠子易衣變冠，乘輿而走，幾不出乎魏境。”高誘注：“言幾不免難於魏境内也。”

〔二四〕故自行不可以幸，必成：成，通“誠”。吕氏春秋作：“凡自行不可以幸，爲必誠。”陳奇猷新校釋：“謂凡行事不可存僥倖之心，爲之必以誠意也。”

〔二五〕史舉非犀首於王也：自此而下至“不辭而去”，見戰國策魏策二，文字不盡相同。史舉，戰國下蔡（今安徽鳳臺縣）人，通百家之術。犀首，戰國魏人公孫衍（號犀首）。爲著名縱橫家，與張儀一縱一橫，對戰國形勢影響極大。王，指魏惠王。 萬户：吳本“户”謁“尸”。

〔二六〕儀因令舉比數見衍：吳本“因”作“**冃**”，當爲“曰”之謁。比數（shuò），頻繁。戰國策作：“張儀説，因令史舉數見犀首。”范祥雍箋證：“錢福云：‘史舉蓋張儀羽翼，故數使見衍，以求萬户之邑。’〔按〕令史舉見衍以示和好，不必即爲求邑。” 王聞而弗使也，不辭而去：吳本“王”謁“五”。使，用。戰國策作：“王聞而弗任也，史舉不辭而去。”鮑彪注：“任，猶信也。舉既非之而數見之，故王疑之。”

〔二七〕無故而爲遜，何取焉：故，喬本作“過”，餘本均作“故”。作“故”義長,今從之。焉,吳本作"烏"。又,吳本、備要本此下有"按符子云"云云一段文字,另起一行、低一格書。

夷齊首山

夷齊冢、廟在蒲之蒲阪,首陽山之南[一]。馬融、顏師古之説同[二]。而高誘乃以爲洛東北去二十里之首陽山,杜預、阮籍之徒咸以爲然,更謂二子餓死在是[三]。即今二山皆有夷齊冢、廟,九域志兩從之[四]。戴延之竊以爲疑[五]。按夷齊之蹤,當在河東;首山者,雷首也。是爲中條,一曰薄山。一山九名,即首山也。據河南郡境界薄云,城東北十里首陽山,上有首陽祠,夷齊所居[六]。而黄太史猶以或者指武師度孟津,二子叩馬而諫,當以洛陽爲是[七]。

夫首山之名,所在固不一。曹大家云在隴西;而今隴西有地曰首陽,東有鳥鼠山謂之首陽。而許叔重言首陽,則正在遼西;今遼之和順東實有山曰首陽[八]。俱有祠廟。其在吳郡,亦有首山。豈得偏爲據邪[九]?

子曰:"伯夷、叔齊餓于首陽之下[一○]。"又曰:"不降其志,不辱其身,伯夷、叔齊歟[一一]!"注家亦云:蒲阪陽區山者,俗號首陽[一二]。而黄子且以爲無餓死事[一三]。按吕氏書,夷齊如周,至岐陽,而文王已殁,武王即位,使叔旦就膠鬲於次四内,盟曰"加富三等,就官一列",又使召公就微子啓於共頭之下,盟曰"世爲長侯,守商之祀,相奉桑林,宜私孟諸",各爲三書同辭,血之以牲,埋其一,以其一歸[一四]。夷齊聞之,相視而笑,曰:"嘻,異哉!非吾所謂道也。昔神農氏時祀盡敬而不祈喜[一五]。云云。卑自高也[一六]。今周見商之僻,而遽爲之其治,尚謀而行貨,阻兵而保威,割牲而盟以爲信,揚夢以説衆,殺伐以要利[一七]。以此治商,是以亂易暴也[一八]。今天下闇,周德衰,與其並乎周以漫吾身,不若避之以潔吾行〔一九〕。”二子乃北行，至首陽，餓焉。石曼卿云：死蒲阪者，耻周之事，而死于堯舜之區，庶幾見揖巽之風焉〔二〇〕。則亦非洛陽矣。又孰有叩馬之事哉？三秦記謂：“夷齊食薇三年，顔色不變；武王戒之，不食而死〔二一〕。”而爾雅云：“芑，白苗〔二二〕。”犍爲舍人以爲伯夷所食，首陽之草也〔二三〕。程晏以不食爲飽，以失仁爲餒，餓乃其飽，死乃其生。而李德裕且以聞媛不薇爲不智不義，棄兄之禄不仁〔二四〕。伊川程氏則謂止是不食其禄，非餓不食〔二五〕。聖言曒日，而衆言猶不一，惜哉〔二六〕！

【校注】

〔一〕蒲之蒲阪：蒲，州名。蒲阪，縣名，治所在今山西永濟市蒲州鎮。

〔二〕馬融、顔師古之説同：彦按：漢書王貢兩龔鮑傳“伯夷、叔齊薄之，餓死于首陽”顔師古注云：“馬融云首陽山在河東蒲阪華山之北，河曲之中。高誘則云在雒陽東北。阮籍詠懷詩亦以爲然。今此二山並有夷齊祠耳。而曹大家注幽通賦云隴西首陽縣是也。今隴西亦有首陽山。許慎又云首陽山在遼西。諸説不同，致有疑惑。而伯夷歌云‘登彼西山’，則當隴西者近爲是也。”是則馬融以爲首陽山在河東，顔師古以爲首陽山在隴西，今羅氏乃稱二人“説同”，真可謂睁眼説瞎話了。疑當初羅氏讀顔注此段文字，並未全部讀完，乃以顔氏首引馬融之説，遂誤以之贊同馬氏矣。

〔三〕杜預、阮籍之徒咸以爲然，：楚辭東方朔七諫沈江“世俗更而變化兮，伯夷餓於首陽”洪興祖補注：“杜預云：洛陽之東，首陽山之南，有小山，西瞻宫闕，北望夷齊。又阮籍詩云：‘步出上東門，遥望首陽岑。下有採薇士，上有嘉樹林。’據夷齊所居，此山是矣。”

〔四〕冢：洪本作“家”。

〔五〕太平御覽卷四〇引戴延之西征記曰：“洛東北去首陽山二十里，山上有伯夷叔齊祠。或云餓死此山。今河東蒲坂南又謂首陽，亦有叔齊祠。未詳餓死所在。”

〔六〕河南郡境界薄：“薄”通“簿”。文選阮籍咏懷詩十七首之十“步出上東門，北望首陽岑”李善注引，作“簿”。佚書，作者不詳。

〔七〕黄太史:即北宋詩人黄庭堅。以曾兼國史編修官,故稱。

〔八〕許叔重:吳本“叔”作“妹”。　遼之和順:遼,州名。和順,縣名,今屬山西省。參見上注〔二〕。

〔九〕偏:片面。喬本作“徧”,非是。今據餘本訂正。

〔一〇〕見論語季氏。

〔一一〕見論語微子;“歟”作“與”,通。

〔一二〕太平寰宇記卷四四遼州和順縣:“首陽山,在縣東四十里。按論語鄭玄注‘首陽山在河中蒲坂城南’,今陽區山,俗號爲首陽山。”

〔一三〕黄庭堅伯夷叔齊廟記云:“(孔子)曰:‘齊景公有馬千駟,死之日,民無德而稱焉。伯夷、叔齊餓于首陽之下,民到于今稱之。’孟子以爲‘非其君不事,非其民不使’,‘不立於惡人之朝,不與惡人言’,‘故聞伯夷之風者,貪夫廉,懦夫有立志’。此則二子之行也。至於諫武王不用,去而餓死,則爲疑之。”

〔一四〕夷齊如周:自此而下至“餓焉”,見呂氏春秋誠廉,文字不盡相同。　使叔旦就膠鬲於次四内:就,吳本、四庫本、備要本作“說”,誤。膠鬲,呂氏春秋作“膠鬲”,同。見國名紀六商世侯伯注〔三九〕。次,指所在地。吳本作“沢”。四内,高誘呂氏春秋注:“四内,地名。”高亨呂氏春秋新箋:“四内一地,古書不見,疑當讀爲泗汭,泗汭謂泗水之汭也。”　就官一列:一列,第一等級。　又使召公就微子啓於共頭之下:呂氏春秋“微子啓”作“微子開”,乃漢世避景帝諱之遺留。畢沅曰:“共頭即共首,山名,在漢之河内共縣。”(見陳奇猷呂氏春秋新校釋)　世爲長侯,守商之祀,相奉桑林,宜私孟諸:呂氏春秋“商”作“殷”,“之祀”作“常祀”。桑林,古樂曲名,相傳爲殷天子之樂。高誘注:“相猶使也。使奉桑林之樂。孟諸,澤名也,爲私邑也。”陳奇猷新校釋:“有始云:‘宋之孟諸。’此蓋謂將封微子於宋也。”　以其一歸:呂氏春秋作“皆以一歸”,依理宜有“皆”字。

〔一五〕時祀盡敬而不祈喜:喜,通“禧”,福。呂氏春秋作“福”。

〔一六〕卑自高也:費解。此因其前省略文字剪截不當,遂使此句意思不够完整。呂氏春秋此句作“不以人之庫自高也”。

〔一七〕今周見商之僻,而遽爲之其治:呂氏春秋作:“今周見殷之僻亂也,而遽爲之正與治。”　尚謀而行貨:尚謀,崇尚謀略。呂氏春秋作“上謀”。行貨,猶行賄。　　阻兵而保威:今本吕氏春秋"兵"作"丘",蓋誤。高誘注:"阻,依。保,持。"　　揚夢以説衆:吕氏春秋同。高誘注:"宣揚武王威殷之夢,以喜衆民。"其夢,藝文類聚卷七九引周書述及之,文曰:"大姒夢見商之庭産棘;太子發取周庭之梓樹於闕,梓化爲松柏棫柞。寐覺,以告文王。文王乃召太子發占之于明堂。王及太子發並拜吉夢,受商之大命于皇天上帝。"説,"悦"之古字。　　殺伐以要利:要(yāo),求取。

〔一八〕以此治商:吕氏春秋"治商"作"紹殷"。

〔一九〕今天下闇,周德衰:各本"闇"均作"聞",而吕氏春秋作"闇"。彦按:周武王借民意以滅商,時天下豈有"周德衰"之聞哉?所謂"周德衰"者,但夷齊自家之判斷耳。"聞"當"闇"字形誤,今訂正。　　與其並乎周以漫吾身,不若避之以潔吾行:並,依附。漫,污染。潔,各本均作"結",而吕氏春秋作"潔"。彦按:作"結"於義不諧,當以作"潔"爲是,或由音誤。今訂正。

〔二〇〕石曼卿:北宋詩人石延年(字曼卿)。　　揖巽:揖讓。石氏有首陽詩云:"恥生湯武干戈日,寧死唐虞揖讓區。"篇題下自注:"夷齊在孟津諫伐紂,而死于首陽。其山在蒲,蒲乃舜都也。豈非二子之意,何古之所不思哉?"

〔二一〕夷齊食薇三年,顔色不變;武王戒之,不食而死:太平御覽卷九九七引三秦記,"夷齊"作"伯夷","不變"作"不異"。戒,曉諭,勸導。

〔二二〕苬,白苗:見爾雅釋草。

〔二三〕犍爲舍人:西漢訓詁學家,官犍爲郡文學卒史,撰有爾雅注。四庫本如此,是,今從之。餘本"犍"作"揵",非。

〔二四〕而李德裕且以聞媛不薇爲不智不義,棄兄之禄不仁:李德裕,唐宰相。封衛國公,世稱李衛公。聞媛不薇,聽了美女的話以後而不食薇。典出古史考。文選劉孝標辯命論"夷叔斃淑媛之言"李善注引古史考曰:"伯夷、叔齊者,殷之末世孤竹君之二子也。隱於首陽山,采薇而食之。野有婦人謂之曰:'子義不食周粟,此亦周之草木也。'於是餓死。"棄兄之禄,此指戰國齊隱士田仲(陳仲子)事。典出孟子滕文公下:"(陳)仲子,齊之世家也。兄戴,蓋禄萬鍾。以兄之禄爲不義之禄而不食也,以兄之室爲不義之室而不居也,辟兄離母,處於於陵。"李德裕夷齊論云:"昔夷齊不食周粟,餓於首陽之下。仲尼稱其仁,孟軻美其德,蓋以取其節而激貪也。所謂周粟者,周王所賦之禄是也。諫而不從,不食其禄可矣。至於聞淑媛之言,輟飱薇蕨,斯可謂不智矣。夫薇蕨者,元氣之所發生,四時之所順成,日月之所燭,風雨之所育,周焉得而有之哉! 若以粟者周人之播殖,則夷齊得非周人乎? 反覆其道,盡未當理。然夷齊之行,實誤後人。於陵仲子,慕夷齊者也,乃至不義其兄之禄,潔則潔矣,仁豈然哉?"

〔二五〕朱熹編二程遺書卷一八:"問:'伯夷叩馬諫武王,義不食周粟,有諸?'曰:'叩馬則不可知。……不食周粟,只是不食其禄,非餓而不食也。'"

〔二六〕聖言:謂孔子之言。　皦日:明亮的太陽。比喻分明可信之事物。不一:謂不能統一(於聖言),不能認同(聖言)。

五旗五麾〔一〕

風后曰:予告汝帝之五旗〔二〕。東方法青龍,曰旗;南方法赤鳥,曰鷹;西法白虎,曰典;北法黑蛇,曰旄;中央法黃龍,常〔三〕。見河圖書。

五麾,五牙旗也〔四〕。爲五色。見青則舉青牙,見白則舉白牙,餘隨所見舉之,以牙爲飾〔五〕。見出軍訣。

玄女兵法云:伍胥請以朱雀之日,日正中時,立赤色、徵音、絳衣之軍于南方,以輔角軍;以青龍日平旦,立青色、角音、青衣之軍于東方,以輔羽軍;以玄武日人定時,立黑色、羽音、黑衣之軍于北方,以輔商軍;以白虎日,日入時,立白色、商音、白衣之將于西,以輔宮軍;以黃龍之日,日中,建黃旗於中央,以制四方〔六〕。五軍具,四面攻之,三日,城果下。

爰制其陣。而黃帝八陣之法:車箱洞當,金也;車工中黃,土也;鳥雲鳥翔,火也;折衝,木也;龍騰却月,水也;鴈行鵞鸛,天也;車輪,地也;飛翼浮蛆,巽也〔七〕。在通俗文,車當謂算篿〔八〕。林宗別傳,部從事宿仲琰"柴車編荆爲當"是也〔九〕。

【校注】

〔一〕五旗五麾:喬本、洪本無此篇題,其下文字緊隨上篇之末,但空一格。

吴本、四庫本、備要本則均独立成篇,而以五旗五麾爲篇目。後者是,今從之。

〔二〕風后:黄帝相。

〔三〕南方法赤鳥,曰鼠:文淵閣四庫全書本太平御覽卷三四○引河圖曰,"鼠"作"旐",似是。　西法白虎,曰典:文淵閣四庫全書本太平御覽"典"作"旗"。疑"典"爲"旗"字之譌。　北法黑蛇,曰旐:太平御覽"黑蛇"作"玄蛇"。

〔四〕牙旗:旗竿上飾有象牙的大旗。

〔五〕飾:洪本作"餙",四庫本作"餝"。淵鑑類函卷二二七武功部二二牙一引黄帝出軍訣曰:"將軍引兵出城門,望見白雲及白水者,舉白牙旗;赤雲,舉赤旗。五色牙旗,隨天氣四時。"

〔六〕太平御覽卷三二八引玄女兵法,文字略有異同。　伍胥:黄帝臣。朱雀之日:指丙丁日。　青龍日:指甲乙日。　平旦:清晨。　玄武日:指壬癸日。　黑衣之軍:太平御覽"軍"作"將"。　白虎日:指庚辛日。　以輔宮軍:備要本"宮"譌"官"。　黄龍之日:指戊己日。

〔七〕亦見於唐李筌太白陰經卷六陣圖總序。　折衝,木也:喬本"木"譌"水",今據餘本訂正。　飛翼浮蛆:太白陰經"蛆"作"沮"。

〔八〕通俗文:東漢服虔撰。　箳篂(píng xīng):古代車上遮擋灰塵的竹蓆。篂,喬本、洪本、備要本作"篁",吴本、四庫本作"皇",俱誤。今訂正。

〔九〕林宗別傳:即郭林宗別傳,撰者不詳。郭林宗,名泰,字林宗,東漢名士。　部從事宿仲琰"柴車編荆爲當":文淵閣四庫全書本太平御覽卷七七六引郭林宗別傳,作:"昔仲琰爲從事,嘗柴車駕牛,編荆爲當。"

納音五行説 婚曆妄

甲、乙,木;丑、未,土;子水;而午火:六者無一金。而風后妃合,乃以甲子、乙丑、甲午、乙未爲之金〔一〕。此出乎數者然也〔二〕。數之所合,變之所由出也。乾爲天,坤爲地,乾坤合而爲泰〔三〕。德爲父,紅爲母,德紅合而爲東〔四〕。干爲君,支爲臣,支干合而納音生〔五〕。是故甲乙爲君,子丑爲臣,子丑、甲乙合而爲金。

蓋五行之在天下,各有氣性,有材位,或相濟、或相克,若成器、未成器,旺在受絶、絶中受氣,惟相妃而取之爲不同爾[六]。此金數之所以雖同而又有海中、沙中之異[七]。

或曰:甲、乙以相克取,甲嫁庚,乙嫁辛,而甲、乙遂有金氣,故凡木必受金胎[八]。陽生於子,水王之地,故甲子、乙丑爲海中之陽金;陰生于午,火王之地,故甲午、乙未爲沙中之陰金[九]。

子,陽之始[一〇]。午,陰之始。以甲加子、乙加丑,數之至午得庚,至未得辛,爲陽索陰;以甲加午、乙加未,數至子、丑,亦得庚、辛,爲陰匹陽:納干數也[一一]。從甲至庚,得七[一二]。七爲西方;西方,素皇之氣,故甲子、乙丑皆爲金[一三]。三爲火,九爲木,一爲土,五爲水,數其干不數其支,此謂納音。蓋亦旋宮之法[一四]。夫妻、子母,相濟相克,相上相下,而吉凶之兆著矣[一五]。

草有莘與薑,獨食之殺人,合而食之則壽[一六]。金、錫兩柔,合而煉之爲剛[一七]。理固如是。然嘗怪代有所謂“勘婚曆”者,以某命合某命則不利,以某命合某命則大利,或以生,或以死,未嘗不切笑之[一八]。夫天地之間,固有是理矣,而決非此輩所能知者。是書之所言,決不究是理之所在。父病推其子禄,妻災課以夫年,理固不易,消而息之,則思過半矣[一九]。

【校注】

〔一〕妃合:配合。妃,通“配”。

〔二〕數:指陰陽五行,或其變化規律。

〔三〕乾坤合而爲泰:此謂泰卦(䷊)由乾(☰)、坤(☷)二卦疊合而成。

〔四〕德爲父,紅爲母,德紅合而爲東:此謂以“德”爲聲,以“紅”爲韻,合以相拼(反切),而得“東”音。玉篇東部:“東,德紅切,春方也。”

〔五〕納音:見後紀一太昊伏戲氏注[一八四]。

〔六〕氣性:氣質稟性。 材位:能力地位。 旺在受絶、絶中受氣:受絶,遭遇衰竭。受氣,獲得生氣(生機)。

〔七〕海中、沙中:指海中金、沙中金,爲納音金命六種中之二種,即:甲子、

乙丑爲海中金,甲午、乙未爲沙中金。明萬民英三命通會卷一論納音取象云:
“甲子、乙丑何以取象爲海中之金?蓋氣在包藏,有名無形,猶人之在母腹
也。……甲午、乙未則氣已成物,質自堅實,混於沙而別於沙,居於火而煉於
火,乃曰沙中金也。”

〔八〕甲、乙以相克取,甲嫁庚,乙嫁辛:取,“娶”之古字,謂嫁娶。十干與
五行相配,甲、乙既屬木(甲爲陽木,乙爲陰木),而庚、辛則屬金(庚爲陽金,辛
爲陰金)。至於五行生克關係,則金克木,故此稱“甲嫁庚,乙嫁辛”爲“以相克
取”也。

〔九〕陽生於子,水王之地,故甲子、乙丑爲海中之陽金:子爲水王之地,爲
至陰之時,然陰極則陽生,故甲子之金爲海中陽金。乙丑蓋地近甲子,故
同。　陰生于午,火王之地,故甲午、乙未爲沙中之陰金:午爲火王之地,爲至
陽之時,然陽極則陰生,故甲午之金爲沙中陰金。乙未蓋地近甲午,故同。

〔一〇〕子,陽之始:自此而下至“蓋亦旋宮之法”,大抵襲取自宋葉庭珪海
録碎事卷一天部上五行門納音説。

〔一一〕至午得庚,至未得辛,爲陽索陰:至午得庚,即:至以庚加午。至未
得辛,即:至以辛加未。索,尋求、求取。　至子、丑,亦得庚、辛:謂地支至子、
丑,則與其相配之天干亦至庚、辛。即:至以庚加子,以辛加丑。　納干:即納
甲。古代一種納天干與八卦、五行、方位相配合,以推算未來吉凶之占卜法。
四庫本“干”譌“于”。

〔一二〕從甲至庚,得七:甲爲十天干之第一位,庚爲十天干之第七位,
故稱。

〔一三〕西方,素皇之氣:素皇,西方之神。主秋令,於五行屬金。氣,氣質。
雲笈七籤卷四七祕要訣法櫛髮呪:“西方七炁之天,太白流精,光耀金門,洞朗
太冥。中有素皇,號曰帝靈。保神安鎮,衛我身形。斷絕邪源,王道正明。”

〔一四〕旋宮:見前紀八祝誦氏注〔一二三〕。

〔一五〕夫妻:洪本“夫”譌“天”。

〔一六〕見吕氏春秋別類,文作:“夫草有莘有藟,獨食之則殺人,合而食之
則益壽。”

〔一七〕吕氏春秋別類:“金柔錫柔,合兩柔則爲剛。”

〔一八〕未嘗不切笑之:吴本"不"譌"可"。切,通"竊"。

〔一九〕課:推求。　消而息之:斟酌之。

鼓吹

蔡邕禮樂志云:鼓吹,岐伯所以揚武德也[一]。而劉瓛定軍禮以爲:鼓吹不知誰造,漢氏以雄朔野[二]。短簫鐃歌,岐伯所造,故陸機鼓吹賦云:"原鼓吹之所始,蓋橐命於軒皇[三]。"徐廣車服儀制云:"角,前世書記所不載。"而黄帝内傳云:元女請制角二十四[四]。説文及晉書志、通禮義纂亦云然。又云:請制旗幟以象雲物,鑄鉦鐃以擬電聲,鼓鼙以當雷霆。皆元女之所請。而徐儉角賦以爲帝會羣臣所作清角者,非也[五]。按周禮,"以鼖鼓鼓軍事[六]。"通典樂録説者云:蚩尤帥魑魅,與黄帝戰于涿鹿之野,帝命吹角爲龍吟御之;魏武北征烏丸,越沙漠,軍士多思歸,於是减爲中鳴,尤更悲切[七]。故有長鳴、中鳴、吹角三部云[八]。

【校注】

〔一〕宋郭茂倩樂府詩集卷一六鼓吹曲辭一:"蔡邕禮樂志曰:'漢樂四品,其四曰短簫鐃歌,軍樂也。黄帝、岐伯所作,以建威揚德、風敵勸士也。'"

〔二〕劉瓛:吴本"瓛"作"瓛",餘本皆作"瓛",俱誤。今訂正。見後紀五黄帝有熊氏注〔三八六〕。

〔三〕短簫鐃歌:即鼓吹樂,爲古之軍樂。　蓋橐命於軒皇:太平御覽卷五六七引陸機鼓吹賦,"軒皇"作"黄軒"。

〔四〕而黄帝内傳云:元女請制角二十四:而,吴本、備要本作"西"誤。黄帝内傳,各本均脱"黄"字。今據明顧起元説略卷一一律支、明彭大翼山堂肆考卷一六三音樂角警夜、清陳元龍格致鏡原卷四七樂器類三角訂補。元女,即玄女。傳説中的天上神女,爲道教所奉之神。曾授黄帝兵法,以制服蚩尤。"玄"作"元"者,疑爲避諱之遺留。

〔五〕而徐儉角賦以爲帝會羣臣所作清角者:徐儉,太平御覽卷三三八引角賦,作"谷儉"。宋陳暘樂書卷一三〇樂圖論胡部八音竹之屬雙角引之,亦作

“谷儉”，文曰：“黄帝會羣臣于泰山，作清角之音，似兩鳳之雙鳴，二龍齊吟，丹蚰繞首，似雄虹帶天。”當以作“谷儉”爲是。谷儉，東晉隱士。清角，即角音，古代五音之一。古人以爲角音清，故稱。

〔六〕以鼖鼓鼓軍事：見周禮地官鼓人。鼖鼓，大鼓。鼖音 fén。吳本、四庫本“鼖鼓”下有注文“大鼓謂之鼖，小者謂之應”，凡十字。

〔七〕通典樂録説者云：通典，各本均作“六典”。彦按：六典未見有此内容。當爲“通典”之誤。通典卷一四一樂一歷代沿革上：“説者云：蚩尤氏帥魑魅與黄帝戰於涿鹿，帝乃命吹角爲龍吟以禦之。其後魏武王北征烏丸，越沙漠，而軍士多思，於是減爲半鳴，而尤更悲矣。”是也。今訂正。　烏丸：即烏桓。古時北方少數民族名。因居於烏桓山（今内蒙古赤峯市阿魯科爾沁旗以北，即大興安嶺山脉南端），故名。　於是減爲中鳴：晉書樂志下同。通典“中鳴”作“半鳴”。

〔八〕故有長鳴、中鳴、吹角三部云：洪本、吳本“吹角”作“次角”，非。陳暘樂書卷一三〇樂圖論胡部八音竹之屬中鳴云：“胡角，本應胡笳之聲，通長鳴、中鳴，凡有三部。”吳本、備要本此下有“楊升菴曰”云云一段文字，另起一行、低一格書。

神荼鬱壘儺

禳架之事，從古而有〔一〕。今人家正旦門設神荼、鬱壘，爲説漫汗〔二〕。按風俗通引黄帝稱，上古有兄弟二人，曰荼、曰鬱律，在度朔山桃下簡百鬼妄滑人者，援葦索執以食虎〔三〕。而漢舊儀乃引山海經云：神荼、鬱壘二神人，主執惡害之鬼，黄帝乃立桃人於門户，畫荼、壘與虎、索以禦鬼〔四〕。其爲説，蓋如此。獨風俗通作鬱律，戰國策又作余與、鬱壘，厥義同也〔五〕。故集韻中，壘音爲律〔六〕。

蓋神荼者，伸舒也；而鬱律者，苑結之謂也〔七〕。周代多以荼爲舒，如公子荼、夏后荼是也〔八〕。西京賦云：“壘鬱律於岩突”，聲鬱屈也〔九〕。沈休文云：“鬱律構丹巘”，形鬱屈也〔一〇〕。而黑深又爲驒驎〔一〕。王充亦云："禮：'刻尊爲雷形，一出一入，爲相校軫之狀。'蓋鬱律者，嵼嶙之類也。相校軫則鳴，分裂魄然若敝裂者，氣射之聲也。鬱律忽發，中人則死〔一二〕。"其引山海經鬱壘，與舊儀同〔一三〕。惟括地圖言二神曰鬱、曰律，則失之矣〔一四〕。且黄帝内傳云"黄帝始儺"，而莊子有游島問於雄黄，逐疫出魅，擊鼓呼噪，與黄帝立巫咸之事，則神荼鬱壘、爆竹之事可知矣〔一五〕。舉世多説，故發之〔一六〕。

【校注】

〔一〕禳架：禳災禁架（猶禁咒）。吳本、四庫本"禳"譌"穰"。

〔二〕正旦：農曆正月初一。　神荼、鬱壘：見後紀五黄帝有熊氏注〔四二〇〕。　漫汗：多而亂貌。

〔三〕見風俗通義祀典桃梗葦茭畫虎，文字不盡同同。　黄帝：中華書局1981年版王利器風俗通義校注本作黄帝書。　鬱律：今本風俗通作"鬱壘"。度朔山：傳説中東海山名。　桃下簡百鬼：今本風俗通作"立桃樹下簡閱百鬼"。　妄滑人者：滑，擾亂。今本風俗通作"無道理，妄爲人禍害"。

〔四〕主執惡害之鬼：吳本"主"譌"王"。　桃人：桃木偶人。

〔五〕戰國策又作余與、鬱靁：吳本、四庫本、備要本"靁"作"壘"。見後紀五黄帝有熊氏注〔四二一〕。

〔六〕見集韻術韻。

〔七〕苑結：鬱結。

〔八〕公子荼：春秋齊景公子。　夏后荼：其人不詳，待考。

〔九〕西京賦云："靁鬱律於岩突"：彦按："靁鬱律"句出自漢揚雄甘泉賦，此謂"西京賦云"，當由誤記。鬱律，聲音回蕩久不散貌。岩突（yào），山中深處。"突"喬本、吳本、四庫本作"突"，洪本、備要本作"突"。彦按：此字當作"突"，蓋形近而譌。文選甘泉賦作"窔"，"突"、"窔"字同。今訂正。　鬱屈：蘊結屈曲貌。

〔一〇〕沈休文：即南朝梁文學家沈約（字休文）。各本"休"均譌"伴"，今訂正。　鬱律構丹巘：見文選沈休文鍾山詩應西陽王教。鬱律，山勢險曲突兀貌。丹巘（yǎn），赤色的峯巒。

〔一一〕黑深又爲黲黮（yù lèi）：吳本、備要本“黑深”作“累涿”，誤。玉篇黑部：“黲，黑皃。”又：“黮，墨色。”

〔一二〕見論衡雷虛篇。路史但撮取其大意，間有與原文相左者。　刻尊爲雷形，一出一入，爲相校軫之狀：尊，古盛酒器。校軫，喬本、洪本、備要本作“校較”，吳本、四庫本但作“較”，皆誤。今據論衡訂正。下“校軫”同。論衡原文引禮曰，作：“刻尊爲雷之形，一出一入，一屈一伸，爲相校軫則鳴。”袁華忠、方家常全譯注云：“引文不見于今傳本周禮、儀禮和禮記，可能是佚文。”又劉盼遂論衡集解：“‘校軫’爲‘絞紾’之借。説文：‘絞，縊也。’禮記雜記疏：‘兩股相交謂之絞。’説文：‘紾，轉也。’是絞、紾二字皆以狀雷之出入屈伸之容也。”　蓋鬱律者，嵍嵑之類也：鬱律，四庫本如此，是，今從之。餘本均作“律鬱”，當屬誤倒。論衡原文作：“校軫之狀，鬱律嵍嵑之類也。”路史引文有所出入。　相校軫則鳴，分裂魄然若敝裂者，氣射之聲也：魄然，形容聲音響亮。魄音 bó。敝裂，破裂。四庫本如此，是，今從之。餘本“敝”譌“敞”。論衡原文作：“氣相校軫分裂，則隆隆之聲，校軫之音也；魄然若裂者，氣射之聲也。”鬱律忽發，中人則死：論衡原文作：“氣射中人，人則死矣。”

〔一三〕論衡訂鬼：“山海經又曰：‘滄海之中，有度朔之山，上有大桃木，其屈蟠三千里，其枝間東北曰鬼門，萬鬼所出入也。上有二神人，一曰神荼，一曰鬱壘，主閲領萬鬼。惡害之鬼，執以葦索，而以食虎。於是黃帝乃作禮以時驅之，立大桃人，門户畫神荼、鬱壘與虎，懸葦索以禦。’”

〔一四〕二神：吳本“二”譌“一”。

〔一五〕參見後紀五黃帝有熊氏“創量侲”羅苹注。　游島：備要本“島”譌“鳥”。

〔一六〕吳本、備要本此下有“按禮緯曰”云云一段文字，另起一行、低一格書。

鸞鷖

山海經云：女牀之山，“有鳥焉，其狀如翟而五彩以文，名曰鸞鳥，見則天下安寧〔一〕。”軒轅之丘，沃旻之國，鳳鳥自歌，鸞鳥自舞〔二〕。元命苞云:“火離爲鸞〔三〕。”運斗樞言:“天樞得,則鸞集〔四〕。”演孔圖謂:官以賢舉,則在野〔五〕。帝軒題象,鸞鳥來儀〔六〕。周公歸政制禮,而鸞復見〔七〕。説文以爲神靈之精,雞形,赤色,五彩,鳴中五音,頌聲作則至〔八〕。而孫氏瑞書謂是赤神之精,鳳皇之佐,狀類翟而五色,鳴中五音,肅肅雝雝,喜則鳴舞;人君行步有容,進退有度,祭祀、宰人咸有敬讓禮節,親踈有序,鍾律調協,則至〔九〕。亦出窟氏之國,標山之所,廣都之野;而南禺之山,乃多鳳皇、鵷雛〔一〇〕。鵷雛,鸞鳥〔一一〕。張華云:鸞者,鳳之亞也,似鳳而白臒,初生類鳳,久復五彩變易〔一二〕。禮斗威儀云:其音如鈴,孿孿然也〔一三〕。周成王時,氐羌獻鸞鳥,於是法駕上綴以大鈴,如鸞之聲也〔一四〕。抱璞子云:“聞樂而舞,至則國安樂。其雌曰和〔一五〕。”而禽經亦謂雌和雄鸞。爾雅注曰“雞趣”,郭氏按:“亦名鷖。”〔一六〕屈原云“馴玉虬而乘鷖”是也〔一七〕。山海經:蛇山有鳥五色,其飛蔽日,名曰鸑〔一八〕。九疑之山,“五彩之鳥,飛蔽一鄉”,蓋即鷖也〔一九〕。

　　昔華陰辛繕連辟不至,鸞集其槐,雞首燕頷,蛇頸魚尾,五色而青多,其高五尺〔二〇〕。光武詔問羣臣,俱以鳳對。太史令蔡衡曰:“凡象鳳者五:五色而赤多者鳳,黃多者鵷鶵,紫多者鸑鷟,青多者鸞,白多者鵠。是鸞也,非鳳也〔二一〕。”於是三公避位〔二二〕。五鳳三年,鸞鳳集長樂木上,文章五色〔二三〕。王阜世公爲重泉令,吏民向化,鸞止學館〔二四〕。阜使授官椽公沙疊爲張雅樂擊磬,鸞乃舉足垂翅,應聲而舞〔二五〕。棲止縣屋,旬餘而去。阜,或作輔〔二六〕。

　　大抵鸞鳳多應仁孝,嘉音聲〔二七〕。而鸞尤識鍾律,鍾律調則和鳴蹈節而舞〔二八〕。謝承書:方儲母死,負土成墳,種黎株,鸞鳥棲上〔二九〕。罽賓王結罝峻祈之山,獲一鸞鳥,甚愛之〔三〇〕。欲其鳴,不能,乃飾以金籠,享以珍羞,而鸞愈戚〔三一〕。三年,王妃乃言:“聞之鸞鳥見類而鳴。”懸其鏡以映之,鸞覩影感契,慨焉悲呃,哀響中霄,一奮而絶〔三二〕。范泰因作鸞鳥詩序，敬叔異苑從而記之，亦可見禽鳥之仁義矣〔三三〕。

【校注】

〔一〕見山海經西山經。　五彩以文：今本山海經作“五采文”。

〔二〕軒轅之丘，沃旻之國，鳳鳥自歌，鸞鳥自舞：彦按：此蓋引山海經海外西經，其文曰：“（軒轅之丘）在軒轅國北。其丘方，四蛇相繞。此諸夭之野，鸞鳥自歌，鳳鳥自舞。”則羅氏所謂沃旻之國，今山海經作“諸夭之野”；而“鳳鳥”與“鸞鳥”亦易位矣。又郝懿行山海經箋疏以爲：經文“此”字乃衍文。當可信從。則“諸夭之野”云云，自成一條，而與其前之軒轅之丘無關。

〔三〕火離爲鸞：各本“爲鸞”均譌“鸞鸞”，今據藝文類聚卷九〇引春秋元命苞訂正。

〔四〕天樞得：天樞，喻指朝廷宰輔。得，行，謂賢能。

〔五〕演孔圖：即春秋演孔圖，或作春秋孔演圖。藝文類聚卷九九、太平御覽卷九一六引春秋孔演圖，並曰：“天子官守以賢舉，則鸞在野。”

〔六〕帝軒題象，鸞鳥來儀：藝文類聚卷九八引尚書中候曰：“帝軒提像，配永修機。麒麟在囿，鸞鳳來儀。”參見後紀五黃帝有熊氏“鳴鶴翱翔，鳳凰蔽日”羅苹注。

〔七〕藝文類聚卷九九引尚書中候曰：“周公歸政於成王，太平制禮鸞鳥見。”

〔八〕見説文鳥部鸞篆説解，原文作：“亦神靈之精也。赤色，五采，雞形，鳴中五音，頌聲作則至。……周成王時，氐羌獻鸞鳥。”

〔九〕孫氏瑞書：指南朝梁孫柔之撰瑞應圖。　赤神之精，鳳皇之佐，狀類翟而五色，鳴中五音，肅肅雝雝，喜則鳴舞；人君行步有容，進退有度，祭祀、宰人咸有敬讓禮節，親疎有序，鍾律調協，則至：太平御覽卷九一六引孫氏瑞應圖，唯無“狀類翟而五色”及“鍾律調協”十字，餘文皆同。鳳皇，四庫本作“鳳凰”。肅肅雝雝，象聲詞。象清幽和悦之鳥鳴聲。宰人，泛指官員。

〔一〇〕亦出窋氏之國，標山之所，廣都之野：出，各本均作“山”。彦按：作“山”費解，且句子缺乏動詞。據形、義推，當是“出”字之譌，今訂正。唐白居易白氏六帖事類集卷二九鸞：“瑞應：‘鸞，……出女牀之山、窋氏之國及軒轅之丘、沃民之域、標山之所、[廣]都之野。'" 而南禺之山,乃多鳳皇、鵷雛:吴本、四庫本"皇"作"凰"。山海經南山經:"又東五百八十里,曰南禺之山,……有鳳皇、鵷雛。"

〔一一〕鵷雛,鸞鳥:吴本、四庫本、備要本並脱"鵷雛"二字。

〔一二〕鸞者,鳳之亞也,似鳳而白鱟,初生類鳳,久復五彩變易:自此"鸞者"而下至"如鸞之聲也",見舊題晋張華禽經注。文字不盡相同。此句今本禽經注作:"鸞者,鳳鳥之亞。始生類鳳,久則五彩變易,故字從'變'省。"似鳳而白鱟,鱟,鳥頸上的毛。亦作"縷"。此句不見於今本禽經注,而藝文類聚卷九九、太平御覽卷九一六則並引抱朴子曰:"崑崙圖曰:鸞鳥似鳳而白縷。"

〔一三〕禮斗威儀云:其音如鈴,鸞鸞然也:今本禽經注作:"禮斗[威]儀曰:天下太平安寧則見。其音如鈴,鸞鸞然也。"

〔一四〕周成王時,氏羌獻鸞鳥,於是法駕上綴以大鈴,如鸞之聲也:法駕,本爲天子車駕之一種。亦泛指天子車駕。大鈴,喬本、洪本、吴本"鈴"譌"鈴",此從四庫本、備要本。也,各本均作"迫"。彦按:作"迫"於義不諧,今據禽經注訂"也"。禽經注文作:"周之文物大備,法車之上綴以大鈴,如鸞之聲也。"

〔一五〕今本抱朴子不見有此,蓋佚文。

〔一六〕爾雅注曰"雞趣",郭氏按:"亦名鷖":此注内容今不可考。而禽經亦曰:"鸞,瑞鳥。一曰雞趣。"

〔一七〕馴玉虬而乘鷖:見楚辭離騷,今文作"馴玉虬以乘鷖兮"。玉虬,虬(傳説中一種無角的龍)之美稱。

〔一八〕見山海經海内經,原文作:"北海之内,有蛇山者,……有五采之鳥,飛蔽一鄉,名曰翳鳥。"文選張衡思玄賦李善注引山海經,作:"蛇山有鳥五色,飛蔽日,名鷖鳥。"蓋羅氏此文間接自李善注引者。

〔一九〕九疑之山,"五彩之鳥,飛蔽一鄉":彦按:此説與上文稱"蛇山有鳥五色,其飛蔽日,名曰鷖"於山海經中實同一條而誤分爲二。主要原因是李善文選注引山海經,改"飛蔽一鄉"爲"飛蔽日"(詳上注),羅氏既誤以爲山海經中有文如此,更見海内經有"飛蔽一鄉"云云之文,乃以爲散見於兩處者,又謬將後者内容歸屬於此前一條"南方蒼梧之丘,蒼梧之淵,其中有九嶷山"下,是以釀成大錯。

〔二○〕昔華陰辛繕連辟不至:自此而下至"於是三公避位",見晉摯虞三輔決録注。又太平寰宇記卷六陝州湖城縣鳳林泉云:"後漢辛繕,字公文,隱居華陰。有大鳥,雞首燕頷,魚尾蛇頸,五色而多青,棲于門之槐上,因名鳳林泉。"

〔二一〕鸑鷟:音 yuè zhuó。

〔二二〕於是三公避位:明彭大翼山堂肆考卷二一一羽蟲鳳棲槐引三輔決録注,作:"三公聞之,咸遜位避繕。"

〔二三〕五鳳三年,鸑鳳集長樂木上,文章五色:五鳳,漢宣帝劉詢年號,公元前57—前54年。長樂,長樂宮,西漢宮殿名。漢書宣帝紀五鳳三年:"三月辛丑,鸑鳳又集長樂宮東闕中樹上,飛下止地,文章五色,留十餘刻。"

〔二四〕王阜世公爲重泉令:自此而下至"旬餘而去",見東觀漢記王阜傳,文字不盡相同。王阜世公,姓王,名阜,字世公。重泉,縣名,治所在今陝西蒲城縣東南。

〔二五〕阜使授官橡公沙疊爲張雅樂擊磬:授官橡公沙疊,此中當有誤,縣令屬官未聞有稱"授官橡"者。文淵閣四庫全書本東觀漢記作"五官掾長沙疊";藝文類聚卷九○、卷九九引東觀漢記,均作"掾汝疊";太平御覽卷二六七引東觀漢記,作"校官掾長涉疊",卷九一六引,又作"掾沙疊"。他書引此,又多不同。姑存疑待考。

〔二六〕阜,或作輔:吳本、四庫本無此四字注文。

〔二七〕嘉:美好。

〔二八〕鍾律調則和鳴蹈節而舞:藝文類聚卷九九、太平御覽卷九一六引抱朴子,俱曰:"崑崙圖曰:鸑鳥……聞樂則蹈節而舞。"

〔二九〕謝承書:指謝承後漢書。謝承,三國吳武陵太守,史學家。"承"吳本作"丞",餘本均作"丞",俱誤。今訂正。　方儲母死,負土成墳,種黎株,鸑鳥棲上:見謝氏後漢書方儲傳。方儲,漢章帝時郎中。黎株,"黎"通"棃"。四庫本作"棃"。藝文類聚卷八八、卷九○、卷九五,太平御覽卷四一一、卷九一六引謝承後漢書,均作"奇樹千株"。

〔三○〕罽賓王結罝峻祈之山:罽賓,漢魏時西域國名。地在今克什米爾。

結罝,布設羅網。四庫本如此,是,今從之。餘本“罝”均譌“置”。峻祈之山,太平御覽卷九一六引范太鸞鳥詩序,文同。藝文類聚卷九○引范泰序,“峻祁”作“峻邞”。

〔三一〕蹙:愁苦不安。

〔三二〕鸞覩影感契,慨焉悲咽:感契,感觸深刻。慨焉,猶慨然。悲咽,悲啼。 哀響中霄:四庫本“響”譌“響”。霄,各本均作“宵”。彦按:太平御覽卷九一六引范太鸞鳥詩序,亦作“哀響中宵”,非是。此不關乎夜間事,“宵”當作“霄”。藝文類聚卷九○引范泰鸞鳥詩序,作“哀響中霄”,明梅鼎祚編宋文紀卷一二載其文,作“哀響沖霄”,又南朝宋劉敬叔異苑卷三記其事,作“悲鳴沖霄”,均作“霄”,是也。今據以訂正。

〔三三〕范泰因作鸞鳥詩序:范泰,南朝宋大臣、學者。范氏鸞鳥詩序見明梅鼎祚編宋文紀卷一二中。 亦可見禽鳥之仁義矣:吳本、備要本此下有“山海經云”云云一段文字,另起一行、低一格書。

拓跋氏十姓

後魏之先爲拓跋氏,至道武都洛陽,乃爲元氏〔一〕。魏法,七分其國,以兄弟分統之〔二〕。沙漠雄爲南部大人,爲拓跋氏〔三〕。生嵩,北平宣王。道武以其宗室之長,改爲長孫氏。至孝文,以獻帝長兄爲紇骨氏,次兄普氏爲周氏,次依樓氏爲婁氏,丘敦氏爲丘氏,俟氏爲萬俟氏,叔父乙旃氏爲叔孫氏,疏屬車輥氏爲車氏,凡十姓,又有八氏〔四〕。按庾信丘乃敦傳云:道武兄弟七人,分爲十姓,丘其一也〔五〕。元氏之所出,書傳最雜。宋、齊二史則以爲降將李陵之後,魏書序紀則以爲后稷、始均之後〔六〕。其説皆非。

據北俗,謂土爲托,后爲跋,拓跋者,以黃帝土王爲言。而宋書乃云:索頭虜,其先李陵降匈奴,單于妻以女,字曰拓跋,因氏焉〔七〕。蓋出崔浩之説〔八〕。當時衆議已相斥不行,或竊以渡江,約遂仍之〔九〕。乃若魏書序紀,則因山海經“始均生北狄”而妄謂爲拓跋之先〔一○〕。又誤以始均爲叔均,而遂以爲稷後〔一一〕。其言始均事堯,則是以爲叔均矣〔一二〕。俱妄也。

又按:党項自有拓跋等氏,蓋其後盛于北土,故唐表謂悃後爲鮮卑君〔一三〕。而通典謂之東胡之別,是殆又以拓跋爲帝嚳、獷越後矣,愈非〔一四〕。

【校注】

〔一〕至道武都洛陽,乃爲元氏:彦按:此説誤。參見後紀五黄帝有熊氏注〔六四一〕。喬本、洪本"陽乃"二字闌入注文,今據餘本移出。

〔二〕魏法,七分其國,以兄弟分統之:自此而下至"凡十姓",大抵撮取自新唐書宰相世系表二上。

〔三〕沙漠雄爲南部大人,爲拓跋氏:沙漠雄,新唐書宰相世系表二上作"沙莫雄"。

〔四〕獻帝:魏孝文帝遠祖。據元和姓纂卷七養韻長孫,後魏獻帝爲拓拔與憐。　次兄普氏爲周氏:新唐書此句之下有"又次兄爲達奚氏"句,路史蓋脱。無此,則不足十姓之數。　依樓氏:新唐書、魏書官氏志均作"依婁氏"。　丘敦氏:各本均作"立敦氏"。彦按:新唐書作"敦丘氏",古今姓氏書辯證卷二七養韻長孫同。而魏書官氏志、廣韻尤韻丘則作"丘敦氏",元和姓纂卷五尤韻邱及邱敦則並作"邱敦氏"。據此,則"立"當"丘"字形譌,今訂正。萬俟氏:新唐書作"万俟氏"。　叔父:新唐書作"叔父之後"。　車輥氏:新唐書、魏書官氏志均作"車焜氏"。

〔五〕丘乃敦傳:丘乃敦,喬本、洪本、四庫本作"季敦",吴本、備要本作"李敦"。彦按:"季"或"李"字,當"丘乃"二字誤連譌變,今訂正。該傳入收清倪璠編庾子山集卷一一,全稱周使持節大將軍廣化郡開國公丘乃敦崇傳。　道武兄弟七人,分爲十姓,丘其一也:今庾子山集所見傳文作:"魏道武皇帝……兄弟十人,分爲十姓。辨風吹律,丘氏即其一焉。"彦按:"兄弟十人","十"疑"七"字之譌。

〔六〕宋、齊二史則以爲降將李陵之後:李陵,見後紀七小昊青陽氏注〔三六〇〕。宋書索虜傳:"索頭虜姓託跋氏,其先漢將李陵後也。陵降匈奴,有數百千種,各立名號,索頭亦其一也。"又南齊書魏虜傳:"隆昌元年,……是歲,(托跋)宏徙都洛陽,改姓元氏。初,匈奴女名托跋,妻李陵,胡俗以母名爲姓,故虜爲李陵之後,虜甚諱之,有言其是陵後者輒見殺,至是乃改姓焉。" 魏書序紀則以爲后稷、始均之後:彦按:據下文云"乃若魏書序紀,……又誤以始均爲叔均,而遂以爲稷後",則此"后稷"指周之先祖棄也。然考魏書序紀,其文云:"昔黄帝有子二十五人,……昌意少子,受封北土,國有大鮮卑山,因以爲號。其後,世爲君長。……黄帝以土德王,北俗謂土爲托,謂后爲跋,故以爲氏。其裔始均,入仕堯世,逐女魃於弱水之北,民賴其勤,帝舜嘉之,命爲田祖。"本未言及后稷也。

〔七〕見上注。

〔八〕蓋出崔浩之説:崔浩,北魏司徒。彦按:北史崔浩傳載:"初,道武詔祕書郎鄧彦海著國記十餘卷,編年次事,體例未成,逮于明元,廢不著述。神䴥二年,詔集諸文人摭録國書。浩及弟覽、高讜、鄧穎、晁繼、范亨、黄輔等共參著作,敘成國書三十卷。著作令史太原閔湛、趙郡郄標素諂事浩,乃請立石,銘載國書,以彰直筆。……遂營於天郊東三里,方百步,用功三百萬乃訖。浩書國事備而不典,而石銘顯在衢路,北人咸悉忿毒,相與構浩於帝。帝大怒,使有司案浩,取祕書郎及長歷生數百人意狀。浩服受賕。真君十一年六月,誅浩。"羅氏蓋疑崔浩主撰國書,以拓跋氏出李陵後,觸犯忌諱而被誅。

〔九〕約遂仍之:約,指沈約。此謂沈約宋書關於託跋氏出李陵後之説,乃因襲崔浩所撰國書。

〔一○〕山海經"始均生北狄":山海經大荒西經云:"黄帝之孫曰始均,始均生北狄。"

〔一一〕又誤以始均爲叔均,而遂以爲稷後:叔均,本書後紀九帝嚳高辛氏云:"(后稷)取姞人,是生㭅璽,……㭅璽生叔均,是代其父及稷播穀,是爲田祖。""後",喬本作"后",吳本作"該",皆非。今據餘本訂正。

〔一二〕則是:吳本"是"譌"以"。

〔一三〕拓跋:吳本"拓"譌"振"。 唐表謂悃後爲鮮卑君:新唐書宰相世系表五下:"黄帝生昌意,昌意少子悃,居北,十一世爲鮮卑君長。"

〔一四〕通典謂之東胡之別:通典卷一九六邊防十二北狄三鮮卑:"鮮卑,亦東胡之支也,別依鮮卑山,因號焉。" 豣越:帝嚳子。四庫本作"厭越",同。吳本"豣"作"骹",乃譌字。參見國名紀三高辛氏後東胡。

鍾鼎 五鍾[一]

鼎者,所以起樂者也[二]。可以正律吕,可以調氣節,可以協風聲,可以和滋味,可以抑虚浮[三]。垂則爲鍾,仰則爲鼎。故爲國之重器。黃帝之鑄一,禹之鑄九,其實一也[四]。若昔黃帝命榮猨鑄十二鍾,以協月箭,以詔英韶,而調政之緩急,分五聲以正五鍾,命其五鍾“一曰青鍾,大音;二曰赤鍾,重心;三曰黃鍾,洗光;四曰景鍾,昧其明;五曰黑鍾,引其常”,則固以起樂調政術也[五]。景當西方,則白也,故陳祥道云[六]:“景,白也。”而康成云:“景,明也[七]。”士昏禮“景”爲明衣,則白可知矣[八]。然五鍾在太晟,景鍾第一,于時即命張康伯爲之序,固以爲“景者,大也”[九]。夫黃鍾者,樂之所自出;而景鍾者,又黃鍾之自出。景鍾者,樂之祖也[一〇]。九寸之律,天之數也,極其數而爲八十一,故景鍾之受,八斛一斗,以應乎天,惟親祀則用之,宮架之中,以爲宮圍[一一]。然則鼎者,非必傳國之具也。

自左氏有楚子問鼎輕重之説,且以爲“武王克商,遷九鼎于洛邑”,太史公因言武王營洛,周公使召公卜居之,安九鼎,至秦昭時周器九鼎入秦,而周遂滅[一二]。周末九鼎没于泗水彭城下,始皇過彭城,禱祠,使千人没水求之,不得[一三]。故國事有武王謀遷九鼎,每鼎用九萬人之説[一四]。洎漢武猶欲省方出鼎[一五]。而歷代每有冶鑄之議,至萬歲通天之元,遂鑄九鼎[一六]。既成,置之明堂之庭,依方列之[一七]。蔡州之鼎,名曰永昌,高一丈有八尺,受一千八百斛[一八]。冀、兗、青、徐、揚、荊、梁、雍八鼎,各有其名,高一丈二尺,受千二百斛[一九]。各寫其州山川物象,爲銅五十六萬七百一十二斤,鍾紹京等分題之[二〇]。終亦無補於亂。

夫天下大器,無可譬也,惟譬之于鼎爾。禹之九鼎,不過圖九州之神姦,使民知避,入川澤而不迷,不逢不若而已〔二一〕。夏有亂政,鼎遷于商〔二二〕。商有亂政,鼎遷于周〔二三〕。武王克商,定鼎郟鄏,卜世卜年,天所命也〔二四〕。而洛誥,周公之作,當時曾不之及,抑亦不知左氏之說〔二五〕。常切不信:夫楚莊者,春秋之賢君,而輔之以孫叔敖,顧非前日之夷蠻頑俗也〔二六〕。如其滅陳,感申叔時之一言而復之;其入鄭也,則又哀鄭伯之自卑而許之平;比其勝晉,乃至不喜而懼,則誦武之詩,曰:"所違民欲猶多,民何安焉?無德而爭諸侯,何以和衆〔二七〕?"夫無德而爭諸侯,且猶不肯,況逼周而取之鼎乎!包茅不入,齊且致伐,而況欲遷周鼎,諸侯能舍之乎〔二八〕?吾固曰:問鼎之事,左氏之罔,無信可也〔二九〕。

隱訣之說,"黃帝火九鼎於荆山〔三〇〕。"說者顧謂黃帝之鼎有九〔三一〕。太清中經又有九鼎丹法,則黃帝之鼎,乃丹釜之名爾,故荆山經、龍首記謂黃帝服神丹〔三二〕。或曰三,或曰九,九即三,三即一〔三三〕。故鼎書曰:"以三爲十五,河圖數也,九鼎之所得焉;以兩爲十五,乾坤數也,十二律之所合焉。"〔三四〕積九鼎之所鍾,引而伸之,九州之所崇也,五運之所建也,十二律之所由生也〔三五〕。是故起樂之具,非傳國之用也〔三六〕。

【校注】

〔一〕五鍾:四庫本無此二字。

〔二〕鼎者,所以起樂者也:起樂,促使音樂興起。羅氏以爲鍾鼎同源,故有此語。

〔三〕風聲:風俗教化。

〔四〕黃帝之鑄一,禹之鑄九,其實一也:吳本"實"作"寔"。子華子卷上陽城胥渠問:"周之九鼎,禹所以圖神姦也。黃帝之鑄一,禹之鑄九,其造爲者同,而所以之適焉者頓異。"彥按:史記則以爲黃帝之鑄者三,封禪書云:"黃帝作寶鼎三,象天、地、人。禹收九牧之金,鑄九鼎。皆嘗亨鬺烹上帝鬼神。"又見諸同書孝武本紀。

〔五〕若昔黃帝命榮猨鑄十二鍾,以協月筩,以詔英韶:榮猨,吳本、四庫本作"榮後"。見後紀五黃帝有熊氏注〔三四一〕。　分五聲以正五鍾,命其五鍾"一曰青鍾,大音;二曰赤鍾,重心;三曰黃鍾,洗光;四曰景鍾,昧其明;五曰黑鍾,引其常":此文出管子五行。今本管子"洗光"作"洒光",同;"引其常"作"隱其常","引"蓋"隱"字音譌。

〔六〕陳祥道:宋哲宗朝太常博士,著有禮書一百五十卷。

〔七〕景,明也:見禮記表記"小雅曰:'高山仰止,景行行止'"注。

〔八〕士昏禮"景"爲明衣:景,古人出門時穿,以禦風塵的罩衣。明衣,古人齋戒期間於沐浴後穿的乾净内衣。彦按:"爲"當作"如"。儀禮士昏禮:"婦乘以几,姆加景。"鄭玄注:"景之制,蓋如明衣。加之以爲行道禦塵,令衣鮮明也。景亦明也。"

〔九〕太晟:即大晟。指宋徽宗崇寧中創立的掌管音樂的官署大晟府。于時即命張康伯爲之序,固以爲"景者,大也":宋吳曾能改齋漫録卷四景鐘云:"徽宗崇寧四年,命鑄景鐘。鐘成,詔翰林張康伯爲之序銘,以爲'景,大也。九九之數兆于此,有萬不同之所宗也'。"

〔一〇〕景鍾者,樂之祖也:各本"景鍾"均作"黃鍾"。彦按:據邐輯義理推,當作"景鍾"。能改齋漫録卷四景鐘引大晟樂書:"蓋黃鐘者,樂之所自出。景鐘者,又黃鐘之本,故景鐘爲樂之祖。"正作"景鐘"。今據以訂正。

〔一一〕九寸之律,天之數也,極其數而爲八十一:九寸之律,指黃鍾之律。天之數,奇數一、三、五、七、九皆稱"天數"。通典卷一四三樂三五聲十二律相生法云:"古之神瞽考律均聲,必先立黃鍾之均。黃鍾之管,以九寸爲法,故用九自乘爲管絃之數。"注云:"九九八十一數。"　故景鍾之受,八斛一斗:宋程大昌演繁露卷六景鍾:"徽宗崇寧四年,鑄景鍾。大晟樂書具載其制曰:景鍾垂則爲鍾,仰則爲鼎。鼎之中,大爲九斛,中聲所極。九數退藏,則八斛有一焉。"　惟親祀則用之:宋李心傳建炎以來朝野雜記乙集卷四大樂局樂色名件:"太常寺大樂局祀天神,祭地祇,享宗廟,應用大樂名件,凡三十四種。……此外,又有景鍾者,天子親祀上帝則用之,非祠官所當用。"　宮架之中,以爲宮圍:宮架,古代宮廷音樂中懸掛鍾磬樂器的支架。宮圍,"宮"當"君"字之譌。元馬端臨文獻通考卷一三四樂考七、宋史樂志三俱云:宋徽宗崇寧三年,鑄景鐘成。"景鐘者,黄鍾之所自出也。……其高九尺,拱以九龍,惟天子親郊乃用之。立於宫架之中,以爲君圍。"是也。

〔一二〕左氏有楚子問鼎輕重之説:見後紀七小昊青陽氏注〔四四七〕。武王克商,遷九鼎于洛邑:見左傳桓公二年,"洛"作"雒"。吴本"九鼎"譌"氏鼎"。　太史公因言武王營洛,周公使召公卜居之,安九鼎:彦按:周公似宜改作成王。史記周本紀:"成王在豐,使召公復營洛邑,如武王之意。周公復卜申視,卒營築,居九鼎焉。"又:"太史公曰:學者皆稱周伐紂,居洛邑,綜其實不然。武王營之,成王使召公卜居,居九鼎焉,而周復都豐、鎬。"　至秦昭時周器九鼎入秦,而周遂滅:史記秦本紀:"(昭襄王)五十二年,周民東亡,其器九鼎入秦。周初亡。"

〔一三〕周末九鼎没于泗水彭城下,始皇過彭城,禱祠,使千人没水求之,不得:周末,各本均作"周志"。彦按:作"周志"誤。其事實出史記。史記封禪書云:"其後百二十歲而秦滅周,周之九鼎入于秦。或曰宋太丘社亡,而鼎没于泗水彭城下。"又,秦始皇本紀云:"始皇還,過彭城,齋戒禱祠,欲出周鼎泗水。使千人没水求之,弗得。"太平御覽卷七五六引史記,綜而合之,作"周末有九鼎徙秦氏"云云,今據以訂作"周末"。

〔一四〕見戰國策東周策。其文曰:"昔周之伐殷,得九鼎。凡一鼎而九萬人輓之,九九八十一萬人,士卒師徒器械被具所以備者稱此。"

〔一五〕蘇軾漢鼎銘序亦曰:"秦始皇、漢武帝,乃始萬方以出鼎。"

〔一六〕至萬歲通天之元,遂鑄九鼎:自此而下至"鍾紹京等分題之",備見諸通典卷四四禮四大享明堂。

〔一七〕通典文作:"初,萬歲通天元年四月,鑄九鼎成,置於明堂之庭,各依四方列焉。"

〔一八〕受一千八百斛:通典"斛"作"石"。彦按:"斛"、"石"詞異義同,皆爲十斗。

〔一九〕冀、兗、青、徐、揚、荆、梁、雍八鼎,各有其名:揚,四庫本如此,是,今從之。餘本均作"楊"。據通典,"冀州鼎名武興,雍州鼎名長安,兗州鼎名日觀,青州鼎名少陽,徐州鼎名東原,揚州鼎名江都,荆州鼎名江陵,梁州鼎名成都。"　高一丈二尺,受千二百斛:通典"二尺"作"四尺","斛"作"石"。

〔二〇〕爲銅五十六萬七百一十二斤：四庫本“一十二斤”作“二十一斤”誤。　鍾紹京：唐書法家，時官司農録事。

〔二一〕禹之九鼎：自此而下至“天所命也”，大抵撮取左傳宣公三年王孫滿對楚子語意。參見後紀十三帝禹夏后氏注〔七九一〕、〔七九六〕。

〔二二〕夏有亂政，鼎遷于商：左傳前半句作“桀有昏德”。

〔二三〕商有亂政，鼎遷于周：左傳前半句作“商紂暴虐”。

〔二四〕武王克商，定鼎郟鄏，卜世卜年，天所命也：左傳作：“成王定鼎于郟鄏，卜世三十，卜年七百，天所命也。”參見後紀十三帝禹夏后氏注〔七九七〕。

〔二五〕洛誥，周公之作：書洛誥序：“召公既相宅，周公往營成周，使來告卜，作洛誥。”　當時曾不之及：吳本“之”作“知”，蓋音譌。

〔二六〕切：通“竊”。　孫叔敖：見後紀八帝顓頊高陽氏注〔四六四〕。

〔二七〕如其滅陳，感申叔時之一言而復之：見國名紀三高陽氏後注〔三七五〕。　其入鄭也，則又哀鄭伯之自卑而許之平：左傳宣公十二年：“春，楚子圍鄭，旬有七日。鄭人卜行成，不吉；卜臨于大宮，且巷出車，吉。國人大臨，守陴者皆哭。楚子退師。鄭人脩城。進復圍之，三月，克之。入自皇門，至于逵路。鄭伯肉袒牽羊以逆，曰：‘孤不天，不能事君，使君懷怒以及敝邑，孤之罪也。敢不唯命是聽？其俘諸江南，以實海濱，亦唯命；其翦以賜諸侯，使臣妾之，亦唯命。若惠顧前好，徼福於厲、宣、桓、武，不泯其社稷，使改事君，夷於九縣，君之惠也，孤之願也，非所敢望也。敢布腹心，君實圖之。’左右曰：‘不可許也，得國無赦。’王曰：‘其君能下人，必能信用其民矣，庸可幾乎！’退三十里而許之平。”　比其勝晉，乃至不喜而懼，則誦武之詩，曰：“所違民欲猶多，民何安焉？無德而爭諸侯，何以和衆”：詳見左傳宣公十二年。

〔二八〕包茅不入，齊且致伐：見發揮四九合諸侯注〔一六〕。

〔二九〕罔：誣，無中生有。

〔三〇〕隱訣：指登真隱訣，梁陶弘景撰。

〔三一〕顧：乃。

〔三二〕太清中經：道經名。作者不詳。　丹釜：煉丹之鼎。太平御覽卷六七一引登真隱訣曰：“昔黃帝火九鼎於荆山，太清中經亦有九鼎丹法，即是丹釜從來咸呼爲鼎。用穀糠燒之，當在名山深僻處，臨水上作竈屋。……先齋戒百日,乃泥作神釜,釜成搗藥,令計至九月九日平旦發火。"

〔三三〕或曰三,或曰九:三,謂三鼎。九,謂九鼎。 九即三,三即一:蓋謂據其數言,則有九鼎;據其象徵天、地、人言,則爲三鼎(參見上注〔四〕);據其功用同爲丹釜而言,則但一鼎。

〔三四〕鼎書:不詳,待考。 以三爲十五,河圖數也,九鼎之所得焉:宋李杞周易詳解卷一四繫辭上傳二云:"戴九履一,左三右七,二四爲肩,六八爲足,而五居其中,縱橫十五,此河圖之數也。"如其言,則河圖之數,猶後世之九宮數圖。凡由"一至九"九個數字組成,蓋所謂"九鼎之所得焉"。而其縱列、橫行各有三個數字,無論從縱列、橫行或對角綫,將其三個數字相加,所得之和都爲十五。此蓋即所謂"以三爲十五"。 以兩爲十五,乾坤數也,十二律之所合焉:易說卦:"昔者聖人之作易也,幽贊於神明而生蓍,參天兩地而倚數。"宋張浚云:"參天,九之也;兩地,六之也。九六之數定,而易道行矣。獨取諸九六立乾坤之數,曰'倚數'。"(見紫巖易傳卷九)又云:"九六爲乾坤之數,而通變不窮。"(見紫巖易傳卷一○讀易雜記)是則乾數九,坤數六,兩數之和爲十五,即所謂"以兩爲十五,乾坤數也"。又乾、坤二卦之策"凡三百有六十,當期之日"(見易繫辭上),而古人又以十二律與十二月相配(見禮記月令),故此稱"十二律之所合焉"。

〔三五〕積九鼎之所鍾:綜合九鼎之核心意義。鍾,聚,集中。 九州之所崇:九州珍重之器物。 五運之所建:歷代王朝氣運興替之結果。建,建立,產生。

〔三六〕吳本、備要本此下有"爾雅云"云云一段文字,另起一行、低一格書。

井田之法

黃帝制井以塞爭端,八家爲井,旁開四道,乃井其中[一]。而牧之邑,——井一爲鄰,鄰三爲朋,朋三爲里,里五爲邑,十邑爲都,十都爲師,十師爲州,——因所利而勸之,是以地著而數詳[二]。

諸葛武侯因黃帝丘井開方有九之制,而爲營陣:大陣包小陣,大營包小營,隔落相連,曲折相對,合而爲一,則天地、風雲、龍虎、鳥蛇各見其形於所居之方,爲之八陣〔三〕。至李衛公,又因武侯出軍斜谷之隘,損八爲六,乃以一爲營法,五爲方、員、曲、直、銳之形:地平而中窪,則爲員;地歷山脚,則爲曲;地正出入,則爲直;前陝後廣,則爲銳〔四〕。故其對太宗曰:“臣按黄帝始立丘井之法,因以制兵。故井分四道,八家處之。其形井字,開方而爲九,五爲陣法,四爲正地,所謂數起於五。而虚其中,大將居之;環其四面,諸部連續:是所謂終於八〔五〕。”則黄帝之法也。

井田之義:居則爲鄰,出則爲伍。墾其地,可以足食;聯其民,可以足兵。辨其疆理,可以習軍禮;治其溝洫,可以修阻固〔六〕。九軍之制,井之夫也;五軍之制,井之方也;四頭八尾,井之圖也;田廬在内,溝洫在外,井之固也;安存同福,危亡同憂,井之義也〔七〕。耒耜服勤,戈戟之象;服牛乘馬,車騎之象;合耦于鋤,用衆之象〔八〕。凡此皆五帝三王之制,寓于夫井之間,使民身服其業,心知其義者也。一有不庭、不虞之戒,猶將不費一財,不擾一民,而惟樂事勸功、尊君親上之人以爲扞禦腹心、殺敵致果之卒〔九〕。政刑修於閑暇,蓄積備於州閭,故得錢穀、甲兵之問不至於廟堂,祭祀、賓客之禮不徹於俎豆,而其效乃至於威加四夷,莫不來享,惟井法也〔一〇〕。後之人能修其政,則雖以區區侯伯一國之師,猶足坐制夷狄,無敢旅拒爲疆埸患,得其道也〔一一〕。

自商鞅開阡陌,張説變彍騎,爲國家者不復知體國經野之爲政,爲州縣者不復以土地人民爲政,事官司者不復以經綸紀綱爲法,其所汲汲,不過率斂百姓、無名之入,以養游惰、不根之輩,以當古人軍旅之任,其弊乃至卒亂於官,民殍于野,而不暇給〔一二〕。於是夷狄盜賊起而乘之,而向之所斂曾不足以給其餉,向之所養曾不足以應于用,于是内外蒿目,而憂甲兵財用之不繼,則復欲率凋瘵之户,調罷困之民裨補之,此之謂"水濟水",名之曰益多〔一三〕。如此而欲上下之洪寧,未之有也〔一四〕。

【校注】

〔一〕黃帝制井以塞爭端:自此而下至"是以地著而數詳",大抵撮取自通典卷三食貨三鄉黨。通典文曰:"昔黃帝始經土設井以塞静端,……使八家爲井,井開四道而分八宅,鑿井於中。"

〔二〕而牧之邑:牧,治,管理。喬本、備要本作"收",洪本、吳本、四庫本作"牧",俱誤。今據通典訂正。　是以地著而數詳:地著,謂居地固定。通典作:"夫始分之於井則地著,計之於州則數詳。"

〔三〕黃帝丘井開方有九之制:丘井,猶井邑。開方,分割成方塊。　大陣包小陣,大營包小營,隅落相連,曲折相對:見唐太宗李衛公問對卷中,"相連"作"鈎連"。隅落:角落。

〔四〕五爲方、員、曲、直、鋭之形:員,"圓"之古字。吳本、四庫本、備要本作"圓"。下"則爲員"之"員"同。

〔五〕見唐太宗李衛公問對卷上,文字略有異同。　五爲陳法,四爲正地:五,指"井"字形方塊中之正前、正後、正左、正右及中間方塊。四,指四隅之方塊。正地,李衛公問對作"閑地",作"正"蓋譌字。

〔六〕辨其疆理,可以習軍禮:疆理,疆域。習,熟悉。軍禮,泛指軍務。阻固:險要而堅固的防禦工事。

〔七〕井之方也:謂取法於"井"字形方塊中之正前、正後、正左、正右及中間五方塊。　四頭八尾,井之圖也:八陣圖取法於"井"字形方塊之圖象,以四正四隅方位爲八陣。有所謂"四頭八尾,觸處爲首;敵衝其中,兩頭皆救"之説法。"觸處爲首"之"首"即頭,"兩頭皆救"之"兩頭"即兩尾。是頭有一而尾有二,八陣可有八尾而但有四頭。

〔八〕服勤:勤勞從事。　合耦于鋤:語出周禮地官里宰,原文"鋤"作"耡",作"鋤"乃借字。鄭玄注:"(合耦,)此言兩人相助,耦而耕也。……耡者,里宰治處也,若今街彈之室。於此合耦,使相佐助,因放而爲名。""耦"字,喬本、洪本、吳本、備要本均譌作"偶",此從四庫本。

〔九〕戒:通"屆",至。謂事情發生。　腹心:洪本"腹"譌"服"。　致果:

奉獻果敢精神。典出左傳宣公二年:"殺敵爲果,致果爲毅。"

〔一〇〕州閭:州和閭皆古代地方基層行政單位,此用於泛稱地方基層。錢穀、甲兵之問:問,通"聞"。吳本、備要本譌"閭"。

〔一一〕夷狄:四庫本作"敵國",乃館臣因諱所改。下"夷狄"同。　疆場:喬本"場"譌"塲"。今據餘本訂正。

〔一二〕商鞅開阡陌:太平御覽卷一九五引史記曰:"商鞅相秦孝公,壞井田,開阡陌。"　張説變彍騎:彍騎,唐代宿衛兵名。彍(guō),喬本、洪本作"廣",誤。今據餘本訂正。文獻通考卷一五一兵考三:"自(唐)高宗、武后時,天下久不用兵,府兵之法寖壞,番役更代多不以時,衛士稍稍亡匿,至是益耗散,宿衛不能給。宰相張説乃請一切募士宿衛。十一年,取京兆、蒲、同、岐、華府兵及白丁,而益以潞州長從兵,共十二萬,號'長從宿衛',歲一番。……明年更號曰'彍騎'。"　事官司者:官司,官府。　率斂:搜刮聚斂。　無名之入:不具有正當名義之收入。　游惰:游蕩懶惰。　不根:行蹤無定。　以當古人軍旅之任:當,承擔。　卒亂於官,民殍于野:亂,干擾。殍(piǎo),餓死。　不暇給:顧不過來。

〔一三〕蒿目:愁視貌。典出莊子駢拇:"今世之仁人,蒿目而憂世之患。"陳鼓應今注今譯引宣穎説:"愁視則睫毛蒙茸如蒿。"　凋瘵(zhài):困窮,疲乏。　罷困:疲困。"罷"通"疲"。　此之謂"水濟水",名之曰益多:濟,救,治。莊子人間世:"是以火救火,以水救水,名之曰益多。"　洪寧:大安。

〔一四〕未之有也:吳本、備要本此下有"中郎區博諫莽曰"云云一段文字,另起一行、低一格書。

路史卷四十一

餘論四

渚爲陵〔一〕

地有興廢,各因其時。按休子言少昊生於稚華之渚,其渚一旦化而爲山〔二〕。凡物有數,有關軸轉動、雌雄相就,皆興廢之由也〔三〕。後世亦有子生而門出渚洲者。

昔襄陽以下二千里無洲渚,臨沔張興世之生,一旦門前忽生洲嶼;年歲增長,及爲雍伯,洲遂至十餘頃〔四〕。三十國春秋:殷仲堪葬流棺,門前洲忽成峯,夢徐彦伯達云“君將爲州”,已而果然〔五〕。

江陵九十九洲,古傳滿百則應天子,桓玄破其一以應之,隨即漂散。及太清末,忽一洲自立,明年文帝即位;元兇之禍,此洲還没〔六〕。洎高繼沖時,李景威復告云:“舊傳江陵諸處九十九洲,滿百則王者興,自武信王之初,江心深浪中忽生一洲,昨此洲忽漂没,若可憂也〔七〕。”繼沖遂以納款〔八〕。伊闕大溪,每僚佐有入臺,則小灘泛出,世謂之御史灘〔九〕。牛僧孺爲尉而灘出,堂吏謂曰:是分司爾,若以西臺,當有溪勑雙至〔一○〕。牛視頃間,俄溪勑雙下,不旬浹,果西臺〔一一〕。方泰始中,益州市橋忽出小洲,道士邵碩謂“當有貴王臨州”,厥後齊始興鑑刺益、督二州,加鼓吹〔一二〕。凡此類固不少矣。

夫地固有沈没波潭若隱土中者,謂之伏龍,以見時發,不得爲不信〔一三〕。

【校注】

〔一〕四庫本此下有注文"少昊紀"三字。

〔二〕參見後紀七小吴青陽氏"既生,其渚爲陵"羅苹注。

〔三〕數:指自然規律。　關軸:見後紀七小吴青陽氏注〔三三〕。　雌雄:猶陰陽。　相就:謂相互影響,相互作用。

〔四〕張興世:南朝宋雍州刺史。宋書張興世傳:"興世居臨沔水。沔水自襄陽以下至于九江二千里中,先無洲嶼。興世初生,當其門前水中,一旦忽生洲,年年漸大,及至興世爲方伯,而洲上遂十餘頃。"

〔五〕三十國春秋:南朝梁蕭方等撰。原書已佚,傳世僅有輯本。　殷仲堪:東晉荆州刺史。　徐彦伯達:異苑、晉書載其事,均作徐伯玄。　君將爲州:四庫本如此,是,今從之。餘本"州"譌"洲"。異苑卷七:"商仲堪在丹徒,夢一人曰:'君有濟物之心,豈能移我在高燥處,則恩及枯骨矣。'明日,果有一棺逐水流下,仲堪取而葬之於高岡,酹以酒食。其夕,夢見其人來拜謝。一云仲堪遊於江濱,見流棺,接而葬焉。旬日間,門前之溝忽起爲岸,其夕,有人通仲堪,自稱徐伯玄。云:'感君之惠,無以報也。'仲堪因問:'門前之岸,是何祥乎?'對曰:'水中有岸,其名爲洲,君將爲州。'言終而没。"晉書殷仲堪傳所載與"一云"同,又云:"至是,果臨荆州。"

〔六〕太清:吴本、四庫本作"太青"。彦按:"太青"非年號,太清則爲南朝梁武帝蕭衍年號(公元 547—549 年),皆非也。下所述"明年文帝即位"之文帝,爲宋文帝,若説年號,則此前當爲"景平"(宋少帝劉義符年號,公元 423—424 年)。今路史作"太清"者,乃誤以梁簡文帝當之矣。至其致誤之因,則蓋混同南史所載宋文帝時"一洲自立"與梁太清末"枝江楊之閣浦復生一洲"二事(詳下)爲一也。　文帝:指宋文帝劉義隆,公元 424—453 年在位。　元兇:即南朝宋文帝長子劉劭。劭爲皇太子,而與女巫嚴道育共爲巫蠱,埋文帝玉像於殿前,事泄懼帝罪廢,乃殺帝自立,未幾爲武陵王劉駿(孝武帝)所殺。史稱劭爲"元凶"。吴本"兇"作"兂",蓋譌;四庫本作"凶",通。南史梁本紀下元帝繹:"江陵先有九十九洲,古老相承云:'洲滿百,當出天子。'桓玄之爲荆州刺史,内懷篡逆之心,乃遣鑿破一洲,以應百數。隨而崩散,竟無所成。宋文帝爲宜都王,在藩,一洲自立,俄而文帝篡統。後遇元凶之禍,此洲還没。太清末,枝江楊之閤浦復生一洲,羣公上疏稱慶,明年而帝即位。"又太平御覽卷六九引盛弘之荆州記曰:"枝江縣西至上明,東及江津,其中有九十九洲。楚諺曰:洲不滿百,故不出王者。桓玄有問鼎之志,乃增一爲兩,以充百數,僣號旬時,身屠宗滅。及其傾覆,洲亦消毁。至宋文帝在藩,忽生一洲,果龍飛江表。斯有驗矣。"

〔七〕洎高繼沖時:自此而下至"繼沖遂以納款",見説郛弓六〇劉昱九國志洲生忽没。洎,四庫本譌"泊"。高繼沖:五代荆南國君,公元962—963年在位。　李景威:荆南國兵馬副使。　武信王:即高繼沖曾祖、荆南開國君主高季興(後唐贈謚武信)。

〔八〕納款:歸順。此謂歸順宋廷。

〔九〕伊闕:縣名,治所在今河南伊川縣平等鄉。　每僚佐有入臺:吳本、備要本"有"作"在"誤。臺,古代稱中央政府的官署,常指御史臺。

〔一〇〕堂吏謂曰:是分司爾,若以西臺,當有溪勅雙至:堂吏,唐宋時中書省的辦事吏員。謂,四庫本如此,於義爲長,今姑從之。餘本均作"諉"。分司,唐人稱中央官員之在陪都洛陽任職者。西臺,唐人稱御史而在長安任職者。溪勅,唐康騈劇談録載其事,作"鸂鶒"(音 xī chì。水鳥名。俗稱紫鴛鴦)。

〔一一〕旬浹:滿十天。劇談録卷上御史灘:"河南府伊闕縣,前臨大溪,每僚佐有入臺者,即水中先有小灘漲出,石礫金沙,澄澈可愛。牛相國爲縣尉,一旦忽報灘出,翌日,宰邑者與同僚列筵於亭上觀之。因召耆宿備詢其事。有老吏云:'此必分司御史,非西臺之命。若是西臺,灘上當有鸂鶒雙立。前後居人以此爲則。'相國潛揣,縣僚無出於己,因舉杯祝曰:'既能有灘,何惜鸂鶒?'宴未終,俄有一雙飛下。不旬日,拜西臺監察御史。"

〔一二〕方泰始中,益州市橋忽出小洲,道士邵碩謂"當有貴王臨州",厥後齊始興鑑刺益、督二州,加鼓吹:泰始,南朝宋明帝劉彧年號,公元465—471年。臨州,四庫本如此,是,今從之。餘本"州"作"洲"。齊始興鑑,南齊始興簡王蕭鑑。鼓吹,指演奏樂曲的樂隊。南史齊高帝諸子傳下始興簡王鑑:"宋泰始中,益州市橋忽生小洲,道士邵碩見之,曰:'當有貴王臨州。'……永明二年,武帝不復用諸將爲益州,始以鑑爲益州刺史、督益寧二州軍事,加鼓吹一部。”

〔一三〕波潭:池塘湖泊,“波”通“陂”。

五祀

五祀,門、户、中霤、井、竈〔一〕。見於儀禮〔二〕。自天子至士,無隆殺。司服、曲禮、禮運、禮器,天子、諸侯、大夫同之,惟五者家國之所皆有,誰能去之〔三〕?自黄帝立五祀,歷代守之,無敢或廢。

世本言“湯五祀”,故曲禮謂天子五祀,歲徧,康成以爲商制〔四〕。漢志:一户,二霤,三竈,四門,五井〔五〕。白虎通義、范曄、高堂隆、劉昭之説皆然。後漢、魏、晉亦皆從之。湯五祀,户、井、竈、中霤、行;有行無門〔六〕。而月令書乃有行而無井,康成放之,以故隋唐以行代井〔七〕。開元禮,祀户、司命以春,竈以夏,門、厲以秋,行以冬,霤以季夏〔八〕。迨林甫詔修月令,始復井而紬行,蓋以行神軼於始行,非冬祀也〔九〕。必欲祠行,則湯之法去門爲允,惟户即兼門,而井非家國可得廢者。

若天子之七祀,乃有泰厲、司命。宫正、舞師七祀,自與五祀不相統也〔一〇〕。且以五祀、四祀至三祀、二祀、一祀,其説尤乖〔一一〕。祭法:諸侯五祀,乃存厲、命而去户、竈;大夫三祀,族厲、門、行;適士二祀,門、行;庶士、庶人一祀,或户或竈〔一二〕。是則家無井、竈,而士庶無門、井矣,果合已乎〔一三〕?鄭於祭法大夫與王有别,故以周禮解之;至於王制大夫五祀,乃又以爲有采地者,無地則祭三;而遽以曲禮爲商禮,祭法爲周制〔一四〕。其不達乃如此。

祭法:“王爲羣姓立七祀”,又“自爲立七祀”。是二“七祀”矣。夫王不過爲羣姓祀;爲羣姓祀,即自爲矣,烏有二哉?記“爲羣姓立社”,又“自爲立社”,故説以爲天子、諸侯皆有私社以爲私禱,其有是乎〔一五〕?

　　乃若宗伯三祀——禋祀、實柴、槱燎,則祀天神之三禮;酒正之三祀,大祀——天、地、宗廟,中祀——日月星辰、社稷、五祀,小祀——司中、司命、山川、風雨〔一六〕。如宗伯小祀之五祀,康成以爲五行之氣,司農以爲五色之帝〔一七〕。一云礿、祠、烝、嘗、祫〔一八〕。或曰:展禽之説禘、郊、祖、宗、報之五祭,五行之氣,迎於四郊,而祭五德之帝〔一九〕。故禮含文嘉云:"南郊、北郊、西郊、東郊、中郊,兆,正謀也〔二〇〕。"注言:東郊去都城八里,南郊九里,西郊七里,北郊六里,中郊西南去城五里〔二一〕。兆者,作兆域也〔二二〕。謀者,齋戒謀慮其事也〔二三〕。王制:"天子祭天地,諸侯祭社稷,大夫祭五祀。"而外傳楚語謂天子徧羣神品物,諸侯祭天地、三辰、其土山川,大夫祀其先禮——言五祀及所自出,士庶不過其祖〔二四〕。諸侯何得及天地、三辰哉? 此又外傳之妄。

【校注】

　　〔一〕參見前紀九無懷氏注〔六〇〕。

　　〔二〕儀禮既夕禮:"乃行禱于五祀。"

　　〔三〕司服:周禮春官篇目。　曲禮、禮運、禮器:皆禮記篇名。彦按:禮器本文未見"五祀",唯鄭玄注及之。路史此處"禮器"二字,實不當有。

　　〔四〕曲禮謂天子五祀,歲徧,康成以爲商制:禮記曲禮下:"天子祭天地,祭四方,祭山川,祭五祀,歲徧。"鄭玄注:"五祀,户、竈、中霤、門、行也。此蓋殷時制也。"

　　〔五〕見漢書郊祀志上,原文爲:"大夫祭門、户、井、竈、中霤五祀。"

　　〔六〕湯五祀,户、井、竈、中霤、行:行,行神,即路神。宋高承事物紀原卷二禮祭郊祀部九五祀引世本曰:"商湯作五祀,户、井、竈、中霤、行。至周而七,曰:門、行、厲、户、竈、司命、中霤也。"

　　〔七〕而月令書乃有行而無井,康成放之:放,依也(見廣雅釋詁四)。四庫本作"倣"。彦按:禮記月令孟冬之月:"天子乃祈來年于天宗,……臘先祖、五祀。"鄭玄注:"五祀,門、户、中霤、竈、行也。"實則月令未出"五祀"細目,而康成特爲之解,今路史乃稱"月令書乃有行而無井,康成放之",與事實全不相符。

〔八〕司命:宫中小神。　　厲:泰厲,古帝王無後之鬼。

〔九〕林甫:即唐玄宗朝宰相李林甫。　　蓋以行神較於始行:蓋以,吴本、四庫本作"以神"誤。

〔一○〕宫正、舞師七祀:宫正,周禮天官篇目。舞師,周禮地官篇目。彦按:今查宫正、舞師二篇,均不見言"七祀"。唯前一篇之鄭玄注、後一篇之賈公彦疏及之。

〔一一〕四祀:各本均無"祀"字。彦按:據文當有"祀"字。蓋脱,今訂補。

〔一二〕乃存厲、命:存,吴本、四庫本作"在"誤。命,指司命。　　族厲:稱古大夫死而無後者。孔穎達禮記疏:"族,衆也。大夫衆多,其鬼無後者衆,故言族厲。"　　適士:上士。多由大宗世嫡擔任,故稱。適,通"嫡"。洪本譌"適"。

〔一三〕家:指諸侯及大夫。

〔一四〕鄭於祭法大夫與王有别,故以周禮解之:詳見下。　　至於王制大夫五祀,乃又以爲有采地者,無地則祭三:禮記王制"大夫祭五祀"鄭玄注:"五祀,謂司命也,中雷也,門也,行也,厲也。此祭謂大夫有地者,其無地祭三耳。"

而遽以曲禮爲商禮,祭法爲周制:禮記曲禮下:"天子祭天地,祭四方,祭山川,祭五祀,歲徧。諸侯方祀,祭山川,祭五祀,歲徧。大夫祭五祀,歲徧。"鄭玄注:"五祀,户、竈、中雷、門、行也。此蓋殷時制也。祭法曰天子立七祀,諸侯立五祀,大夫立三祀,士立二祀,謂周制也。"

〔一五〕記:"爲羣姓立社",又"自爲立社":禮記祭法:"王爲羣姓立社,曰大社。王自爲立社,曰王社。"

〔一六〕宗伯三祀——禋祀、實柴、槱燎:禋,吴本譌"裡"。槱,音 yǒu。周禮春官大宗伯:"以禋祀祀昊天上帝,以實柴祀日月星辰,以槱燎祀司中、司命、飌師、雨師。"鄭玄注:"禋之言煙。周人尚臭,煙,氣之臭聞者。槱,積也。……三祀皆積柴實牲體焉,或有玉帛,燔燎而升煙,所以報陽也。"　　酒正之三祀,大祀——天、地、宗廟,中祀——日月星辰、社稷、五祀,小祀——司中、司命、山川、風雨:酒正,周禮天官篇目。彦按:"周正"當作"肆師",蓋羅氏誤記。中祀,周禮作"次祀"。周禮春官肆師:"肆師之職,掌立國祀之禮,以佐大宗伯。立大祀,用玉帛牲牷;立次祀,用牲幣;立小祀,用牲。"鄭玄注:"鄭司農云：‘大祀，天地。次祀，日月星辰。小祀，司命已下。’玄謂大祀又有宗廟，次祀又有社稷、五祀、五嶽，小祀又有司中、風師、雨師、山川、百物。”

〔一七〕如宗伯小祀之五祀，康成以爲五行之氣，司農以爲五色之帝：彦按：“小祀”二字疑衍。五色之帝，指青帝、赤帝、黄帝、白帝、黑帝五天帝。周禮春官大宗伯“以血祭祭社稷、五祀、五嶽”鄭玄注引鄭司農云：“五祀，五色之帝，於王者宫中，曰五祀。”又云：“玄謂此五祀者，五官之神在四郊。四時迎五行之氣於四郊，而祭五德之帝，亦食此神焉。”

〔一八〕礿：喬本、洪本作“初”誤。此從餘本。

〔一九〕展禽之説禘、郊、祖、宗、報之五祭：國語魯語上載展禽語：“夫聖王之制祀也，法施於民則祀之，以死勤事則祀之，以勞定國則祀之，能禦大災則祀之，能扞大患則祀之。……故有虞氏禘黄帝而祖顓頊，郊堯而宗舜；夏后氏禘黄帝而祖顓頊，郊鯀而宗禹；商人禘舜而祖契，郊冥而宗湯；周人禘嚳而郊稷，祖文王而宗武王。幕，能帥顓頊者也，有虞氏報焉；杼，能帥禹者也，夏后氏報焉；上甲微，能帥契者也，商人報焉；高圉、大王，能帥稷者也，周人報焉。凡禘、郊、祖、宗、報，此五者，國之典祀也。”韋昭注：“祭昊天於圓丘曰禘，祭五帝於明堂曰祖、宗，祭上帝於南郊曰郊。”又云：“報，報德之祭也。”　五行之氣，迎於四郊，而祭五德之帝：五德之帝，即：蒼帝靈威仰，赤帝赤熛怒，黄帝含樞紐，白帝白招拒，黑帝汁光紀。參見上注〔一七〕。

〔二〇〕太平御覽卷五二七引禮含文嘉，作：“五祀，——南郊、北郊、西郊、東郊、中郊，兆，正謀。”

〔二一〕西郊七里：太平御覽無此句，蓋脱文。　北郊：吴本“北”譌“止”。

〔二二〕作兆域也：太平御覽作“作封畔兆域也”。

〔二三〕齋戒謀慮其事也：太平御覽作“方欲迎氣，齋戒自端正，謀慮其事也”。

〔二四〕而外傳楚語謂天子徧羣神品物，諸侯祭天地、三辰、其土山川，大夫祀其先禮——言五祀及所自出，士庶不過其祖：見國語楚語下，原文作：“天子徧祀羣神品物，諸侯祀天地、三辰及其土之山川，卿、大夫祀其禮，士、庶人不過其祖。”韋昭注：“品物，謂若八蜡所祭猫虎昆蟲之類。……禮，謂五祀及祖所自出。”

解廌_{獬豸}

解廌,神羊也^{〔一〕}。王充論衡云:皋陶之時,有解廌者,如羊而一角,青色,四足,性知曲直,識有罪,能觸不直^{〔二〕}。皋陶跪事之,治獄罪疑者,令羊觸之,故天下無冤^{〔三〕}。許説文云,如牛^{〔四〕}。一名任法^{〔五〕}。古者決獄,命之以觸不直。黄帝時有遺者,帝曰:"何食? 何處?"曰:"食薦。夏處水澤,冬處松柏^{〔六〕}。"故因名薦。薦字象獸有尾、角及四足^{〔七〕}。蘇氏演義亦云:毛青,四足,似熊,性忠直,見鬭則觸不直,聞論則咋不正^{〔八〕}。古之神人,以獻聖帝^{〔九〕}。而神異經乃云獬廌性忠,見邪則觸之,困則未止;東北荒之獸,故立獄皆東北,依所在也^{〔一○〕}。田俅子云:堯時有獬廌,緝其皮毛爲帳^{〔一一〕}。後書志云:北荒中獸,一角,性烈,知曲直,見人鬭,觸不直、咋不正者。古説神羊,能觸邪,故晉志法冠一名柱後,解廌冠也^{〔一二〕}。

斯亦繆説。竊據解廌,蓋羊爾。羊性自知曲直。昔齊莊公之臣王國卑與東里檄訟,三年而不斷,乃令二人共一羊,盟齊之社^{〔一三〕}。二子相從刉羊,以血灑社^{〔一四〕}。讀王國之辭已竟;東里辭未半,羊起觸之。齊人以爲有神。則其性也。字一作獬豸。豸、廌並楚買切^{〔一五〕}。大抵羊行多倒行而逆;豸,虫豸,亦然^{〔一六〕}。或音雉,非。王充、許氏之言,吾不謂然^{〔一七〕}。

【校注】

〔一〕解廌(xiè zhì):廌,即"廌",同"廌"。

〔二〕皋陶之時,有解廌者:此下見論衡是應篇,文字不盡相同。解廌,論衡作"觟𧣾",同。

〔三〕皋陶跪事之:黄暉論衡校釋"跪事之"作"起坐事之",校釋曰:"白帖、稽瑞、御覽八九○、又六四三、合璧事類、路史引'起'並作'跪'。按:'跪'、'起'於義一也。蓋一本作'跪'。……古人坐則屈膝著席,形與跪似,惟跪則前聳其體，坐則下其臀，由坐而起，必先舉體，舉體則先跪矣，故跪、啓、起義同。"彥按：黃氏説是。坐爲古人席地常姿，跪則以示莊敬。　故天下無冤：今本論衡未見此語。

〔四〕許説文云，如牛：説文廌部："廌，解廌，獸也。似山牛，一角。"段玉裁注本删去"山"字，云："各本皆作'似山牛'，今删正。玉篇、廣韻及太平御覽所引皆無'山'也。"

〔五〕一名任法：見舊題漢東方朔神異經。詳下注〔八〕。

〔六〕説文廌部："薦，獸之所食艸。从廌，从艸。古者神人以廌遺黄帝，帝曰：'何食？何處？'曰：'食薦。夏處水澤，冬處松柏。'"

〔七〕唐蘇鶚蘇氏演義卷上："篆文𢊁，象獸有角、尾、四足之形。"

〔八〕毛青，四足，似熊，性忠直，見鬥則觸不直，聞論則咋不正：論，謂争辯。咋(zé)，咬。傳本蘇氏演義未見有此，或爲佚文。又太平御覽卷四九六引神異經，内容大同，文曰："東北荒中有獸焉，其狀如羊，一角，毛青，四足，似熊。性忠而直，見人鬥則觸不直，聞人論咋不正。名曰獬豸，一名任法。"同書卷八九〇所載略同。

〔九〕古之神人，以獻聖帝：今本蘇氏演義文作："古之神人有獬豸，獻聖帝。"

〔一〇〕獬廌性忠：四庫本"忠"作"忠直"。　困則未止：則，猶"而"。東北荒之獸，故立獄皆東北，依所在也：各本"東北荒"均作"東荒"，"皆"均作"階"，乃由脱、譌，今並訂正。唐白居易白氏六帖事類集卷二九鳥獸解廌引神異經："解廌性忠，而邪則觸之，困則未止。故立獄皆東北，依所在也，東北荒之獸也。"

〔一一〕田俅子：各本"俅"均譌"求"，今訂正。　堯時有獬廌，緝其皮毛爲帳：白氏六帖事類集卷二九鳥獸解廌引田俅子，作："堯時有解廌，緝其毛爲帝帳。"

〔一二〕晉書輿服志："法冠，一名柱後，或謂之獬豸冠。高五寸，以縱爲展筒。鐵爲柱卷，取其不曲撓也。侍御史、廷尉正監平，凡執法官皆服之。或謂獬豸神羊，能觸邪佞。異物志云：'北荒之中，有獸名獬豸，一角，性别曲直。見人鬥，觸不直者。聞人争，咋不正者。楚王嘗獲此獸，因象其形以制衣冠。'"

〔一三〕昔齊莊公之臣王國卑與束里檄訟，三年而不斷，乃令二人共一羊，盟齊之社：自此而下至“齊人以爲有神”，見墨子明鬼下，此但撮其大意。齊莊公，太平御覽卷九〇二引墨子同，今本墨子作“齊莊君”。王國卑，太平御覽同，今本墨子作“王里國”。束里檄，太平御覽作“中里檄”，今本墨子作“中里徼”。社，吳本譌“祉”。

〔一四〕刲（kuī）：刺。吳本譌“封”。

〔一五〕豸、㢟並楚買切：此説不知何據。楚買切，今音宜爲 chuǎ。

〔一六〕倒行而逆：謂倔强執拗，而不順從。

〔一七〕吳本此下有“按山海經”云云一段文字，另起一行、低一格書。

好學而後釋者不能惑<small>荷蓧正今之佛者</small>

惻隱之心，人皆有之；聖人者，因惻隱之心，充而大之，造倫類之極，而其道曰仁[一]。羞惡之心，人皆有之；聖人者，因羞惡之心，充而大之，造倫類之極，而其道曰義。人皆有辭讓之心，聖人因辭讓之心，充而造之，而其道曰禮。人皆有是非之心，聖人因是非之心，充而造之，而其道曰智。是皆本之身，出之性，而皆人之所可能者。聖人者，惟能充之，不有以害之爾。故能充其惻隱之心，而無害其惻隱，則無往而不爲仁。能充其羞惡之心，而無害其羞惡，則無往而不爲義。辭讓之心充而無害，則無往而不爲禮。是非之心充而無害，則無往而不爲智。兹非甚難能也，而人不之爲者，失於不能充，而有以害之也。

孟子曰：“人能充無欲害人之心，而仁不可勝用矣；能充無穿窬之心，而義不可勝用矣[二]。”孺子入井而人不忍，以其無欲害人也[三]。苟能廣無欲害人之心而充之，則殺一不辜而得天下，真不爲矣[四]。穿窬得財，而人不爲，以爲之非義也。苟能廣非義不爲之心而充之，則行一不義而得天下，亦真不爲矣。惟其不能充，是故必穿窬，必害人，以至傾險賊殺而莫之止[五]。

火之始然，一爝之寡[六]；及其充之，可燎原野。泉之始達，一勺之多；及其充之，可成江河。大可以保天下，而或不足以保父母；遠足以保四海，而或不足以保妻子：豈有他哉，安危治亂，特在充不充而已。今夫執非有、滯頑空，肩摩背脇，而不知所爲充也多矣[七]。嘗試語來：

晨門、荷蓧，此正今之所謂釋者流也[八]。方子路之從夫子而後也，遇丈人之荷蓧者，而問之："見夫子乎否？"夫子路之問之也，固非真索吾夫子也。識其素隱，而託其辭以問，如亦能知有吾夫子之道乎否也[九]。丈人者，固亦察夫子路之問非索夫子，故亦設之辭以應，而植其杖以芸焉[一○]。若人者，固若漠然無人之情，而不攖夫世者[一一]。子路識之，抑將以敬而動之，於是爲之拱而不去。而丈人者，果爲子路一拱所動，於是遽止子路宿，至於殺雞爲黍以飼，而且見其子焉[一二]。夫以一敬而動其心，則非絕無人情者也。止宿、具雞黍，則非絕無友愛者也。見其二子，則是父子、夫婦、君臣、上下、長幼之節皆森然具在，咸不得而廢矣[一三]。父子、夫婦、君臣、上下、長幼之節既不可廢，則是生于世者，顧得不攖夫世而絕人之情乎？此子路所以前告夫子，而夫子遽使反見之。夫夫子蓋亦見其所謂人之情者具在而未嘗蔑，故將使子路還告之以長幼之節與夫君子之所以仕者。且"不仕無義，可也；長幼之節，如之何其廢之？欲潔其身，而亂大倫。君子之仕也，行其義也。道之不行也，我知之矣"，此夫子使子路反告之之辭也[一四]。而儒氓方領曾不之知，乃更章分而絕之前，離別其説，使聖人之意果泯而不復見，豈不悲乎[一五]？

嗟夫！豚子猶食其死母乳，鵠蒼且猶其死子懷，父母之心，物皆有之，何至員首方足，卑陬克忍，每絕人之情哉[一六]！仁義禮智，人之所以爲人，而神之所以爲神者也。今而曰"吾以觀空，而不俟於仁義禮智”〔一七〕。不俟於仁義禮智，而方且資小慧以爲智，摩頂放踵以爲仁，往來問勞、進旅退旅以爲之義，擎跽跼拳、朝參莫拜以爲之禮，是則仁與義、禮與智，卒不可得而廢也〔一八〕。仁義禮智卒不可廢，而方且遺其父母，棄其君臣，絶其妻子，賊其支體，張張然以從事于外，豈其不知愛哉〔一九〕？特放於利而不知其類，不能充爾〔二〇〕。極於不能充，猶失其類，而況不知其要者乎！

　　極於能充，舜、堯是矣。極於不能充，桀、跖是矣。充而不得其要，釋者是矣。故以堯、舜之能充，則爲仁；以桀、跖之不能充，則爲暴；而釋者之不得其要，則爲愚。子曰：“好仁不好學，其蔽也愚〔二一〕。”夫人嘗有好仁者矣，而不得其道者，不好學也。是故，有不忍人之心而欲充之者，必從堯舜而去釋者。先王有不忍人之心，斯有不忍人之政。老吾老以及人之老，幼吾幼以及人之幼，五十者帛，七十者肉，無父之孤皆有常餼，此不忍人之政也〔二二〕。封天下之君，則俗自成矣；均天下之田，則人自足矣；刑天下之暴，則人自安矣；任天下之賢，則人自服矣：此先王之治也。一狗彘之不盡其性，一雞鳥之不得其情，彼固不自安矣，奚至君臣、朋友，則方且過而弗之存；父母、妻子，方且擯而弗之顧；飢呱之不愧，疾眚之不察，而方且倀倀從事於寂默，曰‘吾觀空而達性’：其爲愚不仁也甚矣〔二三〕。吾固曰：欲知先王之道而不他惑，必自好學始；好學而後釋者不能惑也〔二四〕。

【校注】

〔一〕充而大之，造倫類之極：充，擴充，擴展。造，至，達到。

〔二〕人能充無欲害人之心，而仁不可勝用矣；能充無穿窬之心，而義不可勝用矣：見孟子盡心下，兩“矣”作“也”，後“能”作“人能”，“穿窬”作“穿踰”。

〔三〕孟子公孫丑上：“所以謂人皆有不忍人之心者，今人乍見孺子將入於井，皆有怵惕惻隱之心——非所以内交於孺子之父母也，非所以要譽於鄉黨朋友也，非惡其聲而然也。”

〔四〕廣:四庫本作"擴"。下"苟能廣非義不爲之心"之"廣"同。　則殺一不辜而得天下,真不爲矣:孟子公孫丑上:"'伯夷、伊尹於孔子,若是班乎?'曰:'否;自有生民以來,未有孔子也。'曰:'然則有同與?'曰:'有。……行一不義,殺一不辜,而得天下,皆不爲也。是則同。'"

〔五〕傾險:(居心)邪僻險惡。

〔六〕火之始然,一爝之寡:然,"燃"之古字。爝(jué):火把。

〔七〕執非有、滯頑空:此謂執持、拘泥於釋氏學説者。非有,即虛無,釋氏唯識論有所謂"非有非空"之説。頑空,佛教語,指一種無知無覺、無思無爲的虛無境界。　肩摩背脇:形容人多擁擠。摩,摩擦,挨擠。脇,逼迫,挨近。備要本"肩"誤"背"。

〔八〕晨門、荷蓧:見前紀七葛天氏注〔四八〕。

〔九〕識其素隱:四庫本"素"誤"索"。

〔一〇〕夫子路之問:吳本"夫"誤"天"。

〔一一〕攖:聯繫,接觸。

〔一二〕飼:拿食物給人喫。四庫本作"食"。

〔一三〕森然:衆多貌。

〔一四〕不仕無義,可也:彦按:論語微子載子路語,當爲"不仕,無義"。意謂,不出仕,不合乎義。羅氏蓋誤將"不仕無義"作一句讀,理解爲"不仕于無義者之朝",故于其下平添"可也"二字,實爲蛇足。

〔一五〕儒氓方領:指稱儒者。儒氓,儒者。洪本"氓"誤"垊"。方領,方形衣領,古儒者衣服如此,故亦借代儒者。

〔一六〕豚子猶食其死母乳:莊子德充符:"仲尼曰:'丘也嘗使於楚矣,適見㹠子食於其死母者。'"晉郭象注:"食乳也。"唐成玄英疏:"適見豚子飲其死母之乳。"㹠,同"豚"。　鵠蒼且猶其死子懷:出處不詳,待考。鵠蒼,亦作"鵠倉",傳説中神犬名。猶(ān),犬吠聲。晉張華博物志異聞載:"徐偃王志云:徐君宮人娠而生卵,以爲不祥,棄之水濱。獨孤母有犬名鵠蒼,獵於水濱,得所棄卵,銜以(東)〔來〕歸。獨孤母以爲異,覆煖之,遂蚨成兒。生時正偃,故以爲名。徐君宮中聞之,乃更録取。長而仁智,襲君徐國。後鵠蒼臨死,生角而九尾,實黃龍也。"　員首方足:指人類。　卑陬:謙恭不安貌。

〔一七〕吾以觀空：以，通“已”。觀空，佛教語。此謂觀想世界，一切皆空。不俟：用不着。

〔一八〕資小慧：憑藉小聰明。　摩頂放踵：從頭頂到脚跟都磨傷。形容不辭辛苦。放，至。　進旅退旅：謂與衆人共進退。旅，俱，共同。吳本前“旅”字譌“旋”。　擎跽踽拳：猶“擎跽曲拳”。謂行跪拜之禮。擎，指舉手打拱。踽拳，彎曲，謂曲身鞠躬。莊子人閒世：“擎跽曲拳，人臣之禮也。”成玄英疏：“擎手跽足，磬折曲躬，俯仰拜伏者，人臣之禮也。”　朝參莫拜以爲之禮：四庫本脱“之”字。莫，“暮”之古字。　仁與義、禮與智：四庫本無二“與”字。

〔一九〕賊其支體：賊，殘害，傷害。四庫本“支”作“肢”。　張張然：慌張貌。吳本、四庫本、備要本“張張”作“倀倀”。

〔二〇〕放於利而不知其類：放，至。類，事理。

〔二一〕見論語陽貨。

〔二二〕老吾老以及人之老，幼吾幼以及人之幼：見孟子梁惠王上。　五十者帛，七十者肉：孟子梁惠王上：“五畝之宅，樹之以桑，五十者可以衣帛矣。雞豚狗彘之畜，無失其時，七十者可以食肉矣。”　無父之孤皆有常餼：餼，糧食供給。禮記王制：“少而無父者謂之孤，老而無子者謂之獨，老而無妻者謂之矜，老而無夫者謂之寡。此四者，天民之窮而無告者也，皆有常餼。”

〔二三〕一狗彘之不盡其性，一雞鳥之不得其情：吳本“狗”譌“佝”。盡其性，得盡其性，謂得其所。禮記中庸“唯天下至誠爲能盡其性”鄭玄注：“盡性者，謂順理之使不失其所也。”得其情，得盡其情。　存：探視，問候。　飢呱之不愧，疾眚之不察：飢呱（gū），小兒因餓而哭。呱，小兒哭聲。愧，彦按：依義於此不洽，疑爲“餽”字音譌。疾眚，病患災害。備要本如此，是，今從之。餘本“眚”作“瘠”。　倀倀：熱衷貌。説文人部：“倀，狂也。”　寂默：指佛教修行之禪定。

〔二四〕吳本此下有“鍾伯敬曰”云云一段文字，另起一行、低一格書。

俗士不可爲史〔一〕

俗士之爲史官，孰有如李延壽之甚者乎！其爲南史也，稱宋武北侵，而寧朔將軍王玄謨夜遁就逮，將斬，夢有教誦觀音經者，因以獲免〔二〕。及作北史，復稱盧景裕者，以敗繫晉陽獄，誦經而枷鎖自脫；且謂有當死者，亦夢沙門誨之課誦，臨刑刀刃爲折，及反訊之，則高王經也〔三〕。一何猥俗之如是耶〔四〕！頃見載記，言徐義之將殺也，以誦觀音經，比夜，門開械脫，遂免慕容之禁〔五〕。每切鄙之〔六〕。夫以二經今且具在，偏袒之徒莫不攘是説以盪愚俗〔七〕。愚俗流遁，遂相信而不返〔八〕。然而冒法之徒臨刑懇切誦之者比比，而竟不聞前效之一見，豈李將軍之射虎出於一時偶然，而不可以再效於後世邪〔九〕？抑當時實無是事，而記事者因其俗説，而無識以紬之邪〔一〇〕？不然，則亦齊、梁之際，一時天地之間有此氛祲欲肆行於天下，適兹二子天命未訖，故山鬼得以託爲靈響，以驅一世之人於杳杳昏昏之地爾〔一一〕。而延壽等輒爾特書，亦可謂無識矣。

　　大抵此等皆小人之倡之〔一二〕。世之小人，愚暗無識，貪於欲得，而輕於冒法。及觸憲網，又無計以自釋，則惟起倖心，冀空飛而隙竄，是故易以誑惑，一有誑之，則牢結胸次而不可破，而乃不知無是理也〔一三〕。

　　請以鄭伯有、晉申生、楚成王之事明之〔一四〕。方伯有之報帶、段也，通國恐矣〔一五〕。然伯有之出，乃子晳攻之，而後段始伐焉，使其報怨，必不先段而後晳，今也不晳之報而急殺段，亦昧所輕重矣。此蓋人心之疑伯有者久而致之然爾。夫以申生能報公之改葬，而曷不能報譖殺己之驪姬〔一六〕？楚成王能使臣之改諡，而顧不能報親殺己之太子〔一七〕。其昧於小大亦甚矣！且將以爲強魄邪，則三十六弒君，不聞報其臣；以爲忠亮邪，則比干、子胥不聞報其君〔一八〕。由此觀之，玄謨、景裕等事足可知矣。雖然，以左氏之文猶未免俗，則碌碌延壽者，復何齒邪〔一九〕？

　　或曰：延壽之書，固有誦孝經而獲應者〔二〇〕。斯又罔矣〔二一〕。

孝經之作,豈亦世俗妄爲鬼神出没之書邪[二二]？梁使王固聘魏,魏開之晏,網設昆明;固以佛語呪之,一鱗莫獲[二三]。斯特一時巫祝小術,今世固多有之,此何足道而固以爲異耶？乃若宋如周以不信佛經而面陋長之類,又何等俗語[二四]！延壽真狐場兔落之俚儒也[二五]。

【校注】

〔一〕自此篇題而下至"冀空飛而隙",所據天津圖書館藏洪本掃描圖片闕,蓋二頁。

〔二〕稱宋武北侵,而寧朔將軍王玄謨夜遁就逮,將斬,夢有教誦觀音經者,因以獲免:彦按:"宋武"當作"宋文"。南史王玄謨傳述其事,在"元嘉中"之下,元嘉爲宋文帝年號也。南史文云:"初,玄謨始將見殺,夢人告曰:'誦觀世音千徧則免。'玄謨夢中曰:'何可竟也。'仍見授,既覺誦之,且得千徧。明日將刑,誦之不輟。忽傳唱停刑,遣代守碻磝。"

〔三〕盧景裕:後魏國子博士。從兄作逆,逼其同反,敗而下獄。　課誦:課讀吟誦。北史盧景裕傳:"景裕之敗也,繫晉陽獄,至心誦經,枷鎖自脱。是時,又有人負罪當死,夢沙門教講經,覺時如所夢,謂誦千遍,臨刑刀折。主者以聞,赦之。此經遂行,號曰高王觀世音。"

〔四〕猥俗:粗俗。

〔五〕徐義:十六國時前秦右丞相。各本"義"均譌"羲",今訂正。　慕容:指十六國時西燕末帝慕容永(時爲西燕大都督、河東王)。晉書苻丕載記:"徐義爲慕容永所獲,械埋其足,將殺之。義誦觀世音經,至夜中,土開械脱,於重禁之中若有人導之者,遂奔楊佺期。"

〔六〕切:通"竊"。

〔七〕偏袒之徒:指佛教徒。以其穿袈裟,袒露右肩,故稱。　莫不攘是説以盪愚俗:攘,取。盪,動搖,謂強力影響。

〔八〕流遁:順流而下,隨波逐流。"遁"通"循"。

〔九〕懇切:喬本"懇"作"墾"非。此從吳本、四庫本、備要本。　比比:頻見貌。　李將軍之射虎出於一時偶然:李將軍,指西漢名將李廣。史記李將軍列傳:"廣出獵,見草中石,以爲虎而射之,中石没鏃,視之石也。因復更射之,終不能復入石矣。”

〔一〇〕實:吴本作“寔”。　　無識以絀:不知道予以排除。

〔一一〕齊、梁之際:彥按:上舉數事,其中王玄謨爲南朝宋人,徐義爲十六國時前秦人,時間均早於齊、梁,此稱“齊、梁之際”,不妥。　　氛祲:妖氣,不祥之氣。　喬本、備要本“祲”作“侵”,非。此從吴本及四庫本。　　靈響:猶靈應。　杳杳昏昏:迷茫昏暗貌。

〔一二〕之倡之:吴本、四庫本作“倡之”。

〔一三〕牢結胸次:謂牢記心中。

〔一四〕鄭伯有:春秋鄭卿良霄,字伯有。鄭簡公二十三年(前543)七月,伯有欲大夫公孫黑(字子晳)使楚,黑以爲“楚、鄭方惡,而使余往,是殺余也”,乃於庚子發甲伐伯有,伯有奔許。癸丑,伯有返攻鄭之城門,駟帶率國人伐而殺之。　晉申生:見前紀五庸成氏注〔二九〕。　　楚成王:春秋楚國君熊惲,公元前671—前626年在位。楚成王四十六年,欲廢太子商臣,商臣率兵圍王宮,乃自縊。

〔一五〕帶、段:帶,指駟帶,鄭國駟氏宗主。參見上注。段,指公叔段。鄭大夫,亦助攻伯有。喬本、洪本、吴本作“叚”,誤。此從四庫本、備要本。下“段”字或同。左傳昭公七年:“鄭人相驚以伯有,曰:‘伯有至矣!’則皆走,不知所往。鑄刑書之歲二月,或夢伯有介而行,曰:‘壬子,余將殺帶也。明年壬寅,余又將殺段也。’及壬子,駟帶卒,國人益懼。齊、燕平之月,壬寅,公孫段卒,國人愈懼。”

〔一六〕申生能報公之改葬:公,指申生異母弟,晉惠公姬夷吾。左傳僖公十年:“晉侯改葬共大子。秋,狐突適下國,遇大子。大子使登,僕,而告之曰:‘夷吾無禮,余得請於帝矣,將以晉畀秦,秦將祀余。’對曰:‘臣聞之:“神不歆非類,民不祀非族。”君祀無乃殄乎?且民何罪?失刑、乏祀,君其圖之!’君曰:‘諾。吾將復請。七日,新城西偏將有巫者而見我焉。’許之,遂不見。及期而往,告之曰:‘帝許我罰有罪矣,敝於韓。’”彥按:國語晉語三:“惠公即位,出共世子而改葬之,臭達於外。”韋昭注:“共世子,申生也。獻公時,申生葬不如禮,故改葬之。惠公烝於獻公夫人賈君,故申生臭達於外,不欲爲無禮者所葬。”是則申生之報,不在己之改葬,爲夷吾烝賈君也。

〔一七〕楚成王能使臣之改諡：左傳文公元年：“冬十月，（商臣）以宫甲圍成王。王請食熊蹯而死。弗聽。丁未，王縊。諡之曰‘靈’，不瞑；曰‘成’，乃瞑。”

〔一八〕强魄：强勢之鬼魂。　三十六弑君：史記太史公自序：“春秋之中，弑君三十六，亡國五十二。”　比干：喬本作“比千”，吴本作“比于”，俱誤。此從餘本。

〔一九〕碌碌：平庸無能貌。　齒：並列，相比。

〔二○〕南史徐陵傳：“（陵子）份少有父風。……性孝弟，陵嘗疾篤，份燒香泣涕，跪誦孝經，日夜不息，如是者三日，陵疾豁然而愈，親戚皆謂份孝感所致。”

〔二一〕罔：糊塗，無知。

〔二二〕妄：吴本譌“罔”。

〔二三〕梁使王固聘魏，魏開之晏，網設昆明；固以佛語呪之，一鱗莫獲：王固，南朝陳大臣。晏，通“宴”。喬本外餘本均作“宴”。昆明，指昆明池。彦按：“梁”當作“陳”。陳書王固傳：“（固）嘗聘于西魏，……宴於昆明池，魏人以南人嗜魚，大設罝網，固以佛法呪之，遂一鱗不獲。”路史譌“梁”，蓋誤引自太平御覽。御覽卷九三五引其事，誤入之梁書也。卷六五七引，作陳書，不誤。卷八三四引，作南史，亦不誤。

〔二四〕宋如周以不信佛經而面陜長：唐許嵩建康實録卷一八後梁功臣云：“宋如周，南陽人。有才學，容止詳雅，爲度支尚書。如周面狹長，宣帝嘗戲之曰：‘卿何爲謗法華經？’如周踧踖，自陳不謗。帝又言之，如周不悟，而出言告蔡大寶。大寶知其旨，笑謂之曰：‘君當不謗餘經，止應不信法華。法華云：“聞經隨喜，面不狹長”。’如周乃悟。”

〔二五〕延壽真狐場兔落之俚儒也：狐場兔落，狐兔聚居之地，喻指窮鄉僻壤。俚儒，見識淺陋的儒生。吴本此下有“陳明卿曰”云云一段文字，另起一行、低一格書。

謳鍾説〔一〕

大晟府有古謳鍾六，皆有款識，云“宋公成之謳鍾”〔二〕。崇寧三年,甲申之歲,得諸南都崇福禪窟,錫貢内府[三]。玫其文,宋器;原其出,宋地也[四]。於是詔與大晟,即以爲法,所謂"得英韺之器於受命之邦"者[五]。

韺,傳皆作"莖"。案樂緯叶圖徵、淮南鴻烈解與班氏之志,俱言帝嚳之樂曰五英,顓帝之樂曰六莖[六]。白虎通議云:六莖者,言和律吕,調陰陽,莖著萬物也[七]。獨樂動聲儀以爲六英、五莖,宋均釋言云:六英者,能爲天地四方六合之英;而五莖者,能爲五行之道立根莖[八]。疎矣。

夫六韺之作,顓帝之所以文治美也。由辛及商,制始大備[九]。商亡畀周,而其器、制流在宋國,其傳可得而知矣。周備六代樂,雲門、咸池、韶、夏、濩、武,莫不備有,而英、韺猶以非作者,不得著[一○]。宋以商祚,二王之後,得用其樂,是以宋公獨得其傳[一一]。蓋不誣矣。

成,平公之名也。宋自微子,二十有六世,而平公之名始見於魯昭十年春秋之書,牟銘端合,真可謂不世出之符者[一二]。平公之立,當簡王之十一年乙酉之歲,即魯成公之十有六年,距崇寧之三,一千六百有八十載[一三]。而其器適出受命之區,復丁上聖駿惠先烈制作之際,得以協成治世之音,端總清之盛舉也[一四]。

且以韺鍾雖出宋境,而其實則顓帝之樂也[一五]。博古殿中古鍾之見爲不少矣,而於周鍾,率上設衡甬,旁傅旋蟲,或内實而側垂,或仰通而中貫,一皆振掉而不能安[一六]。惟此韺鍾,雙螭竣踞,上爲平鈕,大晟之鍾,實所取則;且其垂之也正,而鼓之也和,無復振掉弗安之患[一七]。此其所以逴越三代,非五帝之盛樂,渠以及此[一八]?

【校注】

　〔一〕四庫本篇題下有小注"高陽記"三字。彦按:本篇幾乎完全襲取宋黄伯思東觀餘論卷上宋翌鐘説,毫無新意。

〔二〕大晟府:見餘論三鍾鼎注〔九〕。　翌鍾:見後紀八帝顓頊高陽氏注〔一五七〕。

〔三〕南都:即北宋之陪都南京,治所在今河南商丘市睢陽區。　崇福:佛寺名。　禪窟:禪林,寺院。　錫貢:天子下令進貢。

〔四〕宋:指周之封國宋。

〔五〕得英翌之器於受命之邦:宋徽宗語。英翌之器,奏五英、六莖之器,指翌鍾。受命之邦,即宋之南京。宋太祖建立宋王朝之前,爲歸德軍節度使,治宋州(宋景德三年升應天府,大中祥符七年建爲南京),其地爲趙宋之發祥地,故稱。東觀餘論:"右宋翌鐘六,其銘款曰'宋公成之翌鐘'。崇寧三年,甲申歲,得於南都之崇福院,尋貢之内府。考其文則宋鍾,原其出則宋地。聖詔有曰'得英翌之器於受命之邦',即此鐘也。是時帝作大晟,即取以爲鐘濾。"

〔六〕案樂緯叶圖徵、淮南鴻烈解與班氏之志,俱言帝嚳之樂曰五英,顓帝之樂曰六莖:帝嚳,吴本"帝"譌"啻"。班氏之志,指漢書禮樂志。然今本淮南子不見有五英、六莖;但見六英(見齊俗篇),高誘注:"帝顓頊樂。"與路史説不符。

〔七〕六莖者,言和律呂,調陰陽,莖著萬物也:見白虎通義禮樂,文作:"顓頊曰六莖者,言和律呂以調陰陽,莖著萬物也。"律呂,各本均譌"律歷",今訂正。莖著:支撐著。各本均脱"莖"字,今訂補。

〔八〕宋均釋言云:六英者,能爲天地四方六合之英;而五莖者,能爲五行之道立根莖:文選晉左思魏都賦"冠韶夏,冒六莖"李善注引樂動聲儀注,"宋均"作"宋衷",又"天地四方六合之英"作"天地四時六合也","根莖"作"根本"。然同書漢傅毅舞賦"夫咸池、六英,所以陳清廟,協神人也"李善注引樂動聲儀注,亦作"宋均"。

〔九〕辛:高辛,即帝嚳。

〔一〇〕韶:又稱大磬。　夏:又稱大夏。　濩:又稱大濩。喬本譌"獲",今據餘本訂正。　武:又稱大武。參見發揮三論史不紀少昊注〔一一〕。　而英、翌猶以非作者,不得著:非作者,謂非六代(黄帝、堯、舜、禹、湯、周武王)所作之樂。著,附,附入。

〔一一〕東觀餘論:"周備六代之樂,雲門、咸池、韶、夏、濩、武皆存,特五英、六莖無之。惟宋,商之後,故宋公猶得其傳。"

〔一二〕牟銘端合:同銘文正相合。牟,通"侔"。　符:憑證,證據。東觀餘論:"成者,平公名也。宋自微子啓二十六世而至平公,其名始見於魯昭公之十年,春秋書曰"宋公成",與此鐘銘合。"

〔一三〕平公之立,當簡王之十一年乙酉之歲,即魯成公之十有六年,距崇寧之三,一千六百有八十載:彦按:宋平公之立,當在周簡王十年,即與其父宋共公卒同一年。路史以爲"當簡王之十一年",蓋誤從宋平公元年算起矣。然是年歲在丙戌而非乙酉,又時當公元前575年,至宋崇寧三年(公元1104年),與"一千六百有八十載"之數不符。東觀餘論作"其立也,以周簡王之十年乙酉,歲距皇朝崇寧三年甲申,凡一千六百八十年",甚確。

〔一四〕復丁上聖駿惠先烈制作之際:丁,當,遭逢。上聖,先王,指宋徽宗。駿惠,極力遵從。先烈,顯祖,烈祖。　端總清之盛舉也:端,真正。總清,謂聚合清士。東觀餘論:"而莖之器出于受命之邦,適丁聖上駿惠先烈,登崇耆英制作之盛際也。"

〔一五〕其實:吳本"實"作"寔"。東觀餘論:"且莖鐘雖鑄自宋公,而實帝顓之樂。"

〔一六〕衡甬:頂端有柄之銅樂鍾,其柄稱"甬",甬頂平處稱"衡"。四庫本如此,是,今從之。餘本"甬"譌"角"。　旋蟲:甬旁有懸鍾之環,稱"旋"。衡旋之紐,鑄爲獸形,稱"蟲"。　或内實而側垂,或仰通而中貫:内實,謂甬之内實。側垂,謂旋側垂。仰通,謂甬之内空而向上通。中貫,謂蟲與甬相通。振掉而不能安:振掉,動搖。安,穩定。東觀餘論:"又古鐘之得於今者,惟周爲衆。其制類多上設衡甬,旁傅旋虫,或内實而側垂之,或仰通而中貫之,率皆振掉弗安。"

〔一七〕雙螭跧踞,上爲平鈕:螭,傳説中一種無角的龍。跧踞,蹲伏。"跧"同"蹲"。平鈕,平頭鐘鈕。吳本"平"譌"乎"。東觀餘論:"惟莖鐘也,雙螭蹲踞,以爲平鈕,大晟之鐘,實取則焉。故其垂之也正,其鼓之也和,而無振掉弗安之患。"

〔一八〕逖越:遠超。東觀餘論:"此其制作所以過於三代也,非五帝之樂,何以及此?"

孿生坼副〔一〕

孿生坼副,古嘗有矣〔二〕。昔周祖甲一産二子,曰囂,曰良;許僖公一産二女,曰妖,曰茂;楚唐勒生一男一女,女瓊,男貞〔三〕。兹世之所常有。

而坼副之事,尤爲昭彰。詩人美后稷之生,"不坼不副",則古固有坼副者矣〔四〕。黄初六年,魏守孔羡表言:黎陽掾屈雒妻王,以去年十月十二日坐草生男,從右脇下水腹上生,其母自若無它異痛,今子母安全〔五〕。又廣五行記:李勢末年,馬氏妊從脇生,子母無恙〔六〕。李宣妻樊生兒,從額瘡中出,及長,將兵〔七〕。宋武時,武寧揚歡妻妊,女從股中生,至齊猶在〔八〕。唐志:大順元年,資州兵王全義妻孕,漸下至股,入足拇指,痛坼生珠,漸大如杯〔九〕。何譙周致疑於陸終乎〔一〇〕?

老聃副左,釋迦副右,夏后闢背,此予之不疑者〔一一〕。公羊高、風俗通、西京雜記謂雙生者,以後産爲兄,以其先胎〔一二〕。而譙子法訓辨之,謂野人之鑿語,君子不測暗,安知其胎之先後〔一三〕?或曰:禹逆生,故刑背;稷順生,故不坼副。逆生者子孫逆死,故桀王討;順生者子孫順亡,故赧王奪邑而已〔一四〕。充云:"妄也。蟬生腹育,開背而出。天生聖子,豈同腹育?兔吮毫而孕,從口出。簡狄吞乙,則宜從口,不闢背〔一五〕。"梁嬴之字過期,過期不生,卜曰:"是將生一男一女,男爲人臣,女爲人妾",故字之曰過期〔一六〕。若后稷之名棄,豈吾欺哉?

【校注】

〔一〕坼副:吴本"坼"譌"圻"。下"坼"字多同,不一一指出。

〔二〕參見後紀八帝顓頊高陽氏注〔二五五〕。

〔三〕昔周祖甲一産二子,曰囂,曰良:彥按:祖甲爲殷王,此稱周祖甲誤。

西京雜記卷三載霍光語："昔殷王祖甲一産二子，曰囂，曰良。"是也。　許僖公一産二女，曰妖，曰茂：許僖公，春秋許國國君。西京雜記卷三，作"許釐公"，同；又"妖"一作"姎"。　楚唐勒生一男一女，女瓊，男貞：唐勒，戰國楚大夫，辭賦家。西京雜記卷三，"瓊"作"瓊華"，"貞"作"貞夫"。

〔四〕不坼不疈：見詩大雅生民，"疈"作"副"。

〔五〕黃初：三國魏文帝曹丕年號，公元 220—226 年。喬本、四庫本作"黃始"，餘本作"黃白"，俱誤。今訂正。　掾屈雍：掾，洪本、吳本譌"椽"。屈雍，太平御覽卷三六一引魏志，作"屈雍"，同。　坐草：分娩。洪本、吳本、四庫本作"在草"，義同。　水腹：小腹。　它：四庫本作"他"。太平御覽卷三六一引魏志曰："黃初六年三月，魏郡太守孔羨表黎陽令程放書言：'掾汝南屈雍妻王以去年十月十二日在草生男兒，從右腋生水腹下而出，其母自若，無他異痛。今瘡已愈，母子安全，無災無害也。"

〔六〕廣五行記：即廣古今五行記，唐竇維鋈撰。　李勢：十六國時成漢末帝。太平廣記卷三六七人妖馬氏婦引廣古今五行記，作："後蜀李勢末年，馬氏婦姙身，兒從脇下出，母子無恙。"

〔七〕太平廣記卷三六七人妖李宣妻引廣古今五行記，作："晉安帝義熙中，魏興李宣妻樊氏有娠，過期不孕，而額上有瘡，兒穿之而出。"異苑卷八載其事，又有"長爲將，今猶存，名胡兒"語。

〔八〕宋武：彥按：當作"宋孝武"，指南朝宋孝武帝劉駿。宋武，則爲宋武帝劉裕矣。太平廣記卷三六七人妖楊歡妻引廣古今五行記作"宋孝武"，是。　武寧揚歡：武寧，郡名，東晉隆安五年（401）置，屬荆州，治所在今湖北鍾祥市西北。太平廣記作"荆州"。又"揚歡"作"楊歡"。

〔九〕見新唐書五行志三，文作："大順元年六月，資州兵王全義妻如孕，覺物漸下入股，至足大拇，痛甚，坼而生珠如彈丸，漸長大如杯。"

〔一〇〕史記楚世家："陸終生子六人，坼剖而産焉。"裴駰集解引干寶曰："先儒學士多疑此事。譙允南（彥按：即譙周。周字允南）通才達學，精核數理者也，作古史考，以爲作者妄記，廢而不論。"

〔一一〕老聃疈左：備要本如此，是，今從之，餘本"聃"譌"耼"。見後紀七小昊青陽氏注〔三一六〕。　釋迦疈右：魏書釋老志："釋迦即天竺迦維衛國王之子。……初,釋迦於四月八日夜,從母右脅而生。”　夏后闢背:見後紀十三帝禹夏后氏注〔六三〕。

〔一二〕公羊高、風俗通、西京雜記謂雙生者,以後産爲兄,以其先胎:彦按:公羊高、風俗通説不詳。至西京雜記,則並未“以後産爲兄”,但作爲或説提出耳;而從其大篇幅引霍光語,似乎傾嚮認同霍氏之説,即“以前生爲兄”。其文曰:“或曰:‘前生者爲兄,後生者爲弟。今雖俱日,亦宜以先生爲兄。’或曰:‘居上者宜爲兄,居下者宜爲弟;居下者前生,今宜以前生爲弟。’時霍光聞之,曰……。霍氏亦以前生爲兄焉。”

〔一三〕譙子:指譙周。　鑿語:穿鑿附會的話。　測暗:對不清楚的事情進行揣測。太平御覽卷三六一引譙周法訓,作:“一産二子者,當以後生者爲兄,言其先胎也。答曰:‘此野人之鑿語耳。君子不測暗,安知胎之先後也?’”

〔一四〕故桀王討:彦按:“討”疑當作“誅”。　故赧王奪邑而已:赧王,周赧王,東周最後之君主。各本均作“懿”,誤,今據論衡訂改。論衡奇怪篇:“詩曰‘不坼不副’,是生后稷。説者又曰:‘禹、禼逆生,闢母背而出;后稷順生,不坼不副。不感動母體,故曰“不坼不副”。逆生者,子孫逆死;順生者,子孫順亡。故桀、紂誅死,赧王奪邑。’”

〔一五〕見論衡奇怪篇,原文作:“彼詩言‘不坼不副’,言其不感動母體,可也;言其闢母背而出,妄也。夫蟬之生復育也,闢背而出。天之生聖子,與復育同道乎?兔吮毫而懷子,及其子生,從口而出。案禹母吞薏苡,禼母嚥鷰卵,與兔吮毫同實也,禹、禼之母生,宜皆從口,不當闢背。夫如是,闢背之説,竟虚妄也。”黄暉校釋以爲“吮”當改作“舐”。　蟬生腹育:生,謂生於。腹育,即復育,蟬之幼蟲。論衡論死:“蟬之未蜕,爲復育;已蜕也,去復育之體,更爲蟬之形。”　兔吮毫而孕,從口出:晉張華博物志物性:“兔舐毫望月而孕,口中吐子。舊有此説,余目所未見也。”　簡狄吞乙:參見後紀十高辛紀下。

〔一六〕梁嬴之字過期,過期不生,卜曰:“是將生一男一女,男爲人臣,女爲人妾”:梁嬴,春秋晉惠公妻。字,孕。臣,男僕。妾,女婢。左傳僖公十七年:“(晉)惠公之在梁也,梁伯妻之梁嬴。孕,過期。卜招父與其子卜之。其子曰:‘將生一男一女。’招曰:‘然。男爲人臣,女爲人妾。’故名男曰圉,女曰妾。”　故字之曰過期:此説不知何據,疑爲臆説。

天地合祭

子曰："事父孝,故事天明;事母孝,故事地察〔一〕。""天地明察,神明章矣〔二〕。"人君之事天地,正人子之事父母,故知事父母,則知所以事天地矣〔三〕。天明地察,厥類惟章,孰有南北郊祀之不明者乎〔四〕?

人皆曰:吾知信孔孟。然知信孔孟而理不達,猶無學也〔五〕。"喪欲速貧,死欲速朽",夫子之言也,而有子以爲"非君子之言"〔六〕。學惟其理而已。是故,違之者失,而執之者又失〔七〕。老生常談:吾知詩書之信而已,其不在詩書者,一切不取也。詩云"郊祀天地",則天地必合祭,它有顯證,非所知也〔八〕。曰:不然。是可矣,而未達也。"昊天有成命,郊祀天地"者,謂用是以郊天,亦以之而祀地,言郊祀天地,皆用此詩章爾。般之"祀四岳河海",豈謂其合祭哉〔九〕?合祭天地,此王莽之妄,武后之失也,而顧用之,果爲得耶?

夫聖人之爲祭,必求其類,以爲之數〔一〇〕。是必合其情,而後神可交也。燔柴於泰壇,瘞埋於泰折〔一一〕。泰壇,南郊之壇;泰折,北方之坎〔一二〕。壇於員丘南,坎於方澤北〔一三〕。是故員丘貴祀,方澤貴祭,因天事天,因地事地,輕重、高下,陰陽、清濁,員方、南北,判然其不同矣〔一四〕。父天員丘,母地方澤,此則事不同也〔一五〕。南郊就陽,北郊就陰,此則地不同也〔一六〕。祭日南郊,祭月北郊,此則配不同也。員丘以南至郊,方澤以北至祀,此則時不同也〔一七〕。郊遠而尊,故以郊言;祀近而親,故以時紀:此則名不同也〔一八〕。郊以騂犢,祀以黝牲,則牲不同矣〔一九〕。壇員中規,折方中矩;燔柴於泰壇,瘞埋於泰折:則制不同矣。璧琮而禮,蓋輴而祀,則禮不同矣〔二〇〕。員鍾爲宮,冬至於地上員丘奏之;函鍾爲宫,夏日至於澤中方丘奏之:則樂不同矣[二一]。神南面,君北面;示北面,君南面:則位不同矣[二二]。夫不同者顧若此,而且謂其必合祭,豈盡敬之道哉?

祭帝於郊,所以定天位也;祀社於國,所以列地利也[二三]。郊社者,所以尊天而親地也。故明乎郊社之禮、禘嘗之義者,治國其猶示之掌[二四]。中庸所言:"郊社之禮,所以事上帝[二五]。"若郊社可合,則禘嘗亦可合矣。員鍾以禮天神,函鍾以禮地示,黄鍾以禮人鬼,若天地可合,則人鬼亦可合矣[二六]。其不達乃如此!

抑嘗原禮之所失矣。自秦而來,雍鄜、密、上、下四畤,以祀四帝;祠天不於員丘,祠地不於方丘;以爲天好陰、地貴陽,乃兆天於高山之下,兆地於澤中之員丘[二七]。漢又增之北畤,以祀五帝[二八]。祠天不於南郊,而於甘泉;祠地不於北郊,而於汾陰[二九]。壇有八觚,席有六采,樂有玉女,車以鸞路,駟駒龍馬,一非舊典[三〇]。此匡衡、劉向之徒邪正同異之説所爲起也[三一]。元始之間,始稍從正,春秋天地同牢南郊,而冬夏則分祭於南北[三二]。尋以廢改,至光武,乃兆南郊於洛陽,自是不復[三三]。此康成、王肅之徒所以有郊、丘異用之辨[三四]。及賈曾定爲合祭之説,而議者益紛惑[三五]。唐初鋭意禮制,郊祀之臣訖無一定。王仲丘、蕭嵩輩紛錯尤甚,而君無可否[三六]。玄宗爰復合祭南郊,而尊敬之心,曾不加於侈靡[三七]。乃者,蘇軾、劉安世之徒反覆辨論,亦已備矣[三八]。若軾之説既以合祭爲是,而安世則以合爲未善[三九]。雖卒從合,而世之識者猶未以爲得古諉安世,則亦豈無明古誼者哉[四〇]?

或曰:二説其來遠矣。聖人不作,則若之何從? 曰:郊之與祀,自爲二禮,必異其方,各從其時。更欲盡事,則以間歲爲禮而重合之於明堂可矣[四一]。員丘、方澤,不可合也。

漢初,因秦雍時增之爲五,有司致祠,人主未嘗親事〔四二〕。文帝始議親郊,然在位二十三年,不過一祠雍時,赦天下〔四三〕。武帝雖定三年之制,然亦未有常禮,即位八年而始郊,越十一年再郊,厥後或連年、或二年、或五六年、八九年,多因行幸,非專意于尊享〔四四〕。元鼎四年,始立后土汾陰;五年,始祠泰時甘泉;而雍郊亦不復專〔四五〕。成帝即位,匡衡、張譚奏言:承天之序,莫不郊祀〔四六〕。祭天南郊,就陽之義;瘞地北郊,即陰之象〔四七〕。天之於天子,因其所都而各享焉。今行常幸長安,郊見皇天反北之泰陰,祠后土反東之少陽,事與古殊〔四八〕。甘泉泰時、汾陰后土宜徙長安,以合於古。天子皆從。明年,始南郊。又明年,衡坐事免,衆言不當變動,詔復甘泉、汾陰祀。成帝一行之,而卒變於紛紛之説。自是更復不一,而南北合配之禮,平帝世復行之〔四九〕。孔光等言宜如衡議〔五〇〕。莽頗改之,以孟春上辛若丁合祀南郊,高帝、高后配;冬至有司祠南郊,高帝配;夏至有司祭北郊,高后配〔五一〕。師丹、翟方進等五十人議:燔柴泰壇,祭天也;瘞埋泰折,祭地也〔五二〕。兆於南郊,所以定天位;祭地方澤,就陰位也〔五三〕。郊處各在聖王所都之南北。天地以王者爲主,故聖王制祭天地,必於國郊。長安,聖主之居,皇天所觀視也〔五四〕。甘泉,河東之祠,非神靈所享,宜徙正陽太陰之處〔五五〕。違俗復古,如禮便。其説得之。

【校注】

〔一〕見孝經感應章。　明、察:明白清楚。

〔二〕章:“彰”之古字,此謂顯靈。今本孝經作“彰”。

〔三〕人子之事父母:吳本“父”譌“孔”。

〔四〕類:事,事理。　南北郊祀:古代於郊外祭祀天地,南郊祭天,北郊祭地。

〔五〕學:學識,學問。

〔六〕禮記檀弓上:"有子問於曾子曰:'問喪於夫子乎?'曰:'聞之矣。喪欲速貧,死欲速朽。'有子曰:'是非君子之言也。'曾子曰:'參也聞諸夫子也。'有子又曰:'是非君子之言也。'曾子曰:'參也與子游聞之。'有子曰:'然。然則夫子有爲言之也。'曾子以斯言告於子游。子游曰:'甚哉,有子之言似夫子也!昔者夫子居於宋,見桓司馬自爲石椁,三年而不成。夫子曰:"若是其靡也,死不如速朽之愈也。""死之欲速朽",爲桓司馬言之也。南宫敬叔反,必載寶而朝。夫子曰:"若是其貨也,喪不如速貧之愈也。""喪之欲速貧",爲敬叔言之也。'"

〔七〕執:固執。

〔八〕詩云"郊祀天地":彦按:詩當作"詩序"。此指毛詩周頌昊天有成命之小序,其文曰:"昊天有成命,郊祀天地也。" 它:四庫本作"他"。

〔九〕般之"祀四岳河海":見毛詩周頌般之小序,文曰:"般,巡守而祀四嶽河海也。"

〔一〇〕數:指禮數。

〔一一〕見前紀九無懷氏注〔四七〕。

〔一二〕坎:低陷之地。

〔一三〕員丘:吳本、四庫本"員"作"圓"。下"員丘"之"員"同。

〔一四〕員丘貴祀,方澤貴祭:祀,指祭祀天神。祭,指祭祀地祇。周禮地官鼓人"以雷鼓鼓神祀"賈公彦疏:"天神稱祀,地祇稱祭。"

〔一五〕父天員丘,母地方澤:父天,即天。天似嚴父,故稱。母地,即地。大地猶如母親,故稱。此謂祭天於員丘,祭地於方澤。廣雅釋天:"圓丘大壇,祭天也;方澤大坎,祭地也。"

〔一六〕南郊就陽:禮記郊特牲:"郊之祭也,……兆於南郊,就陽位也。"北郊就陰:漢書郊祀志下載張譚奏言:"祭地於大折,在北郊,就陰位也。"

〔一七〕南至:指日南至,即冬至日。 北至:指日北至,即夏至日。

〔一八〕郊遠而尊,故以郊言:郊,指祭祀天地。如南郊,於南郊祭天;北郊,於北郊祭地。 祀近而親,故以時紀:祀,指祭祀社神、祖宗。如月祀,指每月對曾祖、高祖的祭祀。

〔一九〕郊以騂犢,祀以黝牲:騂犢,赤色的牛犢。禮記祭法:"燔柴於泰壇,祭天也;瘞埋於泰折,祭地也:用騂犢。”黝牲,黑色犧牲。

〔二〇〕璧琮而禮,蓋軫而祀:洪本、吳本“璧”作“璧”非。而,猶“之”。蓋軫,車蓋與車軫(車箱底部四面的橫木),蓋圓軫方,因以喻指天地。周禮考工記輈人:“軫之方也,以象地也。蓋之圜也,以象天也。”此謂祀天以璧爲禮,祭地以琮爲禮。周禮春官大宗伯:“以蒼璧禮天,以黃琮禮地。”

〔二一〕員鍾:即圜鍾,一名夾鍾。古樂十二律之一。　函鍾:一名林鍾。古樂十二律之一。　夏日至:四庫本作“夏至”。周禮春官大司樂:“凡樂,圜鍾爲宮,黃鍾爲角,大蔟爲徵,姑洗爲羽,靁鼓靁鼗,孤竹之管,雲和之琴瑟,雲門之舞,冬日至,於地上之圜丘奏之,若樂六變,則天神皆降,可得而禮矣。凡樂,函鍾爲宮,大蔟爲角,姑洗爲徵,南呂爲羽,靈鼓靈鼗,孫竹之管,空桑之琴瑟,咸池之舞,夏日至,於澤中之方丘奏之,若樂八變,則地示皆出,可得而禮矣。”

〔二二〕神:天神。　示:同“祇”,地神。

〔二三〕祭帝於郊,所以定天位也;祀社於國,所以列地利也:見禮記禮運。定天位,謂確立天之崇高地位。國,國都。列地利,謂顯示大地之恩惠。

〔二四〕示之掌:置物於掌。示,通“寘”。參見前紀九無懷氏注〔二三〕。

〔二五〕所以事上帝:今本禮記中庸句末有“也”字。吳本“事”譌“祀”。

〔二六〕員鍾以禮天神,函鍾以禮地示:見上注〔二一〕。　黃鍾以禮人鬼:周禮春官大司樂:“凡樂,黃鍾爲宮,大呂爲角,大蔟爲徵,應鍾爲羽,路鼓路鼗,陰竹之管,龍門之琴瑟,九德之歌,九磬之舞,於宗廟之中奏之,若樂九變,則人鬼可得而禮矣。”

〔二七〕自秦而來,雍鄜、密、上、下四時,以祀四帝:雍,地在今陝西鳳翔縣一帶。時,各本均作“時”。彥按:“時”當“畤”字之譌。此謂四時“以祀四帝”,故下文云“漢又增之北畤,以祀五帝”。若此爲“四時”,則下失所承。今訂正。　以爲天好陰,地貴陽,乃兆天於高山之下,兆地於澤中之員丘:兆,設壇祭祀。史記封禪書:“蓋天好陰,祠之必於高山之下,小山之上,命曰‘畤’;地貴陽,祭之必於澤中圜丘云。”

〔二八〕史記孝武本紀:“上初至雍,郊見五畤。”張守節正義:“先是文公作鄜畤,祭白帝;秦宣公作密畤,祭青帝;秦靈公作吳陽上畤、下畤、祭赤帝、黃帝;

漢高祖作北畤,祭黑帝:是五畤也。”

〔二九〕漢書禮樂志:“至武帝定郊祀之禮,祠太一於甘泉,就乾位也;祭后土於汾陰,澤中方丘也。”太一,天神名。史記封禪書:“天神貴者太一。”

〔三〇〕壇有八觚,席有六采,樂有玉女,車以鸞路,駷駒龍馬:彦按:此段文字大抵從漢書郊祀志所載匡衡語及顏師古注之中提取,而表述不清,或已走樣。“壇有八觚”者,觚,邊角,稜角。衡之語曰:“甘泉泰畤紫壇,八觚宣通象八方。”“席有六采”者,見下顏注。“樂有玉女”者,四庫本如此,今姑從之。餘本“有”作“於”。此蓋誤斷、誤解衡語。衡之語曰:“以尚書禋六宗、望山川、徧羣神之義,紫壇有文章采鏤黼黻之飾及玉、女樂,石壇、僊人祠,瘞鸞路、駷駒、寓龍馬,不能得其象於古。”顏師古注:“漢舊儀云祭天用六綵綺席六重,用玉几玉飾器凡七十。女樂,即禮樂志所云‘使童男童女俱歌’也。”“車以鸞路,駷駒龍馬”者,鸞路,天子王侯所乘之車。駷駒,赤色馬駒。龍馬,古代傳説中龍頭馬身的神獸,此指泥塑之龍馬。上三者,皆爲用於瘞埋之祭物。路史如此表述,未能達意。

〔三一〕匡衡、劉向之徒邪正同異之説:匡衡,漢成帝時丞相。邪正同異,複詞偏義,謂邪異。匡、劉二氏之説詳漢書郊祀志。

〔三二〕元始之間,始稍從正,春秋天地同牢南郊,而冬夏則分祭於南北:彦按:“春秋”宜但作“春”。漢書郊祀志:平帝元始五年,大司馬王莽奏言:“陰陽之別於日冬夏至,其會也以孟春正月上辛若丁。天子親合祀天墬於南郊,以高帝、高后配。……以日冬至使有司奉祠南郊,高帝配而望羣陽,日夏至使有司奉祭北郊,高后配而望羣陰,皆以助致微氣,通道幽弱。”奏可。

〔三三〕至光武,乃兆南郊於洛陽:宋書禮志一:“光武紹祚,定二郊洛陽南北。”又禮志三:“光武建武中,不立北郊,故后地之祇,常配食天壇。”

〔三四〕此康成、王肅之徒所以有郊、丘異用之辨:郊,指南郊。丘,指圓丘。舊唐書禮儀志一載賈曾上表曰:“春秋説云:‘王者一歲七祭,天地合食於四孟,別於分、至。’此復天地自常有同祭之義。王肅云:‘孔子言兆圓丘於南郊。南郊即圓丘,圓丘即南郊也。’又云:‘祭天而地配。’此亦郊祀合祭之明説。惟鄭康成不論禘當合祭,而分昊天上帝爲二神,專憑緯文,事匪經見。又其注大傳‘不王不禘’義,則云:‘正歲之首,祭感帝之精,以其祖配。’注周官大司樂

'圓丘',則引大傳之禘以爲冬至之祭。遞相矛盾,未足可依。"

〔三五〕賈曾定爲合祭之説:吴本"祭"譌"余"。舊唐書禮儀志一:"睿宗太極元年正月,初將有事南郊,有司立議,惟祭昊天上帝而不設皇地祇位。諫議大夫賈曾上表曰:'微臣詳據典禮,謂宜天地合祭。'"

〔三六〕王仲丘、蕭嵩輩紛錯尤甚:王仲丘,各本均譌"王全仲",今據新、舊唐書訂正。舊唐書禮儀志一:"(開元十四年,)右丞相張説奏曰:'禮記漢朝所編,遂爲歷代不刊之典。今去聖久遠,恐難改易。今之五禮儀注,貞觀、顯慶兩度所修,前後頗有不同,其中或未折衷。望與學士等更討論古今,删改行用。'制從之。……説卒後,蕭嵩代爲集賢院學士,始奏起居舍人王仲丘撰成一百五十卷,名曰大唐開元禮。"又:"至二十年,蕭嵩爲中書令,改撰新禮。祀天一歲有四,祀地有二。冬至,祀昊天上帝於圓丘,高祖神堯皇帝配。……正月上辛,祈穀,祀昊天上帝於圓丘,以高祖配,五方帝從祀。……孟夏,雩祀昊天上帝於圓丘,以太宗配,五方帝及太昊等五帝、勾芒等五官從祀。……季秋,大享于明堂,祀昊天上帝,以睿宗配,其五方帝、五人帝、五官從祀。……夏至,禮皇地祇于方丘,以高祖配,其從祀神州已下六十八座,同貞觀之禮。……立冬,祭神州于北郊,以太宗配。"又,"時起居舍人王仲丘既掌知修撰,乃建議曰"云云,詳見舊唐書禮儀志一。

〔三七〕玄宗爰復合祭南郊:新唐書禮樂志三:"玄宗既已定開元禮,天寶元年,遂合祭天地于南郊。"

〔三八〕蘇軾、劉安世之徒反覆辨論:劉安世,宋哲宗時諫官。宋吕中宋大事記講義卷一九哲宗皇帝郊祀云:"元祐七年……十一月冬至,郊,復合祭。蘇轍主合祭之議,從之者五人。劉安世主分祭,從之者四十人。"蘇軾有上哲宗圜丘合祭六議(收入宋趙汝愚宋名臣奏議卷八五禮樂門郊祀中)。劉安世之議詳明楊士奇等歷代名臣奏議卷二一郊廟。

〔三九〕未善:吴本"未"譌"夫"。

〔四〇〕諉:猶委,歸屬。

〔四一〕盡事:完事,此謂一次完事。

〔四二〕漢初:自此而下直至篇末,不見於四庫本。

〔四三〕一祠雍畤,赦天下:漢書文帝紀十五年:"夏四月,上幸雍,始郊見五帝,赦天下。”

〔四四〕武帝雖定三年之制,然亦未有常禮,即位八年而始郊,越十一年再郊:史記封禪書:“今天子(彥按:指漢武帝)初即位,尤敬鬼神之祀。……後六年,竇太后崩。其明年,徵文學之士公孫弘等。明年,今上初至雍,郊見五時。後常三歲一郊。”又:“其明年,郊雍,獲一角獸,若麃然。”裴駰集解引徐廣曰:“武帝立已十九年。”　尊享:崇祀。

〔四五〕元鼎四年,始立后土汾陰;五年,始祠泰時甘泉:見漢書武帝紀。

〔四六〕成帝即位,匡衡、張譚奏言:承天之序,莫不郊祀:自此而下至“如禮便”,大抵撮取自漢書郊祀志下。張譚,成帝時御史大夫。序,事業。

〔四七〕瘞地:埋物以祭地。

〔四八〕郊見皇天反北之泰陰,祠后土反東之少陽:郊見,古稱天子祀上帝諸神於郊外。泰陰,指北方。少陽,指東方。

〔四九〕南北合配之禮:即漢書郊祀志下所謂:“天地合祭,先祖配天,先妣配墬。”

〔五〇〕孔光:漢平帝時太師。

〔五一〕上辛若丁:上辛,上旬辛日。若,或者。各本均譌“苦”,今訂正。

〔五二〕師丹:漢成帝時博士。　泰折:喬本、備要本“折”譌“圻”,此從洪本、吳本。

〔五三〕祭地方澤:漢書郊祀志下作“祭地於大折”。大折,即泰折。

〔五四〕長安:吳本“安”譌“之”。

〔五五〕正陽太陰之處:正陽,南方,指南郊。太陰,北方,指北郊。各本均譌“太陽”,今訂正。漢書郊祀志下作“大陰”,同。

燔瘞無玉

祭天燔燎,祀地瘞埋,蓋牲幣爾。先儒以爲俱有玉者,謂以降神出示[一]。學者承襲,遂以爲燔瘞皆有玉,莫之察者。

夫古郊祀,蒼璧禮天,黃琮禮地,四圭有邸以祀天,而兩圭有邸以祀地,未聞燔瘞之玉也[二]。天之常祭,歲九,則玉之燔者爲九;地之常祀,歲二,則玉之瘞者爲二;其所以用之常祀之外者,又不勝一矣：燔瘞之玉，何其多邪？以皆燔邪，則玉不受火；以皆瘞耶，而泰壇之下、泰折之側，耕鬺旦旦，未見獲一玉者[三]。按六經緣祭祀而言玉者多矣，無所謂燔瘞之玉也。惟韓嬰詩傳始有"天子奉玉，升柴，加之于牲"之説[四]。而崔靈恩遂引詩之"圭璧既卒"以實之，爲燔玉，且謂肆師"立大祀，用玉帛牲牷"爲論燎玉之差降[五]。而鄭注大宗伯職亦遂以爲"或有玉帛燔燎而升煙"。夫以祀而言，燔瘞之玉，於百氏書曾不之見；"大祀玉帛"若"圭璧既卒"兩説，此世以爲見之經者，猶不近情，——韓詩、鄭注端未足據[六]。

　　詳攷肆師所用玉帛，特禮神之用，而非論燎玉之差降。雲漢所言，亦禮神之玉爾。其説以謂宣王承厲之後，遇災知懼，禱祠供給，靡所不至，而遂至於圭玉罄盡，蓋所以美之也[七]。鄭氏以爲禮神之玉又已盡者，斯得之矣，何自而指爲燔且瘞哉？

　　禮運云："祭祀瘞繒。"是祭地不瘞玉而瘞繒。然則，燔於泰壇，瘞於泰折，無玉明矣。若古輯瑞，三帛、二生、一死贄則受，而五玉之器則卒而復[八]。知此，則祀大神無燔玉，祭大示瘞繒而不瘞玉，又可知矣，曷至膠膠曲臺儀省之間哉[九]！

【校注】

　　〔一〕玉者：吴本"者"譌"𦘕"。　降神出示：神，指天神。示，同"祇"，地祇。

　　〔二〕蒼璧禮天，黄琮禮地：周禮春官大宗伯："以蒼璧禮天，以黄琮禮地。"四圭有邸以祀天，而兩圭有邸以祀地：邸，通"柢"。物的基部。周禮春官典瑞："四圭有邸，以祀天，旅上帝。"又："兩圭有邸，以祀地，旅四望。"孫詒讓正義釋"四圭"句爲"四圭共著一璧爲柢。"

　　〔三〕耕鬺(zhú)：耕種犁掘。

　　〔四〕天子奉玉，升柴，加之于牲：通典卷四二禮二吉禮一郊天上引韓詩外傳，作："天子奉玉，升柴，加於牲上而燔之。"升柴，點燃柴火。

〔五〕圭璧既卒:見詩大雅雲漢。卒,盡,謂用完。　　爲燔玉:爲,通"謂"。

立大祀,用玉帛牲牷:立,謂制訂其禮儀。大祀,指祭祀天地、宗廟。牲牷,祭祀用的純色全牲。　　差降:依等級遞降。

〔六〕百氏書:諸子百家之書。

〔七〕其説以謂宣王承厲之後,遇災知懼,禱祠供給,靡所不至,而遂至於圭玉罄盡:吳本"罄"譌"聲"。毛詩序大雅雲漢云:"雲漢,仍叔美宣王也。宣王承厲王之烈,内有撥亂之志,遇災而懼,側身脩行,欲銷去之。天下喜於王化復行,百姓見憂,故作是詩也。"其詩曰:"天降喪亂,饑饉薦臻。靡神不舉,靡愛斯牲。圭璧既卒,寧莫我聽!"鄭玄箋云:"言王爲旱之故,求於羣神,無不祭也。無所愛於三牲,礼神之圭璧又已盡矣,曾無聽聆我之精誠而興雲雨!"

〔八〕古輯瑞,三帛、二生、一死贄則受,而五玉之器則卒而復:輯瑞,古天子定期會見諸侯,有收繳瑞玉,合驗真偽,以明正身之禮儀,稱"輯瑞"。贄,所執之見面禮。五玉,諸侯作符信用的五種玉:璜、璧、璋、珪、琮。即輯瑞之瑞。書舜典:"修五禮,五玉、三帛、二生、一死贄。如五器,卒乃復。"孔氏傳:"三帛,諸侯世子執纁,公之孤執玄,附庸之君執黄。二生,卿執羔,大夫執鴈(彦按:即鵝)。一死,士執雉。玉、帛、生、死,所以爲贄以見之。"又云:"卒,終;復,還也。器謂圭璧。如五器,禮終則還之。三帛、生、死,則否。"

〔九〕大神:尊稱天神。　　大示:尊稱地祇。　　膠膠曲臺儀省之間:膠膠,拘泥。曲臺,指西漢后倉及戴德、戴聖等撰之曲臺集禮,即禮記。儀省,禮儀省略,謂不完備之禮儀。舊唐書禮儀志一:"漢興,叔孫通草定,止習朝儀。至於郊天祀地之文,配祖禋宗之制,拊石鳴球之備物,介丘璧水之盛猷,語則有之,未遑措思。及世宗禮重儒術,屢訪賢良,河間博洽古文,大搜經籍,有周舊典,始得周官五篇,土禮十七篇。王又鳩集諸子之説,爲禮書一百四十篇。后倉二戴,因而删擇,得四十九篇,此曲臺集禮,今之禮記是也。然數百載不見舊儀,諸子所書,止論其意。百家縱胸臆之説,五禮無著定之文。"

天地各兩牲不用牝

天地之祭,牲各二:降神之牲、祀神之牲也。燔柴於泰壇,瘞埋於泰折,或曰實牲體焉,所以降之也;掃地而祭,羞牲體焉,所以祀之也〔一〕。故牛人，“凡祭祀，共其享牛、求牛。”〔二〕享牛者，祀神之牛；求牛者，降神之牛也。降神之牛，於天騂犢，於地黝牲，從其類也。牧人，“凡陽祀用騂牲，毛之；陰祀用黝牲，毛之〔三〕。”鄭以陽祀爲祭天，陰祀爲地〔四〕。祀神之牲，於天用蒼，於地用黃，象其功也〔五〕。大宗伯，以蒼璧禮天，黃琮禮地，而牲幣各從其器之色，本其類也〔六〕。

天地之祭，俱有兩牲，其來久矣。召誥云：“用牲於郊，牛二。”而禮器乃云：祭天特牲，有以少爲貴者〔七〕。此特謂享牛爾。享牛主於祭，若求牛則主在降神，非所言者。是故禮器言“祭”，召誥言“郊”，皆有所不及。彼熊氏等乃以爲郊惟一牲，而祭有兩處，分牲體以供之，失所依矣〔八〕。切稽楚語，禘祀之祭，則有全蒸〔九〕。若分牲體，豈得謂全蒸哉？

方唐顯慶，長孫無忌等議，始以蒼璧、黃牲燔於泰壇；加以騂犢，而實之以俎，四圭有邸，則奠之於坐〔一〇〕。其後張説又以祭後方燔，攷之經，乃不合〔一一〕。蓋不知郊祀天地，有禮神之玉，又有祀神之玉；有求神之牛，而又有享神之牛也。

或曰：孟春之月，“山川林澤，犧牲無用牝”，則非孟春、非山澤，牲用牝矣；郊特牲云“天子牲孕弗食也，祭帝弗用也”，鄭謂任子曰孕，祭帝之牲必孕然後弗用，則不孕之牝若可以祭帝矣〔一二〕。曰：否。天地、宗廟、社稷，牲惟牡也。“敢用玄牡”，此天地之牲也；“從以騂牡”，則宗廟之牲；而“奉時辰牡”者，社稷之牲也〔一三〕。孕者，牝牡之爲通，非特爲任子也〔一四〕。奔騰之時，牲雖牡，通孕則非犢矣，故弗食於天子，弗用于帝〔一五〕。蓋取所謂“貴誠”者，非用牝〔一六〕。

【校注】

　〔一〕實：填塞，塞進。　　羞：進獻。

〔二〕牛人:周禮官名。　　凡祭祀,共其享牛、求牛:見周禮地官牛人。賈公彦疏:"云享牛者,謂正祭之牛。云求牛者,謂繹祭之牛。"繹祭,正祭次日之續祭。

〔三〕牧人:周禮官名。　　凡陽祀用騂牲,毛之;陰祀用黝牲,毛之:見周禮地官牧人。鄭玄注:"騂牲,赤色(牲)。"孫詒讓正義:"擇牲取其純色謂之毛。"

〔四〕鄭以陽祀爲祭天,陰祀爲地:"爲祭天",洪本作"祭祭天",吴本作"祭天"。鄭注原文爲:"陰祀,祭地北郊及社稷也。……陽祀,祭天於南郊及宗廟。"

〔五〕功:謂德性。

〔六〕而牲幣各從其器之色:周禮春官大宗伯原文作:"皆有牲幣,各放其器之色。"

〔七〕祭天特牲,有以少爲貴者:禮記禮器原文作:"有以少爲貴者。天子無介,祭天特牲。"

〔八〕彼熊氏等乃以爲郊惟一牲,而祭有兩處,分牲體以供之:熊氏,指北齊熊安生。禮記郊特牲孔穎達疏:"郊唯特牲,得供燔燎正祭二處所用者,熊氏、皇氏等以爲分牲體供二處所用,其實一特牲也。"

〔九〕切稽楚語:切,通"竊"。楚語,彦按:當作周語,蓋羅氏誤記。　　禘祀之祭,則有全蒸:全蒸,即全烝。指祭祀時把整頭牲畜作爲祭品放在俎上奉祭。國語周語中:"禘郊之事,則有全烝。"

〔一○〕方唐顯慶,長孫無忌等議,始以蒼璧、黄牲燔於泰壇;加以騂犢,而實之以俎,四圭有邸,則奠之於坐:顯慶,唐高宗李治年號,公元656—661年。黄牲,舊唐書作"蒼牲"。以俎,"以"猶"於"。坐,指神座。舊唐書禮儀志三:"今按顯慶所改新禮,以蒼璧與蒼牲、蒼幣,俱用先燔。蒼璧既已燔矣,所以遂加四圭有邸,奠之神座。蒼牲既已燔矣,所以更加騂牲,充其實俎。"

〔一一〕見舊唐書禮儀志三。

〔一二〕孟春之月,"山川林澤,犧牲無用牝":吕氏春秋孟春紀:"是月也,……乃修祭典,命祀山林川澤,犧牲無用牝。"　　鄭謂任子曰孕:鄭注原文作:"孕,任子也。"任,通"妊",懷孕。

〔一三〕"敢用玄牡",此天地之牲也:書湯誥:"敢用玄牡,敢昭告于上天神

后,請罪有夏。”　“從以騂牡”,則宗廟之牲:詩小雅信南山:“祭以清酒,從以
騂牡,享于祖考。”　“奉時犉牡”者,社稷之牲也:彥按:“犉牡”疑當作“辰牡”。
詩秦風駟驖:“奉時辰牡,辰牡孔碩。”毛亨傳:“時,是;辰,時也。冬獻狼,夏獻
麋,春秋獻鹿、豕、羣獸。”

〔一四〕通:指交配。

〔一五〕奔騰:謂發情。

〔一六〕白氏六帖事類集卷二〇犧牲:“郊天,牲用騂犢,貴誠。”注:“未知
牝牡之情。”

路史卷四十二

餘論五

上帝

上帝之號,曷爲而不正?蓋亦嘗求諸經乎,有所謂天,有所謂帝[一]。周禮或言"天",或言"帝",或曰"上帝",曰"五帝",曰"昊天上帝"。大宗伯:"以禋祀祀昊天上帝","以蒼璧禮天","有大故,則旅上帝及四望。"[二]典瑞:"四圭有邸,以祀天,旅上帝。"上帝非天,而天非昊天上帝矣。掌次:"大旅上帝,張氊案,設皇邸。朝日、祀五帝,則張大次、小次[三]。"而司服:"祀昊天上帝,大裘而冕。五帝如之[四]。"則五帝非上帝,而昊天上帝非五帝矣。然則,天、帝果不同歟?帝即天,天即帝,奚不同也[五]?

天者,元氣之統稱。而帝者,德之見乎用者也[六]。以形體言,則謂之天。以主宰言,則謂之帝。及因其氣之顥淑高廣而言,則又謂之昊天上帝[七]。而水、火、木、金、土之帝,居於五方位而迭王者,則爲之五帝[八]。此皆分、統別號而言之者[九]。至于合昊天若五帝羣然而祀,列位乎上而非可一名者,夫然後總而稱之曰上帝[一〇]。是三皇之數制,叵不知也[一一]。

若昔虞帝"肆類上帝",而大師亦"類上帝",肆師"類造上帝",曰類、曰旅,則上帝果非一帝矣[一二]。然司裘"爲大裘,以共王祀天之服",而司服"王祀昊天上帝,大裘而冕",則天宜爲昊天上帝,昊天上帝爲天之見乎用者,審也〔一三〕。夫以司服昊天上帝與五帝之祀服有所不殊,則五帝於昊天,疑不降矣〔一四〕。然以掌次祀、旅所張之次,乃不同焉,則五帝於上帝,爲有降者。有所降,顧得合乎昊帝而同稱乎〔一五〕?祀帝圓丘,牲、玉以蒼;兆五帝於四郊,玉以珪、璋、琥、璜、琮,牲幣色從其方,而迎之各以其氣至之日,則五帝豈得同帝哉〔一六〕?雖然,昊帝統五精而運化,五帝佐昊帝而毓物,猶之子父,非可離也〔一七〕。是故昊帝、五帝,六神之辨,俱以禋祀,同服大裘,而皆用圭邸,則知有所分而又有所合矣〔一八〕。類而稱之上帝,孰不可哉?

經曰:"昔者,周公郊祀后稷以配天,宗祀文王於明堂以配上帝〔一九〕。"惟稷配天,則有思文之頌;惟文王明堂,則有我將之頌〔二〇〕。郊一,明堂六,尊祖而親考也〔二一〕。豫之象曰:"先王以作樂崇德,殷薦之上帝,以配祖考〔二二〕。"以配祖者,天;而以配考者,五帝也。夫以大旅,昊帝在焉,則上帝合而稱之,爲可訊矣〔二三〕。明堂五室,以配五帝,其説古矣,易、孝經、周禮之義,何有殊耶〔二四〕?至鄭康成傅以緯文,乃以昊天上帝爲冬至圓丘所祀之天皇大帝,而且以爲曜魄寶,既復以爲紫微宮中大帝——又以爲中宮天極天帝太一,其惑繆蓋如此〔二五〕。

是以漢、魏而來,祀號莫適〔二六〕。漢既曰"上帝",又曰"太一",曰"天皇大帝";魏曰"皇皇帝天";梁曰"天皇大帝";隋唐又曰"昊天上帝":紛紜率爾,顧不可懼乎〔二七〕?夫天皇大帝,星中之一;而紫微太帝,乃北極之號;曜魄寶者,北辰之神;而太一,則中宮天極,勾陳口中之一明者也〔二八〕。其於天帝、上帝、昊天上帝、皇天上帝,亦已別矣,何得遽同稱哉?

嗟夫〔二九〕!古人勤勤於禮意者常多,而拘拘於禮文者常少。祖之配天,考之配上帝,豈苟然邪!康成以上帝爲五帝而不及天,王肅以上帝爲天而不及五帝,抑未之悉爾[三〇]。唐書新志,天皇大帝爲曜魄寶,可矣;乃復以爲昊帝,可乎[三一]? 今之郊祀,昊天上帝既正上位,而天皇大帝則位下方,斯合則矣。而或且疑之,亦不知變矣。

　　古祀三一,而武帝首祠太一,故李尋傳注以太一爲天皇大帝,所謂"通位帝紀"者[三二]。夫冬至於地上圓丘祀之者,上帝也[三三]。其樂,圜鍾爲宮,六變;其玉,蒼璧;牲幣各放其器之色[三四]。正月上辛於泰壇祀之,亦上帝也;奏以黃鍾、大吕,舞以雲門,牲用騂犢,玉用四圭有邸。泰壇之郊,所以祈農;圓丘之郊,所以報本。丘成於自然,壇出於人爲,二祀而實一神也。五帝之祀,雖兆四郊,而樂舞如祈穀,則上帝之及五帝,亦明矣[三五]。康成以昊天上帝爲曜魄寶,而五帝爲太微坐星靈威仰之屬[三六]。既以圓丘所祀爲曜魄寶,而復以泰壇所祀爲感生帝,謂王者感其神靈而生,乃太微之一帝;而兆于四郊,則爲南宮五佐[三七]。是以自漢而來,皆祭五帝。王肅乃謂:天一而已,何得有此? 五帝者,太昊之屬也。賈、馬之徒,亦以爲五人帝。是言社稷,取勾龍、后稷配食之人,而遺其五土——原隰之屬——也[三八]。

【校注】

　〔一〕蓋:喬本、洪本作"盍",非。此從餘本。

　〔二〕以禋祀祀昊天上帝:各本均脱一"祀"字,今據周禮春官大宗伯補。

　〔三〕大旅上帝,張氈案,設皇邸:周禮天官掌次原文"張"作"則張"。鄭玄注:"大旅上帝,祭天於圓丘。國有故而祭,亦曰旅。……張氈案,以氈爲牀於帷中。鄭司農云:'皇,羽覆上。邸,後版也。'玄謂後版,屏風與? 染羽象鳳皇羽色以爲之。"　朝日、祀五帝,則張大次、小次:大次,吳本"大"譌"夫"。鄭玄注:"朝日,春分拜日於東門之外。……次,謂帷幄也。"

　〔四〕大裘而冕。五帝如之:周禮春官司服原文作:"則服大裘而冕。祀五帝亦如之。"鄭玄注引鄭司農云："大裘,羔裘也。"

〔五〕帝即天:吴本譌"帝帝天"。

〔六〕德:古代特指天地化育萬物之功能。

〔七〕顥淑:浩大清和。四庫本"顥"作"灝",通。

〔八〕居於五方位而迭王者:四庫本如此,於義爲長,今從之。餘本"位"作"佐"。 則爲之五帝:爲,通"謂"。四庫本作"謂"。

〔九〕此皆:吴本、四庫本"此"譌"以"。

〔一〇〕羣然:成羣貌。

〔一一〕數制:猶禮制。

〔一二〕虞帝"肆類上帝":書舜典:"肆類于上帝。" 大師亦"類上帝":大師,吴本、備要本作"天師"。彥按:"大師"當作"大祝"。大祝,周禮官名。周禮春官大祝云："大師,宜于社,造于祖,設軍社,類上帝,國將有事于四望,及軍歸獻于社,則前祝。"賈公彥疏："此經六事,皆大祝所掌。言大師者,王出六軍,親行征伐,故曰大師。"疑羅氏誤以文中"大師"爲官名矣。 肆師"類造上帝":見周禮春官肆師。肆師,周禮官名。喬本、備要本"師"譌"而",今據餘本訂正。

〔一三〕王祀昊天上帝,大裘而冕:四庫本"王"譌"主"。周禮春官司服原文作："王之吉服,祀昊天上帝,則服大裘而冕。"

〔一四〕司服昊天上帝與五帝之祀服有所不殊:不殊,相同。參見上注〔四〕。 降:指身份地位降低。

〔一五〕昊帝:即昊天上帝。

〔一六〕珪、璋、琥、璜、琮:皆瑞玉名。珪,"圭"之古文。璋,形如圭之下半部分。説文玉部："剡上爲圭,半圭爲璋。"琥,狀如虎形。參見後紀五黄帝有熊氏注〔四七〇〕。

〔一七〕雖然,昊帝統五精而運化:雖然,四庫本如此,是,今從之。餘本"然"作"統",蓋涉下"昊帝統"之"統"而譌。五精,五方之星。運化,運行變化。

〔一八〕昊帝、五帝,六神之辨,俱以禋祀:昊帝,喬本、洪本作"昊天",吴本作"昊天帝",俱誤。此從四庫本、備要本。六神,指昊帝與五帝。禋祀,吴本脱

“禋”字。

〔一九〕見孝經聖治章。

〔二〇〕惟稷配天,則有思文之頌:思文,詩周頌篇名。毛詩序:“思文,后稷配天也。”孔穎達正義:“思文詩者,后稷配天之樂歌也。周公既已制禮,推后稷以配所感之帝,祭於南郊。既已祀之,因述后稷之德可以配天之意,而爲此歌焉。” 惟文王明堂,則有我將之頌:我將,詩周頌篇名。毛詩序:“我將,祀文王於明堂也。”孔穎達正義:“我將詩者,祀文王於明堂之樂歌也。謂祭五帝之神於明堂,以文王配而祀之。以今之太平,由此明堂所配之文王,故詩人因其配祭,述其事而爲此歌焉。”

〔二一〕郊一,明堂六:彥按:郊,謂郊天,故“郊一”。明堂,謂祀明堂於上帝,上帝包括昊天及五帝,故“明堂六”。

〔二二〕見前紀九無懷氏注〔四八〕。

〔二三〕訊:通“信”,相信。

〔二四〕明堂五室,以配五帝:南齊書禮志上“案禮及孝經援神契竝云‘明堂有五室,天子每月於其室聽朔布教,祭五帝之神,配以有功德之君’。……周官匠人職稱明堂有五室。鄭玄云‘周人明堂五室,帝一室也’。”彥按:此所引鄭玄云見鄭氏駁五經異義。

〔二五〕鄭康成傅以緯文,乃以昊天上帝爲冬至圜丘所祀之天皇大帝:周禮春官大宗伯“以禋祀祀昊天上帝”鄭玄注:“玄謂昊天上帝,冬至於圜丘所祀天皇大帝。” 而且以爲曜魄寶:曜魄寶,亦作“耀魄寶”。星名。即天帝星。爲北極五星之最尊者。吴本“寶”譌“實”。禮記月令季夏之月“以共皇天上帝”,鄭玄注:“皇天,北辰耀魄寶,冬至所祭於圜丘也。上帝,大微五帝。”彥按:鄭氏以“皇天”爲耀魄寶,而非以“昊天上帝”爲曜魄寶。羅氏説欠準確。 既復以爲紫微宮中大帝:紫微宮,即紫微垣。見發揮三論恒星不見注〔七〕。禮記月令孟春之月“天子乃以元日祈穀于上帝”鄭玄注:“上帝,大微之帝也。”孔穎達疏:“云‘上帝,大微之帝’者,春秋緯文。紫微宮爲大帝,大微爲天庭,中有五帝座。” 又以爲中宮天極天帝太一:此句是對上句之説明,實同一事。中宮,古人劃分之星空區域名,即紫微垣。天極,即北極星。史記天官書:“中宮天極星,其一明者,太一常居也。”張守節正義:“泰一,天帝之别名也。” 惑繆:迷亂。吳本"惑"譌"或"。

〔二六〕莫適:無所適從。洪本"適"譌"適"。

〔二七〕魏曰"皇皇帝天":晉書禮志上:"(魏明帝)景初元年十月乙卯,始營洛陽南委粟山爲圓丘。詔曰:'……曹氏世系,出自有虞氏。今祀圜丘以始祖帝舜配,號圜丘曰皇皇帝天。'" 梁曰"天皇大帝":吳本"天"譌"禾"。梁書何胤傳:"圓丘祠天皇大帝、北極大星是也。" 隋唐又曰"昊天上帝":吳本、四庫本"昊天"作"皇天"非。隋書禮儀志一:"圓丘則以蒼璧束帛,正月上辛,祀昊天上帝於其上,以高祖神武皇帝配。"又舊唐書禮儀志一:"武德初,定令:每歲冬至,祀昊天上帝於圓丘,以景帝配。" 紛紜率爾:紛紜,雜亂貌。吳本、四庫本作"紛紛",誤。率爾:輕率貌。

〔二八〕夫天皇大帝,星中之一:史記五帝本紀"遂類于上帝"張守節正義:"鄭玄云:'昊天上帝謂天皇大帝,北辰之星。'" 而紫微太帝,乃北極之號:太平御覽卷六引天象列星圖曰:"北極五星,……第二星最明者爲帝,……並在紫微宫中央。"又宋書符瑞志上:"紫微者,北極最尊。" 曜魄寶者,北辰之神:見上注〔二五〕。北辰,吳本"北"譌"止"。 太一,則中宫天極,勾陳口中之一明者也:晉書天文志上:"鉤陳口中一星曰天皇大帝。"天皇大帝,即太一也。彦按:此上諸號,實皆北極星之異稱。

〔二九〕嗟夫:四庫本"夫"作"乎"。

〔三〇〕康成以上帝爲五帝而不及天:周禮春官大宗伯"國有大故,則旅上帝及四望"鄭玄注:"上帝,五帝也。" 王肅以上帝爲天而不及五帝:書舜典"肆類于上帝"孔穎達疏引王肅云:"上帝,天也。"彦按:此皆隨文釋義,不足以説明康成但以上帝爲五帝,王肅但以上帝爲天也,故禮記表記"詩云:'惟此文王,小心翼翼。昭事上帝,聿懷多福'"康成注:"上帝,天也。"

〔三一〕唐書新志:指新唐書之志。新唐書禮樂志三:"禮曰:'以禋祀祀昊天上帝。'此天也,玄以爲天皇大帝者,北辰耀魄寶也。"

〔三二〕古祀三一,而武帝首祠太一:自此而下直至篇末,不見於四庫本。史記孝武本紀:"其後人有上書,言'古者天子三年一用太牢具祠神三一:天一、地一、泰一'。天子許之,令太祝領祠之忌泰一壇上,如其方。" 故李尋傳注以太一爲天皇大帝,所謂"通位帝紀"者:通位帝紀,各本"帝"均譌"廊",今訂正。漢書李尋傳:"書云'天聰明',蓋言紫宫極樞,通位帝紀。"顏師古注引孟康曰:"紫宫,天之北宫也。極,天之北極星也,樞是其迴轉者也。天文志曰'天極其一明者,太一常居也。'太一,天皇大帝也,與通極爲一體,故曰通位帝紀也。"

〔三三〕圓丘:吴本作"圜丘",同。

〔三四〕牲幣各放其器之色:牲幣,洪本"幣"謁"弊"。放,依據。

〔三五〕亦明矣:吴本"亦"謁"所"。

〔三六〕五帝爲太微坐星靈威仰之屬:禮記大傳"王者禘其祖之所自出"鄭玄注:"王者之先祖皆感大微五帝之精以生。蒼則靈威仰,赤則赤熛怒,黄則含樞紐,白則白招拒,黑則汁光紀。"

〔三七〕曜魄寶:吴本"寶"謁"實"。　而兆于四郊,則爲南宫五佐:其説不詳,待考。五佐,即五天佐。見後紀十二帝舜有虞氏注〔四六九〕。

〔三八〕五土:見後紀九帝嚳高辛氏注〔一八○〕。

六宗論

招虞以旌,虞人不至[一]。召嬪亡符,楚嬪守死[二]。況非類之祀,豈聰明正直者之所歆哉?虞帝之初,肆類上帝,禋于六宗,于是望于山川,徧于羣神[三]。　蓋由尊而之卑,先後之禮,固有序矣。六宗之神,亞于上帝,而世縣眇,莫有能明之者。諸儒之説既垂,歷代之祀亦異,泌不知其果足以致夫神之歆乎不也[四]。雖然,請試爲若謾言之[五]。

夫自漢而來,諸儒之説,無慮數十百家,而其説有十四:以爲寒暑、日月星、水旱者,安國也[六]。以爲星、辰、司中、司命、風師、雨師者,康成也[七]。以爲天地、四時者,伏生、馬融也[八]。以爲天地、四方者,夏侯建、歐陽和伯也[九]。以爲乾坤六子者,劉歆、晁錯、孔光、王莽、王肅、顏師古也[一○]。其純于天者,後魏之孝文,則杜佑、李翰取之[一一]。太常三年,立六宗祀,皆别兆,有常日,牲用少牢[一二]。孝文太和十三年,大議禋祀,高閭舉十一不同之説,莫能詳究[一三]。帝曰:書言上帝、六宗，其文相屬，上帝稱肆而不禋，六宗言禋而不别其名，理是一事〔一四〕。六宗非别祭之名，肆類非獨祭之目；且禋非祀地之用，是祭帝之事，故稱禋以别之〔一五〕。蓋六宗一祭也。而今圓丘，五帝在焉。乃詔祭天皇大帝及五帝於郊壇，總爲一位。**其純于地者，晉之虞喜，則劉昭以之**〔一六〕。虞别論謂：地有五色，太社象之〔一七〕。總五爲一，以成六宗。六爲地數，是祭地也，故經無祭地之文。昭既從之，然疑禋非地祭，遂以爲湮埋之名〔一八〕。**謂天宗、地宗，則許叔重是矣**〔一九〕。五經異義云：古尚書言六宗者，天地屬神之尊也。天宗三，地宗三。天宗，日、月、北辰。地宗，河、海、岱。日爲陽宗，月爲陰宗，北辰爲星宗，岱爲山宗，河爲水宗，海爲澤宗。祭天則天文從，祀地則地理從〔二〇〕。**謂天宗、地宗、四方宗，則司馬彪是矣**。彪表難諸家，——天宗，日月星辰寒暑之屬；地宗，社稷五祀之屬；四方之宗，四時五帝之屬〔二一〕。晉初遂廢之〔二二〕。**至李郃，則以爲不在天地四旁，而在乎六合之間**〔二三〕。**劉邵則以爲太極沖和之氣，爲六氣之宗者**〔二四〕。**孟康則以爲天地間之游神**〔二五〕。**張迪則以爲六代帝王**〔二六〕。**張髦則又以爲三昭三穆**〔二七〕。**各憑私臆，不可典要。**

　　嗚呼！秦爲不道，崇非類，廢典祀，焚滅詩書，禮制於是乎失墜。漢室隆興，草創取具〔二八〕。自文帝甘泉、汾陰祠祭天地，而孝成定南北郊，具列六宗，惟壇五帝。至於平帝，始建日月、雷風、山澤，而屬以星辰、水火、溝瀆，此則本乎王莽〔二九〕。元始中。安帝立天地四方之中於洛陽戌亥地，比太社，此則本兩夏侯〔三〇〕。元初六年〔三一〕。魏明帝則因王肅之言而從莽，司馬氏則以摯虞之請而從魏，然俱不離孔晁之説〔三二〕。而景初之復，則亦劉邵之説也〔三三〕。二年。乃若張迪、虞喜，一無所據；而孟康、李郃，又皆繆本玄文，曾何取哉〔三四〕？大玄曰："神游乎六宗〔三五〕。"蓋指六合，非主於祭而言。二子蓋因此。

　　夫從六氣之説乎，則氣從天地，烏乎而祀之？從六子之説乎，則卦乃象物，烏乎而祀之？將從彪之説，則宗止乎三。從許之言，則宗不過二。賈逵之説本許，則鄭駁之矣〔三六〕。馬融之説本伏，則杜非之矣[三七]。俱不得其當也。三昭三穆，前人如程顥、王安石輩多取，以爲祭人鬼。然穆非宗也。夫祭有其舉之，莫敢廢也，三昭三穆，世何嘗廢祀[三八]？此固不必議者。且七政既齊之後，則惟及天神，又曷有文祖有事於在璣衡之前，而後於餘時哉[三九]？惟康成、安國比諸家言最能近，而代莫之行者。雖然，宗之爲言總也。司中、司命，實係文昌；而好雨好風，是乃箕、畢：以總而言，是特一宗爾，豈得有實柴而復楢燎哉[四〇]？此鄭之失也。"郊之祭也，大報天而主日，配以月"，則日月在郊而不在宗矣；冬享司寒，而四立各自迎氣，則四時、寒暑不在宗矣：此孔之失也[四一]。然則，佑之取魏，亦有矣[四二]。夫六天之説，本出漢世，源於緯候，而成於康成[四三]。然魏氏以昊天上帝爲首，則又非矣。佑之所以取之，蓋以昊天上帝，周用禋祀，而祀昊天上帝，大裘而冕，五帝如之，則禋不屬於別祀[四四]。不知先王禮典，莫有重舉，上帝既已肆類，豈復禋乎？佑抑不知漢之所祀自是泰乙，故曰"泰乙者，天神之最貴，其佐爲五帝"，是則非昊帝矣[四五]。然亦未敢謂安國是也。

緊復語之，宗亦祀之尊也。伯夷典天地人之三禮，而曰秩宗[四六]。周官主祀大神祇而曰宗伯[四七]。大宗、小宗，族之尊也[四八]。老子曰"萬物之宗"，言萬物莫不尊也[四九]。莊周曰："天地爲宗[五〇]。"故禮有天宗，則亦有地宗矣[五一]。天宗者，萬象之宗[五二]。雲漢、虹蜺、雷電、雪霜、風雨、氛祲之屬，非必日月星辰[五三]。而地宗者，萬類之宗也[五四]。土石、金、穀、草木、毛羽、鱗介之屬，非必主於山川[五五]。求之於傳，又有河岱之宗。河宗則萬水之宗，謂淵、泉、溪、沼、藪、岸、灘、濤之屬，非主於山川、四瀆[五六]。而岱宗則萬山之宗也。謂岡巒、陵谷、阿隴、原隰之屬，非主於五岳、九山也[五七]。凡此皆微小族類，祀所不該，故以大爲宗而總祭之，如夷、蠻、戎、狄之總名曰人爾[五八]。王者事天明，事地察，故於地而加詳[五九]。是四宗者，所以及乎其不及而已矣。然則幽宗、雩宗，其不在六宗乎[六〇]？日月既主於郊，四時、寒暑復各屬於歲，惟星一類實繁，猶之在地之山，而水旱者，陰陽之極數，民事之尤切，故二者自爲宗[六一]。或曰：六宗云禋，山川云望，則山川在望不在禋矣，是故禮無禋地之文[六二]。是不然。禋者，蠲精之名爾[六三]。大傳作“煙”，則事止燔燎[六四]。然劉昭曰“堙”，則及於瘞埋矣[六五]。且古書曰“六宗者，天地屬神之尊也”，奚爲而不併地[六六]？如曰不然，則安國之説庶乎其次矣，他不足稽也。

　　安國之説，出於祭法，而附於孔叢子[六七]。家語因之[六八]。蓋孔氏之家，世有是説。故王充、蘇軾一皆從之[六九]。亦未敢以爲安也。且將從孔説，則必上自類帝至于羣神，合以爲一，而又升五帝於肆類而不禋於六宗，禋日月於六宗而不與於郊類，斯可矣。何則？郊祀而及於天地間之神，古蓋有矣；燔泰壇、瘞泰折，此則似乎類帝，而合食矣[七〇]。泰昭祭時，坎壇祭寒暑，王宫祭日，夜明祭月，幽宗祭星，雩宗祭水旱，此則似乎六宗矣[七一]；四時、寒暑雖別有祭，於此又合而享之，未大害[七二]。郊既主日，則日月決不可下齊乎六宗[七三]。星爲幽宗，水旱爲雩宗，此自二類。鄭改“宗”爲“禜”，疎矣[七四]。坎壇以祭四方，而又徧祭於百神——山林、川谷、丘陵，能出雲、爲風雨、見怪物者，此則合乎山川與羣神矣[七五]。四方非山川、林谷、丘陵，又未盡於百神，此漢儒以意求之。是以漢世泰壇，其中而五帝環壇，其下以求當乎六宗，而復壇設羣神，以求合乎書之文。是則禋類百神，合之以爲一也。山川惟不望，知徧走其地矣。望者，遥祭爾[七六]。以山高可望而祭之。川曰望者，本山而言[七七]。漢岳瀆各祠其處，然不望，則非也。王肅治家語，而輒自異之，必有其説矣。

　　噫，多言奚爲？後世必有堯舜、文王、周孔者出，不由羣惑，一斷以義，則六宗之秩正矣[七八]。於予歟何有[七九]？

【校注】

　　〔一〕招虞以旌，虞人不至：虞，虞人，古掌山澤苑囿之官。左傳昭公二十年：“齊侯田于沛，招虞人以弓，不進。公使執之。辭曰：‘昔我先君之田也，旃以招大夫，弓以招士，皮冠以招虞人。臣不見皮冠，故不敢進。’”孟子滕文公下則云:“昔齊景公田,招虞人以旌,不至。”

〔二〕召嬪亡符,楚嬪守死:四庫本如此,是,今從之。餘本“死”譌“苑”。列女傳卷四楚昭貞姜:“貞姜者,齊侯之女,楚昭王之夫人也。王出遊,留夫人漸臺之上而去。王聞江水大至,使者迎夫人,忘持其符。使者至,請夫人出。夫人曰:‘王與宮人約,令召宮人必以符。今使者不持符,妾不敢從使者行。’使者曰:‘今水方大至,還而取符,則恐後矣。’夫人曰:‘妾聞之,貞女之義不犯約,勇者不畏死,守一節而已。妾知從使者必生,留必死,然棄約越義而求生,不若留而死耳!’於是使者取符,則水大至,臺崩,夫人流而死。”

〔三〕見書舜典。

〔四〕不:同“否”。四庫本作“否”。

〔五〕若:汝。第二人稱代詞。

〔六〕以爲寒暑、日月星、水旱者,安國也:後漢書祭祀志中“(安帝元初六年)三月庚辰,初更立六宗,祀於雒陽西北戌亥之地,禮比太社也”劉昭注(下引省稱作“劉昭云”)引孔安國曰:“宗,尊也。所尊祭其祀有六:埋少牢于太昭,祭時也;相近於坎壇,祭寒暑也;王宮,祭日也;夜明,祭月也;幽禜,祭星也;雩禜,祭水旱也。禋于六宗,此之謂也。”

〔七〕以爲星、辰、司中、司命、風師、雨師者,康成也:劉昭云:“鄭玄曰:‘六宗,星、辰、司中、司命、風伯、雨師也。星,五緯也。辰,謂日月所會十二次也。司中、司命,文昌第五、第四星也。風師,箕也。雨師,畢也。’”

〔八〕以爲天地、四時者,伏生、馬融也:劉昭云:“伏生、馬融曰:‘萬物非天不覆,非地不載,非春不生,非夏不長,非秋不收,非冬不藏。禋于六宗,此之謂也。’”

〔九〕以爲天地、四方者,夏侯建、歐陽和伯也:夏侯建,西漢今文尚書學“小夏侯學”的開創者。歐陽和伯,西漢今文尚書學“歐陽學”的開創者。劉昭云:“歐陽和伯、夏侯建曰:‘六宗上不謂天,下不謂地,傍不謂四方,在六者之間,助陰陽變化者也。’”

〔一〇〕以爲乾坤六子者,劉歆、晁錯、孔光、王莽、王肅、顏師古也:孔光,西漢大臣。漢書郊祀志下載王莽奏言:“易有八卦,乾坤六子,水火不相逮,雷風不相悖,山澤通氣,然後能變化,既成萬物也。……又日月雷風山澤,易卦六子之尊氣,所謂六宗也。星辰水火溝瀆,皆六宗之屬也。"顔師古注:"乾爲父,坤爲母。震爲長男,巽爲長女,坎爲中男,離爲中女,艮爲少男,兑爲少女,故云六子也。水火,坎離也。靁風,震巽也。山澤,艮兑也。"書舜典"禋于六宗"孔穎達疏:"孔光、劉歆以六宗謂乾坤六子——水、火、雷、風、山、澤也。"又晉書禮志上:"尚書'禋于六宗',諸儒互説,往往不同。王莽以易六子,遂立六宗祠。魏明帝時疑其事,以問王肅,亦以爲易六子,故不廢。"又漢書郊祀志上"禋于六宗"顔師古注云:"六宗之義,説者多矣。乾坤六子,其最通乎。"晁錯説出處不詳,待考。

〔一一〕其純于天者,後魏之孝文,則杜佑、李翰取之:杜佑,吳本"杜"譌"社"。李翰,唐左補闕,撰有通典序。杜佑説見通典卷四四禮四禋六宗,文云:"後魏孝文帝以天皇大帝、五帝爲六宗,於義爲當。何者?按周禮'以禋祀昊天上帝',則禋祀在祀天,不屬別神。又司服云'祀昊天上帝,大裘而冕,祀五帝亦如之'。昊天、五帝乃百神之尊,宗之,義也。"李翰説不詳。

〔一二〕太常三年:自此而下至"總爲一位",大抵撮取自通典卷四四禮四禋六宗。太常,當依通典作"泰常"。泰常,北魏明元帝拓跋嗣年號,公元416—423年。

〔一三〕高閭:北魏中書監。

〔一四〕書言上帝、六宗,其文相屬:通典作:"尚書稱'肆類上帝,禋於六宗',文相連屬。"

〔一五〕肆類非獨祭之目:四庫本如此,是。今從之。吳本"目"譌"見",餘本"目"譌"月"。

〔一六〕以:用,采納。

〔一七〕虞別論謂:自此而下至"遂以爲湮埋之名",俱見於劉昭云,此但撮取其意。　太社:古天子爲羣姓祈福、報功而設之祭祀土神、穀神場所。喬本、四庫本、備要本作"本社"、洪本、吳本作"木社",俱誤。今訂正。

〔一八〕昭既從之,然疑禋非地祭,遂以爲湮埋之名:湮埋,吳本、四庫本"湮"譌"禋";各本"埋"均譌"理"。今並訂正。劉昭文作:"臣昭謂虞喜以祭地,近得其實。而分彼五色,合五爲六,又不通禋,更成疑昧。尋虞書所稱……'禋於六宗',是實祭地。地不言地而曰六宗,[六]是地數之中,舉中是以該數,社稷等祀從可知也。……宗者,崇尊之稱,斯亦盡敬之謂也。禋也者,埋祭之言也,實瘞埋之異稱,非周煙之祭也。夫置字涉神,必以今之‘示’,今之‘示’即古之‘神’,所以社稷諸字,莫不以神爲體。虞書不同,祀名斯隔。周禮改‘煙’,音形兩異。虞書改‘土’,正元祭義。”

〔一九〕許叔重:四庫本“重”譌“仲”。

〔二〇〕祭天則天文從,祀地則地理從:文淵閣四庫全書鄭玄駁五經異義六宗引,作:“祀天則天文從祀,祀地則地理從祀。”

〔二一〕劉昭云:“晉武帝初,司馬紹統(即司馬彪,彪字紹統)表駁之曰:‘臣以爲帝在于類,則禋者非天。山川屬望,則海岱非宗。宗猶包山,則望何秩焉? 伏與歆、遂失其義也。六合之間,非制典所及;六宗之數,非一位之名。陰陽之説,又非義也。并五緯以爲一,分文昌以爲二,箕、畢既屬於辰,風師、雨師復特爲位,玄之失也。安國案祭法爲宗,而除其天地於上,遺其四方於下,取其中以爲六宗。四時寒署日月衆星并水旱,所宗者八,非但六也。……春官大宗伯之職,掌玉作六器,以禮天地四方。以蒼璧禮天,以黃琮禮地,以青圭禮東方,以赤璋禮南方,以白琥禮西方,以玄璜禮北方。天宗,日月星辰寒暑之屬也;地宗,社稷五祀之屬也;四方之宗者,四時五帝之屬也。如此,則羣神咸秩而無廢,百禮徧修而不瀆,於理爲通。’”

〔二二〕晉初遂廢之:吳本“廢”譌“𢿘”。之,指六宗之祀。通典卷四四禮四禋六宗:“晉初,罷其祀。”注云:“時司馬彪表云‘六宗之禮,不應特立’。新禮(彥按:指魏明帝景初二年以太極中和之氣爲六宗而祀之之禮)遂廢。”

〔二三〕至李郃,則以爲不在天地四旁,而在乎六合之間:李郃,東漢安帝朝司空。各本均譌“季命”,今訂正。劉昭引李氏家書曰:“司空李郃侍祠南郊,不見六宗祠,奏曰:‘案尚書“肆類于上帝,禋于六宗”。六宗者,上不及天,下不及地,傍不及四方,在六合之中,助陰陽,化成萬物。’”

〔二四〕太極沖和之氣:吳本“太”作“大”,“和”譌“如”。通典卷四四禮四禋六宗:“魏明帝立六宗,祀六子之卦。景初二年,改祀太極中和之氣。”注云:“時大議其神,散騎常侍劉邵以爲:‘萬物負陰而抱陽,沖氣以爲和,六宗者,太極沖和之氣,爲六氣之宗者也。虞書謂之六宗。’時從其議。”

〔二五〕漢書郊祀志上“禋于六宗”顏師古注引孟康曰:“或曰天地間游

神也。”

〔二六〕張迪:魏晉南北朝時人,餘不詳。通典卷四四禮四禋六宗:“其閒有張迪以六代帝王,張髦以宗廟三昭三穆等,並不堪録。”

〔二七〕劉昭云:“(晉武帝初)幽州秀才張髦又上疏曰:‘禋于六宗,正謂祀祖考宗廟也。文祖之廟六宗,即三昭三穆也。”

〔二八〕取具:尋求完備。

〔二九〕至於平帝,始建日月、雷風、山澤,而屬以星辰、水火、溝瀆,此則本乎王莽:通典卷四四禮四禋六宗:“漢興,於甘泉汾陰立壇,禋六宗。”注云:“平帝元始中,王莽、孔光等奏曰:‘祀典,功施於人則祀之。天文日月、星辰,所昭仰也;地理山川、海澤,所生殖也。易有八卦,乾坤六子,水火相逮,雷風不相悖,山澤通氣,然後能變化,既成萬物。是日月、雷風、山澤,易卦六子之尊氣,所謂六宗也。星辰、水火、溝瀆,皆六宗之屬。’”

〔三〇〕安帝立天地四方之中於洛陽戌亥地,比太社,此則本兩夏侯:戌亥,西北。比,喬本譌“北”,今據餘本訂正。兩夏侯,指漢今文尚書學者夏侯勝(大夏侯)、夏侯建(小夏侯)。後漢書祭祀志中作“尚書歐陽家説”,云:“安帝即位,元初六年,以尚書歐陽家説,謂六宗者,在天地四方之中,爲上下四方之宗。以元始中故事謂六宗易六子之氣日、月、雷公、風伯、山澤者爲非是。三月庚辰,初更立六宗,祀於雒陽西北戌亥之地,禮比太社也。”

〔三一〕元初:漢安帝劉祜年號,公元114—120年。各本均譌“元始”,今訂正。

〔三二〕魏明帝則因王肅之言而從莽:見上注〔一〇〕。　司馬氏則以摯虞之請而從魏:摯虞,洪本、四庫本“摯”譌“摯”。通典卷四四禮四禋六宗:“晉初,罷其祀。後復立六宗祀,因魏舊事。”注云:“時摯虞奏:‘按舜受終,禋於六宗,漢魏相仍,著爲貴祀。凡崇禮百神,放而不致,有其舉之,莫敢廢也。宜定新禮,祀六宗如舊。’從之。”　孔晁之説:禮記祭法孔穎達疏:“劉歆、孔晁以爲乾坤之子六,爲六宗。”

〔三三〕見上注〔二四〕。

〔三四〕李郃:喬本、備要本作“李郃”,四庫本作“李邵”,俱誤。今據洪本、吳本訂正。　玄文:玄指揚雄之太玄經。

〔三五〕神游乎六宗:見太玄玄告。

〔三六〕賈逵之説本許,則鄭駁之矣:禮記祭法孔穎達疏:"賈逵云:'天宗三,日、月、星也。地宗三,河、海、岱也。'……鄭駁之云:'書云"類于上帝,禋于六宗,望于山川",既六宗云禋,山川言望,則六宗無山川明矣。大宗伯云"以禋祀祀昊天上帝,以實柴祀日月星辰,以槱燎祀司中、司命、風師、雨師",凡此所祭,皆天神也。郊特牲曰:"郊之祭也,大報天而主日也。"又祭義曰:"郊之祭,大報天,而主日,配以月。"則郊天並祭日、月可知。其餘星也、辰也、司中也、司命也、風師也、雨師也,此之謂六宗,亦明矣。'"

〔三七〕馬融之説本伏,則杜非之矣:伏,指伏生。杜,指杜佑。通典卷四四禮四禋六宗云:"後漢馬融以天地四時爲六宗者,禮無禋地與四時之義。"參見上注〔八〕。

〔三八〕夫祭有其舉之,莫敢廢也:禮記曲禮下:"凡祭,有其廢之,莫敢舉也;有其舉之,莫敢廢也。"　三昭:吳本"三"譌"二"。

〔三九〕且七政既齊之後,則惟及天神,又曷有文祖有事於在璣衡之前,而後於餘時哉:此謂祭祀之事,乃針對書舜典"正月上日,受終於文祖。在璿璣玉衡,以齊七政。肆類于上帝,禋于六宗"而言。然"而後於餘時哉"費解,疑文有譌誤。書舜典"禋于六宗"蘇軾傳云:"晉張髦以爲三昭三穆,學者多從其説。然以書考之,受終之初既有事於文祖,其勢必及餘廟,豈有獨祭文祖於齊七政之前,而別祭餘廟於類上帝之後者乎? 以此推之,則齊七政之後,所祭皆天神,非人鬼矣。"當即羅氏所本。

〔四〇〕司中、司命,實係文昌;而好雨好風,是乃箕、畢:文昌,星座名。史記天官書:"斗魁戴匡六星曰文昌宫:一曰上將,二曰次將,三曰貴相,四曰司命,五曰司中,六曰司禄。"好雨好風,指雨師、風師。是乃,四庫本作"乃是"。

豈得有實柴而復槱燎哉:吳本"柴而"譌"紫曰"。參見上注〔三六〕。

〔四一〕郊之祭也,大報天而主日,配以月:見禮記祭義,今本無"也"字。

冬享司寒:司寒,主管冬天之神。左傳昭公四年:"古者,日在北陸而藏冰。……其藏之也,黑牡、秬黍以享司寒。"杜預注:"陸,道也。謂夏十二月,日在虛危。"　而四立各自迎氣:四立,指立春、立夏、立秋、立冬四個節氣。禮記月令孟春之月:"立春之日,天子親帥三公、九卿、諸侯、大夫,以迎春於東郊。”鄭玄注:“迎春,祭倉帝靈威仰於東郊之兆也。”又孟夏之月:“立夏之日,天子親帥三公、九卿、大夫,以迎夏於南郊。”鄭玄注:“迎夏,祭赤帝赤熛怒於南郊之兆也。”又孟秋之月:“立秋之日,天子親帥三公、九卿、諸侯、大夫以迎秋於西郊。”鄭玄注:“迎秋者,祭白帝白招拒於西郊之兆也。”又孟冬之月:“立冬之日,天子親帥三公、九卿、大夫以迎冬於北郊。”鄭玄注:“迎冬者,祭黑帝叶光紀於北郊之兆也。”

〔四二〕佑之取魏,亦有矣:有,通“囿”,拘泥,局限。參見上注〔一一〕。

〔四三〕夫六天之説,本出漢世,源於緯候,而成於康成:六天,漢代緯書附會天皇大帝與五帝之神爲六天帝,稱“六天”。緯候,泛稱緯書。緯,指七經緯。候,指尚書中候。禮記郊特牲“郊特牲,而社稷大牢”孔穎達疏:“鄭氏謂天有六天。天爲至極之尊,其體祇應是一,而鄭氏以爲六者,指其尊極清虚之體,其實是一;論其五時生育之功,其别有五:以五配一,故爲六天。據其在上之體謂之天,天爲體稱;……因其生育之功謂之帝,帝爲德稱也。……故周禮司服云:‘王祀昊天上帝,則大裘而冕,祀五帝亦如之。’五帝若非天,何爲同服大裘? 又小宗伯云:‘兆五帝於四郊。’禮器云:‘饗帝于郊,而風雨寒暑時。’帝若非天,焉能令風雨寒暑時? 又春秋緯‘紫微宫爲大帝’,又云‘北極耀魄寶’,又云‘大微宫有五帝坐星,青帝曰靈威仰,赤帝曰赤熛怒,白帝曰白招拒,黑帝曰汁光紀,黄帝曰含樞紐’,是五帝與大帝六也。又五帝亦稱上帝,故孝經曰:‘嚴父莫大於配天,則周公其人也。’下即云:‘宗祀文王於明堂,以配上帝。’帝若非天,何得云嚴父配天也?”

〔四四〕參見上注〔一一〕。

〔四五〕泰乙:即太一。參見前紀三泰壹氏注〔一三〕。

〔四六〕書舜典:“帝曰:‘咨,四岳! 有能典朕三禮?’僉曰:‘伯夷。’帝曰:‘俞咨! 伯,汝作秩宗。’”

〔四七〕周官主祀大神祇而曰宗伯:宗伯,各本均作“伯宗”。彦按:周禮官名無有稱伯宗者。此當“宗伯”之倒文,今訂正。周禮春官大宗伯:“凡祀大神,享大鬼,祭大示,帥執事而卜日,宿眡滌濯,涖玉鬯,省牲鑊,奉玉齍,詔大號,治其大禮,詔相王之大禮。”

〔四八〕大宗、小宗:古代宗法社會,以嫡長子一繫爲大宗,其餘子孫爲小宗。

〔四九〕老子曰"萬物之宗":見老子第四章。

〔五〇〕見莊子天道。

〔五一〕禮有天宗:禮記月令孟冬之月:"天子乃祈來年於天宗。"鄭玄注:"天宗,謂日月星辰也。"

〔五二〕萬象:泛指天象、星象之類形象。易繫辭上"在天成象"孔穎達疏:"象謂懸象,日月星辰也。"

〔五三〕氛祲:雲氣,霧氣。吳本"氛"譌"気"。

〔五四〕萬類:萬物。

〔五五〕穀:吳本譌"䅘"。

〔五六〕灘:洪本譌"難"。

〔五七〕阿隴:山丘。

〔五八〕凡此:喬本、洪本"此"譌"比"。今據餘本訂正。　戎、狄:喬本、洪本"戎"譌"戍"。今據餘本訂正。吳本"狄"譌"趹"。

〔五九〕王者事天明,事地察:孝經感應章:"子曰:'昔者明王事父孝,故事天明;事母孝,故事地察。'"

〔六〇〕幽宗、雩宗:禮記祭法:"幽宗,祭星也。雩宗,祭水旱也。"鄭玄注:"'宗'皆當爲'禜',字之誤也。幽禜,亦謂星壇也。……雩禜,亦謂水旱壇也。"彦按:鄭氏以幽宗爲祭星之壇,雩宗爲祭水旱之壇,乃據禮文釋義。羅氏以幽宗爲祭星之事,雩宗爲祭水旱之事,則是由禮文引申生出之義。

〔六一〕實繁:吳本"實"作"寔"。　極數:極致,最高程度。

〔六二〕六宗云禋,山川云望:書舜典:"禋于六宗,望于山川。"

〔六三〕禋者,蠲精之名爾:蠲精,純潔精誠。廣韻先韻:"蠲,潔也。"說文示部:"禋,潔祀也。一曰精意以享爲禋。"又國語周語上:"精意以享,禋也。"

〔六四〕大傳作"煙":喬本、備要本"煙"作"禋",與下云"則事止燔燎"之意不合,此從餘本。

〔六五〕參見上注〔一八〕。

〔六六〕六宗者,天地屬神之尊也:見許慎五經異義,"也"作"者"。

〔六七〕孔叢子論書:"宰我曰:'敢問"禋於六宗",何謂也?'孔子曰:'所宗者六,皆潔祀之也:埋少牢於太昭,所以祭時也;祖迎於坎壇,所以祭寒暑也;主於郊宮,所以祭日也;夜明,所以祭月也;幽禜,所以祭星也;雩禜,所以祭水旱也。"禋於六宗",此之謂也。'"

〔六八〕家語因之:今本孔子家語未見言及"六宗",蓋佚文。周禮春官大宗伯賈公彥疏云:"魏明帝時,詔令王肅議六宗,取家語宰我問六宗,孔子曰'所宗者六:埋少牢於大昭,祭時;相近於坎壇,祭寒暑;王宮,祭日;夜明,祭月;幽禜,祭星;雩禜,祭水旱'。孔安國注尚書與此同。"禮記祭法孔穎達疏亦云:"案聖證論王肅'六宗'之説,用家語之文,以此四時也、寒暑也、日也、月也、星也、水旱也爲六宗。孔注尚書亦同之。"

〔六九〕王充、蘇軾一皆從之:吴本"王充"譌"五充"。書舜典"禋于六宗"蘇軾傳云:"孔安國'六宗':四時也,寒暑也,日也,月也,星也,水旱也。其説自西漢有之,意其必有所傳受,非臆度者。"彥按:王充論衡祭意篇云:"燔柴於大壇,祭天也;瘞埋於大折,祭地也:用騂犢。埋少牢於大昭,祭時也;相近於坎壇,祭寒暑也;王宮,祭日也;夜明,祭月也;幽宗,祭星也;雩宗,祭水旱也;四坎壇,祭四方也。"全引自禮記祭法,其中雖述及四時、寒暑、日、月、星、水旱之祭,然未以是爲六宗也。故又與祭天、祭地、祭四方相並列。而下更云:"六宗居六合之間,助天地變化,王者尊而祭之,故曰六宗。"則顯與孔氏説異,路史謂"從之",非也。

〔七〇〕合食:猶合祭。

〔七一〕泰昭:祭壇名。　王宮:周時祭日之壇。　夜明:周時祭月之壇。

〔七二〕又合而享之:吴本"又"譌"人"。

〔七三〕郊既主日:見上注〔四一〕。

〔七四〕鄭改"宗"爲"禜":見上注〔六〇〕。

〔七五〕坎壇以祭四方,而又徧祭於百神——山林、川谷、丘陵,能出雲、爲風雨、見怪物者:禮記祭法:"四坎壇,祭四方也。山林、川谷、丘陵能出雲、爲風雨、見怪物,皆曰神。有天下者祭百神。"

〔七六〕望者:吴本"望"譌"里"。

〔七七〕而言:吴本、四庫本作"而言之"。

〔七八〕秩:祭祀。

〔七九〕於予歟何有：吳本、四庫本“歟”作“與”。又吳本此句之下有“陳臥子曰”云云一段文字，另起一行、低一格書。

魯郊礿

曷不幸而生於後世也！“天子祭天地，諸侯祭社稷”，魯之郊禘，抑可知矣〔一〕。自王安石以周公有人臣不能爲之功，而成王報之以人臣不得用之禮，告于神考，説者於經不得其證，則又牽引司約所謂“治神之約”爲所主，非常之禮賞非常之功者以扇之，而聖人之意以益繆〔二〕。

夫魯之郊禘，其非禮亦明矣。當僖公三十有一年，春秋始書郊，而詩且著僖公之頌，聖人之意不難見也〔三〕。是何説者猶以爲未失？郊禘，豈諸侯之得用哉？今也，郊禘之名既同，而汲汲然取其禮之小異者以爲可，抑何瞀邪！

周郊昊帝，魯郊五帝；周禘帝嚳，魯禘文王；周郊日至，而魯之郊孟春；周牛以騂，而魯之牛白牡：此果魯之疑其僭而自爲之制也〔四〕？周祖后稷，故禘帝嚳；魯祖周公，故以爲禘文王。日至，天帝用事之始，故事天帝；孟春，五帝用事之始，故以爲祀五帝〔五〕。豈以無書“三月郊”若“卜郊，祀五帝”之爲得正無譏，書用禘爲禘文王之得宜邪〔六〕？

享以言帝，祀以言廟，不忒則無爽矣〔七〕。四卜不從，鼠食牛死，有天道矣，何謂春秋不懈，而享祀之不忒乎〔八〕？“皇皇后帝”，后帝非威仰矣〔九〕。“享以騂犧”，騂犧非白牡矣〔一〇〕。騂犅赤脊，公羊明文〔一一〕；文十三。而禘周公以白牡，固明堂位之説也〔一二〕。豈祭周公以白牡，而魯公反騂犅乎？日月之常有交龍，袞龍之旂無日〔一三〕。周禮王“建太常，十有二斿”，而覲禮天子“載大旂，以象日月，升龍降龍”〔一四〕。考工記“弧旌枉矢，以象弧”，蓋張旗以弧，韜弧以韣〔一五〕。而魯以龍旂承祀，載弧韣，十有二斿，日月之章,是名旐而實常〔一六〕。魯之爲制,固已無毫末顧矣。周禮在魯,果何信乎? 立五門,設六官,此春秋所爲作〔一七〕。予既論之,而世未之明也。

孟獻子曰:"啓蟄而郊,郊而後耕。"〔一八〕是月以寅矣。而穀梁子猶以爲自正月至三月,皆郊之時,此經所以無書三月之郊〔一九〕。宣三年之正月,特書"牛死,乃不郊",則它歲牛不死,正月郊矣〔二〇〕。正月之郊,乃建子之月也〔二一〕。子服景伯謂吳人曰:"魯以十月上辛有事上帝、先王,季辛而畢,自襄公來未之有改〔二二〕。"則魯固十月郊矣;畢乎季辛,則十一月矣。故雜記曰:"正月日至,有事于上帝。七月日至,有事于祖〔二三〕。"此記禮之失,自獻子也。魯僭天子禮,故正月日至郊天,而配以稷。比其祭祖,則固用夏之孟,故明堂位以六月祀周公於太廟,今孟夏也〔二四〕。獻子蓋將以尊其祖,而以夏五有事,此亦徒以二至爲重也〔二五〕。彼見魯郊不過三月,則以爲"啓蟄而郊";見其及稷,則以爲"祈農事":一何鄙邪〔二六〕! 雖然,定、哀以來,郊皆正月,又未嘗以十月〔二七〕。

郊禘之僭,明自後世,非成王與周公,斷可識也。魯用王者禮樂,予既言矣,今得而卒其說〔二八〕。

【校注】

〔一〕天子祭天地,諸侯祭社稷:見禮記王制。

〔二〕王安石以周公有人臣不能爲之功,而成王報之以人臣不得用之禮,告于神考:洪本、吳本"告于"作"告"。神考,指宋神宗趙頊。宋趙汝愚宋名臣奏議卷八三楊繪上神宗論王安石之文有異志:"王安石雜説:'周公用天子禮樂,可乎? 周公之功,人臣所不能爲;天子禮樂,人臣所不得用。有人臣所不能爲之功,而報之以人臣所不得用之禮樂,此之謂稱。'" 司約所謂"治神之約"爲所主:周禮秋官司約:"司約掌邦國及萬民之約劑,治神之約爲上。"鄭玄注:"神約,謂命祀、郊社、羣望及所祖宗也。"賈公彥疏:"'神約,謂命祀、郊社、羣望及所祖宗也'者,凡命祀,皆天子命之也。郊者,謂若祭統成王命魯外祭則郊社。常平諸侯,直命祀社,故王制云'天子祭天地,諸侯祭社稷',是常也。"

非常之禮賞非常之功者以扇之:扇,宣揚。禮記祭統:"昔者周公旦有勳勞於天下。周公既没,成王、康王追念周公之所以勳勞者,而欲尊魯,故賜之以重祭:外祭則郊、社是也,内祭則大嘗、禘是也。"

〔三〕當僖公三十有一年,春秋始書郊:春秋僖公三十一年:"夏四月,四卜郊,不從,乃免牲。" 而詩且著僖公之頌:指詩魯頌閟宮。詩序云:"閟宮,頌僖公能復周公之宇也。"參見下注。

〔四〕白牡:白色公牛。喬本、洪本、吴本"牡"譌"牝"。今據四庫本、備要本訂正。閟宮:"白牡騂剛,犧尊將將。"毛亨傳:"白牡,周公牲也。" 此果魯之疑其僭而自爲之制也:舊題宋陳則通撰春秋提綱卷九雜例門魯祭祀例云:"魯人上僭天子之禮,每郊必卜于上帝,吉則郊,不吉則否。卜之者,其魯人以僭禮之爲疑乎?"彦按:據四庫全書提要稱:"春秋提綱十卷,舊本題鐵山先生陳則通撰。不著爵里,亦不著時代,其始末未詳。朱彝尊經義考列之劉莊孫後,王申子前,然則元人也。"則其人在羅泌之後,蓋其説早有之,故路史有此言也。

〔五〕故事天帝:事,謂祭祀。

〔六〕得正無譏:謂做法正確,無可非議。

〔七〕享以言帝,祀以言廟,不忒則無爽矣:此乃針對閟宮詩"春秋匪解,享祀不忒"所作之解釋。無爽,不差,謂按時。

〔八〕四卜不從:從,順,吉。見上注〔三〕。 鼠食牛死:春秋定公十五年:"鼷鼠食郊牛,牛死,改卜牛。" 天道:天理,天意。

〔九〕皇皇后帝:此下乃針對閟宮詩"皇皇后帝,皇祖后稷,享以騂犧,是饗是宜"所作之推論。 威仰:即五帝之一之青帝靈威仰。此借代五帝。

〔一〇〕享以騂犧:四庫本、備要本如此,與詩一致,今從之。下"騂犧"同。餘本"犧"作"義"。 騂犧非白牡矣:"犧"喬本、洪本作"義",吴本譌"義"。

〔一一〕騂犅赤脊,公羊明文:騂犅(gāng):赤色公牛。備要本"犅"譌"剛"。下"騂犅"之"犅"同。脊,備要本如此,今從之。餘本均作"脊",爲俗譌字。公羊傳文公十三年:"魯祭周公,何以爲牲?周公用白牡,魯公用騂犅。”何休注：“騂犅，赤脊，周牲也。”

〔一二〕禮記明堂位：“季夏六月，以禘禮祀周公於大廟，牲用白牡。”

〔一三〕日月之常有交龍，袞龍之旂無日月：常、旂，古代九旗中之二種。周禮春官司常：“日月爲常，交龍爲旂。”袞龍，古代朝服、旗幟上繡的龍。喬本、洪本“龍”譌“説”。今據餘本訂正。

〔一四〕周禮王“建太常，十有二斿”：見春官巾車，“太”作“大”。斿，“旒”之古字。洪本、備要本作“旒”。 覲禮天子“載大旂，以象日月，升龍降龍”：今儀禮覲禮無“以”字。鄭玄注：“大旂，大常也；王建大常，縿首畫日月，其下及旒，交畫升龍降龍。”

〔一五〕考工記“弧旌枉矢，以象弧”：見考工記輈人。弧旌，以竹弓張開正幅之旌。弧，古代用於張開旗幅的竹弓。枉矢，箭名。後“弧”字，星名。又稱弧矢、天弓。凡九星，八星如弓形，外一星象矢。鄭玄注：“覲禮曰：‘侯氏載龍旂弧韣。’則旌旗之屬皆有弧也，弧以張縿之幅，有衣謂之韣。又爲設矢，象弧星有矢也。……蓋畫之。”孫詒讓正義引戴震云：“畫矢於韣。” 韣弧以韣：韣，用袋子裝上。

〔一六〕而魯以龍旂承祀，載弧韣，十有二旒，日月之章：龍旂，畫有兩龍蟠結之旗。天子儀仗之一。承祀，主持祭祀。章，花紋、圖案。詩魯頌閟宮：“周公之孫，莊公之子，龍旂承祀，六轡耳耳。”毛亨傳：“周公之孫，莊公之子，謂僖公也。”又禮記明堂位：“魯君孟春乘大路，載弧韣，旂十有二旒，日月之章，祀帝于郊，配以后稷，天子之禮也。” 名旂而實常：吴本“實”作“寔”。

〔一七〕立五門，設六官：參見發揮四魯用王者禮樂注〔二〕。

〔一八〕孟獻子：即春秋魯大夫仲孫蔑。 啓蟄：節氣名，後世稱“驚蟄”。杜預注：“啓蟄，夏正建寅之月。”詳見下注〔二六〕。

〔一九〕穀梁子猶以爲自正月至三月，皆郊之時，此經所以無書三月之郊：穀梁傳哀公元年云：“郊，自正月至于三月，郊之時也。”又云：“‘子不志三月卜郊，何也？’‘郊自正月至于三月，郊之時也。我以十二月下辛卜正月上辛，如不從，則以正月下辛卜二月上辛；如不從，則以二月下辛卜三月上辛；如不從，則不郊矣。’”范甯集解：“有變乃志，常事不書。”

〔二〇〕宣三年之正月，特書“牛死，乃不郊”：見春秋。 它歲：四庫本

“它”作“他”。

〔二一〕正月之郊,乃建子之月也:正月,指周正。之郊,吳本“之”譌“乏”。建子之月,即夏曆十一月。

〔二二〕子服景伯:名何,春秋魯大夫。　魯以十月上辛有事上帝、先王,季辛而畢,自襄公來未之有改:見左傳哀公十三年,原文作:“魯將以十月上辛有事於上帝、先王,季辛而畢。何世有職焉,自襄以來,未之改也。”上辛,吳本“辛”譌“耳”。季辛,下句辛日。

〔二三〕正月日至,有事于上帝。七月日至,有事于祖:見禮記雜記下。原文爲:“孟獻子曰:‘正月日至,可以有事於上帝。七月日至,可以有事於祖。’七月而禘,獻子爲之也。”鄭玄注:“記魯失禮所由也。”正月日至,指冬至。此正月爲周正,當夏曆之十一月。七月日至,指夏至。

〔二四〕比其祭祖,則固用夏之孟:吳本“祭”譌“癸”。夏之孟,即孟夏,指夏曆四月。　故明堂位以六月祀周公於太廟:見上注〔一二〕。

〔二五〕夏五:指夏曆五月,即周曆之七月。

〔二六〕左傳襄公七年:“夏四月,三卜郊,不從,乃免牲。孟獻子曰:‘吾乃今而後知有卜筮。夫郊祀后稷,以祈農事也。是故啓蟄而郊,郊而後耕。今既耕而卜郊,宜其不從也。’”

〔二七〕定、哀以來,郊皆正月:彦按:此説不確。春秋定公十五年云:“夏五月辛亥,郊。”又哀公元年云:“夏四月辛巳,郊。”皆不在正月也。

〔二八〕魯用王者禮樂,予既言矣:見發揮四魯用王者禮樂。　今得而卒其説:喬本、洪本“其”作“而”誤,今據餘本訂正。又吳本此句之下有“記禮者曰”云云一段文字,另起一行、低一格書。

麟木説〔一〕

絶筆、獲麟二論,見發揮矣。夫哀公之十四年至秦滅周,凡三百二十有四年,予敢謂孔子之知秦哉〔二〕!

予聞昔魯端門有血書云:“趣作法,聖人没。姬周亡,彗東出。秦正起,胡破術。書記散,孔不絶。”〔三〕明日,子夏往視之,血書蜚爲赤鳥,化爲帛,鳥消書出,署曰演孔圖〔四〕。中有制作之狀,言孛、鳥之出,周室遂微〔五〕。秦正滅周、滅諸侯及子秀,書亦甲乎〔六〕!孛,胡亥破先王之道也〔七〕。端門,今在孔廟東南十一里。春秋説題辭言:孔子謂子夏,獲麟之月,天當有血書魯端門〔八〕。子夏録之者,此也。故演孔圖云:孔論經,有鳥化爲書,奉以告天,赤爵集之,化爲黄玉,刻曰“孔提命,仰應法”,是爲赤制〔九〕。又云:“麟,木之精。蒼之滅也,麟不榮也〔一〇〕。”注謂“見拽柴者”〔一一〕。觀此,然後知予言之有由。

　昔王通氏謂春秋以天道終,而孔穎達云“彗星東出之際,憲章遂泯”,言必及彗,其亦有所承乎〔一二〕?緯候之書,吾不敢廢,顧豈苟然也哉〔一三〕?按孝經中契云:丘見孝經文成而天道立,乃齋,以白之天〔一四〕。玄雲涌北極,紫宫開北門,召元星北落司命〔一五〕。天使書題,號云孝經篇,曰:玄神辰裔孔丘,知元命〔一六〕。使陽衢,乘紫麟,下告地主要道之君〔一七〕。後年麟至,口吐圖文,北落郎服,書魯端門,隱形不見〔一八〕。子夏往觀,寫之,得十七字。餘文二十消滅,飛爲赤烏,翔摩青雲〔一九〕。

　解疑論云:聖人不空生,受命而制作,所以覺斯民,覺後生也〔二〇〕。西狩獲麟,知天命之去周,赤帝之方起,爲周亡之異,漢興之瑞〔二一〕。及聞端門之命,有制作之狀,乃遣子夏等一十四人求周史記,得百二十國寶書,修爲春秋。故春秋説:“丘覽史記,援引古圖,推集天變,爲漢制法,陳序圖録〔二二〕。”又云:“丘,水之精,治法爲赤制功〔二三〕。”“西狩獲麟,言赤受命,蒼失權,周滅火起,采薪得麟也〔二四〕。”而何休乃謂:孔子按録,知劉季當代周〔二五〕。見薪者獲麟,知爲之出,謂采薪有庶人然火之意,明赤帝將代周〔二六〕。西狩獲者,從東而王西,東卯西金,明卯金之得天下〔二七〕。又不書下三時者,木絶火王,漢興之應〔二八〕。此過鑿也。然家語亦云:子與子貢講道德,有赤氣起,貫于天。子曰:魯端門當有血書,西飛爲烏〔二九〕。則非特緯書也。書林作“鳥”〔三〇〕。拾遺記云“夫子生時,麟吐玉書”,故以爲聖人之應也〔三一〕。

【校注】

〔一〕麟木説:四庫本如此,餘本“木”均作“本”。彦按:當以作“木”爲是。篇内文稱:“麟,木之精”,可證。今從四庫本。

〔二〕夫哀公之十四年至秦滅周,凡三百二十有四年:彦按:魯哀公十四年,叔孫氏之車子鉏商獵獲麒麟,孔子春秋至此輟筆,時當公元前481年,而秦滅周,則在秦昭王五十一年,即公元前256年,兩者相距時間應是二百二十五年,而非三百二十四年。　予敢謂孔子之知秦哉:吳本“予”譌“子”。

〔三〕予聞昔魯端門有血書云:事載公羊傳哀公十四年何休解詁,又見藝文類聚卷九八引春秋演孔圖。聞,吳本、四庫本譌“謂”。　趣作法:趣(cù),趨快,從速。作法,謂創制撥亂之法。　秦正起,胡破術:秦正,即秦始皇嬴政。何休公羊傳解詁、藝文類聚並作“秦政”。胡,指秦二世胡亥。破術,破壞正道。

〔四〕子夏往視之,血書蜚爲赤鳥:吳本“往”譌“泩”。蜚,通“飛”。赤鳥,備要本“鳥”作“烏”。下諸“鳥”字同。

〔五〕中有制作之狀:狀,陳述,描寫。何休公羊傳解詁作“中有作圖制法之狀”。　孛:彗星。

〔六〕秦正:四庫本作“秦政”。　子秀:指所謂之周平王少子秀。本書後紀十高辛紀下云:“平(王)之子三……少曰秀,封汝川,謂之周,十九世,併於秦。”參見彼注〔三二九〕。　甲:通“狎”,接近。喬本、洪本作“申”誤,今據餘本訂正。

〔七〕孛,胡亥破先王之道也:彦按:此句爲解釋上文“胡破術”語,“孛”疑當作“破術”。

〔八〕春秋説題辭:漢代緯書,春秋緯之一種。

〔九〕赤爵:即赤雀。傳説中的瑞鳥。爵,通“雀”。　孔提命,仰應法:提命,謂耳提面命,即親自教誨。仰,猶“作”。龍龕手鑑人部:“仰,爲也。”太平御覽卷九一四引春秋孔演圖亦作“仰”。水經注卷二五泗水、藝文類聚卷九〇、卷九九、太平御覽卷九二二引春秋孔演圖,皆作“作”。應法,應世之法典。

赤制:讖緯家指漢朝典制。後漢書郅惲傳:"漢歷久長,孔爲赤制。"李賢注:
"言孔丘作緯,著歷運之期,爲漢家之制。漢火德尚赤,故云爲赤制,即春秋感
精符云'墨孔生,爲赤制'是也。"

〔一〇〕蒼:借代周。漢人以姬周爲木德,木德尚蒼,故稱。

〔一一〕見拽柴者:拽(yè),拖。木既砍劈爲柴而又拽之,故象徵"蒼之滅"。

〔一二〕昔王通氏謂春秋以天道終:王通元經卷九"開皇九年春正月,白虹
夾日,晉、宋、齊、梁、陳亡"下云:"文中子曰:'春秋以天道終乎,故止獲麟。'"
而孔穎達云"彗星東出之際,憲章遂泯":見禮記正義序。孔穎達,喬本"穎"
譌"頴",今從餘本訂正。憲章,典章制度。泯,吳本譌"汦"。 有所承乎:吳
本"承"譌"承"。

〔一三〕也哉:吳本、四庫本作"已哉"。

〔一四〕孝經中契:漢代緯書,孝經緯之一種。

〔一五〕玄雲涌北極,紫宮開北門,召元星北落司命:玄雲,奇妙的雲彩。吳
本、四庫本、備要本作"玄霜"誤。北極,指北極星座。晉書天文志上:"北極五
星,鉤陳六星,皆在紫宮中。"紫宮,星官名,即紫微垣。傳説爲天神太一居所。
淮南子天文篇:"紫宮者,太一之居也。"召,通"詔"。太平御覽卷六一〇引孝
經中契作"角",蓋誤。元星,大星。各本"元"均作"亢",今據太平御覽訂
"元"。北落,原爲星名,此爲星神名。史記天官書:"北宮玄武,虛、危。……
其南有衆星,曰羽林天軍。軍西爲壘,或曰鉞。旁有一大星爲北落。"司命,執
掌詔令。

〔一六〕曰:喬本作"日",餘本皆作"目"。彦按:此字當作"曰"。太平御
覽卷六一〇引孝經中契作"云",與"曰"義同,可證。今訂正。 玄神辰裔:太
平御覽作"神星裔"。玄神,天神。辰裔,星辰之裔。 元命:天命。

〔一七〕使陽衢,乘紫麟:此謂天使北落騎紫麟,出使人間。陽衢,陽間大
道,借代人世間。 地主要道之君:蓋指孔子。地主,人世間主人。要道之君,
謂掌握重要道理之人。自此"主要道之君"直至篇末,所據天津圖書館藏洪本
掃描圖片闕頁,不得其詳。

〔一八〕北落郎服:吳本"北"譌"地"。郎服,穿著郎官的禮服。

〔一九〕赤烏:吳本、四庫本"烏"作"鳥"。

〔二〇〕解疑論:東漢儒宗戴宏撰。　聖人不空生,受命而制作:自此而下至"修爲春秋",見解疑論。春秋公羊傳注疏卷首唐徐彦疏亦引之,文字不盡相同。"受命"各本均作"不受命",當衍"不"字,今據徐彦公羊疏删。　所以覺斯民:徐彦公羊疏"覺"作"生"。

〔二一〕赤帝:指漢高祖劉邦。漢自以火德王,火赤色,因神化劉邦爲"赤帝子",乃有斬白帝子所化蛇之故事。

〔二二〕丘覽史記,援引古圖,推集天變,爲漢制法,陳序圖録:推集,推考綜合。陳序,同"陳敍",陳述。徐彦公羊疏引春秋説,"覽"或作"攬","漢"作"漢帝","陳序"作"陳敍"。

〔二三〕丘,水之精:徐彦公羊疏引春秋説,作"丘,水精"。彦按:此疑當作"丘,水精子"。蓋徐疏脱"子"字;路史"子"譌"之",又與"精"字互倒。拾遺記卷三云:"周靈王立二十一年,孔子生於魯襄公之世。夜有二蒼龍自天而下,來附徵在之房,因夢而生夫子。……夫子未生時,有麟吐玉書於闕里人家,文云:'水精之子,係衰周而素王。'""水精之子"者,龍之子也。　治法爲赤制功:赤制,見上注〔九〕。

〔二四〕言赤受命,蒼失權,周滅火起,采薪得麟也:徐彦公羊疏引春秋説,無"言"字、"也"字,又"蒼"作"倉","采薪"作"薪采"。

〔二五〕孔子按録:自此而下至"明卯金之得天下",見公羊傳哀公十四年"反袂拭面,涕沾袍"何休解詁。此但撮取大意,並非照録原文。

〔二六〕然火:何休解詁作"燃火",同。

〔二七〕西狩獲者,從東而王西:王,通"往"。　東卯西金,明卯金之得天下:東於地支屬卯,西於五行屬金。卯金,"劉"字之左旁,借代"劉",指劉邦。

〔二八〕又不書下三時者,木絶火王,漢興之應:見公羊傳哀公十四年"曰:'備矣'"何休解詁,原文作:"絶筆於春,不書下三時者,起木絶火王,制作道備,當授漢也。"徐彦疏:"四時具,然後爲年,此乃春秋之常。今不書下三時者,欲起木應之君將亡,欲别起爲王,是以此處不得記之。且獲麟既記,制作之道已備,當欲以之授于漢帝,使爲治國之法,是以不得録于三時矣。"木,借代周。參見上注〔一〇〕。喬本、四庫本、備要本均譌"水",此從吳本。

〔二九〕今本孔子家語未見有此,蓋佚文。

〔三〇〕書林：佚書。三國魏應璩、南朝宋夏赤松皆撰有書林，此不明所指。

〔三一〕玉書：吳本“玉”譌“王”。

麟難

麟果何物邪〔一〕？孔子曰：“麟以爲畜，故獸不狃〔二〕。”“刳胎殺夭，則麟不至〔三〕。”如此而已。

越自西狩筆絕，而世之學士弗復知麟之爲物，於是羣起而要爲之説，曰瑞獸也，曰仁獸也，曰土畜也，或曰木之精〔四〕，詩含神霧。曰北方元枵之獸〔五〕，鶡冠子。曰西方之毛蟲〔六〕，陳欽〔七〕。曰中央軒轅、大角之信〔八〕，蔡邕。若是其不一也。底言其狀，則曰麇身牛尾，曰狼項馬蹄，曰黄色圓蹄，曰狼額赤目，而五蹄，高丈二尺，身備五色，腹下茹黄，角端帶肉，含仁懷義，居不羣、行不侶，音中宫羽、步中規矩，不踐生蟲、不折生莽，不犯陷擭、不罹罔罟，飲清池而遊樂土，牡鳴遊聖、牝鳴歸和，春鳴扶幼、夏鳴養綏、秋鳴藏嘉、冬鳴思邊，食嘉禾、飲玉英，彬彬乎有文藻、申申乎有樂章，京房、葛洪、鶡冠、廣雅與孫氏瑞應之書，其説固多，不離乎此矣〔九〕。“歸和”一作“歸昌”，“扶幼”一作“使劣”，“養綏”一作“養鷙”〔一〇〕。若語其壽，則或一千，廣雅〔一一〕。或三千。抱璞〔一二〕。或云水土構精〔一三〕，公羊傳〔一四〕。或云陽氣所孕，又云純陰之精〔一五〕，鶡冠子。云歲星之散〔一六〕，保乾圖。云機星得則生〔一七〕，運斗樞〔一八〕。何其紛紛邪！按孝經右契、春秋感精符：麒麟一角，明海内之共一也；不刳胎剖卵，則在郊矣〔一九〕。自漢而來，爲祥説者，咸謂麟生于火而游於土，王者視明禮修、好生惡殺、動有儀容，賢者在位、不肖者退，則見郊野〔二〇〕。禮斗威儀云：君乘金而王，政太平，則在郊〔二一〕。而春秋攷異郵以爲，王者功平則至〔二二〕。孝經緯亦言：“德至鳥獸，則鳳凰翔，麒麟臻〔二三〕。”故劉向謂帝王之著，莫不先致四靈〔二四〕。是以治平則至,德盛則以爲畜。而三五曆紀遂記黃帝之世,以麟爲畜。尚書中候亦謂黃帝時,常在園囿[二五]。而傳且記堯時每在郊棷,虞世來遊于田[二六]。遂使庸君想致,學士妄談,於是指鳥爲鸞,證鷔作鳳,讎真假僞,漫不可攷[二七]。

嗟乎!鉏商一獲而周室衰,孝武一獲而漢祚微[二八]。章帝何人,而元和二三年間,郡國上麟者五十一[二九]。安帝延光亦且三見[三〇]。孝獻延康之元,一年之中至十見于郡國[三一]。石季龍開華林,郡國上送蒼麟二八,爰俾張司虞調之以駕芝蓋[三二]。晉宋以降,無代無有,而孟蜀之邦乃至多于犬彘,不知果何物邪[三三]?公羊氏云:麟非中國之獸也,而瑞中國,中國有王則至[三四]。今幷州有野麟,其大如鹿,則又非瑞物矣。

予聞唐文皇時,龐支來貢天馬,墮地無毛,鱗生于肉,目若黃金,項若雞延,股裏旋毛,光成日月,在處大鮮,雲周覆之[三五]。予以是真麟也。餘子之言,其亦出於想像而不足徵者[三六]。載質之傳,牡麒牝麟,而書中候則云麒似大麋,一角;麟似馬而無角,赤日[三七]。斯迨得之。釋獸亦謂麟如馬而一角,不角者麒[三八]。此雌雄之辨也。終軍所獲,一角五蹄,蓋若麃者,果又何物邪[三九]?然詩義疏、中興徵祥書又謂麕身,牛尾,狼頭,一角,馬足而黃;劉向謂其麕身,牛尾,圜頭,一角,含仁懷義,擇土而踐:則又繆矣[四〇]。

嘉祐二年六月,交趾貢二獸,狀如水牛,身被肉甲,鼻端有角,食生芻瓜果,必先以杖擊之然後食[四一]。時以爲麟,田況言其與書史所載不同,恐爲夷人所詐[四二]。而杜植亦奏其不似麕而有甲,此必非麟[四三]。番商有辨之者,特山犀也。宋太始末,武威進獸,一角、羊頭、龍翠、馬足,父老亦莫之識[四四]。按爾雅,麕、驒、麐、兕皆一角,然不言有鱗甲,惟廣志言符枝,謂其狀如麟,皮有鱗甲〔四五〕。此迨近之，而形乃如牛，遂宣詔答爲異獸。斯爲體矣。

　　方吕光入姑臧，有麟正見，百獸從之，光遂僭即三河〔四六〕。然則斯麟也，其果祥邪，果不祥邪？

　　　　孔叢子云：叔孫車子鉏商樵野獲麟，以爲不祥，弃之五父之衢〔四七〕。有告者曰：“有麕而肉角〔四八〕。”子曰：“何在？吾將觀焉。”謂其御高柴曰：“若言麟也〔四九〕。”往視之，曰：“宗周將滅，孰爲來哉？”乃作歌。云云。劉向、更始皆以爲應孔子〔五〇〕。賈逵、伏虔、穎容輩乃云春秋文成三年致麟，不知春秋因麟而作，文成二年而孔子卒〔五一〕。按孝經右契：孔子夜夢豐沛之邦有赤烟起，顔回、子夏觀之，驅車到楚西北范氏之廟，芻兒捶麟，傷其前，折左足，取薪覆之〔五二〕。子曰：“汝爲誰？”曰：“吾姓赤松，字喬特，名受紀〔五三〕。”子曰：“有見乎？”曰：“見一禽如麕者，羊頭上角，其末有肉，方以是西走〔五四〕。”子趨而往〔五五〕。子發薪，麟視子。麟蒙其耳，吐書三卷。子精讀之〔五六〕。事亦見搜神記，蓋妄矣。且諸傳記，麟有蒼、白、黄、紫、班、蚸之異，不可不知也〔五七〕。白獲於孝武，蒼獲於石虎，蚸麟、紫麟出於罽賓〔五八〕。而記仲尼之生，紫麟格門者，乃若王母之駕班，方平之乘黄，斯又方外之説也〔五九〕。

【校注】

〔一〕麟果何物邪：篇題及自此而下至“而世之學士弗”，因所據天津圖書館藏洪本掃描圖片闕頁，不得其詳。

〔二〕麟以爲畜，故獸不狘：見禮記禮運。畜，家畜。狘(xuè)，驚逃貌。

〔三〕刳台殺夭，則麟不至：台，通“胎”。四庫本作“胎”。夭，幼稚的動物。史記孔子世家載孔子曰：“丘聞之也，刳胎殺夭，則麒麟不至郊。”

〔四〕西狩筆絶：西狩獲麟，春秋絶筆。　　土畜：亦作“土蓄”，見公羊傳哀公十四年“麟者，仁獸也”徐彦疏。彦按：此以麒麟之方屬爲中央土，故稱“土畜”。　　木之精：彦按：此以麒麟之方屬爲東方木，因稱“木之精”。

〔五〕北方元枵之獸：元枵，即玄枵。十二星次之一。鶡冠子度萬：“麒麟者，玄枵之獸，陰之精也。”宋陸佃注：“玄枵，北星之次。”

〔六〕許慎五經異義引陳欽説：“麟，西方毛蟲，金精也。”

〔七〕陳欽：西漢經學家。

〔八〕中央軒轅、大角之信：軒轅、大角，二星名。史記天官書：“軒轅，黃龍體。”又：“大角者，天王帝廷。”信，通“身”。太平御覽卷六引蔡邕月令章句曰：“天官五獸之於五事也，左有蒼龍大辰之貌，右有白虎大梁之文，前有朱雀鶉火之體，後有玄武龜蛇之質，中有大角、軒轅麒麟之信。”

〔九〕底言其狀：底，至於。　麕身牛尾：見爾雅釋獸。　狼項馬蹄：宋書符瑞志中稱麒麟“狼項而一角，黃色而馬足”。　黃色圓蹄：見三國吳陸璣毛詩草木鳥獸蟲魚疏卷下麟之趾。　狼額赤目：見陸佃埤雅卷三釋獸。　五蹄：見漢書終軍傳。顏師古注：“每一足有五蹄也。”蹄指馬、牛、羊、豬等動物生在趾端的角質物。　高丈二尺，身備五色，腹下茹黃：茹，包含，覆蓋。唐瞿曇悉達開元占經卷一一六獸占麒麟引京房易傳曰：“麒麟，……有五彩，腹下黃，高丈二尺。”　角端帶肉：毛詩草木鳥獸蟲魚疏卷下麟之趾：“麟，……角端有肉。”　含仁懷義，居不羣、行不侶，音中宮羽、步中規矩，不踐生蟲、不折生莽，不犯陷擭、不罹罔罟：莽，草。陷，陷阱。擭（huò），裝有機關的捕獸木籠。喬本、吳本、備要本譌“獲”，今據洪本、四庫本訂正。説苑辨物：“故麒麟……含仁懷義，音中律吕。行步中規，折旋中矩。擇土而踐，位平然後處。不羣居、不旅行。”又廣雅釋獸：“駱，狼題肉角，含仁懷義，音中鐘吕，行步中規、折還中榘，遊必擇土、翔必後處，不履生蟲、不折生草，不羣居、不旅行，不入陷穽、不羅罘罟，文章彬彬。”　飲清池而遊樂土：開元占經卷一一六獸占麒麟：“不食不義，不飲汙池。不入陷穽，不經羅網。”　牡鳴遊聖、牝鳴歸和，春鳴扶幼、夏鳴養綏、秋鳴藏嘉、冬鳴思邊：遊聖，謂遊於聖人之門。語出孟子盡心上：“觀於海者難爲水，遊於聖人之門者難爲言。”歸和，謂嫁而夫家和睦。歸，女子出嫁。養綏，猶養安。藏嘉，寓意吉慶。思邊，費解，疑有誤。太平御覽卷八八九引何法盛徵祥記曰：“麒麟者，毛蟲之長，仁獸也。牡曰麒，牝曰麟。牡鳴曰遊聖，牝鳴曰歸和。夏鳴曰扶幼，秋鳴曰養綏。”　食嘉禾、飲玉英：清何焯等撰分類字錦卷六四祥瑞麒麟第五飲玉英引孫氏瑞應圖曰：“麟，王者嘉祥也。……彬彬乎其有文章。食嘉禾之實,飲珠玉之英。”　彬彬乎有文藻、申申乎有樂章:申申,和舒貌。開元占經卷一一六獸占麒麟:“斌斌乎文章,申申乎其樂。”　孫氏瑞應:即孫氏瑞應圖。

〔一〇〕使劣:吳本“劣”作“芳”。

〔一一〕今廣雅未見有麒麟壽一千歲之説,蓋佚文。

〔一二〕抱璞:吳本、四庫本作“抱樸子”,備要本作“抱璞子”。彦按:今本抱朴子對俗作“麒麟壽二千歲”,而非“三千”。

〔一三〕構精:指雌雄交配。四庫本作“搆精”,同。

〔一四〕公羊傳:彦按:上説實出自公羊傳哀公十四年“麟者,仁獸也”徐彦疏。其文曰:“鶡冠子云‘麟者,北方玄枵之獸,陰之精’者,正以五行相配言之,水爲土妃,水土構精而生麟。得土氣者性似父,得水氣者性似母,蓋以麟得水氣,故云‘玄枵之獸,陰之精’也。”

〔一五〕或云陽氣所孕:開元占經卷一一六獸占麒麟引曾子曰:“麟,毛蟲之精,陽氣所生。”　又云純陰之精:見上注〔五〕。

〔一六〕初學記卷二九獸部麟引春秋保乾圖曰:“歲星散爲麟。”

〔一七〕云機星得則生:機星,又稱璣或天璣,爲北斗七星中之第三星。太平御覽卷八八九引春秋運斗樞曰:“機星得則麟生。”藝文類聚卷九八亦引春秋運斗樞,作:“機星得其所,則麒麟生。”

〔一八〕運斗樞:各本此三字均闌入正文,其誤顯然,今移出之。

〔一九〕孝經右契:漢代緯書,孝經緯之一種。　春秋感精符:漢代緯書,春秋緯之一種。　麒麟一角,明海内之共一也;不剖台剖卵,則在郊矣:麒麟,喬本、洪本作“麒雌”,非是,此從餘本。台,用同“胎”,四庫本作“胎”。卵,喬本、洪本譌“邜”,吳本譌“卯”,今據四庫本、備要本訂正。藝文類聚卷九八引春秋感精符,作:“麟一角,明海内共一主也。王者不剖胎,不剖卵,則出於郊。”

〔二〇〕藝文類聚卷九八引蔡邕月令章句曰:“凡麟,生於火,遊於土。故修其母,致其子,五行之情性也,視明禮修則麒麟見。”又引春秋感精符曰:“一本云:德及幽隱,不肖斥退,賢者在位,則至。……一本曰:明王動則有義,静則有容,乃見。”開元占經卷一一六獸占麒麟引孫卿子曰:“王者好生惡殺,則麒在郊野。”

〔二一〕君乘金而王，政太平，則在郊：乘金而王，各本均作“垂金而正”。彥按：“垂金而正”不辭，當作“乘金而王”，“乘”與“垂”、“王”與“正”形皆相近，蓋因之致誤。乘金，即勝金，廣韻蒸韻：“乘，勝也。”五行生克關係，勝金者火，而漢爲火德，此實隱指漢也。藝文類聚卷九八引禮斗威儀，正作：“君乘金而王，其政平，麒麟在郊。”今據以訂正。太平，吳本作“大平”。

〔二二〕春秋攷異郵：漢代緯書，春秋緯之一種。　功平：事業有成。爾雅釋詁：“平，成也。”

〔二三〕見孝經援神契。

〔二四〕劉向謂帝王之著，莫不先致四靈：著，謂著名者。説苑辨物：“凡六經帝王之所著，莫不致四靈焉。德盛則以爲畜，治平則時氣至矣。”

〔二五〕太平御覽卷八八九引尚書中候曰：“黄帝時，麒麟在囿。”

〔二六〕而傳且記堯時每在郊椒：郊椒（sǒu），郊野草澤之地。“椒”通“藪”。尚書大傳卷一：“堯時麒麟在郊藪。”　虞世來遊于田：孔叢子記問，孔子歌曰：“唐虞世分麟鳳遊，今非其時來何求？”詩周南麟之趾篇首孔穎達疏：“孔叢云：唐虞之世，麟鳳遊於田。”

〔二七〕讎真假僞：以假充真。讎，匹配。假，借用。僞，假。

〔二八〕鉏商一獲：左傳哀公十四年：“春，西狩於大野，叔孫氏之車子鉏商獲麟。”　孝武一獲：漢書武帝紀元狩元年：“冬十月，行幸雍，祠五畤。獲白麟，作白麟之歌。”

〔二九〕章帝何人，而元和二三年間，郡國上麟者五十一：吳本、四庫本“郡國”作“郊國”誤。東觀漢記卷二肅宗孝章皇帝紀：“章帝元和二年，鳳凰三十九、麒麟五十一……日月不絕，載於史官，不可勝紀。”又宋書符瑞志中：“漢章帝元和二年以來，至章和元年，凡三年，麒麟五十一見郡國。”太平御覽卷八八九引論衡曰：“儒者説麟爲聖王來，此言妄也。章帝之時，麒麟五十一至，章帝豈聖人也？”

〔三〇〕安帝延光亦且三見：延光，漢安帝年號，公元 122—125 年。據宋書符瑞志中：“漢安帝延光三年七月，麒麟見潁川陽翟。延光三年八月戊子，麒麟見潁川陽翟。延光四年正月壬午，麒麟見東郡濮陽。”

〔三一〕孝獻延康之元，一年之中至十見于郡國：延康，漢獻帝年號，公元

220年。宋書符瑞志中:"漢獻帝延康元年,麒麟十見郡國。"

〔三二〕石季龍開華林,郡國上送蒼麟二八,爰俾張司虞調之以駕芝蓋:石季龍,即十六國時後趙太祖石虎。華林,華林園,宫苑名。故址在今河北臨漳縣西南。司虞,官名。掌管苑囿。芝蓋,車蓋。以形如芝,故稱。此借代車。晉書石季龍載記下:"郡國前後送蒼麟十六,白鹿七,季龍命司虞張曷柱調之,以駕芝蓋,列于充庭之乘。"

〔三三〕而孟蜀之邦乃至多于犬豕:孟蜀,指公元934年孟知祥建立之蜀王朝(史稱後蜀)。彦按:孟蜀當作前蜀(公元907年王建創立之蜀王朝)。新五代史前蜀世家多有王建時麟出見之記載,如:"(武成三年)十月,麟見壁州。""(永平二年)六月,麟見文州。……三年正月,麟見永泰。……(四年冬)麟見昌州。"乃至作者驚歎:"予讀蜀書,至於龜、龍、麟、鳳、騶虞之類世所謂王者之嘉瑞,莫不畢出於其國,異哉!"然於後蜀世家,則未有見麟之記載。

〔三四〕春秋哀公十四年:"春,西狩獲麟。"公羊傳:"何以書? 記異也。何異爾? 非中國之獸也。……麟者仁獸也,有王者則至,無王者則不至。"

〔三五〕龍支:縣名,治所在今青海民和縣古鄯鎮。 墮地:落地。謂出生。 雞延:雞脖子。 股裏旋毛:裏,纏繞。各本均作"裏"。彦按:"股裏"費解。據形、義推,當爲"裹"字之譌。今訂正。 大鮮:極潔净。

〔三六〕餘子:吳本"子"譌"予"。 不足徵:吳本"徵"譌"懲"。

〔三七〕載質之傳:載,通"再",又。質,對質,驗證。 牡麒牝麟:備要本"麒"譌"麟"。 書中候:喬本、洪本"候"譌"侯",今據餘本訂正。

〔三八〕釋獸亦謂麟如馬而一角,不角者麒:彦按:今爾雅釋獸無"而"字,又"麟"作"䮺","麒"作"䮫"。邢昺疏:"䮺,獸名也。狀如馬,一角。不角者名䮫。"蓋並非麒麟類。爾雅後文:"麐,麕身,牛尾,一角。"陸德明釋文:"麐,本又作麟,牝麒也。"邢昺疏:"李巡曰:'麐,瑞應獸名。'孫炎曰:'靈獸也。'"是方爲麒麟矣。又路史上引書中候稱"麟似馬而無角",此則言"麟如馬而一角",顯然不同,而云"亦謂",亦自未妥。

〔三九〕終軍所獲,一角五蹄,蓋若麃者,果又何物邪:終軍,漢武帝時謁者給事中。麃(páo),麋鹿。邪,四庫本作"耶"。漢書終軍傳:"從上幸雍祠五畤,獲白麟,一角而五蹄。"

〔四〇〕詩義疏、中興徵祥書又謂麐身，牛尾，狼頭，一角，馬足而黄：中興徵祥書，即晉中興徵祥説，南朝宋何法盛撰。詩周南麟之趾篇首孔穎達疏引草木疏云：“（麟）麐身，牛尾，馬足，黄色，員蹄，一角。”太平御覽卷八八九引何法盛晉中興徵祥説曰：“麟，麐身，牛尾，狼頭，一角，黄色，馬足也。”　劉向謂其麐身，牛尾，圜頭，一角，含仁懷義，擇土而踐：見説苑辨物，“圜頭”作“圓頂”。

〔四一〕嘉祐二年：吳本“二”作“一”。彦按：續資治通鑑長編卷一八七、宋史五行志四俱載此事，在嘉祐三年六月丁卯，此作“二年”誤。　生芻：青草。

〔四二〕田況：宋樞密使。吳本誤“田沈”。　言：吳本、四庫本作“云”。

〔四三〕杜植：宋虔州知州。

〔四四〕宋太始末，武威進獸，一角、羊頭、龍翌、馬足：太始，當作泰始，南朝宋明帝劉彧年號，公元465—471年。喬本“始”誤“知”，今據餘本訂正。武威，續資治通鑑長編卷一八七宋仁宗嘉祐三年作“武進”。彦按：當以作武進爲是。劉宋勢力不及武威，無由進貢也。武進，縣名，治所在今江蘇丹陽市東。龍翌，龍之背鰭，“翌”通“翼”。續資治通鑑長編作“龍翼”。

〔四五〕按爾雅，麐、騶、麞、兕皆一角，然不言有鱗甲，惟廣志言符枝，謂其狀如麟，皮有鱗甲：騶，各本均作“騶”，誤。今據爾雅訂“騶”。鱗甲，喬本、備要本“鱗”作“麟”，今據餘本訂“鱗”。廣志，晉郭義恭撰。符枝，當作“符拔”。符拔，獸名。見漢書班超傳“是歲貢奉珍寶、符拔、師子”，顔師古注：“續漢書曰：‘符拔，形似麟而無角。’”彦按：此説蓋本續資治通鑑長編，彼卷一八七宋仁宗嘉祐三年云：“爾雅釋麐，大如麅，牛尾，一角；騶，如馬，一角；麞，麐身，牛尾，一角；又兕，似牛，一角，青色，重千斤。然皆不言身有鱗甲。廣志云：符拔如麟，皮有鱗甲。此雖近之，而形乃如牛，又恐非是。”然中“麐”字，實當作“麏”。爾雅於麐但釋“牝麇”。而於麏則云：“大麅。牛尾，一角。”順帶言之，中華書局1995年版續資治通鑑長編，據宋本、宋撮要本、閣本及歐陽文忠公文集改“符拔”作“符枝”，非是。

〔四六〕方吕光入姑臧，有麟正見，百獸從之，光遂僭即三河：吕光，十六國時後涼太祖。姑臧，十六國時，前涼、後涼、南涼、北涼國都，在今甘肅武威市。正，謂正月。十六國春秋後涼録二吕光：“麟嘉元年正月，麟見金澤縣，百獸從之。光以爲已瑞。於是羣寮奉表，崇進名號。光從之，以孝武太元十四年二月,僭即三河王位於南郊。"

〔四七〕孔叢子曰:自此而下直至篇末,不見於四庫本。 叔孫車子鉏商樵野獲麟:自此而下至"乃作歌",撮引自孔叢子記問。叔孫,指春秋魯司馬叔孫州仇。車子,駕車的僕人。 五父之衢:道名。在魯國東南。

〔四八〕有告者曰:孔叢子原文作"冉有告夫子曰"。

〔四九〕高柴:吳本作"柴高"誤。

〔五〇〕劉向、更始皆以爲應孔子:更始,尹更始,漢經學家,治穀梁春秋。應孔子,謂麟應孔子而至。許慎五經異義:"謹案:公議郎尹更始、待詔劉更生(彦按:即劉向)等議石渠,皆以爲吉凶不並,瑞災不兼,今麟爲周亡天下之異,不得復爲漢瑞,知麟應孔子而至。"

〔五一〕賈逵、伏虔、穎容輩乃云春秋文成三年致麟:伏虔,吳本"伏"譌"伙"。穎容,漢末經學家,治左氏春秋。洪本、吳本、備要本"穎"作"穎"。春秋哀公十四年"春,西狩獲麟"孔穎達疏:"賈逵、服虔、穎容等皆以爲孔子自衛反魯,考正禮樂,脩春秋,約以周禮,三年文成致麟。"

〔五二〕豐沛:指漢高祖故鄉沛郡豐邑,地在今江蘇豐縣。吳本"豐"作"豐"。 芻兒:割草的小孩。 傷其前,折左足:各本"傷"均作"復"。彦按:"復其前"費解。"復"當"傷"之譌字,今訂正。太平御覽卷八八九引孝經右契,作"傷其前左足"。

〔五三〕喬特:吳本、備要本作"喬持"。搜神記卷八載其事,作"時喬"。

〔五四〕以是:從此。

〔五五〕子趨而往:各本此四字在下文"麟視子"後。彦按:子趨而往,當發生於問芻兒後,於文方順。由問知麟之所在,到趨而往,到發薪見麟,到麟視孔子而蒙耳吐書,其間次序不容顛倒。今於"麟視子"與"麟蒙其耳"中間插入"子趨而往",則費解矣。當爲倒文,今訂正。

〔五六〕子精讀之:精,虔誠,專心。太平御覽作:"孔子精而讀之。"

〔五七〕班:通"斑"。 蚯:音 qiú。取義不詳,待考。

〔五八〕白獲於孝武:見上注〔二八〕。 蒼獲於石虎:見上注〔三二〕。蚯麟:清陳元龍格致鏡原卷八二獸類一麒麟引物類相感志云:"蚯麟出罽賓國,似海獸,紫色,有鱗甲,頂有穴,光出圓珠,能入水與龍鬥,吼聲如雷。"

〔五九〕紫麟格門:格,至。　王母之駕班:班,通“斑”,指虎。晉崔豹古今注卷下問答釋義:“孫興公問曰:‘世稱黄帝鍊丹於鑿硯山,乃得仙,乘龍上天。羣臣援龍鬚,鬚墜而生草,曰龍鬚。有之乎?’答曰:‘無也。有龍鬚草,一名縉雲草,故世人爲之妄傳。至如今有虎鬚草,江東亦織以爲席,號曰“西王母席”。可復是西王母乘虎而墮其鬚也?’”　方平之乘黄:方平,傳説中漢桓帝時神仙王遠的字。晉葛洪神仙傳卷三王遠載方平弟子蔡經之言,稱方平“常任天曹事,一日之中,與天上相反覆者數遍。……出時或不盡將百官,惟乘一黄麟,將士數十人侍”。　斯又方外之説也:方外,指神仙家。也,喬本、洪本作“曰”,此從吴本及備要本。

鄒虞續

古琴操云:“鄒虞者,邵國女之所作也。古者役不逾時,不失嘉會。邵國之大夫久於行役,故作是詩也〔一〕。”鄒者,天子之囿。虞者,掌囿之官。東都賦云:“制同乎梁鄒。”〔二〕韓詩云:“梁鄒者,天子之田也〔三〕。”故九成宮頌云:“司馬奉梁騶之典〔四〕。”虞之時,“益爲朕虞”,故詩韓、魯説鄒虞爲天子掌鳥獸之官〔五〕。周南麟止、召風鄒虞皆以“吁嗟”稱之〔六〕。穆天子傳:七萃之士高奔戎擒獸以獻,王命畜之東虞,則今之虎牢矣〔七〕。

自書大傳言散宜生等之於陵氏取怪獸白虎以獻紂,尾倍其身,大宗伯以白琥禱禮西方,而孫炎以爲:白虎,西方之義獸,白質黑文,一曰鄒虞〔八〕。劉義方詩疏作“騶吴”〔九〕。異義、陸機遂謂:騶虞,白虎黑文,尾長於身,不食生物,不踐生草,人君有至信之德則應〔一○〕。蓋取應信厚之説爾〔一一〕。然山海經言林氏所出騶虞,其説如枝,相如所謂囿騶虞者〔一二〕。今西河有騶虞縣,則或自一物也〔一三〕。歐陽公論蜀多端,其説甚美,然亦未可槩語〔一四〕。

【校注】

〔一〕邵國:即召國。西周初召公奭封國,在今陝西岐山縣西南。後遷今河南偃師縣。周室東遷後,又改封於今河南濟源市邵原鎮。

〔二〕東都賦:漢班固撰。　　制同乎梁鄒:制,規模,體制。梁鄒,亦作"梁騶",古天子狩獵之囿名。

〔三〕韓詩云:"梁鄒者,天子之田也":彦按:韓詩疑當作魯詩傳。後漢書班固傳下東都賦"制同乎梁騶,義合乎靈囿"李賢注:"韓詩曰:'東有圃草,駕言行狩。'薛君傳曰:'圃,博也,有博大之茂草也。'……魯詩傳曰:'古有梁鄒者,天子之田也。'"蓋即路史所本,而匆遽出錯也。

〔四〕九成宫頌:唐王勃撰。

〔五〕虞之時:虞,指虞舜。　　益爲朕虞:見史記五帝本紀帝舜。裴駰集解:"馬融曰:'虞,掌山澤之官名。'"　故詩韓、魯説鄒虞爲天子掌鳥獸之官:見周禮春官鍾師"凡射,王奏騶虞"賈公彦疏。喬本、洪本、備要本"官"譌"宫",今據吳本、四庫本訂正。

〔六〕周南麟止、召風鄒虞皆以"吁嗟"稱之:麟止,指詩周南麟之趾。各本均作"補亡"。彦按:周南無稱"補亡"之篇,當爲"麟止"之譌。其説疑本許慎五經異義:"周南終麟趾,召南終騶虞,俱稱嗟嘆之,皆獸名。"蓋"麟"字漶漫而譌"補","止"形近"亾"而成"亡"。今訂正之。又此"召風",指詩經國風召南,或者"風"亦"南"之譌字。詩周南麟之趾凡三章,每章最後一句都是:"于嗟麟兮!"召南騶虞凡二章,每章最後一句都是:"于嗟乎騶虞!"故許氏、羅氏有此言。鄭玄於召南騶虞箋云:"于嗟者,美之也。"

〔七〕見穆天子傳卷五。原文爲:"有虎在乎葭中,天子將至,七萃之士高奔戎請生捕虎,必全之。乃生捕虎而獻之,天子命之爲柙,而畜之東虞,是爲虎牢。"清洪頤煊據漢書地理志注、後漢書郡國志注引穆天子傳,改"東虞"作"東虢"。　　七萃:周天子之禁衛軍。以皆聚集有智力者組成,故稱。

〔八〕書大傳言散宜生等之於陵氏取怪獸白虎以獻紂,尾倍其身:見國名紀四夏后氏後注〔四七〕。　　大宗伯以白琥禮西方:白琥,雕成虎形的白玉。禱禮,禱祭禮敬。四庫本如此,是,今從之。餘本"禱"譌"檮"。周禮春官大宗伯:"以白琥禮西方。"　而孫炎以爲:白虎,西方之義獸,白質黑文,一曰鄒虞:孫炎,三國魏經學家、訓詁學家。彦按:徧查載籍,未見孫炎曾有此説。而宋聶崇義三禮圖集注卷一一白琥云:"案孫氏符瑞圖云:'白琥,西方義獸,白色黑文,一名騶虞,尾倍其身。'"彼説與此正同。然孫氏符瑞圖之作者爲誰? 爲孫炎乎? 抑其書即南朝梁孫柔之瑞應圖記之别稱或誤稱歟? 不可知也。

〔九〕劉義方:其人不詳,待考。

〔一〇〕異義、陸機遂謂:異義,指許慎五經異義,其文曰:"古毛詩説:騶虞,義獸,白虎黑文,食自死之肉,不食生物,人君有至信之德則應之。"陸機,當作陸璣,三國吴烏程令。璣撰有毛詩草木鳥獸蟲魚疏,其卷下于嗟乎騶虞云:"騶虞,即白虎也。黑文,尾長于軀,不食生物,不履生草,君王有德則見,應德而至者也。"

〔一一〕應信厚之説:信厚,誠實敦厚。毛詩周南序麟之趾序:"麟之趾,關雎之應也。關雎之化行,則天下無犯非禮,雖衰世之公子,皆信厚如麟趾之時也。"

〔一二〕山海經言林氏所出騶虞:見山海經海内北經,"騶虞"作"騶吾",原文云:"林氏國有珍獸,大若虎,五采畢具,尾長于身,名曰騶吾,乘之日行千里。" 如枝:似有不同。枝,分歧。 相如所謂"囿騶虞"者:相如,指漢司馬相如。相如封禪文有"囿騶虞之珍羣,徼麋鹿之怪獸"語。

〔一三〕今西河有騶虞縣:西河,漢郡名,治所在今内蒙古伊金霍洛旗東南境。騶虞縣,地址不詳,待考。彦按:西河郡有騶虞縣,見漢書地理志下。其後史書不載,路史乃稱"今有",不妥。

〔一四〕歐陽公論蜀多端,其説甚美,然亦未可槩語:吴本"甚美然亦未可槩語"八字闌入正文。歐陽公,指宋歐陽修。槩語,一概而論。修撰新五代史,於前蜀世家卷末曰:"騶虞,吾不知其何物也。詩曰:'吁嗟乎騶虞!'賈誼以謂騶者,文王之囿;虞,虞官也。當誼之時,其説如此,然則以之爲獸者,其出於近世之説乎? 夫破人之惑者,難與争於篤信之時,待其有所疑焉,然後從而攻之可也。麟、鳳、龜、龍,王者之瑞,而出於五代之際,又皆萃于蜀,此雖好爲祥瑞之説者亦可疑也。因其可疑而攻之,庶幾惑者有以思焉。"

商周之際

式稽書傳,必不得於予衷則疑,疑則求,求而未嘗不得〔一〕。
堯之於舜,必有美祥;武之於紂,必有殰怨〔二〕。始嘗語矣,然不敢按鄙臆。及得後魏書張淵傳若四明山記,乃得虞帝之事〔三〕。而商周之交,猶昧也。于是摭國事,見希烏之言,謂"文王拘羑里,武王羈玉門,卒斷紂頭"〔四〕,趙三〔五〕。與韓非"武身受罟,湯身易名"之說,以知文、武王嘗辱於紂〔六〕,三十九。而未得其始末也。暨稽吕氏首時,乃云:"季歷困死,文王苦之,有不忘羑里之醜者,時未可也。至武王而事之,夙夜不懈,亦不忘玉門之辱,立十二年,而成甲子之事〔七〕。"則知周之辱,累世矣。故非之喻者,以勾踐之宦於吳,身執干戈爲吳王洗馬而殺夫差於姑蘇;文王見罵玉門,顏色不變,而武王擒紂於牧野,——故曰:"守柔曰强〔八〕。"二十一。又云:"越王之伯也,不病宦;武王之王也,不病罟。聖人之不病,以其不病,則是武王也〔九〕。"而陽經且云:食子羹于牖里,莫自悔也〔一〇〕。至此而後,南單之事見矣〔一一〕。

嗟乎,商周之載,一何惑邪〔一二〕!釋諒闇而即戎,載木主而示述〔一三〕。伐君之利歸于己,而伐君之名施于父。此昔人所以謂二子耻食其薇者也〔一四〕。即按難二之言:昔文王侵盂、克莒、舉酆,三舉事而紂惡之〔一五〕。文王懼,請入洛西地赤壤之國方千里,以贖炮烙之刑〔一六〕。仲尼曰:"仁哉文王,輕千里之國而請炮烙之刑!智哉文王,出千里之地而得天下之心〔一七〕!"鄭長者言:"體道者,無爲也,無見也〔一八〕。"此最宜文王矣。仲尼以文王爲智,未及此也〔一九〕。義則然矣,然文王胡得千里之地哉?載觀吕氏順民之說,則知文王之處岐而事紂者,冤侮雅遜,朝夕必時,上貢必適,祭祀必嚴,于是紂喜,命稱西伯,賜之千里之地〔二〇〕。文王再拜辭地,願爲民請炮烙之刑〔二一〕。文王非惡千里之地也,得民心賢千里也〔二二〕。文北面而躬事之,武南面而三斬之〔二三〕。

敏而求諸,何求而不得〔二四〕?故凡事必有釁,審其源,循其委,則千歲之至,皆可知矣,何至盡百里之外意他山之草木哉〔二五〕?

【校注】

〔一〕式:語助詞。吴本、備要本作“或”誤。　不得於予衷:得,滿足。衷,内心。

〔二〕殰怨:屈辱與怨恨,“殰”通“黷”。

〔三〕及得後魏書張淵傳若四明山記,乃得虞帝之事:四明山記,吴本、備要本“明”譌“名”。虞帝之事,指舜受堯禪之事。漢梅福四明山記已佚,内容不得其詳。而魏書張淵傳載淵著觀象賦曰:“黄星之靡鋒,明虞舜之不競。”注云:“昔舜將受禪於堯,先有星見,圓而無鋒芒。言舜當用土德王天下。星見而無芒角者,示揖讓而受,不以兵事争競也。”此正與上文“堯之於舜,必有美祥”相一致。

〔四〕希烏之言,謂“文王拘羑里,武王羈玉門,卒斷紂頭”:見戰國策趙策三,“希烏”作“希寫”,文云:“昔者文王之拘於牖里,而武王羈於玉門,卒斷紂之頭而縣於太白者,是武王之功也。”范祥雍戰國策箋證疑希寫“似爲秦之使趙者”,又云:“按古本竹書紀年:‘殷紂作瓊室,立玉門。’高誘道應訓注云:‘玉門,以玉飾門,爲柱楣也。’是‘玉門’原非地名。紂作玉門,文王亦爲玉門,則玉門非一。依策文觀之,此指紂之玉門爲是。各書玉門爲文王事,與策殊。武王不應有被羈事,疑策文‘武王’二字當在‘玉門’之下,誤倒於上。原文當作‘昔者文王之拘於牖里而羈於玉門,武王卒斬紂之頭’云云。”

〔五〕趙三:吴本、四庫本無此二字。餘本“三”均譌“二”。今訂正。

〔六〕韓非“武身受罰,湯身易名”之説:見韓非子難四第三十九,文曰:“湯身易名,武身受罰,而海内服。”二事均不得其詳。

〔七〕季歷困死:今本吕氏春秋作:“王季歷困而死”。　有不忘羑里之醜者:今本吕氏春秋無“者”字。有,通“又”。羑里,吴本“羑”譌“姜”。醜,耻。

至武王而事之:今本吕氏春秋作“武王事之”。　亦不忘玉門之辱:玉門,吴本作“王門”。今本吕氏春秋亦作“王門”。陳奇猷新校釋:“畢沅曰:‘王門’即‘玉門’,古以中畫近上爲‘王’字。‘王’三畫正均即‘玉’字。”　而成甲子之事:高誘注:“立爲天子也。甲子之日剋紂牧野,故曰成甲子之事。”

〔八〕見韓非子喻老第二十一。　勾踐之宦於吴:宦,做帝王的僕隸。各本均作“官”,非是。今據韓非子訂正。下羅苹注“不病宦”之“宦”同。吴、洪本作“吾”，當由音譌。　身執干戈爲吳王洗馬而殺夫差於姑蘇：吳本“干戈”之“干”譌“于”。洪本“於姑”二字闌入注文。洗馬，即所謂馬前卒，“洗”通“先”。　文王見罵玉門：今本韓非子作“文王見詈於王門”。呂氏春秋首時“武王事之，夙夜不懈，亦不忘王門之辱”，松皋圓曰：“紀年文丁十一年注：‘執季歷於塞庫，羈文王於玉門，鬱尼之情辭以作歌，其傳久矣。’又韓非喻老篇‘（武）[文]王見罵於玉門’，‘罵’即‘羈’字殘缺爾，蓋文王被繫，武王亦從執辱，故云‘不忘玉門之辱’。”（轉引自陳奇猷呂氏春秋新校釋）

〔九〕越王之伯也：韓非子原文“伯”作“霸”，通。　聖人之不病，以其不病，則是武王也：病，苦惱。韓非子原文作：“故曰：‘聖人之不病也，以其不病，是以無病也。’”

〔一〇〕陽經：蓋佚書。　食子羹于牖里，莫自悔也：帝王世紀亦載其事，云：“紂既囚文王，文王之長子曰伯邑考，質于殷，爲紂御，紂烹以爲羹，賜文王，曰：‘聖人當不食其子羹。’文王得而食之，紂曰：‘誰謂西伯聖者？食其子羹，尚不知也。’”（見藝文類聚卷一二）

〔一一〕南單之事：南單，紂築臺名。又稱鹿臺。故址在今河南淇縣朝歌街道。竹書紀年卷下周武王十二年：“辛卯，王率西夷諸侯伐殷，敗之于坶野。王親禽受于南單之臺，遂分天之明。”

〔一二〕載：事。　惑：迷亂。

〔一三〕釋諒闇而即戎，載木主而示述：釋，放棄。諒闇，居喪時住的房子，借指居喪。即戎，走向戰争，用兵。木主，木製的神牌。述，通“術”，道路。吳本作“之”誤。史記伯夷列傳：“西伯卒，武王載木主，號爲文王，東伐紂。”

〔一四〕二子：謂伯夷、叔齊。

〔一五〕昔文王侵盂、克莒、舉酆，三舉事而紂惡之：自此而下至“未及此也”，撮引自韓非子難二。盂，地在今河南沁陽市西北。莒，地在今山西祁縣東南。酆，地在今陝西户縣東北。惡，各本均譌“兵”，今據韓非子原文訂正。

〔一六〕赤壤之國：國，猶“域”。　以贖炮烙之刑：贖，廢除。韓非子原文作“請解”。

〔一七〕請炮烙之刑：吳本“炮”譌“抱”。韓非子原文“請”作“請解”。彦按：“解”字當有，無則義迨乎相反。

〔一八〕鄭長者：戰國鄭隱士，不知姓名。　體道者，無爲也，無見也：韓非子原文作：“體道，無爲、無見也。”體，領會，體驗。無爲，不作爲。無見，不表現。

〔一九〕未及此也：韓非子原文作：“未及此論也。”

〔二〇〕文王之處岐而事紂者：自此而下至“得民心賢千里也”，撮引自吕氏春秋順民。　冤侮雅遜，朝夕必時：高誘吕氏春秋注：“雅，正；遜，順也。紂雖冤枉文王而侮慢之，文王正順諸侯之禮，不失其時。”　上貢必適：洪本“適”譌“適”。　祭祀必嚴：嚴，敬。吕氏春秋原文作“敬”。

〔二一〕願爲民請炮烙之刑：陳奇猷吕氏春秋新校釋引蔣維喬等曰：“御覽八十四‘請’下有‘去’字，……按：韓非子難二篇作‘請解炮烙之刑’，史記殷本紀作‘請除炮烙之刑’，此亦宜從御覽‘請’下增‘去’字，淮南繆稱訓正作‘文王辭千里之地而請去炮烙之刑’。”

〔二二〕賢：勝過。

〔二三〕武南面而三斬之：史記周本紀載紂之死，云：“（紂）自燔于火而死。……（武王）遂入，至紂死所。武王自射之，三發而后下車，以輕劍擊之，以黃鉞斬紂頭，縣大白之旗。”是武王有三射紂屍之舉，今路史稱“三斬”者，蓋誇張之辭。

〔二四〕敏而求諸：敏，猶“勉”，勤勉，努力不懈。論語述而：“子曰：‘我非生而知之者，好古，敏以求之者也。’”

〔二五〕釁：微兆，迹象。　委：趨嚮，發展路線。　意：揣測。

春秋用周正

烝，冬祭也，故周禮大司馬烝以仲冬〔一〕。而魯烝以正月，是時王之正也〔二〕。春秋所紀，抑不知魯史之舊歟？夫子之革之歟？

商正建丑，而伊尹奉嗣王歸亳，若見厥祖，若即位，若朝廟，若復辟，在歲首者，商書皆以十二月紀，是建不同，而書不改夏之月也〔三〕。按在周書，作周月以紀王政，而曰“惟一月既南至”，則周正惟子、惟一月也〔四〕。若以夏正紀，則當云“元年冬十有一月”

矣〔五〕。今不然,而謂之"王正月",是以周王之正紀,而夫子因之矣〔六〕。雖然以周正紀,而猶冠以"春"者,時王之四時也〔七〕。定之方中,夏之十月,周之十二月,而城楚丘乃見于次年之正月,紀其成也〔八〕。去年閏在戌,則定中在十月,不在十一月〔九〕。故説者謂衞以十月城,魯以十一月會之,亦妄〔一〇〕。

或曰:春秋用夏正,故四月鄭祭足取温麥,秋又取周之禾,則春秋果用夏矣〔一一〕。是不然。經紀以周,而傳則亂以夏也。穀、鄧之來朝,經書在夏,而傳謂之春,經以周而傳固以爲夏,此預所以又謂"春來,而夏行禮"〔一二〕。僖之五年"正月朔,日南至",傳顧以周正説,傳亦何常之有〔一三〕?預特因其繆爾。使春秋以夏正,則二月無冰,十月大雪,皆不得爲異者,何事乎書〔一四〕?且在周禮,有正歲,有正月,正歲爲寅,而正月則爲子〔一五〕。經書周時,然子丑不得曰年之正者,固自若周以子正,而周之書授民、修祭,猶切用夏時不易也〔一六〕。郊以孟春,建寅月也。禘以季夏,建未月也〔一七〕。而康成謂孟春子之月,季夏巳之月〔一八〕。而左氏則謂"啓蟄而郊,郊而後耕",故説者謂魯無冬至之郊,蓋欲見魯非僭〔一九〕。宣之八年六月,有事大廟,固云巳月,而明堂位以季夏六月禘周公,有非建巳之月矣〔二〇〕。

正在人,時在天,先王有改正之文,而無改時之實〔二一〕。是故周官凡言正歲,與田狩、郊祀、春夏秋冬,皆本夏時。"四月維夏",夏之初夏也;"六月徂暑",夏之末夏也〔二二〕。春秋之書,舉二中以見四時,則"王正月"當爲夏之正矣,而且不然,豈天之冬而周謂之春,天之夏而周謂之秋乎〔二三〕?此穀梁所以謂正月烝爲冬祭之時,正月狩非春田之禮,四月郊爲夏之始,九月郊爲秋之終〔二四〕。則亦以春秋爲夏正,與二傳之説異,蓋不知周之四時固不是律也〔二五〕。

竊復攷之，周以子正而晉獨以夏，故絳老曰：“臣生之歲，正月甲子朔，四百四十五甲子矣。”〔二六〕而師曠謂是叔仲惠伯會承匡之歲，於今七十三年〔二七〕。今起文公之十一年正月上，盡是年二月癸未，爲七十有四年，於曠説不合〔二八〕。長曆攷之，則文之十一年正月一日爲乙丑，所稱甲子乃三月朔，是年二月二十三，却爲七十三年〔二九〕。以傳言之，則自此以前晉國已用夏正。僖公四年十二月，申生縊，經書五年春〔三〇〕。九年十一月，殺卓子，經書十年正月〔三一〕。十年冬，晉殺丕鄭，經書十一年春〔三二〕。蓋傳或據晉史，而經則周曆也。左氏既與經違，而杜每以爲之從赴〔三三〕。夫以赴辭，必舉日月，史豈得而更哉？國語：僖十六年文公過五鹿，子犯曰：“十有二年，歲在鶉火，必獲此土。”〔三四〕以十二年，則爲二十七年，是歲歲在鶉尾〔三五〕。而取五鹿，乃在二十八年之正〔三六〕。以夏正數，則在二十七年之十一月，始應鶉尾之説。獻公之伐虢，卜偃曰：“克之。其九、十月之交乎〔三七〕。”十二月丙子，朔，晉滅虢〔三八〕。是以周十二月爲十月也。據汲冢紀年書，特紀一晉，起自殤叔，至莊伯，——十一年，魯隱之元年也，——皆以建寅首歲〔三九〕。晉滅乃復收紀魏事，故預以爲魏國之史。預蓋知此，故於正月每云“謂夏正月”，又云：正天時以夏正而已〔四〇〕。劉知幾不之知，乃以爲春秋諸國皆用夏正，魯以天子禮樂，獨用周正〔四一〕。斯又大妄。左氏所記，周、夏之時不一而足，——魯隱之元，則斷以爲周正月獨有合於經指，——予故表而出之〔四二〕。

【校注】

〔一〕周禮大司馬烝以仲冬：周禮夏官大司馬：“中冬，……致禽饁獸于郊，入，獻禽以享烝。”

〔二〕魯烝以正月：春秋桓公八年：“春正月己卯，烝。”

〔三〕伊尹奉嗣王歸亳，若見厥祖，若即位，若朝廟，若復辟，在歲首者，商書

皆以十二月紀:洪本“亳”譌“亳”。書太甲中:“惟三祀十有二月朔,伊尹以冕
服奉嗣王歸于亳。”又伊訓:“惟元祀十有二月乙丑,伊尹祠于先王。奉嗣王祗
見厥祖。”

〔四〕按在周書,作周月以紀王政,而曰“惟一月既南至”,則周正惟子、惟
一月也:吳本、四庫本脱“以紀王政而曰惟一月既南至則周正惟子惟一月”凡二
十字。周月,周正建子,以夏曆十一月爲正月,稱“周月”。惟一月既南至,見逸
周書周月解。黃懷信等集注引潘振云:“一月,周正月也。南至者,自秋分日行
南陸,冬至日南極也。”

〔五〕若:吳本上部偏旁失落作“右”。

〔六〕今不然,而謂之“王正月”:此針對春秋言。

〔七〕雖然以周正紀,而猶冠以“春”者:春秋於每年之始,往往記曰:“春王
正月”。

〔八〕定之方中,夏之十月,周之十二月:定,星名。又稱營室。詩鄘風定
之方中“定之方中,作于楚宮”毛亨傳:“方中,昏正四方。楚宮,楚丘之宮也。”
鄭玄箋:“定星昏中而正,於是可以營制宮室,故謂之營室。定昏中而正,謂小
雪時其體與東壁連,正四方。”孔穎達疏:“小雪者,十月之中氣。……此定之
方中,小雪時,則在周十二月矣。”　而城楚丘乃見于次年之正月:即春秋僖公
二年:“春,王正月,城楚丘。”

〔九〕戌:夏曆九月。　不在十一月:吳本“不”譌“二”,“月”譌“小”。

〔一〇〕故説者謂衛以十月城,魯以十一月會之:左傳僖公二年:“春,諸侯
城楚丘而封衛焉。不書所會,後也。”杜預注:“諸侯既罷,而魯後至,諱不及
期,故以獨城爲文。”宋劉敞春秋權衡卷四云:“詩云:‘定之方中,作于楚宮。’
定星之中,十月也。夏之十月,周十二月也。今經書‘正月,城楚丘’,傳曰‘不
書所會,後也’,然則衛人以十月築城,而魯以十一月會之,後其期也。”

〔一一〕四月鄭祭足取溫麥,秋又取周之禾:祭足,春秋鄭大夫。左傳隱公
三年:“四月,鄭祭足帥師取溫之麥。秋,又取成周之禾。”杜預注:“四月,今二
月也。秋,今之夏也。麥、禾皆未熟,言取者,蓋芟踐之。溫,今河内溫縣。成
周,洛陽縣也。”

〔一二〕穀、鄧之來朝,經書在夏,而傳謂之春:春秋桓公七年:“夏,穀伯綏

來朝。鄧侯吾離來朝。"同年左傳則曰:"春,穀伯、鄧侯來朝。" 此預所以又謂"春來,而夏行禮":上左傳文,杜預注云:"以春來,夏乃行朝禮,故經書'夏'。"

〔一三〕僖之五年"正月朔,日南至":見是年左傳,原文作:"春王正月辛亥朔,日南至。"

〔一四〕二月無冰:春秋成公元年:"二月……無冰。"杜預注:"周二月,今之十二月,而無冰,書冬溫。" 十月大雪:春秋桓公八年:"冬十月,雨雪。"杜預注:"今八月也。書時失。"

〔一五〕周禮天官小宰:"正歲,帥治官之屬而觀治象之濩。"鄭玄注:"正歲,謂夏之正月,得四時之正。"孫詒讓正義:"全經凡言'正歲'者,并爲夏正建寅之月,別于凡言'正月'者爲周正建子之月也。……王引之云:'爾雅曰:"正,長也。"建寅之月爲一歲十二月之長,故謂之"正歲"。'"

〔一六〕子丑不得曰年之正:曰,各本均作"四"。彦按:"子丑不得四年之正",文不成義。"四"當"曰"字之譌,今訂正。 周之書:即周書。 授民:指授民時。 修祭:從事祭祀。 切用:必用。

〔一七〕禘:吴本譌"帝"。

〔一八〕康成謂孟春子之月,季夏巳之月:禮記明堂位:"是以魯君孟春乘大路,……祀帝于郊。"鄭玄注:"孟春,建子之月。"又:"季夏六月,以禘禮祀周公於大廟。"鄭玄注:"季夏,建巳之月也。"

〔一九〕啓蟄而郊,郊而後耕:見左傳襄公七年。吴本"郊而"譌"上而"。 故説者謂魯無冬至之郊,蓋欲見魯非僭:宋葉夢得春秋考卷十二閔公:"周之郊以日至,魯之郊以上辛,是以周祈穀之郊爲魯郊也。……故見于春秋者,但譏其不中節,而未嘗譏其僭。"

〔二〇〕宣之八年六月,有事大廟:春秋宣公八年:"夏六月,……辛巳,有事于大廟。"四庫本"大"作"太"。 巳月:夏曆四月。 而明堂位以季夏六月禘周公:禮記明堂位:"季夏六月,以禘禮祀周公於大廟。" 有非建巳之月矣:有,通"又"。

〔二一〕正(zhēng):古曆法稱一年的第一個月。 時:季節。

〔二二〕詩小雅四月:"四月維夏,六月徂暑。"毛亨傳:"徂,往也。六月火星中,暑盛而往矣。"

〔二三〕春秋之書,舉二中以見四時:二中,指仲夏與仲冬。宋蘇頌歷者天地之大紀賦:"魯經比事,舉二中以歲成。"魯經,指春秋。

〔二四〕穀梁所以謂正月烝爲冬祭之時:春秋桓公八年:"春,正月己卯,烝。"穀梁傳:"烝,冬事也。"　正月狩非春田之禮:春秋桓公四年:"春,正月,公狩于郎。"穀梁傳:"春曰田,夏曰苗,秋曰蒐,冬曰狩。"　四月郊爲夏之始,九月郊爲秋之終:春秋哀公元年:"夏,四月辛巳,郊。"穀梁傳:"郊,自正月至于三月,郊之時也。夏四月郊,不時也;五月郊,不時也;夏之始可以承春,以秋之末承春之始,蓋不可矣,——九月用郊,用者,不宜用者也。"

〔二五〕固不是律也:律,規整,劃一。

〔二六〕竊復攷之:自此而下直至篇末,不見於四庫本。　晉獨以夏:吳本"晉"譌"夏"。　故絳老曰:"臣生之歲,正月甲子朔,四百四十五甲子矣":見左傳襄公三十年,原文爲:"(三)〔二〕月癸未,晉悼夫人食輿人之城杞者,絳縣人或年長矣,無子而往,與於食。有與疑年,使之年。曰:'臣,小人也,不知紀年。臣生之歲,正月甲子朔,四百有四十五甲子矣,其季於今三之一也。'吏走問諸朝。師曠曰:'魯叔仲惠伯會郤成子于承匡之歲也。……七十三年矣。'"杜預注:"所稱正月,謂夏正月也。"又云:"在文十一年。"

〔二七〕而師曠謂是叔仲惠伯會承匡之歲:叔仲惠伯,又稱叔彭生,春秋魯卿。承匡,春秋宋地,在今河南睢縣西。

〔二八〕今起文公之十一年正月上,盡是年二月癸未,爲七十有四年:彦按:文公之十一年,即公元前616年。襄公三十年,即公元前543年。兩者相距,以實足年齡論,爲七十三歲;以虛歲計,則爲七十四歲。

〔二九〕是年二月二十三,却爲七十三年:此文疑有譌脱。或"是年"上宜有"至"字之類。是年,指魯襄公三十年。二月二十三,於長曆爲癸未日。

〔三〇〕僖公四年十二月,申生縊:左傳僖公四年:"十二月戊申,(大子申生)縊于新城。"　經書五年春:春秋僖公五年:"春,晉侯殺其世子申生。"

〔三一〕九年十一月,殺卓子:喬本"年"譌"月",今據餘本訂正。卓子,即公子卓,春秋晉獻公子。獻公死後,卓子異母兄奚齊繼位,未幾爲大夫里克所殺;卓子繼立,旋又被殺。左傳僖公九年:"十一月,里克殺公子卓于朝。"　經書十年正月：春秋僖公十年："春，王正月，……晉里克弒其君卓及其大夫荀息。"

〔三二〕十年冬，晉殺丕鄭：丕鄭，春秋晉大夫。喬本"丕"作"不"，此改從餘本。左傳僖公十年："冬，遂殺丕鄭"。　經書十一年春：春秋僖公十一年："春，晉殺其大夫丕鄭父。"

〔三三〕而杜每以爲之從赴：從赴，依從赴告之日期。如，春秋僖公五年"春，晉侯殺其世子申生"杜預注："書春，從告。"又僖公十年"春，王正月，……晉里克弒其君卓及其大夫荀息"杜預注："弒卓在前年，而以今春書者，從赴也。"又僖公十一年"春，晉殺其大夫丕鄭父"杜預注："書春，從告。"

〔三四〕見國語晉語四。　僖十六年文公過五鹿：文公，指晉文公重耳。五鹿，春秋衛邑，在今河南清豐縣南。國語："文公在翟十二年，……乃行，過五鹿。"韋昭注："文公，……避驪姬之難，魯僖五年，歲在大火，自蒲奔狄，至十六年，歲在壽星，故在狄十二年。"　子犯曰："十有二年，歲在鶉火，必獲此土"：子犯，晉文公舅父狐偃字。十有二年，各本均作"十有三年"。彥按：國語作"十有二年"，而路史下文亦云"以十二年，則爲二十七年"，顯然此處"三"爲"二"字之誤，今訂正。"歲在鶉火"，國語無此句，然於"必獲此土"下有"二三子志之，歲在壽星及鶉尾，其有此土乎"語。疑此"鶉火"當作"鶉尾"。鶉火、鶉尾，皆星次名。參見後紀五黃帝有熊氏注〔二五六〕。

〔三五〕以十二年，則爲二十七年：這是從僖公十六年開始算起，若從翌年算起，則應爲二十八年。

〔三六〕左傳僖公二十八年："（晉侯）侵曹、伐衛。正月戊申，取五鹿。"

〔三七〕獻公：指春秋晉獻公詭諸。左傳僖公五年："八月甲午，晉侯圍上陽，問於卜偃曰：'吾其濟乎？'對曰：'克之。'公曰：'何時？'對曰：'……其九月、十月之交乎。'"

〔三八〕見左傳僖公五年。

〔三九〕據汲冢紀年書，特紀一晉，起自殤叔，至莊伯，——十一年，魯隱之元年也，——皆以建寅首歲：殤叔，晉穆侯弟，以兄終弟及方式繼穆侯爲君，公元前784—前781年在位。莊伯，晉穆侯孫姬鱓，晉武公父，爲晉國曲沃封君。杜預春秋左氏經傳集解後序云："（竹書）紀年篇起自夏、殷、周，皆三代王事，無諸國別也。唯特記晉國,起自殤叔,次文侯、昭侯,以至曲沃莊伯,——莊伯之十一年十一月,魯隱公之元年正月也,——皆用夏正建寅之月爲歲首,編年相次。晉國滅,獨記魏事,下至魏哀王之二十年。蓋魏國之史記也。"

〔四〇〕預蓋知此,故於正月每云"謂夏正月":見上注〔二六〕。　又云:正天時以夏正而已:出處不詳,待考。正,規正,校正。天時,指時序。

〔四一〕見史通模擬。　皆用夏正:吳本"皆"作"俱"。　魯以天子禮樂,獨用周正:史通原文作:"魯以行天子禮樂,故獨用周家正朔。"

〔四二〕魯隱之元,則斷以爲周正月獨有合於經指:左傳隱公元年:"春,王周正月,不書即位,攝也。"杜預注:"言周,以別夏、殷。"

路史卷四十三

餘論六

孔子生日

何惑乎儒學之衰乎？皆儒者之不自尊其道之所致也。夫聖人之禮法行乎天地之間，萬物賴之而相生養者也；一日或息，則日月爲之孛蝕，陰陽爲之錯繆，山川、企走咸失其所，豈止臣賊其君、子賊其父而已哉〔一〕！顧佛何爲，而且與之分曹而抗衡邪〔二〕？今夫羌進賢、曳珩玉、享太牢而踞廳屋者，其貴大亦極矣，孰非先聖人之賜哉〔三〕？奈何乘高箱道廟闕則枵然不之顧，覩籩豆仆溝壑則恝然不之省，而崇夷教、奉緇侶則至於麋捐踦蹋，日虔禱，月施給，猶以未愜〔四〕！是何邪〔五〕？惟其學識不至，衷無所見，而將以圖荒唐之妄福也。夫釋氏果能以福人邪？則王公大人今日貴大，不由夷教，而顧以進其身、潤其家者，一本先聖人而取之，亦不知義命矣〔六〕！

異時有假守古上饒款孔廟者，目老桑門舞肘而過，執而訪之，曰：“吾由佛刹，未始不肅，而得無狀〔七〕？”則對曰：“儒自敬我教，而不自知其所以敬〔八〕。我有佛書，未始漫泄，方其暇時，珍藏十襲，飯之敬之；及其出也，又非盛服焚禮則弗敢以誦〔九〕。而今橫舍經籍取具，污毁狼籍，靡所不至，齋閣爲聚訟之宮，庭廡乃博塞之閒,何由興起[一〇]?"守聞而忸之,從而謝焉[一一]。以今都邑橫舍實爲無統,所謂養士,一皆無賴莫適者竊食其間,而所籍生徒,則皆先進之徒,多方占寄,以爲他日罷憲免責計,成才烏乎出哉[一二]?

嘗試語喪,釋氏有所謂四月八日,固非其實,而走天下之人,沈道虔輩累世奉事,至推宅以爲寺,四月八日廣設圓像,舉室慟哭[一三]。流風如此。而孔氏有一初度之辰,曾無記者[一四]。非惟無記,正亦自不之知[一五]。夫孔子之道,固不俟此以輕重,逢掖之徒,亦豈以斯而較彼[一六]。然道尊在於師嚴,而禮義存乎愛敬,誠使天下橫舍能因夫子初度之辰,略爲之識,庸何傷[一七]? 四月八日,亦非實定之日[一八]。詳發揮恒星說[一九]。

予曩繹齊書,見臧榮緒以宣尼庚子日生,每以是日陳五經而拜之,未嘗不仰之也[二〇]。奈何夫子一誕生之日,史傳紀載靡有定恪[二一]。珞琭子云,宣父畏以元辰[二二]。而五行書論孔子,以庚戌年二月二十三日庚子,甲申時生,——按庚戌乃魯襄公之二十二年,是歲周靈王之二十一年,而長曆其年二月二十三日實爲庚子,——以哀公之十六年壬戌歲四月己丑卒,——乃敬王之四十三年,——享七十有三齡[二三]。然公羊傳乃於襄公二十一年書"十一月庚子,孔子生";穀梁傳則繫於十月之後,蓋十二月二十二日之庚子也[二四]。是歲閏申,以元術論,節過在子,可以庚戌語[二五]。然或以爲十月庚子,則是今之八月,乃襄公之二十一年,而靈王之二十年也。然歲在己酉,則爲年七十有四,不得爲之庚戌,故劉外紀謂孔子年七十四[二六]。雖然,公羊子言十一月,——是月固無庚子,以孔氏家譜及祖庭記等所以俱云二十二年十月庚子,乃二十有七日——故林開以爲"戊子之月,節雖已過"[二七]。不知周正乃今之八月,亦非得云二月矣[二八]。今定著八月二十七日爲先聖人孔子生日。

公羊、穀梁皆書孔子生〔二九〕。左氏不記，而獨書“孔丘卒”〔三〇〕。杜預謂因魯史〔三一〕。而劉炫以爲“卿乃書卒”〔三二〕。此不合書，妄也。典命，公、侯、伯之卿三命，大夫再命〔三三〕。子爲大夫，夾谷之會攝相事矣，故傳曰“子爲國老”，是大夫之尊者，再命，則宜書矣〔三四〕。四月無己丑，惟有乙丑〔三五〕。己丑乃五月十二日。林開不知何據，以爲四月戊戌，——戊戌亦不在五月。故祖庭記直以爲四月乙丑。

【校注】

〔一〕夫：吴本譌“失”。　息：廢止。　孛蝕：孛，謂運行錯亂。蝕，虧蝕。企走：人與動物。企，指企立者，即人。走，謂走獸。宋柳開重脩孔子廟垣疏：“聖人禮法，行於天地間，萬物賴之而相養，苟一日暫廢，則日月昏，陰陽錯，豈止臣賊其君，子賊其父也！”

〔二〕分曹而抗衡：猶言分庭抗禮。曹，古代分科辦事的官署或部門。喬本、洪本譌“魯”，今據餘本訂正。

〔三〕峩進賢：戴著高高的禮帽。進賢，指進賢冠，古儒者所戴，唐時百官亦皆戴之。　曳珩玉：穿著垂掛佩玉的禮服。曳，拖著。珩玉，佩玉。　踞廇屋：踞，占住。廇屋，大房子。廇，“豊”之後起俗字。四庫本作“廇”，備要本作“厴”。

〔四〕乘高箱道廟闕則枴然不之顧：高箱，高車，語見後漢書列傳第十七贊。箱，車厢，此借代車。吴本、四庫本、備要本“高箱”作“高驤”，疑因不明其義而臆改。道，經過。枴然，猶言空空如。　覿籩豆仆溝墳則炰然不之省：仆，倒下，放倒。四庫本如此，是，今從之。餘本均譌“什”。溝墳，“墳”當作“墤”，溝渠和田埂。炰然，猶漠然，冷淡貌。炰音 jiá。省，查問。　而崇夷教、奉緇侶則至於糜捐踽蹱：夷教，四庫本作“佛教”，當館臣避滿人諱所竄改。下“夷教”同。緇侶，僧侶。以著緇衣，故稱。糜捐，粉身碎骨，舍棄生命。踽蹱，謹慎小心貌。喬本、洪本、四庫本“蹱”譌“踵”，此從吴本及備要本。

〔五〕邪：吴本、四庫本作“耶”。

〔六〕貴大：位尊勢大。　潤：謂富裕。　義命：道義與天命。

〔七〕假守古上饒款孔廟者:假守,古稱暫時代理而非正式任命的地方官。上饒,縣名,治所在今江西上饒市信州區。款,拜祭。　目老桑門舞肘而過:目,見。桑門,和尚。舞肘,"掣肘"之反義詞,謂招搖。　執而訪之:訪,問。洪本、吳本誤"紡"。　吾由佛利:由,經過。　而得無狀:而,你。無狀,不禮貌。

〔八〕敬我教:吳本"我"誤"戒"。

〔九〕漫泄:隨便外露。　暇時:謂不用之時。　十襲:四庫本"十"作"什"。襲,重,層。　皈:皈心,此謂誠心信奉。　焚禮:焚香禮拜。

〔一〇〕橫舍經籍取具:橫舍,學宮,學校。橫(hóng),通"黌"。取具,用於充數。　靡所不至:謂處處皆如此。　齋閤爲聚訟之宫:齋閤,書房。四庫本"閤"作"閣",同。聚訟,聚衆爭吵。　庭廡乃博塞之闉:庭廡,庭院廊廡。博塞,泛指博戲。博謂六博,塞通"簺",即格五,皆博戲名。吳本"塞"誤"寒"。闉,猶"域"。

〔一一〕忸:羞慚。　謝:道歉。

〔一二〕無統:没有統緒,謂管理混亂。　無賴莫適:無賴,不中用,靠不住。莫適,無處可去。洪本"適"誤"適"。　所籍生徒:登記在册的學生。吳本、四庫本"籍"作"藉"。　先進:以仕進爲先,謂一心想著做官。　占寄:揣摩上意,投靠權貴。占音 zhān。　罹憲:犯法。

〔一三〕嘗試語喪:試説對於死者之態度。　四月八日:相傳佛祖釋迦牟尼生於農曆此日。　走天下之人:謂使天下之人奔走忙碌,趨之若鶩。　沈道虔:南朝宋人。宋書有其傳,曰:"沈道虔,吳興武康人也。……累世事佛,推父祖舊宅爲寺。至四月八日,每請像。請像之日,輒舉家感慟焉。"　圓像:頭像。此指佛祖頭像。

〔一四〕初度:誕生之時。

〔一五〕正:猶誠,實在。

〔一六〕逢掖之徒:指儒生。逢掖,寬大的衣袖,古儒生所穿之衣如此。洪本、吳本"掖"作"腋"。

〔一七〕識(zhì):記念。

〔一八〕實:吳本作"寔"。

〔一九〕見發揮三論恒星不見。

〔二〇〕繹:理,治,謂攻讀、研究。　臧榮緒:南齊隱士,事迹見南齊書本傳。　仰:敬慕。

〔二一〕定恪:定準。“恪”通“格”。

〔二二〕珞琭子:佚書。作者不詳。　宣父:即孔子。新唐書禮樂志五:“(貞觀)十一年詔尊孔子爲宣父,作廟於兗州。”畏:指畏日,即忌日,此謂冥誕。　元辰:元旦,即正月初一。

〔二三〕乃敬王之四十三年:據方詩銘中國歷史紀年表,當爲敬王四十一年。

〔二四〕十一月:公羊傳原文作“十有一月”。

〔二五〕是歲閏申:彦按:據杜預春秋長曆,襄公二十一年乃八月閏,則“申”爲“未”之誤。　元術:古讖緯家推衍易天地人之術。　節過在子:謂節氣已經超過周正建子之月。　可以庚戌語:可以算作是庚戌年(魯襄公二十二年)了。

〔二六〕不得爲之庚戌:爲,通“謂”。

〔二七〕公羊子:指舊題公羊傳作者,戰國齊人公羊高。　二十二年十月庚子:吴本作“二十二”作“二十一”,誤。庚子,謂庚子日。　林開:宋代人,善占卜,撰有五命祕訣一書。　戊子之月:即魯襄公二十一年夏曆之十一月。是月於干支爲戊子。吴本“戊子”作“庚子”誤。　節雖已過:雖,通“惟”,爲。彦按:此所引林開語,其意正與前言“五行書論孔子”者同。

〔二八〕不知周正乃今之八月,亦非得云二月矣:路史從孔氏家譜及祖庭記等説,以孔子生日在魯襄公二十二年周曆十月,故以夏曆視,則在八月。林開從公羊説,以孔子生日在魯襄公二十一年夏曆十一月,又以其年八月閏而“節過在子”,故以周曆視,則在二月。

〔二九〕公羊、穀梁皆書孔子生:自此而下直至篇末,不見於四庫本。

〔三〇〕而獨書“孔丘卒”:左傳哀公十六年:“夏,四月己丑,孔丘卒。”

〔三一〕杜預謂因魯史:春秋哀公十四年“小邾射以句繹來奔”杜預注:“春秋止於獲麟,……自此以下至十六年,皆魯史記之文,弟子欲存孔子卒,故并録以續孔子所脩之經。”

〔三二〕卿乃書卒:見春秋哀公十六年“孔丘卒”孔穎達疏引劉炫云。

〔三三〕典命,公、侯、伯之卿三命,大夫再命:自此而下至“則宜書矣”,見春秋哀公十六年“孔丘卒”孔穎達疏，文字稍有不同。

〔三四〕夾谷之會攝相事矣：夾谷，地在今山東萊蕪市萊城區。相事，輔佐之事。春秋定公十年：“夏，公會齊侯于夾谷。……齊人來歸鄆、讙、龜陰田。”杜預注：“會夾谷，孔子相，齊人服義而歸魯田。”　子爲國老：備要本如此，是，今從之。喬本、洪本、吴本“子”謁“予”。左傳哀公十一年：“季孫欲以田賦，使冉有訪諸仲尼。仲尼曰：‘丘不識也。’三發，卒曰：‘子爲國老，待子而行，若之何子之不言也？’”　再命，則宜書矣：孔疏作：“則二命以上，準例合書。”

〔三五〕春秋哀公十六年“夏，四月己丑，孔丘卒”杜預注：“四月十八日，乙丑，無己丑。己丑，五月十二日。日月必有誤。”

鮮卑烏丸[一]

鮮卑者，東胡也。漢初敗於匈奴，退保鮮卑、烏丸之山，曰鮮卑，亦曰烏丸[二]。隋圖經云：山在柳城東南二百里[三]。又棘城東塞外及遼西北百里亦有鮮卑山，杜佑不能詳，蓋皆其地[四]。露宿莽飲[五]。桓靈之際，盡并北匈奴地[六]。光和中亂，檀石槐種爲小種鮮卑破之[七]。魏初，莫護跋部入遼西從討公孫淵，封國於大棘城之北，曰步摇[八]。子木延爲左賢王[九]。孫徒何涉歸漸華風，進拜單于[一〇]。二子。長曰吐谷渾，以馬致國甘松之南[一一]。孫葉延爲吐渾氏，官俗頗同中國。及卒，兄弟繼立。至夸吕，號可汗。百餘年，還爲慕容氏。慕容鍾，都督、録尚書事，奔姚興，興拜始平太守、歸義侯[一二]。自永嘉建國，爲吐谷渾[一三]。隨有伏允，死，子順爲可汗[一四]。順子諾曷鉢立，封青海國王。死，子忠立。忠死，子宣超立，襲可汗號。生曦皓。卒，子兆嗣[一五]。龍朔三年，土番併其地，散徙朔方、河東境，俗謂“退渾”[一六]。凡三百五十年，國絶[一七]。次若洛庬，遷徒何之青山，以大棘城帝顓頊之虚，徙焉[一八]。元康四年。教農桑，修政令，徵儒生，撫華裔，四遠歸之[一九]。乃立四郡統焉[二〇]。子皝遂王燕。前燕、後燕、南燕，皆其別也[二一]。

【校注】

〔一〕閲讀本篇，可與後紀十疏仡紀六高辛紀下互參。

〔二〕鮮卑、烏丸之山：參見後紀十高辛紀下注〔六四六〕、餘論三鼓吹注〔七〕。

〔三〕山在柳城東南二百里：山，喬本、四庫本作"卑"，洪本作"由"，吳本、備要本無此字；後紀十疏仡紀六高辛紀下"是曰烏丸"注引隨圖經作"山"，今從之訂改。柳城，四庫本作"柳州"非。

〔四〕杜佑不能詳，蓋皆其地：吳本、四庫本無此九字，蓋脫文。

〔五〕露宿莽飲：在露天裏過夜，在草野中飲食。

〔六〕後漢書鮮卑傳："（漢）桓帝時，鮮卑檀石槐者，……盡據匈奴故地。"

〔七〕通典卷一九四邊防十北狄一序略："自桓靈之際，鮮卑又盛，盡有漢北匈奴故地。至光和中，其帥爭立，國亂，而檀石槐之種，魏文帝時爲小種鮮卑軻比能破滅。"

〔八〕公孫淵：三國魏遼東太守，後反魏，自立爲燕王，爲司馬懿攻殺。洪本、吳本"淵"譌"洞"。

〔九〕木延：各本均譌"本延"，今據晉書慕容廆載記、魏書徒何慕容廆傳訂正。

〔一○〕孫徒何涉歸漸華風：四庫本"何"作"河"。漸（jiān），沾染。華風，指漢族或中原的風氣。晉書慕容廆載記："父涉歸，以全柳城之功，進拜鮮卑單于，遷邑於遼東北，於是漸慕諸夏之風矣。"

〔一一〕以馬致國甘松之南：彥按："之南"二字疑不當有。魏書吐谷渾傳：吐谷渾與弟若洛廆二部馬鬪相傷，若洛廆怨之，乃決意遠去，"於是遂西附陰山，後假道上隴，……止於枹罕暨甘松，南界昂城、龍涸。"

〔一二〕慕容鍾：十六國時南燕大臣，後謀反事敗投奔後秦姚興。　姚興：十六國時後秦高祖，公元 394—416 年在位。　始平：郡名，治所在今陝西興平市東南。

〔一三〕舊唐書吐谷渾傳："吐谷渾自晉永嘉之末，始西渡洮水，建國於羣羌之故地。"

〔一四〕隨有伏允，死，子順爲可汗：隨，通"隋"。伏允，夸呂子。子順，吳本、四庫本脫"子"字；喬本、洪本"順"字爲墨丁，今據餘本訂補。

〔一五〕兆：各本均譌"非"，今據新唐書吐谷渾傳訂正。

〔一六〕龍朔:唐高宗李治年號,公元661—663年。　土番併其地:土番,即吐蕃。喬本、洪本"土"譌"上",今據餘本訂正;吳本、四庫本"併"作"并"。

俗謂"退渾":新唐書吐谷渾傳云:"語謬爲'退渾'。"

〔一七〕新唐書吐谷渾傳:"吐谷渾自晉永嘉時有國,至龍朔三年吐蕃取其地,凡三百五十年,及此封嗣絶矣。"

〔一八〕若洛廆:喬本、洪本、四庫本作"若莫瘣",吳本、備要本作"若莫廆",俱誤。今訂正。　徒何:四庫本作"徒河"。參見後紀十高辛紀下注〔六五一〕。

〔一九〕華裔:華夏族的後裔,指漢人。

〔二〇〕資治通鑑卷八九晉愍帝建興二年:"是時中國流民歸廆者數萬家,廆以冀州人爲冀陽郡,豫州人爲成周郡,青州人爲營丘郡,并州人爲唐國郡。"

〔二一〕前燕、後燕、南燕,皆其別也:吳本、備要本此下有"范曄曰"云云一段文字,另起一行、低一格書。前燕,慕容皝所建國。後燕,皝子垂所建國。南燕,垂弟德所建國。

唐國望都_{堯山}

唐,今中山之唐縣也〔一〕。按輿地廣記,堯爲唐侯于此,漢屬中山國〔二〕。今中山之新樂,皆故漢之唐也。有堯山、唐水。南有望都城、望都里。東北有中山故城〔三〕,一曰廣唐城,張曜中山記之中人城也。望都城東有堯故城,俗呼爲堯姑城〔四〕。世紀以爲慶都山在望都南,張晏、皇父謐皆謂以升堯山南望都山,因曰望都,相去爲五十里〔五〕。今在唐縣東北五十四里,俗呼孤山,一曰豆山。而十三州志唐故城在盧奴北七十五。盧奴,今之唐也。酈元云:城去望都城八十,去中山城七十,推驗宜爲唐城,北去堯山五里,與七十五里之説合〔六〕。然城南無山以擬都山,於是欲以唐城爲望都城;而北又無城以應唐城,乃以唐城東南十五高昌城爲望都城,——蓋不知道里之誤也〔七〕。

雖然,唐之爲名,在在有之,而平陽、安邑亦皆曰唐。平陽即晉之臨汾,正乃詩之唐國,有姑射山。按九域志,唐水之上,地正名翼,一曰絳,而總曰平陽,成王滅之,以封叔虞,後更曰唐安邑〔八〕。今隸解〔九〕。故絳之翼城城西二十有唐城〔一〇〕。又并之平晉北二里有故唐城,寰宇記爲唐堯所築〔一一〕。夫平陽乃丹朱之封也,徐才國都城記及元和郡縣志皆云翼城唐國,帝堯裔子所封〔一二〕。而晉陽縣北二里亦有故唐城,云堯所築,即燮父之所徙〔一三〕。而河北縣南百二十八又有故堯城〔一四〕。九域志,威勝軍之臨漳城,風土記亦云堯築〔一五〕。而邢之堯山縣,漢之柏人,西十二有南蠻古城,——今相有古柏人城,九域記引世紀,爲堯都——縣東北二十二有柏鄉城,故與趙郡柏鄉縣東西中分,城冢記言堯所置〔一六〕。有堯廟,謂堯登此,瞻洪水、訪賢人者〔一七〕。又河東之南二十八,亦有堯山,上有堯城,水經以爲唐堯所理〔一八〕。而雷首亦謂之堯山,有堯祠;唐之堯山,亦有堯祠,張朏齊地記以爲巡狩所登〔一九〕。而河清西南八十五,瑕丘東南七里洙西,與滑之靈河,皆有堯祠〔二〇〕。上黨長子亦有堯水、堯祠〔二一〕。集古錄記堯祠碑二,皆在濟陰。九域志濟陰乃今有堯溝,堯之所開而名〔二二〕。而九州記,曹爲堯廟〔二三〕。若寰宇所記,堯迹尤多。堯、舜之祠,天下不勝多矣。張朏皆以爲巡狩之所,記有所不得盡〔二四〕。有如東海縣西北三里謝禄山上堯廟,乃太始七年刺史劉崇智所立,自以爲堯後爲之,此類尤多〔二五〕。今荆湖南北、江西、兩浙、桂陽、永明、二水以來,祠場不可勝紀,廣記皆不能録〔二六〕。

【校注】

〔一〕唐:堯之國。　中山:府名。

〔二〕見輿地廣記卷一一河北西路上中山府唐縣。

〔三〕中山:指漢中山國。

〔四〕參見水經卷一一滱水“又東過唐縣南”酈道元注。

〔五〕張晏:喬本“晏”作“宴”,非其本字,此從餘本。太平寰宇記卷六二定州唐縣:"孤山,在縣東北五十四里。蓋都山也。皇甫謐帝王世紀云:'望都山,堯母慶都之所居。'張晏云:'堯山在北,堯母慶都山在南,每登堯山見慶都山。'是此。"

〔六〕水經注卷一一滱水:"今此城……[距]俗名望都故城則八十許里,距中山城則七十里,驗途推邑,宜爲唐城。城北去堯山五里,與七十五里之説相符。"

〔七〕然城南無山以擬都山,於是欲以唐城爲望都城;而北又無城以應唐城,乃以唐城東南十五高昌城爲望都城:水經注卷一一滱水:"地理志曰:堯山在南。今考此城之南,又無山以應之,是故先後論者,咸以地理志之説爲失。又即俗説以唐城爲望都城者,自北無城以擬之。假復有之,途程紆疑,山河之狀,全乖古證,傳爲疏罔。……又于是城之南如東一十餘里,有一城,俗謂之高昌縣城,或望都之故城也。故縣目曰望都,縣在唐南。皇甫謐曰,相去五十里。稽諸城地,猶十五里,蓋書誤耳。" 蓋不知道里之誤也:道里,路途之里程。喬本、洪本、備要本"里"譌"理",今據吳本、四庫本訂正。

〔八〕一曰絳:洪本"曰"譌"白"。 唐安邑:唐,朝代名。安邑,縣名。

〔九〕解:州名。

〔一〇〕元和郡縣圖志卷一二絳州翼城縣:"故唐城,在縣西二十里。堯裔子所封也。"

〔一一〕平晉北:洪本"平"作"乎",喬本因譌"乎"。今據餘本訂正。又洪本"北"譌"比"。 寰宇記爲唐堯所築:見太平寰宇記卷四〇并州平晉縣。

〔一二〕徐才國都城記:清人張文虎及今人吳新江、趙生羣以爲國都城記之作者應爲徐才宗(見吳新江、趙生羣史記標點芻議(一),文史 2015 年第 3 輯),當是。

〔一三〕元和郡縣圖志卷一三太原府晉陽縣:"故唐城,在縣北二里。堯所築,唐叔虞之子燮父徙都之所也。"

〔一四〕河北縣南百二十八又有故堯城:彦按:此説查無證據。疑即下"又河東之南二十八,亦有堯山,上有堯城"因譌而複出者,蓋河北縣爲河東縣之誤,又衍"百"字耳。

〔一五〕威勝軍:治所在今山西沁縣。 臨漳城:故址不詳。清儲大文等纂山西通志卷五八古迹二潞安府以之入襄垣縣。元豐九域志卷四河東路威勝軍古迹："臨漳城,風土記云:'堯所築。'"

〔一六〕而邢之堯山縣,漢之柏人,西十二有南蠻古城:南蠻,疑當作"南綫"。太平寰宇記卷五九邢州堯山縣:"南綫古城,柏人故城,在縣西十二里。皇甫謐帝王世紀云:'堯所都也。'"　今相有古柏人城,九域記引世紀,爲堯都:見元豐九域志卷二河北西路相州古迹。　縣東北二十二有柏鄉城,故與趙郡柏鄉縣東西中分,城冢記言堯所置:趙郡,各本"郡"均譌"都",今據太平寰宇記訂正。柏鄉縣,治所即今河北柏鄉縣。城冢記,洪本"冢"作"家"。太平寰宇記卷五九邢州堯山縣:"柏鄉故城,在縣東北二十二里。與趙郡柏鄉縣東西中分爲界。城冢記云'堯時所置'。"

〔一七〕有堯廟,謂堯登此,瞻洪水、訪賢人者:瞻,喬本、洪本作"贈",餘本皆作"覽"。彦按:太平寰宇記卷五九邢州堯山縣云:"宣務山,……城冢記云:'堯登此山,東瞻洪水,務訪賢人。……山上有堯祠。'"當即路史所本。蓋其字本作"瞻",形近而譌"贈",遂不可解,因或意改作"覽"。今訂正。又,"有堯廟"上尚當有"宣務山"字,疑脫文。

〔一八〕太平寰宇記卷四六蒲州河東縣:"堯山,在縣南二十八里。水經注云:'河東有堯山,上有堯城,即堯所理處。'"

〔一九〕而雷首亦謂之堯山:水經注卷四河水:"河水南逕雷首山西,山臨大河,北去蒲坂三十里,……俗亦謂之堯山。"　張肑:其人不詳,待考。

〔二〇〕河清西南八十五,瑕丘東南七里洙西,與滑之靈河,皆有堯祠:河清,縣名,治所在今河南孟津縣東南。靈河,縣名,治所在今河南滑縣西南。各本均譌"靈祠",今訂正。太平寰宇記卷五西京三河清縣:"堯廟,在縣西南八十五里。"又卷二一兗州瑕丘縣:"堯祠,在縣東南七里,洙水之西。"又卷九滑州靈河縣:"堯祠,在縣西南五十里。劉盆子所立。"

〔二一〕上黨長子亦有堯水、堯祠:上黨,郡名。長子,縣名,今屬山西省。水經注卷一〇濁漳水:"堯水自西山東北流,逕堯廟北,又東逕長子縣故城南,周史辛甲所封邑也。"

〔二二〕堯之所開而名:各本此句均在下文"而九州記,曹爲堯廟"之後。彦按:此句當是釋堯溝得名之由,而隔斷於後,文意不相接續,殊不可解。蓋倒文也,今訂正。

〔二三〕九州記:吴本、四庫本、備要本作"九州志"。彦按:九州記,晉下邳太守荀綽撰;九州志,晉著作郎樂資撰。二書不同,未知孰是。　曹爲堯廟:曹,周封國名,地在濟陰(今山東菏澤市定陶區)。

〔二四〕張朏:喬本、洪本作"徒狂",費解。此從餘諸本。

〔二五〕東海縣西北三里謝禄山上堯廟,乃太始七年刺史劉崇智所立,自以爲堯後爲之:西北,洪本"北"譌"比"。太始,即泰始。劉崇智,南朝宋冀州刺史。各本"智"均作"之",蓋音譌。今訂正。太平寰宇記卷二二海州東海縣:"堯廟,在縣西北三里謝禄山上。州舊記:'宋泰始七年,刺史劉崇智稱劉氏本承堯後,遂造此廟,以時饗祠。'"

〔二六〕永明:縣名,治所在今湖南江永縣南。　二水:疑指東丹水、西丹水,在今山東壽光市境。太平寰宇記卷一八青州益都縣:"堯山。……伏琛齊記又云:'此山南有二水,名東西丹水也。'"

克明俊德至時雝〔一〕

聖人之德,固無待而自明。堯帝俊德所以克明者,德性之明足以勝己之私而已〔二〕。大學説曰:"克明俊德",自明也〔三〕。"不明爾德,時無倍無側。爾德不明,以無陪無卿〔四〕。"此所以爲幽也〔五〕。惟俊德之克明,故於是可以親九族。惟九族之既睦,故於是可以平章乎百姓〔六〕。九族,王之親族。而百姓者,百官之族姓也。聖人之治,必自近以及遠,由親而之疎。是故治國者必先家,齊家者必先身〔七〕。此平章百姓之所以必先於親九族,親九族者所以必自於明俊德;而萬邦之協和,黎民之於變,又有待於百姓之昭明也。九族惟患其不睦,故必使之既睦。百姓惟患其不明,故必使之昭明。親親以睦,友賢不棄,使既睦也。以其昭昭,使人昭昭,使昭明也。

春秋傳曰:"'克明俊德',自修也。'以親九族',親親也。'平章百姓',體羣臣也。'協和萬邦',懷諸侯也。'黎民於變時雍',子庶民也。天下歸之,此明德之效也〔八〕。"大抵天下之不治,常由遠人之不安。遠人之不安,常由諸侯之不度〔九〕。不能修身,九族何自而親〔一〇〕?不能親親,百官何自而辨?故必正身,而後內外順;必親親,而後職任當〔一一〕。

方晉季世,宗賢摧落,姦佞在朝,道子父子既非親賢,國寶之徒又皆讒佞,是故一時岳牧如王恭輩,曾無畏忌,而晉陽之甲興〔一二〕。其爲不睦也,甚矣。迹其禍兆,豈不由於俊德之不明乎〔一三〕?此於變黎民所以必俟諸侯之協和,而協和萬邦所以必俟百姓之昭明也。

典於親九族言“以”而下不言“以”,於睦九族言“既”而下不言“既”,蒙上辭也。程子以百姓爲庶民,孔氏以俊德爲賢士,未詣〔一四〕。

【校注】

〔一〕俊德:四庫本“俊”作“峻”。下“俊德”之“俊”同。

〔二〕此下皆羅氏就書堯典稱堯“克明俊德,以親九族。九族既睦,平章百姓。百姓昭明,協和萬邦。黎民於變時雍”一段文字所作之闡釋。

〔三〕“克明俊德”,自明也:禮記大學原文爲:“帝典曰:‘克明峻德’,皆自明也。”

〔四〕不明爾德,時無倍無側。爾德不明,以無陪無卿:見詩大雅蕩,“倍”作“背”。於上句,毛亨傳:“背無臣,側無人也。”鄭玄箋:“無臣、無人,謂賢者不用。”於下句,毛亨傳:“無陪貳也,無卿士也。”時,通“是”,乃。倍,通“背”。陪,家臣。洪本、吳本、四庫本譌“倍”。卿,洪本、吳本譌“側”。

〔五〕幽:昏暗不明。

〔六〕平章:辨明。平,通“辨”。

〔七〕齊家:治家。禮記大學:“欲治其國者,先齊其家。欲齊其家者,先修其身。”

〔八〕春秋傳曰:此所引春秋傳,不知何人所撰,待考。又,下所釋者,爲書堯典之文,乃見之春秋傳,亦可疑。　體羣臣:體,體察。　子庶民:子,像對待子女一般愛護。

〔九〕不度:不合法度,違法。

〔一〇〕九族:洪本“族”譌“於”。

〔一一〕職任當:當,承擔。

〔一二〕宗賢:指宗親與賢臣。　道子父子:指晉孝武帝司馬曜同母弟司馬道子及其子司馬元顯。各本均作“悼子”,當由音譌,今訂正。　國寶:王國寶,晉中書令。四庫本如此,是,今從之。餘本“寶”均譌“室”。　王恭:晉前將軍、青兖二州刺史。各本均作“□泰”。彦按:檢視晉書,此人當是王恭,今“王”字既闕文,“恭”字又以形近譌“泰”,遂令人眩。今訂正。　晉陽之甲:公羊傳定公十三年載,晉趙鞅以清君側之名,興晉陽之甲逐荀寅與士吉射。後因稱地方長吏不滿朝廷而舉兵内嚮爲興“晉陽之甲”。晉孝武帝於淝水戰後,罷謝安兵權,司馬道子代表皇族執政。安帝年幼即位,道子爲太傅,攝政,總攬内外事。帝長後歸政,道子寵用中書令王國寶專制朝廷,與子元顯專事聚斂。王恭以清君側之名起兵,迫道子殺國寶以謝。及道子使王愉爲江州刺史以自固,恭又與桓玄等起兵討愉,後因部將劉牢之叛變而兵敗被殺。

〔一三〕禍兆:喬本、洪本“兆”譌“非”。今據餘本訂正。

〔一四〕程子以百姓爲庶民:程子,指宋程頤。程氏經説卷二書解堯典:“百姓,庶民也。”　孔氏以俊德爲賢士:孔氏,指漢孔安國。書堯典“克明俊德,以親九族”舊題孔安國傳:“能明俊德之士,任用之,以睦高祖玄孫之親。”　未詣:詣,符合,吴本、四庫本、備要本作“諳”。又,吴本、備要本此下有“楊升菴曰”云云一段文字,另起一行、低一格書。

九族<small>三族非異姓</small>

親親,治之始也。禮小記曰:“親親者,以三爲五,以五爲九,上殺、下殺、旁殺,而親畢矣。”〔一〕是所謂九族者。夫人生則有父,壯則有子,父、子與己,此小宗伯三族之别也〔二〕。父者,子之祖,因上推之,以及於己之祖;子者,父之孫,因下推之以及於己之孫,——此禮傳之“以三爲五”也。己之祖,自己子視之,則爲曾祖;王父,自己孫視之,則爲高祖王父;己之孫,自己父視之,則爲曾孫;自己祖視之,則爲玄孫,——故又上推以及己之曾、高,下推以及己之曾、玄，是所謂"以五爲九"也〔三〕。五衰之等，惟父與長子三年，族莫重也〔四〕。以三爲五，則祖與嫡孫皆朞；以五爲九，則高曾、曾玄爲三月矣〔五〕。所謂三月，殺也。昆弟爲期，而從父之昆九月，從祖之昆五月，族昆三月，所謂旁殺也〔六〕。詳禮書六十。其不曰"五爲七"者，服數盡於五也〔七〕。雖然，高爲三月，則曾宜小功；祖爲期，則曾宜大功〔八〕。以祖期言之，則曾大功矣；而爲齊三月，不以旁服加乎尊也〔九〕。禮齊三月，而章以爲曾祖，是曾亦齊三月矣〔一〇〕。重其衰麻，尊之也；減其時日，恩殺也，——此之謂上殺〔一一〕。高曾、曾玄，同爲三月，所以報也〔一二〕。然曾服同齊，而曾玄緦，卑也，——此之謂下殺〔一三〕。是"以五爲九"也。

記曰：閨門有禮，則三族和矣〔一四〕。詩、書言九族，而小宗伯、士昏禮、仲尼燕居惟言三族〔一五〕。蓋五衰之所止，以上下言之，則九；而以等衰言之，則五；以祖免所及自旁言之，則又謂之六親：一也〔一六〕。三族，親之本；九族，親之盡。舉三，則九見矣。孔安國云，上至高祖，下至玄孫〔一七〕。小記之言，亦昭明矣。

而或者謂高非己之所逮事，玄非己之所及見，且出一族，則其所睦爲不廣，於是執爲異姓之説。此何琦所以謂："若但内宗，有不足以贊帝堯之美。"〔一八〕徒亦不知所謂上下及者，非及高、玄之身，其同出乎高祖旁殺服屬之内者，皆是也〔一九〕。夫亦豈知世之難睦者，惟在内族，曾高外屬，世曠事希，簡薄有甚於外人者〔二〇〕。然切疑之〔二一〕。桓公六年傳以外祖父母、子及妻之父母、姑之子、姊妹之子、女子之子若己之同族爲九族〔二二〕。而禮傳遂謂：緦以上，恩所及，妻之父與舅有服，明在族也；女適人而係姓，爲不異族〔二三〕。故禮之戴，書之歐陽、夏侯，白虎通義，如淳之徒，皆以爲：父、母、妻之族，合則爲三，別則爲九——父之族，別而四〔二四〕；父五屬之内，父之女昆弟適人者子，己女昆弟適人者子，己女之子適人者子〔二五〕。母之族，別而三；母之父母、母之昆弟、母之女昆弟與其子〔二六〕。妻之族，別而二。

妻之父姓,妻之母姓[二七]。至引伐木"諸父""諸舅"、角弓之"兄弟昏姻"與頍弁之"兄弟甥舅"以爲實,謂"諸父兄弟者,父之族;諸舅諸甥者,母之族;而婚姻者,妻之族也[二八]。"是不然。伐木詩言"親親以睦",非九族也[二九]。角弓,父兄刺幽之詩;頍弁,諸公刺幽之詩,——傳者以爲"不親九族",非本指也[三〇]。葛藟,王族刺平之詩,而以爲"棄其九族";行葦,美周忠厚之詩,而以爲能"睦九族",——豈其然乎[三一]?"終遠兄弟,謂它人父"、"謂它人昆",此譬遠棄親族而謂它人爲父母、昆弟爾[三二]。"戚戚兄弟,莫遠具爾",非它人也[三三]。"協比其隣",豈其隣在族哉[三四]?況在爾雅,内宗曰族,母、妻之族曰黨[三五]。父可以爲黨,而妻與母不得謂之族也。白虎議云:"族者,湊也,聚也。上湊高祖,下至玄孫,一家有吉,百家聚合,生相愛,死相哀,故謂九族[三六]。"斯亦悉其由矣。

嗟乎!罪人以族,此虐王之末政也[三七]。堯親舜敘,惟病施之不博,然亦有畔止矣[三八]。是故桀、紂雖苛,族止一宗[三九]。秦襄以來,立三族法,張晏之徒猶以爲父母、兄弟、妻子[四〇]。若莊子之言五紀,袁紹之言五宗,匡衡、玄成所言五屬,不過父、祖、己與子、孫[四一]。莊子言六位,老氏、班志、賈誼言六親,不韋言六戚,亦不過父母、兄弟、夫婦[四二]。故貫高曰:"人豈不容愛其父母妻子哉?今吾三族皆以論死![四三]"則非異姓,斷可識矣。奈何刻者濫誅無藝,一人犯罪,禁至三屬[四四]。此章帝之所爲惜[四五]。而如淳者猶以爲父、母、妻之族,亦大妄矣[四六]。漢誅黥布,不及蚡也[四七]。玄之駁之,亦可謂明也矣[四八]。異姓之服,不過於緦。緦不廢昏,而士昏禮言"惟是三族之不虞",恐其廢昏,則亦父、己、子之昆弟而已[四九]。大功惟不娶,妻黨豈妨於昏送哉[五〇]?

【校注】

〔一〕禮小記:指禮記喪服小記。　　親親者:禮記原文無"者"字。　　上殺、下殺、旁殺：殺謂減省。由己之父而上至祖、曾祖、高祖，親益疏而喪服漸輕，稱“上殺”。由己之子而下至孫、曾孫、玄孫，親益疏而喪服漸輕，稱“下殺”。同樣，爲旁系親屬服喪，亦遵循親益疏而服漸輕之原則，則稱“旁殺”。

〔二〕周禮春官小宗伯：“掌三族之別，以辨親疏。”鄭玄注：“三族，謂父、子、孫，人屬之正名。”

〔三〕自己子視之：吳本“視”譌“祖”。　高祖王父：即高祖父，爲曾祖之父。

〔四〕五衰(cuī)：古代以親疏爲差等的五種喪服。　三年：謂服喪三年。

〔五〕朞(jī)：亦作“期”。一周年。此謂服喪一年。

〔六〕昆弟爲期：備要本“期”譌“之”。

〔七〕參見下注〔一一〕。

〔八〕小功：喪服名，五服之第四等。其服以熟麻布製成，比大功爲細，較緦麻爲粗。服期五月。　大功：喪服名，五服之第三等。其服用熟麻布做成，較齊衰稍細，較小功爲粗。服期九月。

〔九〕以祖期言之：喬本、洪本“祖”譌“請”，今據餘本訂正。　齊(zī)：齊衰。喪服名，五服之第二等。其服用粗麻布做成。以緝邊縫齊，故稱。

〔一〇〕章：章程，法規。

〔一一〕儀禮喪服：“曾祖父母。傳曰：何以齊衰三月也？小功者，兄弟之服也。不敢以兄弟之服服至尊也。”鄭玄注：“正言小功者，服之數盡於五，則高祖宜緦麻，曾祖宜小功也。據祖期，則曾祖宜大功，高祖宜小功也。高祖、曾祖皆有小功之差，則曾孫、玄孫爲之服同也。重其衰麻，尊尊也。減其日月，恩殺也。”

〔一二〕報：相應。

〔一三〕曾服同齊：曾祖與高祖喪服相同，皆爲齊衰。　而曾玄緦，卑也：曾孫、玄孫喪服爲緦麻。緦(sī)，喪服名，五服之最末一等。其服用細麻布做成，服期三月。宋陳祥道禮書卷六三宗族云：“(服)曾孫宜五月而與玄孫皆緦麻三月者，曾孫服曾祖三月，曾祖報之，亦三月。曾祖尊也，故加齊衰；曾孫卑也，故服緦麻。此所謂下殺。”

〔一四〕禮記仲尼燕居：“是故……以之閨門之內有禮，故三族和也。”

〔一五〕詩、書言九族:彦按:詩當作詩序。"九族"但見諸詩序而不見於詩也。路史此下説大致本陳祥道禮書説,禮書即作詩序,不誤。禮書卷六三宗族云:"書與詩序皆言九族,特周禮小宗伯、儀禮士昏、禮記仲尼燕居特言三族者,三族,父、子、孫也。九族,高祖至玄孫也。三族舉其本,九族極其末,舉三族則九族見矣。"

〔一六〕所止:猶所至。　以等衰言之,則五:各本"五"均作"衰"。彦按:作"衰"不合文義。"以等衰言之"者,五衰、五服也,唯當作"五",以與上指九族之"九"相應。今訂正。　祖免:祖衣免冠。古禮,於五服外遠親之喪,並無喪服之制,唯脱上衣,露左臂,脱冠紒髮,用寬一寸布條從頸下前部交於額上,又嚮後繞於髻,以示哀思。喬本、洪本、吳本"祖"譌"祖",今據四庫本、備要本訂正。

〔一七〕見本卷上文克明俊德至時雝注〔一四〕。

〔一八〕何琦:晉代高士。　内宗:指一族之内者。父族爲内宗,母族、妻族則皆外宗。

〔一九〕服屬:五服中親族。

〔二〇〕曾高外屬:曾祖、高祖輩之旁系親屬。　世曠事希:事,服事,侍奉。婉言接觸。　簡薄:謂親情單薄。喬本、洪本"薄"作"簿"非,此從餘本。

〔二一〕切:通"竊"。四庫本作"竊"。

〔二二〕桓公六年傳以外祖父母、子及妻之父母、姑之子、姊妹之子、女子之子若己之同族爲九族:彦按:此實出左傳桓公六年"親其九族"杜預注,"六年傳"下宜有"注"字。又"子及妻之父母"之"子",杜注作"從母子","從母"二字亦不當省。

〔二三〕在族:謂在九族之中。　女適人而係姓:適人,嫁人。洪本"適"譌"適"。下諸"適"字同。係姓,謂保持姓,未放棄原來姓氏。

〔二四〕禮之戴:此指大戴禮記作者,漢之戴德。然其説實出大戴禮記保傅"三族輔之"北周盧辯注:"三族,父族、母族、妻族。"　書之歐陽、夏侯:見餘論五六宗論注〔九〕。　白虎通義:吳本、四庫本"義"作"議"。陳祥道禮書卷六三宗族云:"白虎通、夏侯、歐陽、何琦、如淳之徒,以父族四、母族三、妻族二爲九族。"路史此下之説亦大抵出自陳書。

〔二五〕五屬:五服内之親屬。　女昆弟:姊妹。

〔二六〕母之父母,母之昆弟、母之女昆弟與其子:各本"母之昆弟"均作"母之女昆弟"。彦按:作"母之女昆弟",則與下文重複,此必衍一"女"字,今删去。白虎通義宗族云:"母族三者,母之父母,爲一族也;母之昆弟,爲二族也;母昆弟子,爲三族也。"通典卷七三禮三三九族引白虎通,"母昆弟子"作"母之女昆弟"。

〔二七〕父姓:猶言父族。　母姓:猶言母族。

〔二八〕至引伐木"諸父""諸舅"、角弓之"兄弟昏姻"與頍弁之"兄弟甥舅"以爲實:伐木、角弓、頍弁,皆詩小雅篇名。昏姻,吴本、四庫本"昏"作"婚"。兄弟甥舅,各本"兄"均譌"父",今據詩經訂正。

〔二九〕伐木詩言"親親以睦":毛詩小雅伐木序:"伐木,燕朋友故舊也。……親親以睦,友賢不棄,不遺故舊,則民德歸厚矣。"

〔三〇〕角弓,父兄刺幽之詩:毛詩小雅角弓序:"角弓,父兄刺幽王也。不親九族,而好讒佞,骨肉相怨,故作是詩也。"　頍弁,諸公刺幽之詩:毛詩小雅頍弁序:"頍弁,諸公刺幽王也。暴戾無親,不能燕樂同姓、親睦九族,孤危將亡,故作是詩也。"　傳者以爲"不親九族":陳祥道禮書卷六三九族(按:下引禮書同此)云:"頍弁,諸公刺幽王也,不能燕樂同姓,親睦九族。其詩曰:'豈伊異人? 兄弟匪他。''豈伊異人? 兄弟甥舅。'角弓,父兄刺幽王也,不親九族,而好讒佞。其詩曰:'兄弟昏姻,無胥遠矣。'"彦按:禮書實本毛詩序説。

〔三一〕葛藟,王族刺平之詩:吴本"平"譌"乎"。毛詩王風葛藟序:"葛藟,王族刺平王也。周室道衰,棄其九族焉。"　而以爲"棄其九族":禮書云:"詩葛藟,刺平王也,周室道衰,棄其九族焉。其詩曰:'終遠兄弟,謂他人父。''終遠兄弟,謂他人母。''終遠兄弟,謂他人昆。'"彦按:此亦本詩序説。下同。　行葦,美周忠厚之詩:毛詩大雅行葦序:"行葦,忠厚也。周家忠厚,仁及草木,故能内睦九族,外尊事黄耇,養老乞言,以成其福禄焉。"　而以爲能"睦九族":禮書云:"行葦,忠厚也。能内睦九族,外尊事黄耇。其詩曰:'戚戚兄弟,莫遠具爾。'"

〔三二〕謂它人父:四庫本"它"作"他"。下"它人"之"它"同。

〔三三〕戚戚兄弟,莫遠具爾:戚戚,相親貌。具,通"俱"。爾,通"邇",近。

〔三四〕協比其隣：協比，和睦親近。詩小雅正月：“洽比其鄰，昏姻孔云。”左傳僖公二十二年引詩“洽比”作“協比”。

〔三五〕在爾雅，内宗曰族，母、妻之族曰黨：内宗，指父族。爾雅釋親，下分宗族、母黨、妻黨、婚姻四類，前三類分别解釋屬於父族、母族、妻族的詞語。

〔三六〕白虎議：又稱白虎議奏，即白虎通義（或作白虎通）。下所引文，見其宗族篇，文字不盡相同。　一家有吉，百家聚合，生相愛，死相哀，故謂九族：清陳立疏證本白虎通文作：“一家有吉，百家聚之，合而爲親，生相親愛，死相哀痛，有會聚之道，故謂之族。”

〔三七〕罪人以族：治人之罪，使用族刑。族，指滅族之刑。

〔三八〕堯親舜敍：堯之親屬，舜依才幹勞績次第授予官職。　畔止：界限。

〔三九〕族止一宗：族，指族刑。止，吴本譌“上”。一宗，一族。

〔四〇〕秦襄以來，立三族法，張晏之徒猶以爲父母、兄弟、妻子：彦按：立三族法者，乃秦襄公子秦文公，路史作“秦襄”誤。史記秦本紀：“（文公）二十年，法初有三族之罪。”裴駰集解：“張晏曰：‘父母、兄弟、妻子也。’如淳曰：‘父族、母族、妻族也。’”

〔四一〕莊子之言五紀：莊子盜跖：“五紀六位，將何以爲别乎？”彦按：俞樾諸子平議莊子三云：“五紀，即五倫也。六位，即六紀也。”五倫，指君臣、父子、兄弟、夫妻、朋友之間五種倫理關係。六紀，指諸父、兄弟、族人、諸舅、師長、朋友（見白虎通義三綱六紀）。與羅氏理解不同。下前人對於“五宗”、“五屬”之理解類此。　袁紹之言五宗：後漢書袁紹傳，紹宣檄曰：“爵賞由心，刑戮在口，所愛光五宗，所怨滅三族。”李賢注：“五宗，謂上至高祖，下及孫。”　匡衡、玄成所言五屬：玄成，韋玄成，漢丞相。彦按：言及五屬者，乃匡衡，不關玄成，唯事載于漢書玄成之傳耳。路史表述未妥。漢書韋玄成傳，匡衡告謝毁廟曰：“天序五行，人親五屬。”顔師古注：“五屬，謂同族之五服，斬衰、齊衰、大功、小功、緦麻也。”

〔四二〕莊子言六位：見上注。　老氏、班志、賈誼言六親：老子第十八章：“六親不和，有孝慈。”王弼注：“六親，父子、兄弟、夫婦也。”漢書禮樂志二：“夫立君臣，等上下，使綱紀有序，六親和睦，此非天之所爲，人之所設也。”顔師古注引如淳曰：“六親，賈誼書以爲父也，子也，從父昆弟也，從祖昆弟也，曾祖昆弟也,族昆弟也。”　不韋言六戚:呂氏春秋論人:“論人者又必以六戚、四隱。
何謂六戚? 父、母、兄、弟、妻、子。”

〔四三〕貫高:秦末漢初趙王張敖相。史記張耳陳餘列傳:漢高祖劉邦輕
慢趙王,貫高等怒圖報復,謀泄被逮,累及趙王。“上使泄公持節問之箯輿
前,……高曰:‘人情寧不各愛其父母妻子乎? 今吾三族皆以論死,豈以王易吾
親哉! 顧爲王實不反,獨吾等爲之。’”

〔四四〕刻者:嚴厲苛刻的人。　無藝:没有準則、限度。廣韻祭韻:“藝,
常也,準也。”　三屬:三族。

〔四五〕後漢書章帝紀元和元年十二月壬子,詔曰:“往者妖言大獄,所及
廣遠,一人犯罪,禁至三屬,莫得垂纓仕宦王朝。如有賢才而没齒無用,朕甚憐
之,非所謂與之更始也。諸以前妖惡禁錮者,一皆蠲除之,以明弃咎之路,但不
得在宿衛而已。”李賢注:“(三屬)即三族也。謂父族、母族及妻族。”

〔四六〕而如淳者猶以爲父、母、妻之族:見上注〔四〇〕。

〔四七〕蚡:同“豶”,謂豶息,此指子孫。呂氏春秋知分:“天固有衰嗛廢
伏,有盛盈豶息。”陳奇猷新校釋:“‘豶息’無疑即是‘蕃息’。……‘蕃息’者,
指人或畜子孫繁盛之意。……‘豶’从分聲,古音在痕部,……‘蕃’从番聲,古
音在元部,痕、元二部爲通轉音,故豶、蕃音近相通,‘豶息’之爲‘蕃息’無可
疑矣。”

〔四八〕玄之駁之:書堯典“以親九族”孔穎達疏:“(五經)異義、夏侯、歐
陽等以爲九族者,父族四、母族三、妻族二,皆據‘異姓有服’。鄭玄駁云:‘異
姓之服,不過緦麻,言不廢昏。又昏禮請期云“惟是三族之不虞”,恐其廢昏。
明非外族也。’”

〔四九〕緦不廢昏:廢昏,謂影響結婚而延期。　而士昏禮言“惟是三族之
不虞”,恐其廢昏:儀禮士昏禮:“請期曰:‘吾子有賜命,某既申受命矣。惟是
三族之不虞,使某也請吉日。’”鄭玄注:“三族,謂父昆弟、己昆弟、子昆弟。
虞,度也。不億度,謂卒有死喪。此三族者,己及子皆爲服期。期服則踰年,欲
及今之吉也。”

〔五〇〕大功惟不娶:大功,喪服名。娶,各本均作“嫁娶”。彦按:“嫁”字
當衍。禮記雜記下云:“大功之末,可以冠子,可以嫁子。父小功之末,可以冠

子,可以嫁子,可以取婦。"是大功卒哭則可以嫁子,惟不得娶婦耳。今據以訂正。　妻黨:妻族。　昏送:婚嫁。四庫本"昏"作"婚"。

七廟

　　天子七廟:三昭,三穆,與太祖之廟而七。七廟之中,必有功者爲太祖,有德者爲太宗,此百世不遷者也。後繼之君,昭穆序位,至其親盡,則以祧去[一]。祧去之宗爲毀廟之主,四時祭之,至祫而後得合食于太祖之廟[二]。祧廟無數。若周家,惟后稷爲始祖,文、武二主有功德於民者,爲不遷之宗。此一祖二宗也。

　　漢儒滋蔓,遂以謂:"遠廟爲祧,有二祧焉,享嘗乃止。去祧爲壇,去壇爲墠。墠、壇有禱焉祭之,無禱乃止。去墠爲鬼。"[三]蓋以壇、墠、二祧足其爲七,斯亦罔矣。夫宗廟之制,雖親盡之主猶當藏之於祧,何以壇、墠爲? 是暴之也[四]。此蓋因於金縢周公"爲三壇同墠"爲禱之文,而以爲祧廟皆當然爾[五]。

　　或曰:周之文、武爲不祧之廟,自是以下皆迭毀降去之[六]。此亦非也。廟者,親事之主也。祧者,親盡別藏之主也。入廟者爲祔,出廟者爲祧[七]。有祔者必有祧,言祧則非廟,言廟則非祧矣。今乃以二祧足之爲七,豈理哉? 且既曰不毀,又豈可名之曰祧廟邪[八]?

【校注】

　　〔一〕昭穆序位:按照父子遞爲昭穆安排位次。　親盡:謂高祖以上。　祧(tiāo):遷神主於遠祖之廟。

　　〔二〕毀廟:古指以親盡而撤除不再奉祀的前代宗廟。　祫:祭名。天子或諸侯集合遠近祖先的神主於太祖廟大合祭。公羊傳文公二年:"大祫者何? 合祭也。其合祭奈何? 毀廟之主陳于大祖,未毀廟之主,皆升,合食于大祖。五年而再殷祭。"

　　〔三〕滋蔓:猶言添枝加葉。　遠廟爲祧,有二祧焉,享嘗乃止。去祧爲壇,去壇爲墠。墠、壇有禱焉祭之，無禱乃止。去墠爲鬼：見禮記祭法，"有二祧焉"作"有二祧"，"墠、壇"作"壇、墠"。孫希旦集解："遠廟爲祧，蓋謂高祖之父、高祖之祖之廟也。謂之遠廟者，言其數遠而將遷也。"鄭玄注："享嘗，謂四時之祭。"乃止，而已。去祧，指由二祧廟所祭再往上一代之祖（即高祖之曾祖）。壇，祭臺。去壇，指由壇所祭再往上一代之祖（即高祖之高祖）。墠，清掃過以供祭祀用的場地。禱，祈禱。乃止，則罷。去墠，指由墠所祭再往上之祖。

〔四〕暴(pù)：裸露。

〔五〕金縢周公"爲三壇同墠"爲禱之文：金縢：洪本、吳本"縢"譌"滕"。書金縢："(周)公乃自以爲功，爲三壇同墠。……周公立焉，……乃告太王、王季、文王。"

〔六〕迭毀：依次拆除。

〔七〕入廟者爲祔：祔(fù)，各本均作"祔於"。彥按：此句與下"出廟者爲祧"對文，"於"字不應有，當爲衍文。今刪去。

〔八〕吳本、備要本此下有"丘瓊山曰"云云一段文字，另起一行、低一格書。

堯水不禱

宋大水，鼓，用牲于社〔一〕。湯大旱，禱桑林〔二〕。大水，用牲，是水有禳事矣。水有禱禳，堯胡爲而不禳？ 大旱致禱，是旱有禱塞矣〔三〕。旱有禱，水胡爲而不禱？ 曰：水之有潦，猶人之有水蠱也〔四〕。歲之有旱，猶人之有瘴疾也〔五〕。瘴疾、水蠱，人之奇疹；潦災旱熯，亦天地之大疹也〔六〕。瘴疾、水蠱，非善誦之可鑷，非禳禱之可免；大水大旱，豈善誦善禱之可移哉〔七〕？ 堯、舜神聖，委其然也〔八〕。是故不易政，不致禱，惟命伯禹、益、稷治之而已〔九〕。是蠱之必用醫，瘴之必以藥也。伯禹、益、稷從而治之，百川順流，此亦天地之蠱瘴而獲夫良工之起之也〔一〇〕。

然則，湯之致禱，豈知不足於聖人歟？ 亦示教也。身有疾，有不可不爲善；親有疾，有不可不盡誠。赤子冒疾，藥之弗至，抑坐視而弗軫乎〔一一〕？抑將走羣祀而幸其功之一見乎〔一二〕？然則，湯之禱，宋之鼓，亦所以盡其誠而已矣。故湯、宋之致禱，以示教也。堯、舜之不禱而命禹，以任正也〔一三〕。禜社伐鼓，其亦果能益乎〔一四〕？桑林者，社也，社爲陰。鼓，用聲也，聲爲陽。伐鼓于社，以陽而起陰〔一五〕。有是言也。雖然，桑林之舉，將七年而後禱乎，禱七年而後應乎〔一六〕？七年而後禱，民事不已緩乎〔一七〕？禱七年而後應，其報不亦晚乎？吾固曰：湯、宋之禱，以示教也；堯，任正也。由智者觀之，思過半矣。

【校注】

〔一〕宋大水，鼓，用牲于社：出處不詳。而春秋莊公二十五年云：“秋，大水，鼓，用牲于社、于門。”則魯而非宋。然春秋莊公十一年云：“秋，宋大水。”又論衡順鼓云：“春秋之義，大水，鼓，用牲于社。”則抑或有之。

〔二〕湯大旱，禱桑林：呂氏春秋順民云：“昔者湯克夏而正天下，天大旱，五年不收，湯乃以身禱於桑林，……於是翦其髪，酈其手，以身爲犧牲，用祈福於上帝，民乃甚説，雨乃大至。”高誘注：“桑林，桑山之林，能興雲作雨也。”五年，論衡感虛作“七年”，云：“傳書言：‘湯遭七年旱，以身禱於桑林，自責以六過，天乃雨。’或言：‘五年。’”太平御覽卷三七〇引帝王世紀亦作“七年”，曰：“湯伐桀後，大旱七年，遂齋戒，剪髪斷爪，以己爲犧牲，禱於柔林之社。”

〔三〕禱塞（sài）：祈神謝神之祭。吳本、四庫本、備要要本“塞”作“賽”，通。

〔四〕水蠱：病名。即腹水。

〔五〕癉疾：熱病。癉音 dān。

〔六〕奇疢：重病。奇，極，甚。

〔七〕非善誦之可蠲：誦，指誦讀佛經。蠲，免除。

〔八〕委其然：順從其自然。

〔九〕不易政：吳本“政”譌“攻”。

〔一〇〕起：謂治愈。

〔一一〕冒疾:得病。　軫:顧念。

〔一二〕走羣祀:謂徧祭百神。

〔一三〕任正:承擔政治責任。正,通“政”。

〔一四〕禜:禜(yǒng),祭。各本均作“榮”。彥按:作“榮”於義不洽,當爲“禜”字形譌,今訂正。

〔一五〕起:使振作。

〔一六〕參見上注〔二〕。

〔一七〕已:太。　緩:怠慢,拖拉。

星次説

費直書十二篇,以易卦配地域〔一〕。蔡邕月令章句,以節氣當國分〔二〕。及皇甫謐作帝王紀,復以月律配入辰次言之,而事益支矣〔三〕。

按邕之説,豕韋之次,立春、驚蟄居之,衛之分野;以至元枵,小寒、大寒居之,爲齊之分〔四〕。若謐之説,星紀之次,於辰爲申,謂之赤奮若,於律黄鍾,斗建在子,吳越分野;以至析木,於辰爲寅,謂之攝提格,於律應鍾,斗建在亥,燕之分野〔五〕。此班、鄭之説也〔六〕。鄭氏律説:黄鍾,子之氣,十一月建,而辰在星紀;應鍾,亥之氣,十月所建,而辰在析木。班固歷志:娵訾之初,危十六度,爲立春;中,營室十四度,爲驚蟄〔七〕。元枵之初,婺女八度,小寒;中而危初,爲大寒〔八〕。二子蓋源乎此〔九〕。

夫星紀東北,而吳越實東南;降婁、娵訾,戌亥之位,而魯位實在東北;齊表東海,而星且北;秦處西垂,而次乃南,——故或以古受封之日歲星所在爲説〔一〇〕。武王克商,歲在鶉火,伶州鳩云:“歲之所在,我周之分野。”〔一一〕則周屬鶉火。故自柳九度至張十二度,鶉火之次,爲周之分〔一二〕。晉文即位,歲受實沈,董因所云“實沈之虛,晉人是居”,則晉屬實沈〔一三〕。故自畢十二度,至井十五度,實沈之次,當晉之分〔一四〕。自張十七,至軫十一,鶉尾,楚分,故魯襄二十八年,歲淫元枵,裨竈知楚子之死,謂"歲棄其次,以害鳥、帑,周、楚惡之",則鳥尾爲楚矣〔一五〕。自氐五至尾九,大火,宋分,故魯昭十七年星見大辰,梓慎知宋、鄭之火,謂"宋,大辰之虛,皆火房也",則大火爲宋矣〔一六〕。然春秋、戰國,地每遷變。三晉未分,晉果何分〔一七〕?秦拔西河,魏當何屬〔一八〕?周既東西,何都而直鶉火〔一九〕?陳滅于楚,何自而入韓分〔二〇〕?前封後據,又豈得如康成之所謂,同時而當星次哉〔二一〕?況乃中邦幾何,三千以去;夷蠻戎狄,外更綿邈〔二二〕。詳觀諸書,蓋亦支離而未嘗究也。

按甄曜書,次三十度,度三千里〔二三〕。以古九州方三千里,果如所説,九州纔當天分一度之廣,九夷八蠻五戎六狄豈日星不臨哉〔二四〕?古之國邑,不過百里,何常而得專次〔二五〕?況古萬國,周千八百,又豈皆無受封之日,而獨此十二國得當之乎〔二六〕?七國之初,天下雌燕雄魏,韓、魏、趙地,動亘數郡〔二七〕。厥後魏徙大梁則西河合於東井,秦拔宜陽而上黨入於輿鬼,豈趙、魏之地歸秦而遂屬秦之星乎〔二八〕?秦乃周也,不曰周,而以東洛爲周;唐都京兆,二郡既入畿内,而説者尚謂秦分,則是國易而地不易也〔二九〕。吳、楚、齊、晉,春秋之末廣土所至,一時配入,而不知疆域雜亂之不可要也〔三〇〕。夫風俗之所以異,以廣谷大川之異制也。州郡雖改,山川不移,閩、浙、五嶺本自兩越,荆、揚、徐、梁正爾三楚,亦何得以是制哉〔三一〕?此一行所以惟取七宿之中,分四象之中位,自上元之首,以度爲紀,據山河以分其野〔三二〕。然亦未之盡也。苟以封日,則有絶而復續者,或以姬而繼子,封日既異,前人又非,而前星且不變邪〔三三〕?

禹貢無言保章之説,惟不得而執也〔三四〕。雖然,豕韋禍蔡,大梁凶楚;元枵見饑乎宋、鄭,星紀定占于吳、越;永嘉中,歲、白、熒

惑聚牛、女間,時謂吳越當有興王,未幾,是歲元帝登極,故史臣謂
"星斗呈祥";苻堅會謀南寇,石越對以歲、鎮斗牛,福德所在,而
苻融亦以吳越爲不可伐,——蓋有不可誣者〔三五〕。歲之所在爲
福,所衝爲災,故師曠、梓慎、裨竈有得而言〔三六〕。天道在西北而
晉不害,在越而吳不利,皆以歲言之也〔三七〕。龍,宋、鄭之星;宋,
大辰之次;陳,太昊之虛;鄭,祝融之虛:皆火屬也〔三八〕。然衛,顓
頊之居,則水屬矣;吳、越同分,而史墨以爲越得歲,吳不應伐:是
又不可曉者〔三九〕。昭公七年四月日食,説者以爲魯、衛之惡,春分
之日在魯、衛也〔四〇〕。十年,歲在顓頊之虛,姜氏、任氏實守其地,
則齊、薛之分矣〔四一〕。前哲之言,蓋亦自有所見,要不必牽乎此。
餘如未然,要以九州之分爲正〔四二〕。

【校注】

　〔一〕費直書:指西漢古文易學家費直之易學著作,即所謂費氏易。

　〔二〕當:與……相應,匹配。　國分:國別。

　〔三〕帝王紀:即帝王世紀。　月律:古樂分十二調,即十二律,古人將其與
十二月附會相應,因稱月律。　支:支離,繁亂。

　〔四〕邕:吳本、四庫本、備要本作"蔡邕"。　元枵:即玄枵。十二星次之
一。二十八宿中,女、虛、危三宿屬之。

　〔五〕星紀:十二星次之一。二十八宿中,斗、牛二宿屬之。　赤糞若:四庫
本作"赤奮若"同。　析木:十二星次之一。二十八宿中,尾、箕二宿屬之。吳
本譌"折木"。下"析木"同。

　〔六〕班、鄭:指漢班固與鄭玄。

　〔七〕歷志:指漢書律曆志。吳本"歷"作"曆"。　娵訾:漢書律曆志下作
"諏訾",同。十二星次之一。二十八宿中,室、壁二宿屬之。　危:二十八宿
之一。

　〔八〕婺女:喬本"婺"譌"嫠",今據餘本訂正。

　〔九〕二子蓋源乎此:二子,指蔡邕、皇甫謐。源,吳本、四庫本、備要本作
"原"。

〔一〇〕吴越實東南：吴本“實”作“寔”。　　降婁、娵訾，戌亥之位，而魯位實在東北：降婁，十二星次之一。二十八宿中，奎、婁二宿屬之。彦按：娵訾乃衛之分野，不當在此，二字疑爲衍文。周禮春官保章氏“以星土辨九州之地，所封封域，皆有分星，以觀妖祥”鄭玄注：“娵訾，衛也；降婁，魯也。”　齊表東海，而星且北：表，外。齊地之星次玄枵，居北方。　秦處西垂，而次乃南：秦地於星次爲鶉首，居南方。　故或以古受封之日歲星所在爲説：周禮春官保章氏“以星土辨九州之地，所封封域，皆有分星，以觀妖祥”賈公彦疏：“但吴越在南，齊魯在東，今歲星或北或西，不依國地所在者，此古之受封之日，歲星所在之辰，國屬焉故也。吴越二國同次者，亦謂同年度受封，故同次也。”彦按：此實本陳祥道禮書爲説而略作變改，禮書卷三四云：“然吴越南而星紀在丑，齊東而玄枵在子，魯東而降婁在戌，東西南北相反而相屬，何耶？先儒以謂：古者受封之日，歲星所在之辰，其國屬焉。”

〔一一〕歲在鶉火：歲，歲星。鶉火，十二星次之一。二十八宿中，柳、星、張三宿屬之。　伶州鳩：周景王時樂官。　我周之分野：國語周語下作“則我有周之分野也”。

〔一二〕自柳九度至張十二度：柳、張，二十八宿中二宿名。彦按：“九度”當作“三度”。漢書地理志下：“自柳三度至張十二度，謂之鶉火之次，周之分也。”

〔一三〕歲受實沈：受，猶遇。實沈，十二星次之一。二十八宿中，觜、參以及畢、井之一部分屬之。　董因：春秋晉大夫。　實沈之虛，晉人是居：見國語晉語四，“虛”作“墟”。虛，“墟”之古字，此指分野。居，吴本、四庫本誤“君”。

〔一四〕畢、井：二十八宿中二宿名。　當晉之分：喬本、洪本“當”作“嘗”非，今據餘本訂正。

〔一五〕軫：星宿名。二十八宿之一。　鶉尾：十二星次之一。二十八宿中，翼、軫二宿屬之。　歲淫元枵：左傳襄公二十八年：“梓慎曰：‘今兹宋、鄭其饑乎！歲在星紀，而淫於玄枵。’”楊伯峻注：“據梓慎推算，此年之歲星應在星紀，而觀察所得，實在玄枵。淫者，過也。故云‘淫于玄枵’。”　裨竈：春秋鄭大夫。　歲棄其次，以害鳥、帑，周、楚惡之：左傳襄公二十八年載裨竈語，文作：“今兹周王及楚子皆將死。歲棄其次，而旅於明年之次，以害鳥、帑，周、楚惡之。”杜預注:“歲星棄星紀之次,客在玄枵。歲星所在,其國有福。失次於北,禍衝在南。南爲朱鳥,鳥尾曰咮。鶉火、鶉尾,周、楚之分,故周王、楚子受其咎。”楊伯峻注:“朱鳥即朱雀,南方井、鬼、柳、星、張、翼、軫七宿之總稱。鶉火在二十八宿中爲柳、星、張三宿,鶉尾爲翼宿與軫宿。”　鳥尾:即鶉尾。

〔一六〕自氐五至尾九,大火,宋分:氐、尾,二十八宿中二宿名。洪本、吳本“氐”譌“氏”。洪本、吳本、四庫本“尾”譌“虛”。大火,十二星次之一。二十八宿中,氐、房、心三宿屬之。晉書天文志上:“自氐五度至尾九度爲大火,於辰在卯,宋之分野,屬豫州。”　星見大辰:彦按:“星”當作“星孛”,即彗星。大辰,星宿名,即二十八宿之心宿。各本均譌“火辰”,今訂正。左傳昭公十七年:“冬,有星孛于大辰。”　梓慎知宋、鄭之火,謂“宋,大辰之虛,皆火房也”:梓慎,春秋魯大夫。喬本、洪本、吳本作“梓真”誤,此從四庫本、備要本。下“梓慎”同。左傳載梓慎語,作:“若火作,其四國當之,在宋、衛、陳、鄭乎! 宋,大辰之虛也;陳,大皞之虛也;鄭,祝融之虛也:皆火房也。”杜預注:“房,舍也。”舍,指居止之地。

〔一七〕三晉未分,晉果何分:三晉,指戰國時之趙、魏、韓三國。此三國原皆由晉國分立出來,故稱。前“分”音 fēn,謂分開。後“分”音 fèn,謂分野。

〔一八〕秦拔西河:西河,古地區名,戰國時原爲魏地。史記秦始皇本紀:“秦孝公……外連衡而鬭諸侯,於是秦人拱手而取西河之外。”

〔一九〕周既東西:周分爲東周國、西周國(按:此東周末期事)之後。

〔二〇〕陳滅于楚,何自而入韓分:漢書地理志下:“韓地,角、亢、氐之分野也。……及詩風陳、鄭之國,與韓同星分焉。”

〔二一〕前封後據:謂前者爲(當初)受封之地,後者爲(後來)實占之地。

〔二二〕中邦幾何,三千以去:以去,以下。禮記王制:“凡四海之内,斷長補短,方三千里。”　綿邈:遼遠。

〔二三〕甄曜書:即洛書甄曜度。

〔二四〕纔當:喬本、洪本作“才讒當”,中有譌衍。此從餘本。

〔二五〕古之國邑,不過百里:史記主父偃傳,偃説上曰:“古者諸侯不過百里,彊弱之形易制。”　何常而得專次:常,通“嘗”。專次,獨占星次。

〔二六〕古萬國:左傳哀公七年:“禹合諸侯於塗山,執玉帛者萬國。”　周千八百：鹽鐵論輕重：“御史曰：‘周之建國也，蓋千八百諸侯。’”

〔二七〕雌燕雄魏：燕弱魏强。

〔二八〕魏徙大梁則西河合於東井，秦拔宜陽而上黨入於輿鬼：東井、輿鬼，秦之星次，此借代秦國。漢書地理志下：“秦地，於天官東井、輿鬼之分壄也。”宜陽、上黨，並戰國韓地。宜陽在今河南宜陽縣西。史記商君列傳：“魏惠王兵數破於齊秦，國内空，日以削，恐，乃使使割河西之地獻於秦以和。而魏遂去安邑，徙都大梁。”司馬貞索隱：“紀年曰：‘梁惠王二十九年，秦衛鞅伐梁西鄙’，則徙大梁在惠王之二十九年也。”又據史記六國年表，秦拔韓宜陽在韓襄王五年（前 307），秦拔韓上黨在韓桓惠王二十六年（前 247 年）。　　趙、魏之地：彦按：“趙”當作“韓”。“秦拔”句宜陽、上黨二地屬韓不屬趙。

〔二九〕秦乃周也：秦本周地。據史記秦本紀，秦之先非子居于犬丘，善養馬，周孝王使主馬于汧渭之間，馬大蕃息，乃分土爲附庸，“邑之秦”。　　而以東洛爲周：東洛，東都洛邑，即今河南洛陽。漢書地理志下：“周地，柳、七星、張之分野也。今之河南雒陽、穀成、平陰、偃師、鞏、緱氏，是其分也。”　唐都京兆，二郡既入畿内：京兆，即長安地。二郡，指漢代之左馮翊、右扶風。漢將京畿長安分爲京兆尹、左馮翊、右扶風三區以治，合稱三輔。三輔長官秩中二千石，比郡守之二千石略高，故或以郡稱三輔。唐京畿地屬京兆府，原漢之左馮翊、右扶風地均在其内。　　而說者尚謂秦分：舊唐書傅奕傳：“奕武德九年五月密奏太白見秦分，秦王當有天下，高祖以狀授太宗。”又薛頤傳：“武德初，……頤嘗密謂秦王曰：‘德星守秦分，王當有天下，願王自愛。’”

〔三〇〕廣土：擴張土地。　　要（yāo）：掌控，把持。

〔三一〕兩越：漢初兩個南方小國南越和東越的合稱。　　荆、揚、徐、梁：皆州名。喬本、洪本“揚”作“楊”非，今據餘本訂正。　　爾：通“邇”，近。　　三楚：秦漢時，分原戰國時楚國之地爲西楚、東楚、南楚，合稱三楚。

〔三二〕七宿之中：吳本、四庫本此下有“唐僧一行認山河脈絡于兩界，識雲漢升沉于四維”凡二十字注文。中指中宿。古天文學將二十八宿分爲四方，每方各七宿，其居中一宿稱中宿。具體而言，即：東方蒼龍七宿之中爲房宿，北方玄武七宿之中爲虚宿，西方白虎七宿之中爲昂宿，南方朱雀七宿之中爲星宿。　　四象之中位：指農曆四季中每季的第二個月，即：仲春（二月）、仲夏（五

月)、仲秋(八月)、仲冬(十一月)。 上元之首:上元曆紀元之起算點。 野:
區域,範圍。

〔三三〕以姬而繼子:蓋謂以姬妾之子繼承嫡子爲君。

〔三四〕保章之説:保章,保章氏,周禮官名。周禮春官保章氏:“保章氏掌
天星,以志星辰日月之變動,以觀天下之遷,辨其吉凶。以星土辨九州之地,所
封封域,皆有分星,以觀妖祥。”

〔三五〕豕韋禍蔡,大梁凶楚:豕韋,星宿名。大梁,十二星次之一。二十八
宿中,胃、昂、畢三宿屬之。左傳昭公十一年:“景王問於萇弘曰:‘今兹諸侯何
實吉? 何實凶?’對曰:‘蔡凶。此蔡侯般弒其君之歲也,歲在豕韋,弗過此矣。
楚將有之,然壅也。歲及大梁,蔡復,楚凶,天之道也。”杜預注:“(弗過此矣)
言蔡凶不過此年。”又云:“(然壅也)楚無德而享大利,所以壅積其惡。” 元枵
見饑乎宋、鄭:見上注〔一五〕。洪本、四庫本“饑”作“飢”。吳本、備要本“乎”
作“于”。 星紀定占于吳、越:四庫本如此,是,今從之。喬本、洪本“于”作
“十”,吳本、備要本則作“王”,俱誤。左傳昭公三十二年:“夏,吳伐越,始用師
於越也。史墨曰:‘不及四十年,越其有吳乎! 越得歲而吳伐之,必受其凶。’”
杜預注:“此年歲在星紀。星紀,吳越之分也。歲星所在,其國有福。吳先用
兵,故反受其殃。”陳祥道禮書卷三四:“歲淫玄枵而宋、鄭饑,歲棄星紀而周、
楚惡,歲在豕韋而蔡禍,歲及大梁而楚凶,則古之言星次者,未嘗不視歲之所在
也。” 永嘉中,歲、白、熒惑聚牛、女間,時謂吳越當有興王,未幾,是歲元帝登
極,故史臣謂“星斗呈祥”:永嘉,晉懷帝司馬熾年號,公元 307—313 年。洪本
“永”譌“求”。歲,歲星。白,太白。星名。即金星。牛、女,二十八宿中之二
宿。晉書作“斗、牛”(亦二十八宿中之二宿),路史蓋誤記。星斗呈祥,各本
“呈”均譌“是”,今據晉書訂正。晉書元帝紀:“及永嘉中,歲、鎮、熒惑、太白聚
斗、牛之間,識者以爲吳越之地當興王者。是歲,王室淪覆,帝與西陽、汝南、南
頓、彭城五王獲濟,而帝竟登大位焉。”又史臣曰:“昔光武以數郡加名,元皇以
一州臨極。……馳章獻號,高蓋成陰,星斗呈祥,金陵表慶。” 苻堅會謀南寇,
石越對以歲鎮斗牛,福德所在,而苻融亦以吳越爲不可伐:苻堅,洪本、吳本
“苻”作“符”。下“苻融”之“苻”同。謀,吳本譌“淇”。鎮,鎮星,即土星。苻
融,前秦將領、苻堅幼弟。晉書苻堅載記下:“堅引羣臣會議,……太子左衞率

石越對曰：‘吴人恃險偏隅，不賓王命，陛下親御六師，問罪衡越，誠合人神四海之望。但今歲鎮星守斗牛，福德在吴。懸象無差，弗可犯也。’……（苻）融曰：‘歲鎮在斗牛，吴越之福，不可以伐一也。晉主休明，朝臣用命，不可以伐二也。我數戰，兵疲將倦，有憚敵之意，不可以伐三也。諸言不可者，策之上也，願陛下納之。’”

〔三六〕歲之所在爲福，所衝爲災，故師曠、梓慎、裨竈有得而言：衝，謂相克。此之所説蓋亦本諸陳氏禮書。禮書卷三四云：“春秋傳凡言占相之屬，以歲之所在爲福，歲之所衝爲災，故師曠、梓慎、裨竈之徒以天道在西北而晉不害，歲在越而吴不利。”彥按：此稱師曠言及歲星，並不見於春秋傳，亦不見於他書。師曠似宜改作董叔（春秋晉大夫）。左傳襄公十八年：“晉人聞有楚師，師曠曰：‘不害。吾驟歌北風，又歌南風，南風不競，多死聲。楚必無功。’董叔曰：‘天道多在西北。南師不時，必無功。’”楊伯峻注：“天道爲木星所行之道。此年木星在黄道帶經過娵訾，于十二支中爲亥，故云天道在西北，又云南師（即楚師）出征不合天時，而必無功。”木星即歲星。

〔三七〕天道在西北而晉不害：見上注。西北，洪本“北”譌“比”。　在越而吴不利：見上注〔三五〕。

〔三八〕龍，宋、鄭之星：龍，歲星之別稱。左傳襄公二十八年，梓慎曰：“龍，宋、鄭之星也。”杜預注：“歲星本位在東方。東方房、心爲宋，角、亢爲鄭，故以龍爲宋、鄭之星。”　宋，大辰之次；陳，太昊之虚；鄭，祝融之虚：皆火屬也：見上注〔一六〕。大辰，又稱大火；祝融，高辛氏之火正；而太昊木德，杜預注以爲“木，火所自出”，故稱“皆火屬也”。

〔三九〕然衛，顓頊之居，則水屬矣：左傳昭公十七年：“衛，顓頊之虚也，故爲帝丘，其星爲大水。”杜預注：“衛星營室。營室，水也。”　吴、越同分，而史墨以爲越得歲，吴不應伐：見上注〔三五〕。

〔四〇〕昭公七年四月日食，説者以爲魯、衛之惡，春分之日在魯、衛也：左傳昭公七年：“夏四月甲辰朔，日有食之。晉侯問於士文伯曰：‘誰將當日食？’對曰：‘魯、衛惡之。衛大，魯小。’公曰：‘何故？’對曰：‘去衛地如魯地，於是有災，魯實受之。’”杜預注：“（魯、衛惡之）受其凶惡。”左傳襄公九年“相土因之，故商主大火”孔穎達疏：“昭七年四月，日食，傳稱‘魯、衛惡之，去衛地如魯地’,則春分之日,在魯、衛之分也。”

〔四一〕十年,歲在顓頊之虛,姜氏、任氏實守其地,則齊、薛之分矣:左傳昭公十年:“春,王正月,有星出于婺女。鄭裨竈言於子產曰:‘七月戊子,晉君將死。今茲歲在顓頊之虛,姜氏、任氏實守其地,居其維首,而有妖星焉,告邑姜也。邑姜,晉之妣也。’”杜預注:“姜,齊姓;任,薛姓。齊、薛二國守玄枵之地。”楊伯峻注:“顓頊之虛謂玄枵,見爾雅釋天。”

〔四二〕吴本、備要本此下有“周禮保章氏掌天星”云云一段文字,另起一行、低一格書。

書唐月令〔一〕

敬授人時,此帝堯之急政,聖人以之首書,民事之爲重可知矣〔二〕。禮有月令,世皆以爲出於管子、不韋之書。故傅子云,月令取吕氏春秋。至杜君卿,乃以爲出於管子;不韋編之,以爲十二紀之首;漢世戴聖始取以入禮記〔三〕。蓋以管子有幼官、四時之篇。然亦不知周公已有時訓,而月令解見之周書〔四〕。此蔡氏所以謂爲周公之作〔五〕。孟冬祈來年,則建用子矣,是周正也〔六〕。正歲,合諸侯,若諸侯之所稅,非秦事也〔七〕。而或者猶謂周以六冕郊天,以大裘、玉輅、大常迎氣,而月令車服並依時色,況乃太尉秦有,則非出於周代〔八〕。是亦不知劉安時則之訓本之月令,而亦時有增損,顧得謂漢時乎〔九〕?常切考之,特亦本之夏小正爾〔一〇〕。小正之書,顧亦本之前代炎黄顓嚳。一代之治,斯有一代之時,惟其來者甚遠,是故歷代傳寶,以爲大訓,故雖有變易,而其大者猶不得而易也〔一一〕。

頃見郭京易舉正序,言“我唐御注孝經,删定月令”,以知唐室嘗改古之月令矣〔一二〕。中見斗南於世家獲唐板五經,首帙爲覯,其本既禮記以爲先,而以月令冠篇,曲禮次之〔一三〕。月令之篇則於每月分節與中氣而異言之,謂吕氏定以孟春日在營室,無適變通,不知氣逐閏移,節隨斗建,洎乎月朔差異,中星見殊,乃令雩祀愆期,水旱作沴,事資革弊,於是定以朷建,準攝提而删之,命集賢殿學士、尚書左僕射兼右相、吏部尚書李林甫,門下侍郎陳希烈等爲之注〔一四〕。此即唐志“御定禮記月令一卷”者〔一五〕。爰表出之,以見唐世猶以民事爲重云。

　　淳熙新元四之日,墨莊藏書〔一六〕。

【校注】

〔一〕書唐月令:吴本、四庫本作“唐書月令”,非。

〔二〕敬授人時:見書堯典。孔氏傳:“敬記天時以授人也。”

〔三〕通典卷四三禮三大雩:“按月令本出於管子,即周時人也。至秦吕不韋編爲吕氏春秋,漢戴聖又取集成禮記,徵其根本,並周制。”

〔四〕周公已有時訓,而月令解見之周書:月令解,各本均作“時令解”。彦按:今逸周書但見有月令解,而無時令解,“時”當作“月”,蓋涉上文時訓之“時”而譌。今訂正。逸周書序云:“周公正三統之義,作周月;辨二十四氣之應以明天時,作時訓。周公制十二月賦政之法,作月令。”月令,今本逸周書作月令解,據説“解”字爲晋孔晁注本所加。

〔五〕此蔡氏所以謂爲周公之作:蔡氏,指漢蔡邕。禮記月令,陸德明釋文:“此是吕氏春秋十二紀之首,後人删合爲此記。蔡伯喈、王肅云周公所作。”伯喈,邕字。

〔六〕孟冬祈來年:吴本、四庫本“年”譌“牟”。禮記月令孟冬之月:“天子乃祈來年于天宗,大割祠于公社及門閭,臘先祖、五祀。”鄭玄注:“此周禮所謂蜡祭也。”

〔七〕正歲,合諸侯,若諸侯之所税:正歲,蓋謂訂定來年正朔。若,與,以及。禮記月令季秋之月:“合諸侯,制百縣,爲來歲受朔日,與諸侯所税於民輕重之法。”　非秦事也:彦按:此針對禮記鄭玄注及孔穎達疏而言。鄭注云:“秦以建亥之月爲歲首,於是歲終,使諸侯及鄉遂之官受此法焉。”孔疏云:“‘合諸侯制’者,秦十月爲歲首,此月歲之終也,當入新歲,故合此諸侯之法制,又命百縣爲來歲受朔日之政令,并授諸侯所税於民輕重之法、貢職之數。”

是皆以爲秦事,而路史非之。

〔八〕而或者猶謂周以六冕郊天,以大裘、玉輅、大常迎氣,而月令車服並依時色,況乃太尉秦有,則非出於周代:六冕,六種冕服。大裘,洪本“裘”作“袠”,吴本又作“袠”,誤。玉輅,帝王所乘之車,以王爲飾,故稱。大常,即太常。古旌旗名,王之旌旗畫日月者。迎氣,見前紀八祝誦氏注〔一二三〕。禮記月令,孔穎達疏:“此卷所出,解者不同,今且申鄭旨釋之。按吕不韋集諸儒士著爲十二月紀,合十餘萬言,名爲吕氏春秋,篇首皆有月令,與此文同,是一證也。又周無大尉,唯秦官有大尉,而此月令云‘乃命大尉’,此是官名不合周法,二證也。又秦以十月建亥爲歲首,而月令云‘爲來歲授朔日’,即是九月爲歲終,十月爲授朔,此是時不合周法,三證也。又周有六冕郊天,迎氣則用大裘、乘玉輅、建大常日月之章,而月令服飾車旗並依時色,此是事不合周法,四證也。故鄭云‘其中官名時事多不合周法’。”

〔九〕劉安時則之訓:即淮南子時則訓。

〔一〇〕常切考之,特亦本之夏小正爾:常,通“嘗”。切,通“竊”。夏小正,中國現存最早的物候專著、農事曆書。蓋出先秦,而作者不詳。大戴禮記將之收入,作爲書中之一篇。

〔一一〕一代之時:“時”指曆法。　其來者:吴本“其”譌“甚”。

〔一二〕郭京:唐蘇州司户參軍。

〔一三〕斗南:即羅泌友人崑山吴仁傑(字斗南),歷官至國子學録。

〔一四〕節與中氣:中國古曆法以二十四節氣配陰曆十二月,每月二氣:在月初的叫節氣,在月中以後的叫中氣。　吕氏定以孟春日在營室:吕氏春秋孟春紀:“孟春之月,日在營室。”高誘注:“營室,北方宿,衞之分野。是月,日躔此宿。”　無適變通:無適,不合。洪本“適”譌“適”。　節隨斗建:斗,北斗星。古時根據北斗星的運轉,斗柄所指之辰以定月令、節氣。　事資革弊:資,有助。　以杓建:根據北斗星斗柄所指方嚮確定四時、節氣。　準攝提而删之:攝提,見後紀三炎帝神農氏注〔一三一〕。删,裁定。

〔一五〕唐志“御定禮記月令一卷”:見新唐書藝文志一,“御定”作“御刊定”。

〔一六〕淳熙新元:公元 1174 年。新元,啓用新年號之年。　四之日:指周

曆之四月,即夏曆之二月。典出詩豳風七月。　　墨莊藏書:吳本此下有"管敬
仲曰"云云一段文字,另起一行、低一格書。墨莊,蓋羅泌書齋名。

沈璧

書中候握河紀云:堯即政七十年,仲月甲日,至於稷,沈璧于
河[一]。青雲起,回風搖,龍馬銜甲赤文綠字,自河而出,臨壇而
止,吐甲迴遭[二]。甲似龜,廣九尺,有文,言虞夏商周秦漢之事。
帝乃寫其文,藏之東序。而世紀言:堯與羣臣沈璧于河,乃爲握河
紀,今中候是也。王元長云:"握河沈璧。"[三]孫氏瑞圖云:帝堯
即位,坐河渚,神龍赤色,負圖而至,備載山澤河海之形、國土之分
域。玄雲篇云:"龍飛何婉婉,鳳翔何喴喴! 昔在唐與虞,時見青雲際。"[四]此也。

帝舜祇德,欽象有光[五]。玄云:象天也治象位者也[六]。至于諮興,
榮光迭至[七]。黃龍負圖,卷舒至水畔[八],樞紐之時[九]。置舜前。
舜與三公、大司空禹等三十人集,發圖。

周公踐阼理政,與天合志,萬序咸得,休氣充塞[一〇]。見孝經援
神契。藩侯陪位,羣公皆就立,如舜、周公差應[一一],差應,邪錯在後[一二]。
聖,當受神位,故近之[一三]。至于日昃,榮光泪河,泪,覆[一四]。青雲浮至,
青龍仰玄甲臨壇止,濟,止圖遭[一五]。青龍,靈仰之使[一六]。玄甲,所以裹
圖[一七]。周公視王公視[一八],聖人精明,故先視。其文言周世之事,五百
之戒,與秦漢事。中候摘洛戒云:若稽古,周公旦欽惟皇天,順踐阼即攝,七年,鸞
鳳見,蓂莢生,青龍銜甲,玄龜背書[一九]。以上,野王符瑞圖。故中候又云:周成
王舉堯舜之禮,沈璧于河,白雲起而青雲浮,乃有蒼龍負圖臨河。

然据攷之,亦黃帝之事爾。以按野王符瑞圖云:黃帝軒轅氏
東巡省河,過洛,又沈握視將加沈璧[二〇],沈握,沈珪。集曆立臻,皆
臨諸壇[二一]。河龍負圖出,赤文象文,以授命[二二]。象字,象時
代[二三]。出握河記。龍魚河圖云:天授帝號,黃龍負圖,鱗甲光耀,從
河出。黃帝命侍臣寫,以示天下。河圖又言:黃帝云"予夢兩龍

授圖”,乃齋,往河洛求之,有大魚泝流而至,泛白圖。帝跪受之[二四]。而河圖挺輔佐曰:黃帝持齋七日七夜,天老、五聖皆從,以游河洛之間,至翠嬀之泉,大鱸泝流而至,問五聖莫見,獨與天老迎之,五色畢見,汎白圖,蘭葉朱文,以授帝[二五]。見兔園策。又云:黃帝游於河洛之間,至澤鴻之泉,鱸魚負圖以授帝,蘭葉朱文,名曰録圖[二六]。前河圖亦云:黃帝游洛水,有鯉長三丈,身青無鱗,赤文成字。故世紀言:黃帝時大震三日,帝游洛水上,見大魚,三牲醮之,天甚雨七日,魚流而得圖書[二七]。則非止握河之説也[二八]。

【校注】

〔一〕堯即政七十年:各本“七十年”均作“十七年”。彥按;“十七”當爲“七十”倒文,今訂正。詳見後紀十一帝堯陶唐氏注〔四六八〕。

〔二〕回風摇:各本均作“回風摇落”,當衍“落”字,今删去。　赤文緑字:各本“字”均作“色”。彥按:既是“赤文”何得“緑色”,“色”當“字”之譌。本書後紀十一帝堯陶唐氏羅苹注引握河紀,正作“赤文緑字”,今據以訂正。參見彼注〔四六八〕。

〔三〕王元長:即南朝齊文學家王融(字元長)。　握河沈璧:見文選王元長三月三日曲水詩序。握河,指帝王祭祀河神。典即出尚書中候握河紀。

〔四〕玄雲篇:晉傅玄撰古吹曲篇名。　婉婉:通“蜿蜿”,屈伸貌,卷曲貌。宋郭茂倩樂府詩集卷一九載之,作“蜿蜿”。　嘒嘒(huì huì):鳥和鳴聲。樂府詩集作“翽翽”。　唐與虞:樂府詩集作“唐虞朝”。　青雲際:吳本“際”譌“祭”。

〔五〕祗德:敬德。　欽象有光:莊重的形象焕發光彩。書堯典“欽明文思安安”孔穎達疏引馬云:“威儀表備謂之欽。”

〔六〕玄:疑指鄭玄。　象天也治象位者也:費解,疑文有譌誤。

〔七〕謖興:興起。爾雅釋言:“謖、興,起也。”吳本作“稷典”,餘本均作“稷興”。彥按:稷興、稷典,均不可解。當是“謖興”,“謖”以形近而譌“稷”。今訂正。

〔八〕卷舒：屈伸。卷音 quán，彎曲。舒，吳本譌“野”。

〔九〕樞紐之時：猶言關鍵時刻。吳本、四庫本無此四字。備要本“樞紐”作“紐樞”。

〔一〇〕萬序咸得：萬事皆有成。萬序，猶萬緒，泛指各種紛繁複雜之事。

〔一一〕陪位：陪同。吳本“陪”作“倍”非。　　如舜、周公差應：猶朱子語類卷六三中庸第十三章“須要如舜、周公之事君”意。差應，聽從差使。

〔一二〕邪錯在後：形容很多人在身後穿梭奔忙。邪錯，交錯。

〔一三〕神位：統治地位，執政之位。爾雅釋詁下：“神，治也。”邢昺疏：“治理也。”

〔一四〕汩，覆：吳本、四庫本無此注文。

〔一五〕青龍仰玄甲臨壇止：青龍，喬本、洪本譌“青雲”，今據餘本訂正。仰，背負。玄甲，鐵甲。鐵色玄黑，故稱。止，“址”之古字。　　濟，止圖遷：濟，登上，到達。止，留下。遷，各本均作“滯”。彥按：作“滯”於義不洽。此字當即上文“吐甲迴遷”之“遷”，今訂正。

〔一六〕靈仰：靈威仰。即五方天帝之青帝。

〔一七〕所以裹圖：所，吳本譌“此”。裹，吳本、備要本譌“裹”。

〔一八〕視王公視：前“視”字通“示”。

〔一九〕摘洛戒：緯書尚書中候篇名。洪本“摘”譌“摘”。　　欽惟：猶敬思。踐祚即攝：登基即位攝政。吳本、四庫本“踐祚”作“踐阼”，同。

〔二〇〕視將：表達奉獻之意。視，通“示”。將，玉篇寸部：“奉也。”又詩小雅楚茨“或肆或將”朱熹集注：“將，奉持而進之也。”

〔二一〕集曆竝臻：集曆，蓋謂集合曆官。竝，吳本譌“呈”。

〔二二〕赤文象文，以授命：前“文”，花紋。後“文”，文字。授命，謂傳達天命。

〔二三〕象字：蓋釋正文之“象文”。　　象時代：費解，待考。

〔二四〕帝跪受之：四庫本如此，是，今從之。餘本“受”作“授”。

〔二五〕持齋：遵行齋戒。吳本“持”作“特”非。　　天老、五聖皆從：各本均無“五聖”二字。彥按：“五聖”二字當有，否則下文“問五聖莫見”之句上無所承，蓋脫文也。太平御覽卷七九引河圖挺佐輔，亦作“天老、五聖皆從”。今據以補。四庫本“皆”作“偕”,當在“五聖”脱文之後所改。　以游河洛之間:各本“之間”均作“之書”,顯誤。今據太平御覽訂正。　翠嫣之泉:之泉,太平御覽作“之淵”,藝文類聚卷一一引河圖挺佐輔作“之川”。　五色畢見,汎白圖,蘭葉朱文:各本均作“蘭葉朱文,五色畢見,沈白圖”。彦按:“沈”當“汎”字形譌,“蘭葉朱文”亦不當在“汎白圖”之前。藝文類聚亦作“五色畢具,魚汎白圖,蘭葉朱文”,足證其非,今據以訂正。

〔二六〕澤鴻之泉:“澤鴻”疑“翠嫣”之譌。

〔二七〕大震三日:藝文類聚卷二、太平御覽卷一五引帝王世紀,俱作“天大霧三日”。此作“大震”,疑誤。　三牲醮之:醮,祭。藝文類聚作“殺三牲以醮之”,太平御覽作“殺五牲以醮之”。　魚流:吳本、四庫本“魚”作“河”非。流,通“游”。此謂游水離開。

〔二八〕吳本、備要本此下有“鍾伯敬曰”云云一段文字,另起一行、低一格書。

路史卷四十四

餘論七

蓂莢 朱草[一]

蓂莢，曆莢也[二]。世紀云：堯時蓂莢夾階而生。每月朔則生一莢，至月半而十五莢；十六日後，日落一莢，至晦而盡[三]。若月小，盡則餘一莢，厭而不落[四]。王者以之占曆。應和氣而生，舜亦如之。一名仙茅。故田俅子云：堯爲天子，蓂生於庭，爲帝成曆。瑞圖云：葉圓而五色，日生一莢，至十六則落一莢，及晦而盡[五]。白虎通義云，考曆得度則生。書中候摘洛戒云：堯舜時皆有之，周公攝政七年，又生[六]。亦見伏書大傳[七]。

或云朱草。大戴禮云：朱草日生一葉，至十五日後，日落一葉，周而復始[八]。按孝經援神契云："朱草生，蓂莢孳。"則二物也。注：朱草者，百草之精，狀如小桑，栽子長三四尺，枝莖如珊瑚，生名山石岩之下，刺之如血[九]。其葉生落隨月晦朔，亦如蓂莢。則蓂莢之類爾。三禮義宗云：朱草，赤草也。可以染絳爲服，以別尊卑。王者施德有常，則應德而生。光武中元元年，羣臣奏言："地祇靈應而朱草萌生[一〇]。"又有赤草，生於水涯，則非蓂莢矣。云仙茅者，誕矣。抱璞子亦云，又名仙茅[一一]。今西山諶母所種者，頗異它處[一二]。少年湯飲，輒致口鼻出血。仙茅方云：明皇服鍾乳不效，婆羅門僧進之。

【校注】

〔一〕蓂荚:吴本“蓂”讹“萱”。 朱草:吴本“朱”讹“失”。

〔二〕蓂荚:吴本“蓂”讹“萱”。

〔三〕十五荚:吴本“五”讹“王”。

〔四〕厭(yān):安稳,安然。

〔五〕瑞图:指孙氏瑞应图。

〔六〕摘洛戒:各本“洛”均讹“落”,今订正。又洪本“摘”讹“摘”。

〔七〕伏书大传:即尚书大传。因旧题汉伏胜撰,故称。

〔八〕见大戴礼记明堂,此但意引,文字不尽相同。 朱草日生一叶:各本“叶”均作“荚”。彦按:此乃朱草,而非蓂荚,“荚”当“叶”字之讹。大戴礼记文实作“叶”,今订正。

〔九〕百草之精:吴本“草”讹“早”。 状如小桑:抱朴子内篇金丹则称“状似小枣”。 栽子:秧子,幼苗。

〔一〇〕光武中元元年:各本均脱一“元”字,今订补。 羣臣奏言:“地祇灵应而朱草萌生”:见后汉书光武帝纪下中元元年。地祇,各本“祇”均讹“祇”。灵应,灵验,各本均误倒作“应灵”。今并据后汉书订正。

〔一一〕抱璞子亦云:自此而下注文,吴本、四库本、备要本皆未见。而吴本、备要本另有“古云:梧桐不生”云云一段文字,另起一行、低一格书。又,此段注文盖本宋吴曾能改斋漫录方物仙茅之说。吴氏文曰:“洪州西山有谌母观,母乃许旌阳授道之师也。观有母所种仙茅,与今山野中所产者不相远,第采以作汤,则香味差别耳。少年饮之,至于口鼻出血,盖性极暖也。然抱朴子云:‘尧时有草,夹墀而生,随月开落,名蓂荚,又曰历荚,又名仙茅。’不知其种是此否? 按,本草注仙茅方云:‘明皇服锺乳不效,开元婆罗门僧进仙茅药,服之有效。’”

〔一二〕西山:在今江西南昌市新建区西。 谌母:传说中的神仙。

五老人

郦元水经注云:尧帝修坛河洛,择良议沈,率舜等升首山,道河渚,有五老游焉,相谓:“河图将来,告帝以期。知我者,重童也。"〔一〕言訖，五老乃翻爲流星，以入昴。事見論語比考，云仲尼曰：吾聞帝堯率舜等游首山，觀河渚，有五老游河渚，一曰"河圖將來告帝期"，二曰"河圖將來告帝謀"，三曰"河圖將來告帝書"，四曰"河圖將來告帝圖"，五曰"河圖將來告帝符"〔二〕。有頃，赤龍銜玉苞舒圖，刻版題命，可卷，金泥玉檢，封盛書威，曰："知我者，重童也。"〔三〕五老乃爲流星，上入昴。黃姚視之，龍没圖在〔四〕。堯等共發，曰："帝當樞百，則禪于虞〔五〕。"堯喟然曰："咨！汝舜，天之歷數在汝躬，允執其中。四海困窮，天禄永終〔六〕。"乃以禮舜〔七〕。故任彥升宣德皇后令云：堯見五老入于河，一老人曰"河圖將來告帝期"，又一曰"河圖推龜告帝謀"，又一曰"山川魚鼈荷聖恩"，又一曰"河圖推龍銜玉繩"，歌訖，五老飛于天，入昴〔八〕。寰宇記，今河東縣，故永樂東北十三里有五老山〔九〕。堯升首山觀河渚，五老人爲流星上入昴〔一〇〕。今河西縣西十七五老仙人祠也〔一一〕。

夫古之事，亦有原矣。今道之營道北五里，有五老人祠〔一二〕。昔唐國子司業爲道，至襄陽，遇五老人來迎，自云春陵人，與之帛與幞，問所居，州城西北五里，至訪之，則無有，惟五龍井，遺縑在焉〔一三〕。乃立祠，即曰五龍祠，貞元十九年也。大觀四年二月，賜號崇應〔一四〕。政和侯封，曰壽聖、壽通、壽寧、壽成、壽應云〔一五〕。

【校注】

〔一〕見水經注卷五河水。　道河渚：水經注"道"作"遵"。　重童：謂舜。水經注作"重瞳"，同。

〔二〕三曰：吳本"曰"譌"也"。

〔三〕赤龍銜玉苞舒圖：苞，通"包"，包裹。舒圖，指卷舒圖（可卷起或展開之圖）。吳本"圖"譌"禮"。文選任彥升宣德皇后令"五老游河，飛星入昴"李善注引論語比考讖，但作"龍銜玉苞"。　刻版題命：雕板印製的敕命。　金泥玉檢：金粉泥封（古人封緘書函時，用封泥封住繩端打結之處，上蓋印章），書簽玉製。檢,兼具書册標簽及緘封作用之竹、木或玉片。　　封盛書威:包裝隆重,文字莊嚴。文選李善注引論語比考讖,作"封書成",且無下文"曰"字。

〔四〕黄姚:即舜。見後紀十二帝舜有虞氏。

〔五〕當樞:執政。

〔六〕參見後紀七小昊青陽氏注〔四二四〕、後紀十三帝禹夏后氏注〔五四六〕。

〔七〕襢:四庫本作"禪",同。

〔八〕任彦升宣德皇后令云:任彦升,即南朝梁任昉(字彦升)。各本"德"均譌"還",今訂正。彦按:"云"下所引之文,實出任昉宣德皇后令"五老游河,飛星入昴"下李周翰注,而非任氏之文,疑"令"字下存在脱文。　　推龜:推,假託,憑藉。　　河圖推龍銜玉繩:玉繩,蓋用以緘封河圖,猶如太平御覽卷九一五引春秋合成圖所言"鳳皇負圖授堯。圖以赤玉爲柙,……黄玉檢,白玉檢,白玉繩封兩端"者。　　入昴:李注原文作"入于昴"。

〔九〕寰宇記,今河東縣,故永樂東北十三里有五老山:見太平寰宇記卷四六蒲州永樂縣,文曰:"五老山,在縣東北十三里。"彦按:永樂縣,北宋熙寧六年已廢而並入河東縣,故路史加上一句"今河東縣"。永樂縣治所在今山西芮城縣永樂鎮。十三里,吴本、四庫本誤倒作"三十里"。

〔一〇〕五老人爲流星上入昴:寰宇記作:"有五老人飛爲流星上入昴。"

〔一一〕今河西縣西十七五老仙人祠也:彦按:河西縣乃虞鄉縣之誤。太平寰宇記卷四六蒲州虞鄉縣云:"五老仙人祠,在縣西十七里。"當即路史所本。蓋以寰宇記河西、虞鄉二縣前後相鄰,一時疏忽而張冠李戴。

〔一二〕道之營道:道,州名。營道,縣名,治所在今湖南道縣。

〔一三〕昔唐國子司業爲道,至襄陽,遇五老人來迎:明陳士元江漢叢談卷二解佩引天妃宫記,亦載其事,作"道州營道縣有五老祠。陽亢宗城以國子司業遷道州刺史,至襄陽,遇五老人來迎"云云。　　春陵:舊縣名,治所在今湖北襄陽市南。　　襆(fú):頭巾。　　遺縑在焉:江漢叢談"縑"作"帛"。

〔一四〕大觀:宋徽宗年號,公元1107—1110年。

〔一五〕侯封:封侯。洪本"侯"譌"佚"。

陵臺説[一]

　　大荒南經,帝堯、帝嚳、帝舜皆葬岳山,而海内北經有帝堯臺、帝嚳臺、帝舜臺之類,非一。夫帝王之冢曰陵,亦謂之臺。傳言禹殺相柳,其血腥,不可以植,乃以爲衆帝之臺[二]。故帝嚳冢曰頓丘臺,堯母冢曰靈臺[三]。鄴有魏文、武、甄后三陵臺,張賓進所言"三臺險固"者也[四]。

　　即在上世,亦謂之山。黄帝葬南甲山,曰橋陵,亦曰橋山,是矣。蓋山者取其如山,陵者取其如陵,因謂之山、陵爾。風俗通云:陵者,天生自然,故王公冢稱陵[五]。或云:秦曰山,漢始曰陵[六]。"殽有二陵",豈漢始哉[七]? 若臺者,猶夷俗之言路[八]。

【校注】

　　〔一〕陵臺説:洪本此下有一注文"山"字。

　　〔二〕山海經海外北經:"共工之臣曰相柳氏,九首,以食于九山。相柳之所抵,厥爲澤谿。禹殺相柳,其血腥,不可以樹五穀種。禹厥之,三仞三沮,乃以爲衆帝之臺。"

　　〔三〕帝嚳冢曰頓丘臺:喬本、洪本"頓"作"頔"非,此從餘本。水經注卷九淇水:"淇水……又東北逕帝嚳冢西,世謂之頓丘臺,非也。"　堯母冢曰靈臺:水經注卷二四瓠子河:"今成陽城西二里有堯陵,陵南一里有堯母慶都陵,于城爲西南,稱曰靈臺。"

　　〔四〕鄴有魏文、武、甄后三陵臺:文,魏文帝曹丕。武,魏武帝曹操。甄后,曹丕皇后。　張賓進所言"三臺險固":見晉書石勒載記上。張賓進,後趙石勒將領。

　　〔五〕陵者,天生自然,故王公冢稱陵:見風俗通義山澤陵,今本文作:"陵有天性自然者。今王公墳壟,各稱陵也。"水經注卷一九渭水引風俗通,作:"陵者,天生自然者也。今王公墳壟稱陵。"

　　〔六〕水經注卷一九渭水:"秦名天子冢曰山,漢曰陵,故通曰山陵矣。"

　　〔七〕殽有二陵:見左傳僖公三十二年。

〔八〕若臺者，猶夷俗之言路：不詳。待考。

繇余氏墓陶臣氏　烏陀氏

蘇州節度使錢元鐐之猶子文炳爲元帥府判官、檢校禮部尚書，顯德中入京供奉，飽文學，善應對，尤精青烏之術〔一〕。開寶五年，妻丘奄化，訪吉兆于報恩禪宅之側，古松區中〔二〕。僧常泰者共疑，叢薄据岡，當必昔賢墳窿，不可重營〔三〕。炳執不從，董役發之，果古墓道〔四〕。版石數重，梓廬灰盡，惟一骸亞石間，長逾丈所，脛且三尺，明比南金〔五〕。東一銅鐺，傍縷青花〔六〕。西壁劍器，亦且敗毀，惟環在；靶，佳玉所成合抱夫容，瑩然精白〔七〕。炳心尤愛，不聽役入，因酹而下，將攬其環〔八〕。忽一黑蜂狀如秏丸，從劍下螫炳右眉間，尋見悶絶，輿還乃卒〔九〕。泰具掩之。翌朝，炳之丕子知玄方伸號躃，遽亦冥然，見一丈夫道貌古野，身度丈餘，魚鱗之甲，足色如金，徒跣挺劍〔一〇〕，前語玄曰："我，帝堯之臣繇余氏也。與陶臣氏、烏陀氏佐禹理水，以功封吴，獲葬于兹。當時此地乃海東漸之山也，宅兆誠吉，居之且安〔一一〕。奈何而父剛愎，發吾版石，顧已非義，而乃更欲奪吾玉檑，罪孰甚焉〔一二〕！雖今擊死，然方隸吾籍，吾於冥間大有主治，而父且無苦，宜勿念悼〔一三〕。"知玄始甦。

錢公希白特爲之紀，以知宅墓凶吉，始諸太古，而冢訟之説爲不可掩〔一四〕。堯帝而來，汔于開寶，數百千載，而精爽猶在，足信定分之不可逾，而直諒忠忱之不泯也〔一五〕。南岳魏夫人言：禍之最急者，惟墓風與冢訟〔一六〕。

【校注】

〔一〕本篇所載之事，亦見宋無名氏分門古今類事卷一七墓兆門由余氏墓引錢希白小説(下簡稱古今類事)。　猶子：古今類事作"姪"，詞異義同。　供奉：指服侍帝王，供帝王使唤。　青烏之術：堪輿之術。參見後紀五黄帝有熊氏注〔四二二〕。吳本、四庫本"烏"譌"鳥"。

〔二〕奄化:去世。　訪:尋求。　兆:墓地。

〔三〕共疑:提出疑問。共,"供"之古字。　叢薄:叢生的草木。　墳窆(cuì):墓穴。喬本"窆"作"窀",乃譌字。此從餘本。

〔四〕董役:監督工役。

〔五〕梓廬:棺材。　亞:居,處於。　三尺:四庫本作"二尺"。　南金:古稱南方荊、揚二州出産的銅。

〔六〕銅鐺(chēng):鐺,古代温酒之器,似鍋,三足。古今類事作"銅酒鐺"。　縷:通"鏤",雕刻。

〔七〕靶,佳玉所成合抱夫容:靶,柄。夫容,即芙蓉,荷花。四庫本作"芙蓉"。古今類事作"靶亦是玉,刻爲合抱芙蓉"。

〔八〕因醉而下,將攬其環:酹(lèi),以酒灑地表示祭奠。攬,摘取。古今類事作:"炳自醉酒下穴取其環靶。"

〔九〕耗丸:古代游戲用的小球,以皮爲之,中實以毛,足踢或杖擊爲戲。吳本、四庫本"耗"作"毬",同。　尋見悶絶:不久出現暈倒。古今類事作"炳便悶倒,頭腫如斗"。　輿還乃卒:輿還,用轎子擡回去。古今類事作:"肩輿還宅,其夕遂卒。"

〔一〇〕丕子:大兒子。　方伸號躃,遽亦冥然:伸,謂進行著某事。號躃,悲傷痛哭,捶胸頓足。躃,通"擗",捶胸。遽,謂驟然間。冥然,迷糊貌。古今類事作:"號踊之次,冥然困睡。"　見一丈夫道貌古野,身度丈餘,魚鱗之甲,足色如金,徒跣挺劍:道貌,相貌之美稱。古野,猶古樸。謂質樸而有古風。古今類事作:"忽夢一古丈夫,長丈餘,被魚鱗甲,握大劍,跣足,足色如金。"

〔一一〕海東漸之山:謂因海漸東移而浮出之山。　宅兆誠吉,居之且安:四庫本如此,今從之。餘本"誠"作"臣",於義不洽,疑爲"誠"字音譌。古今類事作:"宅兆甚吉,居之極安。"

〔一二〕剛愎:洪本"愎"作"複",備要本作"腹",俱誤。　櫑(lěi):櫑具劍(古長劍名)之省稱。

〔一三〕念悼:思念哀傷。

〔一四〕錢公希白:即北宋文學家錢易(字希白)。　凶吉:吳本"吉"譌

“告”。　　冢訟:古稱冢墓中鬼魂因蒙冤而死、骸骨受擾等等原因而行糾纏、報復事。

〔一五〕汔:四庫本作“迄”。　精爽:魂魄。　定分:命運前定。　直諒忠忱:正直誠信,忠心耿耿。古今類事:“由是推之,墓之吉凶,始自盤古。由堯至於開寶,幾數千年矣,各有定分,則不可妄干。後之審墓地者,宜鑑兹哉!”

〔一六〕南岳魏夫人言:禍之最急者,惟墓風與冢訟:四庫本無此一十七字;吳本、備要本則作爲正文,另起一行,低一格書。南岳魏夫人,即晉女道士魏華存。相傳幼而好道慕仙,後於南嶽草舍修道成仙,爲道教上清派第一代太師。墓風,墓地風水。

去凶年

四凶之去,熙朝以來明經之士間有能知,而先後之際,猶不能究,卒亦同乎爲妄〔一〕。舜攝之初,即分十有二州,既而流四凶族,命禹平水,水土平,而後復爲九州,故得共工流于幽州〔二〕。四凶之去,在十二州分後,明矣,在舜典自可見。説者乃以爲舜十二州在禹平水别九州之後,顛倒失統〔三〕。程頤之徒,咸謂殛鯀在説用刑之中,非先分州而後殛〔四〕。胡益之之徒至謂幽州、崇山、三危爲共、驩、三苗先封之地,而今乃流放而竄之;鯀治水無狀,嘗竄羽山,今出怨,故更殛死〔五〕。俱爲碍理。

夫四凶皆當時世家,公卿巨室,用事之臣也。莊子之言共、驩、苗民之罪,皆在堯時〔六〕。陸德明云:堯六十年放驩兜,六十四年流共工,六十六年竄三苗〔七〕。未知其所據。雖頗不合,然堯遜禪之意,固在六十載後。大戴記孔子之言四凶之去,亦皆堯世〔八〕。而荀子、國事、淮南鴻烈皆言堯伐驩兜,國事、荀子亦言堯伐共工,周語言堯殛鯀,則鯀之殛,非舜明矣〔九〕。按舜紀云:舜歸,言于帝,乃流共工〔一〇〕。周書則云:共工久居重位,而唐伐之〔一一〕。是説學者往往以爲非經,有不之信。然吕刑言“遏絶苗民”,安國亦顯之爲堯矣〔一二〕。鯀與共工詳之,正以誹禪見竄,而世猶謂鯀以治水無功殛,果足信歟〔一三〕?夫有勞于民者,先王一皆祀之〔一四〕。鯀縱治水無成,而仍作九載,亦勤于民事者矣,孰有至殛死者〔一五〕?向使鯀不能啓其功于前,則禹亦未能速收勤于後〔一六〕。祭法之言鯀障洪水,禹能修鯀之功,則鯀非無功也〔一七〕。果無功殛,則何得見于夏郊〔一八〕?蘇子瞻云四凶之罪,莫得其詳,忽諸〔一九〕?

【校注】

〔一〕四凶之去:見前紀四蜀山氏注〔一一三〕。　熙朝:興盛的朝代。用於尊稱本朝,猶言國朝。

〔二〕故得共工流于幽州:書禹貢所載九州,中無幽州,羅氏以爲幽州在十二州中,故有此言。

〔三〕説者乃以爲舜十二州在禹平水別九州之後:書舜典:“肇十有二州。”孔氏傳:“禹治水之後,舜分冀州爲幽州、并州,分青州爲營州,始置十二州。”

〔四〕程頤之徒,咸謂殛鯀在説用刑之中,非先分州而後殛:用刑,各本均譌“明刑”,今訂正。程頤説見程氏經説卷二書解舜典“肇十有二州”,説曰:“上古九州,治水之後,禹別正其九州之封界,舜始分爲十二州,在洪水既平之後。此歷敍舜事,故肇十二州在四罪之前,言殛鯀在説用刑之中,非是先分十二州而後殛鯀也。禹貢云別九州者,洪水治平而定九州之域,在後始分十二州。”

〔五〕共、驩:共工、驩兜。

〔六〕莊子在宥:“堯於是放讙兜於崇山,投三苗於三峗,流共工於幽都,此不勝天下也。”

〔七〕堯六十年放驩兜,六十四年流共工,六十六年竄三苗:見莊子在宥陸德明釋文,原文作:“堯六十年,放讙兜於崇山。”“堯六十六年,竄三苗於三危。”“堯六十四年,流共工於幽州。”吴本“六十年”之“六”譌“云”。

〔八〕大戴禮記五帝德:“宰我曰:‘請問帝堯。’孔子曰:‘高辛之子也,曰放勳。……流共工于幽州,以變北狄;放驩兜于崇山,以變南蠻;殺三苗于三危,以變西戎;殛鯀于羽山,以變東夷。’”

〔九〕荀子、國事、淮南鴻烈皆言堯伐驩兜：分別見荀子議兵、戰國策秦策一、淮南子脩務篇，唯淮南子作"放讙兜"而非"伐讙兜"。　國事、荀子亦言堯伐共工：彦按：今戰國策秦策一、荀子議兵，均但見"禹伐共工"，而未有"堯伐共工"，疑羅氏誤記。　周語言堯殛鯀：見國語周語下。

〔一〇〕舜紀云：舜歸，言于帝，乃流共工：見史記五帝本紀，原文作"於是舜歸而言於帝，請流共工於幽陵"。

〔一一〕周書則云：共工久居重位，而唐伐之：今本逸周書史記篇作："久空重位者危。昔有共工自賢，自以無臣，久空大官。下官交亂，民無所附，唐氏伐之，共工以亡。"與路史所説不同。

〔一二〕呂刑言"遏絶苗民"，安國亦顯之爲堯矣：書呂刑："皇帝哀矜庶戮之不辜，報虐以威，遏絶苗民，無世在下。"舊題孔安國傳："皇帝，帝堯也。"

〔一三〕鯀與共工詳之，正以誹禪見竄：共工，吳本"工"譌"二"。詳，謂清楚知道。誹禪，謂非議堯之禪位於舜。　鯀以治水無功殛：喬本、洪本、備要本"鯀"譌"鮌"，今據吳本、四庫本訂正。

〔一四〕夫有勞于民者，先王一皆祀之：四庫本如此，是，今從之。餘本"祀"譌"視"。禮記祭法："夫聖王之制祭祀也，……以死勤事則祀之，以勞定國則祀之。"

〔一五〕仂(lì)：勤，努力。

〔一六〕勤：猶功，成績。

〔一七〕祭法之言鯀障洪水，禹能修鯀之功：禮記祭法："鯀鄣鴻水而殛死，禹能修鯀之功，……此皆有功烈於民者也。"

〔一八〕禮記祭法："夏后氏亦禘黄帝而郊鯀。"

〔一九〕四凶之罪，莫得其詳：見蘇軾書傳卷二舜典"四罪而天下咸服"傳，原文作："此四凶族也，其罪則莫得詳矣。"　忽：疏忽。

吕梁碑

吕梁碑，劉耽作，字爲小篆，鈎畫訛泐，間可認者，僅六十言[一]。耽於傳無聞矣，据碑之言"皇帝登封之歲"，則蓋秦、漢間人也[二]。碑中敍紀虞帝之世云：舜祖幕，幕生窮蟬，窮蟬生敬康，敬康生喬牛,喬牛生瞽叟,瞽叟產舜,命禹行水,道呂梁[三]。特此節完備,爲可考。質之於傳,惟無句望,且不言出自黄帝,諒得其正[四]。

甲申秋七月,觀于内相郭知章明叔家[五]。公異時亦嘗集録古刻,多六一先生之未見者二百,斯其一也[六]。字勢權奇,蓋莫之辨[七]。嗚呼!有虞氏之明德,千古被之而無斁者,孰有世祀之不明者乎[八]?緜數千歲之後,予得論而次之,天未喪斯文哉[九]!

呂梁者,龍門也。而彭城之東一亭亦有所謂呂梁,蓋猶夷陵、陸渾、交阯等處之龍門云[一〇]。

【校注】

〔一〕泐(lè):剥蝕,漫滅。

〔二〕登封:登山封禪,指古帝王登泰山祭天地。

〔三〕道呂梁:道,取道,經過。

〔四〕質之於傳,惟無句望,且不言出自黄帝:史記五帝本紀稱:"橋牛父曰句望,句望父曰敬康。"又以爲舜出黄帝子昌意一系。

〔五〕甲申:指公元 1164 年。　　内相:翰林學士之别稱。　　郭知章:北宋朝臣,字明叔。

〔六〕嘗:四庫本譌"常"。　　六一先生之未見者:六一先生,對宋歐陽修之敬稱。修曾撰自傳性散文六一居士傳,故稱。之未見者,指修所撰金石學著作集古録跋尾未收録者。

〔七〕權奇:奇譎非凡。

〔八〕被之而無斁(yì):受之而不盡。

〔九〕次:編次。　　天未喪斯文哉:喬本、洪本"天未"譌"夫定",此從餘本。

〔一〇〕夷陵:今湖北宜昌市夷陵區地。　　龍門云:吳本、備要本此下有"楊升菴曰"云云一段文字,另起一行、低一格書。

歷山

歷山,今河東縣之雷首山也。其山九名,一曰首陽,臨河與大華對峙，即謂歷觀，揚雄所云"登歷觀而遥望"者，樂史謂在偃師西北二十五里〔一〕。有舜廟、舜井、嬀水、汭水，嬀南汭北。嬀，一作"潙"。潙汭舜廟，後周宇文護造。地記云：二泉，在首山北山中，皆逕山下而入河。然孔安國、馬融、王肅、杜預、皇甫謐皆以潙汭爲嬀水之曲云〔二〕。然後魏興地圖、上谷記，下洛城西南四十有潘城，城西北三里亦有歷山，形如覆釜，下有舜、瞽二祠，云是舜居〔三〕。帝之蹤迹，何聞至是？而齊之歷城南五里，又有歷山，水經注云上有舜祠，縣東復有舜井，亦云耕處〔四〕。寰宇記在縣東百步，云舜之所穿；又有華泉，與歷山井通〔五〕。曾子固言："舜耕歷山，漁雷澤，陶河濱，作什器於壽丘，就時於負夏。"〔六〕康成謂歷山在河東，雷澤在濟陰，而負夏則衛地。皇甫謐乃謂壽丘在魯東門之北，河濱爲即濟陰，乃定陶西南之陶丘亭〔七〕。耕稼陶漁，皆舜之初年，其地必不大相遠，今皆在魯、衛間，則歷山不得獨在河東。遂以爲娶後所居，後世因有嬀水而遷就之〔八〕。齊州二堂記〔九〕。夫河中乃帝所生若所都，而歷城，古歷下也，其相去也遠矣。耕漁之時，徒以瞽叟不順，暫即荒野，顧非日後就販之比，其初未必遠去父母之側〔一〇〕。河濱、雷澤，其説未悉。按九域志，濟南、濮陽、河中皆有歷山，俱存祠廟，而今秦地池陽、澧陽、始寧、河縣、上虞、無錫亦皆有之〔一一〕。子列子云：舜耕河陽〔一二〕。書大傳云：舜陶河濱。按元和志，乃河東縣北四十之故陶城〔一三〕。蘇氏演義云：歷山有四：一，河中；二，齊之歷陽縣；三，冀州；四，濮之雷澤〔一四〕。雷澤不聞有二，耕漁必不相遠，即此爲是。今曹、濮間有舜豢龍井、定陶城，皆其蹤也〔一五〕。

然歷山何止四哉？信都之歷山，樂史亦以爲舜耕在是〔一六〕。援神契云：舜生姚墟。應劭謂與雷澤相近〔一七〕。寰宇記在雷澤縣東十三里，歷山在縣西北十六〔一八〕。今濮之雷澤西北六十有小山孤立，謂之歷山〔一九〕。山北有小阜屬池，目之姚墟〔二〇〕。劭、謐緣之，皆記舜耕之所〔二一〕。而池之建德東十里，更有堯城山〔二二〕。

縣南三十有堯城、堯祠,云堯巡所至。<u>梁武</u>於此立<u>太原府</u>^{〔二三〕}。
縣北二十爲<u>舜城</u>,城有<u>舜井</u>,有<u>櫟山</u>,上有堯、舜二祠,<u>元和郡志</u>謂
是兩帝南巡所至^{〔二四〕}。<u>櫟山</u>隔井曰<u>舜井</u>。<u>秋浦志</u>:<u>歷山</u>在<u>東流縣</u>東三十里,高
八十丈,上有堯、舜二祠,南巡所至,本屬<u>祁門</u>^{〔二五〕}。<u>新安志</u>,在<u>祁門</u>西八十五里^{〔二六〕}。
<u>寰宇記</u>,<u>石埭</u>西百六十有<u>櫟山</u>,高五里,上有澄水^{〔二七〕}。大抵古迹傳聞多繆,如今<u>太湖</u>
<u>縣</u>北七里<u>龍山</u>,亦有<u>堯舜廟</u>,説亦以爲<u>放勳</u>,乃唐之<u>神堯</u>也^{〔二八〕}。而<u>周處記</u>,<u>始寧</u>
界復有舜所耕田,一山多柞,因謂<u>櫟山</u>;而以<u>具區</u>爲之<u>雷澤</u>,以其
中有<u>大</u>、<u>小雷山</u>也^{〔二九〕}。<u>王介甫</u>從之,妄矣^{〔三〇〕}。夫使帝果南巡
至是,亦何豫耕漁之日邪? <u>大雷</u>高百二十丈,<u>長興</u>東北六十^{〔三一〕}。<u>風土記</u>云:
<u>太湖</u>中有<u>大</u>、<u>小二雷山</u>,相距六十,其間曰<u>雷澤</u>,即<u>舜漁處</u>^{〔三二〕}。故<u>浙東</u>有<u>餘姚</u> <u>上虞江</u>,
爲<u>舜</u>本土^{〔三三〕}。

　　且以<u>姚</u>、<u>嬀</u>之名,在在而是^{〔三四〕}。<u>金</u>之<u>西城</u>,故有<u>姚方</u>、<u>嬀墟</u>,
<u>杜佑</u>謂<u>舜</u>生此^{〔三五〕}。而<u>世本</u>亦謂<u>嬀墟</u>,<u>舜</u>所都,在<u>西城</u>^{〔三六〕}。今
<u>長沙縣</u>有<u>潙水</u>,云<u>舜</u>所都。而<u>上虞</u>之<u>損石</u>,號<u>蒍公巇</u>^{〔三七〕}。<u>會稽</u>
又有<u>嬀水</u>,<u>三憮</u>之泉經之,東入海,<u>圖經</u>亦以爲<u>釐降</u>之地^{〔三八〕}。<u>祝</u>
<u>阿</u>故縣又有<u>濼水</u>,俗呼<u>娥姜水</u>,原有<u>娥英</u>之廟^{〔三九〕}。水原山上有
<u>帝舜祠</u>,下開大穴,爲之<u>舜井</u>^{〔四〇〕}。<u>寰宇記</u>,<u>羅姜水</u>^{〔四一〕}。<u>兗</u>之<u>泗源</u>,又
有<u>陶墟</u>,亦有<u>舜井</u>。其西阜,號<u>嬀亭山</u>。下之,一<u>漏澤</u>,方十五里,
指爲帝之所漁,不知此自<u>桃墟</u>,<u>謝息</u>之所遷者^{〔四二〕}。

　　又<u>水經注</u>:<u>上虞</u>,一曰<u>虞賓</u>,<u>太康地記</u>爲避<u>丹朱</u>之所^{〔四三〕}。而
<u>雷澤</u>亦非一:<u>周處</u>謂是<u>太湖</u>,故<u>寰宇</u>引<u>尚書釋言</u>謂在<u>震澤</u>;若<u>陽</u>
<u>城</u>,<u>漢濩澤縣</u>,<u>墨子</u>則言<u>舜</u>漁在此^{〔四四〕}。澤今在<u>陽城</u>西北十二,<u>寰</u>
<u>宇記</u>爲<u>烏虢</u>切矣,<u>郡國志</u>言邑西今有地,名<u>舜田</u>^{〔四五〕}。然今<u>潭</u>之
<u>益陽</u>,<u>岳</u>之<u>沅江</u>,故<u>梁</u>之<u>重華縣</u>,有<u>虞帝城</u>,記亦謂是所都^{〔四六〕}。
而<u>述異記</u>,去<u>湘水</u>岸三十有<u>相思宮</u>、<u>望帝臺</u>,志爲二妃之迹^{〔四七〕}。
<u>泠道</u>、<u>臨武</u>、<u>桂陽</u>、<u>藍山</u>等處,悉有<u>帝舜</u>之祠^{〔四八〕}。<u>藍山</u>更有<u>舜水</u>、
<u>舜鄉</u>,縣西十五與<u>永明</u>西十五皆有<u>娥皇</u>、<u>女英</u>之廟。<u>江華</u> <u>太平鄉</u>

有舜女寺。即按歷城東南十里之廟山，晏氏三齊記在縣東南，後人思舜而置廟也〔四九〕。湘中記云：地有舜之遺風，人民純朴，故老猶彈五絃之琴，爲漁父辭〔五〇〕。莫不以爲虞帝之居，豈盡信邪〔五一〕？

【校注】

〔一〕大華：太華，山名，即西岳華山。　揚雄所云“登歷觀而遥望”者：見漢書揚雄傳上載雄河東賦。揚雄，喬本“揚”作“楊”，此從餘本。而遥望，各本均譌“以逴望”，今訂正。　樂史謂在偃師西北二十五里：太平寰宇記卷五西京三偃師縣：“首陽山，在縣西北二十五里。”文淵閣四庫全書本如此，中華書局2007 年版王文楚等點校本作“三十五里”。

〔二〕潙汭：吳本、四庫本“潙”譌“爲”。　曲：隈曲之處，指河灣、江灣。

〔三〕後魏輿地圖：作者不詳。然本書國名紀五周氏潘亦引大抵相同之内容，則以爲出自魏土地記（參見彼注〔六一〕），水經注卷一三灅水同。不知二書所載内容類同，抑或實即一書，待考。

〔四〕水經注云上有舜祠，縣東復有舜井，亦云耕處：見水經注卷八濟水，其文作：“（歷城）城南對山，山上有舜祠，山下有大穴，謂之舜井。……書舜耕歷山，亦云在此，所未詳也。”路史此之“縣東”云云，非出水經注文。

〔五〕華泉：各本均作“華水”，誤，今訂正。太平寰宇記卷一九齊州歷城縣云：“舜井，在縣東百步。舜所穿之井也。華泉，……續述征記云：‘歷山有一井，無底，與此泉通也。’”

〔六〕曾子固言：曾子固，即宋曾鞏（字子固）。此下至“後世因有嬀水而遷就之”，撮引自曾氏齊州二堂記。

〔七〕河濱爲即濟陰：濟陰，各本均作“陶丘”。彥按：“陶丘”乃“濟陰”之譌。曾氏文作“河濱，濟陰”，今據以訂正。

〔八〕曾氏原文爲：“以予考之，耕稼陶漁，皆舜之初，宜同時，則其地不宜相遠。二家所釋雷澤、河濱、壽丘、負夏，皆在魯衛之間，地相望，則歷山不宜獨在河東也。……按圖記，皆謂禹貢所稱雷首山在河東，嬀水出焉。而此山有九號，歷山其一號也。予觀虞書及五帝紀，蓋舜娶堯之二女乃居嬀汭，則耕歷山蓋不同時，而地亦當異。世之好事者，乃因嬀水出于雷首，遷就附益，謂歷山爲雷首之別號,不考其實矣。”

〔九〕齊州二堂記:備要本“二”字闌入正文而居“齊州堂記”之下。

〔一〇〕順:謂順理。

〔一一〕河縣:史籍未見有此縣名,當誤。疑乃下文所言“舜耕河陽”之“河陽”之譌。

〔一二〕舜耕河陽:見列子楊朱,原文作“舜耕於河陽”。

〔一三〕元和郡縣圖志卷一二河中府河東縣:“故陶城,在縣北四十里。尚書大傳曰:‘舜陶于河濱。’”

〔一四〕歷山有四:一,河中;二,齊之歷陽縣;三,冀州;四,濮之雷澤:見蘇氏演義卷上,原文作:“歷山有六:一,河中;二,齊州;三,冀州;四,濮州雷澤;又其二不聞。”彦按:蘇氏演義但稱齊州,路史乃稱“齊之歷陽縣”。今謂古歷陽治今安徽和縣,未嘗屬齊州,或者爲“歷城”之誤。唐歷城縣爲齊州治,城南即有歷山,地在今山東濟南市歷城區。

〔一五〕曹、濮:曹,曹州。濮,濮州。

〔一六〕信都:縣名,治所在今河北衡水市冀州區。太平寰宇記卷六三冀州信都縣:“歷山。舜耕于歷山,是此。”

〔一七〕應劭:吳本、四庫本、備要本“劭”作“邵”。

〔一八〕見太平寰宇記卷一四濮州雷澤縣。

〔一九〕今濮之雷澤西北六十有小山孤立,謂之歷山:彦按:今本水經注卷二四瓠子河云:“雷澤西南十許里有小山,孤立峻上,亭亭傑峙,謂之歷山。”稱“西南”,與寰宇記說不同;稱“十許里”,則與寰宇記大抵一致。疑路史此稱“六十”乃“十六”之譌。

〔二〇〕山北有小阜屬池:屬(zhǔ),連接,相連。池,澤。水經注卷二四瓠子河作:“山北有小阜,南屬迤澤之東北。”一本“迤”作“池”,蓋路史所據。

〔二一〕劭:吳本、四庫本作“邵”。

〔二二〕池之建德:池,州名。建德,縣名,治所在今安徽東至縣北。

〔二三〕太平寰宇記卷一〇五池州建德縣:“舜井城,在縣南四里。舊傳帝堯南巡至此城。梁武于此城立太原府。隋廢府。今城中有舜井焉。”

〔二四〕元和郡縣圖志卷二八池州至德縣:“堯城,在縣南四百里。舜城,在縣北二十里。舊傳兩帝南巡至此。”彥按:至德縣,至五代改稱建德縣。

〔二五〕秋浦志:宋胡兆撰。各本“浦”均作“甫”。彥按:縣名無“秋甫”,“甫”當“浦”字之譌,今訂正。秋浦於唐爲池州治,地在今安徽池州市貴池區。

東流縣:治所在今安徽東至縣東流鎮。　祁門:縣名,今屬安徽省。各本“祁”均譌“祈”,今訂正。下“祁門”之“祁”同。

〔二六〕新安志:宋羅願撰。　在祁門西八十五里:見新安志卷四祁門縣。

〔二七〕石埭:縣名,治所在今安徽黃山市黃山區西北。吳本、備要本“埭”譌“棣”。　澄水:清澈而不流動的水。

〔二八〕繆:四庫本作“謬”。　太湖縣:今屬安徽省。　唐之神堯:見後紀十四諸帝贊語帝少康注〔九〕。

〔二九〕始寧界復有舜所耕田,一山多柞,因謂歷山:水經注卷四河水:“周處風土記曰:舊説,舜葬上虞。又記云:耕于歷山。而始寧、剡二縣界上舜所耕田,于山下多柞樹,吳、越之間名柞爲櫪,故曰歷山。”　而以具區爲之雷澤,以其中有大、小雷山也:具區,古澤藪名,即太湖。宋王楙野客叢書卷七地理訛舛亦云:“舜漁雷澤,正城陽之雷澤,而周處風土記乃以吳之太湖大雷山、小雷山爲舜漁之所。”

〔三○〕王介甫:洪本“甫”譌“浦”。

〔三一〕大雷高百二十丈,長興東北六十:吳本“北”譌“此”。此二句,各本原在下文“相距六十”之後。彥按:羅苹此注實撮取自太平寰宇記。寰宇記卷九四湖州長興縣云:“大雷山,在縣東北六十里,高一百二十丈。周處風土記云:‘太湖中大雷、小雷二山,相距六十里。其間即雷澤,舜所漁處也。’”是此二句非爲風土記文,乃樂史之語也(亦非原話,衹是意引),今將之移至“風土記云”之前。

〔三二〕漁:吳本作“魚”。

〔三三〕浙東:宋浙江東路之簡稱,治所在今浙江紹興市越城區。寰宇記卷九四湖州烏程縣:“小雷山,在縣北震澤中。周處風土記云:‘太湖中有大雷、小雷二山,山之中有雷澤,即舜漁之所也。蓋浙東有餘姚縣上虞江,是舜本土。’”

〔三四〕且:吳本譌“耳”。

〔三五〕金之西城，故有姚方、嬀墟：參見國名紀四有虞氏後饒。　杜佑謂舜生此：見通典卷一七五州郡五金州，原文作：“虞舜嘗居之，謂之嬀墟。”

〔三六〕舜所都：喬本、洪本、備要本“都”作“金”，誤。此從吳本、四庫本。

〔三七〕參見發揮五辨帝舜冡。

〔三八〕三憮之泉：即三憮泉。各本“憮”均作“撫”。彥按：“撫”當“憮”字之譌。明陳耀文天中記卷九江引圖經云：“三憮泉，經嬀水入東海。‘釐降二女於嬀汭’，豈其是乎？江裏有上中下三憮，言二女降時，嬀地高險迴曲，使者至險，輒憮然感嘆，故曰三憮。”亦見宋葉庭珪海録碎事卷三下江湖門三憮泉、宋無名氏錦繡萬花谷後集卷五江三憮泉。今據以訂正。　釐降：指堯二女下嫁舜。書堯典：“釐降二女于嬀汭，嬪于虞。”

〔三九〕原有娥英之廟：原，“源”之古字，水源。水經注卷八濟水：“（瀫水）俗謂之爲娥姜水，以泉源有舜妃娥英廟故也。”

〔四〇〕水經注卷八濟水：“（歷城縣故城）城南對山，山上有舜祠，山下有大穴，謂之舜井。”

〔四一〕寰宇記，羅姜水：彥按：“羅姜水”似當作“羅姜祠”。太平寰宇記卷一九齊州歷城縣：“瀫水，……水經注云：‘俗謂爲娥英水，以泉源有舜妃娥皇、女英廟。’又謂之羅姜祠。”

〔四二〕水經注卷二五泗水：“（泗）水出卞縣故城東南，桃墟西北。春秋昭公七年，謝息納季孫之言，以孟氏成邑與晉而遷于桃。杜預曰：‘魯國卞縣東南有桃墟。’世謂之曰陶墟，舜所陶處也，井曰舜井，皆爲非也。墟有漏澤，方十五里，淥水澄淳，三丈如減，澤西際阜，俗謂之嬀亭山，蓋有陶墟、舜井之言，因復有嬀亭之名矣。”參見國名紀四有虞氏後注〔一七〕。

〔四三〕水經注：吳本作“水水經注”，衍一“水”字。　上虞，一曰虞賓，太康地記爲避丹朱之所：見水經注卷四〇漸江水，原文爲：“江水東逕上虞縣南，王莽之會稽也。本司鹽都尉治，地名虞賓。晉太康地記曰：舜避丹朱于此，故以名縣。”丹朱，吳本譌“舟米”。

〔四四〕故寰宇引尚書釋言謂在震澤：見太平寰宇記卷九四湖州長興縣大雷山。尚書釋言，指唐陸德明尚書音義。震澤，即太湖。　若陽城，漢澒澤縣，墨子則言舜漁在此：參見後紀十二帝舜有虞氏注〔九六〕。

〔四五〕寰宇記爲烏虢切矣：見太平寰宇記卷四四澤州，原文爲：“濩音烏虢反。”虢，“虢”字俗體。四庫本作“號”誤。

〔四六〕參見國名紀四有虞氏後長沙。

〔四七〕二妃：吳本“妃”譌“是”。述異記卷上：“湘水去岸三十里許，有相思宫、望帝臺。昔舜南巡而葬於蒼梧之野，堯之二女娥皇、女英追之不及，相與慟哭，淚下沾竹，竹文上爲之斑斑然。”

〔四八〕泠道：吳本作“零道”，餘本均作“冷道”，俱誤。今訂正。參見發揮五辨帝舜冢注〔三七〕。　藍山：縣名，今屬湖南省。

〔四九〕晏氏：指十六國時南燕地理學家晏謨。喬本、備要本“晏”字作“宴”，此從餘本。太平寰宇記卷一九齊州歷城縣：“廟山，在縣東南十里。按晏謨三齊記云：‘縣東南山，後人思舜之德，置廟于此。”

〔五〇〕湘中記：東晉羅含撰。　漁父辭：見楚辭漁父。其辭曰：“滄浪之水清兮，可以濯吾纓。滄浪之水濁兮，可以濯吾足。”太平寰宇記卷一一四潭州風俗引湘中記云，作：“其城有舜之遺風，人多純朴，士少宦情，今古老猶彈五絃琴，好爲漁父吟。”

〔五一〕吳本、備要本此下有“留青日札云”云云一段文字，另起一行、低一格書。

太尉

尚書中候握河紀云：“舜爲太尉。”故帝王世紀云：“命爲司徒、太尉。正月，以太尉行事。”按月令：“命太尉贊桀俊〔一〕。”鄭注：太尉，秦官〔二〕。漢志亦云〔三〕。獨應氏官儀以爲周官〔四〕。而康成中候注首從其説，與禮注相異〔五〕。故束晳據中候以追難之〔六〕。正義且因中候之言，謂三王有司馬無太尉，以爲堯置之而三王不置〔七〕。

予考春秋元命苞云：堯游于河，赤龍負圖，與太尉舜等百二十人發視之。而合誠圖言：堯坐舟中，與太尉舜等臨觀，鳳皇負圖授於堯〔八〕。赤玉爲匣，長三尺，廣八寸，厚寸；黄玉檢，白玉繩，封兩

端,章曰“天赤帝符璽”〔九〕。而春秋運斗樞亦云:舜以太尉之號即天子,五年二月,東巡狩,中舟與三公、諸侯臨觀河,黃龍五采負圖出,置舜前,豐入水而前去〔一〇〕。黃玉爲匣,長三尺,廣八寸,有户,白玉檢,黃金繩,芝泥封兩端,章曰“天黃帝符璽”,鳥文〔一一〕。舜與大司空禹、臨侯博望等三十人集,發圖,玄色綈,長三十二尺,中有七十二帝地形之制、天文位度之差〔一二〕。藏之大麓〔一三〕。而河圖所云與此略同。則其爲説久矣。然吕氏書孟夏“命大封贊傑”,不云太尉〔一四〕。黃帝時大封爲司馬,是太尉也〔一五〕。周之大司馬,至秦而爲太尉,漢武復爲大司馬,東漢復爲太尉。尉者,自上安下之辭〔一六〕。周官大司馬職“進賢興功,以作邦國”,王制“司馬辨論官材”,皆贊桀遂良之事〔一七〕。劉昭以爲:緯候之書,貴尚神鬼,動挾怪誕〔一八〕。太尉官實司天,虞舜作宰,璿衡賦政,當是据位以書前職,非虞氏之實號〔一九〕。蓋太尉之職,實舜所掌,遂以職同而追稱之,非官之繆〔二〇〕。康成自注中候,至於禮學,豈遽忘帝之職位哉〔二一〕?蓋亦知之,不發之中候而發之月令也〔二二〕。

【校注】

〔一〕命太尉贊桀俊:見禮記月令孟夏之月。贊,提拔,推薦。桀俊,俊傑。

〔二〕太尉,秦官:鄭注原文作:“三王之官,有司馬無大尉。秦官則有大尉。”

〔三〕漢志亦云:彦按:漢志當作漢表。漢書百官公卿表上:“太尉,秦官。”

〔四〕應氏官儀:指應劭漢官儀。

〔五〕尚書中候握河紀“舜爲太尉”鄭玄注:“太尉,周官。”

〔六〕後漢書百官志一“太尉,公一人”李賢注:“前書曰‘秦官’,鄭玄注月令亦曰‘秦官’。尚書中候云‘舜爲太尉’,束晳据非秦官,以此追難玄焉。”

〔七〕禮記月令孟夏之月“命太尉贊桀俊”鄭玄注:“三王之官,有司馬無大尉。”孔穎達正義:“云‘三王之官,有司馬無大尉’者,按書傳有司馬公、司徒公、司空公,領三卿,此夏制也;按曲禮下云司徒、司馬、司空、司士、司寇,此殷制也;周禮則有夏官司馬:是三王有司馬,無大尉。按中候握河紀云‘舜爲太

尉’,此堯時置之,三王不置也。”

〔八〕鳳皇:四庫本“皇”作“凰”。

〔九〕章:印章。

〔一〇〕薨:通“逝”。

〔一一〕芝泥:古人緘封書札物件用的封泥。上蓋印章,如後世之用火漆印。　鳥文:篆書之一種。以像鳥形而得名。

〔一二〕位度:位置星度。

〔一三〕藏之大麓:猶史記太史公自序“藏之名山”之意。吳本、四庫本“藏”作“蔵”。

〔一四〕然呂氏書孟夏“命大封贊傑”:大封,洪本、吳本、四庫本作“太封”;而今本呂氏春秋孟夏紀則作“太尉”,又“傑”作“傑儶”。清臧庸云:“呂氏春秋孟夏紀:‘命大封贊傑儶,遂賢良,舉長大,行爵出禄,必當其位。’淮南子時則訓依漢制改‘大封’爲‘大尉’。漢儒傳禮記從之,俗本呂覽又同月令作‘尉’。朱子儀禮集傳集注云:‘呂“尉”作“封”,今據此改正。’案管子五行篇云‘黄帝得大封而辯於西方,故使爲司馬’,……則此亦因大封治西方,職爲司馬,後世因名司馬爲大封也。考漢書百官公卿表‘大尉,秦官,金印紫綬,掌武事,武帝建元二年省,元狩四年初置大司馬,以冠將軍之號’,是大尉即漢之司馬。淮南改呂覽以從漢制,不作司馬而作大尉者,以漢初官制因秦未革,至元狩四年改制,而淮南王以謀反誅在元狩元年,已不及見矣。”(見拜經日記第三命大封)而陳奇猷云:“臧説非也。呂不韋乃秦人,當可用秦官,月令出於呂氏春秋,故亦作‘太尉’。朱熹所見呂氏乃一劣本,錯譌甚多,豈可據此一劣本之孤證即謂當作‘大封’耶?”(見呂氏春秋新校釋)

〔一五〕大封:四庫本作“太封”。

〔一六〕尉者,自上安下之辭:漢書百官公卿表上“太尉,秦官”顏師古注引應劭曰:“自上安下曰尉。”

〔一七〕進賢興功,以作邦國:見周禮夏官大司馬。功,指功臣。作,振興。王制“司馬辯論官材”:鄭玄注:“辨其論,官其材,觀其所長。”　贊桀遂良:桀,四庫本作“傑”。遂,推薦,進舉。

〔一八〕緯候之書,貴尚神鬼,動挾怪誕:自此而下至“不發之中候而發之

月令也”,撮引自後漢書百官志一“太尉,公一人”劉昭注。此處劉昭原文作:“緯候衆書,宗貴神詭,出没隱顯,動挾誕怪。”緯候,喬本、洪本“候”作“侯”誤。今據餘本訂正。

〔一九〕司天:掌管有關天象的事務。　璿衡賦政:根據星象頒布政令。璿衡,璿璣玉衡(即北斗星)之省稱,泛指星象。　當是据位以書前職,非虞氏之實號:四庫本“實”作“寔”。劉昭原文作:“將是據後位以書前,非唐官之實號乎?”

〔二〇〕蓋太尉之職,實舜所掌,遂以職同而追稱之,非官之繆:實,吳本、四庫本作“寔”。繆,四庫本作“謬”。劉昭原文作:“太尉所職,即舜所掌,遂以同掌追稱太尉,乃中候之妄,蓋非官之爲謬。”

〔二一〕劉昭原文作:“康成淵博,自注中候,裁及注禮而忘舜位,豈其實哉!”

〔二二〕劉昭原文作:“此是不發議於中候,而正之於月令也。”

小人之過必文〔一〕劉嘏

同人于宗,式吝之道〔二〕。而男女以同姓,則其生不蕃,故子產曰:“内官不及同姓,則生不殖。”〔三〕内有四姬,而晉侯之疾不差〔四〕。婚姻,禍福之階也。是以君子不娶同姓,買妾不知其姓則卜之,所以附遠厚別,知自別於禽獸也〔五〕。胥季曰:“異姓則異德,異德則異類。異類雖近,男女相及,以生民也。同姓則同德,同德則同志,同志雖遠,男女不相及,畏黷敬也。黷則生怨,怨亂毓災,災毓滅姓。是故娶避同姓,畏亂災也。”〔六〕

昭公娶吳,死不書姓;若盧蒲癸,娶慶氏而云“宗不避予”;吕后之妹,歸於吕平:兹何可据〔七〕? 王莽嘗言:姚、嬀、陳、田、王五姓,予同族,皆以爲宗〔八〕。然至宜春侯女,則遂以爲姓出各別,納之,稱之曰宜春氏,豈知訢亦齊之王邪〔九〕? 臨淮陳矯,劉頌近親,養於姑陳而冒其姓,及納頌女,則亦以爲姚、虞、陳、田同出於舜,而世皆爲婚,禮律不禁〔一〇〕。劉嘏既婚劉疇,太常非之,則更以爲鍾出鍾離，胡同胡母，單複相婚，不以共本爲悔，於是貽書卜壺，以謂“堯舜之婚，正姓分絶於上；應韓之通，庶姓異終於下”，而荀崧遽以爲可〔一〕。吾乃不知，堯、舜大聖，反爲後世變情敗俗、亂倫無禮之魁也邪？而禮傳遽有上古五世通婚，與商人六世相婚之説，豈非小人冒禮者之自爲地乎〔一二〕？

　　夫小人之犯義，曷嘗不假聖人以藉口哉！禮，聖人之所性；而聖人，禮之所自出也〔一三〕。狂者噬膚指，醉者唼土糞，顧謂醒者亦爲之乎〔一四〕？庾蔚之云：“同姓之婚，易致小人情巧，又益法令滋章。叚在邊地，無他與婚，如可恕者。”〔一五〕假使又無與婚，則將遂與豕交之邪？春官小史掌奠系世、辨昭穆〔一六〕。繫之以姓而弗別，綴之以食而弗殊，百世而婚姻不通〔一七〕。後世士大夫譜系不著族，無綴食之義，而下失事宗之禮，氏姓莫別，故王通曰：“任薛、王劉、崔盧之婚，非古也，何以視譜〔一八〕？”魏氏春秋：司空王基，當世大儒，而納司空忱女，以爲姓同源異〔一九〕。周室之後昌黎張仲，娶范陽張璉女弟，猶諮張卓而後婚〔二〇〕。王伯璵，鄭康成高雋弟子，而亦爲子稚賓納王處道之子，于時清議，盡無譏誚〔二一〕。則知禮傳之妄，有自來矣。而杜佑儒宗，恢博冠代，而乃亦有“商以上婚不隔同姓”之説，豈習見之，稔而莫覺邪〔二二〕？江南陶穀，唐氏子也，後納唐女，士有致議，則更以爲正自殊出〔二三〕。以知非禮之人，大率一律。故予嘗謂：後世教失其本，讀經史者恣爲濫説，徒以資其所欲爲爾〔二四〕。讀書者之爲，多市井之不爲。渠不信矣？

【校注】

　〔一〕文：文飾。

　〔二〕同人于宗，吝吝之道：吝，語助詞。吝，鄙吝，形容心胸狹窄。易同人六二：“同人于宗，吝。”又象辭：“‘同人于宗’，吝道也。”孔穎達正義：“和同於人，在於宗族，不能弘闊，是鄙吝之道，故象云‘吝道也’。”

〔三〕而男女以同姓，則其生不蕃：左傳僖公二十三年鄭卿叔詹語，作：“男女同姓，其生不蕃。”　内官不及同姓，則生不殖：見左傳昭公元年，“則”作“其”。杜預注：“内官，嬪御。”

〔四〕内有四姬，而晉侯之疾不差：晉侯，指春秋晉平公姬彪。左傳昭公元年載：晉侯有疾，鄭子産如晉聘，且問疾。叔向問焉，子産曰：“男女辨姓，禮之大司也。今君内實有四姬焉，其無乃是也乎？……四姬有省猶可，無則必生疾矣。”杜預注：“（四姬）同姓姬四人。”

〔五〕買妾不知其姓則卜之：左傳昭公元年：“故志曰：‘買妾不知其姓，則卜之。’”　所以附遠厚別，知自別於禽獸也：禮記郊特牲：“取於異姓，所以附遠厚別也。”通典卷九五禮五五爲内外妹爲兄弟妻服議：“按婚禮，娶於異姓，所以附遠厚別。附遠者，欲令敦睦異宗；厚別者，蓋以別於禽獸。”

〔六〕胥季：即春秋晉大夫胥臣季曰，又稱司空季子。　異姓則異德，異德則異類：此所稱胥季語，見國語晉語四。各本“異類”均譌“異數”，今據國語訂正。　異類雖近，男女相及：韋昭注：“近，謂有屬名也。相及，相嫁娶也。”“異類”二字，喬本、洪本脱文，吳本、四庫本、備要本譌“異數”，今據國語訂正。同姓則同德，同德則同志：國語作：“同姓則同德，同德則同心，同心則同志。”畏黷敬也：韋昭注：“畏褻黷其類也。”畏，各本均譌“異”，今據國語訂正。　災毓滅姓：各本“災毓”均作“毓災”，不合文法，當屬誤倒。今據國語訂正。　娶避同姓：國語作“娶妻避其同姓”。

〔七〕昭公娶吳，死不書姓：禮記雜記下：“夫人之不命於天子，自魯昭公始也。”鄭玄注：“亦記魯失禮所由也。周之制，同姓，百世昏姻不通。吳，大伯之後，魯同姓。昭公取於吳，謂之吳孟子，不告於天子。自此後，取者遂不告於天子，天子亦不命之。”又春秋哀公十二年：“夏，五月甲辰，孟子卒。”杜預注：“魯人諱娶同姓，謂之孟子。春秋不改，所以順時。”　若盧蒲癸，娶慶氏而云“宗不避予”：盧蒲癸，吳本“蒲”作“浦”非。參見後紀十四寒浞傳注〔六二〕。左傳襄公二十八年：“（盧蒲）癸臣子之，有寵，妻之。慶舍（彥按：即子之）之士謂盧蒲癸曰：‘男女辨姓，子不辟宗，何也？’曰：‘宗不余辟，余獨焉辟之？賦詩斷章，余取所求焉，惡識宗？’”　吕后之妹，歸於吕平：通典卷六〇禮二十同姓婚議：“漢吕后妹嫁吕平。”

〔八〕予同族:備要本"予"譌"子"。漢書王莽傳中,莽曰:"姚、嬀、陳、田、王氏凡五姓者,皆黄、虞苗裔,予之同族也。書不云乎,'惇序九族'？其令天下上此五姓名籍于秩宗,皆以爲宗室。"

〔九〕然至宜春侯女,則遂以爲姓出各別,納之,稱之曰宜春氏:宜春侯,指西漢宜春侯王訢。女,當作"孫女"。漢書王訢傳:"王訢,濟南人也。……昭帝時爲御史大夫,代車千秋爲丞相,封宜春侯。……王莽妻即(訢孫)咸女,莽篡位,宜春氏以外戚寵。"張晏曰:"莽諱取同姓,故氏侯邑也。"此當路史所本。然顔師古則曰:"此説非也。若云王氏則與莽族相涉,故以侯號稱之耳。莽本以與(訢子)譚得姓不同,祖系各別,故爲婚娶,既非私竊,不須避諱,諱亦不可掩也。"(見顔氏漢書注) 豈知訢亦齊之王邪:王莽之姓,出齊之王。漢書元后傳云:"莽自謂黄帝之後,其自本曰:黄帝姓姚氏,八世生虞舜。舜起嬀汭,以嬀爲姓。至周武王封舜後嬀滿於陳,是爲胡公,十三世生完。完字敬仲,犇齊,齊桓公以爲卿,姓田氏。十一世,田和有齊國,(三)[二]世稱王,至王建爲秦所滅。項羽起,封建孫安爲濟北王。至漢興,安失國,齊人謂之'王家',因以爲氏。"而王訢濟南人,故羅氏以爲亦齊之王。

〔一〇〕陳矯:三國魏臣,官至司徒。 劉頌:西晉大臣,歷官三公尚書、吏部尚書等職。晉書劉頌傳:"初,頌嫁女臨淮陳矯,矯本劉氏子,與頌近親,出養於姑,改姓陳氏。中正劉友譏之,頌曰:'舜後姚、虞、陳、田,本同根系,而世皆爲婚,禮律不禁。今與此同義,爲婚可也。'"

〔一一〕劉嘏既婚劉疇,太常非之:此下至"而荀崧遽以爲可",大抵撮引自通典卷六〇禮二十同姓婚議。此句通典作:"(晉)濮陽太守劉嘏與同姓劉疇婚。司徒下太常諸博士議,非之。" 不以共本爲悔:共本,同一來源。悔,過失。自此"本爲悔"而下至"士有致議,則更",所據天津圖書館藏洪本掃描圖片闕頁,不得其詳。 卞壼:東晉尚書令。 堯舜之婚,正姓分絶於上;應韓之通,庶姓異終於下:正姓、庶姓,禮記大傳"繫之以姓而弗別"鄭玄注:"始祖爲正姓,高祖爲庶姓。"通典載嘏與卞壼疏云:"堯妻舜女,其代不遠。又春秋云'畢原酆郇,文之昭;邘晉應韓,武之穆。'……堯舜之婚,以正姓分絶於上;應韓之通,庶姓異終於下也。" 荀崧:晉光禄大夫。

〔一二〕禮傳遽有上古五世通婚,與商人六世相婚之説:此説不詳所自,待考。

〔一三〕所性:所具有之天性。

〔一四〕狂者噬膚指,醉者嘬土糞:噬,咬。各本均作“嗜”。彥按:作“嗜”於義不洽,當爲“噬”字音譌。易噬嗑六二即有“噬膚”之語。今訂正。膚,泛指皮肉。嘬(chuài),吞食。

〔一五〕庾蔚之:南朝宋禮學家。　易致小人情巧,又益法令滋章:各本均作“易置矣而小人情巧又益”,殊不可解,當有譌、衍、脱文,今姑據通典卷六〇禮二十同姓婚議訂改。情巧,緣情機變。滋章,繁多。　垠在邊地,無他與婚,如可恕者:通典作“垠在邊地,無他婚處,居今行古,致斯云耳。”

〔一六〕奠系世:奠,定。系世,今本周禮春官小史作“繫世”。鄭玄注引鄭司農曰:“繫世,謂帝繫、世本之屬是也。”

〔一七〕禮記大傳:“繫之以姓而弗別,綴之以食而弗殊,雖百世而昏姻不通者,周道然也。”鄭玄注:“姓,正姓也,始祖爲正姓,高祖爲庶姓。繫之弗別,謂若今宗室屬籍也。周禮:小史掌定繫世,辨昭穆。”孔穎達疏:“‘綴之以食而弗殊’者,連綴族人以飲食之禮,而不殊異也。”

〔一八〕任薛、王劉、崔盧之婚,非古也,何以視譜:見中説禮樂篇,“婚”作“昏”,同,謂通婚。視譜,比照家譜。宋阮逸注:“古者氏族家譜,所以標門地,謹昏姻也。任姓出黄帝六代孫大壬,薛姓出黄帝六代孫奚仲居薛,此二姓同譜。王姓出舜之後,封於劉,至漢有王於齊者,號王氏,此二姓同譜。崔姓,帝嚳姜嫄之後,居崔邑;盧姓亦姜姓之後,居盧國:此二姓同譜。皆古禮不通昏也。”

〔一九〕太平御覽卷五四一引魏氏春秋,作:“司空東萊王基,當世大儒,豈不達禮,而納司空王忱女,以姓同源異故也。”晉書劉聰載記則云:“魏司空東萊王基,當世大儒,豈不達禮乎! 爲子納司空太原王(沈)〔忱〕女,以其姓同而源異故也。”

〔二〇〕亦見通典卷六〇禮二十同姓婚議所載劉垠之辯,文作:“昌黎張仲娶范陽張璉妹,謚張公而後婚。”三張,蓋爲魏、晉間人。

〔二一〕王伯璵,鄭康成高儁弟子,而亦爲子稚賓納王處道之子,于時清議,盡無譏誚:高儁,才德超卓,“儁”通“俊”。王處道,吳本“王”譌“三”。此亦見通典卷六〇禮二十同姓婚議載苟崧語，“王伯璵”作“王伯輿”，云：“王伯輿，鄭玄高隽弟子也，爲子稚賓娶王處道女，當得禮意，於時清談，盡無譏議。”

〔二二〕商以上婚不隔同姓：見通典卷六〇禮二十同姓婚議，原文作：“殷以上而婚不隔同姓。” 稔（rěn）：積久。

〔二三〕陶穀：宋初大臣，歷任禮部尚書、刑部尚書、户部尚書等職。 正自：只是。宋宋祁宋景文筆記釋俗：“陶穀本唐彦謙，後石晋時避帝諱，改曰陶。後納唐氏爲壻，亦可怪。”

〔二四〕嘗：洪本、吴本作“常”。 資：助。

瞽叟殺人

桃應問曰：“舜爲天子，皋陶爲士，瞽叟殺人，則如之何？”〔一〕孟子曰：“執之而已〔二〕。”“然則舜不禁歟〔三〕？”曰：“夫舜惡得而禁之？以有所受之也〔四〕。”“然則舜如之何？”曰：“竊負而逃，遵海濱而處，終身訴然，樂而忘天下〔五〕。”孟子之言，蓋以爲受法者設也。而劉敞、明舜以爲：凡聽五刑，必原父子之親，立君臣之義，以權之〔六〕。商鞅作法，可謂慘刻，猶以太子爲君之貳，不可刑，乃刑其傅，豈有皋陶爲士，而瞽叟執者〔七〕？五臣、范〔八〕、以爲非孟之言〔九〕。書言舜克諧，瞽允若，而不格姦，孟子亦言瞽底豫矣，豈有殺人之事〔一〇〕？不得乎親，不可以爲人；不順乎親，不可以爲子。舜視天下歸己猶若草芥，惟不得乎親則不可爲人，豈有不禁之事〔一一〕？皋陶無執瞽之理，舜亦無弃天下而逃之事。葉夢得輩〔一二〕云輒之過説：瞽叟未嘗殺人，皋陶何嘗執瞽叟？舜未嘗竊之而逃。以爲瞽叟真殺人而皋陶真執之，舜真竊負而逃之，失之遠矣〔一三〕。

夫春秋之書殺大夫，或曰公子，或曰世子，或曰兄弟〔一四〕。公子，未命大夫者，其重視大夫〔一五〕。世子，君之世嫡。而兄弟，母之昆弟。其見殺，不以有罪、無罪，皆斥其君，以明親親之道。周制：同姓有罪，不即市，必致刑于甸師，不與國人慮之也〔一六〕。公卿士庶，則有議親〔一七〕。公族有罪，雖親，不以犯有司正術也，所以體百姓也〔一八〕。爲人君而自賊其類，不祥莫大焉。宣帝之詔：

"父子之親,夫婦之道,天性也。雖有禍患,猶蒙死而存之。誠愛結於心,忠厚之至,豈能違之?自今子匿父,妻匿夫,孫匿祖,妾匿其父母,皆勿坐。惟父母匿子,夫匿妻,大父母匿孫,誅,仍請廷尉以聞〔一九〕。"豈有爲天子父殺人,而廷尉得執乎?

曹操馬騰入麥,主簿議罪而自刑割髮〔二〇〕。太子馬蹄踐雷,廷理依法而斬輈戮御〔二一〕。唐党仁洪坐贓百萬,當死,五奏,太宗閔其自首就戮,方食徹案,將法出之,召五品以上,曰:"人君所受於天,不可以私失信,今朕私党仁洪,是自亂其法,上負於天〔二二〕。"命有司設草南郊,進蔬飯,將請罪。三日,羣臣前後固請,乃止。夫唐臣猶不聽太宗請罪南郊,舜之諸臣,豈聽其竊負而濱海哉?廣州都督〔二三〕。

晉國有訟,士匄聽之〔二四〕。士匄不明曲直,要辭未合,而曰:"天子所右右之,所左左之〔二五〕。"是知尊天子;而未知決獄,守法之道也。法者,天下之法,而天子特司之爾,其權顧不在天子,而在於士師〔二六〕。成王命君陳曰:"商民在辟,予曰辟,汝惟勿辟;予曰宥,汝惟勿宥。惟厥中〔二七〕。"是則縱舍輕重,惟法是視,天子固不得而豫。然惟厥中,則固有其權矣〔二八〕。

直躬證父攘羊,孔子惡之,曰:"直躬一父而再取名焉。"〔二九〕石奢之父殺人,楚昭理而縱之,奢刎而死,而孔子曰:"子爲父隱,父爲子隱,直在其中矣。"〔三〇〕孰有瞽殺人而陶真得而執之者〔三一〕?然則,如之何而可?曰:舜不難於隱法,陶不難於弃士而已矣〔三二〕。隱法不過失位,而天下之父子悦。弃士不過失職,而天下之君臣定。舜豈得爲不君,而陶豈得爲不臣哉?奢見説苑七、詩外傳二〔三三〕。

【校注】

〔一〕見孟子盡心上。　桃應:孟子弟子。　瞽叟:孟子"叟"作"瞍"。

〔二〕執之而已:孟子作:"執之而已矣。"

〔三〕歟:孟子作“與”。

〔四〕以有所受之也:孟子“以”作“夫”。趙岐注:“孟子曰:夫舜惡得禁之?夫天下乃受之於堯,當爲天理民,王法不曲,豈得禁之也?”

〔五〕訢然:喜悦貌,“訢”同“欣”。

〔六〕明舜:見劉敞公是集卷四七雜著二。　凡聽五刑,必原父子之親,立君臣之義,以權:四庫本如此,是,今從之。餘本“父子”作“天子”非。此語實出禮記王制,“凡聽五刑”作“凡聽五刑之訟”。

〔七〕商鞅作法,可謂慘刻,猶以太子爲君之貳,不可刑,乃刑其傅,豈有皋陶爲士,而瞽叟執者:劉氏明舜原文作:“昔者商鞅之作法也,太子犯之,鞅曰:‘太子,君之貳也,不可以刑。刑其傅與師!’鞅之謂刻矣,然而猶有所移。由是觀之,瞽叟殺人,皋陶必不執也。”慘刻,嚴酷。貳,儲副,副職。史記商君列傳:“於是太子犯法。衛鞅曰:‘法之不行,自上犯之。’將法太子。太子,君嗣也,不可施刑,刑其傅公子虔,黥其師公孫賈。明日,秦人皆趨令。”

〔八〕五臣、范:所指不詳,疑有誤,待考。

〔九〕以爲非孟之言:四庫本“孟”作“孟子”。

〔一〇〕書言舜克諧,瞽允若,而不格姦:允若,信從。吴本“允”譌“名”。書堯典:“(舜)克諧,以孝烝烝,乂不格姦。”又大禹謨:“瞽亦允若。”　孟子亦言瞽底豫矣:孟子離婁上:“舜盡事親之道而瞽瞍底豫。”　豈有殺人之事:宋司馬光傳家集卷七三疑孟瞽叟殺人云:“疑曰:虞書稱舜之德曰:‘父頑,母嚚,象傲;克諧,以孝烝烝,乂不格姦。’所貴於舜者,爲其能以孝和諧其親,使其進退以善,自治而不至於惡也。如是,則舜爲子,瞽叟必不殺人矣。若不能止其未然,使至於殺人,執於有司,乃棄天下,竊之以逃,狂夫且猶不爲,而謂舜爲之乎?是特委巷之言也,殆非孟子之言也。且瞽叟既執於皋陶矣,舜惡得而竊之;雖負而逃於海濱,皋陶猶可執也。若曰皋陶外雖執之以正其法,而内實縱之以予舜,是君臣相與爲僞以欺天下也,惡得爲舜與皋陶哉?又舜既爲天子矣,天下之民戴之如父母,雖欲遵海濱而處,民豈聽之哉?是皋陶之執瞽叟,得法;而亡舜也,所亡益多矣。故曰是特委巷之言,殆非孟子之言也。”

〔一一〕舜視天下歸己猶草芥,惟不得乎親則不可爲人:孟子離婁上:“孟子曰:‘天下大悦而將歸己,視天下悦而歸己猶草芥也,惟舜爲然。不得乎親,不可以爲人；不順乎親，不可以爲子。’”

〔一二〕葉夢得：南宋文學家，官至福州知州，兼福建安撫使。

〔一三〕以爲瞽瞍真殺人而皋陶真執之，舜真竊負而逃之：彦按：路史此説不無強姦人意之嫌。今本所稱五臣、范氏，或許文字有誤：葉氏之説，不得其詳：姑且不論。然劉敞之説見在，所謂“瞽瞍殺人，皋陶必不執也”者，亦但假設之詞，非即信瞽瞍真殺人也。　遠矣：洪本“矣”譌“之”。

〔一四〕夫春秋之書殺大夫：自此而下至“不祥莫大焉”，大抵撮取自宋張大亨春秋五禮例宗卷三凶禮下外殺大夫。張氏書云：“或曰大夫，或曰公子，或曰世子，或曰兄弟。穀梁謂公子，未命爲大夫者，然其重視大夫；君之世嫡曰世子；母昆弟曰兄弟。其見殺也，不以有罪无罪，皆斥其君，以明親親之道。彼無罪而君殺之，君失其親。彼有罪而致殺，彼失其親。然周制，同姓之罪不即市，而致刑於甸師焉，不與國人慮之也。爲人君而自賊其類，不祥莫大焉。”

〔一五〕公子，未命大夫者，其重視大夫：洪本“未”譌“朱”。春秋莊公二十二年：“陳人殺其公子禦寇。”穀梁傳：“言公子而不言大夫，公子未命爲大夫也。其曰公子，何也？公子之重視大夫，命以執公子。”

〔一六〕同姓有罪，不即市，必致刑于甸師，不與國人慮之也：致刑，施刑，行刑。甸師，周禮官名。與，使。慮之，謂對之有不好的想法。周禮天官甸師：“王之同姓有辠，則死刑焉。”賈公彦疏：“有辠者，謂凡五刑，則刑殺不於市朝，於此死刑焉，謂死及肉刑在甸師氏。必在甸師氏者，甸師氏在疆場，多有屋舍，以爲隱處，故就而刑焉。”又禮記文王世子云：“刑于隱者，不與國人慮兄弟也。”

〔一七〕議親：古刑法八議之一。指對皇親國戚作特別審議，以減免其刑罰。周禮秋官小司寇：“以八辟麗邦灋，附刑罰：一曰議親之辟。”鄭玄注引鄭司農曰：“若今時宗室有罪先請，是也。”

〔一八〕公族有罪，雖親，不以犯有司正術也，所以體百姓也：見禮記文王世子，“有罪”作“之罪”。正術，執法。體，體諒。

〔一九〕見漢書宣帝紀地節四年五月。此所引文字略有異同。　父子之親：各本“親”均作“官”，於義不通，今據漢書訂正。　雖有禍患，猶蒙死而存之：禍患，漢書作“患禍”。蒙死，冒死。各本“死”均作“庇”，當由形譌，今據漢書訂正。　　忠厚之至:漢書作"仁厚之至也"。　　豈能違之:漢書作"豈能違之哉"。　　子匿父:漢書作"子首匿父母"。　　孫匿祖:漢書"祖"作"大父母"。妻匿其父母:今漢書未見此句,疑爲衍文。　　惟父母匿子:漢書"惟"作"其"。誅:吴本譌"訣",漢書作"罪殊死"。　　仍請廷尉以聞:漢書"仍請"作"皆上請"。

〔二〇〕三國志魏志武帝紀裴松之注引曹瞞傳曰:"常出軍,行經麥中,令'士卒無敗麥,犯者死'。騎士皆下馬,付麥以相持,於是太祖馬騰入麥中,勑主簿議罪;主簿對以春秋之義,罰不加於尊。太祖曰:'制法而自犯之,何以帥下?然孤爲軍帥,不可自殺,請自刑。'因援劍割髮以置地。"

〔二一〕霤:屋檐下滴水處。　　廷理:春秋楚官名,主宫廷執法。韓非子外儲説右上:"荆莊王有茅門之法曰:'羣臣大夫諸公子入朝,馬蹄踐霤者,廷理斬其輈,戮其御。'於是太子入朝,馬蹄踐霤,廷理斬其輈,戮其御。太子怒,入爲王泣曰:'爲我誅戮廷理。'王曰:'法者所以敬宗廟,尊社稷。故能立法從令,尊敬社稷者,社稷之臣也,焉可誅也!夫犯法廢令,不尊敬社稷者,是臣乘君而下尚校也。臣乘君則主失威,下尚校則上位危。威失位危,社稷不守,吾將何以遺子孫。'於是太子乃還走,避舍露宿三日,北面再拜請死罪。"

〔二二〕党仁洪:吴本、四庫本"党"作"黨"。新唐書刑法志作"嘗仁弘",云:"廣州都督嘗仁弘嘗率鄉兵二千助高祖起,封長沙郡公。仁弘交通豪酋,納金寶,没降獠爲奴婢,又擅賦夷人。既還,有舟七十。或告其贓,法當死。帝哀其老且有功,因貸爲庶人,乃召五品以上,謂曰:'賞罰所以代天行法,今朕寬仁弘死,是自弄法以負天也。人臣有過,請罪於君,君有過,宜請罪於天。其令有司設藁席于南郊三日,朕將請罪。'房玄齡等曰:'寬仁弘不以私而以功,何罪之請?'百僚頓首三請,乃止。"

〔二三〕廣州都督:吴本、四庫本無此四字。

〔二四〕晉國有訟,士匄聽之:彦按:據事實(詳下注),此"晉國"宜作"周室"。

〔二五〕要辭未合:要辭,證詞。合,指合勘。左傳襄公十年:"王叔陳生與伯輿爭政,王右伯輿。王叔陳生怒而出奔。及河,王復之,殺史狡以説焉。不入,遂處之。晉侯使士匄平王室,王叔與伯輿訟焉。王叔之宰與伯輿之大夫瑕禽坐獄於王庭,士匄聽之。……范宣子(即士匄)曰:'天子所右,寡君亦右之;

所左,亦左之。’”楊伯峻注:“右左猶言助與不助。”

〔二六〕其權顧不在天子:顧,乃。吳本、四庫本作“固”,通。

〔二七〕商民在辟,予曰辟,汝惟勿辟;予曰宥,汝惟勿宥。惟厥中:見書君陳,“商”作“殷”,“汝”作“爾”。孔氏傳:“殷人有罪在刑法者,我曰‘刑之’,汝勿刑;我曰‘赦宥’,汝勿宥。惟其當以中正平理斷之。”

〔二八〕權:權變,靈活性。

〔二九〕直躬證父攘羊,孔子惡之,曰:“直躬一父而再取名焉”:攘,偷竊。取名,謂取得好的名聲。呂氏春秋當務:“楚有直躬者,其父竊羊而謁之上,上執而將誅之。直躬者請代之。將誅矣,告吏曰:‘父竊羊而謁之,不亦信乎? 父誅而代之,不亦孝乎? 信且孝而誅之,國將有不誅者乎?’荆王聞之,乃不誅也。孔子聞之,曰:‘異哉,直躬之爲信也! 一父而載取名焉。’故直躬之信,不若無信。”

〔三〇〕奢刎而死:四庫本如此,是,今從之。餘本“刎”作“吻”。　子爲父隱,父爲子隱,直在其中矣:各本均無“子爲父隱”一句。彦按:此句當有。石奢之死,正是“子爲父隱”,今引孔子之語,不當無此四字,蓋脱文也。今據韓詩外傳以補之。韓詩外傳卷二云:“楚昭王有士曰石奢,其爲人也,公而好直,王使爲理。於是道有殺人者,石奢追之,則父也。還返於廷,曰:‘殺人者,臣之父也。以父成政,非孝也;不行君法,非忠也。弛罪廢法,而伏其辜,臣之所守也。’遂伏斧鑕,曰:‘命在君。’君曰:‘追而不及,庸有罪乎? 子其治事矣。’石奢曰:‘不然。不私其父,非孝也;不行君法,非忠也;以死罪生,不廉也。君欲赦之,上之惠也。臣不能失法,下之義也。’遂不去鈇鑕,刎頸而死乎廷。……孔子曰:‘子爲父隱,父爲子隱,直在其中矣。’”

〔三一〕瞽:洪本作“𥊉”。

〔三二〕曰:舜不難於隱法:吳本脱“曰”字,衍“難”字而作“難難”。隱,諱避。

〔三三〕奢見説苑七、詩外傳二:吳本、四庫本、備要本無此九字。喬本、洪本“七”字作“士”。彦按:劉向説苑未見載石奢事,而其新序有之,見於卷七。蓋羅氏誤記新序爲説苑,而梓人又譌“七”作“士”也。今僅訂梓者之誤。又,吳本、備要本此下有“袁了凡曰”云云一段文字,另起一行、低一格書。

路史卷四十五

餘論八

即位書元,非春秋立法

元年者,史氏之本辭也。君即位之一年稱元,古之史皆然。書云太甲元年維"元祀",而虞夏傳亦有舜"元祀"之文[一]。然則,即位之年稱"元",其來久矣,非春秋始爲法也。

元者,善之長,聖人之所以見乎用者也[二]。"大哉乾元,萬物資始",此天之所爲用也[三]。"至哉坤元,萬物資生",此地之所爲用也[四]。體元者,君之職;而調元者,相之事:是故曰元后,曰元聖,曰元宰[五]。謂一爲元者,以其德於是乎始,所以奉天地而爲用爾。古之君子,必即位逾年而後改者,將以重遽革,必不敢以前之餘爲今始也[六]。於其改也,亦行告廟之禮,而後行事。此國史之記時政,所以必書即位之年爲始事。

或曰"元善",非也[七]。不有元惡,何獨元善[八]?然則稱"元"者,直欲其奉元以養物而成德,亦所以示正本謹始而已矣[九]。是故君子必能盡人物之性,而後可以贊天地之化育[一〇]。能贊天地之化育,則可以與天地參矣[一一]。得丘民者,顧可不自謹其所始歟[一二]?

【校注】

〔一〕書云太甲元年維"元祀"：書伊訓："惟元祀十有二月乙丑,伊尹祠于先王。"孔氏傳："此湯崩踰月,太甲即位,奠殯而告。"　虞夏傳亦有舜"元祀"之文：尚書大傳虞夏傳："維元祀,巡守四嶽八伯。"鄭玄注："祀,年也。元年,謂月正元日,舜假于文祖之年也。"

〔二〕元者,善之長：易乾文言："元者,善之長也。"高亨大傳今注："善之長猶言善之首。"

〔三〕大哉乾元,萬物資始：見易乾彖辭。孔穎達疏："乾是卦名,元是乾德之首。"高亨大傳今注："資猶賴也。"

〔四〕至哉坤元,萬物資生：見易坤彖辭。孔穎達疏："至哉坤元者,歎美坤德。"

〔五〕體元：謂以天地之元氣爲本,喻主宰。語出春秋隱公元年"元年春,王正月"杜預注："隱公之始年,周王之正月也。凡人君即位,欲其體元以居正,故不言一年一月也。"孔穎達疏："元、正實是始、長之義,但因名以廣之。元者,氣之本也,善之長也。人君執大本,長庶物,欲其與元同體,故稱元年。"
調元：謂調和陰陽元氣,喻執政。　是故曰元后,曰元聖,曰元宰：元后,以稱天子。元聖,以稱聖人。元宰,以稱宰相。

〔六〕即位逾年而後改：改謂改元。

〔七〕元善：大善,首善。

〔八〕不有元惡,何獨元善：各本"元善"均但作"善"。彦按：此針對前句"或曰'元善'"而作反問,又與"元惡"對文,故亦當作"元善",是脱"元"字,今補。

〔九〕奉元以養物而成德：奉元,謂遵奉天道。成德,謂成就美德。

〔一〇〕贊：助。

〔一一〕參：齊等,同在。

〔一二〕得丘民者：指人君。丘民,衆民,百姓。　歟：四庫本作"與"。吴本、備要本此下有"楊升菴曰"云云一段文字,另起一行、低一格書。

原尸

於祭有尸,見君子氤氳事神之盡也〔一〕。三代之時,自天子至庶人，祭皆立尸。秦、漢而來，兹事廢矣，故或者遂以是古重尸爲執滯，豈識聖人之意哉〔二〕！神，依人而行者也。宗廟有尸，以盡孝也。而自天地、社稷、山川、羣小祀，一皆有尸，則亦以事父母之心事之也〔三〕。

或曰：今之像設，方之於尸，則尊且嚴矣，得先王之意，奚必古之拘哉〔四〕？曰：不然。尸與主二道〔五〕。古者尸、主並用，故祭五祀皆設主，三祭而後迎尸〔六〕。祭五祀于廟，皆席于奥〔七〕。户則設主户内之西，竈於門外之東，中霤牖下，門則於門左樞，而軷壤在門外之西〔八〕。皆三祭，既徹而後陳俎饌，各于筵前迎尸，如宗廟之禮〔九〕。中霤乃中庭檐溜，今俗所謂檐神〔一〇〕。説爲室神，非也〔一一〕。特牲有主有尸〔一二〕。而在逸禮，祫于太廟，毀廟之主升合食，而立二尸〔一三〕。五廟、七廟，皆無虚主〔一四〕。勝國之社，有尸無主〔一五〕。而邦國都鄙之社，則有主無尸〔一六〕。犯軷爲壇，菩芻、棘、柏爲神主，亦有尸焉〔一七〕。故坊記曰："祭祀之有尸，宗廟之有主，示民之有事也〔一八〕。"曾子問：既殯而祭五祀，尸入，三飯〔一九〕。則有尸可知矣。一人發爵，則七尸七廟矣〔二〇〕。發爵主尊，故不酢酬。譙周禮祭集：諸侯之廟有木主，在尸之南，爲在尸上〔二一〕。今之像設，特古之主而已〔二二〕。君卒哭而祔，祔而作主〔二三〕。主立而埋重〔二四〕。始用嗣尸，虞而立尸〔二五〕。其主以桑，練而易之，遂藏于廟，以爲祭主〔二六〕。是未祔則有重無主，既祔則有主而無尸，必虞而後立之也〔二七〕。少牢之祭，有尸無主〔二八〕。蓋祫則有主，而不祫無主。故自卿以下，無主者依神以几筵，大夫束帛依神，士結茅爲菆〔二九〕。聖人之意，豈兹俗之所知哉！公羊云："大夫聞君之喪，攝主而往〔三〇〕。"則大夫有主矣。昔衛孔悝反祐西圃，故徐邈等以爲有重則宜有主，大夫、士不見無主之義〔三一〕。而魏清河王懌遂以謂大夫、士宜通立主，豈識聖人之意〔三二〕？

嗟夫！鬼神之事，雖聖，所不盡言，然其制數，亦有可以見其情者〔三三〕。大氐神鬼陰屬，非附陽體則不可以見，是故尸以託之。

郊之祭也,尸與王裘冕,而士師逆尸者亦裘冕〔三四〕。舜入唐郊,丹朱爲尸;晉祀夏郊,董伯爲尸:則祭天有尸矣〔三五〕。周公之祭泰山,召公爲尸;繹賓之尸,高子曰靈星:而是三辰、山川爲有尸矣〔三六〕。言祭祇用一尸,則祭統設同几筵者也〔三七〕。其在魯郊,亦以祝延帝尸〔三八〕。褖尸從之〔三九〕。而公羊氏、白虎通、五經異義俱以爲祭天無尸,則似失之〔四○〕。祭天有尸,則地可知。星有尸,則日月可知〔四一〕。山有尸,則川瀆又可知〔四二〕。白虎通謂天無形,不可象,故宗廟有尸而天無尸,非也〔四三〕。聖人之制祭,致敬而已,豈係於有形無形哉!鳧鷖,美神祇祖考者也,而五章俱有“公尸”〔四四〕。訓者固以初章爲宗廟,二爲四方百物,三爲天地,四爲社稷山川,五爲七祀,則成周之世,大小神祀皆有尸,又可知矣〔四五〕。推此而言,則諸侯之境内山川、大夫有采地之五祀,皆有尸也。特牲者士禮,而少牢,大夫禮也,一皆有尸,則諸侯有尸矣。祭統“君執圭瓚祼尸”,諸侯之尸也〔四六〕。守祧,王祭祀,各以其服授尸,天子之尸也〔四七〕。是自天子至庶人,俱立尸矣。

　　始死無尸,尚其生也〔四八〕。成喪必尸,神始識也〔四九〕。祭殤必厭,示弗成也〔五○〕。無後必厭,爲無人也。男女異尸,以厚别也〔五一〕。同几二尸,神所合也〔五二〕。夫婦共尸,貴同牢也〔五三〕。宗廟異尸,近必詳也〔五四〕。毁廟同尸,遠欲合也。尸必以孫,示成人也〔五五〕。婦爲尸坐,不拜手,不脱屨,嫌燕婿也〔五六〕。袝用嗣尸,尚質也〔五七〕。既封,主人贈,而祝宿虞尸,以盡孝也〔五八〕。爲人子者,不爲它人尸,厭也〔五九〕。天子宗廟之祭,以卿之孫行者爲尸,諸侯則求於大夫之孫行者,皆以同姓之嫡,昭穆同也〔六○〕。成氏云:未葬之前,形柩在殯,以生事之,故喪奠無尸〔六一〕。虞祭之日,始立尸。天子不以公,諸侯不以卿,大夫不以家臣,以避君也〔六二〕。天子不以子爲己父之尸,諸侯不以己嫡爲尸,卿大夫避上嗣,舉奠亦不以己嫡爲己父之尸〔六三〕。是故尸未立者,卜於同姓之嫡而無父者〔六四〕。勝國之社稷,小司寇爲尸,——司寇,士師——以法殺也[六五]。凡大禋祀、肆享、祭示,則大祝執明水火而號祝,隋釁、逆尸、令鍾鼓、侑,亦如之;大喪,始崩,以肆鬯渳尸[六六]。小祝,大祭祀則逆齍盛、送迎尸、沃尸盥[六七]、以盤盛水,共尸盥[六八]。贊隋、贊徹,大喪則佐大祝贊渳[六九]。士師,祀五帝,則沃尸及王盥,泊鑊水[七〇]。宗祝後尸[七一]。大喪,則鬯人供鬯以臒尸[七二]。郊祀,則節服氏裘冕二,執戈送逆之[七三]。相尸者,延其出入,詔其坐作;既祭,令徹[七四]。大夫於尸,再宿一戒,士一宿不戒,君前三日而宿戒之[七五]。既得日,乃宿戒尸[七六]。明日,朝服而筮之[七七]。大夫前祭一日,士二日,吉乃宿尸[七八]。祝儐,明日而祭[七九]。祥則要絰而筮尸,練則繩屨,大祥則吉服[八〇]。尸服卒者之上服,其士玄端,其妻宵衣[八一]。不以貴賤:父爲士,子爲大夫,葬以士,祭之尸服以士;父爲大夫,子爲士,葬以大夫,祭之尸服以大夫[八二]。父爲士,子爲諸侯,祭以諸侯,尸服以士;父爲天子、諸侯,子爲士,祭以士,其尸服以士,罪也[八三]。爲君尸者,受伯不哭,弁冕而出,乘之以几;卿大夫見者,下之;君知所以爲尸者,則自下之[八四]。掌次共張,司樂奏夏,出入廟躍,過者趨走,以教敬也[八五]。君與尸行,接武;大夫,繼武;士,中武[八六]。

尸之爲用重矣。大夫爲先君尸,在廟門外,則疑於臣、子;在廟中,則全於君與父[八七]。君在廟門外,則疑於君、父,在廟中則全於臣與子[八八]。是故君迎牲而不迎尸,大夫、士以祝迎尸,天子、諸侯則以士延尸于戶外[八九]。尸入升筵,東面坐視,主人西面立,拜妥尸,尸答拜之,遂坐[九〇]。按祭,君獻尸,尸祼之;后酌璋瓚,尸祭之啐之[九一]。祭,后朝踐,既四獻而饋食,於是薦熟,乃變几,王及尸有倚住[九二]。引尸入室,詔妥尸,尸縮酒啐之[九三]。既六獻而後朝獻,畢而交酢[九四]。及九獻,賓也[九五]。王與后俱四獻,諸侯爲賓者一[九六]。尸飲五,君洗玉爵獻卿;尸飲七,以瑤爵獻大夫;尸飲九,以散爵獻士、羣有司:皆以齒,示等也[九七]。既酢

諸臣,遂降,冕而總干,舞大武以樂皇尸〔九八〕。嗣子、諸臣加爵三,
旅酬武筭〔九九〕。尸諼,君與四卿餕之〔一〇〇〕。夫人薦豆執校,執醴
授之執鐙;尸酢夫人執柄,夫人受尸執足〔一〇一〕。尸飲三,衆賓飲
一,示民之有上下也〔一〇二〕。尸出戶,上嗣食之〔一〇三〕。卒食,告
飽,主人酳尸,尸酢主人〔一〇四〕。次主婦如之,賓長亦如之〔一〇五〕。
利成,祝入,尸諼,主人降;祝先,尸從,遂出〔一〇六〕。從尸者,不出
大門,所以交神明,而明君臣之義、子事父之方也〔一〇七〕。

　　夏立尸而卒祭,有事坐之〔一〇八〕。殷坐尸,無事亦然〔一〇九〕。
周因於殷,尸故坐〔一一〇〕。亦旅酬六尸,——惟稷之尸,發爵而不
受旅——告尸行節,勸尸飲食,詔侑武方,若孝子之就養〔一一一〕。
其事然也。始於神事,故朝踐以腥,坐尸于堂,詔血于室;終以人
養,故饋食以熟,延尸、主于室,體饌而進〔一一二〕。主人獻尸,賓長
以肝從;主婦獻尸,賓長以膰從〔一一三〕。酌尸之僕,猶君之僕,象之
也〔一一四〕。始作樂,求之於天也;既灌鬯,求之於地也;於祊,於彼
乎,於此乎,則又以求之人間世:而吾之禮意殫矣〔一一五〕。是故樂
合而先祖是聽,灌降而神鬼來享,蓋有以知其必臻、必享也〔一一六〕。

　　夫神猶火也〔一一七〕。火生無形,因物顯照,物盡而火熄〔一一八〕。
神本無方,因物顯用,物盡而神藏。是故火非可盡也,而在物者爲
可盡;神非可盡也,以其在物者有可盡之理也〔一一九〕。古者於文,
火聿於皿爲“盡”,而火之盡者爲“燼”,凡以是也〔一二〇〕。子曰:
“鼓之舞之,以盡神也〔一二一〕。”三日齋,七日戒,凡以求合於氤氳
縹緲間而已矣〔一二二〕。白虎義曰:祭之所以尸,以其虛無而寂寞
也〔一二三〕。視之無形,聽之無聲,升自阼階,仰視榱桷,俯察几筵,
其器存而人亡,思慕哀傷,無所寫洩,故坐尸而食之〔一二四〕。毀損
其饌,欣然若親之飽;其醉,若神之醉也〔一二五〕。詩云:“神具醉止,
皇尸載起。鼓鐘送尸,神保聿歸。諸宰君婦,廢徹不遲〔一二六〕。”是
故侑神,尸入,舉角妥尸,食爲之節;及乎酌盎啐尸,有至沾醉;旅

酬,降冕樂尸,弁而舞之:以盡神也[一二七]。

　　後世禮闕,尸不復見,而夷蠻之中,容或存者。周隨蠻夷傳言,巴梁間俗,每秋祠祀,則里之美鬚面者迭迎而尸祝之[一二八]。柳、道之人祭,亦取於同姓之丈夫、婦人伴享,此則尸之餘事[一二九]。而今巫童方士,亦有憑身附體之法,其所以交神明,猶有聖人之遺意。獨在國家宗廟、山川,寂然亡矣。曾子問曰:"祭必有尸乎[一三〇]?"則固久疑之矣。而魏高允亢書文成,乃以爲:"祭尸久廢。今俗或取貌之肖者爲尸祭之,爲之宴好,敬之如夫婦,事之如父母,損敗風化[一三一]。"而杜佑更謂古人質璞,華夷同俗,故有人狗死、祭立尸事,非所宜用[一三二]。嗟乎! 彼亦豈知聖人之事親,一毫髮之不盡則不足以致其孝,而其所以交神明者有不可以盡言邪[一三三]!

【校注】

〔一〕氤氳事神之盡:氤氳,彌漫的煙氣,此指焚香。盡,盡處,此指最初形態。

〔二〕執滯:固執,拘泥。

〔三〕社稷:四庫本"稷"作"禝",同。　小祀:見餘論四五祀注〔一六〕。

〔四〕像設:作爲祠祀對象的人像或神佛供像。　拘:喬本譌"抅"。今從餘本訂正。

〔五〕主:指死者牌位。

〔六〕三祭:謂三度敬獻祭品。

〔七〕祭五祀于廟,皆席于奧:奧,内。禮記月令孟春之月"其祀户,祭先脾"鄭玄注:"凡祭五祀於廟,用特牲,有主有尸,皆先設席于奧。"孔穎達疏:"云'祭五祀於廟'者,設祭户、祭中霤,在於廟室之中,先設席於廟堂之奧。若祀竈、祀門、祀行,皆在廟門外,先設席於廟門之奧。雖廟室、廟門有別,摠而言之,皆謂之廟,故云'凡祭五祀於廟'。"

〔八〕户則設主户内之西:吴本"户内"作"尸内"誤。禮記月令孟春之月"其祀户"鄭玄注:"祀户之禮,南面設主于户内之西。"　竈於門外之東:禮記月令孟夏之月“其祀竈”鄭玄注:“竈在廟門外之東。祀竈之禮,先席於門之奧,東面設主于竈陘。” 中霤牖下:禮記月令季夏之月“其祀中霤”鄭玄注:“祀中霤之禮,設主於牖下。” 門則於門左樞:樞,門臼。禮記月令孟秋之月“其祀門”鄭玄注:“祀門之禮,北面設主於門左樞。” 而軷壤在門外之西:軷壤,祭路神用的土壇。軷,喬本、備要本作“輭”,吳本作“軨”;壤,吳本作“樓”,四庫本作“禳”:俱誤。今訂正。禮記月令孟冬之月“其祀行”鄭玄注:“行在廟門外之西,爲軷壤,厚二寸,廣五尺,輪四尺。祀行之禮,北面設主于軷上。”

〔九〕皆三祭,既徹而後陳俎饌,各于筵前迎尸,如宗廟之禮:皆,喬本、備要本作“階”,非是,此從餘本。各,洪本譌“各”。筵,席位。如,各本均作“始”,誤,今據禮記鄭注訂正。禮記月令孟春之月“其祀户”鄭玄注:“祭黍稷、祭肉、祭醴皆三。……既祭,徹之,更陳鼎俎設饌于筵前,迎尸,略如祭宗廟之儀。”孔穎達疏:“云‘祭黍稷、祭肉、祭醴皆三’者,當時惟始設主,未有迎尸,則是祀官祭簋中黍稷,祭俎中脾腎之肉,祭薦之醴,皆三度祭之,黍亦三祭,醴亦三祭,肉亦三祭,故云‘皆三’。”

〔一〇〕中庭:廳堂正中。 檐溜:檐溝。吳本“溜”作“留”。

〔一一〕說爲室神:禮記祭法“曰中霤”孔穎達疏:“‘曰中霤’者,主堂室神。”

〔一二〕特牲:此指特牲之祭,即古代諸侯之士歲時在祖廟祭祀祖禰。以按照用牲規格僅有一豬,故稱。參見儀禮特牲饋食禮。

〔一三〕通典卷四九禮九禘祫上:“又按逸禮記祫於太廟之禮云:‘毁廟之主升合食,而立二尸。’”

〔一四〕五廟、七廟,皆無虛主:無虛主,謂無使廟中神主(牌位)空闕。各本“主”均譌“立”,今訂正。禮記曾子問:“曾子問曰:‘古者師行,必以遷廟主行乎?’孔子曰:‘天子巡守,以遷廟主行,載于齊車,言必有尊也。今也取七廟之主以行,則失之矣。當七廟、五廟無虛主。虛主者,唯天子崩,諸侯薨,與去其國,與祫祭於祖爲無主耳。’”

〔一五〕勝國:被滅亡的國家。

〔一六〕都鄙:公卿、大夫、王子弟之封邑。

〔一七〕犯軷爲壇,菩芻、棘、柏爲神主:犯軷,古代出行前祭祀路神。喬本、吴本、備要本“較”譌“輆”，此從洪本、四庫本。菩芻，菩草（香草名）紮的草把。
周禮夏官大馭“犯軷”鄭玄注：“行山曰軷。犯之者，封土爲山象，以菩芻、棘、
柏爲神主。”賈公彦疏：“云‘菩芻、棘、柏爲神主’者，謂於三者之中，但用其一，
以爲神主則可也。”

〔一八〕祭祀之有尸，宗廟之有主，示民之有事也：禮記坊記原文作：“祭祀
之有尸也，宗廟之有主也，示民有事也。”

〔一九〕禮記曾子問原文爲：“天子崩，未殯，五祀之祭不行。既殯而祭，其
祭也，尸入，三飯不侑，酳不酢，而已矣。”

〔二〇〕一人發爵，則七尸七廟矣：彦按：此當本禮記鄭注爲説，然語意不
完整，疑有脱文。禮記王制“天子七廟”孔穎達疏：“禮器云‘周旅酬六尸’，一
人發爵，則周七尸七廟明矣。”

〔二一〕禮祭集：即禮祭集志。通典卷四八禮八諸藏神主及題板制引譙周
禮祭集志，文作：“四時祭，各於其廟室中神位，奥西牆下，東嚮。諸侯廟，木主
在尸之南，爲在尸上也。東嚮，以南爲上。”

〔二二〕像設：吴本、四庫本“像”作“象”。

〔二三〕君卒哭而祔，祔而作主：卒哭，古代喪禮，百日祭後，止無時之哭，變
朝夕一哭，稱“卒哭”。左傳僖公三十三年：“凡君薨，卒哭而祔，祔而作主，特
祀於主，烝、嘗、禘於廟。”楊伯峻注：“祔者，以新死之主附于主廟也。”

〔二四〕主立而埋重：重（chóng）：古喪禮中，指木主未及雕制之前代以受
祭之木。禮記檀弓下“重，主道也”鄭玄注：“始死未作主，以重主其神也。重
既虞而埋之，乃後作主。”

〔二五〕始用嗣尸，虞而立尸：彦按：據禮記及儀禮，此二句似宜作：“虞而
立尸，祔用嗣尸。”虞，釋名釋喪制：“既葬，還祭於殯宫曰虞。”嗣尸，指繼續留
用之尸。禮記檀弓下：“虞而立尸。”孔穎達疏：“禮，未葬由生事之，故未有尸；
既葬，親形已藏，故立尸，以係孝子之心也。”又儀禮士虞禮：“用嗣尸。”鄭玄
注：“虞祔尚質，未暇筮尸。”賈公彦疏：“言用嗣尸，則從虞以至祔祭，唯用一尸
而已。”

〔二六〕其主以桑，練而易之，遂藏于廟，以爲祭主：練，古祭名，又稱“小
祥”。於父母喪後周年之際舉行，以依禮孝子穿練服（粗服）而得名。許慎五

經異義云:"三王之代,小祥以前主用桑者,始死尚質,故不相變。既練易之,遂藏於廟,以爲祭主。凡虞,主用桑。練主,夏后氏以松,殷人以柏,周人以栗。"

〔二七〕既祔則有主而無尸,必虞而後立之也:彦按:此説可疑。祔當在虞之後,故並稱曰"虞祔"而不曰"祔虞"。今既先後倒置,又稱"而後",自是欠妥。又據賈公彦説,祔祭亦有尸也(見上注〔二五〕)。

〔二八〕少牢之祭:指古代諸侯之卿大夫歲時在祖廟祭祀祖禰。一羊、一豕稱"少牢",爲卿大夫用牲之規格,故以名其祭。參見儀禮少牢饋食禮。

〔二九〕自卿以下,無主者依神以几筵,大夫束帛依神,士結茅爲菆:依神,讓神靈託身。几筵,几和席,古人憑依、坐臥的器具。此指供神主的几筵,即靈座。菆,同"叢",此指草束。鄭玄駁五經異義:"少牢饋食,大夫祭禮也,束帛依神。特牲饋食,士祭禮也,結茅爲菆。……主者,神象也。孝子既葬,心無所依,以虞而立主以事之。惟天子、諸侯有主,卿大夫無主,尊卑之差也。卿大夫無主者,依神以几筵,故少牢之祭但有尸,無主。"

〔三〇〕大夫聞君之喪,攝主而往:見公羊傳昭公十五年。何休注云:"主,謂己主祭者。臣聞君之喪,義不可以不即行,故使兄弟若宗人攝行主事,而往。"而三國魏徐邈則云:"左傳稱孔悝反祏。公羊:'大夫聞君之喪,攝主而往。'注義以爲攝斂神主而已,不暇待祭也。皆大夫有主之文。"杜佑然之,曰:"今按,經傳未見大夫、士無主之義,有者爲長。"(見通典卷四八禮八卿大夫士神主及題板)北魏清河王元懌亦曰:"公羊傳:'君有事于廟,聞大夫之喪,去樂卒事;大夫聞君之喪,攝主而往。'今以爲攝主者,攝神斂主而已,不暇待徹祭也。何休云:'宗人攝行主事而往也。'意謂不然。君聞臣喪,尚爲之不懌,況臣聞君喪,豈得安然代主終祭也。"後説爲路史所本。

〔三一〕昔衛孔悝反祏西圃:孔悝(kuī):春秋衛國大夫。祏(shí),宗廟中藏木主的石匣子。喬本譌"祐",今據餘本訂正。西圃,四庫本如此,是,今從之。餘本"圃"譌"國"。左傳哀公十六年:"(孔悝)使貳車反祏於西圃。"杜預注:"使副車還取廟主。西圃,孔氏廟所在。祏,藏主石函。"　徐邈等以爲有重則宜有主,大夫、士不見無主之義:通典卷四八禮八卿大夫士神主及題板引徐邈云:"按喪之銘旌,題別亡者,設重於庭,亦有所憑,祭必有尸,想像平存。此皆自天子及士並有其禮,但制度降殺爲殊,何至於主,唯侯王而已?禮言:重,主道也;埋重則立主。今大夫、士有重,亦宜有主,主以紀別座位。有尸無主,何以爲別? 將表稱號題祖考,何可無主?"又參見上注。

〔三二〕魏清河王懌遂以謂大夫、士宜通立主:清河王,四庫本如此,是,今從之。餘本"河"譌"可"。以謂,四庫本作"以爲"。魏書禮志二載清河王懌議曰:"原夫作主之禮,本以依神,孝子之心,非主莫依。今銘旌紀柩,設重憑神,祭必有尸,神必有廟,皆所以展事孝敬,想象平存。上自天子,下逮於士,如此四事,並同其禮。何至於主,惟謂王侯。禮云:'重,主道也。'此爲埋重則立主矣。故王肅曰:'重,未立主之禮也。'士喪禮亦設重,則士有主明矣。孔悝反祐,載之左史;饋食設主,著於逸禮。大夫及士,既得有廟題紀祖考,何可無主? ……又相國立廟,設主依神,主無貴賤,紀座而已。若位擬諸侯者,則有主,位爲大夫者,則無主,便是三神有主,一位獨闕,求諸情禮,實所未安。宜通爲主,以銘神位。"

〔三三〕制數:定法。

〔三四〕郊之祭也,尸與王裘冕,而士師逆尸者亦裘冕:裘冕,衣大裘(黑羔裘)而冠冕。士師,兵衆。此"士師逆尸者",疑指執戈送逆尸之節服氏(周禮官名)。周禮夏官節服氏:"郊祀,裘冕,二人執戈送逆尸。"鄭玄注:"裘冕者,亦從尸服也。"賈公彥疏:"尸服與王同大裘,節服氏亦大裘,故二人皆裘冕執戈送逆尸。"

〔三五〕舜入唐郊,丹朱爲尸:尚書大傳卷一:"維十有三祀,帝乃稱王而入唐,郊,猶以丹朱爲尸。" 晉祀夏郊,董伯爲尸:董伯,春秋晉大夫。國語晉語八:"祀夏郊,董伯爲尸。"

〔三六〕周公之祭泰山,召公爲尸:白虎通宗廟:"周公祭太山,(周)[用]召公爲尸。" 繹賓之尸,高子曰靈星:繹,古祭名,指於正祭之次日續祭。賓,設尸而祭。高子,其人不詳。"曰"字,各本均無。彦按:無"曰"字則文不成句,今姑以脱文視之而據詩序補出。靈星,星名。通典卷四四禮四靈星:"周制,仲秋之月,祭靈星於國之東南。"詩周頌絲衣序:"絲衣,繹賓尸也。高子曰:'靈星之尸也。'"

〔三七〕言祭祇用一尸,則祭統設同几筵者也:言祭,吴本、四庫本"祭"譌"登"。禮記曲禮上"此言孫可以爲王父尸,子不可以爲父尸"孔穎達疏:"凡吉祭祇用一尸,故祭統云‘設同几’是也。"禮記祭統:"鋪筵設同几,爲依神也。"孔穎達疏:"‘鋪筵設同几’者,設之曰筵,坐之曰席,同之言詷,——詷,共也。言人生時形體異,故夫婦別几;死則魂氣同歸于此,故夫婦共几。鋪席設几,使神依之。設此夫婦所共之几,席亦共之。"

〔三八〕其在魯郊,亦以祝延帝尸:延,迎接。許慎五經異義引魯郊禮曰:"祝延帝尸。"(見禮記曲禮上"此言孫可以爲王父尸,子不可以爲父尸"孔穎達疏)

〔三九〕稷尸從之:稷,同"稷",謂祭祀穀神。吳本、四庫本、備要本作"稷"。此句乃承前"是三辰、山川爲有尸矣"言,謂稷亦有尸。通典卷四四禮四靈星云:"今按鳧鷖詩每云尸,據傳,天子諸侯祭社稷尸也。"

〔四〇〕而公羊氏、白虎通、五經異義俱以爲祭天無尸:彥按:許慎五經異義並不以爲"祭天無尸",此"五經異義"四字所不當有。禮記曲禮上"此言孫可以爲王父尸,子不可以爲父尸"孔穎達疏引(五經)異義云:"公羊説祭天無尸。左氏説晉祀夏郊,以董伯爲尸。虞夏傳云:舜入唐,郊,以丹朱爲尸。是祭天有尸也。"又見上注〔三八〕。

〔四一〕星有尸:洪本"尸"譌"知"。

〔四二〕川瀆又可知:吳本"又"譌"人"。

〔四三〕白虎通謂天無形,不可象,故宗廟有尸而天無尸:今本白虎通未見有此,或者爲佚文。

〔四四〕鳧鷖,美神祇祖考者也:鳧鷖,詩經大雅篇名。毛詩序云:"鳧鷖,守成也。太平之君子能持盈守成,神祇祖考安樂之也。"

〔四五〕訓者固以初章爲宗廟:鳧鷖首章"鳧鷖在涇,公尸來燕來寧"鄭玄箋:"水鳥而居水中,猶人爲公尸之在宗廟也,故以喻焉。" 二爲四方百物:鳧鷖次章"鳧鷖在沙,公尸來燕來宜"鄭玄箋:"水鳥以居水中爲常,今出在水旁,喻祭四方百物之尸也。" 三爲天地:鳧鷖三章"鳧鷖在渚,公尸來燕來處"鄭玄箋:"水中之有渚,猶平地之有丘也,喻祭天地之尸也。" 四爲社稷山川:鳧鷖四章"鳧鷖在潀,公尸來燕來宗"鄭玄箋:"潀,水外之高者也,有瘞埋之象,喻祭社稷山川之尸。" 五爲七祀:鳧鷖五章"鳧鷖在亹,公尸來止熏熏"鄭玄箋:"亹之言,門也。燕七祀之尸於門户之外,故以喻焉。"

〔四六〕祭統：吴本“統”讹“紀”。　君執圭瓚祼尸：祼尸，對尸行祼祭之禮。此謂君執以圭爲柄之玉杓舀鬱鬯之酒獻尸，尸受祭而灌於地。

〔四七〕守祧，王祭祀，各以其服授尸：守祧，周禮官名。周禮春官守祧：“掌守先王先公之廟祧，其遺衣服藏焉。若將祭祀，則各以其服授尸。”

〔四八〕通典卷四八禮八立尸義：“始死無尸者，尚如生，故未立也。”

〔四九〕成喪必尸：成喪，成人之葬禮。禮記曾子問：“孔子曰：‘祭成喪者，必有尸。’”

〔五〇〕祭殤必厭，示弗成也：殤，未成年而夭折者。厭，厭祭，不用尸之祭。弗成，未成年。禮記曾子問，孔子曰：“祭殤必厭，蓋弗成了。”

〔五一〕男女異尸：儀禮士虞禮：“男，男尸。女，女尸；必使異姓，不使賤者。”

〔五二〕同几二尸：彦按：“二尸”疑當作“一尸”。見上注〔三七〕。

〔五三〕夫婦共尸，貴同牢也：同牢，共食一牲。古代婚禮，新夫婦共食一牲的儀式亦稱“同牢”。此比喻夫妻一體。通典卷四八禮八立尸義：“夫婦共尸者，婦人祔從於夫，同牢而食，故共尸也。”

〔五四〕宗廟異尸：周七廟七尸（見上注〔二〇〕），可知宗廟異尸也。　詳：細察，分辨清楚。

〔五五〕尸必以孫，示成人也：禮記曾子問，孔子曰：“祭成喪者必有尸，尸必以孫，孫幼則使人抱之。”鄭玄注：“人以有子孫爲成人。”

〔五六〕婦爲尸坐，不拜手，不脱屨，嫌燕婧也：拜手，古跪拜禮之一種。跪後兩手相拱，俯頭至手。屨，吴本、四庫本讹“屢”。燕婧，亦作“燕惰”，形容儀容閒散不整。禮記少儀：“婦人……爲尸坐，則不手拜，肅拜。”又儀禮士虞禮：“尸坐不説屨。”鄭玄注：“侍神不敢燕惰也。”

〔五七〕祔用嗣尸，尚質也：四庫本如此，是，今從之。餘本“祔”作“附”。參見上注〔二五〕。

〔五八〕既封，主人贈，而祝宿虞尸：見禮記檀弓下。孔穎達疏：“既封，謂葬已下棺。”鄭玄注：“贈，以幣送死者於壙也。”主人，指死者嫡長子。祝，主持祭祀事務的人。宿，通“肅”。肅，進也（見爾雅釋詁下）。虞尸，虞祭之尸。

〔五九〕爲人子者，不爲它人尸，厭也：吴本、四庫本“它”作“他”。厭，嫌棄,避忌。詩大雅既醉"公尸嘉告"孔穎達疏:"曲禮曰:'爲人子者不爲尸。'注云:'然則尸必卜筮無父者。'然則尸又用適而無父者也。"

〔六〇〕天子宗廟之祭,以卿之孫行者爲尸,諸侯則求於大夫之孫行者,皆以同姓之嫡:孫行,孫子輩。通典卷四八禮八立尸義:"天子宗廟之祭,以公卿大夫孫行者爲尸。一云:天子不以公爲尸,諸侯不以卿爲尸,爲其太尊,嫌敵君。故天子以卿爲尸,諸侯以大夫爲尸。……卿大夫不以臣爲尸,俱以孫者,避君也。天子諸侯雖以卿大夫爲尸,皆取同姓之嫡也。"　昭穆同:謂於本宗族世系中,同屬於昭,或同屬於穆。隔世則昭穆同。喬本、洪本"昭"作"招",非是。此從餘本。

〔六一〕成氏:未詳何人,待考。　形柩:已入殮屍體之棺材。　喪奠:指死者葬前的祭奠。

〔六二〕參見上注〔六〇〕。

〔六三〕天子不以己父爲己父之尸,諸侯不以己嫡爲尸:此蓋由上"天子宗廟之祭,以卿之孫行者爲尸,諸侯則求於大夫之孫行者"推衍而來。洪本"嫡"譌"嫡"。下"嫡"字同。　上嗣:君主的嫡長子。

〔六四〕是故尸未立者,卜於同姓之嫡而無父者:各本"尸"均作"子","卜"均作"小"。彦按:"子未立者"、"小於同姓之嫡",均不可解。以意推之,"子"當作"尸","小"當作"卜",蓋字之譌。今訂正。參見上注〔五九〕。

〔六五〕勝國之社稷,小司寇爲尸,——司寇,士師——以法殺也:殺,減省,降格。彦按:周禮秋官士師云:"若祭勝國之社稷,則爲之尸。"鄭玄注:"以刑官爲尸,略之也。"小司寇與士師於周禮雖同屬刑官,然爲不同官職,今路史乃易士師爲小司寇,又以司寇即士師,不知何故。

〔六六〕見周禮春官大祝。　凡大禋祀、肆享、祭示,則大祝執明水火而號祝:鄭玄注:"禋祀,祭天神也。肆享,祭宗廟也。"示,地祇。明水火,明水(古代祭祀用的净水)與明火(古代占卜和祭祀時,用銅鏡映日聚光點燃的火)。號祝,林尹周禮今註今譯譯爲"詔告名號祝辭"。　隋釁、逆尸、令鍾鼓、侑,亦如之:隋釁,隋祭薦血。隋音 suī,祭祀名。凡血祭曰釁。令鍾鼓,謂令奏鍾鼓。侑,勸食。周禮作"右",鄭玄注:"右讀亦當爲侑。"　大喪,始崩,以肆匃湅尸:周禮"湅尸"作"洇尸"。鄭玄注:"肆匃,所謂陳尸設匃也。鄭司農云:'洇尸,以匜浴尸。’”賈公彥疏：“肆，陳也。洇，浴也。王喪始崩，陳尸，以匜浴尸，取其香美。”大喪，指帝王、皇后、世子之喪。

〔六七〕小祝，大祭祀則逆齊盛、送迎尸、沃尸盥：見周禮春官小祝。賈公彥疏：“云‘沃尸盥’者，尸尊不就洗。按特牲、少牢，尸入廟門，盥於盤，其時小祝沃水。”齊盛，粢盛。齊，通“粢”。周禮作“齍盛”，同。

〔六八〕以盤盛水，共尸盥：共，“供”之古字。各本此句原爲正文，並置於下文“大喪則佐大祝贊洇”之後。彥按：此句並非周禮春官小祝中文，考其義，當爲解釋小祝職“沃尸盥”者，蓋闌入正文且又誤倒，今訂正。

〔六九〕贊隋、贊徹，大喪則佐大祝贊洇：贊，助。徹，指撤下祭品。洇（mǐ），洗屍身。喬本、備要本作“灑”，非。今據餘本訂正。

〔七〇〕祀五帝，則沃尸及王盥，洎鑊水：見周禮秋官士師。賈公彥疏：“洎鑊水，增其沃汁。鑊在門外之東，亨牲之爨。言須鑊水，就爨增之。亨實鑊水，此官增之，示敬而已。”洎（jì），添水。鑊，無足鼎，古爲煮肉及魚、腊之器。

〔七一〕宗祝後尸：宗祝，宗伯和太祝。後尸，居尸之後。禮記樂記：“宗祝辨乎宗廟之禮，故後尸。”鄭玄注：“後尸，居後贊禮儀。”

〔七二〕大喪，則匜人供匜以鬯尸：鬯尸，以匜酒塗尸，古喪禮之一。周禮春官匜人：“大喪之大洇，設斗，共其鬯匜。”鄭玄注：“斗所以沃尸也。鬯尸以匜酒，使之香美者。”

〔七三〕見上注〔三四〕。

〔七四〕相尸者，延其出入，詔其坐作；既祭，令徹：詔，告，教。各本“祭”均譌“喪”，今據周禮訂正。周禮春官大祝：“相尸禮；既祭，令徹。”鄭玄于“相尸禮”下注云：“延其出入，詔其坐作。”

〔七五〕大夫於尸，再宿一戒：宿，進，此謂邀請爲尸。戒，告，此謂告知祭期。儀禮少牢饋食禮：“宿。前宿一日，宿戒尸。明日，朝筮尸，……吉，則乃遂宿尸。”鄭玄於前“宿”字下注云：“宿讀爲肅。肅，進也。大夫尊，儀益多，筮日既戒諸官以齊戒矣，至前祭一日，又戒以進之，使知祭日當來。”賈公彥疏：“云‘大夫尊，儀益多’者，其大夫宿戒兩有，士有宿而無戒，是儀略，故云大夫儀多也。此直是儀多，而云‘益多’者，據士尸一宿，下文大夫尸再宿，是儀益多。益多，猶云彌多也。”　士一宿不戒：彥按：此謂士不戒者，非是。儀禮士冠禮“乃

宿賓”鄭玄注：“宿，進也。宿者必先戒，戒不必宿。其不宿者爲衆賓，或悉來
或否。”賈公彥疏：“特牲禮云前期三日宿尸，前無戒而直有宿者，特牲文不具，
其實亦有戒也。”　君前三日而宿戒之：儀禮士冠禮“乃宿賓”賈公彥疏：“天
子、諸侯祭前三日宿之，使致齊也。”

〔七六〕既得日：日指祭祀之日。

〔七七〕明日，朝服而筮之：之，指尸。今本儀禮少牢饋食禮作：“明日，朝
筮尸。”阮元校勘記云：“按張爾岐謂‘朝’下有‘服’字，石本、監本並脱。今考
各本俱無‘服’字。”彦按：羅泌所見儀禮之本，則當有“服”字者。

〔七八〕大夫前祭一日，士二日，吉乃宿尸：彦按：“士二日”疑當作“士三
日”。儀禮少牢饋食禮：“明日，朝筮尸，……吉，則乃遂宿尸。”鄭玄注：“不前
期三日筮尸者，大夫下人君，祭之朝乃視濯，與士異。”賈公彥疏：“云‘不前
期三日筮尸者，大夫下人君’者，决上篇特牲士禮云‘前期三日筮尸’，此祭前一
日筮尸，吉遂宿尸，不同之事。但天子、諸侯，前期十日卜得吉日則戒諸官散
齊，至前祭三日，卜尸得吉，又戒宿諸官，使之致齊。士卑，不嫌，故得與人君同
三日筮尸，但下人君，不得散齊七日耳。大夫尊，不敢與人君同，直散齊九日，
前祭一日筮尸，并宿諸官致齊也。”

〔七九〕祝儐：儐，儐相（替主人接引賓客和贊禮的人），此謂擔任儐相。儀
禮少牢饋食禮“儐”作“擯”，通。

〔八〇〕祥則要経而筮尸，練則繩屨，大祥則吉服：“祥則要経”之“祥”爲古
代親喪祭名，包括父母喪後周年祭之小祥和兩周年祭之大祥。小祥又稱練。
參見上注〔二六〕。“則”各本均作“去”。彦按：作“去”則與禮記所記截然相
反，當爲譌字，今據文意訂“則”，以與下“練則”、“大祥則”相呼應。然據禮記，
“要経而筮尸”者乃練，亦即小祥，無關乎大祥。今于同一小祥乃以“祥則”、
“練則”分述，可見羅氏注文之混亂。要経，古喪服之一，即縛在腰間的麻帶。
要，古“腰”字。経，洪本譌“経”。筮，喬本、洪本作“莁”，乃譌字，此從餘本。
繩屨，作爲喪服穿的草鞋。吉服，祭祀時所穿之服。古以祭祀爲吉禮，故稱。
禮記喪服小記：“練，筮日、筮尸、視濯皆要経、杖、繩屨。……大祥吉服而
筮尸。”

〔八一〕尸服卒者之上服，其士玄端，其妻宵衣：上服，上等服裝，禮服。宵

衣,黑色絲服。古代婦女助祭時所穿。宵,通"綃",輕紗。喬本作"青"、洪本作"宵",皆譌。此從餘本。儀禮士虞禮:"尸服卒者之上服。"鄭玄注:"上服者,如特牲士玄端也。……士之妻則宵衣耳。"

〔八二〕不以貴賤:各本均作"不以賤"。彦按:此當脱"貴"字,意謂不以或貴或賤爲依據,不該祇舉其一端。今訂補。　父爲士,子爲大夫,葬以士,祭之尸服以士;父爲大夫,子爲士,葬以大夫,祭之尸服以大夫:彦按:禮記中庸云:"父爲大夫,子爲士,葬以大夫,祭以士;父爲士,子爲大夫,葬以士,祭以大夫。……父母之喪,無貴賤一也。"羅苹之注蓋即據此引申,加以"尸服"之説。

〔八三〕父爲士,子爲諸侯,祭以諸侯,尸服以士;父爲天子、諸侯,子爲士,祭以士,其尸服以士,罪也:禮記喪服小記:"父爲士,子爲天子、諸侯,則祭以天子、諸侯,其尸服以士服。父爲天子、諸侯,子爲士,祭以士,其尸服以士服。"鄭玄注:"謂父以罪誅,尸服以士服,不成爲君也。"

〔八四〕爲君尸者,受伯不哭,弁冕而出,乘之以几;卿大夫見者,下之;君知所以爲尸者,則自下之:受伯不哭,費解。吳本、四庫本、備要本均無此四字,疑爲衍文。弁冕,古代男子戴的禮帽。吉禮之服用冕,通常禮服則用皮弁。几,此指用於登車之小木桌。下之,謂爲之下車以示敬意。禮記曾子問、雜記下並云:"孔子曰:'尸弁冕而出,卿、大夫、士皆下之,尸必式;必有前驅。'"又曲禮上云:"爲君尸者,大夫、士見之則下之,君知所以爲尸者則自下之,尸必式;乘必以几。"

〔八五〕掌次共張,司樂奏夏,出入廟躃,過者趨走,以教敬也:共張,陳設帷帳。共,"供"之古字。張,通"帳"。躃,禁止行人以清道。周禮天官掌次云"凡祭祀,張其旅幕,張尸次。"鄭玄注:"旅,衆也。公卿以下,即位所祭祀之門外以待事,爲之張大幕。尸則有幄。鄭司農云:'尸次,祭祀之尸所居更衣帳。'"又春官大司樂云:"尸出入,則令奏肆夏。"白氏六帖事類集卷二十尸云:"尸出廟入廟必躃。"禮記坊記云:"子云:'七日戒,三日齊,承一人焉以爲尸,過之者趨走,以教敬也。'"

〔八六〕君與尸行,接武;大夫,繼武;士,中武:見禮記玉藻。鄭玄注:"(接武,)尊者尚徐,蹈半迹。(繼武,)迹相及也。(中武,)迹間容迹。"孔穎達疏:"君,天子、諸侯也。武,迹也。接武者,二足相躡,每蹈於半,未得各自成迹,故云‘接武’也。尊者舒遲,故君及尸並步遲狹。……繼武者,謂兩足迹相接繼也。大夫漸卑,故與尸行步稍廣速也。‘士中武’者,謂士與其尸行也。中,猶間也。每徙,足間容一足地,乃躡之也。士極卑,故及尸行步極廣也。”

〔八七〕疑於臣、子:疑,通“擬”,比照,視之爲。　全於君與父:四庫本如此,與下文“全於臣與子”相對爲文,是也,今從之。餘本“與”作“於”。禮記祭統:“尸在廟門外則疑於臣,在廟中則全於君。”

〔八八〕禮記祭統:“君在廟門外則疑於君,入廟門則全於臣、全於子。”

〔八九〕君迎牲而不迎尸:禮記祭統:“君迎牲而不迎尸,別嫌也。”　大夫、士以祝迎尸:儀禮少牢饋食禮云:“祝出,迎尸于廟門之外。”此大夫以祝迎尸也。又特牲饋食禮云:“祝迎尸于門外。”此士以祝迎尸也。　天子、諸侯則以士延尸于户外:吴本“户”譌“尸”。禮記祭統:“夫祭之道,孫爲王父尸。所使爲尸者,於祭者子行也。父北面而事之,所以明子事父之道也。”鄭玄注:“天子、諸侯之祭,朝事延尸於户外,是以有北面事尸之禮。”朝事,朝士,“事”通“士”。

〔九○〕尸入升筵,東面坐視,主人西面立,拜妥尸,尸答拜之,遂坐:升筵,上席。西面,各本均譌“西南”,今訂正。彦按:“東面坐視”一句,蓋羅氏據儀禮“主人西面立于户内”推衍而來,實爲蛇足。此時尸尚未坐,至下“遂坐”方坐也。儀禮少牢饋食禮:“尸入門左。……尸升筵,祝、主人西面立于户内,祝在左。祝、主人皆拜妥尸,尸不言。尸答拜,遂坐。”鄭玄注:“拜妥尸,拜之使安坐也。”

〔九一〕君獻尸,尸祼之;后酌璋瓚,尸祭之啐之:自此而下至“諸侯爲賓者一”,大抵本諸通典卷四九禮九時享爲説。璋瓚,以璋(狀如半圭)爲柄之玉杓。祭,享用。廣韻祭韻:“祭,享也。”啐(cuì):飲。通典云:“王以珪瓚酌雞彝之鬱鬯以獻尸,尸以祼地降神,尸祭之,啐之,奠之。此爲祼神之一獻也。后乃以璋瓚酌鳥彝之鬱鬯以獻尸,尸祭之,啐之,奠之。此爲二獻也。”

〔九二〕祭,后朝踐,既四獻而饋食,於是薦熟,乃變凡,王及尸有倚住:朝踐,古代祭禮儀節之一,爲薦血腥。變凡,改換新凡。喬本、洪本、備要本作“機”非,此從吴本及四庫本。倚住,倚靠。通典云:“時又薦腥於尸,主之前,謂之朝踐。於時王乃以玉爵酌獻鑄中醴齊以獻。此三獻也。后於是薦朝事之邍，……后於是亦以玉爵酌獻礏醴齊以獻尸。此四獻也。……至薦熟之時，謂之饋食。先薦熟於堂。設饌之時，王及尸皆有倚住之處，設机於傍，故云變机也。”

〔九三〕引尸入室，詔妥尸，尸縮酒啐之：縮酒，古代祭祀時用菁茅濾酒去渣。通典：“乃迎尸、主入室，即席，舉奠罕將祭之，時祝則詔王拜妥尸。拜訖，尸遂祭酒以菁茅，謂之縮酒。尸遂啐之，奠之。”

〔九四〕朝獻：古代祭禮儀節之一，爲嚮尸獻爵。通典：“尸食訖，王以玉爵酌朝踐之獻礏醴齊以酳尸，謂之朝獻。”　交酢：互相敬酒。

〔九五〕及九獻，賓也：此謂獻禮之第九獻，由賓行之，通典所謂“諸侯爲賓者以玉爵酌盎齊，備卒食三獻”。

〔九六〕王與后俱四獻，諸侯爲賓者一：各本“后”作“孤”。彥按：作“孤”誤，今據通典訂“后”。通典云：“合九獻，凡王及后各四，諸侯爲賓者一也。”

〔九七〕見禮記祭統。　散爵：酒尊名，容五升。　以齒：謂依據年齡長少爲獻爵先後。　示等也：禮記作“明尊卑之等也”。

〔九八〕總干：持盾。禮記祭統：“及入舞，君執干戚就舞位。君爲東上，冕而揔干，率其羣臣，以樂皇尸。”通典：“尸飲訖，又酢諸臣，如后之法。自九獻之後，遂降，冕而撫干，舞大武之樂以樂尸。”

〔九九〕嗣子、諸臣加爵三，旅酬武筭：加爵，進酒。旅酬，衆人相互敬酒。武筭，不計其數。“武”爲“無”之借字或音譌。四庫本“筭”作“算”，同。通典：“九獻之後，更爲嗣子舉奠與諸臣進獻，更行三爵，皆謂之加爵，……即行旅酬無算之爵。”

〔一〇〇〕尸謖，君與四卿餕之：謖，起立。四庫本如此，是，今從之。餘本均譌“稷”。下“尸謖”同。餕（jùn）：吃剩餘的食物。禮記祭統：“是故尸謖，君與卿四人餕。”

〔一〇一〕夫人薦豆執校，執醴授之執鐙；尸酢夫人執柄，夫人受尸執足：見禮記祭統，“受尸”作“授尸”。鄭玄注：“校，豆中央直者也。執醴，授醴之人。授夫人以豆，則執鐙。鐙，豆下跗也。”吳本“尸酢夫人”之“人”譌“久”。豆，高脚盤。校（qiāo），通“骹”。柄，此指爵（雀形酒器）柄。

〔一〇二〕尸飲三，衆賓飲一，示民之有上下也：見禮記坊記，無“之”字。

鄭玄注:"主人、主婦、上賓獻尸,乃後主人降,洗爵獻賓。"

〔一○三〕尸出戶,上嗣食之:各本"戶"均作"尸"。彦按:作"尸"無論居於上句抑或下句,均不可解。當爲"戶"字形譌,今訂正。通典卷四九禮九時享云:"旅酬既訖則尸出,尸出之後,則嗣子餕之。"

〔一○四〕卒食,告飽,主人酳尸,尸酢主人:自此而下至"遂出",大抵本諸通典卷四八禮八諸侯大夫士宗廟爲説。酳尸,古祭禮。尸食畢,主人獻酒使少飲或漱口。酳(yìn),四庫本如此,是,今從之。餘本作"酳",蓋俗譌字。通典云:"尸祭,卒食,告飽。主人酌酒酳尸。……尸酢主人。"

〔一○五〕賓長:古代祭祀時輔佐賢賓的次等客人。

〔一○六〕利成,祝入,尸謖,主人降;祝先,尸從,遂出:少牢饋食禮云:"主人出,立于阼階上,西面。祝出,立于西階上,東面。祝告曰:'利成。'祝入。尸謖。主人降,立于阼階東,西面。祝先,尸從,遂出于廟門。"鄭玄注:"利,猶養也。成,畢也。孝子之養禮畢。"

〔一○七〕從尸者,不出大門:儀禮士虞禮:"尸謖,從者奉篚哭從之。祝前,哭者皆從,及大門内,踊如初。"鄭玄注:"及,至也。從尸不出大門者,由廟門外無事尸之禮也。"

〔一○八〕夏立尸而卒祭,有事坐之:四庫本如此,是,今從之。餘本"事"譌"祀"。禮記禮器:"夏立尸而卒祭。"鄭玄注:"夏禮,尸有事乃坐。"孔穎達疏:"夏祭乃有尸,但立。猶質,言尸是人,人不可久坐神坐,故尸惟飲食蹔坐。若不飲食時,則尸倚立,以至祭竟也。"

〔一○九〕殷坐尸,無事亦然:喬本、吳本、備要本"殷"譌"飲",此從洪本及四庫本。禮記禮器:"殷坐尸。"鄭玄注:"無事猶坐。"

〔一一○〕周因於殷,尸故坐:禮記禮器:"周坐尸。"鄭玄注:"言此亦周所因於殷也。"

〔一一一〕亦旅酬六尸,——惟稷之尸,發爵而不受旅——告尸行節,勸尸飲食,詔侑武方,若孝子之就養:行節,行止。詔,告。侑,勸。武方,無方,没有常法,萬端。就養,侍養。禮記禮器云:"周坐尸,詔侑武方。"鄭玄注:"武,當爲'無',聲之誤也。方,猶常也。告尸行節,勸尸飲食,無常,若孝子之爲也。孝子就養無方。"禮器又云:"周旅酬六尸。"鄭玄注:"使之相酳也。后稷之尸發爵,不受旅。"

〔一一二〕始於神事,故朝踐以腥,坐尸于堂,詔血于室;終以人養,故饋食以熟,延尸、主于室,體饌而進:詔,引來,招致。體饌,謂陳牲設饌。陳祥道禮書卷七七血腥爓熟:"蓋宗廟之祭,始則以神事焉,故以腥;終則以人養焉,故以熟。則坐尸於堂,血毛詔於室,乃腥其俎,熟其殽,進於尸、主之前,以行朝踐焉。……及退而合亨,體其犬豕牛羊,設饌於堂,延尸、主以入室,於是遷堂上之饌進於尸、主之前,以行饋食焉。……禮運曰'退而合亨,體其犬豕牛羊'者,非體解也,辨其體以陳之俎也。"

〔一一三〕主人獻尸,賓長以肝從:儀禮士虞禮:"主人洗廢爵,酌酒,酳尸。……賓長以肝從,實于俎。"又特牲饋食禮:"主人洗角,升酌,酳尸。……賓長以肝從。"鄭玄注:"肝,肝炙也。"　主婦獻尸,賓長以膰從:膰,烤肉。儀禮士虞禮:"主婦洗足爵于房中,酌,亞獻尸,如主人儀。……賓以燔從,如初。"

〔一一四〕酳尸之僕,猶君之僕:僕,駕車的人。禮記少儀:"酳尸之僕,如君之僕。"

〔一一五〕於祊,於彼乎,於此乎,則又以求之人間世:祊,祭名。指正祭次日舉行之繹祭。亦指廟門內行祊祭處。禮記郊特牲:"索祭祝于祊。不知神之所在,於彼乎? 於此乎? 或諸遠人乎? 祭于祊,尚曰求諸遠者與。"鄭玄注:"索,求神也。尚,庶幾也。"　而吾之禮意殫矣:四庫本如此,是,今從之。餘本"殫"作"嬋",非詞。

〔一一六〕樂合:衆樂合奏。　灌降:灌鬯降神。

〔一一七〕火:吳本譌"大"。

〔一一八〕照:吳本作"炤",同。

〔一一九〕而在物者爲可盡:洪本"盡"譌"進"。

〔一二〇〕火聿於皿:謂火在器皿之中。玉篇聿部:"聿,自也。"備要本"皿"譌"血"。

〔一二一〕鼓之舞之,以盡神也:彥按:易繫辭上云:"鼓之舞之以盡神。"高亨大傳今注:"神是最高智慧之稱。此言易經鼓舞人以盡其智慧。"此但借用繫辭之文而不用其義,意謂通過鼓樂、舞蹈,盡心事神。

〔一二二〕三日齋,七日戒,凡以求合於氤氳縹緲間而已矣:齋,吳本作

“齊”，通。氤氳縹緲，恍惚迷茫貌。吴本、四庫本“緲”作“渺”，通。禮記坊記：
“七日戒，三日齊，承一人焉以爲尸。”又祭義：“齊之日，思其居處，思其笑語，
思其志意，思其所樂，思其所嗜。齊三日，乃見其所爲齊者。”

〔一二三〕白虎義曰：祭之所以尸，以其虚無而寂寞也：此下所引白虎義，蓋
至“廢徹不遲”而止。然今本白虎通義所無，疑爲佚文。通典卷四八禮八立尸
義亦引之，文字頗不相同，蓋路史但意引耳。太平御覽卷五三一引白虎通曰：
“祭所以尸、主何？本神無方，孝子以主係心。”通典引白虎通曰：“祭所以有尸
者，鬼神聽之無聲，祝之無形，升自阼階，仰視榱桷，俯視几筵，其器存，其人亡，
虚無寂寞，思慕哀傷，無所寫洩，故座尸而食之。毀損其饌，欣然若親之飽；尸
醉，若神之醉矣。詩云：‘神具醉止，皇尸載起。’”

〔一二四〕榱桷：屋椽。洪本、吴本“桷”譌“桶”。　　寫洩：宣泄。寫，“瀉”
之古字。

〔一二五〕饌：備要本譌“饎”。

〔一二六〕見詩小雅楚茨。　　神具醉止：具，吴本作“且”，誤。　　神保：對
先祖神靈之美稱。　　宰：家臣。　　廢徹：謂撤除祭品。

〔一二七〕尸入，舉角妥尸：角（jué），古代酒器。青銅製，形似爵而無柱與
流，前后兩尾沿口端斜出似角，有蓋。禮記郊特牲：“舉斝、角，詔妥尸。”鄭玄
注：“尸始入，舉奠斝若奠角。將祭之，祝則詔主人拜，安尸，使之坐。”　　食爲之
節：節，調配。禮記郊特牲：“腥、肆、爓、腍祭，豈知神之所饗也，主人自盡其敬
而已矣。”　　及乎酌盎崒尸，有至沾醉：盎，濁酒。沾醉，大醉。因酒醉時胸襟沾
濕，故稱。吴本、四庫本“沾”譌“沽”。詩小雅楚茨：“神具醉止，皇尸載起。”
旅酬，降冕樂尸，弁而舞之：降冕，脱下冕（改戴皮弁）。樂尸，各本“樂”均作
“則”。彦按：作“則”於義不合，當爲譌文。今參考通典，據意訂“樂”。通典卷
四九禮九祫禘上：“既九獻，王乃冕而摠干戚，率羣臣，王在東，舞大武樂皇尸。
又皮弁而舞大夏，兼作六代之樂，遂行加爵，爲旅酬之始。”

〔一二八〕周隨蠻夷傳：隨，通“隋”。宋陳祥道禮書卷七四尸亦引此，但作
“周蠻夷傳”。　　巴梁間俗，每秋祠祀，則里之美鬢面者迭迎而尸祝之：鬢面，
面貌。四庫本作“鬚面”。迭迎而尸祝之，輪流迎致而以之爲尸、祝。禮書此句
作“迭迎爲尸以祭之”。通典卷四八禮八立尸義引周隋蠻夷傳，其浙江書局本

與禮書同,而北宋本則"迭迎"作"送迎",中華書局1988年版王文錦等點校本
據之訂作"送迎"。彥按:作"送"非是。此謂迎之以爲尸,無關乎"送"也。

〔一二九〕柳、道之人祭,亦取於同姓之丈夫、婦人伴享,此則尸之餘事:禮
書此句作:"唐柳、道州人,每祭祀,迎同姓丈夫、婦人狎神以享,亦爲尸之遺
法。"通典此句,其浙江書局本作:"今柳、道州人,每祭祀,迎同姓丈夫、婦人伴
神以享,亦爲尸之遺法。"而北宋本"柳、道州"作"郴、道州",中華書局本從之,
王文錦等校勘記曰:"'郴'原訛'柳',據北宋本改。按:舊唐書地理志三郴州、
道州兩州毗隣,同屬江南西道。"當是。

〔一三〇〕見禮記曾子問。

〔一三一〕魏高允亢書文成,乃以爲:亢書,上書。通典卷四八禮八立尸義
則云:"按後魏文成帝拓跋濬時,高允獻書云"。　今俗或取貌之肖者爲尸祭
之,爲之宴好,敬之如夫婦,事之如父母,損敗風化:宴好,古指設宴招待並饋贈
禮物。通典作:"今風俗則取其狀貌類者以爲尸,祭之,宴好,敬之如夫妻,事之
如父母,敗損風化,黷亂情禮。"

〔一三二〕杜佑更謂古人質樸,華夷同俗,故有人狗死、祭立尸事,非所宜
用:杜佑,吳本"佑"訛"右"。樸,吳本、四庫本作"樸"。狗,借爲"殉",四庫本
作"徇"通。佑之言云:"古之人樸質,中華與夷狄同,有祭立尸焉,有以人殉葬
焉,……中華地中而氣正,人性和而才惠,繼生聖哲,漸革鄙風。今四夷諸國,
地偏氣獷,則多仍舊。自周以前,天地、宗廟、社稷一切祭享,凡皆立尸。秦漢
以降,中華則無矣。或有是古者,猶言祭尸禮重,亦可習之,斯豈非甚滯執者
乎!"(見通典卷四八禮八立尸義)

〔一三三〕邪:四庫本作"耶"。

鸞車,有虞氏之路

大馭,凡御路,以鸞和爲節[一]。鸞和,君子之所以和心而養
氣者也。升車則馬動,馬動則鸞鳴,鸞鳴而和應,其所以和心而養
氣者,步趨不廢也[二]。

乘車鸞在衡,兵車在鑣,而遣車亦曰鸞車,則凡車必有鸞
矣[三]。春秋傳曰:"錫、鸞、和、鈴,昭其聲也[四]。"君子之行,馬題

有錫,旂首有鈴,豈特鸞和,然皆不若鸞和之鏘鳴也〔五〕。故前者命以鸞,後者命以和。

　　特言“鸞車,有虞氏之路”者,豈其制若三代之車歟〔六〕?明堂位曰:“鈎車,夏后氏之路〔七〕。”而司馬法:“夏后氏曰鈎車。鈎車者,先正也〔八〕。”蓋曲其輿前謂之鈎,命之所乘,與兵之先正,貴賤雖殊,其致曲一也〔九〕。鄭康成以鈎聲釋司馬之鈎車,誤矣〔一〇〕。山車垂鈎,伊古之瑞,此鈎其轅,非鈎車也〔一一〕。

【校注】

　〔一〕大馭,凡御路,以鸞和爲節:大馭,周禮官名,爲王駕車之官。周禮夏官大馭:“凡馭路儀,以鸞和爲節。”鄭玄注:“鸞在衡,和在軾,皆以金爲鈴。”

　〔二〕禮記經解“行步則有環佩之聲,升車則有鸞和之音”鄭玄注引韓詩内傳曰:“鸞在衡,和在軾。前升車則馬動,馬動則鸞鳴,鸞鳴則和應。”

　〔三〕乘車鸞在衡,兵車在鑣:乘車,又稱安車,古代一種可以坐乘的小車。古車多立乘,此爲坐乘,故稱安車。鑣,馬嚼子。與銜合用,銜在口中,鑣在口旁。四庫本如此,是,今從之。餘本均作“臚”,誤。詩秦風駟驖“輶車鸞鑣”毛亨傳:“輶,輕也。”鄭玄箋:“輕車,驅逆之車也。置鸞於鑣,異於乘車也。”輕車,古兵車名。　遣車亦曰鸞車:遣車,送葬時用以載隨葬物品的車。周禮春官巾車“大喪,飾遣車”鄭玄注:“遣車,一曰鸞車。”賈公彥疏:“遣車,謂將葬遣送之車,入壙者也。”

　〔四〕錫、鸞、和、鈴,昭其聲也:見左傳桓公二年。杜預注:“錫在馬額,鸞在鑣,和在衡,鈴在旂,動皆有鳴聲。”

　〔五〕題:額頭。　旂:吳本譌“旅”。　鏘鳴:鏘鏘而鳴,形容聲音清越。

　〔六〕鸞車,有虞氏之路:四庫本脱“氏”字。禮記明堂位:“鸞車,有虞氏之路也。”　歟:四庫本作“與”。

　〔七〕鈎車,夏后氏之路:今本禮記明堂位句末有“也”字。鈎,曲。此車以車箱前欄杆作彎曲狀而得名。

　〔八〕夏后氏曰鈎車。鈎車者,先正也:見司馬法天子之義,文作:“戎車,夏后氏曰鈎車,先正也。”先正,謂以車之平正穩妥爲先。

〔九〕蓋曲其輿前謂之鉤：吳本“曲”譌“四”。　命之所乘，與兵之先正，貴賤雖殊，其致曲一也：命，指命車。天子賜與臣下之車。兵，指兵車，即戎車。致曲，目的與因由。

〔一〇〕鄭康成以鉤鑿釋司馬之鉤車：司馬，指司馬法。詩小雅六月“元戎十乘，以先啓行”毛亨傳：“夏后氏曰鉤車，先正也。殷曰寅車，先疾也。周曰元戎，先良也。”鄭玄箋云：“鉤，鉤鑿，行曲直有正也。”孔穎達疏：“春官巾車職曰：‘金路，鉤，樊纓。’注云：‘鉤，婁頷之鉤。樊，讀如鑿帶之鑿，謂今馬大帶。’是鉤鑿之文也。定本‘鉤鑿’作‘鉤般’。此實在馬駕乃設之，巾車以爲車飾，故得車取名焉。鄭兼言鑿者，并舉其類以曉人，猶上傳云‘物，毛物也’。周禮革路無鉤，此特設鉤，故以名車也。此車備設鉤鑿，其行曲直有正，故云‘先正’也。或即鄭云‘曲直有正’，蓋謂此車行鉤曲般旋，曲直有正，不必爲馬飾也。”

〔一一〕山車垂鉤：禮記禮運“山出器車”孔穎達疏：“案禮緯斗威儀云：‘其政大平，山車垂鉤。’注云：‘山車，自然之車。垂鉤，不揉治而自圓曲。’”鉤其轅：鉤，彎曲。　非鉤車也：吳本、備要本此下有“禮斗威儀曰”云云一段文字，另起一行、低一格書。

舜帝無爲 爲治有序

爲者敗矣，而無爲之説，爲世患尤不淺。虞帝之初，闢四門，明四目，在旋衡以齊七政；類上帝，禋六宗，秩山川而覲羣后；協時同律，脩禮詢岳，命揆攷績：其爲勤亦至矣〔一〕。而先聖以爲無爲而治，代之説者遂以爲放準遺繩，一無所事，如道家者流，所謂無爲清虛，放蕩汗漫，而不可縶者〔二〕。于是滂洋恣肆禮法之外，絀是非，遺成敗，聽其雜揉，而任其所自爲，權柄、綱條一切委置不之或省，而天下始大亂矣〔三〕。虞帝之無爲，豈如是邪〔四〕？

夫其言曰：“臣哉鄰哉！鄰哉臣哉〔五〕！”言臣則吾之鄰，而鄰則吾之臣，所相附者，爲相近也。故其告諸臣曰：“臣作朕股肱耳目。予欲左右有民，汝翼。予欲宣力四方，汝爲。予欲觀象作服，汝明。予欲聞律聲，在治忽，以出納五言，汝聽〔六〕。”是所謂股肱耳目者,予違汝拂,豈其不事事哉〔七〕?汝翼,肱也〔八〕。汝爲,股也〔九〕。汝明,目也。汝聽,耳也。俾禹司空,平水土;棄后稷,播百穀;卨司徒,敷五教;陶爲士,理庶獄;垂爲工,利器用;益爲虞,若上下;伯夷秩宗,典三禮;夔典樂,教胄子;龍納言,典出納:各職其職,然後內外之節得,而帝方以優游岩廊之上〔一〇〕。本仁祖義,總弘綱而莫敢佚,其爲治固有序矣〔一一〕。方鴻水之未平,天下之事固無以大於水,故首命禹。及水既乂,大陸既作,則惟食之爲急,故次命稷〔一二〕。富斯可教,故次命卨。徒善不足以爲政,故次皋陶,而其化以大行。于是命垂以給其器用,命益以遂其動植,而後神人可得和〔一三〕。故次伯夷成其典禮,又次之夔以興其樂,而王道此成矣。然而天下之事,尤防乎壅,上之不下宣,下之不上達,則政不可得而治,故卒命龍爲納言,而後上下以無壅。一得禹而地平天成,再得陶而民協于中,得稷而蒸民粒,得卨而百姓親,得益而庶物蕃,得夷而上下讓,得夔而庶尹諧。夫然,故虞帝得以被袗鼓琴,端拱一堂之上,而天下治〔一四〕。豈其不有爲哉?不自爲爾〔一五〕。故曰“無爲而治”者,非無爲也,任得其人而無事於屑爲也〔一六〕。故用歌曰:“陟天之命,股肱喜哉! 元首起哉! 百工熙哉〔一七〕!”蓋帝之所以無爲而百工熙者,凡以諸侯之“汝爲”“汝翼”、“汝明”“汝聽”也。豈若是蔑禮節,隳形體,而自放於繩準之外歟〔一八〕?

　　昔者孔子嘗欲無言,而曰:“天何言哉? 四時行焉,百物生焉〔一九〕。”夫天地以生物爲大功者也,其所以行四時,生百物,固未嘗有爲也,四時自爾行,萬物自爾生而已。天下之人,非皆不可有爲,亦非皆不可以無爲也。有爲者,商賈之事;而無爲者,佛老之事也。商賈、佛老,一身之外,皆越人之肥瘠〔二〇〕。而代天地司牧者,天下之人,皆吾之人;天下之事,皆吾之事,固可以商賈治、佛老治哉? 賤商賈,尊佛老,固非至論;用商賈與佛老治,怨美雖殊,

其敗事一也〔二一〕。故曰:舜之無爲,六轡在手;佛老之無爲,喪其
兩肘,——此其所以無用〔二二〕。

【校注】

〔一〕詳見後紀十二帝舜有虞氏。　旋衡:即所謂璿璣玉衡。旋,通"璇",
四庫本作"璇"。　脩禮:洪本、吴本、四庫本"脩"作"修"。

〔二〕代之説者:代,世。　放準遺繩:放棄準繩(準則法制)。　汗漫:漫
無標準,不著邊際。　不可縶:不受拘束。

〔三〕滂洋恣肆:在廣闊的空間任情縱橫。滂洋,廣大貌。　絀是非,遺成
敗:絀,排除。遺,抛棄。　權柄、綱條一切委置不之或省:權柄,權力。綱條,
法紀。委置,抛開。省,過問。

〔四〕邪:四庫本作"耶"。

〔五〕見書益稷。

〔六〕見書益稷。　予欲左右有民,汝翼:左右,助。有民,民;"有"爲名詞
詞頭。翼,輔佐。　予欲宣力四方,汝爲:宣力,用力。爲,幫助。　予欲觀象
作服,汝明:服,指禮服。書原文作:"予欲觀古人之象,日、月、星辰、山、龍、華
蟲,作會;宗彝、藻、火、粉米、黼、黻、絺繡,以五采彰施于五色,作服:汝明。"參
見後紀十二帝舜有虞氏注〔五〇二〕。　予欲聞律聲,在治忽,以出納五言,汝
聽:予欲聞律聲,各本"聞"均譌"同"。今據尚書訂正。書原文作"予欲聞六律
五聲八音"。參見後紀十二帝舜有虞氏注〔五九二〕。

〔七〕予違汝拂:我有過,你匡正。拂,通"弼"。四庫本作"弼"。書益稷:
"予違汝弼,汝無面從,退有後言。"

〔八〕肱也:四庫本作"股也"。

〔九〕股也:四庫本作"肱也"。

〔一〇〕詳見後紀十二帝舜有虞氏。　棄后稷:后稷,官名,古農官。　陶
爲士:陶,皋陶。　龍納言:龍,晏龍。　内外之節得:節,猶事。得,得當,合
適。　帝方以優游岩廊之上:優游,悠閒漫步。參見前紀九昊英氏注〔三〇〕。

〔一一〕總弘綱:總,全面抓。弘綱,大政。

〔一二〕大陸既作:大陸,廣大陸地。既作,謂已可耕作。書禹貢云:"恒、
衛既從,大陸既作。"大陸爲澤名。此但借用其文,不用其義。

〔一三〕遂其動植：遂，順應。

〔一四〕被袗鼓琴：參見前紀九昊英氏注〔三〇〕。　端拱一堂之上：端拱，正身拱手。借指閑適自得，清静無爲。四庫本“堂”作“室”，非。

〔一五〕爾：吳本、四庫本作“耳”。

〔一六〕無事於屑爲：無事，無須。屑，在意。

〔一七〕陟天之命，股肱喜哉！元首起哉！百工熙哉：見書益稷，原文作：“帝庸作歌曰：‘勑天之命，惟時惟幾。’乃歌曰：‘股肱喜哉！元首起哉！百工熙哉！’”陟，通“勑”。廣雅釋詁一：“勑，順也。”股肱，喻指輔佐之大臣。元首，謂君。起，奮發。百工，百事，“工”通“功”。熙，興盛。

〔一八〕蔑禮節，墮形體：蔑，抛棄。墮，通“惰”，懈怠。　繩準：法制。歟：四庫本作“與”。

〔一九〕見論語陽貨。

〔二〇〕越人之肥瘠：比喻無關己之痛癢。語本韓愈爭臣論：“視政之得失，若越人視秦人之肥瘠，忽焉不加喜戚於其心。”

〔二一〕怨美：抱怨或贊美。

〔二二〕六轡在手：比喻掌握著統治權。古一車四馬，馬各二轡（繮繩），其兩邊驂馬之内轡繫於軾前，御者但執六轡。　喪其兩肘：喻喪失統治之權。　此其所以無用：吳本、備要本此下有“子曰”云云一段文字，另起一行、低一格書。

禹皋戒舜

人之言曰：“爲君難，爲臣不易〔一〕。”子曰：“如知爲君之難也，不幾乎一言而興邦乎〔二〕？”方虞帝時，皋陶矢謨，曾微高絶之訓，而惟曰“后克艱厥后，臣克艱厥臣”，此興邦之言也〔三〕。政之乂，黎民之所以敏德，緜此而已〔四〕。此帝之所以俞之而曰“允若兹”者，言君臣之艱，信如此也〔五〕。夫君臣之所艱，不過舉善進言而已。世之庸君，從邇之言，有不察也，而況於嘉言乎，此罔攸伏之所以爲艱也〔六〕。在廷之英，有不舉也，而況於在野乎，此無遺賢之所以爲艱也〔七〕。堂下遠於千里，門庭之間有不及安，況九洛乎,此萬邦咸寧之所以爲艱也〔八〕。忘賢自與,而羣且虐,況於無告,此不虐無告之所以又艱也〔九〕。有能奮庸,不能無廢,況於不顯,此不廢困窮之所以又艱也〔一〇〕。凡是數者,君之所以有邦,而臣之所以致君者也〔一一〕。昔之人能是者,欽明文思之后而已〔一二〕。所謂"惟帝時克"者,顧不謂克艱邪〔一三〕?雖然,帝之及此,豈其不可能邪,特亦撝謙而不自多爾〔一四〕。

　　有天下者,非不知德業之爲尚也,然有其德者未必有其智,有其智者未必有其才,有其才者又未必有其時與位也〔一五〕。今也,其德"廣運",則既有其德矣;"乃聖乃神",則復有其智矣;"乃武乃文",則又有其才;而"奄有四海,爲天下君",則又有其時與位矣:復何艱邪〔一六〕?而禹、益之言猶若是者,抑亦以敬其君,勉其爲君之難而已。故方其志於治,則戒之以惟艱;及其以爲艱,則又勉之以可致。禹、益之忠,於是至矣。禹、益之爲臣,於是盡矣。
"帝德廣運"云云,此指舜言也。孔氏以爲益之美堯,不然〔一七〕。夫舜既立,則羣臣之稱"帝"者,皆指舜也〔一八〕。如禹曰"帝念哉"、"帝,光天之下",皋曰"帝德罔愆",皆謂舜〔一九〕。當舜之時,舜謂堯爲帝可也,使益亦謂堯爲帝,則何以稱舜乎?張子厚云:"此美舜也。因舜歸美於堯,故益亦歸美於舜。"其説爲是。

【校注】

　　〔一〕見論語子路。

　　〔二〕同上注。　子曰:吴本"子"訛"乎"。

　　〔三〕皋陶矢謨,曾微高絶之訓,而惟曰"后克艱厥后,臣克艱厥臣":皋陶,彦按:書大禹謨開篇首句雖曰"皋陶矢厥謨",然下所引"后克艱厥后,臣克艱厥臣"之語,實出大禹,非皋陶也,路史此文有誤。矢謨,陳謀,獻策。曾微,竟無。書大禹謨:"大禹曰文命,敷于四海,祇承于帝。曰:'后克艱厥后,臣克艱厥臣,政乃乂,黎民敏德。'"孔氏傳:"能知爲君難,爲臣不易,則其政治,而衆民皆疾修德。"

　　〔四〕乂:吴本、備要本訛"文"。　敏德:努力修德。敏,勉也。

　　〔五〕帝之所以俞之而曰"允若兹"者:俞,表示應答和首肯,猶是、對。允若兹,的確如此。書大禹謨:"帝曰:'俞! 允若兹。'"

〔六〕從邇之言:從邇,謂身邊親近之人。禮記中庸:"舜好問,而好察邇言。" 而況於嘉言乎,此罔攸伏之所以爲艱也:此下數句,大抵針對書大禹謨所載舜帝之語"嘉言罔攸伏,野無遺賢,萬邦咸寧,稽于衆,舍己從人,不虐無告,不廢困窮,惟帝(彦按:指堯)時克"而言。嘉言,善言。善言多逆耳。罔攸伏,無所隱。

〔七〕在廷之英:喬本"英"譌"非"。今從餘本訂正。

〔八〕門庭:謂宮廷。 九洛:猶九州。

〔九〕忘賢自與,而羣且虐:忘,無,不論。賢,謂賢者。自與,謂親己者。與,親。而羣,這種人。羣,類。虐,殘害,侵凌。各本均作"不可虐"。彦按:"不可"當爲衍文,有之則意思截然相反。今删去。

〔一〇〕有能奮庸:見後紀十一帝堯陶唐氏注〔七一五〕。

〔一一〕致君:謂輔佐國君,使其成爲聖明之主。

〔一二〕欽明文思之后:指堯。書堯典:"曰若稽古,帝堯曰放勳,欽明文思安安。"參見後紀十一帝堯陶唐氏注〔七四〕。

〔一三〕惟帝時克:見上注〔六〕。時克,能够如此。時,通"是",如此。邪:四庫本作"耶"。下"豈其不可能邪"、"復何艱邪"之"邪"同。

〔一四〕撝謙而不自多:撝謙,舉止謙虚。泛指謙遜。語出易謙六四"无不利,撝謙",王弼注:"指撝皆謙,不違則也。"自多,自滿,自誇。

〔一五〕德業:德行與功業。

〔一六〕此乃針對書大禹謨所載益讚舜語"帝德廣運,乃聖乃神,乃武乃文;皇天眷命,奄有四海,爲天下君"而言。 廣運:廣遠。 則又有其才:洪本、吳本、備要本"才"譌"德"。 奄有:全部占有。

〔一七〕孔氏以爲益之美堯:舊題孔安國傳曰:"益因舜言又美堯也。"

〔一八〕夫舜既立:備要本"夫舜"作"大舜",誤。 皆指舜也:喬本、洪本"指"作"衛"誤,此從餘本。

〔一九〕禹曰"帝念哉":見書大禹謨。 帝,光天之下:見書益稷。光天,猶普天。光,通"廣"。 皋曰"帝德罔愆":見書大禹謨。皋,皋陶。罔愆,没有過失。

賡歌

治既定，功既成，此君臣賡歌，詠太平之時也[一]。雖然，聖賢之作，豈徒然哉？必有勸且戒也。有不勸戒而徒爲，是容悦之言，是特中和、樂職，狎客之分韻者，竟何補邪[二]？

元首之歌，此治定功成，賡歌而不忘乎戒勸者也[三]。後世有如大風之歌，謂之傑作可也，然不過憶故鄉，思壯士而已，戒勸安在[四]？孝武而來，芝房、天馬之作，爲不少矣，果何益也[五]？“勑天之命，惟時惟幾”，此安不忘危，而有慮乎所忽之謂也[六]。“股肱喜哉！元首起哉！百工熙哉”，此言股肱之臣，樂於盡忠，則元首有所興起，而百工之職得其所也[七]。“率作興事，慎乃憲，欽哉！屢省乃成，欽哉”者，言率人臣而造事，在於循法度，以責其成也[八]。“元首明哉！股肱良哉！庶事康哉”者，言君明則臣良，臣良而後衆事得而成也[九]。“元首叢脞哉[一〇]！股肱惰哉！萬事墮哉”者，言君煩苛則臣不作，臣不作，此萬事之所以墜落也。蓋君明則小人去而英賢庀，英賢庀，故天下治；君不明則英賢去而解謾職，解謾職，故天下亂[一一]。其理然也。

雖然，帝之歌先“股肱”，而皋陶之歌則先“元首”，何邪[一二]？蓋有爲之君常患不得其臣，而有爲之臣每憂不得其君。患不得其臣，故欲其臣之喜，而後君有所起，此“僕臣正，厥后以克聖”也[一三]。患不得其君，故必其君之容，而後臣有所作，此“后克聖，臣不命其承”也[一四]。陳平有言：“上佐天子，下使卿大夫得其職”，其亦體於斯乎[一五]？唐虞之時，主賢臣賢，功成治定，而歌詠之形，一言之出，猶不忘乎勸戒，兹其所以萬世式[一六]。

【校注】

〔一〕賡歌：酬唱。

〔二〕是容悦之言：四庫本脱“是”字。容悦，苟容取悦，謂曲意逢迎以取上悦。　中和、樂職：二詩篇名。漢王褒四子講德論：“浮逯先生陳丘子曰：‘所謂中和、樂職、宣布之詩，益州刺史之所作也。刺史見太上聖明，股肱竭力，德澤洪茂，黎庶和睦，天人並應，屢降瑞福，故作三篇之詩，以歌詠之也。’”　狎客之分韻者：狎客，陪伴權貴游樂之人。分韻，舊時文人作詩游戲方式之一，先選擇若干字爲韻，各人分拈，依拈得之韻作詩。

〔三〕元首之歌：指書益稷所載舜與皋陶君臣酬唱之歌。歌詞詳見下文。戒勸：四庫本作“勸戒”。

〔四〕大風之歌：漢高祖劉邦所作，其詞曰：“大風起兮雲飛揚，威加海内兮歸故鄉，安得猛士兮守四方！”

〔五〕芝房、天馬之作：漢書武帝紀元封二年：“六月，詔曰：‘甘泉宫内中産芝，九莖連葉。上帝博臨，不異下房，賜朕弘休。……’作芝房之歌。”又元鼎四年：“六月，得寶鼎后土祠旁。秋，馬生渥洼水中。作寶鼎、天馬之歌。”

〔六〕勑天之命，惟時惟幾：此舜帝所歌。孔氏傳：“（惟時惟幾，）惟在順時，惟在慎微。”參見本卷上文舜帝無爲注〔一七〕。

〔七〕股肱喜哉！元首起哉！百工熙哉：此亦舜帝所歌。　而百工之職得其所也：羅氏以百工爲百官，故説如此。

〔八〕率作興事，慎乃憲，欽哉！屢省乃成，欽哉：此乃皋陶所歌。　造事：做事情。

〔九〕元首明哉！股肱良哉！庶事康哉：此及下文“元首叢脞”云云，亦皋陶所歌。康，安。

〔一〇〕元首叢脞哉：孔氏傳：“叢脞，細碎無大略。”

〔一一〕庀：通“庇”，謂受保護。　解謾：即“懈慢”，懈怠輕忽。

〔一二〕邪：四庫本作“耶”。

〔一三〕僕臣正，厥后以克聖：書冏命載周穆王命伯冏語。書文無“以”字，又“聖”作“正”。僕臣，臣屬。

〔一四〕必其君之容：容，容納，包容。　后克聖，臣不命其承：書説命上載傅説復殷高宗語。孔氏傳：“君能受諫，則臣不待命，其承意而諫之。”

〔一五〕陳平：西漢丞相。　上佐天子，下使卿大夫得其職：見史記陳丞相世家,文作:"宰相者,上佐天子理陰陽,順四時,下育萬物之宜,外鎮撫四夷諸侯,内親附百姓,使卿大夫各得任其職焉。"　體:體現,表現。

〔一六〕猶不忘乎勸戒,兹其所以萬世式:吴本、四庫本無"猶"字,蓋脱文。式,楷模,榜樣。吴本、備要本此下有"劉巘曰"云云凡三十一字,另起一行、低一格書。

胡益之"堂上下樂"説非是〔一〕

益稷之謨,載后夔之論樂,胡益之始以爲"序有不倫,傳者錯之",而以"夔曰"二字爲疊出者〔二〕。夫八音與政通,惟可以"在治忽"也〔三〕。是故,無其德而作之則逆,有其德而作之則和。聲和則氣和,氣和則人和,人和則天地之和應,此理之自然而無疑者。夫一變而祖考格、羣后遜,再變而百獸舞、庶尹諧,此堂上之樂應也;再變而鳥獸蹌蹌,再變而鳳皇來儀,此堂下之樂應也〔四〕。"百獸率舞",此近者聞而舞爾〔五〕。"鳥獸蹌蹌",則遠者且興起。至於"鳳皇來儀",則非時出之物亦感之而來矣。蓋樂之入于物者,其漸然也。其文宜云:"夔曰:'於!予戛擊鳴球、搏拊琴瑟以詠,祖考來格,虞賓在位,羣后德遜〔六〕。擊石拊石,百獸率舞,庶尹允諧。下管鼗鼓,合止柷敔,笙鏞以間,鳥獸蹌蹌〔七〕。簫韶九成,鳳皇來儀。"

斯亦妄改聖人之經矣。韶九變而鳳來儀,豈一再變之功哉?堂上樂舉其作,而堂下之樂則舉其名,豈非堂上之樂接物遠,而堂下之樂接物近,接之遠故惟聞其作之聲,接之近則見其所陳之器歟〔八〕?詳近略遠,亦紀載之法然爾〔九〕。

【校注】

〔一〕非是:吴本、四庫本、備要本作"是非"。

〔二〕益稷之謨:即書益稷,其稱由書之大禹謨、皋陶謨類推而來。　序有不倫:謂行文次序失當。

〔三〕夫八音與政通：彥按：自此而下至“簫韶九成，鳳皇來儀”，皆當爲胡氏語，今本路史全無標識，疑有脱文。　在治忽：察治亂。書益稷，舜帝曰：“予欲聞六律、五聲、八音，在治忽。”

〔四〕夫一變而祖考格、羣后遜，再變而百獸舞、庶尹諧，……再變而鳥獸蹌蹌，再變而鳳皇來儀：鳳皇，吴本、四庫本“皇”作“凰”。下“鳳皇”之“皇”同。胡氏此一敍述，語序與書不同，今書益稷文爲：“夔曰：‘戛擊鳴球、搏拊琴瑟以詠，祖考來格，虞賓在位，羣后德讓。下管鼗鼓，合止柷敔，笙鏞以間，鳥獸蹌蹌。簫韶九成，鳳皇來儀。’夔曰：‘於！予擊石拊石，百獸率舞，庶尹允諧。’”

〔五〕百獸率舞：各本“百獸”均作“鳥獸”，非書之文，蓋涉下“鳥獸蹌蹌”而誤，今訂正。

〔六〕羣后德遜：四庫本“遜”作“讓”。

〔七〕柷敔：“敔”喬本譌“敌”，四庫本譌“鼓”。此從餘本。

〔八〕堂上樂舉其作，而堂下之樂則舉其名：書益稷：“戛擊鳴球、搏拊琴瑟。”孔氏傳：“此舜廟堂之樂。”即路史所謂“堂上樂”。而稱“戛擊”、“搏拊”，即所謂“舉其作”。又：“下管鼗鼓，合止柷敔。”孔氏傳：“堂下樂也。”而稱“管鼗鼓”、“柷敔”，即所謂“舉其名”。

〔九〕吴本、備要本此下有“周禮凡六樂者”云云一段文字，另起一行、低一格書。

南風之詩

步騭疏云：“舜命九官，則無所用其心。彈五弦之琴，詠南風之詩，不下廟堂而天下治〔一〕。”南風之詩，辭云：“南風之薰兮，解吾民之愠兮。南風之時兮，阜吾民之財兮〔二〕。”樂書所云：“南風之詩，生長之音也。舜好生，與天地同意，得萬國之懽心，故天下治〔三〕。”鄭氏謂：“南風者，長養之風，以言父母之長養己也〔四〕。”詩之南風，亦言孝子歌之，言己得父母之生長，如萬物得南風而生者〔五〕。康成以爲其辭未聞，而聖證論引尸子、家語以難之〔六〕。熊安乃以爲凱風之詩，其説異矣〔七〕。

按纂異記,有張生至蒲關,夢舜召之,問以何習,對曰:"孔孟[八]。"問孟何人,及誦其書,至"往于田,號天怨慕"之語,帝曰:"蓋有不知而作之者。朕舍天下二千八百年矣,秦漢典籍泯其帝圖。號天怨慕,非朕之所行者。莫之爲而爲者,天也;莫之致而至者,命也。朕之泣,怨己之不合於父母。何軻之不知答,傳聖人之意,顧如是乎!"[九]吁而不已,抎琴而歌之,歌曰:"南風薰薰兮草芊芊,妙有之音兮歸清絃,蕩蕩之化兮縣自然。熙熙兮吾道全,薰薰兮思何傳[一〇]。"歌訖,鼓琴爲南風詠,發聲稱妙[一一]。故南風之德大矣。琴書云:"舜鼓琴,黄河清。"其亦見之聲乎?

【校注】

〔一〕步騭:三國吴驃騎將軍。　舜命九官,則無所用其心。彈五弦之琴,詠南風之詩,不下廟堂而天下治:見三國志吴志步騭傳,"九官"作"九賢","用其心"作"用心","廟堂"作"堂廟",句末有"也"字。

〔二〕南風之薰兮,解吾民之慍兮。南風之時兮,阜吾民之財兮:孔子家語辯樂解載此詩,"解"作"可以解","阜"作"可以阜"。薰,温和。時,謂及時。阜,豐厚。

〔三〕南風之詩,生長之音也。舜好生,與天地同意,得萬國之懽心,故天下治:今史記樂書作:"夫南風之詩者,生長之音也。舜樂好之,樂與天地同意,得萬國之驩心,故天下治也。"

〔四〕南風者,長養之風,以言父母之長養己也:見禮記樂記"舜作五弦之琴以歌南風"鄭玄注,原文爲:"南風,長養之風也,以言父母之長養己。"長養己,喬本、洪本、四庫本作"長養於己",吴本、備要本作"生養於己"。彦按:"於"字鄭氏原話所無,亦不當有,今删去。

〔五〕禮記樂記"舜作五弦之琴以歌南風"孔穎達疏:"南風,詩名,是孝子之詩。南風長養萬物,而孝子歌之,言己得父母生長,如萬物得南風生也。"

〔六〕聖證論:書名。三國魏王肅撰。禮記樂記"舜作五弦之琴以歌南風"鄭玄注:"其辭未聞也。"孔穎達疏:"云'其辭未聞也'者,此南風歌辭,未得聞也。如鄭此言,則非詩凱風之篇也。熊氏以爲凱風,非矣。案聖證論引尸子及家語難鄭云：‘昔者舜彈五弦之琴，其辭曰：“南風之薫兮，可以解吾民之愠兮。南風之時兮，可以阜吾民之財兮。”鄭云“其辭未聞”，失其義也。’今案馬昭云：家語，王肅所增加，非鄭所見。又尸子雜説，不可取證正經，故言‘未聞’也。”

〔七〕凱風：詩邶風篇名。

〔八〕纂異記：唐李玫撰。此下所引纂異記内容，詳見於太平廣記卷三一〇張生，此但撮取大意。　蒲關：即蒲津關，在今陝西大荔縣朝邑鎮東黄河西岸。

〔九〕往于田，號天怨慕：孟子萬章上：“萬章問曰：‘舜往于田，號泣于旻天，何爲其號泣也？’孟子曰：‘怨慕也。’”趙岐注：“言舜自怨遭父母見惡之厄，而思慕也。”　帝圖：指帝王之謀慮。　莫之爲而爲者，天也；莫之致而至者，命也：此二句亦見孟子萬章上，爲孟子語。　答：指答萬章之問。

〔一〇〕吁：嘆詞。表示驚嘆。　薫薫：和煦貌。　芊芊：草茂盛貌。　妙有：美妙。　蕩蕩之化兮繇自然：蕩蕩，廣遠貌。化，太平廣記作“教”。繇，四庫本、太平廣記作“由”。　熙熙兮吾道全：熙熙，和樂貌。太平廣記作“熙熙之化”。　薫薫兮思何傳：薫薫，此借指南風。思，心思。何，各本均作“可”，誤。今據太平廣記訂“何”。

〔一一〕南風詠：太平廣記作南風弄。彦按：“弄”以稱樂曲，作“詠”疑非是。

舜爲法於天下

古今有異時，無異理。彼己有異迹，無異心〔一〕。吾心之所存，即天下之矜式；而今日之所設，即後世之視效也〔二〕。古之聖人，所以獨立乎百世之上，而天下後世有所不能遺者，豈它術哉〔三〕？本乎心之一理而已。聖人者，知夫天下後世之有待於我也，是故致察於此心者，有不得而盡〔四〕。蓋天下之理，契於人心者，即其所以形之吾心者也〔五〕。惟形之吾心者，雖微而無媿，則其所以契之人心者，斯悠久而不渝。苟在我者，一毫不盡，則推之於彼者，斯猷弃而不繼矣〔六〕。音容之前，有不約之妙；形迹之表，有不言之契〔七〕。有所待而後從,固不若無所待而自化也。約繩而信,曷若相信於繩約之先〔八〕。告語而孚,孰若相孚於告語之外邪〔九〕?

　　古之明王,爲不少矣,而舜爲法於天下,行乎千百世之上,而清風之所存,猶足以悚動乎千百世之下,推之而不倦,譽之而不猒,愈久而愈不忘者,惟其有以使民不忘之道,而所以先施之者有繇也〔一〇〕。仁義之,精一之,則舜之動無媿矣,是故未施信於人而人信之〔一一〕。法度彰,禮樂著,則舜之行無媿矣,是故爲法於天下,可傳於後世。是皆此理之契於人心者也。人有是心,吾有是理,以是理觸是心,兹其所以行之萬世而無弊歟〔一二〕!

【校注】

　　〔一〕迹:形迹,行爲。

　　〔二〕矜式:敬重之法。　視效:仿效。此指仿效對象。

　　〔三〕遺:忘記。　它:四庫本作“他”。

　　〔四〕致察於此心者:致察,致力審察。於,四庫本作“乎”。　有不得而盡:謂從未停止。

　　〔五〕契:合,相符。　形:見。

　　〔六〕猒弃而不繼:猒,“厭”之古字。四庫本作“厭”。下“不猒”之“猒”同。繼,接續,傳承。

　　〔七〕契:約定,盟約。

　　〔八〕約繩:契約束縛。

　　〔九〕孚:信。

　　〔一〇〕清風:喻指高潔之品格。　悚動:震動,打動。　繇:四庫本作“由”。

　　〔一一〕仁義之,精一之:對人仁義,對人虔誠專一。

　　〔一二〕歟:四庫本作“與”。吴本、備要本此下有“陳明卿曰”云云凡二十一字,另起一行、低一格書。

舜禹有天下而不與

必不有天下者,惟能有天下。夫以一匹之夫,而一旦與之天下,正以君子處之,恐未免入其心[一]。而舜視有天下,與飯糗茹草時無以異;禹視有天下,與冠掛屨脱時無以異:故曰舜、禹之有天下而不與焉[二]。舜自舜,禹自禹,天下自天下,果何與於我哉?吾知修人紀,立天極,山龍璪冕,柴立稱不穀而已矣[三]。

漢滅諸吕,召文帝於代而立之[四]。帝之初被詔也,謀之羣臣,又使宋昌觀變而後進[五]。西面而遜者三,南面而遜者再,是以一即大寶,宇内平泰,而幾致於刑措[六]。故曰:惟無以天下者爲可以託天下[七]。若昌邑賀日中逮晡,馳百三十有五里,從騎踵死于道,烏足以有天下[八]?

【校注】

〔一〕一匹之夫:即一匹夫,一個平常的人。　君子:國君。　處:對待。恐:吴本譌“怒”。　未:洪本譌“夫”。　入其心:謂觸及内心。

〔二〕飯糗茹草時:指當平民百姓過窮日子之時。參見後紀十二帝舜有虞氏注〔七〇〇〕。　冠掛屨脱時:指去官歸隱之時。“冠掛”猶“掛冠”,典出晉袁宏後漢紀光武帝紀五:“(逢萌)聞王莽居攝,子宇諫,莽殺之。萌會友人曰:‘三綱絶矣,禍將及人。’即解衣冠,挂東都城門,將家屬客於遼東。”後因以“掛冠”指棄官。“屨脱”猶“脱舄”,典出風俗通義正失葉令祠:“俗説孝明帝時,尚書郎河東王喬,遷爲葉令,喬有神術,每月朔常詣臺朝,帝怪其來數而無車騎,密令太史候望。言其臨至時,常有雙鳧從東南飛來。因伏伺,見鳧舉羅,但得一雙舄耳。使尚方識視,四年中所賜尚書官屬履也。”後用爲高隱逃世之典。

舜、禹之有天下而不與焉:見後紀十三帝禹夏后氏注〔八二九〕。

〔三〕修人紀:典出書伊訓“先王肇修人紀”,孔氏傳:“言湯始修爲人綱紀。”　立天極:確立自然之道。莊子盗跖:“若枉若直,相而天極。”成玄英疏:“無問枉直,順自然之道。”　山龍璪冕:謂穿著帝王之禮服。山龍,借指繡有山、龍圖案的衮服。璪冕,王冠。璪是王冠前下垂的裝飾,用彩色絲綫串玉而成,狀如水藻,故稱。　柴立:如枯木般站立。莊子達生:"无入而藏,无出而陽,柴立其中央。"王先謙集解引宣穎曰:"如槁木之無心而立於動静之中。"

〔四〕立之:洪本、吴本如此,於文爲長,今從之。喬本、四庫本、備要本"之"作"文",則當屬下句讀。

〔五〕帝之初被詔也,謀之羣臣,又使宋昌觀變而後進:詔,召。又,喬本譌"太",今據餘本訂正。宋昌,代王國中尉。史記孝文本紀:"(高后八年)九月,諸吕吕産等欲爲亂,以危劉氏,大臣共誅之,謀召立代王。……丞相陳平、太尉周勃等使人迎代王。代王問左右郎中令張武等。張武等議曰:'漢大臣皆故高帝時大將,習兵,多謀詐,此其屬意非止此也,特畏高帝、吕太后威耳。今已誅諸吕,新喋血京師,此以迎大王爲名,實不可信。願大王稱疾毋往,以觀其變。'……於是代王乃遣太后弟薄昭往見絳侯,絳侯等具爲昭言所以迎立王意。薄昭還報曰:'信矣,毋可疑者。'代王……乃命宋昌參乘,張武等六人乘傳詣長安。至高陵休止,而使宋昌先馳之長安觀變。"

〔六〕西面而遜者三,南面而遜者再:史記孝文本紀:"羣臣皆伏固請(代王即天子位)。代王西鄉讓者三,南鄉讓者再。"　是以一即大寶,宇内平泰,而幾致於刑措:大寶,帝位。刑措,刑法廢弃。漢書文帝紀贊:"斷獄數百,幾致刑措。"

〔七〕無以:猶"不與"。

〔八〕昌邑賀日中逮晡,馳百三十有五里,從騎踵死于道:昌邑賀,見後紀二女皇氏題注〔四一〕。日中,正午。晡,申時,即十五時至十七時。踵,相繼。漢書昌邑哀王髆傳:"昭帝崩,無嗣,大將軍霍光徵王賀典喪。……夜漏未盡一刻,以火發書。其日中,賀發,晡時至定陶,行百三十五里,侍從者馬死相望於道。"　烏足以有天下:吴本此下有"黄石齋曰"云云凡二十七字,另起一行、低一格書。

路史卷四十六

餘論九

西王母 玉環 玉琯

西王母,西方昏荒之國也。在爾雅,爲四荒之名[一]。据大戴禮三朝記孔子之言,昔西王母獻舜白玉琯及益地圖,注言"神也"[二]。亦見書帝驗期及世紀[三]。世本乃云獻白玉環及玉佩,禮斗威儀云獻地圖及玉玦。集仙錄又言:黄帝在位,西王母使乘白鹿授地圖;舜帝在位,使獻白玉環及益地圖,舜遂廣九州爲十二;復獻白玉之琯,以和八風[四]。故章帝時零陵文學奚景於泠道舜祠下得笙,白玉之琯[五]。風俗通、漢晉諸史、呂覽、樂書皆備言之[六]。説文:"舜祠下得笙玉琯。蓋皆以玉作琯,故能使神人和,鳳來儀也[七]。"竊按諸書,言舜時瑞事尤多。如金樓子言舜攝時有緩耳、貫胷民獻珠鰕,拾遺記言羽民等獻黄布、火浣之類,多不足質[八]。按竹書,穆王七年,西王母來賓,特不過西戎尒[九]。大曆六年,試西戎獻白環詩,指此[一〇]。

【校注】

〔一〕見後紀四諸帝贊語帝魁注〔六〕。

〔二〕大戴禮三朝記:見後紀四附蚩尤傳注〔一四〕。 昔西王母獻舜白玉琯及益地圖,注言"神也":今本大戴禮記少閒:"西王母來獻其白琯。"盧辯注:"西王母,神也。其狀如人。琯所以候氣。"

〔三〕書帝驗期:漢代緯書,尚書緯之一種。

〔四〕此所引集仙録,詳見太平廣記卷五六女仙一西王母。　　使獻:四庫本作"復獻"。　　八風:八音,泛稱音樂。

〔五〕零陵:郡名。　　泠道:縣名,治所在今湖南寧遠縣東南。各本均作"中道"。彦按:此並未言終始之地,何來中道,必有誤。今據風俗通義訂作"泠道"。風俗通義聲音管云:"昔(漢)章帝時,零陵文學奚景,於泠道舜祠下得笙白玉管,知古以玉爲管,後乃易之以竹耳。"

〔六〕樂書:宋陳暘撰。

〔七〕見説文竹部管説解,路史引文略有出入。　　舜祠:各本均作"堯舜祠","堯"乃衍文,今據説文删去。　　蓋皆以玉作琯:説文作"夫以玉作音"。故能使神人和,鳳來儀也:説文作:"故神人以和,鳳皇來儀也。"

〔八〕金樓子言舜攝時有緩耳、貫胃民獻珠鰕:見金樓子興王篇,"緩耳"作"綏耳",文曰:"堯乃老,使舜攝行天子政,……緩耳、貫胸之民,來獻珠鰕。"緩耳、貫胃,皆傳説中之古國名。後漢書杜篤論都賦"連緩耳",李賢注:"緩耳,耳下垂,即儋耳也。"今本金樓子作"綏耳",蓋字之誤。又山海經海外南經:"貫匈國在其東,其爲人匈有竅。"珠鰕,或以爲鰕名。清劉秉恬公餘集卷一〇食鰕詩:"鰕可充食無人知,舜時始獻登庖廚。……惟有珠鰕最適口,以之伴飯美且腴。"又,清楊芳燦芙蓉山館全集文鈔卷一夜明鰕賦序云:"乾隆癸未秋初清華,從祖招諸子姪小集池上。雨過夜静,荷開水香。酒闌離坐,俯檻眺矚,見流光繹繹,池底如織。因命僕人網而出之,得鰕大者盈寸,小如黍粒,俱表裏晶瑩。滅燭視之,光照几席,衆共歎異。因考箋疏及古詩篇,均未之詳也。惟金樓子云帝舜時海民來獻珠鰕,夜明有光。此或其類歟。"或以爲出自于鰕之珠。清來集之倘湖樵書卷三珠之所出不同云:"金樓子:舜攝政時,有綏耳、貫胸民獻珠鰕。鰕亦有珠。"　　拾遺記言羽民等獻黄布、火浣:見拾遺記卷九晉時事。火浣,謂火浣布,亦即石棉布。

〔九〕按竹書,穆王七年,西王母來賓:來賓,前來歸順。賓,謂賓服。七年,今本竹書紀年載其事,則在周穆王十七年,文曰:"其年,西王母來朝,賓於昭宫。"穆天子傳卷三古文"天子賓于西王母"郭璞注引紀年,亦云:"穆王十七年,西征崑崙丘,見西王母。其年來見,賓于昭宫。"

〔一〇〕大曆六年,試西戎獻白環詩:全唐詩卷二八一録有張惟儉賦得西戎獻白玉環詩一首,篇首附作者小傳稱:“張惟儉,宣城當塗人,大曆六年進士第,官和州刺史。”　指此:吳本此下有“李卓吾曰”云云凡二十字,另起一行、低一格書。

黄陵湘妃

岳之黄陵,癸比氏之墓也〔一〕。湘之二女,虞帝子也;歷世以爲堯女舜妃者,繇秦博士之妄對始〔二〕。癸比氏,虞帝之第三妃〔三〕。而二女者,癸比氏之出也,一曰宵明,一曰燭光,見諸汲簡、皇甫氏之世紀〔四〕。山海經言洞庭之山,帝之二女居之者也〔五〕。若九歌之湘君、湘夫人,則又洞庭山之神尒。而羅含、度尚之徒,遽斷以爲堯之二女、舜之二妃,而以黄陵爲二妃之墓〔六〕。鄭玄、張華、酈道元輩且謂大舜南巡,二妃從征,溺死湘江,神游洞庭之山,而出入乎瀟湘之浦〔七〕。爲是説者,徒見堯典有“二女”之文,即以爲堯之女而舜之妃,不復致攷,厥妄甚矣〔八〕。

郭景純云:堯之二女,舜之二妃,豈應降小水而爲夫人? 當爲天帝之女〔九〕。斯亦繆者。夫使天帝之女,尤不應降小水而爲夫人。王逸、韓愈從而辨之,得其情矣〔一〇〕。且虞帝晚年,亦既退聽而禪禹矣,南狩之舉,總之伯禹〔一一〕。而二妃者,俱過期頤,孰有從狩之事哉〔一二〕? 今攷皇英之冢,既各它見,則此黄陵顯非二妃之窆,而湘祠決匪堯女之靈,皆昔人之罔説知矣。山海經云:舜之二女,處河大澤,光照百里〔一三〕。夫大澤者,洞庭之謂。而光照者,威靈之所暨也〔一四〕。訖今,湘神所保,靈正百里;所謂分風送客者,乃正囿一同之間〔一五〕。然則,湘祠爲虞帝之二女,復何疑邪〔一六〕?

沈存中云:陟方之時,二妃皆百餘歲,豈得俱存,而且謂之二女〔一七〕? 乃復不知位既久禪,匪復陟方之事邪? 黄伯思輩雖能以退之之辨爲非，然猶以爲天帝之女，與翁養源於湘江圖志之述，斯亦惑矣〔一八〕。紛紛失据〔一九〕。以爲舜女，蓋自今始。

【校注】

〔一〕癸比氏：見後紀十二帝舜有虞氏注〔八八二〕。喬本如此，餘本作“癸北氏”。

〔二〕繇秦博士之妄對始：四庫本“繇”作“由”。史記秦始皇本紀始皇二十八年：“浮江，至湘山祠。逢大風，幾不得渡。上問博士曰：‘湘君何神？’博士對曰：‘聞之，堯女，舜之妻，而葬此。’”

〔三〕癸比氏：“比”，四庫本、備要本作“北”，吳本作“壯”。

〔四〕癸比氏：吳本、四庫本、備要本作“癸比氏”。　汲簡：汲冢出土簡書，即汲冢書。

〔五〕山海經中山經：“又東南一百二十里，曰洞庭之山，……帝之二女居之。”

〔六〕羅含：晉長沙相，撰有湘中記。宋郭茂倩樂府詩集卷五七琴曲歌辭一於唐劉長卿湘妃篇首引湘中記曰：“舜二妃死爲湘水神，故曰湘妃。”　度尚：東漢荆州刺史。其説出處不詳。

〔七〕瀟湘：湘江別稱。彦按：鄭玄、張華説不詳。文選張衡思玄賦“哀二妃之未從兮，翩繽處彼湘濱”李善有注：“禮記曰：舜葬蒼梧之野，蓋二妃未之從也。鄭玄曰：離騷所謂歌湘夫人也。舜南巡狩，死於蒼梧。二妃留江湘之間，濱水湄也。”路史所稱鄭玄説，未知是否據此；若是，則非也。李注所引鄭玄曰，實只有“離騷所謂歌湘夫人也”一句，出禮記檀弓上“舜葬於蒼梧之野，蓋三妃未之從也”鄭注，原文作：“舜不告而取，不立正妃，但三妃而已，謂之三夫人。離騷所歌湘夫人，舜妃也。”其下“舜南巡狩”云云，乃善之語，非玄語也，豈羅氏誤以爲鄭玄語乎？酈道元説見水經注卷三八湘水：“湘水又北逕黄陵亭西，右合黄陵水口，其水上承大湖，湖水西流，逕二妃廟南，世謂之黄陵廟也。言大舜之陟方也，二妃從征，溺于湘江，神遊洞庭之淵，出入瀟湘之浦。”

〔八〕堯典有“二女”之文：指書堯典：“帝曰：‘我其試哉。’女于時，觀厥刑于二女。釐降二女于嬀汭，嬪于虞。”

〔九〕見山海經中山經“（洞庭之山）帝之二女居之”注，其文曰：“天帝之二女而處江爲神,即列仙傳'江妃二女'也。離騷、九歌所謂湘夫人稱'帝子'者,是也。……説者皆以舜陟方而死,二妃從之,俱溺死於湘江,遂號爲湘夫人。按九歌,湘君、湘夫人自是二神。江湘之有'夫人',猶河洛之有宓妃也。此之爲靈,與天地並矣,安得謂之堯女? 且既謂之堯女,安得復總云湘君哉?……傳曰:'生爲上公,死爲貴神。'禮,五嶽比三公,四瀆比諸侯。令湘川不及四瀆,無秩於命祀,而二女帝者之后,配靈神祇,無緣當復下降小水而爲夫人也。"

〔一〇〕王逸、韓愈從而辨之:參見後紀十二帝舜有虞氏注〔八七三〕。

〔一一〕總:全面負責,主持。

〔一二〕期頤:一百歲。語本禮記曲禮上:"百年曰期,頤。"

〔一三〕山海經海内北經:"舜妻登比氏生宵明、燭光,處河大澤,二女之靈能照此所方百里。"

〔一四〕暨:至。

〔一五〕所謂分風送客者,乃正囿一同之間:分風送客,典出晉葛洪神仙記。太平廣記卷一一神仙十一欒巴引神仙傳:"廬山廟有神,……人往乞福,能使江湖之中分風舉帆,行各相逢。"正囿,僅限。一同,謂方百里之地。典出左傳襄公二十五年:"天子之地一圻,列國一同"。杜預注:"一同,方百里。"

〔一六〕湘祠:四庫本作"湘靈"。　邪:四庫本作"耶"。下"邪"字同。

〔一七〕沈存中云:陟方之時,二妃皆百餘歲,豈得俱存,而且謂之二女:沈存中,即宋沈括(字存中)。其説見夢溪筆談卷三辯證一:"舊傳黄陵二女,堯子舜妃。……考其年歲,帝舜陟方之時,二妃之齒已百歲矣。後人詩騷所賦,皆以女子待之,語多瀆慢,皆禮義之罪人也。"

〔一八〕黄伯思輩雖能以退之之辨爲非,然猶以爲天帝之女,與翁養源於湘江圖志之述:與,贊同。翁養源,宋太常少卿翁彦深,字養源。湘江圖志,東觀餘論作"江湘圖志",未知孰是。之述,各本均作"述之",於文不通,蓋爲倒文,今訂正。東觀餘論法帖刊誤卷下論黄陵碑二女:"黄陵碑引山海經云:洞庭之山,帝之二女居之。郭璞疑二女舜后,不當降小水爲其夫人,因以二女爲天帝之女。退之遂以璞爲失,殊不知山海經凡言帝者,皆謂天帝,如所謂'帝之密都'、'帝之下都'、'帝之平圃'與'帝之二女',皆謂天帝也。至言帝俊、帝顓、則各兼稱其號,不但曰‘帝’也。其論二女一篇,最爲詳確,據列仙傳江斐二女與九歌湘夫人稱‘帝子’者,是矣。退之難之,非也。予頃在道山,與翁養源論此,亦以爲然。翁於江湘圖志論中,其説蓋與余合。”

〔一九〕紛紛:吳本作“紛紛”誤。

女英冢

唐世記録:張尚書牧弘農,鞠盜,有嘗發商州堯女墓者,多得大珠、鏐金寶器、玉盌〔一〕。厥事甚顯,公獨怪其史傳蔑記;又謂堯女舜妃,從死湘嶺,不得在是;且以玉盌、寶珠,非協茅茨之事〔二〕。一時名流劉禹錫輩亦舉爲疑,微達識之義矣〔三〕。

予竊攷之,舜子商均,本曰義均,見於山海經〔四〕。以其封商,而謂商均,商正今之商州。按帝王世紀云:虞帝三妃,娥皇無子,女英生商均。今女英之冢在商,則特舜崩之後,隨其子均徙于封所,故其卒,葬在焉。事允協矣,又奚史傳之記不記哉?彼亦豈知虞帝未始南巡,與二妃初無從巡溺死之事,皆記禮者之妄尒。夫以帝果南巡,二妃于時皆逾百歲,豈得謂女,而復此俱存哉〔五〕?堯、舜固儉也,然寶玉之類亦非必爲深怪。南陽張澹墓,碑陰刻:“白楸之棺,易毀之裳,銅鐵不入,瓦器不藏。嗟爾後人,幸勿我傷!”〔六〕元嘉既發,甚多金器,垂簾一皆金釘飾之〔七〕。先漢文帝勅治霸陵,一皆瓦器,不得以金銀銅鐵爲飾,故魏晉羣盜發掘陵墓而霸陵獨得不扣〔八〕。至元康間,三秦人尹桓、解武始發霸、杜二陵,潛闥之中金玉粲陳〔九〕。繇此觀之,則商墓之藏,可理知矣〔一〇〕。況堯、舜之儉,朱、均固未守也〔一一〕。式求劉向當時對成帝者,則霸陵之事,固不得甚薄也,況商均乎〔一二〕?

【校注】

〔一〕張尚書:其名不詳。　鞠:通“鞫”,審訊。四庫本作“鞫”。　鏐金:純金。　盌:同“碗”。

〔二〕茅茨之事:指書傳所載堯舜居茅屋事。墨子三辯:"昔者堯舜有茅茨者,且以爲禮,且以爲樂。"韓非子五蠹:"堯之王天下也,茅茨不翦,采椽不斵。"

〔三〕一時名流劉禹錫輩亦舉爲疑:唐韋絢劉賓客嘉話録載其事,録劉禹錫之語曰:"然史傳及地里書並不載此冢,且堯女舜妃者,死於湘嶺,今所謂者,豈傳説之誤歟? 矧貽訓於茅茨土階,不宜有厚葬之事,即此墓果何人哉?" 微達識之義矣:微,非。達識,指有見識者。義,宜,謂所當如此。

〔四〕舜子商均,本曰義均,見於山海經:彦按:山海經海内經云:"帝俊生三身,三身生義均。"帝俊即舜,是以義均爲舜孫。然猶袁珂注之所云:"此義均即大荒南經與舜同葬蒼梧之舜子叔均(商均),亦即大荒西經'稷之弟台璽生叔均'之叔均及此經下文稷之孫叔均:均傳聞不同而異辭也。"

〔五〕參見前篇黄陵湘妃。

〔六〕張澹:水經注卷二九湍水載其事,作"張詹"。 易毁之裳:水經注"毁"作"朽"。 嗟爾後人:吴本"嗟"譌"差"。水經注"嗟爾"作"嗟矣"。

〔七〕元嘉:備要本譌"元喜"。水經注所載尤詳,云:"自後古墳舊冢莫不夷毁,而是墓至元嘉初尚不見發。六年,大水蠻饑,始被發掘。説者言:初開,金銀銅錫之器,朱漆雕刻之飾爛然;有二朱漆棺,棺前垂竹簾,隱以金釘。墓不甚高,而内極寬大。虚設'白楸'之言,空負黄金之實,雖意錮南山,寧同壽乎?"

〔八〕先漢文帝勑治霸陵,一皆瓦器,不得以金銀銅鐵爲飾:霸陵,即灞陵,漢文帝陵名。飾,通"飾"。喬本如此,餘本均作"飾"。史記孝文本紀後六年:"治霸陵皆以瓦器,不得以金銀銅錫爲飾,不治墳,欲爲省,毋煩民。" 瑜(yú):墳,冢。吴本譌"揄"。

〔九〕至元康間,三秦人尹桓、解武始發霸、杜二陵:三秦,指今陜西一帶。杜陵,漢宣帝陵名,在今陜西西安市鴈塔區。晉書索綝傳:"時三秦人尹桓、解武等數千家,盜發漢霸、杜二陵,多獲珍寶。" 潛闔之中金玉粲陳:潛闔,墓穴。粲陳,明亮地擺著。四庫本"粲"作"燦",通。喬本、洪本、吴本、備要本"陳"作"煉",費解,此從四庫本。

〔一〇〕繇:四庫本作"由"。

〔一一〕朱、均:指堯子丹朱及舜子商均。

〔一二〕劉向當時對成帝者:漢書劉向傳:“(成帝)營起昌陵,數年不成,復還歸延陵,制度泰奢。向上疏諫曰:‘……孝文皇帝居霸陵,北臨廁,意悽愴悲懷,顧謂羣臣曰:“嗟乎! 以北山石爲椁,用紵絮斮陳漆其間,豈可動哉!”張釋之進曰:“使其中有可欲,雖錮南山猶有隙;使其中無可欲,雖無石椁,又何感焉?”’”

鄧至　爰劍後秦

後魏書鄧至傳:像舒治者,白水羌也,自稱鄧至〔一〕。王舒彭内附,拜龍驤將軍、益州刺史、甘松縣子〔二〕。王請以封授子彭奮,高祖乃拜奮建中將軍、甘松子〔三〕。寰宇松州引。舒彭者,舒治之後也。通典云:自治至十代孫,附于後魏〔四〕。故寰宇記鄧至羌敍云:自舒治至十世孫舒彭,附于後魏,孝文封甘松縣子〔五〕。然至嘉誠縣敍,乃以彭爲治之子〔六〕。按後魏紀,太和十七年,鄧至王像舒彭遣其子舊朝貢,求以位授舊,當是“奮”字〔七〕。及鄧至傳則云:“其王像舒治遣使内附,高祖拜龍驤將軍”,不云遣舊〔八〕。高祖即孝文;而紀、傳所載,曰彭,曰治,曰使,爲名不同。在元和郡縣志,則云“像舒治子舒彭内附,拜將軍、開國”,以彭爲治之子,未詳何据〔九〕。恭帝初,其主擔術因亂來奔,始有其地〔一〇〕。

爰劍者,伯禹之初,分帝之少子于西戎,爲羌酋;秦厲公時,有無弋爰劍〔一一〕。爰劍爲秦執,歸,南出賜支河,子孫分種,有氂牛種、白馬種、參狼種〔一二〕。氂牛種,越嶲羌也;白馬種,廣漢羌也;參狼種,武都羌也〔一三〕。與苗後異。或以爰劍、燒當出三苗,非也〔一四〕。景帝時,研種留何等求守隴西塞,徙之狄道、安故〔一五〕。武帝西逐諸羌,乃渡湟,築令居塞,始置護羌校尉於涼州部〔一六〕。牛邯爲之〔一七〕。曾孫忍、舞。舞子十七人,爲十七種〔一八〕。忍九子,研號研種。十三世,有燒當,代雄洮、罕之間〔一九〕。居河北大允谷。四世孫填良益貧,先零、卑湳侵甚,爲所敗[二〇]。良益盛,奪大榆中居,復强[二一]。生岍、滇虞——即滇吾。生東吾、迷吾[二二]。號,吾後,益困,依發羌[二三]。吾曾孫麻奴,收怨羌,復振滇零,大捷漢,號天子[二四]。遷那内附,漢中元間寇西郡,馬武[二五]。有弋仲、襄、萇,是爲後秦云[二六]。

【校注】

〔一〕白水羌:各本均作"普水羌",今據魏書鄧至傳訂正。

〔二〕王舒彭:通典以爲像舒理(即像舒治,因避唐諱追改)十代孫(詳下注〔四〕)。舊唐書地理志四劍南道松州下都督府則以爲象舒治子。

〔三〕高祖:指北魏孝文帝元宏。　建中將軍、甘松子:太平寰宇記卷八一松州引後魏書鄧至傳,作"建忠將軍、甘松縣開國子"。

〔四〕見通典卷一九〇邊防六西戎二鄧至,原文作:"自舒理至十代孫舒彭,附於後魏孝文帝,封甘松縣子、鄧至王。"

〔五〕見太平寰宇記卷一八八西戎九鄧至羌。

〔六〕然至嘉誠縣敍,乃以彭爲治之子:見太平寰宇記卷八一松州嘉誠縣。四庫本"嘉誠縣"作"嘉城縣",誤。

〔七〕求以位授舊:各本均無"求"字。彥按:無"求"字則語意不暢,蓋脱文。今據魏書補。魏書高祖紀下太和十七年:"(九月)乙亥,鄧至王像舒彭遣子舊詣闕朝貢,并奉表,求以位授舊,詔許之。"

〔八〕不云遣舊:各本"舊"均作"治"。彥按:像舒治不可能自遣,且此句實針對上文所稱後魏紀"像舒彭遣其子舊朝貢"而言,"治"當作"舊"甚爲顯然,今訂正。

〔九〕像舒治子舒彭内附,拜將軍、開國:今本元和郡縣志未見此文,蓋佚。各本"子"均作"子孫"。彥按:下文既稱"以彭爲治之子",則此不當有"孫"字,蓋衍文,今删去。　未詳何据:吳本"据"譌"裾"。

〔一〇〕恭帝:指西魏恭帝拓跋廓。　擔術:周書異域傳上鄧至羌作"檐桁",通典卷一九〇邊防六西戎二鄧至(中華書局 1988 年版王文錦等點校本)、太平寰宇記卷一八八西戎九鄧至羌(中華書局 2007 年版王文楚等點校本)均作"檐術"。後二書並云:"西魏恭帝初,其主檐術因亂來奔。"

〔一一〕伯禹之初，分帝之少子于西戎，爲羌酋：帝，指舜。參見後紀十二帝舜有虞氏注〔九八七〕。　秦厲公時，有無弋爰劍：各本“弋”均譌“戈”，今訂正。後漢書西羌傳：“羌無弋爰劍者，秦厲公時爲秦所拘執，以爲奴隸。……羌人謂奴爲‘無弋’，以爰劍嘗爲奴隸，故因名之。”

〔一二〕爰劍爲秦執，歸，南出賜支河，子孫分種，有氂牛種、白馬種、參狼種：賜支河，指青海海南藏族自治州境内的黃河河段。南出，各本均作“南山”。彦按：據後漢書，“山”當“出”字之誤，今訂正。參狼種，洪本、吳本“狼”譌“狼”。後漢書西羌傳：“（無弋爰劍）後得亡歸。……至爰劍曾孫忍時，……忍季父卬畏秦之威，將其種人附落而南，出賜支河曲西數千里，與衆羌絶遠，不復交通。其後子孫分別，各自爲種，任隨所之。或爲氂牛種，越巂羌是也；或爲白馬種，廣漢羌是也；或爲參狼種，武都羌是也。”

〔一三〕廣漢羌：各本均脱“漢”字，今據後漢書補出。

〔一四〕或以爰劍、燒當出三苗，非也：吳本無此十一字。

〔一五〕安故：縣名，治所在今甘肅臨洮縣玉井鎮。各本均誤倒作“故安”，今訂正。後漢書西羌傳：“景帝時，研種留何率種人求守隴西塞，於是徙留何等於狄道、安故，至臨洮、氐道、羌道縣。”

〔一六〕令居塞：在今甘肅永登縣境。　涼州部：漢武帝元封五年（前106）置十三州刺史部之一，治所在今甘肅武威市涼州區。後漢書西羌傳：“及武帝征伐四夷，開地廣境，北卻匈奴，西逐諸羌，乃度河、湟，築令居塞，……始置護羌校尉，持節統領焉。羌乃去湟中，依西海、鹽池左右。”

〔一七〕牛邯爲之：彦按：據後漢書西羌傳，以牛邯爲護羌校尉，爲東漢光武帝時事。今乃以爲漢武帝“始置護羌校尉於涼州部”作注，實爲不妥。

〔一八〕舞子十七人，爲十七種：各本均無“舞”字。彦按：此句句首當有“舞”字。蓋因上句“曾孫忍、舞”句末亦爲“舞”字，二“舞”字相連而脱其一。今補出。參見後紀十二帝舜有虞氏注〔九八七〕。

〔一九〕十三世，有燒當，代雄洮、罕之間：各本“洮”均譌“姚”，今訂正。見後紀十二帝舜有虞氏注〔九八八〕。

〔二〇〕塡良：後漢書西羌傳作“滇良”，本書後紀十二帝舜有虞氏作“塡良”。　先零、卑湳侵甚：各本均作“收先零良良卑湳侵甚”。彦按：原文不可解讀,當有誤。此句亦見後紀十二帝舜有虞氏,作"先零、卑湳侵甚",是也。今據以删去衍文。參見彼注〔九九〇〕。

〔二一〕良益盛,奪大榆中居,復强:吴本"益"譌"孟"。大榆,指大榆谷,在今青海貴德縣東北、尖扎縣西北黄河南岸一帶。各本均脱"大"字,今據後漢書訂補。見後紀十二帝舜有虞氏注〔九九〇〕。

〔二二〕見後紀十二帝舜有虞氏注〔九九三〕。

〔二三〕號,吾後,益困,依發羌:號,東號。吾,東吾,即東吴。此句表述極不清楚。參見後紀十二帝舜有虞氏注〔九九五〕。

〔二四〕吾曾孫麻奴:吾,此指滇吾。參見後紀十二帝舜有虞氏注〔九九五〕。　大捷漢:吴本"漢"譌"漠"。

〔二五〕見後紀十二帝舜有虞氏注〔九九六〕。

〔二六〕有弋仲、襄、萇,是爲後秦云:各本"萇"均譌"長","後秦"均譌"後漢",今並據本書後紀十二帝舜有虞氏訂正。參見彼注〔九九七〕。

黄熊化

昭七年傳,子産云:縣殛羽山,其神化爲黄熊,入于羽淵〔一〕。梁武帝謂熊不入水,當是能鼈〔二〕。孔穎達云:神化不可以常言。若云能鼈,何縣入寝〔三〕?若以夢化爲不可常,則可至矣。以今東海祭縣廟者,不用鼈與熊白,豈化爲二物邪〔四〕?人自爲尒。

竊按:能亦熊屬,非指能鼈〔五〕。而熊、能亦並音弘;又切之以"奴來",語云"欲得不能,光禄茂才"是也〔六〕。

故程晏祀黄熊評,謂晉侯之祀,有五不可〔七〕。而柳子厚非國語,謂好事者之爲之,凡有爲也〔八〕。然於雜記,更謂化爲玄魚,其大千尺,故"鯀"之字從玄、從魚〔九〕。不知"縣"、"骸"禹父,而"鯀"、"鮌"乃魚名。王嘉云:舜命禹疏川奠岳,遍日月之下,惟不踐羽山之地〔一〇〕。濟巨海則黿鼉爲梁,逾峻嶺則神龍爲負〔一一〕。聖德所感,而神化之事,互説不同〔一二〕。玄魚、黄熊,四音相亂。蓋疑於此也。王充亦云:遠殛羽山,又化而入羽淵,非人之所得知〔一三〕。而爲鯀之初,斯未可審。且晉侯之夢,象熊羆之占,自有所爲〔一四〕。侯疾偶當自衰,故子産因以言之,後遂以爲信爾。

又按瑣語晉春秋篇云:“平公疾,夢朱熊窺屏。”與傳又不侔矣。大氐左氏多誣〔一五〕。劉子玄復引之,以爲“黃龍入門”,益爲昏聽〔一六〕。

【校注】

〔一〕左傳昭公七年:“鄭子産聘于晉。晉侯有疾,韓宣子逆客,私焉,曰:‘寡君寢疾,於今三月矣,……今夢黃熊入于寢門,其何厲鬼也?’對曰:‘……昔堯殛鯀于羽山,其神化爲黃熊,以入于羽淵,實爲夏郊,三代祀之。晉爲盟主,其或者未之祀也乎?’”

〔二〕能鼈:三足鼈。爾雅釋魚:“鼈三足,能。”左傳昭公七年“昔堯殛鯀于羽山”孔穎達疏引梁王云:“鯀之所化,是能鼈也。若是熊獸,何以能入羽淵?”

〔三〕孔穎達:喬本、備要本“穎”譌爲“潁”,此從餘本。　鯀:四庫本作“由”。孔疏原文爲:“但以神之所化,不可以常而言。若是能鼈,何以得入寢門?”

〔四〕熊白:熊背上的脂肪,爲珍貴之美味。色白,故名。　邪:四庫本作“耶”。

〔五〕能亦熊屬:説文能部:“能,熊屬。”　能鼈:吳本、四庫本作“熊鼈”非。

〔六〕欲得不能,光禄茂才:能,通“耐”,忍受。光禄,指光禄大夫。茂才,即秀才。

〔七〕祀黃熊評:各本“祀”均譌“化”,今訂正。　謂晉侯之祀,有五不可:唐文粹卷四七載晏之文曰:“若鯀爲夏郊,三代祀之,即掌周禮者存焉,晉爲主盟,豈天子祀典宜諸侯而僭之邪?是不可祀之者一也。羽山又非晉望,是不可祀之者二也。鯀若爲天下屬,即有天子太屬司其祀矣,是不可祀之者三也。若爲一國之屬,即有侯東海者國屬司其祀矣,是不可祀之者四也。況祀爲夏后鯀,有歸祀,又不爲屬,是不可祀者五也。”

〔八〕凡有爲也:凡,祇是,不過是。柳宗元非國語下黃熊云:“鯀之爲夏郊也,禹之父也,非爲熊也。熊之説,好事者爲之。凡人之疾,魄動而氣蕩,視聽離散,於是寐而有怪夢,罔不爲也,夫何神奇之有?”

〔九〕晉王嘉拾遺記卷二夏禹:"堯命夏鯀治水,九載無績。鯀自沉於羽淵,化爲玄魚。……傳寫流文,'鯀'字或'魚'邊'玄'也。"

〔一○〕舜命禹疏川奠岳:自此而下至"四音相亂",見拾遺記卷二夏禹,此但撮引,文字、語序不盡相同。奠,定,勘定。各本均作"道"。彦按:岳非可以道者,拾遺記作"奠"是,今據以訂正。　遍日月之下:拾遺記作:"行遍日月之墟。"

〔一一〕濟巨海則黿鼉爲梁:黿鼉,大鼈和豬婆龍。各本"鼉"均作"鼃",今據拾遺記訂改。梁,橋。　逾峻嶺則神龍爲負:拾遺記作:"踰翠岑則神龍而爲馭。"又,拾遺記此二句在"行遍日月"云云之前。

〔一二〕聖德所感:中華書局1981年版齊治平校注本拾遺記作:"皆聖德之感也。"　而神化之事,互説不同:拾遺記作:"鯀之靈化,其事互説,神變猶一,而色狀不同。"

〔一三〕遠殛羽山:自此而下至"後遂以爲信爾",見論衡死僞篇,路史但撮取大意。論衡原文爲:"夫鯀殛於羽山,人知也;神爲黃熊,入于羽淵,人何以得知之? ……信黃熊謂之鯀神,又信所見之鬼以爲死人精也,此人物之精未可定,黃熊爲鯀之神未可審也。且夢,象也,吉凶且至,神明示象,熊羆之占,自有所爲。使鯀死,其神審爲黃熊,夢見黃熊,必鯀之神乎? ……本傳之虛,子產聞之,亦不能實。偶晉侯之疾適當自衰,子產遭言黃熊之占,則信黃熊鯀之神矣。"

〔一四〕所爲:四庫本作"所謂"。

〔一五〕大氐:四庫本"氐"作"抵"。

〔一六〕劉子玄復引之,以爲"黃龍入門",益爲昏聽:劉子玄,即唐劉知幾(字子玄)。昏聽,謂糊裏糊塗地道聽塗説。彦按:今考史通外篇雜説上汲冢紀年一條云:"(汲冢瑣語)其晉春秋篇云:'平公疾,夢朱羆窺屏。'左氏亦載斯事,而云'夢黃熊入門',必有捨傳聞而取所見,則左傳非而晉文實矣。"實作"黃熊入門",豈羅氏所見本"熊"譌"龍"邪?

啓母石

夏后氏生,而母化爲石。此事之異聞者,説見世紀。蓋原禹母獲月精石如薏苡,吞之而生禹也〔一〕。淮南子修務云:“禹生於石〔二〕。”注:謂修己感石,坼智而生〔三〕。故説者以爲夏后生而母復爲石。

今登封東北十里有廟,廟有一石,號啓母石。應劭、劉安、郭璞、李彤、隨巢、王炯、王韶、竇苹等皆云啓母〔四〕。歷代崇祀,亦以爲之啓母。按元封元年,武帝幸緱氏,制曰:“朕用事華山,至中岳,見夏后啓母石〔五〕。”伏云:啓母化爲石,啓生其中〔六〕。地在嵩北,有少室姨神廟,登封北十二里,云啓母之姨〔七〕。而偃師西二十五,復有啓母小姨行廟〔八〕。淮南子:禹通轘轅,塗山欲餉,聞鼓乃來〔九〕。禹跳石,誤中鼓,塗山忽至,見禹爲熊,慙而去,至嵩山下,化爲石〔一〇〕。禹曰:“歸我子!”石破北方,而生啓。蓋本乎此。事正與廣德所祠烏程張渤疏聖河,夫人李飾至鳴鼓事正同〔一一〕。見事實及桐汭志、謾録等〔一二〕。故記以爲大禹之化,厥有繇矣〔一三〕。

雖然,啓母之廟,顧野王、盧元明等又以爲之陽翟婦人〔一四〕。嵩高記云:陽翟婦姙三十月,子從背出。五歲入山學道,爲母立祠,曰開母祠。則又疑后母矣〔一五〕。歷載傳訛,故得而爲之説。

【校注】

〔一〕月精石:神話傳説中由月之精華凝結之石。

〔二〕淮南子:四庫本如此,是,今從之。餘本“子”作“之”。

〔三〕高誘注原文作:“禹母脩己,感石而生禹,坼胸而出。”

〔四〕應劭、劉安、郭璞、李彤、隨巢、王炯、王韶、竇苹等皆云啓母:郭璞,吴本“璞”譌“粪”。李彤,晉朝議大夫。隨巢,隨巢子,戰國時人,墨子弟子。王炯,其人不詳,待考。王韶,其人不詳,或當作“王韶之”(據藝文類聚注,見下。然頗疑其爲“應劭”之誤)。王韶之爲南朝宋吴興太守。漢書武帝紀元封元年“見夏后啓母石”顔師古注引應劭曰:“啓生而母化爲石。”山海經中山經“又東三十里,曰泰室之山,……上多美石。”郭璞注:“啓母化爲石而生啓,在此山,見淮南子。"穆天子傳卷五古文"天子南遊于黃[□]□室之丘,以觀夏后啓之所居"郭璞注:"疑此言太室之丘,嵩高山。啓母在此山化爲石,而子啓亦登仙,故其上有啓室也。皆見歸藏及淮南子。"藝文類聚卷六引隨巢子曰:"禹産於崐石。啓生於石。"注:"王韶之云:'啓生而母化爲石。'"太平御覽卷五一引隨巢子及注,"而母化"作"即母化"。又唐崔融嵩山啓母廟碑并序云:"郭璞所謂陽城西啓母石,李彤所謂嵩山南啓母祠,隨巢之説有徵,鴻烈之言無爽者矣。"

〔五〕漢書武帝紀元封元年載其事,文作:"春正月,行幸緱氏。詔曰:'朕用事華山,至於中嶽,獲駮麃,見夏后啓母石。'"

〔六〕伏:疑指服虔(羅氏以爲當作"伏虔",見後紀一太昊伏戲氏"後有……伏氏、虙氏、宓氏、密氏、服氏"羅苹注),然此引文出處不詳,待考。

〔七〕嵩:指嵩山。

〔八〕偃師西二十五,復有啓母小姨行廟:太平寰宇記卷五西京三偃師縣"西"作"西南","小姨"作"少姨"。

〔九〕禹通轘轅,塗山欲餉,聞鼓乃來:自此而下至"而生啓",大抵撮引自漢書武帝紀元封元年"見夏后啓母石"顏師古注引淮南子。今本淮南子未見,蓋佚。此句顏注作:"禹治鴻水,通轘轅山,化爲熊,謂塗山氏曰:'欲餉,聞鼓聲乃來。'"

〔一〇〕跳:通"挑",挖掘。

〔一一〕廣德:指宋之廣德軍,治所即在今安徽廣德縣。宋吳曾能改齋漫録卷一八神仙鬼怪廣德王開河爲豬形載:"廣德軍祠山廣德王,名渤,姓張,本前漢吳興郡烏程縣橫山人。始於本郡長興縣順靈鄉發迹,役陰兵導通流,欲抵廣德縣,故東自長興荊溪疏鑿河瀆。先時與夫人李氏密議爲期,每餉至,鳴鼓三聲,而王即自至,不令夫人至開河之所。厥後因夫人遺飧于鼓,乃爲烏啄,王以爲鳴鼓而餉至。泊王詣鼓壇,乃知爲烏所誤。逡巡,夫人至,鳴其鼓,王以爲前所誤而不至。夫人遂詣興工之所,見王爲大豬,驅役陰兵開鑿河瀆。王見夫人,變形未及,從此恥之,遂不與夫人相見,河瀆之功遂息。"

〔一二〕見事實及桐汭志、謾録等:事實,不詳何書,待考。吳本"實"作"寔"。及,吳本、四庫本譌"乃"。桐汭志,作者不詳。謾録,當指吳曾能改齋漫録。

〔一三〕繇:四庫本作“由”。

〔一四〕盧元明:後魏朝臣,官至散騎常侍,兼黄門郎、本州大中正。崔融嵩山啓母廟碑并序云:“啓母廟者,蓋夏后啓之母也。漢避景帝諱,改‘啓’之字曰‘開’,厥後相傳,或爲‘開母’。而顧野王輿地志、盧元明嵩高記並不尋避諱之旨,以爲陽翟婦人,事不經見,諒無所取。”

〔一五〕則又疑后母矣:疑,類似。后,指夏后啓。

無支祁〔一〕

集仙録云:雲華告禹曰:“太上愍汝之志,將授靈寶之文,陸策虎豹,水制蛟龍,鹹邪檢兇,以成汝功。”〔二〕因授上清寶文〔三〕。又得庚辰、虞余之助,遂導波決川,奠五岳,别九州。天錫玄圭,以爲紫庭真人〔四〕。虞余、庚辰,按楚詞,乃益、稷之字〔五〕。雲華者,云王母之女,巫山神女也〔六〕。

昔李公佐至元和九年從元公錫泛洞庭,登包山,入靈洞,得古岳瀆經第八卷奇字,蠹毁不能解〔七〕。其後,周焦君詳之,云禹治淮水,三至桐柏山,驚風迅雷,石號木鳴,土伯擁川,天老肅兵,功不能興〔八〕。禹怒,召百靈,搜命夔、龍,桐柏等千君長稽首請命〔九〕。禹因囚鴻蒙氏、彰商氏、兜氏、盧氏、犁婁氏,乃獲淮渦水神名無支祁〔一〇〕。善應對言語,辨江淮之淺深、原隰之遠近;形若猿猱,縮鼻高額,青軀白首,金目雪牙,頸伸百尺;力逾九象,搏擊騰趠,疾利倏忽,視不可久〔一一〕。禹授之童律,童律不能制〔一二〕。授之烏木田,烏木田不能制〔一三〕。授之庚辰,庚辰能制。鷗脾桓胡、木魅、水靈、山妖、石怪,奔號叢繞者以千數,庚辰以戰逐去,頸瑣大械,鼻穿金鈴,徙之淮陰龜山之足,俾淮水永安〔一四〕。

而釋氏乃以爲泗州僧伽之所降水母者〔一五〕。惟僧伽以觀音大士應化於過去阿僧祇劫,值如來三慧門入道,以音聲而爲佛事,現化此土〔一六〕。如李邕之三碑,蔣之奇所傳三十六化近是,而水母之事非也〔一七〕。方永泰初,李湯知山陽,物嘗出焉〔一八〕。詳予福地記。

【校注】

〔一〕無支祁:古代傳説中淮水、渦水水怪名。喬本、洪本"支"譌"支",此從餘本。

〔二〕雲華:見前紀三泰壹氏注〔三三〕。　太上愍汝之志:自此而下至"以爲紫庭真人",見墉城集仙録卷三雲華夫人,文字不盡相同。太上,即下文"天錫玄圭"之"天"。　將授靈寶之文:靈寶,指道教之靈寶經。集仙録原文作:"亦將授以靈寶真文。"　馘邪檢兇,以成汝功:馘,誅。檢,查。集仙録原文作:"斬馘千邪,檢馭羣兇,以成汝之功也。"

〔三〕上清:道家所稱三清境之一,爲靈寶君治境。

〔四〕參見後紀十三帝禹夏后氏注〔二二○〕。

〔五〕虞余、庚辰,按楚詞,乃益、稷之字:此説不知何據,待考。

〔六〕墉城集仙録卷三雲華夫人:"雲華夫人者,王母第二十三女,太真王夫人之妹也。名瑶姬。……嘗遊東海還,過江之上,有巫山焉,峯巖挺拔,林麓幽麗,巨石如壇,平博可翫,留連久之。"

〔七〕昔李公佐至元和九年從元公錫泛洞庭,登包山,入靈洞,得古岳瀆經第八卷奇字,蠹毁不能解:自此而下至"俾淮水永安",出自唐韋絢戎幕閑談。李公佐,唐代小説家。元和,各本均誤作"永和",今據太平廣記卷四六七李湯引戎幕閑談訂正。元公錫,元錫,唐蘇州刺史。包山,即今江蘇蘇州市吳中區西南之洞庭西山。太平廣記作:"至(元和)九年春,公佐訪古東吳,從太守元公錫泛洞庭,登包山,宿道者周焦君廬。入靈洞,探仙書,石穴間得古岳瀆經第八卷,文字古奇,編次蠹毁,不能解。"

〔八〕其後,周焦君詳之,云禹治淮水,三至桐柏山,驚風迅雷,石號木鳴,土伯擁川,天老肅兵,功不能興:桐柏山,洪本"柏"譌"栢",喬本又譌"相",今據餘本訂正。下"桐柏"之"柏"同。土伯,地上神怪名。太平廣記作"五伯"。擁川,堵塞河道。擁,通"雍"。天老,天上神怪名。肅兵,進兵。廣韻屋韻:"肅,進也。"太平廣記作:"公佐與焦君共詳讀之:禹理水,三至桐柏山,驚風走雷,石號木鳴,五伯擁川,天老肅兵,不能興。"

〔九〕禹怒,召百靈,搜命夔、龍,桐柏等千君長稽首請命:百靈,衆神靈。搜命,選任。千君長,指(桐柏山)衆山神。"千"吳本、四庫本謁"於",備要本謁"于"。請命,請求保全生命。彥按:"等"字似不當有。太平廣記作:"禹怒,召集百靈,搜命夔、龍,桐柏千君長稽首請命。"

〔一〇〕禹因囚鴻蒙氏、彰商氏、兜氏、盧氏、犁婁氏,乃獲淮渦水神名無支祁:彰商氏,本書國名紀六夏世侯伯作"章商氏",太平廣記同。兜氏、盧氏,太平廣記作"兜盧氏"。無支祁,喬本謁"無支祈",洪本、吳本、備要本作"無支祈"。此從四庫本,以與篇題一致。

〔一一〕形若猨猱,縮鼻高額:太平廣記"猨猱"作"猿猴",太平寰宇記卷一六泗州臨淮縣淮渦神引淮陽記,作"獮猴"。縮,短。　金目雪牙:雪,同"雪",白。　搏擊騰趠,疾利倏忽:騰趠(tiào),騰跳。疾利,敏捷。倏忽,迅速。太平廣記作"搏擊騰踔疾奔,輕利倏忽",寰宇記作"搏擊騰踔疾奔,輕利倏忽聞"。　視不可久:太平廣記作"聞視不可久",寰宇記作"人視之不可久"。

〔一二〕童律:太平廣記作"章律"。

〔一三〕烏木田:太平廣記作"鳥木由"。

〔一四〕鴟脾桓胡:猶言魑魅魍魎,泛稱一切鬼靈精怪。太平廣記作"鴟脾桓",疑有脱文。寰宇記作"頸鴟脾柏",蓋誤。　木魅:老樹精。魅,同"魅"。奔號叢繞者以千數:叢繞,聚集、包圍。太平廣記作"奔號聚遶,以數千載",疑有誤。　庚辰以戰逐去:戰,寰宇記作"載",於義爲長。逐,各本均作"遂"。彥按:作"遂"於義未洽,當爲"逐"字之謁,今據太平廣記、寰宇記訂正。　頸瑣大械:太平廣記作"頸鏁大索",寰宇記作"遂頸鏁大索"。　徙之淮陰龜山之足:太平廣記作"徙淮陰之龜山之足下",寰宇記作"徙淮泗陰,鏁龜山之足"。　俾淮水永安:太平廣記作"俾淮水永安流注海也",寰宇記作"淮水乃安流注于海"。

〔一五〕僧伽:見國名紀六五帝之世注〔九五〕。　降:降服。　水母:水神。

〔一六〕以觀音大士應化於過去阿僧祇劫:應化,佛教語,謂佛、菩薩爲教化衆生而隨宜化身。阿僧祇劫,佛教語,謂無劫,指極長之時間。"祇"用同"祇"

備要本作“衹”。洪本作“袛”，則是“衹”字變體。　值如來三慧門入道：值，持。三慧，指聞慧、思慧、修慧。門，法門。入道，入佛道，謂成爲僧人。　以音聲而爲佛事：音聲，指誦經説法等。佛事，佛濟渡衆生之事業。　現化此土：現化，佛教稱佛或菩薩在人間顯現化身。

〔一七〕李邕之三碑：李邕，唐書法家。曾官北海太守，世稱李北海。邕所撰、書碑文，數至八百，今多佚。三碑，當指記及僧伽事者。其一碑爲泗州臨淮縣普光王寺碑，餘二碑不詳，待考。　蔣之奇所傳：蔣之奇，北宋朝臣，歷官知樞密院事、杭州知府等職。所傳(zhuàn)，指所撰泗州大聖明覺普照國師傳。

〔一八〕太平廣記卷四六七李湯引戎幕閑談：“永泰中，李湯任楚州刺史。時有漁人夜釣於龜山之下，其釣因物所制，不復出。漁者健水，疾沉於下五十丈，見大鐵鎖盤繞山足，尋不知極。遂告湯。湯命漁人及能水者數十獲其鎖，力莫能制，加以牛五十餘頭，鎖乃振動，稍稍就岸。時無風濤，驚浪翻湧，觀者大駭。鎖之末，見一獸，狀有如猿，白首長鬐，雪牙金爪，闖然上岸，高五丈許。蹲踞之狀若猿猴，但兩目不能開，兀若昏昧，目鼻水流如泉，涎沫腥穢，人不可近。久乃引頸伸欠，雙目忽開，光彩若電，顧視人焉，欲發狂怒。觀者奔走，獸亦徐徐引鎖拽牛入水去，竟不復出。”

四載

淮南子云：物無貴賤，因其所貴。舟、車、楯、肆、窮廬，固有所宜也〔一〕。許氏以爲：“水宜舟，陸宜車，沙地宜肆，坁地宜楯，草野宜窮廬〔二〕。”書言“四載”，孔安國謂水舟，陸車，泥楯，山樏〔三〕。而夏本紀乃言泥乘橇，山乘檋〔四〕。諸儒皆以檋爲丘遥切〔五〕。橇，尸子作“蕝”，集韻同爲祖芮切，舊亦音蕝；而檋乃音鞠〔六〕。故河渠書、溝洫志皆云“泥蹈毳”；書言“山即橋”，而志言“山即梮”〔七〕。此以意言之，音橇爲蕝爾。按許説文，四載，水舟、陸車，無可異者；惟山乘樏，澤乘軘，爲不同〔八〕。尸子云：“行塗以楯，行險以撮，行山乘樏，行沙乘軘〔九〕。”樏與檋同，力追切。軘與楯、輴同，敕倫切。尸子之説，蓋得其傳。橇非輴也，字宜音撮，險所乘者。書、志作“毳”，特省文借字，代弗察爾。檋與梮同，蓋即樏也，當讀如“濟漯”，蓋亦諸儒意會而音爲纍〔一〇〕。其作“橋”者，殆梮之轉〔一一〕。然禮韻直收橇於平聲，云丘妖切，字一作“轎”，則又合橇、檋爲一矣〔一二〕。集韻作“轎”，而以“梮”同之“㯫”〔一三〕。㯫固舉食之具尒〔一四〕。如淳云：橇以板置泥上通行；檋以鐵如錐頭，長半寸，施之履下，以上山，使不跌〔一五〕。字亦作“梮”。二物蓋皆車類。

竊詳其制，橇當如蘇公秧馬之法，而樏則輁之制尒〔一六〕。周禮：軍旅、會同，鄉師治其輂輦〔一七〕。輦，人輓之〔一八〕。輂，車駕。輦止爲藩營，以載任器〔一九〕。然説文以輂爲大車駕馬，則又非山乘者矣〔二〇〕。按禮，士載柩以輁軸，大夫以上以輴〔二一〕。輁狀如長牀，穿桯前後，著金而關軸焉〔二二〕。輴車庳下而寬廣，自諸侯上，有四周，即其制也〔二三〕。孟、服謂木橇形如箕，擿行泥上〔二四〕。徐廣以橋爲直轅車，一作“檋”〔二五〕。而應謂梮或作“樏”，人所引者〔二六〕。如説非矣。夫曰載、曰乘，則不應爲履與板矣。楯、軌、樏、撮，是爲四載〔二七〕。舟車常所乘，宜不在四載内。然在文子，又言“涉用䟽”，䟽於説者爲乃鳥反，兹又異矣〔二八〕。

【校注】

〔一〕見淮南子齊俗篇。原文作：“物無貴賤。因其所貴而貴之，物無不貴也；因其所賤而賤之，物無不賤也。……譬若舟、車、楯、肆、窮廬，固有所宜也。” 肆：“䟽”之譌字（據盧文弨鍾山札記䟽説）。 窮廬：許匡一云：“史記有‘山行乘檋’之説。……檋又指山轎，可能和今天的‘擡杠’相似，四川叫‘滑杆’，湖北羅田叫‘擡子’。據此，‘穹廬’、‘窮廬’即指‘轎’。窮、轎上古聲母都是‘羣’母；轎屬‘宵’韻，廬屬‘侯’韻，宵、侯兩韻音極近。所以‘窮廬’聲母韻相拼便是‘轎’，是轎的分音寫法。”（見淮南子全譯）參見後紀十三帝禹夏后氏注〔一二六〕。

〔二〕水宜舟，陸宜車：見淮南子注（今人多以爲高誘所作，而羅泌以爲許慎所作），原文作“水固宜舟，陸地宜車”。

〔三〕書益稷：“予乘四載，隨山刊木。”孔氏傳：“所載者四，水乘舟，陸乘車，泥乘輴，山乘樏。”

〔四〕史記夏本紀原文作：“泥行乘橇，山行乘樏。”

〔五〕諸儒皆以樏爲丘遥切：此句原在下文“而志言‘山即桐’”後，前後文意不相連貫，當爲倒文。今移於此，作爲對上句夏本紀“山（行）乘樏”之“樏”字之注音，則恰到好處。而夏本紀該句之下裴駰集解引徐廣曰：“樏，一作‘橋’，音丘遥反。”亦相合拍。

〔六〕集韻同爲祖芮切：見集韻祭韻。喬本、洪本“芮”作“芮”誤，今據餘本訂正。

〔七〕泥蹈毳：此但意引，史記河渠書原文作“泥行蹈毳”，漢書溝洫志原文作“泥行乘毳”。　書言“山即橋”：書，指河渠書。原文作“山行即橋”。　而志言“山即桐”：志，指溝洫志。原文作“山行則桐”。

〔八〕説文木部：“欙，山行所乘者。虞書曰：‘予乘四載：水行乘舟，陸行乘車，山行乘欙，澤行乘輈。’”

〔九〕軌：喬本、洪本作“軏”，吴本作“軓”，俱爲俗字，此從四庫本及備要本。

〔一〇〕樏與桐同：喬本、洪本、吴本“桐”作“挏”非，此從四庫本及備要本。當讀如“濟漯”：謂當讀如水名漯水之“漯”音（今音 tà）。

〔一一〕其作“橋”者：四庫本如此，是，今從之。餘本“橋”作“槁”，前無所承，誤。

〔一二〕禮韻直收橇於平聲，云丘妖切，字一作“轎”：禮韻，指宋丁度等撰禮部韻略。四庫本“一作”作“亦作”。

〔一三〕梮：喬本作“萊”，洪本、吴本作“梟”，四庫本、備要本作“梟”，俱誤。今訂正。

〔一四〕梮固舉食之具尒：梮，各本均譌“梟”，今訂正。説文木部：“梮，舉食者。”

〔一五〕橇以板置泥上通行：見漢書溝洫志“泥行乘毳”顔師古注引如淳曰，原文作：“謂以板置泥上以通行路也。”　樏以鐵如錐頭，長半寸，施之履下，以上山,使不跌:見漢書溝洫志"山行則梮"顏師古注引如淳曰,今漢書"檋"作"梮",與羅氏所見本異,云:"梮謂以鐵如錐頭,長半寸,施之履下,以上山,不蹉跌也。"

〔一六〕蘇公秧馬:蘇公,指蘇軾。秧馬,古代農民拔秧時所坐的器具。形如船,底平滑,首尾上翹,利於秧田中滑移。"秧"字喬本、備要本作"殃",餘本作"𥡴",皆譌,今訂作"秧"。蘇軾曾作秧馬歌,前有小引,稱"予昔游武昌,見農夫皆騎秧馬。以榆棗爲腹欲其滑;以楸桐爲背,欲其輕。腹如小舟,昂其首尾;背如覆瓦,以便兩髀。雀躍于泥中。繫束藁其首以縛秧。日行千畦,較之傴僂而作者,勞佚相絶矣。" 輁(gǒng):輁軸。古代載棺的工具。

〔一七〕見周禮地官鄉師,文作:"大軍旅、會同,正治其徒役與其輂輦。"鄭玄注:"輂,駕馬。輦,人輓行。所以載任器也。止以爲蕃營。"

〔一八〕輦,人輓之:各本均作:"輦,人。""輓之"二字原在下文"藩營"之後,"以載任器"之前。彦按:路史此文,實據周禮鄭注(見上注)爲說。鄭注以"人輓行"釋"輦",此不當但以一"人"字釋"輦"。又下文"輓之"二字無論屬上讀抑或屬下讀,均爲蛇足,是爲倒文必矣,今移至此。

〔一九〕輦止爲藩營,以載任器:輦,吳本、四庫本、備要本作"輂"。彦按:此句承上言,本宜作"輂輦",疑諸本各脫一字。止,各本均譌"上",今據周禮鄭注訂正。藩營,營壘。其義與"軍"字本義同。朱芳圃殷周文字釋叢卷中軍云:"字从車,从勹,會意。古者車戰,止則以車自圍。周禮地官鄉師:'大軍旅會同,正治其徒役與其輂輦。'鄭注:'輂駕馬,輦人輓行,所以載任器也。止以爲蕃營。'蕃與藩通,……國語晉語:'以藩爲軍,攀輦即利而舍。'韋注:'藩,籬落也。謂止舍時則以輂輦環列爲藩籬營壘。'"各本作"藩藩營",當衍一"藩"字,今删去。任器,賈公彦疏:"云'所以載任器也'者,謂任使之器。"

〔二〇〕說文車部:"輂,大車駕馬也。"段玉裁注:"古大車多駕牛,其駕馬者則謂之輂。"

〔二一〕按禮,士載柩以輁軸,大夫以上以輔:儀禮士喪禮:"升棺用軸。"鄭玄注:"軸,輁軸也。"又既夕禮:"遷于祖,用軸。"鄭玄注:"遷,徙也。徙於祖,朝祖廟也。檀弓曰:'殷朝而殯於祖,周朝而遂葬。'蓋象平生,將出必辭尊者。軸,輁軸也。……大夫、諸侯以上,有四周,謂之輴。"

　〔二二〕軹狀如長牀,穿楻前後,著金而關軸焉:見儀禮既夕禮"遷于祖,用軸"鄭玄注。賈公彥疏:"云'軹狀如長牀,穿楻前後,著金而關軸焉'者,此軹既云長如牀,則有先後兩畔之木,狀如牀牉,厚大爲之,兩畔爲孔,著金釧於中,前後兩畔皆然,然後關軸於其中。言楻者,以其厚大可以容軸,故名此木爲楻也。"楻,音 tīng。關,通"貫",貫穿。

　〔二三〕輴車庫下而寬廣:禮記檀弓下"天子龍輴",鄭玄注:"畫轅爲龍。"孔穎達疏:"經直云'龍輴',知'畫轅爲龍'者,以輴之形狀庫下而寬廣,無似龍形,唯轅與龍爲形相類,故知畫轅也。"　自諸侯上,有四周:表述不清,似宜作"自大夫、諸侯上用之,有四周"。參見上注〔二一〕。

　〔二四〕孟、服謂木檋形如箕,摘行泥上:孟,指孟康。服,指服虔。摘行,撥動而行。慧琳音義卷四七"火摘"注引考聲:"摘,撥也。"又廣韻錫韻:"摘,動也。"史記夏本紀"泥行乘橇"裴駰集解引孟康曰:"橇形如箕,摘行泥上。"漢書溝洫志"泥行乘毳"顏師古注引孟康曰,"橇"作"毳"。服氏説未見,待考。

　〔二五〕徐廣以橋爲直轅車,一作"欙":各本"欙"作"華",非是,今訂正。史記河渠書"山行即橋"裴駰集解引徐廣曰:"橋,近遥反。一作'欙'。欙,直轅車也。"

　〔二六〕書益稷"予乘四載"孔穎達疏:"漢書溝洫志云:'泥行乘毳,山行則梮。'……應劭云:'梮或作樏,爲人所牽引也。'"

　〔二七〕軌:喬本、吳本作"軌",洪本字迹漶漫,此從四庫本及備要本。撮:吳本作"橛"。

　〔二八〕涉用馶:各本"馶"均作"髯"。彥按:作"髯"於義、於音(乃鳥反)皆不相合,當爲譌字。中華書局 2000 年版王利器文子疏義本(以道藏本通玄真經默希子注爲底本)此句作"沙用馶",當是,今據以訂作"馶"。下"馶"字同。"涉"字當亦非爲文子原文,以文子此句上文爲"若夫水用舟",則此自不當更言"涉"。唯四部叢刊本唐徐靈府注通玄真經亦作"涉",可知其誤由來已久,或羅氏所見本文子即如此,故不輒改。

九藪

　周語云:"豐殖九藪〔一〕。"其在職方,揚有具區,荆有雲夢,豫有圃田,青有孟諸,兖有大野,雝有弦蒲,幽有貕養,冀有陽紆,而并有昭餘祁〔二〕。然爾雅書乃有十藪:魯曰大野,宋曰孟諸,楚曰雲夢,燕曰昭餘祁,鄭則圃田,而吳越間則有具區,齊有海隅,周有焦護,晉有大陸,而陽陓乃爲秦藪〔三〕。海隅、大陸、焦護既異,且無弦蒲。夫大陸,晉地;而焦護、陽陓,皆在扶風,方周公時,秦未分地,豈得與周並舉?周亦何繇自謂之周,而與秦並言哉〔四〕?且以“海隅”何得爲藪,而獨屬之齊邪〔五〕?傳云:“鄭之有原圃,猶秦之有具囿也〔六〕。”今乃以陽紆屬冀,圃田屬豫,地理殊矣。以鴻烈之九藪,若從爾雅,既無周、魯,而益以趙之鉅鹿,則是與晉大陸爲二也〔七〕。説文用職方説,以圃田爲甫田,貕養爲奚養,則自異爾〔八〕。

太康地記,汧縣有蒲谷鄉弦中谷〔九〕。乃古弦蒲,在汧山北。○昭餘祁在介休,連延祁縣,吕氏所云大陸,一名漚洟澤,俗曰鄔城泊者是也〔一〇〕。○貕養在長廣,徐州縣〔一一〕。○焦護在涇陽北,即瓠口,溉田萬頃〔一二〕。

【校注】

〔一〕見國語周語下。　豐殖:蕃衍。

〔二〕職方:指周禮夏官職方氏。　揚:洪本、吳本作“楊”。　雲夢:今本周禮“夢”作“瞢”,同。　孟諸:今本周禮作“望諸”。　弦蒲:在今陝西隴縣西。　貕養:在今山東萊陽市東。　陽紆:四庫本如此,與下文“今乃以陽紆屬冀”一致,今從之。餘本作“揚紆”。今本周禮作“楊紆”。　昭餘祁:在今山西祁縣、平遥縣以西,文水縣東南及介休市以北一帶。

〔三〕見爾雅釋地。　昭餘祁:今本爾雅“餘”作“余”。　海隅:郭璞爾雅注:“海濱廣斥。”則實非澤藪之名,但指海濱一帶之低洼鹽碱地。　焦護:在今陝西涇陽縣西北仲山西麓。　陽陓:今本爾雅作“楊陓”。

〔四〕繇:四庫本作“由”。

〔五〕邪:四庫本作“耶”。

〔六〕見左傳僖公三十三年。　原圃：即圃田澤，在今河南中牟縣西。具囿：即秦之陽紆。

〔七〕鴻烈之九藪：見淮南子墜形篇。　而益以趙之鉅鹿，則是與晉大陸爲二也：吳本“大陸”作“大鹿”誤。彥按：元和郡縣圖志卷一五邢州鉅鹿縣云：“大陸澤，一名鉅鹿，在縣西北五〔十〕里。”而戰國之趙，原由晉國分出，今九藪之中，鉅鹿與大陸二澤並見，顯然重出，故羅氏有此語。

〔八〕説文用職方説，以圃田爲甫田，貕養爲奚養：見説文艸部藪篆説解。

〔九〕太康地記，汧縣有蒲谷鄉弦中谷：自此而下至篇末“溉田萬頃”，爲四庫本所無。汧縣，各本均譌“沂縣”，今據太平寰宇記訂正。下“汧山”之“汧”同。寰宇記卷三二隴州汧源縣弦蒲藪云：“晉太康地志云：‘汧縣有蒲谷鄉弦中谷，乃雍州之(蒲)〔藪〕也。’”

〔一〇〕吕氏所云大陸，一名漚涏澤，俗曰鄔城泊者是也：大陸，各本均作“大照”。彥按：吕氏春秋未見“大照”，蓋有誤。水經注作“大陸”，是也。吕氏春秋有始所述九藪，有“晉之大陸”。今據以訂正。漚涏澤，各本均脱“涏”字，今據水經注補出。俗曰，吳本作“俗云”。水經注卷六汾水：“地理志曰：九澤在北，并州藪也。吕氏春秋謂之大陸。又名之曰漚涏之澤，俗謂之鄔城泊。”

〔一一〕長廣：縣治在今山東萊陽市東。

〔一二〕涇陽：縣名，今屬陝西省。　瓠口：在今陝西禮泉縣東北五十里，爲涇水出山之口。太平寰宇記卷二六雍州二涇陽縣：“焦穫藪，在縣北，亦名瓠口。……水經云：‘涇水東南流經瓠口，鄭、白二渠出焉。’……溉田萬頃。”焦穫即焦護。

奠高山大川

王制曰：“廣谷大川異制，民生其間者異俗。先王修其教不易其俗，齊其政不易其宜。”〔一〕夫風俗之所以異，繇廣谷大川之異制也〔二〕。是故，鴻水平，九州之地失疆理，伯禹定之，必以高山大川爲之準者，本風俗之異也〔三〕。

濟、河爲兗州，則專以大川爲之界；荆、衡爲荆州，則專以高山爲之界；荆、河爲豫，華、黑爲梁，則兼以高山、大川爲之界也〔四〕。

兖州東南据濟,西北距河;青州東北据海,西南距岱;豫州西南荆山,北距河水;雖州西距黑水,東据西河;荆州北据荆山,南及衡山之陽;梁州西距黑水,東据華山之陽;維揚東海而北淮;徐東海而北岱,南及于淮:此所謂“奠高山大川”也[五]。蓋以其地命州,而不以其州分地。

有如兖、濟,皆當時所命之名,後世安知其在北與在南哉?云“濟、河爲兖州”,“荆及衡陽爲荆州”,則以濟水、河水之間爲兖,而荆山、衡山之陽爲荆矣。蓋荆、衡者,萬古不徙之山;而河、濟者,萬古不泯之水也。以故荆、兖之名得附河、濟、荆、衡而不滅,萬世而下,求禹貢九州之分域者,皆可得而攷矣。九州惟冀無所至者,舉八州而界自見,亦所以別帝都而大一統也[六]。

九界別,山川定,于以及夫治水之曲折,與夫田賦高下、貢篚多寡,以詔來世[七]。蓋前目而後凡者,體如是也[八]。

雖然,言某山、某水者,非必止乎此;而言及者,亦未必至乎此。揚不言南,青、雖之不言北,則以其境接蠻、狄,提封有所不常故也[九]。

【校注】

〔一〕異制:“制”謂形勢。　先王:今本禮記王制無此二字。　不易其俗:四庫本“易”譌“異”。　齊:整肅。

〔二〕繇:四庫本作“由”。

〔三〕疆理:指境界之劃分。

〔四〕濟、河爲兖州:書禹貢:“濟、河惟兖州。”　荆、衡爲荆州:荆,荆山。衡,衡山。書禹貢:“荆及衡陽惟荆州。”　荆、河爲豫:書禹貢:“荆、河惟豫州。”　華、黑爲梁:華,華山。書禹貢:“華陽、黑水惟梁州。”

〔五〕兖州東南据濟,西北距河:書禹貢“濟、河惟兖州”孔氏傳:“東南據濟,西北距河。”孔穎達疏:“據,謂跨之。距,至也。”　青州東北据海,西南距岱:書禹貢“海、岱惟青州”孔氏傳:“東北據海,西南距岱。”　豫州西南荆山,北距河水：書禹貢“荆、河惟豫州”孔氏傳：“西南至荆山，北距河水。”　雍州西距黑水，東据西河：雍州即雍州。書禹貢“黑水、西河惟雍州”孔氏傳：“西距黑水，東據[西]河。”孔穎達疏：“河在雍州之東，而謂之西河者，龍門之河在冀州西界，故謂之西河。”　荆州北据荆山，南及衡山之陽：書禹貢“荆及衡陽惟荆州”孔氏傳：“北據荆山，南及衡山之陽。”　梁州西距黑水，東据華山之陽：吳本“西”譌“而”。書禹貢“華陽、黑水惟梁州”孔氏傳：“東據華山之南，西距黑水。”　維揚東海而北淮：維揚，揚州別稱。典即出書禹貢“淮、海惟揚州”（“維”通“惟”）。孔氏傳：“北據淮，南距海。”洪本“揚”作“楊”。　徐東海而北岱，南及于淮：書禹貢“海、岱及淮惟徐州”孔氏傳：“東至海，北至岱，南及淮。”　奠高山大川：書禹貢：“禹敷土，隨山刊木，奠高山大川。”

〔六〕亦所以別帝都而大一統也：大，重視，尊崇。書五子之歌“惟彼陶唐，有此冀方”孔穎達疏：“堯都平陽，舜都蒲坂，禹都安邑，相去不盈二百，皆在冀州。”

〔七〕貢篚（fěi）：貢物，貢品。典出書禹貢：“厥貢漆絲，厥篚織文。”篚，盛物竹器。上古入貢之物盛於篚中以進。四庫本如此，是，今從之。餘本“篚”譌“筐”。　詔：告知。

〔八〕前目而後凡：目，細目。凡，大要。

〔九〕揚：洪本、吳本作“楊”。　提封：版圖，疆域。

路史卷四十七

餘論十

雲、夢二澤

雲、夢，楚之二澤也。江南爲夢，江北爲雲。以其跨江相比，而謂雲夢〔一〕。爾雅十藪，"楚有雲夢〔二〕。"後世以爲一澤，故杜預以雲夢藪爲巴丘湖，酈元謂自州陵東界爲雲夢之藪，誤矣〔三〕。

按左氏春秋傳昭公三年，鄭朝楚，楚子田于江南之夢；邧子之女生子文，弃之夢中：則江南之夢澤〔四〕。定公之四年，吳入楚，楚子涉雎濟江，寢于雲中，即江北之雲澤也〔五〕。"雲土夢作乂"者，雲在前爲水所没，至是而始得爲土；夢在前雖土，而未可作，至是始可作而乂之〔六〕。蓋夢地差高，而雲下〔七〕。論者不知，既以雲夢爲一澤，復謂古經乃"雲夢土作乂"者，非也〔八〕。

春秋文耀鉤云：大別以東，至富春、九江、衡山，皆雲夢也〔九〕。而子虛賦云雲夢方九百里，南有平原廣澤，緣以大江；而安陸有雲夢縣：是合而爲一矣〔一〇〕。沈氏云：雲即今之玉沙、監利、景陵等縣，夢即今之公安、石首、建寧等縣〔一一〕。自史漢亦然。班生志地而華容、枝江若江夏之安陸皆有雲夢，學者遂莫知所適從〔一二〕。宋山川記、郭璞皆以夢爲南郡華容巴丘湖〔一三〕。則枝江也〔一四〕。方楚子之涉雎濟江以避吳兵，而華容在楚之南，安陸在楚之東，故或者謂避吳之行,當不在此[一五]。謂雲在江北,而以濟江者爲指漢言之,益繆[一六]。

【校注】

〔一〕比:並列,相鄰。

〔二〕見爾雅釋地。

〔三〕杜預以雲夢藪爲巴丘湖:春秋釋例卷六土地名第四十四之二楚地昭三年江南之雲夢中云:"或曰:南郡華容縣東南有巴丘湖,江南之雲夢也。"酈元謂自州陵東界爲雲夢之藪:州陵,縣名,治所在今湖北洪湖市東北。各本均誤"江陵",今據水經注訂正。又各本"爲雲夢之藪"均作"爲雲夢,北爲雲夢之藪",中"爲雲夢北"並非酈元語中所有,當爲衍文,今亦刪去。水經注卷三二夏水:"(監利縣)西南自州陵東界,逕于雲杜、沌陽,爲雲夢之藪矣。"

〔四〕邙子之女生子文,弃之夢中:見左傳宣公四年。邙子,四庫本如此,是,今從之。餘本均誤"却子"。子文,後爲楚令尹。

〔五〕雎:雎水。今稱沮水,在湖北中部偏西。各本均作"雎",今據左傳改。

〔六〕雲土夢作乂:書禹貢文。 雲在前爲水所没:喬本、洪本"爲"爲墨丁,此從餘本。

〔七〕差:稍稍,略微。

〔八〕復謂古經乃"雲夢土作乂"者:漢書地理志上敍述禹治水事,即作"雲夢土作乂"。顏師古注:"則雲夢之土可爲(畎魚)[畎畝]之治也。"彥按:據沈括夢溪筆談卷四辯證二稱:"舊尚書禹貢云'雲夢土作乂',太宗皇帝時古本尚書作'雲土夢作乂',詔改禹貢從古本。"則尚書原文作"雲夢土"抑"雲土夢",實難斷言。顧頡剛、劉起釪尚書校釋譯論即堅持尚書原文作"雲夢土",雲夢爲一澤之説。

〔九〕大別:大別山。 富春:山名,在今浙江桐廬縣西南。

〔一〇〕子虛賦云雲夢方九百里,南有平原廣澤,緣以大江:史記司馬相如列傳載相如子虛賦,文作:"雲夢者,方九百里。……其南則有平原廣澤,登降陁靡,案衍壇曼,緣以大江,限以巫山。" 安陸有雲夢縣:安陸,郡名。雲夢縣,今屬湖北省。

〔一一〕沈氏:各本均作“沈立”。彦按:“立”當“氏”字之譌。沈氏,謂沈括也。今訂正。　雲即今之玉沙、監利、景陵等縣,夢即今之公安、石首、建寧等縣:景陵,縣治在今湖北天門市。公安,縣今屬湖北省。建寧,縣治在今湖北石首市東。夢溪筆談卷四辯證二:“元豐中,予自隨州道安陸入於漢口,有景陵主簿郭思者,能言漢、沔間地理,亦以謂江南爲夢,江北爲雲。予以左傳驗之,思之説信然。江南則今之公安、石首、建寧等縣,江北則玉沙、監利、景陵等縣,乃水之所委,其地最下。”

〔一二〕班生志地而華容、枝江若江夏之安陸皆有雲夢:華容,縣名,治所在今湖北監利縣北。漢書地理志上南郡華容縣云:“雲夢澤在南。”枝江,縣名,即今湖北枝江市。彦按:“枝江”疑當作“編縣”(治所在今湖北荆門市西北)。漢書地理志上南郡編縣云:“有雲夢官。”而於枝江縣下並無相關記載。江夏,郡名。安陸,縣名,治所在今湖北安陸市西北。彦按:“安陸”疑當作“西陵”(縣名,治所在今湖北武漢市新洲區西)。漢書地理志上江夏郡西陵縣云:“有雲夢官。”而於安陸縣下並無相關記載。

〔一三〕宋山川記、郭璞皆以夢爲南郡華容巴丘湖:宋山川記,即南朝宋劉澄之撰宋永初山川古今記,書已佚。郭璞説見爾雅釋地“楚有雲夢”注,文曰:“今南郡華容縣東南巴丘湖是也。”

〔一四〕則枝江也:彦按:上文稱班固漢書地理志於華容、枝江、安陸三地皆有雲夢,而宋山川記及郭璞皆以爲在華容,下文又據楚子避吳居於雲中,排除在華容及安陸之可能性,因判定應在枝江,今但稱“則枝江也”,語焉不詳,疑有脱文。

〔一五〕雎:喬本、備要本作“睢”,餘本作“灘”,今訂作“雎”。參見上注〔五〕。

〔一六〕謂雲在江北:夢溪筆談卷四辯證二:“予按,孔安國注‘雲夢之澤在江南’,不然也。據左傳‘吳人入郢,楚子涉(睢)[雎]濟江,入于雲中。王寢,盜攻之,以戈擊王,王奔郧’,楚子自郢西走涉(睢)[雎],則當出於江南。其後涉江入於雲中,遂奔郧。郧即今之安州,涉江而後至雲,入雲然後至郧,則雲在江北也。左傳曰‘鄭伯如楚,王以田江南之夢’,杜預注云:‘楚之雲夢跨江南、北。’曰‘江南之夢’,則雲在江北明矣。”　而以濟江者爲指漢言之:漢,指漢水。彥按:不知此説所指何人。豈以沈氏稱元豐中景陵主簿郭思"能言漢、沔間地理,亦以謂江南爲夢,江北爲雲"(詳見上注〔一一〕),遂武斷認定沈氏以"濟江"之江爲"指漢"乎?

汴字本用汳,煬帝惡其從反,易之

汴流舊矣,世咸謂隋煬始創,以幸維揚,前此未有〔一〕。斯大妄也。夫地之下沮,水必趨之,理勢然也〔二〕。使古無汴,其地既高且仰,則雖神禹不能使之行於地上,況乎煬。

汴也者,魏大梁也,故東魏爲梁州,後周曰汴〔三〕。汴渠即漢之漕渠,一名莨蕩〔四〕。其渠廠利,自秦氏徙平陰以開灌注〔五〕。後以開空不填,乃任水下扶溝,入渦而通泗〔六〕。暨漢平帝時,河、汴久壞,其後汴渠東浸,兗、豫百姓怨歎〔七〕。會伏恭以樂浪王景薦,於是詔發卒數十萬從景修渠、隄,自滎陽東至千乘海口千餘里,十餘里立一水門相洄注〔八〕。渠成,河、汴分流,稍復舊迹。故樂俊言"汴渠東浸,日月彌廣",知汴流古久矣〔九〕。夫卒數十萬修渠、隄,則是起自兩岸,而汴行其中矣。立水門以節度其上流,則與今汴不異也。事亦見顯宗紀。發卒,乃謁者王吳〔一〇〕。

魏太祖討董卓也,從弟洪至滎陽爲卓所敗,太祖失馬,步至汴,水深不得渡,循水得船共濟〔一一〕。而晉祖逖之將衛策,亦破石勒別軍于汴水〔一二〕。厥後桓溫將通之以北伐而不果〔一三〕。義熙中劉毅通之以討秦,始有湍流利漕〔一四〕。及濬舟師伐吳,杜預抵書勸之:自江入淮,逾于泗、汴;泝河而上,振旅還都〔一五〕。而濬亦謂將以成古今之絕倫,而自汴河班師,則汴之大小必不減於今也〔一六〕。

夫二帝之時,都于中冀,居河下流,而八州貢賦必縣河達帝所〔一七〕。蓋堯舜在位,重於用民,故九州川瀆各有入河之道,所以通朝貢、來商旅而便轉輸也,今之禹貢每州之末所紀是矣〔一八〕。

惟淮與河獨不相及,而言"浮于淮、泗,達于河"者,蓋緣淮以入汴,泝汴而入河也[一九]。使其無汴,淮、泗奚自而達河哉?此則伯禹之前有汴已見矣。我宋都大梁,貢輸之來必緣四河:自江淮、荆湖者道汴河,自陝西者道河三門白波,沂、汴、陳、許諸州道石塘、惠民河,而京東者道廣濟河[二〇]。蓋趨京都必以達河爲至,此唐虞建都之本意也。國初未有定制。太平興國六年始制:汴河歲運江淮米六百萬石,豆百萬石;黃河,米、豆八十萬石;惠民河,米、豆六十萬石;廣濟河,五百餘萬石[二一]。此最登之數[二二]。百貨十倍。景德已減。大中祥符初,七百萬石。

青、揚二州,不言達河,已見於徐、兗也[二三]。兗言"浮于濟、漯,達于河"矣,故於青直云"達于濟";徐言"浮于淮、泗,達于河"矣,故於揚直云"達于淮、泗":緣淮、濟以達河也[二四]。自大業初遣皇甫儀自西苑引穀、洛達河,自板渚引河通淮,大發河南男女百餘萬濬開千里,築堤蒔柳,號通濟渠,遂幸江都[二五]。所謂隋河者,特煬帝因舊而浚廣之,百姓怨苦,因而號之爾[二六]。坤元錄云:宋武北征後,復皆堙[二七]。大業元年,更令開道,名通濟渠[二八]。西通河洛,南達江淮。煬帝游江淮,於此泛龍舟至江都。轉交、廣、荆、揚、益、越等州運漕[二九]。"儀"一作"説"[三〇]。及開元時,齊澣牧汴,請開汴之下流,自虹之隋河至淮陰,北合爲淮,尋以河源勢急而塞[三一]。則汴不起於隋,益可知矣。

方楚、漢之中分,割界鴻溝,文穎以爲:自滎陽下引河水東南爲鴻溝,以通宋、鄭、陳、蔡、曹、衛,與濟、汝、淮、泗會于楚,即今之官渡水[三二]。魏武、袁紹相持之處[三三]。故蘇軾疑此爲汴,謂其後或爲鴻溝,或爲官渡,爲汴;上下百餘里間,雖不可必,而皆引河以達淮、泗者[三四]。至道中,上問汴水疏鑿之緣,張洎對曰:禹於滎澤下分大河爲陰溝,引注東南,以通淮、泗,至大梁浚儀復爲二渠:一渠東經陽武中牟臺下爲官渡水;一渠始皇鑿川灌郡,謂之鴻溝,即出河之溝,亦曰莨溝[三五]。王吴所作浚儀渠,東合濟,至敖山北,兼邲之名[三六]。煬帝開汴,自爲通濟渠。國家惠民、金水、五丈、清汴四渠合會,所以無遺乏也〔三七〕。會要〔三八〕。

史謂渠隄自滎陽而東,則上疑其爲鴻溝,下疑其官渡〔三九〕。有不然者,今汴渠自西而東,鴻溝乃横亘南北,而官渡直黄河爾,故袁紹相拒,沮授歎曰:“悠悠黄河,吾其濟乎?”〔四〇〕官渡匪汴,亦明矣。

酈道元謂禹塞滎澤,開渠以通淮、泗〔四一〕。予固謂伯禹之前有汴,不易之論。

澥以徐城險急,奏開十八里河,達于清水〔四二〕。其疏鑿沿亳界。真源丞崔延褘糾徒開千步,中得一坎,謂是古墳,中若新營,周視,北屋下有五色蟄龍,長丈許;側有鯉五頭;龜兩頭,長一尺二寸,睅長九分〔四三〕。褘白開河御史鄔元昌,狀上聞澥,澥命移龍置淮,投龜于汴〔四四〕。

【校注】

〔一〕維揚:洪本、吴本“揚”作“楊”。

〔二〕下沮:低下潮濕。

〔三〕魏大梁也:魏,戰國國名。大梁,戰國魏都。　汴:汴州。

〔四〕汴渠即漢之漕渠,一名莨蕩:“汴渠”二字各本原無。彦按:前句言汴地,此句言汴渠,主語已變,此不當缺主語也,蓋脱,今據意補。漕渠,人工挖掘或疏浚的主要用於漕運的河道。莨蕩,史籍又作莨蕩渠、狼湯渠、浪湯渠等。

〔五〕廞利:猶興利。謂起作用。　秦氏徙平陰以開灌注:洪本“徙”譌“徒”。彦按:偏查載籍,未見此説,頗疑其誤。或者“平陰”爲“襄陵”之譌。太平寰宇記卷二東京下襄邑縣云:“故曰襄陵。……秦始皇以承匡縣卑濕,遂徙縣于襄陵,改爲襄邑縣。”又云:“古汴渠,在縣北四十五里,……史記:‘秦始皇二十二年伐魏,引河灌大梁。’即此也。”蓋秦以承匡卑濕而徙襄陵,而於承匡開渠引河水以灌魏大梁也。

〔六〕扶溝:縣名,今屬河南省。　入渦而通泗:渦(guō),水名。廣韻戈韻:“渦,亦作濄。水名,出淮陽扶溝浪蕩渠。”彦按:“泗”疑當作“淮”。漢書地理志下淮陽國扶溝縣云:“渦水首受浪湯渠,東至向入淮。”又此篇下文稱“蓋繇淮以入汴,泝汴而入河也”,亦證明汴通淮而非泗。

〔七〕浸(qīn):汎濫。後漢書王景傳:“初,平帝時,河、汴決壞,未及得修。……後汴渠東侵，日月弥廣，而水門故處，皆在河中，兗、豫百姓怨歎，以爲縣官恒興佗役，不先民急。"

〔八〕伏恭：東漢司空。各本均作"伏宮"，當由音譌。今訂正。　東至：各本"至"均譌"平"，今據後漢書訂正。　千乘：縣名，治所在今山東高青縣高城鎮北。　水門：水閘。　相洞注：謂令水得以回旋倒流。後漢書王景傳："王景字仲通，樂浪詌邯人也。……辟司空伏恭府。……永平十二年，議修汴渠，乃引見景，問以理水形便。……夏，遂發卒數十萬，遣景與王吳脩渠築隄，自滎陽東至千乘海口千餘里。景乃商度地埶，鑿山阜，破砥績，直截溝澗，防遏衝要，疎决壅積，十里立一水門，令更相洞注，無復潰漏之患。"

〔九〕樂俊言"汴渠東浸，日月彌廣"：樂俊，東漢浚儀令。日明彌廣，謂汴渠水道越來越大。彥按："汴渠"云云見後漢書王景傳，"浸"作"侵"（見上注〔七〕），然非出自樂俊之口，此乃羅氏誤記。

〔一〇〕後漢書顯宗孝明帝紀永平十二年："夏四月，遣將作謁者王吳修汴渠，自滎陽至于千乘海口。"參見上注〔八〕。

〔一一〕見三國志魏志曹洪傳。　魏太祖：即曹操。

〔一二〕見晉書元帝紀太興三年。　祖逖：東晉名將，豫州刺史。　衛策：吳本、四庫本"策"作"莱"誤。

〔一三〕晉書郗超傳云："太和中，(桓)溫將伐慕容氏於臨漳，超諫以道遠，汴水又淺，運道不通。溫不從，遂引軍自濟入河，……果有枋頭之敗。"又宋曾鞏隆平集卷三河渠云："汴渠首受旃然水，謂之鴻溝。晉太和中桓溫北伐前燕，將通之，不果。"

〔一四〕義熙中劉毅通之以討秦，始有湍流利漕：彥按：劉毅當作劉裕。義熙爲晉安帝年號，其時已至東晉之末，而劉毅乃西晉初人，其誤顯然。宋史河渠志三載，宋太宗至道元年九月，問侍臣汴水疏鑿之由，參知政事張洎答言稱："(晉)義熙十三年，劉裕西征姚秦，復浚此渠，始有湍流奔注，而岸善潰塞，裕更疏鑿而漕運焉。"曾鞏隆平集卷三河渠述其事，亦作"劉裕"，是也。

〔一五〕濬：王濬。西晉名將，官至撫軍大將軍。受命伐吳，率先進入吳都建業，接受孫皓投降。　沂：喬本、洪本譌"沂"，今據餘本訂正。蘇軾書傳卷五禹貢"浮于淮、泗，達于河"傳："王濬伐吳，杜預與之書曰：'足下既摧其西藩,當徑取秣陵,討累世之逋寇,釋吳人于塗炭。自江入淮,逾于泗、汴。泝河而上,振旅還都,亦曠世一事也。'"

〔一六〕蘇軾書傳卷五禹貢"浮于淮、泗,達于河"傳:"王濬舟師之盛,古今絶倫,而自泗、汴泝河,可以班師,則汴水之大小,當不減於今。"

〔一七〕二帝:指堯、舜。　繇:四庫本作"由"。下諸"繇"字同。

〔一八〕入河:洪本、吳本"入"譌"八"。　每州之末:喬本、備要本"末"譌"水",今據餘本訂正。

〔一九〕浮于淮、泗,達于河:書禹貢語。　泝:喬本、洪本、吳本譌"沂",今據四庫本、備要本訂正。蘇軾書傳卷五禹貢"浮于淮、泗,達于河"傳:"自淮、泗入河,必道于汴。……禹貢九州之末,皆記入河水道,而淮、泗獨不能入河,帝都所在,理不應爾。意其必開此道以通之。其後或爲鴻溝,或爲官渡,或爲汴。上下百餘里間,不可必[知],然皆引河水而注之淮、泗也。"

〔二〇〕大梁:開封之古稱。　貢輸之來:吳本"來"譌"采"。　三門白波:三門,指今河南三門峽市陝州區東北黄河中之砥柱山,以其於河道中形成人門、鬼門、神門三道峽谷而得名。白波,在今河南孟州市西南。宋初設有三門白波發運司(後改名三門白波提舉輦運司),掌黄河三門至汴河水運,漕運陝西糧穀以供汴京之用。　沂、汴、陳、許諸州道石塘、惠民河:石塘,指石塘河,即今流經河南葉縣南部的甘江河。惠民河,起自今河南新鄭市,導溱、洧諸水,經尉氏縣西,東北流入京城(今開封市),折東南出城經陳州入潁。彦按:宋史食貨志三"由石塘、惠民河而至京師"之六州,未見有沂、汴(詳下),此疑有誤。

廣濟河:初稱五丈河,後改名。起自東京開封府,東流經今河南蘭考縣、山東菏澤市定陶區,至巨野縣西北注入梁山濼,下接濟水。宋史食貨志三:"宋都大梁,有四河以通漕運:曰汴河,曰黄河,曰惠民河,曰廣濟河。……江南、淮南、兩浙、荆湖路租糴,於真、揚、楚、泗州置倉受納,分調舟船泝流入汴,以達京師,置發運使領之。諸州錢帛、雜物、軍器上供亦如之。陝西諸州菽粟,自黄河三門沿流入汴,以達京師,亦置發運司領之。粟帛自廣濟河而至京師者,京東之十七州;由石塘、惠民河而至京師者,陳、潁、許、蔡、光、壽六州,皆有京朝官廷臣督之。"

〔二一〕汴河歲運江淮米六百萬石,豆百萬石:各本均無"米"字,當爲脱文,今據意補出。宋史食貨志三此句作:"汴河歲運江淮米三百萬石,菽一百萬石。"與其後漕運四河總運數"凡五百五十萬石"之文相合。此羅注"六百萬石"乃"三百萬石"之誤。　黄河,米、豆八十萬石:宋史食貨志三作:"黄河粟五十萬石,菽三十萬石。"又,各本此句之前尚有"大中祥符初,七百萬石"一句。彥按:參照宋史食貨志三,該句原在敍述完太平興國六年制內容之後,今憑空插入於此,蓋倒文,今移至"景德已減"句後。　惠民河,米、豆六十萬石:宋史食貨志三作:"惠民河粟四十萬石,菽二十萬石。"　廣濟河,五百餘萬石:宋史食貨志三作:"廣濟河粟十二萬石:凡五百五十萬石。""凡五百五十萬石者",合四河漕運之數也。羅注大誤。

〔二二〕登:高。

〔二三〕此就書禹貢言。

〔二四〕浮于濟、潔:洪本"于"譌"十"。　揚:洪本、吴本作"楊"。　以達河也:吴本、四庫本"達"作"達于"。

〔二五〕自大業初遣皇甫儀自西苑引穀、洛達河,自板渚引河通淮,大發河南男女百餘萬濬開千里,築堤蒔柳,號通濟渠,遂幸江都:皇甫儀,宋曾鞏隆平集卷三河渠、元豐類藁卷四九本朝政要策汴水,宋王應麟通鑑地理通釋卷一一三國形勢攷上滎陽汴水、玉海卷二二河渠宋朝四渠四河,宋趙彥衛雲麓漫鈔卷一,宋史河渠志三均作"皇甫誼"。疑"儀"爲"誼"字音譌。皇甫誼,隋尚書左丞。西苑,隋禁苑名,在今河南洛陽市西。各本均作"苑曲",當由"西苑"譌倒,今據隋書及北史隋煬帝紀訂正。穀,穀水,即今河南澠池縣南澠水及其下游澗水。東流至洛陽市西注入洛河。板渚,黄河津渡名。在今河南滎陽市高村鄉牛口峪附近。各本均作"汴渚",誤。今據隋書、北史訂正。遂幸江都,洪本"遂"字爲空格,吴本、四庫本作"遊"。又各本此四字原在"築堤蒔柳"之前,不合文章敍述條理,當爲倒文,今移置"號通濟渠"之後。隋書煬帝紀上大業元年:"(三月)辛亥,發河南諸郡男女百餘萬,開通濟渠,自西苑引穀、洛水達于河,自板渚引河通于淮。……八月壬寅,上御龍舟,幸江都。"

〔二六〕因舊:洪本"因"字爲空格。　號之:吴本"之"譌"人"。

〔二七〕坤元錄:唐魏王李泰撰。

〔二八〕開道:疏通。"道"通"導",通典卷一七七州郡七河南府河陰引坤元録,作"開導"。

〔二九〕轉交、廣、荆、揚、益、越等州運漕:吴本"揚"作"楊"。通典引坤元録,作:"其交、廣、荆、益、揚、越等州,運漕商旅,往來不絶。"

〔三○〕"儀"一作"説":吴本、四庫本無此四字。洪本"説"作"誽"。

〔三一〕虹之隋河:虹,縣名,治所在今安徽泗縣。四庫本作"洪"。隋,洪本、吴本作"隨"。下"汴不起於隋"之"隋"同。舊唐書玄宗紀下開元二十七年:"九月,……汴州刺史齊澣請開汴河下流,自虹縣至淮陰北合于淮,逾時而功畢。因棄沙壅舊路,行者弊之,尋而新河之水勢淙急,遂填塞矣。"

〔三二〕見史記項羽本紀"項王乃與漢約,中分天下,割鴻溝以西者爲漢,鴻溝而東者爲楚"裴駰集解引文穎曰。　文穎:喬本、備要本"穎"譌"潁",此從餘本。

〔三三〕魏武、袁紹相持之處:東漢建安五年(200),曹操與袁紹兩軍對峙於官渡,歷時半年。操用奇兵襲燒紹軍輜重,終大敗紹,而爲統一北方奠定基礎。洪本"持"作"待"。

〔三四〕詳見上注〔一九〕。

〔三五〕參見宋曾鞏隆平集卷三河渠、宋史河渠志三。　陰溝:古黄河支渠。故道西起今河南原陽縣西南,東至開封市境内合古蒗蕩渠。　復爲二渠:各本"二"均作"下",於義不洽,當誤。隆平集、宋史並作"二"是也,今從之。中牟臺:臺名,又稱官渡臺,故址在今河南中牟縣東北。　始皇鑿川灌郡:隆平集、宋史並作"始皇疏鑿以灌魏郡"。　莕溝:隆平集、宋史作"茛莕渠"。

〔三六〕宋史河渠志三云:"漢明帝時,樂浪人王景、謁者王吴始作浚儀渠,……渠(外)[水]東合濟水,濟與河、渠渾濤東注,至敖山北,渠水至此又兼邲之水,即春秋晉、楚戰于邲。"亦見隆平集卷三河渠。

〔三七〕金水:北宋漕運四渠之一。其渠於建隆二年(961)開鑿,引滎陽京、索二水東過中牟縣,抵京城開封西,架槽橫絶汴渠,東匯於五丈河。　五丈:見上注〔二○〕。　清汴:即汴水。隆平集卷三河渠:"今天下……雖甸服時有水旱,不致艱歉者,惠民、金水、五丈、清汴四渠,派引脈分,咸會天邑,舳艫相接,給贍公私,所以無匱乏也。"亦見宋史河渠志三。

〔三八〕會要:指宋代官修之宋會要。原書已佚,今僅存清徐松從永樂大典輯出之宋會要輯稿。

〔三九〕下疑其官渡：吳本、四庫本作“下疑其爲官渡”。

〔四〇〕今汴渠自西而東，鴻溝乃橫亘南北，而官渡直黄河爾，故袁紹相拒，沮授歎曰：“悠悠黄河，吾其濟乎”：沮授，袁紹謀士。後漢書袁紹傳上：“紹乃度河，壁延津南。沮授臨船歎曰：‘上盈其志，下務其功，悠悠黄河，吾其濟乎？’”彦按：路史此説實本宋胡寅致堂讀史管見卷四孝明漢紀，其文曰：“史曰（汴渠）渠、陿自滎陽而東，則上疑其爲鴻溝，下疑其爲官渡者，恐未得其要。官渡直黄河也，故袁、曹相距，沮授曰：‘悠悠黄河，吾其濟乎？’汴渠自西而東，鴻溝乃橫亘南北，故曰未得其要也。”

〔四一〕水經注卷五河水：“大禹塞滎澤，開之以通淮、泗，即經所謂蒗蕩渠也。”

〔四二〕澣以徐城險急，奏開十八里河，達于清水：自此而下至篇末“投黿于汴”，爲四庫本所無，吳本、備要本則以正文形式（非雙行夾注）出現。又吳本、備要本句首“澣”前有一“按”字。彦按：此下之文，實撮録自唐戴孚廣異記齊澣。其文曰：“唐開元中，河南採訪使、汴州刺史齊澣，以徐城險急，奏開十八里河，達於清水，平長淮之險。”云云。徐城，縣名，治所在今江蘇泗洪縣臨淮鎮。清水，河名，在今安徽亳州市西南，東北流入渦河。

〔四三〕周視：各本均作“周廣”，費解，當誤。今據廣異記訂正。　北屋：吳本、備要本作“比屋”誤。此一節，廣異記作：“其河隨州縣分掘。亳州真源縣丞崔延禕糾其縣徒，開數千步，中得龍堂。初開謂是古墓，然狀如新築净潔，周視，北壁下有五色蟄龍，長丈餘。頭邊鯉魚五六枚，各長尺餘；又有靈黿兩頭，長一尺二寸，眸長九分，如常黿。”

〔四四〕廣異記作：“禕以白開河御史鄔元昌，狀上齊澣。澣命移龍入淮，放黿入汴。”

敷淺原

敷淺原，蓋江、鄂之間[一]。孔氏謂一名博陽山[二]。顔師古云：博當爲傅[三]。漢志豫章歷陵縣南有博陽山，傅陽川在南，古文以爲敷淺原，音爲“敷陽”，誤爲“博”爾[四]。水經注云：“敷淺原,地在豫章歷陵縣西南^{〔五〕}。"水經所載禹貢山水澤地凡六十,山指名曰山,水指名曰水,而稱地者四——流沙、九江、東陵、敷淺原也。孔、顏以爲山者,異矣。

按通典云:蒲塘驛,漢歷陵縣,有敷淺原,西十里有博陽山^{〔六〕}。以今縣南十三里有陽居山,舊經依固,以爲敷淺原,名博陽山^{〔七〕}。然縣境惟有一水,流入大江,人謂傅陽川,乃在此山東北,與志不合,杜佑復析敷淺原、傅陽山爲二。蓋以敷淺原之水也,十道四蕃志,敷淺原、博陽水俱載饒州九江^{〔八〕}。新、舊尋陽録記:顏魯公過蒲塘驛,辨土俗所呼蒲淺水,蒲,"敷"音之轉;南有博陽山,土人呼"濮陽山","濮""博"亦音之訛^{〔九〕}。則又以爲博陽矣。博陽之山,不得而實爾。

按驛西數十里,惟有一望夫山,蓋望敷爾。尋陽志,博陽山在德安縣南十三里;望夫山在德安縣西北十五,高一百丈,謂升此望敷陽也^{〔一〇〕}。隋志云盆城望夫山,或曰"望君",是也^{〔一一〕}。方輿記謂夫行役,妻每登高而望,箱土積高,而爲名^{〔一二〕}。然寰宇記巴陵、當塗、黎城、德安皆有望夫之山,俱以婦人爲説,繆矣。志言:邑人或謂,縣古有敷淺原,登此可以望之,故名望敷。以今山下近村,猶以敷裏、敷外爲名。斯得之矣。蓋望都之類爾^{〔一三〕}。今崇陽之西二百二十有雲溪山,峭峻,清流界道如帶,即所謂敷淺原也,非博陽山^{〔一四〕}。

【校注】

〔一〕見發揮六論治水先後注〔三一〕、後紀六帝鴻氏注〔六〇〕。

〔二〕書禹貢"至于敷淺原"孔氏傳:"敷淺原,一名博陽山,在揚州豫章界。"

〔三〕顏師古云:博當爲傅:彦按:此説查無出處。漢書地理志上豫章郡歷陵縣云:"傅易山、傅易川在南,古文以爲傅淺原。"顏師古注:"傅讀曰敷。易,古陽字。"疑羅氏乃據此推衍,以爲師古説耳。

〔四〕歷陵縣:治所在今江西德安縣東。　博陽山,傅陽川:今漢志作"傅易山”、“傅易川”，與羅氏所見本異。

〔五〕敷淺原，地在豫章歷陵縣西南：見水經注卷四〇禹貢山水澤地所在，今本無“南”字。

〔六〕蒲塘驛，漢歷陵縣，有敷淺原，西十里有博陽山：見通典卷一八二州郡十二潯陽郡潯陽縣，“十里”作“數十里”，文曰：“又有蒲塘驛，即漢歷陵縣也。……今驛前有敷淺原，原西數十里有傅陽山（中華書局 1988 年版王文錦等點校本據北宋本、王吳本改“博陽山”）。”

〔七〕固：班固。此指班固所撰漢書地理志。

〔八〕十道四蕃志：唐梁載言撰。

〔九〕尋陽録：即潯陽録。佚書，作者不詳。

〔一〇〕尋陽志：即潯陽志。宋晁百揆撰。　博陽山：疑當作“敷陽山”，下文稱“謂升此（指望夫山）望敷陽也”，即望此敷陽山也。今作“博陽”，則上下文失呼應。　德安縣：今縣屬江西省。　望夫山在德安縣西北十五：吳本、四庫本“德安縣”作“德陽縣”，誤。

〔一一〕隋志云盆城望夫山：洪本、吳本、四庫本“隋”作“隨”。盆城，當作“湓城”。縣名，治所在今江西九江市。隋書地理志下荆州九江郡湓城縣云：“有廬山、望夫山。”　望君：君，謂夫君（丈夫）。

〔一二〕方興記：四庫本作“方興志”。　箱土積高：以箱裝土，累疊使高。

〔一三〕參見餘論六唐國望都。

〔一四〕崇陽：縣名，今屬湖北省。

三江詳證

揚州文有“三江”，而導水之文乃有中江、北江，釋者於是紛紛[一]。孔謂江自彭蠡分三以入震澤，而鄭復以東迤爲南江，歷代不決[二]。不知所謂“三江”，非中、北之江，中、北之江初無“三江”之名，而三江元不入震澤也[三]。職方三江，揚州之川[四]。郡國志、韋昭等以吳郡南松江、浙江、浦陽江爲之[五]。按此皆自會稽入海者，自班固冒以南、中、北之名，遂與泯、漢入匯之文相亂，故或者疑“南松”等爲是吳中小水，不足名川，于以泯、漢充之，故志林云:江於彭蠡分爲三,以入海[六]。然江自夏口合漢以入彭蠡,即合爲一,自蕪湖出,縣秣陵、京口至崇明入海,何嘗有三[七]?桑欽、許慎謂江至彭蠡、石城而分爲二:一爲中江——今大江,一爲北江——浙江也[八]。然浙出於黟,至餘姚、定海而入海,與長江正自隔絕,故漢注又謂岷爲大江,至九江爲中江,至徐陵爲北江[九]。是一源而三目,豈其然邪[一〇]?

夫贛源於西章,本曰豫水,豫章之名始此[一一]。而西章明有江南之號,則亦可謂三江。特此一江,禹所不至,禹貢不見,學者有不之知。夫以震澤在吳,彭蠡在楚,略不相及,今乃謂江自彭蠡分入震澤,爲北江,是誤以揚州之文解之也。“三江既入,震澤底定”者,謂三江既入于海,而震澤亦以致定。此自二事,非謂其入震澤。此鄭所以謂三江分於彭蠡,爲三流,東入海[一二]。然謂分爲三流,則愈疎矣[一三]。且“雷夏既澤,灉、沮會同”,雷澤在兗,灉、沮在雍,兗東雍西,亦自二事[一四]。而安國亦以爲二水會同於此澤,蓋不知地理之所至也[一五]。然又攷之海內東經,會稽之山在大楚南,三江之首大江出岷山,北江出蔓山,南江出高山,高山在成都西,皆入于海,故郭景純以岷江易浦陽[一六]。今人特不知其處爾,學者又何可妄引淺證而罔之哉[一七]!

水經:中江在丹陽蕪湖縣西,至會稽陽羨東入海;北江從會稽毗陵北界東入海;南江從會稽吳縣南,東入于海[一八]。蓋本漢志[一九]。王安石云:一自蕪湖至陽羨東入海,一自毗陵東北入海,一自吳縣南入海。二江在震澤上,今堙淺,爲漕河所限,不入震澤,悉入吳縣。一江震澤,所以不足;而吳多水患[二〇]。此妄意也。兹酈所以謂東南地卑,萬流所湊,濤湖泛溢,觸地成川,故川舊瀆難以爲憑,禹之舊迹已變,不可更攷[二一]。斯益妄也。震澤在吳縣南五十[二二]。

　　贛自豫章入彭蠡，汒、漢自漢陽合，入彭蠡，則合爲一，不爲二矣。然禹貢猶有中江、北江之名者，水性不同，各自爲道，如涇、渭之分流，流雖合而水不混。惟涇、渭有色可見，而此則不見，故鄭漁仲執此，以爲水入水則合，豈有流至九江猶可辨其爲江、爲漢〔二三〕？而林之奇遂謂在禹之時，彭蠡而下有此中江、北江，而今爲一；孔蔽於所不見，蘇蔽於所可見〔二四〕。不知之奇之蔽又有甚者。夫汒自夏口合漢入彭蠡，使其復出分爲二江，亦不辨其孰爲漢孰爲汒矣，況説二江去古未久，其一遽失而徒不之知邪！不知二江既入彭蠡，雖合爲一，而自匯而下，禹貢之文猶分江、漢，至于入海。爲説甚明，初未嘗合，則亦有其説矣。蓋江、漢既會，則自東陵而略彭蠡之側，東流復出蕪湖，初不與彭澤之水混，故云“東匯澤”，匯澤之水在其東也〔二五〕。今華容青草湖中有大江，在縣東一百里屈而南，與湘、沅二水合，春夏漲，冬入零陵則大江見，則依舊自爲道也〔二六〕。揚州言“三江既入”，而於荆言“江、漢朝宗于海”，則同流而自爲道可知矣〔二七〕。唐許敬宗謂濟入河，泆地南出，亦以味別〔二八〕。以今揚子江心有南零、北零之異，則知其入而不合，正不疑也〔二九〕。古有五行之官，水官得職，則能辨其性味，潛而復出，合而更分，皆可辨之。此陸羽所以於揚子江心候南零之水，而張江州亦記嚴瀨、揚子南零水之不同，劉伯芻、李季卿品天下水各有不同〔三〇〕。昔師曠、易牙、俞兒、張華、王劭皆能辨於淄澠，自有此理〔三一〕。蘇子瞻謂中江、北江，以味別之，亦本乎是〔三二〕。然以爲江、漢入澤，合而更分，則又非矣〔三三〕。入固未嘗合也〔三四〕。

【校注】

　　〔一〕揚州文有“三江”：指書禹貢“淮、海惟揚州”一節“三江既入，震澤底定”之文。吴本“揚”作“楊”。　而導水之文乃有中江、北江：見書禹貢。

　　〔二〕孔謂江自彭蠡分三以入震澤：書禹貢“東爲北江，入于海”孔氏傳：

“自彭蠡,江分爲三,入震澤,遂爲北江而入海。”　鄭復以東迤爲南江:書禹貢 “東迤北會于匯”孔穎達疏:“鄭云:‘東迤者爲南江。’”

〔三〕元:原來,本來。四庫本作“原”。

〔四〕周禮夏官職方氏:“東南曰揚州,……其川三江。”

〔五〕松江:即流經今江蘇蘇州、上海境之吴淞江。　浦陽江:在今浙江杭 州市蕭山區東。太平寰宇記卷九一蘇州吴縣松江:“郡國志云:‘禹貢三江,吴 郡南松江、錢塘江、浦陽江是也。’禹貢云:‘三江既入,震澤底定。’韋昭云:‘三 江謂吴郡南松江、錢塘江、浦陽江。’”

〔六〕班固冒以南、中、北之名:彦按:此説有誤。漢書地理志上“三江既 入,震澤底定”顔師古注:“三江,謂北江、中江、南江也。”是“以南、中、北之名” 釋三江者,顔師古也,路史張冠李戴矣。　遂與沱、漢入匯之文相亂:匯,河流 匯合處,此指彭蠡澤。彦按:“沱”疑當作“沱”。“沱、漢入匯之文”應指書禹貢 “岷山導江,東別爲沱,……東迤北會于匯”及“嶓冢導漾,東流爲漢,……東匯 澤爲彭蠡”之文。又,今考漢書地理志上敍禹治水事,一本尚書禹貢,不挾私 貨,羅氏此一指責,洵莫須有。　志林:晉虞喜撰。太平御覽卷六五:“虞氏志 林云:‘江於彭蠡分爲三。’”太平寰宇記卷九一蘇州吴縣松江亦引虞氏志林, “江”作“松江”。

〔七〕縣秣陵、京口至崇明入海:四庫本“縣”作“由”。京口,即今江蘇鎮江 市地。崇明,鎮名,即今上海市崇明區。

〔八〕桑欽、許慎謂江至彭蠡、石城而分爲二:一爲中江——今大江,一爲北 江——浙江也:石城,縣名,治所在今安徽池州市貴池區殷匯鎮。許慎説出處 不詳。桑欽説見水經沔水,原文作:“沔水與江合流,又東過彭蠡澤,……又東 至石城縣,分爲二:其一東北流;其一又過毗陵縣北,爲北江。”

〔九〕黟(yī):山名,即今安徽黄山。　定海:縣名,治所在今浙江寧波市 鎮海區。　漢注又謂岷爲大江,至九江爲中江,至徐陵爲北江:今本漢書顔注 未見有此,而初學記卷六地部中江第四亦云:“漢書地理志注:岷江爲大江,至 九江爲中江,至徐陵爲北江,蓋一源而三目。”疑爲佚文。

〔一〇〕邪:四庫本作“耶”。下文“邪”字同。

〔一一〕贛:指今江西之贛江。　西章:即今江西西南部之章水。

〔一二〕此鄭所以謂三江分於彭蠡，爲三流，東入海：書禹貢“東匯澤爲彭蠡，東爲北江，入于海”孔穎達疏：“鄭玄以爲：‘三江既入’，入于海，不入震澤也。”

〔一三〕分爲三流：吴本、四庫本“爲”作“於”非。

〔一四〕雷夏既澤，灉、沮會同：書禹貢語。雷夏，澤藪名，即雷澤，在今山東菏澤市東北。灉、沮，二水名，今已埋廢。一般認爲，灉水故道約在今山東西部、河北南部一帶，沮水故道在今山東西南部。

〔一五〕安國亦以爲二水會同於此澤：孔氏傳曰：“雷夏，澤名。灉、沮二水，會同此澤。”

〔一六〕三江之首大江出岷山：山海經原文“岷山”作“汶山”，曰：“岷三江：首大江出汶山。”汶山即岷山。　北江出蔓山：北江，各本均譌“海江”，今據山海經訂正。蔓山，今本山海經作“曼山”，即今四川雅安市名山區西之蒙山。

高山：即今四川榮經縣與漢源縣交界之大相嶺山。　成都：吴本作“城都”，與傳本山海經同。　故郭景純以岷江易浦陽：水經注卷二九沔水：“郭景純曰：三江者，岷江、松江、浙江也。”

〔一七〕罔：誣，無中生有。

〔一八〕水經：自此而下至“震澤在吴縣南五十”，爲四庫本所無。　中江在丹陽蕪湖縣西，至會稽陽羨東入海：見水經注卷四十禹貢山水澤地所在，“西”作“西南”，“至”作“東至”，“陽羨東入海”作“陽羨縣入于海”。陽羨，縣治在今江蘇宜興市。　北江從會稽毗陵北界東入海：見水經注卷四〇禹貢山水澤地所在，原文作：“北江在毗陵北界，東入于海。”　南江從會稽吴縣南，東入于海：今本水經注查無此文。唯卷二九沔水云：“南江東注于具區，謂之五湖口。……韋昭曰：五湖，今太湖也。尚書謂之震澤。爾雅以爲具區。”又卷四〇禹貢山水澤地所在云：“震澤在吴縣南五十里。”似與之相關。喬本、備要本“南東”作“東南”非，此從洪本、吴本。

〔一九〕蓋本漢志：彦按：今本漢書地理志未見有上述内容。而書禹貢“東爲中江，入于海”孔穎達疏曰：“地理志云：南江從會稽吴縣南東入海，中江從丹陽蕪湖縣西東至會稽陽羨縣東入海，北江從會稽毗陵縣北入于海。”又史記夏本紀“三江既入”司馬貞索隱：“今按：地理志有南江、中江、北江，是爲三江。

其南江從會稽吳縣南,東入海。中江從丹陽蕪湖縣西南,東至會稽陽羨縣入海。北江從會稽毗陵縣北,東入海。"疑即路史所本。然二書所稱之地理志,指漢志乎? 其文乃漢志佚文乎? 今已不得而知。

〔二〇〕上引王安石説,出處不詳,待考。

〔二一〕茲酈所以謂東南地卑,萬流所湊,濤湖泛溢,觸地成川,故川舊瀆難以爲憑,禹之舊迹已變,不可更攷:見水經注卷二九沔水,"泛溢"作"泛決","爲憑"作"取悉","禹之舊迹已變,不可更攷"作"雖鱗依縣地,緝綜所纏,亦未必一得其實也"。酈,指酈道元。各本均誤"鄭",今訂正。

〔二二〕震澤在吳縣南五十:參見上注〔一八〕。吳本脱"南"字。

〔二三〕涇、渭有色可見:涇河清,渭河濁,二水匯而不混,清濁異流,分明可見。　鄭漁仲執此,以爲水入水則合,豈有流至九江猶可辨其爲江、爲漢:鄭漁仲,即南宋史學家鄭樵(字漁仲)。鄭氏説出處不詳。宋林之奇尚書全解卷八禹貢引鄭漁仲曰,作:"水之入水,緩者數步,猛者不踤步間,渾合而爲一,豈得漢水自大別與江合流,至九江猶能辨得此是漢水邪?"宋夏僎尚書詳解卷七引鄭説大同。

〔二四〕林氏之言曰:"據經言'東爲北江'、'東爲中江',則是禹之時彭蠡之下有此二江也,必矣。蘇氏徒見今之江流合而爲一,遂爲味別之説。蓋孔氏未嘗南遊也,故蔽於所不見,惟順經文以爲之説。蘇氏親見江水,故蔽於所見,遷就經文而爲之説。一則蔽於所見,一則蔽於所不見,其失一也。"見尚書全解卷八禹貢"三江既入"解。　孔蔽於所不見:孔,指漢孔安國及唐孔穎達。林氏曰:"漢孔氏云:'三江已入,致定爲震澤。'唐孔氏曰:'江從彭蠡而分爲三,又共入震澤,從震澤復分爲三,乃入海。'蘇氏破其説,以謂:'安國未嘗南游,案經文以意度之耳,不知三江距震澤遠甚,決無入理。而震澤之大小,決不足以受三江也。'此説爲是。"　蘇蔽於所可見:蘇,指宋蘇軾。軾之言曰:"三江之入,古今皆不明。予以所見考之,自豫章而下入于彭蠡,而東至海,爲南江;自蜀岷山至于九江彭蠡,以入于海,爲中江;自嶓冢導漾,東流爲漢,過三澨、大別,以入于江,東匯澤爲彭蠡,以入于海,爲北江。此三江,自彭蠡以上爲二,自夏口以上爲三。江、漢合于夏口,而與豫章之江皆匯于彭蠡,則三江爲一。過秣陵、京口,以入于海,不復三矣。然禹貢猶有三江之名,曰北、曰中者,以味別也。蓋此三水,性不相入,江雖合而水則異,故至于今而有三泠之說。古今稱唐陸羽知水味,三泠相雜而不能欺,不可誣也。"(見書禹貢"三江既入,震澤底定"蘇氏傳)林氏曰:"蘇氏蓋據其所見,今之江流自彭蠡而下但有一江,故以禹貢之中江、北江爲以味別。鄭漁仲曰:'水之入水,緩者數步,猛者不跬步閒,渾合而爲一,豈得漢水自大別與江合流,至九江猶能辨得此是漢水邪?'以是知蘇氏味別之說爲未可從。"

〔二五〕東陵:古地域名,在今安徽池州市貴池區、青陽縣等市縣間以九華山爲主體的沿江低山丘陵地帶。　略:經過。

〔二六〕青草湖:即巴丘湖,在今湖南洞庭湖東南部。

〔二七〕揚州:洪本、吳本"揚"作"楊"。　同流:吳本"同"譌"曰"。

〔二八〕許敬宗:唐宰相。　洑:水伏流地下。新唐書許敬宗傳載敬宗之言曰:"夏禹道沇水東流爲濟,入于河。今自漯至溫而入河,水自此洑地過河而南,出爲滎。……古者五行皆有官,水官不失職,則能辨味與色。潛而出,合而更分,皆能識之。"

〔二九〕今揚子江心有南零、北零之異:揚子江,吳本"揚"作"楊"。南零,南零水,相傳爲烹茶佳水,茶聖陸羽能辨之(見唐張又新煎茶水記)。北零,羅氏據南零水推衍杜撰之水。

〔三〇〕揚子江:吳本"揚"作"楊"。　張江州:唐江州刺史張又新。　嚴瀨:即嚴陵瀨,在浙江桐廬縣南,相傳爲東漢嚴光隱居垂釣處。　揚子:揚子江。洪本、吳本"揚"作"楊"。　劉伯芻:唐刑部侍郎。　李季卿:唐湖州刺史。詳見唐張又新煎茶水記。

〔三一〕師曠、易牙、俞兒、張華、王劭皆能辨於淄澠:易牙,又稱狄牙。春秋齊桓公寵臣,善調味。俞兒,又作臾兒,亦古之善識味者。呂氏春秋精諭云:"孔子曰:'淄澠之合者,易牙嘗而知之。'"淮南子汜論篇云:"臾兒、易牙,淄、澠之水合者,嘗一哈水而甘苦知矣。"高誘注:"臾兒、易牙,皆齊之知味者也。"又劉子類感:"淄、澠共川,色味異質。"唐袁孝政注:"晉時張華別味,晉王取淄、澠二水合以爲羹。將與張華,華喫即云此羹有淄、澠二水味也。"彥按:徧查書傳,未見師曠、王劭辨淄、澠事,疑路史以二人皆能辨察玄微而附會之。

〔三二〕蘇子瞻謂中江、北江,以味別之:詳上注〔二四〕。

〔三三〕合而更分:四庫本脱"合"字。

〔三四〕吴本、備要本此下有"楊升菴曰"云云一段文字,另起一行、低一格書。

九江詳證

導山之文,自岷山至衡山,過九江,至于敷淺原;而導江自岷山至于澧,過九江,至于東陵,東迤北,會于匯〔一〕。東陵,今之巴陵,與夷陵相對出爲東西〔二〕。以夷陵曰西陵,則巴陵爲東陵,信矣〔三〕。故唐志以今鄂州巴陵爲是九江,蓋在東陵而上,顧不在彭蠡下也〔四〕。按荆州文"九江孔殷",鄭氏以爲:殷者多也,謂九江從山溪所出,其孔甚多,以言治之之難〔五〕。九江各源,其下流合于江,而非大江。孔安國言江於荆界分爲九道,應劭遂以爲自尋陽分,班氏之志則以爲在尋陽縣南,皆東合于大江,而以東陵爲在廬江金蘭〔六〕。水經亦云金蘭西北,以廬江郡有東陵鄉也〔七〕。不知金蘭乃在匯之下流,非大江之所至。許叔重云:"迤,邪行也〔八〕。"今江水過洞庭,至于巴陵而後東北邪行,入于彭澤〔九〕。所謂"至于東陵,東迤北"也,豈尋陽之區哉?且以大水受小水,謂之過;二水相受,大小均,謂之會,——河水"東過洛汭","北過漳水",漳、洛之水入河,河水過之而已〔一〇〕。漾"過三澨",渭"過漆沮",亦猶是也〔一一〕。自江分爲九道,則經當云"播爲九江",不云"過"矣〔一二〕。

九江舊説:一獻,二白蜆,三嘉靡,四烏土,五蚌,六猛,七麘,八沙提,九廩〔一三〕。爲之或百里,或五十里;始於鄂陵,而會於京口、桑落洲,三百餘里〔一四〕。而張須元九江圖乃有三里、五洲、白蚌、菌州之名〔一五〕。五洲即蜆,而三里即獻也。尋陽記則以爲一烏,二白蚌,三烏土,四嘉靡,五獻,六源,七廩,八提,九菌。源或作浮,烏土一作烏白。水經、書疏、莊子義等往往皆引爲正〔一六〕。

晁百揆以爲方俗所名,於經無當。桑落洲今在宿松西南百餘里[一七]。十道四番志云:江自鄂陵分派爲九,於此合流,謂之九江口[一八]。又云,尋陽江有八洲:一沙,二人,三九江,四葛,五象,六鳥,七感,八蚌;曲折爲九江洲[一九]。與江州尋陽中流分界,東武林洲,洲之下尾[二〇]。故程大昌謂荆境至尋陽,以東即爲揚州[二一]。孔應所以,附會屬之,別無古据[二二]。安國言爲九派,未有其名。至張僧鑒、張須元、賈耽,名而不同[二三]。蓋出俗傳,江何嘗九分哉?

　逮蔣之奇,乃以九江爲今洞庭,宜亦有所見矣。竊攷漢志,東陵之間自有沈、漸、元、辰、敍、酉、澧、湘、資九水,皆合洞庭,東入于江[二四]。山海經云:洞庭之山,是在九江中[二五]。而博物誌,君山爲洞庭山[二六]。故張勃吴録云,岳之洞庭,荆之九江也[二七]。若尋陽,則爲揚境,非荆地矣。水經注言九江在長沙國下雋縣西北,楚地[二八]。乃今岳之巴陵,洞庭在其西北,則荆之九江爲洞庭審矣。雖然,秦漢以壽春置九江郡,殊失所謂[二九]。及英布爲九江王,而王莽更以豫章爲九江郡,劉歆以爲湖漢九江入彭澤,禹貢爲辭也[三〇]。太史公云"予登廬山,觀禹迹九江口",安得古之九江而觀之[三一]?蓋自秦漢,説者知尋陽爲九江尒。惠遠記,廬山在尋陽南,南濱宫亭,北對九江;而尋陽志,九江在州西北二十五里:皆率然之説尒[三二]。太康地記以爲湖漢九水入彭蠡者,則又入贛之九水也,益遼隔矣[三三]。

【校注】

〔一〕導山之文,自岷山至衡山,過九江,至于敷淺原:見書禹貢,原文作:"導……岷山之陽,至于衡山,過九江,至于敷淺原。"九江,顧頡剛、劉起釪尚書校釋譯論以爲:"指鄂東黄岡地區廣濟(彦按:即今湖北武穴市)一帶容納了多水的長江,包括其有關諸水。"敷淺原,吴本、四庫本"原"作"源"。　導江自岷山至于澧,過九江,至于東陵,東迤北,會于匯:書禹貢原文作:"岷山導江,東别爲沱,又東至于澧,過九江,至于東陵,東迆北,會于匯。"孔氏傳:"澧,水名。"

〔二〕巴陵:縣名,治所即今湖南岳陽市。 夷陵:縣名,治所在今湖北宜昌市夷陵區。 爲東西:吳本、四庫本作"於東西"。

〔三〕以夷陵曰西陵:夷陵爲西漢所置縣,三國吳曾改爲西陵縣,至晉太康元年(280)復稱夷陵。

〔四〕唐志以今鄂州巴陵爲是九江:備要本"鄂州"譌"鄂陵"。彦按:此文當有誤。今考新、舊唐書地理志,鄂州並無巴陵縣;巴陵縣屬岳州,然彼處亦未見有以爲九江之説。

〔五〕荆州文:指書禹貢所載禹治水至荆州一節文字。 九江孔殷:元吳澄書纂言:"孔,甚。殷,盛也。言九水之合有所容歸,其流甚盛也。"當爲的解。四庫本"孔"譌"既"。 鄭氏以爲:殷者多也,謂九江從山溪所出,其孔甚多,以言治之之難:見孔穎達尚書正義引鄭(玄)云,原文作:"殷猶多也。九江從山谿所出,其孔衆多,言治之難也。"

〔六〕孔安國言江於荆界分爲九道:孔氏於"九江孔殷"傳曰:"江於此州界分爲九道,其得地勢之中。" 應劭遂以爲自尋陽分:尋陽,即潯陽。縣名,治所在今江西九江市。 班氏之志則以爲在尋陽縣南,皆東合于大江,而以東陵爲在廬江金蘭:金蘭,史爲樂中國歷史地名大辭典以爲在今安徽涇縣。漢書地理志上廬江郡尋陽縣云:"禹貢九江在南,皆東合爲大江。"又於廬江郡云:"金蘭西北有東陵鄉。"

〔七〕水經亦云金蘭西北:"蘭"喬本、洪本譌"菌",吳本、四庫本、備要本譌"菌"。水經卷四〇禹貢山水澤地所在:"東陵地在廬江金蘭縣西北。"

〔八〕迆,邪行也:見説文辵部,原文作:"迆,衺行也。"迆同迤,邪同衺。

〔九〕至于:洪本、吳本"于"譌"十"。

〔一〇〕北過洚水:今書禹貢"洚"作"降"。林之奇尚書全解卷八禹貢"九江孔殷"解引曾氏曰:"禹貢言導河,曰:'東過洛汭','北過降水',蓋洛水、降水入于河,河則過之而已。導漾曰'過三澨',導渭曰'過漆沮',亦猶是也。蓋大水受小水,則謂之過;二水相受,大小均焉,故謂之會。江合于匯,謂之會者,彭蠡所豬二水,別爲南江故也。江合九江謂之過者,辨其源有九,則小於江故也。"

〔一一〕漾“過三澨”,渭“過漆沮”:並見書禹貢。漾,水名,即今四川嘉陵江。三澨,水名,在今湖北天門市南。漆沮,漆水與沮水合流後之通稱。漆水即今陝西岐山南之横水河,沮水即今岐山縣東之漳河。

〔一二〕自:連詞。假如。　當:吳本譌“雷”。　播爲九江:播,分散。書禹貢有“播爲九河”語。

〔一三〕一猷,二白蜆,三嘉靡,四烏土,五蚌,六猛,七麞,八沙提,九廩:蚌,各本均作“蛘”。彥按:“蛘”字不見諸字書。書禹貢“九江孔殷”陸德明音義及孔穎達疏引潯陽記、史記夏本紀“九江甚中”司馬貞索隱引尋陽記,俱作“蚌”,初學記卷六地部中引潯陽記作“蟀”。蟀、蚌一字異體,蛘當“蚌”字形譌,今訂正。沙提,四庫本“提”作“堤”。另,書禹貢陸德明音義無白蜆、烏土、猛、廩,而有烏白江、烏江、源江、累江,又麞作窗,沙提作提。孔疏與陸氏音義略異,累江作廩江。史記索隱與陸氏音義之異則在:有沙江而無源江,有廩江而無累江,又提江作隄江。至初學記又無白蜆、猛,而有白烏江、浮江,且麞作菌,沙提作提,廩作㚒。

〔一四〕爲之或百里,或五十里;始於鄂陵,而會於京口、桑落洲:鄂陵,今湖北鄂州市鄂城區。桑落洲,在今江西九江市柴桑區江洲鎮。彥按:書禹貢陸德明音義引張須元緣江圖云:“參差隨水長短,或百里,或五十里。始於鄂陵,終於江口,會于桑落洲。”蓋即羅泌所本,而今本路史之文有誤。

〔一五〕張須元九江圖乃有三里、五洲、白蚌、菌州之名:張須元,晉宋時人,餘不詳。九江圖,書禹貢陸德明音義引張氏書,作緣江圖。五洲,陸德明音義作“五州”。白蚌,各本“蚌”均作“蛘”,當由形譌,今訂正。下“蚌”字同。菌州,喬本、洪本、吳本“菌”作“菌”,此從四庫本、備要本。下“菌”字同。陸德明音義作“箘江”,疑此作“州”者誤。

〔一六〕水經、書疏、莊子義等往往皆引爲正:正,通“證”。今水經未見羅氏所稱“引爲正”事,莊子義作者不詳。

〔一七〕宿松:縣名,今屬安徽省。

〔一八〕十道四番志:即十道四蕃志。

〔一九〕又云,尋陽江有八洲:一沙,二人,三九江,四葛,五象,六烏,七感,八蚌;曲折爲九江洲:彥按:宋程大昌禹貢論上云:“賈耽則曰江有八洲,曰沙、

曰人、曰九江、曰葛、曰象、曰烏、曰感、曰蚌,此八洲者曲折而與江爲九。"宋毛
晁禹貢指南卷三有文大同。是則此"又云"當作"又賈耽云"。又路史下文總
結諸家解釋九江之謬,稱"至張僧鑒、張須元、賈耽,名而不同",二張説皆見上,
唯賈氏説未予明示,疑此處原有"賈耽"二字而脱文。尋陽江,即潯陽江。指長
江流經古潯陽縣境一段,在今江西九江市北。烏,喬本、洪本、備要本作"鳥"
誤,此從吳本、四庫本。

〔二○〕通典卷一八一州郡十一同安郡宿松縣:"江水自鄂陵分爲九派,會
於此縣界洲上,三百餘里合流,謂之九江口。東得武林洲,即桑落洲之下尾。"

〔二一〕程大昌:南宋明州知州。　揚州:吳本"揚"作"楊"。程氏禹貢論
上二十五九江云:"以九州疆境考之,則尋陽向隸荆,不隸揚也。"

〔二二〕孔應所以,附會屬之:孔,指孔穎達。應,應付,應對。所以,指"九
江"之所以稱"九江"。屬(zhǔ),隨,依從。之,指書傳及鄭玄等説。書禹貢
"九江孔殷"傳:"江於此州界分爲九道,甚得地勢之中。"孔穎達正義:"傳以江
是此水大名,'九江'謂大江分而爲九,猶大河分爲九河,故言'江於此州之界
分爲九道'。……鄭云:'殷猶多也。九江從山谿所出,其孔衆多,言治之難也。
地理志:九江在今廬江潯陽縣南,皆東合爲大江。'如鄭此意,九江各自別源,其
源非大江也,下流合於大江耳。然則江以南水無大小,俗人皆呼爲江,或從江
分出,或從外合來,故孔、鄭各爲別解。應劭注地理志云'江自潯陽分爲九道',
符於孔説。潯陽記有九江之名,……雖名起近代,義或當然。"

〔二三〕張僧鑒:亦作張僧監。東晉時人,潯陽記之作者。

〔二四〕竊攷漢志,東陵之間自有沈、漸、元、辰、敍、酉、澧、湘、資九水:沈,
漢書地理志未見此水,疑誤。元,當作"沅";敍,當作"序":並見漢書地理志上
武陵郡。

〔二五〕見山海經中山經,原文爲:"又東南一百二十里,曰洞庭之山,……
是在九江之間。"

〔二六〕博物誌:即博物志。其卷六地理考曰:"洞庭君山,帝之二女居
之。……荆州圖經曰:'湘君所遊,故曰君山。"

〔二七〕岳之洞庭,荆之九江也:岳,指後世之岳州。荆,指禹貢之荆州。

〔二八〕水經注言九江在長沙國下雋縣西北:見水經注卷四○禹貢山水澤

地所在,文曰:"九江,地在長沙下雋縣西北。"各本"下雋"均譌"不雋",今據水經注訂正。

〔二九〕所謂:意旨。

〔三〇〕英布爲九江王:英布,即黥布。初爲項羽屬下將領,封九江王。王莽更以豫章爲九江郡:見漢書地理志上豫章郡。　劉歆以爲湖漢九江入彭澤:湖漢,水名。水出今江西于都縣(古稱雩都)。漢書地理志上豫章郡雩都縣曰:"湖漢水東至彭澤入江,行千九百八十里。"此水上源頗多,故有"湖漢九水"之説。各本均作"湖陵"。彦按:"湖陵"當是"湖漢"之誤。書禹貢"九江孔殷"陸德明音義:"太康地記曰:'九江,劉歆以爲湖漢九水,入彭蠡澤也。'"今據以訂正。　禹貢爲辭也:禹貢有"東匯澤爲彭蠡"之文。

〔三一〕太史公云"予登廬山,觀禹迹九江口":見史記河渠書,文作:"太史公曰:余南登廬山,觀禹疏九江。"

〔三二〕記:指廬山記。　廬山在尋陽南,南濱宮亭,北對九江:宮亭,湖名,即今江西廬山市與南昌市間之鄱陽湖。後漢書郡國志四揚州廬江郡"南有九江,東合爲大江"李賢注引釋慧遠廬山記,作:"山在尋陽南,南濱宮亭湖,北對小江。"　尋陽志:即潯陽記。

〔三三〕太康地記以爲湖漢九水入彭蠡者:九水,各本均譌"元水",今訂正。參見上注〔三〇〕。　益遼隔矣:吳本、備要本此下有"禹貢云"云云一段文字,另起一行、低一格書。

辨兗濟

予既證三江,而兗、濟截河之説,古今未哲〔一〕。夏書:兗水東流爲濟,入于河,溢爲滎,又東出陶丘北〔二〕。此伯禹所知也。歷古地書,皆知濟自河北溫縣入河,自河南滎陽而溢〔三〕。兗、濟二郡,正以是名〔四〕。濟源縣在河東,濟南、濟北、濟陽、濟陰皆在河南。自杜預謂濟縣"滎陽東過魯之西,至樂安入海",兗出王屋入河,始鑿爲二〔五〕。而杜佑、李吉甫、樂史、竇苹、鄭樵輩遂援後志,謂濟自莽末旱塞,不復截河南度,而以水經依取禹貢爲疎〔六〕。故唐高宗問

許敬宗:"禹浮濟、漯,達于河,何今濟、漯斷不相屬?"對曰:"兗濟
自温入河,泆地南出爲滎澤,又泆而出曹、濮之間,汶水從南入
之〔七〕。"故書又言浮汶達濟,不言合漯〔八〕。漯自東武陽至千乘入
河也〔九〕。漯自濟派,至東武陽入河〔一〇〕。今莘縣北,此水——非濟水——入河
也〔一一〕。敬宗蓋亦本孔與河並驅而截河溢出之意,不知其時無復
滎水汨出滎口者〔一二〕。滎水受河流石門,謂之滎口〔一三〕。○滎澤在今滎澤縣北
四十〔一四〕。謂濟南諸名爲出不審,是一蔽也〔一五〕。佑説河南之濟,
使禹所命,或以性同,或一時衆流湊泛,濟適溢從河南以出而名,
又奚必泆流之説〔一六〕?然禹必不以一時暫溢之名,移疑後世。

　　夫水之所出,自以不同,固有入而不合,行而復出者。昔郭緣
生於河上源遇書生,問之何知濟與河上源通,生曰:洛水淬劍,正
與河水上源不異〔一七〕。物之不同,猶鈆錫也。北濟既入于河,性
與河别,不能合混,滲漉入地,泆行達滎陽,而遂溢爲滎尒〔一八〕。
今之歷下等處,發地悉是流水,濟所過也。東阿之井,正濟所溢,
故今阿膠止濁、住吐、下隔而疎痰〔一九〕。以濟之性趨下,清而下
重,故治淤濁逆上之痾〔二〇〕。以今油、水固不同情,九夏之辰,冷
熱之風,亦各爲隧,豈謂必無水過水哉〔二一〕?涇渭分曹,南零會
地,此理不少〔二二〕。鄭樵謂山過山則分,水過水則合,世無山過
山、水過水之理;謂漢"入于江",其文止此,下有脱文;兗"入于
河",其文亦止于此,而"溢爲滎"之上,當更有道浣水數句〔二三〕。
説經不通,不以爲脱,必以爲誤,此書生之笁疾也〔二四〕。

　　林之奇以爲漢入江,濟入河,皆合而流;大禹導水自此開,以
支引之,故猶蒙上之名〔二五〕。亦以淺鄙測聖人者。庭州霸水,金
鐵皆漏〔二六〕;庭州灞水,滴滴以手及金鐵器承之皆漏,惟瓠葉則否〔二七〕。拘夷山中
有水,流下如飴,亦然,服之髭毛落而仙,曰駞溺〔二八〕。去屯煌二萬里〔二九〕。道安西域
記云:石駞溺,其國有婆羅門守視〔三〇〕。鄜、延之江,日夜流脂〔三一〕;鄜、延境
内有石油〔三二〕。舊説高奴縣出脂水,即此水際河石間與泉雜出〔三三〕。以雉尾裏之,乃

采入缶,似淳漆〔三四〕。然之如麻,煙甚濃重〔三五〕。沈括取掃爲墨,松脂不及,所謂"延川石液"者〔三六〕。石炭烟亦大黑人衣,延川詩所謂"二郎山下雪紛紛,石烟多似洛陽塵"〔三七〕。弱水溺毛,黑溪玄髓;悉唐制角〔三八〕,西海島間出,如脂而黑,金鐵承皆滲去,惟角可貯。南人以塗木上,象至輒不去。昆崙以塗身,即乘之如家畜〔三九〕。畔怯腐手〔四〇〕:婆羅門有畔茶怯水,出山石坎中,七色,或冷或熱,能消金石草木,手探亦腐〔四一〕。取以駝骨。石人守之。蓋亦謂之無哉?

【校注】

〔一〕兖、濟截河之説:兖,兖水。亦作沇水。濟,濟水。截,穿越。書禹貢:"導沇水,東流爲濟,入于河,溢爲滎。"孔氏傳:"濟水入河,並流十數里,而南截河。又並流數里,溢爲滎澤,在敖倉東南。" 晢:明白。

〔二〕見書禹貢。 溢:外流,流出。

〔三〕河北:洪本"北"譌"比"。

〔四〕兖、濟二郡:指兖州與濟州。

〔五〕杜預謂濟隸"滎陽東過魯之西,至樂安入海":見左傳僖公三十一年"自洮以南,東傅于濟"注。 兖出王屋入河:徧查經傳,未見杜預言此,不知佚文抑或路史誤記,待考。 釃:分。

〔六〕杜佑、李吉甫、樂史、竇苹、鄭樵輩遽援後志,謂濟自莽末旱塞,不復截河南度,而以水經依取禹貢爲疎:李吉甫,唐宰相、地理學家,著有元和郡縣圖志。後志,指後漢書郡國志。郡國志一河内郡温縣云:"濟水出,王莽時大旱,遂枯絶。"佑通典卷一七七州郡七河南府濟源縣云:"沇水自王屋山頂崖下,澄停不流,至縣西二里平地,潛源重發,名濟水,東流經温縣入河。尚書云'濟水入於河,溢爲滎,東出於陶丘北'是也。按後漢郡國志曰:'因王莽末旱,此渠枯涸,濟水但入河而已,不復截流而南。'而水經是和帝以後所撰,乃云南過滎陽、陽武、封丘、冤句、乘氏等縣,並今縣地,一依尚書禹貢舊道,斯不詳之甚。酈道元又從而注之,其所纂序及注解,並大紕謬。"元和郡縣圖志卷五河南府濟源縣濟水、太平寰宇記卷五二孟州濟源縣濟水説與通典大同。竇苹、鄭樵説出處不詳,待考。

〔七〕新唐書許敬宗傳載其事曰:"帝曰:'書稱"浮于濟、漯",今濟與漯斷不相屬,何故而然?'對曰:'夏禹道沇水東流爲濟,入于河。今自漯至温而入河,水自此洑地過河而南,出爲滎,又洑而至曹、濮,散出於地,合而東,汶水自南入之,所謂"洑爲滎,東出于陶丘北,又東會于汶"是也。'"

〔八〕書又言浮汶達濟:見書禹貢,原文作:"浮于汶,達于濟。"

〔九〕東武陽:縣名,治所在今山東莘縣朝城鎮。　千乘:縣名,治所在今山東高青縣高城鎮北。

〔一〇〕派:分流。

〔一一〕北:洪本譌"比"。　此水——:喬本、洪本原文如此。吴本、四庫本作"此水此水",備要本作"此水"。

〔一二〕孔與河並驅而截河溢出之意:見上注〔一〕。　汩出:涌出。汩音hú。

〔一三〕滎水受河流石門,謂之滎口:滎水,各本均作"滎陽水","陽"字不當有,蓋衍,今删。石門,在今河南滎陽市東北。謂,喬本作"渭",備要本作"渭",俱誤。此從餘本。水經注卷七濟水:"濟水又東合滎瀆,瀆首受河水,有石門,謂之爲滎口石門也。"

〔一四〕滎澤縣:治所在今河南鄭州市惠濟區古滎鎮。　北:洪本譌"此"。

〔一五〕謂濟南諸名爲出不審:吴本"諸"作"謂"。彦按:路史此言查無着落。疑"濟南諸名"爲"濟水之名"之誤。通典卷一七二州郡二序目下云:"沇水出今河南府王屋縣山,東流濟源縣而名濟水。……然濟水因王莽末旱,渠涸不復截河過。今東平、濟南、淄川、北海界中有水流入於海,謂之清河,實菏澤、汶水合流,亦曰濟河,蓋因舊名,非本濟水也。"其説亦見元和郡縣圖志卷五河南府濟源縣濟水、太平寰宇記卷五二孟州濟源縣濟水。

〔一六〕使禹所命:吴本"使"作"便"誤。　湊泛:湊集而浮露。　適:洪本譌"適"。

〔一七〕郭緣生:各本均譌"郭緣之",今訂正。參見前紀八尊盧氏注〔一二〕。

〔一八〕北濟:指濟水在黄河以北之河段。洪本"北"譌"比"。

〔一九〕阿膠:中藥名,即驢皮膠。傳統以今山東東阿縣阿井之水熬製者最佳,故稱。　止濁:謂除污濁之氣。　下膈:謂消除胸膈脹滿之氣。夢溪筆談辯證一云:"古説濟水伏流地中,今歷下凡發地皆是流水,世傳濟水經過其下。東阿亦濟水所經,取井水煮膠,謂之阿膠,用攪濁水則清。人服之,下膈、疏痰、止吐,皆取濟水性趨下,清而重,故以治淤濁及逆上之疾。”

〔二〇〕淤濁:污濁。

〔二一〕九夏:夏季,夏天。　辰:時。　各爲隧:各有通道。

〔二二〕分曹:分別。　南零:指南零水。見上文三江詳證注〔二九〕。會地:謂與一定之地相契合(地稍偏離,即非其水矣)。

〔二三〕漢“入于江”:指書禹貢“嶓冢導漾,東流爲漢,又東爲滄浪之水,過三澨,至于大別,南入于江”文。　沇“入于河”:指書禹貢“導沇水,東流爲濟,入于河”文。　道浣水:四庫本“道”作“導”,通;“浣”作“沇”,同。彦按:鄭樵説出處不詳。而宋林之奇尚書全解卷一〇禹貢亦引之,曰:“鄭漁仲曰:山過山則分,水過水則合,天地之間豈有山過山、水過水之理!此説是也。然漁仲之論,又以經之所載爲脱誤。其説以謂導漢水“至于大別,南入于江”,經文止於此而已,“東匯澤爲彭蠡,東爲北江,入于海”皆脱文也;“導沇水,東流爲濟,入于河”,經文亦止於此而已;與河北之沇水亦名爲濟,與河南之濟相亂,故知“溢爲滎”以上當有導沇水一二句,後世傳者失之。夫儒者之於經,遇其有難曉處,則闕之可也;以先儒講解之未盡,遂以己意增損經文以就其説,此其與穿鑿之學亦何以異?”

〔二四〕笡疾:重病。笡,通“篤”,深重。

〔二五〕開:開始。

〔二六〕庭州霸水,金鐵皆漏:庭州,其地不詳。霸水,亦作灞水。晉張華博物志卷四物理:“庭州灞水以金銀鐵器盛之皆漏,唯瓠葉則不漏。”

〔二七〕灞水:四庫本作“霸水”。　則否:洪本“則”譌“測”。

〔二八〕拘夷:古國名,即龜兹。　亦然:謂同樣“以手及金鐵器承之皆漏”。　髮:同“臭”。喬本、四庫本、備要本作“晃”,洪本、吴本作“晃”,俱誤。今訂正。西陽雜俎前集卷一〇物異石馳溺:“拘夷國北山有石馳溺水,溺下,以金銀銅鐵瓦木等器盛之皆漏,掌承之亦透,唯瓢不漏。服之,令人身上髮毛落盡得仙。”

〔二九〕屯煌:即敦煌。

〔三〇〕西域記:書名應是西域志。

〔三一〕酈、延:二州名。見國名紀三高陽氏後注〔五三五〕。

〔三二〕石油：吴本“石”譌“名”。

〔三三〕脂水：即石油。

〔三四〕雉尾：野雞尾巴之羽毛。　裛（yì）：通“浥”，沾濕。

〔三五〕然：“燃”之古字。

〔三六〕夢溪筆談雜誌一：“鄜、延境内有石油。舊説高奴縣出脂水，即此也。生於水際，沙石與泉水相雜，惘惘而出。土人以雉尾裛之，乃採入缶中。頗似淳漆，然之如麻，但煙甚濃，所霑幄幕皆黑。予疑其煙可用，試掃其煤以爲墨，黑光如漆，松墨不及也，遂大爲之，其識文爲‘延川石液’者是也。”

〔三七〕石炭：即煤。　二郎山：在今陕西子長縣安定鎮南。　多似：洪本“似”譌“以”。　延川詩：今本夢溪筆談雜誌一作延州詩，文曰：“石炭煙亦大墨人衣。予戲爲延州詩云：‘二郎山下雪紛紛，旋卓穹廬學塞人。化盡素衣冬未老，石煙多似洛陽塵。’”

〔三八〕弱水溺毛：舊題漢東方朔撰海内十洲記云：“鳳麟洲在西海之中央，地方一千五百里。洲四面有弱水繞之，鴻毛不浮，不可越也。”又史記大宛列傳“安息長老傳聞條枝有弱水”司馬貞索隱引玄中記云：“天下之弱者，有崑崙之弱水，鴻毛不能載也。”　黑溪玄髕：玄髕，使足黑。髕，膝蓋骨，借代足。夢溪筆談雜誌一：“漳州界有一水，號烏脚溪，涉者足皆如墨。”　悉唐制角：悉唐，傳説中一種膏狀藥石。制角，謂制於角。宋釋贊寧物類相感志卷一四石部悉唐藥云：“出西海洲渚。厥狀高膏，疑然色黑。唯牛角盛之不洩，他物皆漏滴烏。南海以媚野象，塗少許於樹葉，象拂著身，必遲迴不去。崑崙奴亦塗身，便乘之而歸，若家畜焉。”

〔三九〕昆崙：崑崙奴（古代豪門富家以南海國人爲奴，稱“崑崙奴”）之省稱。

〔四〇〕畔怯：藥名。即下羅苹注所稱“畔茶怯水”。西陽雜俎作“畔茶佉水”，新唐書作“畔茶法水”。

〔四一〕坎中：坎，坑。中，四庫本作“下”。西陽雜俎前集卷七醫云：“婆羅門國有藥名畔茶佉水，出大山中石臼内。有七種色，或熱或冷，能消草木金鐵，人手入則消爛。若欲取水，以駱駝髑髏沉於石臼，取水，轉注瓠蘆中。每有此水，則有石柱似人形守之。”又新唐書西域傳上天竺國云：“所謂畔茶法水者，出石臼中，有石象人守之，水有七種色，或熱或冷，能銷草木金鐵，人手入輒爛，以橐它髑髏轉注瓠中。"

息壤

洪水滔天，鯀竊帝之息壤，以堙洪水[一]。<small>山海經云：帝怒，令祝融殺之羽山[二]。</small>息生之土，長而不窮[三]。<small>如出入息、息肉、息錢、息娠云者[四]。</small>

故有息石。<small>高子勉息石詩序，在江陵莊嚴寺[五]。或云韞玉[六]。</small>漢元帝時，臨徐地涌六里，崇二丈所；哀帝之世，無鹽危山土起覆草，如馳道狀，——蓋息壤也[七]。

江陵之壤，鑠鎮水旱[八]。<small>江陵圖經引別錄云：子城南門，地隆起如伏牛馬，去之，一夕輒復如故[九]。在昔傳爲息壤，牛馬騰踐或死[一〇]。</small>昔高從誨鎮渚宮，出經其處[一一]，<small>萬勝門外[一二]。</small>問書記孫光憲，對以伯禹治水，自岷至荊，定彼泉原之穴，慮萬世下有或泛溢，爰以石屋鎮之。蓋本之冥洪録裴相、歐獻之事也[一三]。<small>元和初，裴宙鎮荊，掘之六尺，得一石，規模、樓櫓悉倣荊城，其中空，徑六尺八寸，甚工緻[一四]。命徙之藩籬間。是春淫雨，四月不止，潦漲莫遏，人抱爲魚之憂[一五]。會歐獻乘居楚山，馳問之，對以事迫，鑿石弗及，令陶範爲江陵城，内廣六尺八寸，樓堞門闑無少差，於南門外八十步掘深六尺埋之，當止[一六]。宙始驚歎昔人所填，從之[一七]。既瘞，祭之，夕復隆起[一八]。獻乃洛中道士，博學多聞。亦見江陵志[一九]。</small>王子融修藏丙之事，雷雨驟集，爰屋而記之，貽救甾者焉[二〇]。<small>慶曆甲申，尚書郎王子融蒞渚宮，自春不雨，遍走羣祀，五月壬申，與郡僚及此，以今地無復隆起，而石屋檐且露，請掘取驗，雖致水沴，亦足爲快[二一]。因具畚鍤，實土數百擔以備，俟旦從事[二二]。是夕，雷雨大至，遠近沾洽[二三]。亟以馨俎薦答[二四]。醫博士張若水者，年逾七十，因言兒時見藏大諫丙嘗以久旱發之，數尺巨石，如屋四面，爲柱爲牖，其南隱出門闑之象，百夫莫動[二五]。乃縻以巨索，率水兕二百蹄出之[二六]。大雨而止，未及窮其石城者，因覆以屋。後更加敞甃壇，繪爲風、雷、佛之像[二七]。陳堯佐不宜之，易以龍、神[二八]。皇祐二年，子融致仕，始爲記，俾漕呂刻石實之[二九]。</small>蘇軾言其屢應，然矣。<small>息壤詩序云：旁有石記，謂：不可犯，畚鍤所及，輒復如故；又頗致雷雨，歲旱，屢發有應[三〇]。</small>

柳子所言,龍興寺地〔三一〕。天地之間,自多有此。記是永州,云
"負甓而起者尺有五寸,夷之復高,鍤者皆死"云〔三二〕。然緐以堙水殛,禹復用
之,彼以障洉,而此以填後禍也〔三三〕。淮南子云禹以息壤堙洪水,以生土封
之,意有後泄也〔三四〕。

【校注】

〔一〕參見後紀十三帝禹夏后氏注〔二三〕。

〔二〕令祝融殺之羽山:見山海經海內經,羽山作"羽郊"。

〔三〕息生:生長。

〔四〕出入息:呼出吸入之氣息。　息肉:瘜肉。　息娵:媳婦。"娵"同
"婦"。

〔五〕高子勉:即北宋詩人高荷(字子勉)。

〔六〕韜:蘊藏。備要本譌"韜"。

〔七〕漢元帝時,臨徐地涌六里,崇二丈所:臨徐,指臨淮郡徐縣,治所在今
江蘇泗洪縣南。各本"徐"均作"滁",誤。今訂正。山海經海內經"鯀竊帝之
息壤以堙洪水,不待帝命"郭璞注:"漢元帝時,臨淮徐縣地踴長五六里,高二
丈,即息壤之類也。"　哀帝之世,無鹽危山土起覆草,如馳道狀:見漢書東平思
王宇傳,原文作:"哀帝時,無鹽危山土自起覆草,如馳道狀。"危山,在今山東
東平縣西北。草,各本均譌"章",今據漢書訂正。馳道,古天子行駛車馬之專
用大道。

〔八〕鑠鎮:約束壓制。

〔九〕江陵圖經:佚書,作者不詳。　子城:大城所屬之小城。此指內城。

〔一〇〕牛馬騰踐或死:四庫本奪"牛馬"二字。

〔一一〕高從誨:五代時荊南國君。　渚宫:原爲春秋楚成王建別宫,以在
江陵縣(今屬湖北省)故城南,後世因以爲江陵之別稱。

〔一二〕萬勝門:故江陵城北門。

〔一三〕冥洪録:宋史藝文志五作溟洪録。書已佚,作者不詳。　裴相:彥
按:據下羅苹注,此人姓裴名宙,宋范成大吳船録卷下説同,然均但以爲地方長
官,今考新唐書宰相世系表,並不見有裴宙其人,此稱"裴相",恐誤。

〔一四〕規模:設計、造形。　樓櫓:樓臺。櫓,望樓。

〔一五〕潦漲:因大雨而漲水。　　爲魚之憂:即水淹之憂。典出<u>左傳</u><u>昭公</u>元年,<u>劉子</u>曰:"微<u>禹</u>,吾其魚乎!"<u>吴本</u>"憂"譌"復"。

〔一六〕乘居:上居。乘,升,登。　　楚山:在今<u>湖北</u><u>襄陽市</u><u>襄州區</u>西南。陶範:將陶土在模具中製作。　　樓堞:城樓與城堞(城上矮牆)。　　門閾:泛稱門户。

〔一七〕宙:<u>吴本</u>譌"寅"。

〔一八〕<u>范成大</u><u>吴船録</u>卷下亦記其事,曰:"息壤在(<u>江陵</u>)子城南門外,舊記以爲不可犯,畚鍤所及,輒復如故,又能致雷雨。<u>唐</u><u>元和</u>中,<u>裴宙</u>爲牧,掘之六尺,得石樓如<u>江陵</u>城樓狀。是歲,霖雨爲災。用方士説復埋之,一夕如故。舊傳如此。"

〔一九〕江陵志:佚書,作者不詳。

〔二〇〕修藏丙之事:修,行,實行。　　屋而記之:屋,即下<u>羅苹</u>注所稱"覆以屋"。　　甾:通"災"。

〔二一〕慶曆甲申:即<u>宋仁宗</u><u>慶曆</u>四年(公元1044年)。四庫本"曆"作"歷"。　　遍走羣祀:走,通"奏",進獻。此謂獻祭。　　石屋檐:各本"檐"均作"詹"。<u>彦</u>按:作"詹"費解。字當作"檐"或"簷",蓋偏旁失落也。<u>明</u><u>徐應秋</u><u>玉芝堂談薈</u>卷二四<u>江陵息壤</u>載其事,正作"檐",而<u>明</u><u>顧起元</u><u>説略</u>卷三<u>方輿</u>下載其事,則作"簷"。檐、簷一字異體,指屋檐。今姑訂作"檐"。

〔二二〕具:<u>喬本</u>、<u>洪本</u>、<u>吴本</u>譌"其",今據<u>四庫本</u>、<u>備要本</u>訂正。　　寘:<u>四庫本</u>作"置"。

〔二三〕沾洽:雨水充足。<u>吴本</u>"沾"譌"沽"。又<u>吴本</u>、<u>備要本</u>"洽"譌"治"。

〔二四〕馨俎:泛稱祭品。馨,馨香,借指用作祭品的黍稷。俎,古代祭祀時陳置牲體的禮器,借指作爲祭品之牲。　　薦答:獻祭謝神。

〔二五〕醫博士:<u>吴本</u>"士"譌"干"。　　藏大諫丙:<u>北宋</u>右諫議大夫<u>藏丙</u>。大諫爲<u>唐</u><u>宋</u>時諫議大夫之别稱。　　爲柱爲牗:猶言有柱有牗。　　隱出:隱約顯現。<u>吴本</u>"出"譌"山"。　　門閾:門户。<u>吴本</u>"閾"譌"閫"。

〔二六〕縻:拴縛。　　水兒:<u>洪本</u>、<u>四庫本</u>、<u>備要本</u>"兒"譌"兒",<u>吴本</u>則譌"兒"。　　二百蹄:五十頭。蹄,有蹄動物的脚。此用爲量詞。<u>吴本</u>、<u>四庫本</u>、備要本譌“踏”。

〔二七〕加敧:四庫本如此,是,今從之。餘本“加”譌“如”。　纍壇:築壇。纍,堆砌。

〔二八〕陳堯佐:北宋宰相。　不宜之:以之爲不宜。吳本、四庫本無此三字。

〔二九〕漕呂:其人不詳。　刻石實之:喬本、洪本無“石”字,餘本均有“石”字,於義爲長,今從之。

〔三〇〕息壤詩序:蘇軾所作,文曰:“淮南子曰:鯀堙洪水,盜帝之息壤,帝使祝融殺之於羽淵。今荆州南門外,有狀若屋宇,陷入地中,而猶見其脊者。傍有石,記云,不可犯;畚鍤所及,輒復如故;又頗以致雷雨,歲大旱,屢發有應。予感之,乃爲作詩。”　畚鍤所及,輒復如故:鍤,吳本譌“鍾”。輒,四庫本如此,是,今從之。餘本均譌“轍”。

〔三一〕柳宗元有永州龍興寺息壤記,文曰:“永州龍興寺東北陬有堂,堂之地隆然負塼甓而起者,廣四步,高一尺五寸。始之爲堂也,夷之而又高,凡持鍤者盡死。永州居楚越間,其人鬼且機。由是寺之人皆神之,人莫敢夷。史記天官書及漢志有地長之占而亡其説,甘茂盟息壤,蓋其地有是類也。昔之異書,有記洪水滔天,鯀竊帝之息壤以湮洪水,帝乃令祝融殺鯀于羽郊,其言不經見。今是土也,夷之者不幸而死,豈帝之所愛耶? 南方多疫,勞者先死,則彼持鍤者,其死於勞且疫也,土烏能神? 余恐學者之至於斯,徵是言,而唯異書之信,故記于堂上。”

〔三二〕尺:吳本譌“天”。

〔三三〕障汨:堵塞水害。汨,亂。　填:通“鎮”,壓制,抑止。

〔三四〕淮南子云禹以息壤堙洪水:淮南子時則篇:“以息壤堙洪水之州。”以生土封之:生土,能自生長之土。各本“土”均作“上”。彥按:作“上”於義不通,當爲“土”字之譌。明顧起元説略卷三方輿下載此,正作“以生土封之”。今訂正。封,堵塞。　意有後泄也:謂有後發止泄之意。泄,止息。方言卷一〇:“泄,歇也。………泄、奄,息也,楚揚謂之泄。”也,吳本作“者”。

龍負舟

吕春秋云:禹自塗山南省,南濟江,黄龍負舟,舟人恐,禹仰而

笑曰："受命于天,竭力以濟生民。生,寄也;死,歸也。奈何憂
邪〔一〕?"龍乃弭耳而逝〔二〕。淮南子云:禹視龍猶蝘蜓,顏色不變;
龍弭耳掉尾而逝〔三〕。云南省方,濟江而黄龍負〔四〕。文人啓表,往往多
用,而不既其有無虛實〔五〕。

　　按今江陵公安,江有地名龍巢者,乃龍負夏后舟處,地常有
龍,即桑欽所謂龍穴水口者〔六〕。注云:江浦右迤,北對虎洲,龍巢
又在洲北〔七〕。其南有駕部口,宋景平二年,太祖入奉皇統,至此,
有黑龍躍負帝舟,左右失色,帝謂王曇首曰:"此夏禹所以受天
命,我何德以堪之〔八〕?"至都,即立〔九〕。蓋興帝之祥也。

　　江陵志云:龍穴水口,在石首縣。十道四番志云:二龍掉尾而
去,禹使迹之,入此穴〔一○〕。寰宇記亦云巴陵夏口浦〔一一〕。郡國
志謂浦有龍魚,昔禹南濟,兩龍夾舟之所〔一二〕。以知夏后實有
是事〔一三〕。

【校注】

　　〔一〕見吕氏春秋知分。路史引文,與吕氏原書頗有異同,今本吕氏文爲:
"禹南省方,濟乎江,黄龍負舟。舟中之人,五色無主。禹仰視天而歎曰:'吾受
命於天,竭力以養人。生,性也;死,命也。余何憂於龍焉?'龍俛耳低尾而逝。"
　仰:吴本譌"仲"。　邪:四庫本作"耶"。

　　〔二〕弭:垂。

　　〔三〕蝘蜓:壁虎。"蜓"吴本、四庫本譌"蛺",備要本譌"蜒"。　掉:摇
動。淮南子精神篇:"禹南省方,濟于江,黄龍負舟。舟中之人,五色無主。禹
乃熙笑而稱曰:'我受命于天,竭力而勞萬民。生,寄也;死,歸也。何足以滑
和!'視龍猶蝘蜓,顏色不變。龍乃弭耳掉尾而逃。"

　　〔四〕負:四庫本譌"見"。

　　〔五〕啓表:泛稱奏疏、書函。　既:及。

　　〔六〕江陵公安:江陵,府名。公安,縣名,今屬湖北省。　桑欽所謂龍穴水
口:水經注卷三五江水:"大江右得龍穴水口。"楊守敬疏:"朱此八字訛作經,
戴改注,全、趙同。"彦按:羅氏所見本當亦作經,故稱"桑欽所謂"。

〔七〕江浦右迤,北對虎洲,龍巢又在洲北:浦,水流。迤,斜行。虎洲,在今湖北石首市東。酈注原文作:"江浦右迤也。北對虎洲。又洲北有龍巢,地名也。"

〔八〕駕部口:在今湖北嘉魚縣東北。各本均誤倒作"部駕口",今訂正。景平:南朝宋少帝劉義符年號,公元 423—424 年。吴本"平"譌"早"。　太祖:宋文帝劉義隆。水經注卷三五江水:"(龍穴)洲裏有駕部口,宋景平二年,迎文帝于江陵,法駕頓此,因以爲名。文帝車駕發江陵,至此,黑龍躍出,負帝所乘舟。左右失色,上謂長史王曇首曰:'乃夏禹所以受天命矣,我何德以堪之。'"

〔九〕即立:即位。立,通"位"。四庫本作"位"。

〔一○〕迹:跟踪。

〔一一〕寰宇記亦云巴陵夏口浦:今本太平寰宇記未見有此,或爲佚文。

〔一二〕郡國志謂浦有龍魚,昔禹南濟,兩龍夾舟之所:太平御覽卷七五引郡國志,浦名作"夏日浦",蓋誤。又"兩龍"作"黄龍"。

〔一三〕吴本、備要本此下有"淮南子:禹南巡"云云一段文字,另起一行、低一格書。

十日

古今通占鏡云:"衆日並出,天下分裂,百官名設,政令不行。三日並出,諸侯争,洪水出。"〔一〕

晉建興二年正月辛未,三日出西方而東行,後江東改元,劉聰、李雄作亂〔二〕。四年,三日復出,其年帝蒙塵平陽〔三〕。五年正月庚子,三日又見,占曰:"三、四、五日見,天下兵,王者如其數〔四〕。"建武元年亦嘗三日並矣,見晉陽秋〔五〕。而太興三年,五日且出,後前秦、後趙乘時並起〔六〕。貞觀之初,突厥亦記五日竝見〔七〕。乾符六年十一月朔,兩日出鬭,三日乃没〔八〕。

夫天有十日,居于陽谷,在黑齒之北〔九〕。一日居上枝,九日居下枝,次以甲乙,迭運中土〔一○〕。君有失道,則兩日竝鬭,三日出争,以至十日並出,大亂之道。山海經云:日浴溫原谷,上扶桑,一日方至，一日方出，皆戴於烏〔一〕。

　　夏桀之亂，兩日並出〔一二〕。商紂之世，兩日又見，其一將没，一方出〔一三〕。故效靈曜云："黑帝之亡，二日並照〔一四〕。"

　　雖然，興亡必並，有德則興，無德則喪，此不易之道也。顯德七年正月癸卯，兩日固嘗見矣，是時苗訓從太祖出師，見日上復有一日，久相摩盪，曰："天命也。"〔一五〕及夕，六軍推戴〔一六〕。繇此觀之，胤甲之事，蓋有之矣〔一七〕。

　　歷代之書志，更有多月者。梁太清二年正月，兩月相承見西方〔一八〕。唐志，貞觀初，突厥言有三月連明〔一九〕。效之，乃是當時推爲突厥頡利之應〔二〇〕。雖云分域，然日月正爲中國之占，顧得云頡利哉？

【校注】

　〔一〕古今通占鏡：又稱古今通占。唐武密撰。　衆日並出，天下分裂，百官名設，政令不行：唐李淳風觀象玩占卷二日總敍引武密占曰，作："衆日並出，天下分裂，各設法令，所行不一。"

　〔二〕晉建興二年正月辛未，三日出西方而東行，後江東改元，劉聰、李雄作亂：建興，晉愍帝司馬鄴年號，公元313—317年。江東，借代東晉政權。劉聰，見前紀五有巢氏注〔四四〕。李雄，十六國時期成國建立者。晉書天文志中："愍帝建興二年正月辛未辰時，日隕于地。又有三日相承，出於西方而東行。五年正月庚子，三日並照，虹蜺彌天。……三月而江東改元爲建武，劉聰、李雄亦跨曹劉疆宇，於是兵連累葉。"

　〔三〕四年，三日復出，其年帝蒙塵平陽：晉建興四年冬，劉曜攻占長安，愍帝被俘至平陽，此所謂"蒙塵"。晉書孝愍帝紀建興四年云："（十一月）辛丑，帝蒙塵于平陽。"是也。然整部晉書均未見是年有出三日之記載。路史此言，不知何據。

　〔四〕五年正月庚子，三日又見：見上注〔二〕。四庫本"正月"作"五月"誤。　三、四、五日見，天下兵，王者如其數：晉書天文志中作："三、四、五、六日俱出並爭，天下兵作，丁巳亦如其數。"宋書五行志五亦載其事，則作："三、四、

五、六日俱出並爭,天下兵作,王立亦如其數。"當以宋書爲是,路史疑有譌脱。

〔五〕建武:晉惠帝司馬衷年號,公元 304 年。

〔六〕太興三年,五日且出:亦見諸鄭樵通志卷七四災祥略第一日,"且出"作"並見"。太興,晉元帝司馬睿年號,公元 318—321 年。四庫本"且"作"並"。

〔七〕新唐書突厥傳上:貞觀二年,"帝曰:'突厥盛夏而霜,五日並出,三月連明,赤氣滿野,彼見災而不務德,不畏天也。'"

〔八〕見新唐書天文志二,其文曰:"(乾符)六年十一月丙辰朔,有兩日並出而鬭,三日乃不見。"

〔九〕陽谷:山海經作"湯谷"。　　黑齒:山海經中國名,其人齒黑如漆。

〔一〇〕一日居上枝,九日居下枝:山海經海外東經:"湯谷上有扶桑,十日所浴,在黑齒北。居水中,有大木,九日居下枝,一日居上枝。"　　中土:指中國。

〔一一〕温原谷:山海經作"温源谷"。郭璞注:"温源即湯谷也。"　　扶桑:又稱"扶木"。神話中樹名,傳説爲日出之處。　　戴於烏:古代傳説,日中有三足烏。戴,通"載",乘坐。山海經作"載"。載於烏,謂蹲著烏鴉。山海經大荒東經:"有谷曰温源谷。湯谷上有扶木。一日方至,一日方出,皆載于烏。"

〔一二〕太平御覽卷四引王充論衡曰:"桀無道,兩日並照,在東者將起,在西者將滅。費昌問馮夷曰:'何者爲殷,何者爲夏?'馮夷曰:'西,夏也;東,殷也。'於是費昌徙族歸殷。殷果克隆。"開元占經卷六日占二引孝經緯曰:"夏時兩日並出,讖曰:桀無道,兩日照。夷山亡,龍逢誅。人民散,郊社墟。"帝王世紀卷三夏:"兩日鬭蝕,鬼呼於國,桀醉不寤。湯來伐桀。"博物志卷七異聞:"夏桀之時,費昌之河上,見二日,在東者爛爛將起,在西者沉沉將滅,若疾雷之聲。昌問於馮夷曰:'何者爲殷? 何者爲夏?'馮夷曰:'西,夏;東,殷。'於是費昌徙族歸殷。"金樓子箴戒篇:"夏桀時,兩日並出,黑光遍天。"

〔一三〕出處不詳,待考。　　没:四庫本作"殁"。

〔一四〕黑帝之亡,二日並照:太平御覽卷三引尚書考靈曜,無"之"字。

〔一五〕苗訓從太祖出師:苗訓從,喬本、洪本作"苗從訓",乃"訓""從"二字誤倒。餘本均作"苗從訓從",蓋不知舊本存在倒文而據意補一"從"字。今訂正。太祖,指宋太祖趙匡胤。　　摩盪:摩擦振蕩。宋史苗訓傳:"苗訓,河中人,善天文占候之術。仕周爲殿前散員右第一直散指揮使。顯德末,從太祖北征,訓視日上復有一日,久相摩盪,指謂楚昭輔曰:‘此天命也。’夕次陳橋,太祖爲六師推戴,訓皆預白其事。”

〔一六〕舊五代史周書恭帝紀顯德七年:“春正月辛丑朔,……鎮、定二州馳奏,契丹入寇,河東賊軍自土門東下,與蕃寇合勢,詔今上率兵北征。癸卯,發京師,是夕宿於陳橋驛未曙,軍變,將士大譟呼‘萬歲’,擐甲將刃,推戴今上升大位。”

〔一七〕繇:四庫本作“由”。　胤甲之事:即山海經海外東經“九日居下枝,一日居上枝”郭璞注所稱“汲郡竹書曰:‘胤甲即位,居西河,有妖孽,十日並出’”事。

〔一八〕梁書武帝紀下太清二年:“春正月癸巳朔,兩月相承如鉤,見于西方。”

〔一九〕唐志,貞觀初,突厥言有三月連明:彥按:“三月連明”見新唐書突厥傳上(詳上注〔七〕),此稱唐志,不妥。

〔二〇〕頡利:唐代東突厥可汗,姓阿史那氏,名咄苾。

天門

桀遷于垂,所謂天門,在澤之晉城,太行之上天井關也〔一〕。地志言在高都〔二〕。通典云關南有天井泉三,關在井北〔三〕。今謂之百巖,可容百家,故又曰百家〔四〕。戰國策謂桀之居,左天門之險,右天溪之阨〔五〕。是矣。吳起曰:“夏后之居,左河濟,右太華,伊闕在其南,羊腸在其北,修政不仁,而湯放之〔六〕。”羊腸即五行山。

昔武王欲築居五行,周公曰:五行險固,德能覆之,則内貢迴矣;使吾暴亂,則伐我難矣〔七〕。乃太行也。是蓋戲,而君子以爲能持滿。故袁子正書云:桀有四岳、三塗之險,京山、中南之固,及在鳴條,一朝而失其天下〔八〕。故曰:“域民不以封疆之界,固國不以山谿之險,威天下不以兵革之利。得道者多助,失道者寡助”,豈固恃其險哉〔九〕!

【校注】

〔一〕参見後紀十四帝履癸。

〔二〕高都:縣名,治所在今山西澤州縣高都鎮。

〔三〕通典云關南有天井泉三:見通典卷一七九州郡九澤州晉城縣,"關南"作"關前",云:"漢曰高都縣,隋曰丹川。有天井關,在縣南太行山上,關前有天井泉三所。"天井泉,各本均譌作"大井泉",今據通典訂正。 關在井北:各本此四字均在"可容百家"之後,"故又曰百家"之前。彦按:"可容百家,故又曰百家"二句語意相承,當連貫爲文,中間憑空插入"關在井北"四字,殊不可解,當爲倒文。今移前以承"通典云關南有天井泉三"後,上句稱"關南有天井泉",下句謂"關在井北",亦頗合契。

〔四〕故又曰百家:百家,疑當作"百家巖"。元和郡縣圖志卷一六懷州修武縣:"天門山,今謂之百家巖,在縣西北三十七里。以巖下可容百家,因名。"

〔五〕戰國策謂桀之居,左天門之險,右天溪之阨:天溪,即天谿。吴本"阨"譌"阸"。此所引戰國策見魏策一,原文作:"夏桀之國,左天門之陰,而右天谿之陽。"鮑彪注:"天谿即河濟。"

〔六〕夏后之居,左河濟,右太華,伊闕在其南,羊腸在其北,修政不仁,而湯放之:見説苑貴德,"夏后"作"夏桀","右"作"而右"。放,各本均作"伐"。彦按:"伐"不足説明險固之不可恃。當爲"放"字音譌。今據説苑訂正。

〔七〕淮南子氾論篇:"武王克殷,欲築宮於五行之山。周公曰:'不可! 夫五行之山,固塞險阻之地也。使我德能覆之,則天下納其貢職者迴也。使我有暴亂之行,則天下之伐我難矣。'……周公可謂能持滿矣。"

〔八〕袁子正書:西晉袁準撰。 桀有四岳、三塗之險,京山、中南之固,及在鳴條,一朝而失其天下:太平御覽卷八二引袁子正書,"桀"作"桀紂","鳴條"作"鳴條之野",而無"其"字。四岳,即東岳泰山、西岳華山、南岳衡山、北岳恒山。三塗,山名,在今河南嵩縣西南。左傳昭公四年:"四嶽、三塗……九州之險也。"京山,山名,在今湖北京山縣東。中南,即終南山。

〔九〕域民不以封疆之界,固國不以山谿之險,威天下不以兵革之利。得道者多助,失道者寡助:見孟子公孫丑下。朱熹集注:"域,界限也。" 豈固恃其險哉:吴本、備要本此下有"河圖括象曰"云云凡32字,另起一行、低一格書。

附　録

路史序①

太史公作史記，蘇子述古史，自黃戲而上不道，曰仲尼不道也。予違太史公貌千三百載矣，又上諏之萬載之前，非取蕤於聖人也，以學者猶欲言也。神輪、雌雄之書，輶軒、黃車之籙，充棟連牀，曜聯而縠繫矣。然心術或蔽，違離道本；苟以譁衆取寵，故觸途而輒躓。皇甫謐之世紀、譙周之史攷、張（惜）［愔］之系譜、馬總之通歷、諸葛耽之帝録、姚恭（年之）［之年］歷帝紀、小司馬之補史、劉恕之通鑒外紀亦粗詳矣，而其學俠淺，不足取信。太史公丁孤嬴（威）［㜇］學之後，首掇隧緒，既足通遺；而蘇子所述，第發明索隱之舊，兹固未足爲全書：而予之路史所爲起也。

嗟乎！人者天地之英，而聖人之道與天地並。春生夏長，天地有不至，聖財成焉；賞善罰惡，天地有不及，聖輔相焉。其所以贊天地之化毓者至矣。是故天地雖大，非聖人有不立。三皇五帝，又聖之出類而人道之極摯者也；然其猷爲制度，反菴藹而不昌，得亡惜乎！

或曰：今古異道；古之不可施於今，猶爝之不可用於旦也。吁，亦廬臧爨獲蒙蒙亡志者之屛見尒！道一而已，惟精惟一，允執

---

① 　此序見於明喬可傳校本路史、明洪楩刊本路史、明吳弘基等訂重訂路史全本（西山堂藏版）、四部備要本路史卷首。

厥中。自伏羲以來，炎黃小顓、顓嚳陶唐、姚虞伯禹，俱以是傳。以今並之，雖前乎千萬載，稽符合節，是旦莫之轍也。風容皋夔之徒，英靈猶在，後雖殊世，風烈猶合。於！特方其所表見，可得而言矣，曷古今之異哉？雖然，清穆之編，詎宜辱於槧鉛之手邪！式爲抄類，而獲奇紀。且太史公來百千賢之論話詳矣，語留千載，此其時也。故予論世，天皇以還，尼于有夏，以緟太史公、蘇子之亡。其有所明，則諉之私屬疏之下方。夢雋之論，餂誚碩人，亦徒以移衆云。

歷紀乾道龍集庚寅亞歲廬陵羅泌長源序

路史別序①

煇自夷陵抵衡湘，有爲煇言：廬陵有君子曰羅長源，智識弘遠，所作路史，博達該至。恨不一日見之。以方問族五羊，道當緜亘，中心幾有星雲之快，而猶竊患不偶。比屆廬陵，何期忽偶紹介，得接公於闉闍之外。議論粲發，問及路史，則方錦囊相隨，遂獲一覩奇祕，然後信所謂"五帝之佐無不賢，三皇之佐無不聖"爲不虛語。實天下之奇作也，豈惟如是而已哉！

公固自謂：我朝之文，所尚山谷、老泉；至於東坡，少所甚愛。然其發論，乃有時而相似，又何邪？

煇竊論之：公之立言，遠（禍）[過]賈誼；而敍述則在莊馬之間；班范而下，不論也。讀封建之論，則知先王之制治；觀封禪之論，則悟聖人之遺意；稽小弁之說，而父子兄弟之情親，知詩之不主於文；讀甘誓之說，而君臣上下之義明，知書之不主於事；稽微子"三仁"之論，而隱顯出處之方立，知義理之不浮虛；稽吴楚書

---

① 此序見於明喬可傳校本路史、明洪楩刊本路史、明吳弘基等訂重訂路史全本（西山堂藏版）、四部備要本路史卷首。

人之説,而尊卑内外之分申,知春秋之不褒(則)[貶]。至於祝融論樂之作,則直與樂記齊上下,所謂西漢文章能以文敍事者,優爲之矣。嗟乎! 不觀論語聖賢之進退,無以識三皇五帝之道高;不觀路史變故之紛沓,無以見三皇五帝之道大。使遂行之,不惟俾管窺甌舉之徒不敢妄述,而裘褐談禪之士亦不敢以誕矣。向使漢儒有知伊周非攝之論,則無莽卓之禍;知大麓非職之説,則無曹馬之禍。若齊梁有此書,則佛老不張;唐室有此書,則藩鎮不强;五代而有此書,則十國不狂;靖康而有此書,則戎翟不昌。習而讀之,固足使亂臣賊子之知懼,而可以國家長久、禍亂不作矣。實五經之鼓吹而諸子之權衡也。竊又評之:立蕭曹勳業易,作羅氏路史難。路史之功,固不在於禹下。

煇之屢微,無高銜大(貝)[具]以邀説於人,言之有不足信。然昔人謂文章自有公議,而公亦謂杜甫非詩人;識者知公此語,則知路史矣。

歷紀(乾道)[淳熙]龍集丙申六月十五日西蜀費煇謹序

重刻宋羅長源先生路史序①

士生今之世而欲籠罩古初、博涉百代,舍往牒奚適矣? 顧搜奇眩異,莫與廣大之觀;因陋守舊,無當會通之適。自非宗工鉅儒,抱卓越之宏識,振斧藻之菁華,孰與洞貫載籍之未興,折衷規制於既獎,勒成一家之言,永貽來兹之鑒者哉?

有宋盧陵長源羅氏,慨諸史之未備,薄文士而弗居,殫精極思,撮舉兼收,作前、後二紀,起自邃古,迄於有夏。世代之淵源,良爲縣邈;遞興之軌轍,畢著指陳。遡國名,而得受姓之始;重封建,而存治古之遺。至於發揮、餘論兩編,則尤稱辯博雅馴、精詳

---

① 此序見於明喬可傳校本路史、四部備要本路史卷首。

典要,殆若入武庫而駭目、遊山陰以賞心者矣。且其文辭根本於
經傳,意見迥絶於百家;論人之生必有死而仙不必學,論佛氏好仁
入愚而釋不足爲,辭而闢之,道貞夫一:良有功於聖門,嘉惠乎來
學者歟!

　　近歲洪都僅梓其半,未覯全書;錢塘舊板,讐校未詳,錯誤迭
出:先生之苦心正論,幾泯没於世矣。

　　廣陵喬君可傳,志篤縹緗,家抽鄴架,酷嗜奇博,冀廣流傳,爰
命梓人,躬勤檢閲。刻既告竣,屬敍簡端。顧蕃自愧章句習深,管
蠡見陋,莫能循其藩籬、窺其底藴。而竊嘆先生居今慕古,不狃於
耳目聞見之恒情;酌古準今,必究乎天人物我之極致。信爲千載
之絶學,可稱生平之偉觀者矣。輒綴蕪詞,僭題首簡。嘉與喬君
闡幽之功,用貽同好欣賞之助。

　　至其命名曰"路",則先生方自信其可諧大道、永示周行者備
載編中,又何待後學尟聞之士贊以一詞也哉!

大明萬曆辛亥季秋日
賜進士及第中順大夫詹事府少詹事兼翰林院
侍讀學士金陵朱之蕃撰并書

豫章刻路史前紀後紀序[①]

　　司馬子長作史記,斷自堯舜;司馬君實作稽古録、蘇子由作古
史考,始于伏羲:非不欲舉開闢而歷數之,吾知不能也。太古尚
已!易書所不載者,縉紳先生難言之,何者?無徵故也。然其軼
事,時時見於他説;會而通之,亦足以論其世而存其略。故馬總有
通曆之編;劉軻有鏡略之纂;而劉道原對君實,以通鑑始于三晉不
免脱漏,以故後之作者或稱外紀、或稱大紀、或稱前編,多行于世,

---

　　① 此序見於明喬可傳校本路史、四部備要本路史卷首。

君子亦不能廢之。

羅長源路史之作，意亦猶是也。其書上自洪荒，下止虞夏，以爲殷周放伐不足紀也，故謂之路史。路者，大也。上古之道爲大道，故上古之史爲大史也。旁引曲證，聯而屬之；因疑成信，合異爲同；上下數千百載，如指諸掌。其志良偉，而用心亦良勤矣。然其採典籍則五緯百家、山經道書，一言一事靡不摭拾，幾于駁雜而無倫；敍世系則叔季篡竊，與海外氐羌鮮卑夷戎別種靡不遡厥源派，本諸皇王，幾於傅會而無識。至於禪通、循蜚、疏仡等目，因襲諸史，未暇刊削，其説本于元命苞三五之名，既置勿論；乃又有中三皇而益之以初三，其説本于洞神部，此則余之所聽熒也。

夫事不在目前，人不當吾世，傳聞往往失真，而況于千萬年以上乎！而又況文字未興之前乎！故如其信也，則孰爲三五，吾不敢知；如其疑也，則有五帝矣，安知其無三皇？有三皇矣，又安知無中三皇、初三皇哉？故曰三皇之世，若恍若惚。人以恍惚傳之，吾亦以恍惚記之；人以恍惚記之，吾亦以恍惚讀之。奚不可者？

吾友李伯東氏曰："余嘗晏居思念邃古：淳風沕穆，草木蓁蓁，鹿豕狌狌。欲夢遊而不可得。今取羅氏書觀之，若與無懷、葛天之民相恬熙于出作入息之天者，又何暇計其事之虛實、言之醇駁哉！"斯言得之矣。

或曰："羅氏之史，誠足以補諸史之未備矣。然則，初皇以前，足以盡生人之始乎？"曰："史始初皇，亦取其近似者存之耳。若必窮生民厥初，如所謂大風吹沫爲光音世界者，則又羅氏之所不取也。"

是書字多隸體；而傳寫既久，舛譌亦甚。略爲釐其一二，餘多仍舊，以自附于史闕文之義，且俟後多識者。

萬曆癸卯歲春三月穀旦長洲張鼎思書於江皋公署之藏輝軒

叙①

路史者,故宋廬陵長源羅氏之書也。先生學博而才弘,識高而文偉,遐覽載籍,侈遊典墳,玉版金匱之章,海上名山之旨,赤文綠字,河篆龜圖,罔不載之。清衷遹爲心極,辟若望衢者罕窺其術,觀海者莫際其瀾。使之端委大學,論道紫宮;垂縗玉階,錯綜先典;扶皇綱,勸日馭;辟雍封禪著其儀,井田封建修其制;禮崩樂壞而正諸太始,系訛氏亂而辨夫緜來;大業起,(歇)[赫]功張,誠東序之祕寶,瑚璉之茂器矣。惜也,懷奇毓秀,挺河嶽之上靈,不得見諸行事。迺搜集百家,輯而成史,始自邃古,有夏之後勿傳。其間事迹洪誕,詳衆之略,略衆之詳;闓皇初欲墜之精,傳後此未謀之祕。寧獨争奇侈富,蹈怪詭荒迂之習哉!蓋其耽志古風,棲情醇治,見後世之頪宮廢,封禪繁,阡陌開,封建絶,禮求原,樂求墅,謂他人宗,謂他人祖,子孫不知其自,日失厥序也,且藉周伊之攝,篡逆滋開,假堯舜之傳,禪位蠭起,子擅父兵,弟圖兄祚,變亂棼紜,難更僕數,以故譚上帝之政,紀太荒之風,深信而樂傳也。然而,頻蟪蛄之唫,不足欣黎黄之韻;悶帶索之樂,難以豁雲臺之觀;滯途突僻,未睹康莊;餂塞狐兔,妄姍騏驎;拘儒守經生之説,之死不更;達士務獨往之奇,扃藏莫示。令先生之精義或幾乎息,不可深悼者哉?

今天子睿明崇道,尊尚鴻文,凡九流七略、八索三墳,莫不樹幟辭林,揚鑣翰國。方之往代,若干羽委曠,膠序寂寥,其相去寧咫尺哉!夫紫衣賤服,猶化齊風,長纓鄙好,且變鄒俗,顧煌煌明詔,弘獎人文,巖穴之下,豈無閉户自精,開卷獨得,抵掌甘泉之儀,畫地南宫之事,鼮鼠必對,竹書無謬者哉?而猥以路史,猶有

---

① 此叙見於明吴弘基等訂重訂路史全本(西山堂藏版)、四部備要本路史卷首。

題拙題疎之恐耶?

堡自慚譾劣,未敢言文,而弱齡有志,恥列面牆,顧其負笈問奇,裹糧就道,實亦中心之覬也。社兄柏持吳子,妙年嗜古,髮握蜚聲,食雞千距,名越任何。曩也共聯風雨,以故路史一編得分留覽。開奇引勝,服古驅今,豈復經生故本,迄今夢寐之餘,不能已已,譬之精金美玉,不即人而人自近之耳。巳之冬,柏持手誨,有路史之役。較譌訂偽,考義彙評,斯已精矣,況以臥子坦公諸有道之門。柏持就正殷殷,則堡之夙契於路史,而重以諸君子之齒牙,則更有遥憶心折者。屬予敘之,義在無辭;千里晤言,藉兹古史。

盟弟金堡道隱父題并書

新序①

士生千載後而欲考据千載之上,難矣! 況欲追求古初,搜羅于文字未興之前,其曠遠荒邈之無稽,有史氏所不能詳者。顧史之爲書,類以才人之筆,供千百世之士林探奇索勝,其疑傳疑,信傳信,究爲史家良法。孔子云,史有闕文。於此見博稽未逮,存俟後人可也。長源羅氏生有宋乾道間,以淩鑠今古之才,囊括富有,綜覽百代,上追古先,補史氏所未備,洵夫睥睨班馬,越賈長沙而上焉。雖其屬句遣字,間尚僻隱,易滋疑寶,每令人索解不得,要亦胸中所儲蓄者廣,人見爲奇,而自長源出之,牢籠百家所有,怪怪奇奇,究爲本色文字,不與世俗眩異,一無所本原者同癖也。其書自宋閱今,凡三刻矣。屢欲于藏書家索觀,不獲見。詰所以,版蕪漫,久不開刷,我輩亦無過問者,其書漸幾于泯滅不傳。予適得其版于坊間,亟購之,補葺爲完書,以公同好,並得爲考古家廣所見聞。至其紀事之虛實,爲文之純駁,姑不具論。

---

① 此序見於四部備要本路史卷首。

光緒丙子孟夏月,繡谷省菴趙承恩謹序于紅杏山房

路史發揮跋[①]

才、學、識,史氏之三長。雖然,才者衆所同,而識者不千一。於其不千一之中而復得其高且遠者,安得不斂袵而敬歎哉! 今夫一計而上,殘篇斷賦,稗官小説,與夫一言一句之可録者,俱足以稱才,而荀、楊、黿、董、韓、柳、歐、蘇之徒,其爲識猶有不至,則夫所謂三長,有冠屨之不侔者。自非幼而刻苦,博友求師,渴焉而不得其説者,烏足以知之?

予爲學四十年,於書蓋無所不觀,於文蓋無所不愛,有觸於目,必致其難,其有按經摭傳而終不得於予心者,多矣。如六經之始終,性道之淵源,先賢論説千種百端,固有終不得其説者矣。今觀羅氏路史與夫發揮之書,稽疑發奥,默然有契於予心者,又何多也! 詳其議論,大抵皆必然有、不可變之議,而不爲兩可之辭,如詩、書、易、春秋之所以始終之説,皇帝王之事業之所以因革之論,皆超然卓絶,窮聖人之本心而前賢之不克究者。噫! 一何識學高遠之如是耶!

夫逃虚空者,聞足音跫然而喜;挈竿擊鼓求亡子者,窮山越海而不之得,一旦悠然而遇之塗,其爲悦可勝既邪? 予非知長源者,蓋以用心獨苦,嘗求之,嘗不得矣,而長源一旦先得我心之所同,夫又安得而不敬歎哉? 道之所在,亦何間於遠近之與今古。非先賢之學有不至,特以理學高遠,將智識有所未詣耳。理之所在,固不可掩,得路史者,猒觀熟復,冰釋理順,死可以無憾矣。彼泯泯紛紛好爲異論者,請試即而嘗之,吾知六簋八珍有不足以諭其快

---

①　此跋文見於明喬可傳校本路史、明洪楩刊本路史、明吳弘基等訂重訂路史全本(西山堂藏版)、四部備要本路史之路史發揮後。標題爲編者擬加,原文無。

矣。幸勿囂囂矜其舉子之習,而胥動於謗毗可也!

淳熙九年長至日,静江憲屬曾大鼎書

校訂路史識語①

長源公之史,予家藏舊矣。每欲爲之翻刻,奈其間勾棘難通。後以匏繫秣陵,偶與友人吳翁晉談及此史,出之笥中,遂喟然曰:長源公始作之意,欲使千秋萬世,視如一日,誰知今日幾于湮没哉! 更得豫章所刻前後紀,較之此本差勝,亦未盡善也,遂于視事之餘,深心讐對,探字疏句,志頗不倦。綜一篇之旨,稽二刻之訛,越以年歲,乃始告成。即授剞劂,以廣其傳。非欲餂名于一時,實欲爲長源公之忠臣也。蓋長源腹誠海錯,其用字如以庖犧之爲包戲,玳瑁之爲毒冒,難以枚舉。亦其學問渾成,會通一貫,歷歷有稽,讀者巨以是忽之。至于中間倘有似是之疑,未敢自言殆盡,尚有俟於後之宏博君子。

廣陵喬可傳載識

重梓路史凡例②

一　此史歲久傳湮,原本無稽;而錢塘舊刻,魯魚亥豕滋甚。惟豫章重梓其半,雖爲釐其一二,今更備攷諸書,少加校訂,尚有待于多識者。是亦附于史之闕文之義。

一　長源公博學弘才,上闡萬古,下開百世,功實不在於禹下矣。然搜羅奇字,捃摭異聞,似涉怪誕。及攷篇海諸書,總之互用無舛。故其自謂亦曰:"其中所用字俱在已。所用有異,覽者知

---

① 此文見於明喬可傳校本路史、四部備要本路史卷首。標題爲編者擬加,原文無。

② 此凡例見於明喬可傳校本路史、四部備要本路史卷首。

之,是以不敢率意更改。"

　　一　豫章翻刻者,止鐫前後紀,而國名、發揮、餘論不與焉。愚以爲國名紀則姓氏源流揭如指掌,而發揮、餘論發前人之未發、徵後世之無徵,愚故並校而鋟諸梓。

　　一　紀載論斷,篇中大字;凡遇註釋,原分小字兩行。而底本漫刻,渾無分別,且連編倒置,首尾混淆,大滋讀者之惑。兹刻悉爲校正。

萬曆歲辛亥季秋寄寄齋識

賦秋山覽史隨筆・路史刻政四條[①]

　　此史句雕字斲,淹古通今。舊本不分句讀,殊未便於覽觀。矧其精義宏深,筆姿遒麗,莫爲評騭,讀者與作者未即相親。兹獨彙採名評,羣摭碩議,務使古人之精神,湛光楮上。非徒俗學之侈,靡綴采行間,高明之家,諒能玄鑒。

　　音釋字義,考訂類名,俱以閒時互觸于他書,偶得於別部。考同晰異,証諸先賢;送難起疑,因夫往哲。若夫創非嘗之説,而自是其愚;瀉委璪之才,而動誣其衆,取譏大雅,遺駁哲人,猖狂之戾,吾知免夫。

　　魯魚亥豕,諸刻皆然,惟此史之差訛特甚。蓋以字古制,筆畫之用,或簡或煩,或隸或篆,自非覼心奧典,肆志祕函,鮮得驟通其故。兹獨詳讐細較,慎之再三,聚諸舊刻,斟酌靡憾。訂舛之功,莫出其右。

　　此史序列上皇,視古如掌;標分姓氏,溯本尋源。中間封建、井田之制,道之孔諄;兵農錢賦之科,述之至備。誠足贊勸盛治,扶佐太平。至於發揮、餘論,有時闡發本旨,領勝標新,直足補訓

---

　　① 此文見於明吳弘基等訂重訂路史全本(西山堂藏版)卷首。

詁之拘牽,廣經生之囿滯;披襟静對,良足爽心;握管抽詞,允能入
妙者也。

仁和布衣臣吴弘基具略

路史提要①

臣等謹案:路史四十七卷,宋羅泌撰。泌字長源,廬陵人。是
書成於乾道庚寅,凡前紀九卷,述初三皇至陰康、無懷之事;後紀
十四卷,述太昊至夏履癸之事;國名紀八卷,述上古至三代諸國姓
氏、地理,下逮兩漢之末;發揮六卷,餘論十卷,皆辨難考證之文。
其國名紀第八卷載封建後論一篇、究言一篇、必正劄子一篇、國姓
衍慶紀原一篇,蓋以類相附;惟歸愚子大衍數一篇、大衍説一篇、
四象説一篇與封建渺無所涉,考發揮第一卷之首有論太極一篇、
明易象象一篇、易之名一篇,與大衍等三篇爲類,疑本發揮之文,
校刊者以卷帙相連,誤竄入國名紀也。泌自序謂皇甫謐之世紀、
譙周之史考、張愔之系譜、馬總之通歷、諸葛耽之帝録、姚恭(年之)
[之年]歷帝紀、小司馬之補史、劉恕之通鑑外紀,其學淺狹,不足
取信,蘇轍古史,第發明索隱之舊,未爲全書,因著是編。餘論之
首,釋名書之義,引爾雅訓路爲大,所謂路史,蓋曰大史也。句下
註文,題其子苹所撰。核其詞義,與泌書詳略相輔,似出一手,殆
自著而嫁名於子歟? 皇古之事,本爲茫昧,泌多採緯書,頗不足
據;至於太平經、洞神經、丹壺記之類,皆道家依托之言,乃一一奉
爲典要,殊不免龐雜之譏。發揮、餘論皆深斥佛教,而説易數篇乃
義取道家。其青陽遺妹一條,論大惑有九,以貪仙爲材者之惑,誂
佛爲不材之惑,尤爲偏駁。然引據浩博,文采瑰麗。劉勰文心雕
龍正緯篇曰:“羲農軒皞之源,山瀆鍾律之要,白魚赤(烏)[烏]之

---

①　此提要見於文淵閣四庫全書本路史卷首。

符,黄金紫玉之瑞,事豐奇偉,詞富膏腴,無益於經典,而有助於文章。是以後來詞人,採摭英華。"泌之是書,殆於此類。至其國名紀、發揮、餘論,考證辨難,語皆精核,亦多祛惑持正之論,固未可盡以好異斥矣。

乾隆四十三年閏六月恭校上。

　　　　　　總纂官紀昀、臣陸錫熊、臣孫士毅

　　　　　　總校官臣陸費墀

後　記

　　噫吁嚱,蜀道之難,難於上青天! 路史校注之難,尤逾於此。余自閼逢涒灘之歲事是役,於今已閱十四春秋。回首經歷,不勝唏噓。其中艱辛,非外人所能知也。僅占打油六言以記之:壯歲不知開路難,斬棘鑿龍氣如山。一十四載轉眼過,視茫齒搖髮蒼蒼。粉身碎骨亦心願,換取青竹留人間。

　　　　戊戌元月廿九日王彥坤書於暨南園無名室